Jens Petersen

Vicos Kulturgeschichte des Rechts

Jens Petersen

Vicos Kulturgeschichte des Rechts

DE GRUYTER

Professor Dr. iur. *Jens Petersen*, Universität Potsdam

ISBN 978-3-11-071838-6
e-ISBN (PDF) 978-3-11-071846-1
e-ISBN (EPUB) 978-3-11-071859-1

Library of Congress Control Number: 2022935378

Bibliografische Information der Deutschen Nationalbibliothek
Die Deutsche Nationalbibliothek verzeichnet diese Publikation in der Deutschen Nationalbibliografie; detaillierte bibliografische Daten sind im Internet über http://dnb.dnb.de abrufbar.

Druck und Bindung: CPI books GmbH, Leck

www.degruyter.com

Vittorio Hösle freundschaftlich zugeeignet

Vorwort

Der vorliegenden Abhandlung liegt die in Text und Fußnoten nicht nur durch den italienischen Originaltext erheblich ergänzte und damit vervielfachte Fassung meines Aufsatzes über ‚Giambattista Vicos theologisch geprägte Rechtsphilosophie' zugrunde, der anlässlich seines 350. Geburtstages im Jahrbuch für Italienisches Recht 31 (2018) erschienen ist. Der Verlag C.F. Müller, mit dem ich seit zwei Jahrzehnten durch juristische Lehrbücher verbunden bin, hat mir gestattet, den Text in die vorliegende Abhandlung einfließen zu lassen.

Der vorliegende Buchtitel belegt vielleicht am deutlichsten, dass sich nicht zuletzt durch die Arbeit an meinen zwischenzeitlich erschienenen Büchern über das ‚Recht bei Tacitus' (2019), ‚Rechtsordnung und Wirtschaftsordnung nach Eucken' (2019), ‚Machiavellis Gesetzgebungslehre' (2020) sowie ‚Marcel Proust und Tacitus' (2021) der Blickwinkel auf Vico erweitert hat, weil insbesondere sein eigentümliches Verständnis der Geschichte, Ökonomie, Politik und vor allem der Philologie verstärkt berücksichtigt werden. Mit diesem erweiterten Erkenntnisinteresse glaube ich, diese Schrift als ‚Vicos Kulturgeschichte des Rechts' bezeichnen zu dürfen.

Herrn Prof. Dr. *Vittorio Hösle*, einem der weltweit gründlichsten Kenner der Philosophie Vicos, danke ich nicht nur für wichtige inhaltliche Hinweise, sondern auch für die Ermunterung, den genannten Aufsatz zu erweitern. Seine vielen Bücher, insbesondere die von ihm mitbearbeitete maßgebliche Übersetzung der Scienza nuova mit ihrer über 250-seitigen monographischen Einleitung, haben mich mit der Philosophie des gelernten Juristen und genialen Philosophen Vico vertraut gemacht. Ihm ist dieses Buch in freundschaftlicher Verbundenheit gewidmet.

Jens Petersen — Potsdam, im Juni 2022

https://doi.org/10.1515/9783110718461-001

Inhalt

Einleitung

Obwohl er als Begründer der Kulturwissenschaft gilt,[1] ist Giambattista Vico hierzulande eher in Fachkreisen bekannt.[2] In seinem Heimatland Italien gilt er jedoch seit langem, wenn auch erst mit rund hundertjähriger Verspätung nach seinem Tode,[3] bis heute als wohl bedeutendster neuzeitlicher Philosoph.[4] Es ist keine Übertreibung, wenn man seinen Stellenwert für die italienische Philosophie mit demjenigen Kants für die deutsche oder Descartes' für die französische Philosophie vergleicht.[5] Ebenso prägend, wie Montesquieu mit seinem Hauptwerk über den Geist der Gesetze für die französische Rechtsphilosophie geworden ist,[6] kann man wohl Vicos Scienza nuova, deren letzte Auflage bereits vier Jahre zuvor erschien,[7] für die italienische Rechtsphilosophie einschätzen.[8]

---

1 *Friedrich Kittler*, Eine Kulturgeschichte der Kulturwissenschaft, 2. Auflage 2001, S. 19 („Gründerheld unserer Wissenschaft"), sowie S. 29: „Gründervater aller Kulturwissenschaft." Dezidiert anderer Ansicht *Jürgen Trabant*, Wie ‚geschichtlich' ist Vicos *mondo civile?*, in: Geschichtlichkeit von Sprache und Text. Philologien – Disziplingenese – Wissenschaftshistoriographie (Hg. Wulf Oestereicher/Maria Selig), 2014, S. 31, 44: „Vicos Neue Wissenschaft ist *theoretische Philosophie*, nicht ‚Kulturwissenschaft'." Hervorhebung auch dort.

2 Aus dem älteren Schrifttum *Karl Werner*, Giambattista Vico als Philosoph und gelehrter Forscher, 1879; wichtig zur Vico-Rezeption in Deutschland *Paolo Becchi*, Vico e Filangieri in Germania, 1976; *Alessandro Giuliani*, La filosofia del processo in Vico ed il suo influsso in Germania, Bolletino del Centro di Studi Vichiani 22 (1992/93) 345; *Jürgen Trabant*, Vico in Germanien 1750–1850, in: Italien in Deutschland (Hg. Frank-Rutger Hausmann), 1996, S. 232.

3 *Peter Burke*, Vico. Philosoph, Historiker, Denker einer neuen Wissenschaft, 1990, S. 8.

4 *Vittorio Hösle*, Eine kurze Geschichte der deutschen Philosophie, 2013, S. 108. *Ders.*, Moral und Politik. Grundlagen einer Politischen Ethik für das 21. Jahrhundert, 1997, S. 82, präzisiert: „Derjenige europäische Denker, der als erster den geschichtlichen Wandel menschlicher Kulturen erfaßt hat, ist Vico. Doch so großartig auch seine Kultur- und Geschichtsphilosophie ist, so bedeutsam auch die Konsequenzen seines Ansatzes für die Politische Philosophie sind, sowenig kann man ihn doch zu den eigentlichen politischen Philosophen rechnen".

5 *Walter Witzenmann*, Giambattista Vico und René Descartes. Die geschichtliche Kritik des cartesischen Rationalsimus, Archiv für Rechts- und Sozialphilosophie 30 (1936/37) 561, skizziert kontrastierend.

6 *Charles-Louis de Secondat de Montesquieu*, De l'esprit des lois, 1748.

7 *Karl Löwith*, Weltgeschichte und Heilsgeschehen. Die theologischen Voraussetzungen der Geschichtsphilosophie, 8. Auflage 1990 (1953), S. 109, macht darauf aufmerksam, dass Vicos Scienza nuova zwar erstmals 1725 teilweise, 1730 vollständig und erst 1744 in ihrer seither zugrunde gelegten Gestalt erschien.

8 *Emerico Amari*, Critica di una scienza della legislazione comparata, 1857; dazu *Karl Werner*, Emerico Amari in seinem Verhältnis zu Giambattista Vico, Sitzungsberichte der philosophisch-

https://doi.org/10.1515/9783110718461-002

Nicht von ungefähr notierte Goethe auf seiner ‚Italienischen Reise' am 5. März 1787 in Neapel, dem Geburtsort Vicos, wo er durch einen Freund auf die Scienza nuova aufmerksam wurde: „Gar bald machte er mich mit einem alten Schriftsteller bekannt, an dessen unergründlicher Tiefe sich diese neuern italienischen Gesetzfreunde, höchlich erquicken und erbauen; er heißt Johann Baptista Vico, sie ziehen ihn dem Montesquieu vor. Bei einem flüchtigen Überblick des Buches, das sie mir als ein Heiligtum mitteilten, wollte mir scheinen, hier seien sibyllinische Vorahnungen des Guten und Rechten, das einst kommen soll oder sollte, gegründet auf ernste Betrachtungen des Überlieferten und des Lebens. Es ist gar schön, wenn ein Volk solch einen Ältervater besitzt."[9]

Sieht man einmal von dem für unser heutiges Verständnis vielleicht etwas gönnerhaft klingenden, wenngleich wohl durchaus respektvoll angeschlagenen Ton der abschließenden Bemerkung ab, so ist erstaunlich, wie viel Goethe auf einen Blick in dieses nicht nur im italienischen Original überaus komplizierte Werk erfasst hat. Vor allem das Fundament der Tradition und der lebensgeschichtlichen Betrachtung in Vicos Werk wäre wohl nicht jedem Leser auf Anhieb aufgefallen, erweist sich aber im Verbund mit der Beobachtung der ‚sibyllinische(n) Vorahnungen des Guten und Rechten' für Vicos kulturgeschichtliche Würdigung auch bei näherer Betrachtung als essentiell, weil darin zumindest annäherungsweise die Verschränkungen mit Vicos Idee der göttlichen Vorsehung und seiner Rechtsphilosophie aufscheinen, auf die ihn seine neapolitanischen ‚Gesetzfreunde' aus gutem Grund neugierig machen wollten.

Das darf jedoch nicht zu dem Missverständnis führen, dass er nur einen regional begrenzten Rang in der Wissenschafts- und Erkenntnistheorie oder der Rechts- und Geistesgeschichte beanspruchen kann.[10] Vielmehr ist erst im zwanzigsten Jahrhundert das Bewusstsein dafür erwacht, dass Vico weit über sein Heimatland hinaus für die gesamte europäische Kulturgeschichte bahn-

historischen Klasse der kaiserlichen Akademie in Wien, Band XCVI (1880) 5. Siehe auch *Carlo Cantoni*, Giambattista Vico, studi critici e comparativi, 1867.

9 *Johann Wolfgang von Goethe*, Italienische Reise, Hamburger Ausgabe 1981, Band 11, S.192.

10 *Jürgen Habermas*, Auch eine Geschichte der Philosophie, Band 2: Vernünftige Freiheit. Spuren des Diskurses über Glauben und Wissen, 2019, S. 384 f., hat den tiefgreifenden Unterschied herausgestellt, der zwischen dem cartesianischen und vichianischen Wissenschaftsverständnis besteht: „Als einsamer Vorläufer dieser historischen Wende hatte schon Giambattista Vico (1668–1744) den bis in die sozialontologische Verfassung des Gegenstandsbegriffs hinabreichenden Grund erkannt, warum sich die Verwissenschaftlichung der Historie nicht nach dem subjektphilosophisch gedeuteten Muster der Objektivierung der Natur durchführen lässt." – Das dürfte über die Geschichtswissenschaft hinaus auch für die Rechtswissenschaft gelten.

brechende Erkenntnisse hervorgebracht hat,[11] weil er Theologie, Philologie, Sprache und Recht in einem so einzigartigen Gedankengebäude zusammenfügte, das nicht nur seine Zeitgenossen aufgrund der immensen Komplexität und dem scheinbar undurchdringlichen Geflecht der Binnenverweisungen überforderte, sondern auch die Rezeption gleich zu Beginn zum Erliegen gebracht und auch später noch nachhaltig erschwert hat. Den Zeitgenossen, denen er sein Hauptwerk ohne jede Resonanz geschickt hatte, ging er, wie er in seiner Autobiographie bekannte, buchstäblich aus dem Weg, um ihnen und sich selbst die unangenehme Situation zu ersparen, die entstehen würde, wenn sich unweigerlich offenbarte, dass sie es ohnehin nicht gelesen hatten.

Als Rechtsgelehrter, dem der ersehnte Lehrstuhl für römisches Recht in seiner Heimatstadt Neapel nach erfolgloser Bewerbung verwehrt blieb und der stattdessen weiterhin für den Rest seiner akademischen Laufbahn eine sehr viel schlechter bezahlte Professur für Rhetorik innehatte, hat Vico nicht zuletzt die Rechtsgeschichte und Rechtsphilosophie zu einem integralen Bestandteil seines Hauptwerks über die ‚Prinzipien einer neuen Wissenschaft über die gemeinsame Natur der Völker' gemacht.

In seinem 1709 veröffentlichten Frühwerk ‚De nostri temporis studiorum ratione' hatte er der Jurisprudenz allerdings bereits ein zentrales und ausführliches Kapitel gewidmet,[12] das schon wesentliche Bausteine der Scienza nuova enthält[13] und noch die juristische Methodenlehre des zwanzigsten

---

11 *Rainer Specht*, Über den juristischen Realismus Giambattista Vicos, Philosophisches Jahrbuch 63 (1955) 166, macht mit Recht darauf aufmerksam, dass nur „wenige Werke so reich an Anregungen und genialen Voraussagen sind wie die Vicos." Er nennt beispielhaft „die Gründung der Staats-, Kultur- und Wissenssoziologie, die Ableitung der Rechts- und Staatsphilosophie aus der Anthropologie, die erste zureichende Theorie der symbolisierenden Vernunft in formaler und materialer Hinsicht und die einsame Prophezeiung des europäischen Schicksals." – Dies gilt umso mehr, als Specht überwiegend die Frühschriften betrachtet, die Scienza nuova indes hinsichtlich der genannten Disziplinen im Einzelnen und erst recht in ihrer Gesamtheit noch reichhaltiger ist.

12 *Vittorio Hösle*, Recht und Geschichte bei Giambattista Vico, Gedenkschrift für Karl-Heinz Ilting, 1990, S. 389, 397, würdigt die sich beinahe so allmählich herausbildende Methodologie Vicos, wie es sich mit der Rechtsentwicklung seiner Theorie nach verhält: „Was das faszinierend Originelle an Vicos Zugang zum Recht schon in dieser Frühschrift ausmacht, ist, daß er nach Entwicklungsprinzipien in der Geschichte des römischen Rechts Ausschau hält. Zwar wird dieses Anliegen nicht eigens formuliert; auch fehlen jegliche methodologische Reflexionen, wie wir sie so ausfühlich in der Scienza nuova finden; aber Vico ist nicht der einzige große Philosoph, bei dem die Methodologie am Ende eines Weges steht, der anfangs vornehmlich von Phänomenanalysen bestimmt ist".

13 *Vittorio Hösle*, Vico und die Idee der Kulturwissenschaft, Einleitung der Meiner-Ausgabe 1990, S. LXII, zufolge ist die Schrift „ein kleines Juwel", und „insbesondere das 11. Kapitel über die

Jahrhunderts durch einen wichtigen Hinweis auf die Bedeutung der Topik für die Rhetorik und die Jurisprudenz bereichert hat.[14] Außerdem hat Vico noch eine Abhandlung zum ‚Diritto universale' verfasst,[15] auf deren Erkenntnisse er innerhalb der Scienza nuova allenthalben verweist.[16]

Allerdings muss man die Erwartungen an eine umfassende und systematische Rechtstheorie schon an dieser Stelle dämpfen, weil Vico zwar Bahnbrechendes zur Entwicklung des Rechts herausgefunden hat, die Begründung des Rechts jedoch weitgehend schuldig bleibt.[17] Da er aus dem ‚Diritto universale' alles für seine im Hauptwerk begründete Metaphysik Wesentliche durch derartige Verweisungen in die letzte und für die vorliegende Betrachtung entscheidende Auflage aus dem Jahre 1744 aufnimmt, erübrigt sich für den vorliegenden Zusammenhang eine eigenständige Darstellung des ‚Diritto universale', weil es durch die Verweisungstechnik Vicos so in die Scienza nuova eingegangen ist (109), dass das Frühwerk in seinen entscheidenden Weichenstellungen gleichsam im Hauptwerk aufgeht (155) und in ihm werkimmanente Gestalt angenommen hat (317).

Es geht Vico im Ausgangspunkt um die Begründung einer neuen Metaphysik,[18] welche die Erkenntnistheorie aus einem Prozess der Entwicklung der Ge-

---

Jurisprudenz enthält die SN in nuce." Hösles monumentale Einleitung, die eigentlich eine Monographie darstellt, hat er denn auch in erweiterter Form übersetzt und mit einem aufschlussreichen Titel versehen; *ders.*, Vico's New Science of the Intersubjective World, 2016.

14 *Theodor Viehweg*, Topik und Jurisprudenz, 1953, S. 3 ff. Dazu *Guido Kisch*, Zeitschrift der Savigny-Stiftung für Rechtsgeschichte: Germanistische Abteilung 72 (1955) 365; *Claus-Wilhelm Canaris*, Systemdenken und Systembegriff in der Jurisprudenz, 2. Auflage 1983, S. 140.

15 *Rainer Specht*, Über den juristischen Realismus Giambattista Vicos, Philosophisches Jahrbuch 63 (1955) 166, 167, der im Übrigen zu den Wenigen gehört, die untersucht haben, „welche Stellung das Recht in Vicos Gesamtsystem einnimmt" (S. 169), berücksichtigt erklärtermaßen (ebenda Fußnote 3) – im Gegensatz zur vorliegenden Untersuchung – nur diese Schrift und nicht die Scienza nuova. Daher ergänzen seine und diese Untersuchung einander.

16 *Giambattista Vico*, De universi iuris uno principio et fine uno liber unus, 1720 – 22; *Jürgen Trabant*, Giambattista Vico – Poetische Charaktere, 2019, S. 39, betont die Unmittelbarkeit des Einflusses dieser Schrift auf das Hauptwerk: „eine Begründung des universellen Rechts, mit der er in die Auseinandersetzung um das Naturrecht eingreift und das ihn direkt zur Scienza nuova führen sollte, ja deren Hauptgedanken schon enthält".

17 *Vittorio Hösle*, Recht und Geschichte bei Giambattista Vico, Gedenkschrift für Karl-Heinz Ilting, 1990, S. 389, 416 Fußnote 40: „Ein beträchtlicher Mangel von Vicos Scienza nuova ist natürlich, daß sie zu einer philosophischen Begründung des Rechts – die sich ja nicht auf die Analyse von Entwicklungsgesetzen reduzieren kann – kaum Ansätze enthält".

18 Siehe *Giuseppe Cacciatore*, Metaphysik, Poesie und Geschichte. Über die Philosophie von Giambattista Vico, 2002.

schichte der Völker begründet (2).[19] Daraus erklärt sich zugleich die Überschrift des ersten Abschnitts der vorliegenden Abhandlung, die den auf das Recht bezogenen Bereich dieser Metaphysik zum Gegenstand macht, soweit er überhaupt vom Ganzen abgrenzbar ist und daher immer auf die damit zusammenhängenden Bereiche der Religion, Philologie und Poetik eingehen muss.

Diesen Zusammenhang von Recht und Metaphysik meint wohl auch Vico, wenn er innerhalb seiner Metaphysik vom System des natürlichen Rechts der Völker spricht (31).[20] Das wird im ersten Kapitel der Untersuchung mit dem Begriff der Rechtsmetaphysik Vicos bezeichnet, der sich daraus erklärt, dass man das Recht aus Vicos allumfassender Theorie zwar nicht herauslösen, sondern allenfalls dann angemessen würdigen kann, wenn man nicht nur seine Metaphysik, sondern auch die weitgefächerte historische Dimension der Scienza nuova berücksichtigt.[21] Da diese aber entwicklungsgeschichtlich angelegt ist, wird im ersten Kapitel die genannte Rechtsmetaphysik zu seinem evolutionären Rechtsdenken in Beziehung gesetzt.[22]

Der italienische Titel gibt das spezifisch Neue dieser Wissenschaft zu erkennen: *Principi di una scienza nuova d'intorno alla communa natura delle nazioni.* Daraus erklärt sich auch, warum Vico, wie soeben gesehen, in einem überindividuellen Sinne das natürliche Recht der Völker untersucht (394). Schon der Titel der Scienza nuova ist von keiner falschen Bescheidenheit geprägt, wie Vico unmittelbar vor dem eigentlichen Schluss des Werkes in einer rhetorisch schwungvollen und für sein Gerechtigkeitsempfinden bezeichnenden juridischen Diktion wissen lässt: „Daher konnten wir nicht darauf verzichten, diesem Werk den neiderregenden Titel *Neue Wissenschaft* zu geben, denn sonst hätten wir es in ungerechter Weise um sein Recht und seine Befugnis betrogen."[23] [„*Laonde non potemmo noi far a meno di non dar quest'opera l'invidioso titolo di Scienza nuova, perch'era un troppo ingiustamente defraudarla di suo diritto e ragione*"] (1096).[24] In dieser Vorstellung einer politischen Welt bzw. einer Welt der Völker ist

19 Aus dem älteren deutschsprachigen Schrifttum *Richard Peters*, Der Aufbau der Weltgeschichte bei Giambattista Vico, 1929.

20 *Benedetto Croce*, Die Philosophie Giambattista Vicos (deutsche Übersetzung Erich Auerbach/ Theodor Lücke), 1927, S. 6: „Auch bei Vico behält die Metaphysik das Primat unter den menschlichen Wissenschaften, die alle von ihr ausgehen".

21 Bündig *Samuel Beckett*, Dante...Bruno. Vico...Joyce, 1929: „Giambattista Vico was a practical roundheaded Neapolitan".

22 *Jürgen Trabant*, Neue Wissenschaft von alten Zeichen: Vicos Sematologie, 1994, S. 102, folgert ebenso bündig wie treffend: „Vicos Sematologie ist gleichzeitig eine Theorie des Rechts".

23 Übersetzung Vittorio Hösle und Christoph Jermann, Meiner-Ausgabe, 2009, S. 596.

24 *Giambattista Vico*, La scienza nuova, 1744, edizione a cura di Fausto Niccolini (Editori Laterza), 5. Auflage 1967, S. 522.

das Recht notwendigerweise integriert, zugleich aber geschichtlich in alle Betätigungsformen menschlicher Kultur eingebettet.[25]

Es geht damit entscheidend um die kulturgeschichtlichen Ausprägungen des Rechts. Denn wie kein anderer Autor vor ihm verfolgt Vico die Rechtsgeschichte unter allen erdenklichen Gesichtspunkten so weit zurück, wie es nur irgend möglich ist. Da er für die Verwirklichung eines derart anspruchsvollen Vorhabens jedoch auf Quellen angewiesen ist, die über den engeren Bereich der Menschheitsgeschichte hinausreichen, muss er auch auf Überlieferungen aus unvordenklicher Zeit zurückgreifen.[26] Dadurch kommt jedoch die gesamte antike Mythologie in Betracht, die für Vicos heroisches Zeitalter prägend ist.

Aber auch andere, insbesondere außereuropäische Rechts- und Kulturkreise werden von ihm berücksichtigt, so dass seine Betrachtung mitnichten eurozentrisch, sondern vielmehr umfassend völker- und kulturvergleichend ist, auch wenn sein Augenmerk auf der römischen und griechischen Antike liegt. Vor allem aber werden die literarischen Zeugnisse wie die homerischen Epen zu philologischen und damit kulturgeschichtlichen Quellen.[27] Alles, was dort oder in späteren antiken Schriften über die kulturgeschichtlichen Voraussetzungen der unterschiedlichen Rechtsverhältnisse berichtet wird, findet Vicos Interesse und macht sein Werk damit für uns heute aufschlussreicher denn je.

---

25 Siehe *Vittorio Hösle*, Recht und Geschichte bei Giambattista Vico, Gedenkschrift für Karl-Heinz Ilting, 1990, S. 389, 391, der überzeugend darlegt, dass erst Vico das frühere Nebeneinander von Rechtsphilosophie und Rechtshistorie überwunden, indem er eine ‚Philosophie der Geschichte des Rechts' ausgearbeitet hat und zugleich zu bedenken gibt: „Trotz einiger wichtiger Beiträge der italienischen und insbesondere angelsächsischen Forschung ist Vicos epochale Stellung innerhalb der juristischen und rechtsphilosophischen Tradition weit davon entfernt, allgemein anerkannt zu sein." – So erklären sich auch die ausführlichen wörtlichen Zitate der vorliegenden Untersuchung, da selbst die meistzitierten nicht als bekannt vorausgesetzt werden können.

26 *Friedrich Kittler*, Eine Kulturgeschichte der Kulturwissenschaft, 2. Auflage 2001, S. 21, begründet dies einleuchtend: „Denn das, was jene Nacht voller Schatten laut Vico verdeckt, ist ‚das entfernteste Altertum' oder in anderen, moderneren Worten: eine Vorgeschichte, wie sie definitionsgemäß ohne schriftliche Überlieferungen existiert hat. Am Ursprung der Kulturwissenschaft steht, mit anderen Worten, die Frage nach dem Ursprung ihrer Sache, der Kultur".

27 *Benedetto Croce*, Die Philosophie Giambattista Vicos (deutsche Übersetzung Erich Auerbach/ Theodor Lücke), 1927, S. 45 f., beschränkt den Untersuchungsgegenstand daher nachvollziehbarerweise: „Lassen wir die verschiedenen, einander ablösenden Meinungen beiseite, die Vico über Dichtkunst, Sprache oder Metapher vertrat und die mit der historischen Entwicklung seines Geistes zusammenhängen – angefangen von den akademischen Reden und den Schriften *De ratione* und *De antiquissima* bis zum *Diritto universale* (...) –, eine Untersuchung, die den Stoff zu einer besonderen Dissertation liefern könnte und nicht in den Rahmen unserer Darstellung gehört".

In besonderer Weise gilt dies aus Sicht des im römischen Recht herausragend Gelehrten für die lateinische Historiographie, namentlich den von ihm vor allen anderen Historikern bewunderten Tacitus.[28] Aber selbst dort, wo Vico Einzelheiten des römischen Rechts vertieft, verliert er niemals die übrige Kulturgeschichte aus dem Blick, als deren wesentlicher Teil ihm eben die Überlieferung des römischen Rechts erscheint.[29] Hierfür muss man folglich von gewohnten romanistischen Vorstellungen zwar nicht Abschied nehmen, ihr Verständnis aber um eine entwicklungs- und vor allem kulturgeschichtlich begründete Dimension erweitern.

Unternimmt man diesen Versuch jedoch und untersucht möglichst alle rechtlich geprägten Stellen der Scienza nuova, dann kann man feststellen, dass der Blick auf die Kulturgeschichte des Rechts einen durchaus neuen Horizont eröffnet, weil Vicos Verdienst darüber hinaus und damit zusammenhängend im Auffinden ganz neuer Richtungen und Denkweisen besteht, wie etwa der Rechtssoziologie und überhaupt in einem neuen Verständnis der Rechtskultur.

Denn Vico gehört zu jenen genialen Geistern, deren mitunter beängstigende Originalität ungeachtet mancher Abwege, die sie einschlagen,[30] dazu führt, dass sie, wenn man ihre Folgerungen zu Ende denkt, gerade dasjenige durch ihre revolutionären Einsichten unwillkürlich in Frage stellen, was ihnen selbst heilig ist,[31] dafür aber genuin Neues sehen,[32] das ohne sie nicht oder – wenn überhaupt – zumindest erst bedeutend später erkannt worden wäre.[33]

---

28 *Jens Petersen*, Recht bei Tacitus, 2019, zu entsprechenden Vorfragen.

29 *Vittorio Hösle*, Philosophiegeschichte und objektiver Idealismus, 1996, S. 159, wonach sich „in dem längsten und in meinen Augen originellsten Kapitel, demjenigen über die Jurisprudenz, ein auf die ‚Scienza nuova' vorausweisender Versuch findet, in der Geschichte des römischen Rechts Entwicklungsprinzipien aufzudecken".

30 *Theodor Viehweg*, Topik und Jurisprudenz, 1953, S. 3, bemerkt dies bereits im Frühwerk: „Man fühlt freilich, daß der geistreiche, feinnervige und unter Einfällen geradezu leidende Vico Mühe hat, seinen Stoff zusammen zu schneiden".

31 *Vittorio Hösle*, Vico und die Idee der Kulturwissenschaft, Einleitung der Meiner-Ausgabe 1990, S. XXXIV.

32 *Karl Löwith*, Weltgeschichte und Heilsgeschehen. Die theologischen Voraussetzungen der Geschichtsphilosophie, 8. Auflage 1990 (1953), S. 109, hat die immense Fülle neuer Gedanken der Scienza nuova umfassend aufgezeichnet: „Sie nimmt nicht nur grundlegende Gedanken Herders und Hegels, Diltheys und Spenglers vorweg, sondern auch die besonderen Entdeckungen Niebuhrs und Mommsens im Bereich der römischen Geschichte, die Theorie Wolfs über Homer, die Interpretation der Mythologie durch Bachofen, die Rekonstruktion des antiken Lebens durch die Grimmsche Etymologie *und die historische Auffassung des Rechts von Savigny*, die Cité Antique von Fustel de Coulanges und die Klassenkampflehre von Marx und Sorel." Hervorhebung nur hier.

Letzteres lässt sich etwa daraus ersehen, dass wenige Jahrzehnte nach Vicos Tod kein Geringerer als Adam Smith sich anschickte, eine umfassende Kulturgeschichte zu verfassen,[34] deren moraltheoretisches Fundament ebenso auf uns gekommen ist[35] wie sein nationalökonomisches Pendant, der berühmte ‚Wohlstand der Nationen',[36] der ursprünglich Teil dieser Kulturgeschichte werden sollte,[37] die Smith aber nicht mehr vollenden konnte und deren Entwürfe er verbrennen ließ.[38] Wir werden sehen, dass etwa die Vierstadientheorie, die Smith in seinen überlieferten ‚Lectures on Jurisprudence' begründete,[39] nicht zuletzt aufgrund ihres evolutionären Rechtsdenkens bemerkenswerte Ähnlichkeiten mit der Entwicklungsgeschichte des Rechts aufweist, wie sie Vico erdacht hat.

Zieht man dies in Betracht, so erkennt man nicht nur, dass die Idee einer Kulturgeschichte, deren wesentlicher Bestandteil das Recht ist, geistesgeschichtlich gleichsam in der Luft lag, sondern kann vor allem ermessen, was für eine schier übermenschliche Leistung es darstellte, dass Vico all dies – also eine Kulturgeschichte der Philologie, der Religion, der Philosophie und des Rechts, ja sogar eine Grundlegung der Kulturwissenschaft selbst – in einem Werk aus einem Guss geschaffen hat.[40]

---

33 *Vittorio Hösle*, Recht und Geschichte bei Giambattista Vico, Gedenkschrift für Karl-Heinz Ilting, 1990, S. 389, 413, resümmiert Vicos Verdienste um die theoretische Erfassung und Fundierung evolutionären Rechtsdenkens: „Fragen wir nach der sachlichen Bedeutung von Vicos Theorie der Rechtsentwicklung, so ist zunächst neben ihrer immer wieder verblüffenden Originalität ihre logische Kohärenz und ihr Reichtum an konkreten Phänomenanalysen hervorzuheben. Trotz vieler Fehler im Detail ist Vicos Werk erstens eine noch nicht vollständig ausgewertete Schatzgrube für das Verständnis zahlreicher rechtsgeschichtlicher Vorgänge und zweitens eine erstaunlich komplexe und differenzierte allgemeine Theorie der Rechtsentwicklung, die m.E. gerade heute ernst genommen und kritisch weiterentwickelt zu werden verdient." – Die Richtigkeit dieser Einschätzung hat sich in den seither vergangenen drei Jahrzehnten eher noch deutlicher offenbart; vgl. nur *dens.*, Globale Fliehkräfte. Eine geschichtsphilosophische Kartierung der Gegenwart, 2019, S. 124 f.

34 *August Oncken*, Adam Smith in der Kulturgeschichte, 1874.

35 *Adam Smith*, The Theory of Moral Sentiments, 1759.

36 *Adam Smith*, An Inquiry into the Nature and Causes of the Wealth of Nations, 1776.

37 Zu ihr *Peter Stein*, Adam Smith's Jurisprudence – Between Morality and Economics, Cornell Law Review 64 (1979) 621; *Ernst-Joachim Mestmäcker*, Die sichtbare Hand des Rechts, 1978; *Jens Petersen*, Adam Smith als Rechtstheoretiker, 2. Auflage 2017, S. 3 ff.

38 *Ian S. Ross*, Adam Smith, Leben und Werk, 1998, S. 507, 533.

39 Grundlegend dazu *Knud Haakonssen*, The Science of a Legislator. The Natural Jurisprudence of David Hume and Adam Smith, 1981.

40 *Vittorio Hösle*, Vico und die Idee der Kulturwissenschaft, Einleitung der Meiner-Ausgabe 1990, S. XXXIII, postuliert mit Recht: „So unfruchtbar eine Philologie ist, die sich damit begnügt, Vicos Quellen anzugeben, so unabdingbar ist es doch etwa römisches Recht und den Zugang zum rö-

mischen Recht zur Zeit Vicos zu studieren, um die philosophische Tragweite seiner Rechtstheorie zu fassen." An späterer Stelle gibt er zu bedenken (S. CCIV), was die vorliegende Untersuchung als Optimierungsgebot zu berücksichtigen versucht: „Wer tiefer in die Rechtstheorie der SN eindringen will – *und d. h. in die SN als ganze, weil ja das Recht in Vicos Augen einen so zentralen Bestandteil gerade archaischer Kulturen ausmacht* –, wird um ein gründliches Studium des römischen Privat- und Staatsrechts sowie um eine Kenntnis des mittelalterlichen Lehnsrechts sowie der frühneuzeitlichen Rechtshistorie nicht herumkommen." Hervorhebung nur hier.

§ 1 Rechtsmetaphysik und evolutionäres Rechtsdenken

Vico selbst hat seinem opus magnum zum besseren Verständnis eine ‚Idee des Werkes' – *Idea dell'opera* – vorangestellt. Ob das damit erklärte Bild angesichts der enormen Komplexität des Werkes und seiner Voraussetzungen dem unbedarften Leser wirklich eine Hilfe ist, wie Vico selbst eingangs hofft (1), sei dahingestellt;[41] jedenfalls ist die Erläuterung für das Verständnis der Scienza nuova didaktisch weiterführend, weil sich dadurch die späteren Ausführungen programmatisch erschließen.[42] Wie außerordentlich anspruchsvoll das Werk konzipiert ist, zeigt sich bereits an der einleitend skizzierten Blickrichtung:[43] „In diesem Werk nämlich betrachtet die Metaphysik, indem sie sich noch größer emporhebt, in Gott die Welt des menschlichen Geistes, das heißt die metaphysische Welt, und zwar um seine Vorsehung in der Welt des menschlichen Gemütes, das heißt der politischen Welt oder der Welt der Völker, zu erweisen."[44] [*„Perch'ella, in quest'opera, più in suso innalzandosi, contempla in Dio il mondo delle menti umane, ch'è 'l mondo metafisico, per dimostrarne la provvedenza nel mondo degli animi umani, ch'è 'l mondo civile, o sia il mondo delle nazioni*"] (2).[45]

---

41 Zur kuriosen Entstehungsgeschichte, durch die sich die Bedeutung relativiert, *Vittorio Hösle*, Vico und die Idee der Kulturwissenschaft, Einleitung der Meiner-Ausgabe 1990, S. LXXXIX; vgl. auch noch weiter unten.

42 *Benedetto Croce*, Die Philosophie Giambattista Vicos (deutsche Übersetzung Erich Auerbach/ Theodor Lücke), 1927, S. 4, betont die Kritik und Antithese im Verhältnis zu Descartes: „Aus der Lobpreisung der unendlichen Macht und Weisheit Gottes und deren Gegenüberstellung mit der begrenzten des Menschen, gewann er Descartes gegenüber das allgemeine erkenntnistheoretische Prinzip, daß nämlich die Bedingung, ein Ding zu erkennen, darin bestehe, es zu schaffen und das Wahre das Geschaffene selbst sei: *verum ipsum factum.*" Hervorhebung auch dort.

43 *Vittorio Hösle*, Vico und die Idee der Kulturwissenschaft, Einleitung der Meiner-Ausgabe 1990, S. XXXI, der die mannigfaltigen Schwierigkeiten des Werkes wie kaum ein anderer durchdrungen hat, umreißt die Vielfalt und gedankliche Tiefe der Themen, unter denen das Recht nur eines, wenngleich nicht das unwichtigste ist: „Vicos universale Belesenheit, seine Ausführungen zu Sprache, Recht, Staat, Kunst Religion, Brauchtum und Mentalität insbesondere der griechischen, römischen und mittelalterlichen Kultur setzen beim Leser viel voraus, der daher bei der Lektüre nicht selten an Vicos barocker Gelehrsamkeit seinem bewußt archaisierenden Denkstil und nicht zuletzt an seinen labyrinthischen Perioden scheitert." Gerade die letzteren werden im Folgenden oft ungekürzt wiedergegeben, weil man den dadurch zum Ausdruck gebrachten Gedanken Gewalt antäte, wenn man sie beliebig zuschneiden würde.

44 Übersetzung Vittorio Hösle und Christoph Jermann, Meiner-Ausgabe, 2009, S. 3.

45 *Giambattista Vico*, La scienza nuova, 1744, edizione a cura di Fausto Niccolini (Editori Laterza), 5. Auflage 1967, S. 5.

https://doi.org/10.1515/9783110718461-003

I. Der ‚mondo civile'

Mit dem ‚mondo civile' ist ein für das Verständnis der vichianischen Philosophie und ihrer Einordnung in die neuzeitliche Geistesgeschichte wesentlicher Begriff angesprochen, der uns gegen Ende der Untersuchung noch beschäftigen wird, weil damit nicht nur Vernunft und Theologie in einem einheitlichen System sinnvoll zusammengeführt und auf die Menschheitsgeschichte bezogen werden, sondern zumindest mittelbar auch das Wissenschaftsverständnis der Jurisprudenz zusammenhängt.[46] Der ‚mondo civile' ist nämlich schon deswegen auch für das Verständnis des Rechts von Bedeutung, weil dieses zu jenem gehört.[47] So heißt es im Abschnitt über das göttliche Recht als eine der drei Arten des Rechts (947): „Deshalb sind in Gott, der ganz Vernunft ist, die Vernunft und die Autorität ein und dasselbe; daher nimmt in der guten Theologie die göttliche Autorität denselben Platz ein wie die Vernunft."[48] [„*Talché in Dio, ch'é tutto ragione, la ragion e l'autorità è una medesima cosa; onde nella buona teologia la divina autorità tiene lo stesso luogo che di ragione*"] (948).[49] Der mondo civile bedeutet allerdings nicht zuletzt im Hinblick auf die Religion eine ungleich größere Herausforderung, als Vico selbst wohl bewusst gewesen sein dürfte, wie wir ebenfalls am Ende sehen werden. Insofern kann man den ‚mondo civile' wohl mit Fug als einen der für die neuzeitliche Philosophie und Theologie wegweisenden Begriffe bezeichnen.[50]

---

46 *Karl Löwith*, Weltgeschichte und Heilsgeschehen. Die theologischen Voraussetzungen der Geschichtsphilosophie, 8. Auflage 1990 (1953), S. 111, fasst es prägnant zusammen: „Alles in Allem ist die ‚Neue Wissenschaft' in der Gesamtheit ihrer Aspekte eine vernunftbegründete Theologie des *mondo civile*, der geschichtlichen Welt." Hervorhebung auch dort.

47 *Jürgen Trabant*, Wie ‚geschichtlich' ist Vicos *mondo civile?*, in: Geschichtlichkeit von Sprache und Text. Philologien – Disziplingenese – Wissenschaftshistoriographie (Hg. Wulf Oestereicher/ Maria Selig), 2014, S. 31, 37, versinnbildlicht es anschaulich durch die Berücksichtigung der griechischen Literatur und Mythologie: „'Homer' ist nämlich – nach der metapolitischen Wende der Metaphysik – die eigentlich geniale Einsicht Vicos, das wirklich Neue seiner Neuen Wissenschaft: Der *mondo civile* ist nicht nur das Recht, also die gesellschaftliche Organisation, das Soziale als solches, Herkules, sondern immer *zugleich* auch Sprache, Homer." Hervorhebungen auch dort.

48 Übersetzung Vittorio Hösle und Christoph Jermann, Meiner-Ausgabe, 2009, S. 504.

49 *Giambattista Vico*, La scienza nuova, 1744, edizione a cura di Fausto Niccolini (Editori Laterza), 5. Auflage 1967, S. 439.

50 *Joseph Ratzinger*, Einführung in das Christentum, 1968, S. 34 f., hat die Herausforderungen für die Theologie hellsichtig erkannt, indem er über eines von zwei ‚Stadien des geistigen Umbruchs' bemerkt: „Das erste, von Descartes vorbereitet, erhält seine Gestaltung bei Kant und vorher schon, in einem etwas anderen Denkansatz, bei dem italienischen Philosophen Giambattista Vico (...), der wohl als erster eine völlig neue Idee von Wahrheit und Erkenntnis formuliert und in einem

1. Factum und verum

Vico hat seine diesbezügliche Grundannahme bereits in einer früheren Schrift vor der Scienza nuova auf die Formel *verum et factum convertuntur* gebracht,[51] wonach das Wahre und das von Menschen Gemachte als gleichbedeutend austauschbar sind.[52] Wenn aber der mondo civile die Gesamtheit dessen bezeichnet, was von Menschenhand im Wortsinne gemacht wurde, dann gehört dazu nicht nur die gesamte menschliche Gesellschaft in ihrer Geschichte und ebenso das von Menschen gesetzte Recht, sondern auch die Kultur überhaupt.[53] Der Begriff des ‚mondo civile' weist aber zugleich einen wichtigen Bezug zu der von Vico ins Werk gesetzten rationalen politischen Theologie auf. Das zeigt sich an der soeben zitierten Perspektive, die erklärtermaßen vom Standpunkt der Metaphysik selbst aus eingenommen wird (2). Betrachtet man dies nun aus dem Blickwinkel des Rechts, so lässt es sich zumindest behelfsweise auf den Begriff der Rechtsmetaphysik bringen.[54] Die Gleichsetzung von dem von Menschen Gemachten – dem *factum* – mit dem Wahren – *verum* –, auf die Vicos Philosophie oft verkürzend

kühnen Vorgriff die typische Formel des neuzeitlichen Geistes hinsichtlich der Wahrheits- und Wirklichkeitsfrage geprägt hat".

51 *Jürgen Habermas*, Erkenntnis und Interesse, 1973, berücksichtigt Vico in diesem Werk nicht, obwohl es vom Ausgangspunkt seiner anregenden Justizmetapher her aussichtsreich gewesen wäre (ebenda, S. 11): „Wollte man die philosophische Diskussion der Neuzeit in Form einer Gerichtsverhandlung rekonstruieren, wäre diese zur Entscheidung einer einzigen Frage einberufen worden: wie zuverlässige Erkenntnis möglich sei".

52 *Friedrich Kittler*, Eine Kulturgeschichte der Kulturwissenschaft, 2. Auflage 2001, S. 25.

53 *Jürgen Trabant*, Giambattista Vico – Poetische Charaktere, 2019, S. 17, bezeichnet es prägnant als „die Kultur, (...), die Gesellschaft mit umfasst, also das vom Menschen Gemachte meint – Vico nennt es den *mondo civile*".

54 *Peter König*, Giambattista Vico, 2005, S. 74, meidet den Begriff, verdeutlicht aber eine Differenzierung des vichianischen Rechtsdenkens, die der paradigmatischen Behandlung der römischen Rechtsgeschichte ebenso Rechnung trägt wie dem evolutionär ausgerichteten Rechtsverständnis: „Vico unterscheidet insofern zwischen einer Metaphysik, die theoretische Voraussetzung des allgemeinen Rechts ist, und einer Metaphysik, die das geschichtliche Resultat der römischen Jurisprudenz darstellt. Indem er deren prinzipielle Identität behauptet, ergibt sich die Frage, wie der Ursprung und Entwicklungsverlauf der römischen Jurisprudenz beschaffen sind, die zu einer solchen metaphysischen Interpretation des Rechts führen, und welche Faktoren sich darin auswirken. Darüber hinaus stellt sich die Aufgabe, die Entstehung und Entwicklung des römischen Rechts und seinen Anteil an der Geschichte des römischen Volkes als prototypisch für die geschichtliche Entwicklung aller Völker zu erweisen. Nur durch eine solche universale Wissenschaft der Völkergeschichte könnte der Wahrheitsanspruch der zur Erkenntnis des ‚wahren' Recht vorausgesetzten und verwendeten Geistmetaphysik und damit deren zeit- und kulturkritische Funktion begründet werden".

reduziert wird,[55] bedeutet jedoch nicht, dass der göttlichen Vorsehung keine Bedeutung zukäme; im Gegenteil ist gerade diese göttliche Vorsehung für sein Verständnis gar nicht hoch genug zu veranschlagen.[56]

2. Historische Ausformung des Rechts und Kulturgeschichte

Schon dieses weite Verständnis des für Vico zentralen Begriffs des ‚mondo civile‘ veranschaulicht, dass die historische Ausformung des Rechts und die Kulturgeschichte für Vico zuinnerst zusammenhängen. Zudem lässt sich daraus ersehen, dass in Vicos Scienza nuova alles mit allem in Verbindung steht und jedenfalls im Prinzipiellen nichts zufällig angeordnet ist, auch wenn die mitunter schier überbordenden etymologischen Einzelheiten dies nahezulegen scheinen. In den Grundkonstanten aber ist alles fest gefügt und sinnvoll aufeinander bezogen.[57] Das liegt nicht zuletzt an der ausdrücklichen ‚Idee des Werkes‘, die gleichsam wie das Fundament eines großen Bauwerkes vor dem Leser liegt und daher im Folgenden näher darzulegen ist, zumal da Vico selbst darauf zurückkommt (964). Wegen dieses eigentümlichen Aufbaus des Werkes, empfiehlt es sich, zwar einerseits mit der Werkidee zu beginnen, aber andererseits nicht kleinschrittig allen Einzelheiten der ‚Erklärung des an den Anfang gestellten Bildes, die als Einleitung in das Werk dient‘[58] [*„Spiegazione della Dipintura proposta al Frontespizio“*] (vor 1)[59] – zu haften.[60]

---

55 *Jürgen Habermas*, Auch eine Geschichte der Philosophie, Band 2: Vernünftige Freiheit. Spuren des Diskurses über Glauben und Wissen, 2019, S. 100 f., entgeht dieser Verkürzung, indem er richtigerweise darauf aufmerksam macht, dass Hobbes, Locke und Spinoza „lange vor Vico davon überzeugt waren, dass wir nichts mit größerer Gewissheit erkennen als das Konstrukt, das wir (...) selber hergestellt haben.“ *Vittorio Hösle*, Vico und die Idee der Kulturwissenschaft, Einleitung der Meiner-Ausgabe 1990, S. LIV, spricht in gleichem Sinne prägnant von „Hobbes‘ Prolepse des verum-factum-Prinzips“.

56 *Karl Löwith*, Weltgeschichte und Heilsgeschehen. Die theologischen Voraussetzungen der Geschichtsphilosophie, 8. Auflage 1990 (1953), S. 115, hat dies besonders deutlich herausgearbeitet: „Der hervorragende Platz, den die Vorsehung auf dem allegorischen Bilde wie in dem gesamten Werke Vicos einnimmt, zeigt, daß das Prinzip *verum = factum* mißverstanden wäre, wollte man es so auslegen, als ob Vico hätte sagen wollen, daß die geschichtliche Welt des Menschen lediglich das Produkt seiner spontanen Schöpferkraft sei“.

57 *Vittorio Hösle*, Philosophiegeschichte und objektiver Idealismus, 1996, S. 157: „Vicos Theorie darf m. E. nicht bloß als Vorläuferin späterer Ansätze gewürdigt werden, sondern muß (...) als ein Entwurf angesehen werden, dessen positive Leistungen keineswegs in einer späteren Theorie ‚aufgehoben‘ sind. Dies hat u. a. damit zu tun, daß Vico ein viel gepriesener, aber selten gelesener Autor ist, was wiederum eine Folge der außerordentlichen Komplexität seiner Theorie ist“.

58 Übersetzung Vittorio Hösle und Christoph Jermann, Meiner-Ausgabe, 2009, S. 3.

Davon wird im weiteren Verlauf der Untersuchung beiläufig die Rede sein, doch immer nur so weit, wie es für das Verständnis seiner Kulturgeschichte des Rechts erforderlich ist. Das wird etwa aus dem eingangs der Scienza nuova aufscheinenden Vergleich mit ‚den moralischen Dingen'[61] – „*delle morali*" (1)[62] – zu zeigen sein. Einstweilen genügt der Hinweis, dass darin auch eine Veranschaulichung der moralischen und politischen Verhältnisse aufscheint sowie der kulturgeschichtlich nicht unwesentliche Aspekt, dass Vico es für angezeigt hält, ein Bild zur Vergegenwärtigung seiner tiefschürfenden Gedanken voranzustellen.[63] Das Eine wie das Andere ist ersichtlich von Bedeutung für die Darstellung seiner Kulturgeschichte des Rechts. Doch muss für die Funktion des Rechts, wie sie sich Vico ursprünglich darstellt, zunächst behandelt werden, auf welche Weise sich die Menschen von allem Anfang an zueinander verhalten.

II. Gerechtigkeit, Gesellschaft und Geselligkeit

Bereits im Ausgangspunkt betont Vico die Geselligkeit der Menschen als ihre zentrale Eigenschaft. Auch später bemisst er Gesetze nicht zuletzt danach, wie sie in der Vorstellung der Menschen den gesellschaftlichen Zusammenhalt fördern: „Die Menschen neigen von Natur aus dazu, das Andenken der Gesetze und Institutionen zu bewahren, die sie in ihrer jeweiligen Gesellschaft zusammenhal-

59 *Giambattista Vico*, La scienza nuova, 1744, edizione a cura di Fausto Niccolini (Editori Laterza), 5. Auflage 1967, S. 5.

60 *Stephan Otto*, Giambattista Vico, 1989, S. 34, erklärt apodiktisch, „wie Vico gelesen sein will", nämlich anhand des als ‚frontspicio' – mit Vicos Worten „una Tavola delle cose civili" – der Scienza Nuova vorangestellten Bildes. Tendenziell ebenso, wenngleich etwas zurückhaltender *Jürgen Trabant*, Wie ‚geschichtlich' ist Vicos *mondo civile?*, in: Geschichtlichkeit von Sprache und Text. Philologien – Disziplingenese – Wissenschaftshistoriographie (Hg. Wulf Oestereicher/ Maria Selig), 2014, S. 31, 33 („die beste Einführung in Vicos Neue Wissenschaft"). *Vittorio Hösle*, Vico und die Idee der Kulturwissenschaft, Einleitung der Meiner-Ausgabe 1990, S. LXXXVIII f., bietet allerdings eine prosaische Begründung: „Die Reaktion der Venezianer Drucker auf das ihnen von Vico zugesandte Manuskript kann nicht begeistert gewesen sein – Vico empfand sie als kränkend. (...) In letzter Minute noch hatte Vico eine Polemik gegen den Venezianer Drucker durch die ‚Idea dell'opera' ersetzt, die aus einer Deutung des vorangestellten, von Domenico Antonio Vaccaro gezeichneten Kupferstichs besteht".

61 Übersetzung Vittorio Hösle und Christoph Jermann, Meiner-Ausgabe, 2009, S. 3.

62 *Giambattista Vico*, La scienza nuova, 1744, edizione a cura di Fausto Niccolini (Editori Laterza), 5. Auflage 1967, S. 5.

63 Aus bildwissenschaftlicher Sicht *Horst Bredekamp*, Il frontespizio della Scienza Nuova, Atti della Academia Nazionale die Lincei. Anno CDXII. Classe di Scienze morali, storiche e filologiche 26 (2015) 227.

ten."[64] [„*Gli uomini sono naturalmente portati a conservar le memorie delle leggi e degli ordini che gli tengono dentro le loro società*"] (2).[65] Diese im Wortsinne konservative Einstellung zu den Gesetzen und Institutionen ist nicht nur für sein Rechtsdenken bezeichnend, sondern auch in kulturgeschichtlicher Hinsicht bemerkenswert. Denn es ist zugleich Ausdruck der Beobachtung, dass die Menschen stets auf Althergebrachtes zurückgreifen, mithin auch den Wert von überkommenen Rechtsinstitutionen danach bemessen, wie viele Erfahrungen der Vergangenheit sich darin manifestieren und gleichsam abgespeichert sind. So halten nicht nur die Menschen die althergebrachten Gesetze und Institutionen in Ehren, sondern diese ihrerseits die Gesellschaft zusammen.

1. Rechtssoziologie und Kultursoziologie avant la lettre

Folgerichtig, wenngleich hinsichtlich der äußeren systematischen Anordnung des Stoffes überraschend, geht Vico in einem denkbar weit entfernten Kapitel über die ‚Erforschung des Homer' davon aus, dass „die Menschen von Natur aus dazu neigen, das Andenken der Institutionen und Gesetze zu bewahren, die sie in ihrer jeweiligen Gesellschaft zusammenhalten."[66] [„*che gli uomini sono naturalmente portati a conservare le memorie degli ordini e delle leggi che gli tengono dentro le loro società*"] (811).[67] Darüber hinaus sind die beiden zuletzt betrachteten Stellen deswegen bemerkenswert, weil sie den Begriff der Gesellschaft – ‚società' – voraussetzen. Es verwundert daher nicht, dass Vico nicht nur in seinem Heimatland als einer der Begründer der Soziologie gilt[68] – und man könnte aus juristischer Perspektive angesichts seiner besonderen Berücksichtigung des Rechts hinzufügen: der Rechtssoziologie.[69]

---

64 Übersetzung Vittorio Hösle und Christoph Jermann, Meiner-Ausgabe, 2009, S. 108.

65 *Giambattista Vico*, La scienza nuova, 1744, edizione a cura di Fausto Niccolini (Editori Laterza), 5. Auflage 1967, S. 88.

66 Übersetzung Vittorio Hösle und Christoph Jermann, Meiner-Ausgabe, 2009, S. 459.

67 *Giambattista Vico*, La scienza nuova, 1744, edizione a cura di Fausto Niccolini (Editori Laterza), 5. Auflage 1967, S. 387.

68 *Paul Barth*, Die Philosophie der Geschichte als Soziologie, 1971, S. 785; *Bernhard Schäfers*, Voraussetzungen und Prinzipien der Gesellschaftsplanung bei Saint-Simon und Karl Mannheim, in: Soziologie und Gesellschaftsentwicklung, 1996, S. 100.

69 *Johan Valkhoff*, Recht, Mensch und Gesellschaft. Zur Transformation gesellschaftlicher Kräfte in Rechtsnormen, 1972, S. 163, *Jong-Seok Na*, Praktische Vernunft und Geschichte der Philosophie bei Vico und Hegel, 2002, S. 58, geht davon aus, dass „Vicos Rechtssoziologie (...) aufgrund seiner Sozial- und Kulturwissenschaft den Zusammenhang des Rechts als eines Bestandteils einer bestimmten Gesellschaft mit der allgemeinen sozialen Gesamtordnung präzise darstellt".

a) Vico und Montesquieu als Wegbereiter der Rechtssoziologie

Im Verhältnis Vicos zu Montesquieu ist noch Vieles ungeklärt; zu unterschiedlich waren die beiden Denker, nicht zuletzt im Hinblick auf ihre jeweilige Weltläufigkeit. Andererseits sind beide von ihrer juristischen bzw. rechtsphilosophischen Provenienz her zu mannigfaltigen strukturell ähnlichen Erkenntnissen gelangt. Auch in biographischer Hinsicht liegt Manches im Dunkeln.[70] Ob Montesquieu von Vico Notiz genommen hat, etwa während seines Neapel-Besuchs im Jahre 1729, wo er unweit Vicos Quartier nahm, oder ihn gar getroffen hat, lässt sich nicht sicher sagen. Dokumentiert ist zwar seine Absicht, die Scienza nuova käuflich erwerben zu wollen, aber ob er diesen Entschluss in die Tat umgesetzt hat, ist ungewiss.[71] In Montesquieus eigener Bibliothek ist jedenfalls – entgegen einer anderslautenden Annahme[72] – kein Exemplar überliefert.[73]

aa) Übereinstimmungen bezüglich der Bedeutung des Klimas

Allerdings finden sich bei diesen beiden unabhängig voneinander forschenden Zeitgenossen frappierende Übereinstimmungen, wenn man nur an die Bedeutung des Klimas für die unterschiedlichen Rechtsvorstellungen und Sitten der Völker denkt:[74] „Wie die Völker sicherlich durch die Verschiedenheit des Klimas mannigfaltige und verschiedene Naturen erlangt haben, aus denen ebensoviele verschiedene Sitten hervorgegangen sind, so sind aus ihren verschiedenen Naturen und Sitten ebensoviele verschiedene Sprachen entstanden.“[75] [*„Che, come certamente i popoli per la diversità de‘ climi han sortito varie diverse nature, onde sono usciti tanti costumi diversi; così dalle loro diverse nature e costumi sono nate altrettante diverse lingue*“] (445).[76]

---

70 Erhellend aber *Wladyslaw Folkierski*, Montesquieu et Vico, Actes du congrès Montesquieu, 1956, S. 127.

71 *Vittorio Hösle*, Vico und die Idee der Kulturwissenschaft, Einleitung der Meiner-Ausgabe 1990, S. CCLXVIII mit Fußnote 315 und weiteren Nachweisen auch zum Folgenden sowie der überzeugenden Hypothese, dass „jedenfalls kein tiefergehender Einfluß stattgefunden zu haben scheint, denn wenn Montesquieu die SN in Händen gehabt haben sollte, wird sein nüchterner Geist durch Vicos visionäres Denken eher befremdet worden sein“.

72 *Benedetto Croce*, Die Philosophie Giambattista Vicos (deutsche Übersetzung Erich Auerbach/ Theodor Lücke), 1927, S. 284.

73 Vgl. *Louis Desgraves*, Catalogue de la bibliothèque de Montesquieu, 1954.

74 Dazu andeutungsweise *Jens Petersen*, Montaignes Erschließung der Grundlagen des Rechts, 2. Auflage 2019, Vorwort.

75 Übersetzung Vittorio Hösle und Christoph Jermann, Meiner-Ausgabe, 2009, S. 221.

76 *Giambattista Vico*, La scienza nuova, 1744, edizione a cura di Fausto Niccolini (Editori Laterza), 5. Auflage 1967, S. 185.

Auch wenn Vico diese Gesetzmäßigkeit nicht vom Recht her beobachtet, wird mit diesem Rekurs auf die Genese der Sitten und vor allem der Sprachen die kulturgeschichtliche Betrachtung besonders deutlich, zumal da sie sich, wie zu zeigen sein, wird, zumindest mittelbar auf das Recht auswirkt, weil dieses ersichtlich im Zusammenhang mit den Sitten entstanden ist. Darüber hinaus aber ist vor allem der Zusammenhang der Sprache mit dem Recht, wie erst Vico durch einen unergründlichen Schatz an – wenn auch nicht immer gleichermaßen stichhaltigen – etymologischen Ausführungen sinnfällig gemacht hat, nicht hoch genug zu veranschlagen.

bb) Von der Rechtssoziologie zur Kultursoziologie

Im bisherigen Schrifttum ist noch nicht hinreichend gewürdigt worden,[77] dass Vico neben Montesquieu, wie eingangs angedeutet, zu den Begründern der Rechtssoziologie zählt.[78] Beide haben sich zwar auch, aber eben nicht nur mit der dogmatischen Durchdringung bestimmter Regelungen befasst, sondern darüber hinaus die gesamten tatsächlichen und gesellschaftlichen Bedingungen untersucht, unter denen das Recht Geltung entfaltet, zu denen neben den historischen und wirtschaftlichen Faktoren auch bestimmte kulturelle Einflüsse und Prägungen gehören. Würde man entsprechend dem soeben genannten Beispiel klimatischer Bedingungen die Ausführungen Vicos und Montesquieus hinsichtlich bestimmter äußerlicher Faktoren und Einwirkungen auf die Sitten näher untersuchen, als dies im Rahmen der vorliegenden Untersuchung möglich ist, dann könnte man möglicherweise feststellen, dass sie beinahe zeitgleich zu Annahmen gelangten, um deretwillen sie über eine lange Zeit hindurch mit mildem Spott bedacht wurden, die jedoch nicht nur der Rechtssoziologie den Weg bereitet, sondern der Jurisprudenz auch kulturgeschichtliche Einsichten beschert haben. Mit ihrer jeweils unterschiedlichen Schwerpunktsetzung mag Montesquieu eher die später aufkeimende Politikwis-

77 *Friedrich Kittler*, Eine Kulturgeschichte der Kulturwissenschaft, 2. Auflage 2001, S. 40, sieht allerdings den geistesgeschichtlichen Zusammenhang, der zugleich unausgesprochen und wenigstens der Sache nach ein rechtssoziologischer ist: „Für Vico, der sich insofern als Zeitgenosse Montesquieus erweist, stellt die ewige ideale Geschichte sicher, daß alle Völker und Nationen dieselben Stadien unterschiedlicher Herrschaftsformen durchlaufen".

78 *Vittorio Hösle*, Moral und Politik. Grundlagen einer Politischen Ethik für das 21. Jahrhundert, 1997, S. 547, wonach „die von Vico und Montesquieu begründete Rechtssoziologie, die die Funktion des positiven Rechts, aber auch der Rechtswissenschaft innerhalb menschlicher Gesellschaften analysiert, ein Teil der Sozialwissenschaft (ja der Politikwissenschaft) und nicht der Jurisprudenz ist, auch wenn manche ihrer Einsichten wiederum für die Arbeit des Rechtswissenschaftlers bedeutsam sein können." – Die Hellsichtigkeit dieser Beobachtung wird sich am Ende dieses kleinen Abschnitts erweisen.

senschaft, Vico demgegenüber durch seine vertiefende Berücksichtigung der Philologie die Kulturwissenschaft bereichert haben. Doch gingen beide entschieden vom Recht und den Gesetzen aus, so dass in einer vorläufig zu veranschlagenden Zusammenschau Vico die Kulturgeschichte des Rechts stärker in den Vordergrund gestellt hat. Zugleich lässt sich dieser kursorischen Betrachtung entnehmen, dass Vico ebenso wie Montesquieu neben der Rechtssoziologie auch der Kultursoziologie den Weg geebnet haben.[79]

b) Kultursoziologie und Geschichtsphilosophie

Als weiterer Denker, dem die Rechtssoziologie maßgebliche Einsichten verdankt, kann innerhalb Italiens im Übrigen Machiavelli gelten.[80] Und doch hat Vico im Vergleich zu ihm in gewisser Hinsicht womöglich noch tiefer geblickt, weil er, wie soeben gesehen, auch die Kultursoziologie avant la lettre mitberücksichtigte und auf dieser Grundlage historisch eindringlicher nach den gesellschaftlichen Ursachen bestehender Institutionen fragte.[81] Das ist zudem deswegen von Interesse, weil sich aus Vicos Werk ebenfalls geschichtsphilosophisch fundierte Hinweise gewinnen lassen, die zwar nicht notwendigerweise in pragmatische Handlungsanweisungen münden, wohl aber zu einer Diagnose zeitbedingter Krisen beitragen können.[82] Hieran zeigt sich im Übrigen, dass die Beantwortung der von beiden aufgeworfenen rechtssoziologischen Fragen bei Machiavelli aus heutiger Sicht eher in die Politikwissenschaft mündet,[83] während diejenigen Vicos bis in die moderne Kultursoziologie reichen.[84]

Darüber entfaltet diese kultursoziologische Ausrichtung eine eminente geistesgeschichtliche Bedeutung, weil Vico die Geschichtsphilosophie nicht nur um

79 *Rudolf Richter*, Soziologische Paradigmen, 2. Auflage 2016, S. 39 f., sieht Vico ebenso wie Montesquieu interessanterweise weniger als Wegbereiter der Soziologie im Allgemeinen denn als „Begründer zweier spezieller Soziologien, nämlich der Kultur- und Rechtssoziologie".

80 *Susanne Baer*, Rechtssoziologie. Eine Einführung in die interdisziplinäre Rechtsforschung, 2011, S. 5 ff.; *Jens Petersen*, Machiavellis Gesetzgebungslehre, 2020, § 1.

81 *Benedetto Croce*, Die Philosophie Giambattista Vicos (deutsche Übersetzung Erich Auerbach/ Theodor Lücke), 1927, S. 171: „Auch Machiavelli wird von Vico kritisiert, (...) weil er die Ursache der römischen Größe in verschiedenen politischen und militärischen Institutionen Roms sah, ohne die Quelle jener Institutionen, d. h. das Wesen jener Gesellschaft, zu entdecken".

82 *Vittorio Hösle*, Globale Fliehkräfte. Eine geschichtsphilosophische Kartierung der Gegenwart, 2019, S. 124, bezeichnet dementsprechend Vico als einen „Autor, der einiges Licht auf die gegenwärtige Situation wirft".

83 *Herfried Münkler*, Geleitwort: Machiavelli, Discorsi – Gedanken über Politik und Staatsführung, 3. Auflage 2007, S. XIX.

84 Siehe zum Ganzen auch *Alfred Weber*, Kulturgeschichte als Kultursoziologie, 1935.

ihrer selbst willen oder gleichsam isoliert bedenkt, sondern alle Formen der Betätigung menschlichen Geistes berücksichtigt und damit eben demjenigen Bereich den Weg ebnet, der als Kulturwissenschaft bezeichnet wird,[85] so dass gerade in dieser Schnittmenge von Geschichtsphilosophie und Kulturwissenschaft auch die Kulturgeschichte betrachtet wird.[86] Und da er dies als studierter Jurist unternimmt, interessieren ihn vielfach vordringlich, wenngleich mitnichten ausschließlich, die kulturgeschichtlichen Fragen des Rechts, zu denen eben auch die Begründung der Gesellschaft aus dem Verlangen der Individuen und Familien nach Gemeinschaft gehören.

c) Ableitung des Gemeinschaftsverlangens aus der göttlichen Vorsehung

Anders als diejenigen Denker, die für die Begründung der modernen Soziologie vereinnahmt werden, leitet Vico jedoch diese besondere Eigenschaft der Geselligkeit aus einer göttlichen Ordnung und Vorsehung ab,[87] in der alttestamentarisches Denken ebenso seinen Platz hat wie die Vorstellung einer allumfassenden Gerechtigkeit (516):[88] „Aus Vorsorge für diese Eigenschaft hat Gott die menschli-

85 *Friedrich Kittler*, Eine Kulturgeschichte der Kulturwissenschaft, 2. Auflage 2001, S. 17, verteilt die Argumentationslast eindeutig: „Seit Vicos Gründungsakt sind die Fragen nach der Kultur und nach der Geschichte so nahtlos verknüpft, daß es eher großer methodischer Anstrengungen bedurft hat, um unhistorische Verfahren und Darstellungsformen der Kulturwissenschaft zu entwickeln".

86 *Isaiah Berlin*, Vico and Herder. Two Studies in the History of Ideas, 1976, S. 34 f., bringt es auf den Punkt, indem er zugleich den daraus resultierenden Zusammenhang zwischen Geschichtsphilosophie und Kulturwissenschaft freilegt: „The central idea at the heart of Vico's thought is that, in the individual and society alike, phase follows phase not hapharzardly (as the Epcureans thougt), nor in a sequence of mechanical causes or effects (as the Stoics taught), but as stages in the pursuit of an intelligible purpose – man's effort to understand himself and his world, and to realize his capacities in it. History for him is the orderly procession (guided by providence, working through men's capacities) of ever deepening types of apprehension of the world, of ways of feeling, acting impressing, each of which grows out of, and supersedes, its predecessor. To each type culture neccessarily belong some characteristics not found in another".

87 *Maeve Edith Albano*, Vico and Providence, 1986.

88 *Benedetto Croce*, Die Philosophie Giambattista Vicos (deutsche Übersetzung Erich Auerbach/ Theodor Lücke), 1927, S. 63, legt die hinter den metaphysischen Spekulationen verborgene soziologische Bedeutung mit ihren rechtlichen Konnotationen frei: „Ein anderer ihm eigentümlicher Gedanke könnte hingegen bei flüchtiger Betrachtung zu dem Schlusse verführen, daß die Praxis der Theorie vorangehe; denn Vico behauptet, daß die Philosophen zu ihren Begriffen gelangen dank der Erfahrung der sozialen Einrichtungen und der Gesetze, die die Menschen als etwas Allgemeingültiges anerkennen, und daß Sokrates und Plato z. B. die Demokratie und das Athenische Gerichtswesen voraussetzen. Aber diese Aufeinanderfolge der Religionen, die die Staatswesen erzeugen, der Staatswesen, die die Gesetze erzeugen, der Gesetze, die die philoso-

chen Dinge derart geordnet und eingerichtet, daß die Menschen, durch den Sündenfall von der vollkommenen Gerechtigkeit abgefallen und darauf erpicht, fast immer etwas ganz Verschiedenes und häufig genug geradezu ganz Entgegengesetztes zu tun (weswegen sie, um ihren Vorteil zu erreichen, wie wilde Tiere einsam lebten), gerade auf diesen ihren verschiedenen und entgegengesetzten Wegen durch ihren Vorteil selbst dahin gebracht wurden, als Menschen mit Gerechtigkeit zu leben, sich in Gesellschaft zu erhalten und auf diese Weise ihre gesellige Natur zu bestätigen; diese wird in vorliegendem Werk als die wahre politische Natur des Menschen erwiesen werden, so daß auf diese Weise bewiesen werden kann, daß es von Natur aus ein Recht gibt."[89]

[„*Alla qual Iddio provvedendo, ha così ordinate e disposte le cose umane, che gli uomini, caduti dall'intiera giustizia per lo peccato originale, intendendo di fare quasi sempre tutto il diverso e, sovente ancora, tutto il contrario — onde, per servir all'utilità, vivessero in solitudine da fiere bestie, — per quelle stesse loro diverse e contrarie vie, essi dall'utilità medesima sien tratti da uomini a vivere con giustizia e conservarsi in società, e sì a celebrare la loro natura socievole; la quale, nell'opera, si dimostrerà essere la vera civil natura dell'uomo, e sì esservi diritto in natura*"] (2).[90]

d) Abfall von der göttlichen Gerechtigkeit

Dieser anspruchsvolle Gedanke enthält mannigfaltige rechts- und religionsphilosophische Prämissen, die auf eine ganz und gar originelle Weise mit dem soeben genannten sozialen Gedanken verknüpft sind und die Methode des Autors veranschaulichen.[91] Zunächst erscheint in dieser für die neuzeitliche Sicht un-

phischen Ideen erzeugen, (...) ist gerade eine Theorie von nicht philosophischer, sondern soziologischer Bedeutung".

89 Übersetzung Vittorio Hösle und Christoph Jermann, Meiner-Ausgabe, 2009, S. 4.

90 *Giambattista Vico*, La scienza nuova, 1744, edizione a cura di Fausto Niccolini (Editori Laterza), 5. Auflage 1967, S. 6.

91 *Jürgen Habermas*, Faktizität und Geltung. Beiträge zur Diskurstheorie des Rechts und des demokratischen Rechtsstaats, 1994, S. 65 f., zeichnet Vicos Bedeutung für die Entstehung der Gesellschaft auf eine auch in rechtsphilosophischer und rechtssoziologischer Hinsicht weiterführende Weise nach: „Nachdem von Vico bis Condorcet die Teleologie der Natur in die Dimension der Geschichte verlegt worden ist, kann die Gesellschaft als werdende, sich auf sich selbst beziehende Totalität begriffen werden, die das ihr eingeschriebene Wesen einer intentionalen Vergesellschaftung im Laufe des historischen Prozesses erst verwirklicht, und zwar als *künftige* Assoziation der vom Kapitalfetisch befreiten Produzenten, die die Bedingungen des materiellen Lebensprozesses ihrer gemeinschaftlichen Kontrolle unterwerfen." Hervorhebung auch dort.

gewöhnlichen Betrachtung Gott als die Dinge bewegende Ordnungsinstanz, wobei Vico sich dann allerdings vom mittelalterlichen Paradigma weit entfernt.[92] Allerdings geschieht dies nicht in einer solchen Weise, wie es zumindest Pascal gegen die cartesische Gottesvorstellung geltend gemacht hat,[93] indem ihm zwar ein nominell wichtiger Stellenwert eingeräumt wird, dessen Bedeutung bei Licht betrachtet jedoch eher geringfügig ist.[94]

Hier dagegen wird der Abfall von der göttlichen Gerechtigkeit als konkretes Ereignis vorausgesetzt, als wäre es eine historische Tatsache, von der aus der menschliche Entwicklungsprozess seinen Ausgang nimmt. Auch daran zeigt sich die entwicklungsgeschichtlich ausgerichtete Perspektive Vicos, der auch und gerade die Religion in die Genese der menschlichen Dinge einbezieht, als wären sie empirisch nachprüfbare Tatsachen. Mit ihrer von vornherein auf ein Naturrecht zielenden Beweisführung erhält der Gedankengang, der im Ausgangspunkt eher augustinisch anmutet, eine juristische Imprägnierung, deren religionsgeschichtliche Herleitung das Zusammenwirken von Recht, Religion und Geschichte veranschaulicht.

e) Jurisprudenz und Weisheit

Zugleich nimmt Vico in einer realistischen anthropologischen Annahme die divergierenden Interessen der Menschen an, die ursprünglich egoistisch und un-

92 *Helmut Thielcke*, Glauben und Denken in der Neuzeit. Die großen Systeme der Theologie und Religionsphilosophie, 2. Auflage 1988, S. 467.

93 Deutlich wird dies – nicht zuletzt im Hinblick auf den die Rechtswissenschaft berücksichtigenden Ausgangspunkt – bei *Karl Löwith*, Weltgeschichte und Heilsgeschehen. Die theologischen Voraussetzungen der Geschichtsphilosophie, 8. Auflage 1990 (1953), S. 112: „Vico, der von der Rechtswissenschaft und Historie zur Philosophie gekommen war, stellte gerade diesen kritischen Maßstab der Cartesischen Wahrheit in Frage, und zwar auf Grund des Grundsatzes, daß alles wirkliche Wissen ein Wissen von Ursachen ist, d. h. wir wissen nur wahrhaft und gründlich, was wir auch verursacht und gemacht haben. Das Wahre oder *verum* bemißt sich nach dem Geschaffenen, dem *factum*." Hervorhebungen auch dort. Die daraus resultierenden geschichtsphilosophischen Konsequenzen sind auch rechtsphilosophisch und rechtssoziologisch bedeutsam; vgl. ebenda, S. 114: „Durch die im Verstehen von Geschichte vollzogene Vertauschung des Wahren und des Geschaffenen befreite sich Vico vom Ausgangspunkt des Descartes und gelangte zu der philosophischen Wahrheit all jener ‚philologischer' Gewißheiten, die in der menschlichen Welt der Sprachen, Bräuche, Gesetze, Institutionen auftreten".

94 Grundlegend *Karl-Otto Apel*, Giambattista Vicos Anticartesianismus und sein Programm einer „Neuen Wissenschaft", Zeitsprünge. Forschungen zur Frühen Neuzeit, 3 (1990) 209; siehe auch *Jürgen Habermas*, Auch eine Geschichte der Philosophie, Band 2: Vernünftige Freiheit. Spuren des Diskurses über Glauben und Wissen, 2019, S. 384 f. Speziell zur im Text genannten Problematik *Jens Petersen*, Pascals Gedanken über Gerechtigkeit und Ordnung, 2016, § 3 passim.

sozial eingestellt waren.[95] Der in dem oben wiedergegebenen Vergleich mit den wilden Tieren, den Vico zu Beginn seiner Untersuchung anstellt (2), kontrastiert auf den ersten Blick mit der seinerseits zugrunde gelegten Eigenart der Geselligkeit. Doch ergibt sich diese entwicklungsgeschichtlich daraus, dass das von den Menschen erkannte und von Gott eingestiftete Eigeninteresse im Sinne der Erhaltung der Art sie vernunftmäßig dazu führt, miteinander in Gemeinschaft zu treten.[96] Daher darf man gerade in diesem Zusammenhang die bereits zu Beginn betonte Metaphysik nicht außer Betracht lassen (2).

Denn diese steht im Dienste des Wohls der Menschheit und ermöglicht dadurch überhaupt erst ein geselliges und friedliches Leben der Menschen dank der göttlichen Vorsehung: „Daher muß die Metaphysik wesentlich zum Wohl des Menschengeschlechts geübt werden, das sich dank dieser allgemeinen Überzeugung erhält: daß die Gottheit vorsehend sei."[97] [„*Talché la metafisica dee essenzialmente adoperarsi a bene del gener umano, il quale si conserva sopra questo senso universale: che sia, la divinità, provvedente*"] (365).[98] Vico erinnert die Menschen also auf Schritt und Tritt daran, dass menschliche Weisheit religiösen Ursprungs ist (506). Auch der Abfall von der göttlichen Gerechtigkeit ändert für Vico nichts an der allgegenwärtigen göttlichen Vorsehung. Zugleich ist die Weisheit für ihn eng mit der Jurisprudenz verwoben (946). Das kann man auch an

---

95 *Friedrich Kittler*, Eine Kulturgeschichte der Kulturwissenschaft, 2. Auflage 2001, S. 39, gibt freilich mit Recht zu bedenken, was auch für alles hier Folgende gilt, zumal da er die normative Komponente am Schluss seines Gedankens mitberücksichtigt: „Vicos ‚Neue Wissenschaft' ist (...) keine Anthropologie. Sie handelt nicht davon, daß Menschen im Unterschied zu Tieren sprechen oder schreiben, lachen oder weinen können, sondern bietet nur eine Spielart der guten alten Geschichte, deren Sachbereich ja immer schon auf homo sapiens beschränkt war. Aber eine Geschichte, die (...) bei lauter ethisch positiven Regelungen einsetzt, unterscheidet sich von der Gehabten." Aufschlussreich ist auch seine Beobachtung, dass bei Vico „der Friede oder die Regel mehr Aufmerksamkeit erfährt als der Krieg oder die Gewalt".

96 *Vittorio Hösle*, Vico und die Idee der Kulturwissenschaft, Einleitung der Meiner-Ausgabe 1990, S. XXXIV, hat diesen Wirkungszusammenhang der rationalen Erkenntnis irrationaler Determinanten im Rahmen der Kulturentstehung am deutlichsten herausgearbeitet: „Sein tiefstes Anliegen war eben dies, die Entdeckung der tierischen Momente in der menschlichen Natur und der zeitlichen Dimension menschlicher Kultur in jenes System des objektiven Idealismus zu integrieren, das seines Erachtens allein in der Lage war, jener Erkenntnis Wissenschaftlichkeit zu verleihen." – Die Bedeutung des Systems des objektiven Idealismus' kann auch für Vicos Rechtsdenken nicht hoch genug veranschlagt werden.

97 Übersetzung Vittorio Hösle und Christoph Jermann, Meiner-Ausgabe, 2009, S. 162.

98 *Giambattista Vico*, La scienza nuova, 1744, edizione a cura di Fausto Niccolini (Editori Laterza), 5. Auflage 1967, S. 134; das letzte Wort – provvedente – hat Vico hervorgehoben.

der einordnenden Bemerkung erkennen: „Drei Arten von Jurisprudenz oder Weisheit.“[99] [„*Tre spezie di giurisprudenze ovvero sapienze*“] (937).[100]

2. Geselligkeit und natürliches Recht

Kommen wir vor diesem Hintergrund zurück auf den Zurechnungsendpunkt eines Naturrechts, von dem wir inzwischen annehmen dürfen, dass es Vico zufolge auch einen Zusammenhang mit der menschlichen Vernunft aufweisen muss, da sich die Menschen doch entgegen ihrer ursprünglichen Gesinnung vernünftigerweise zusammenfinden, um ungeachtet ihrer unterschiedlichen Willensrichtung ihr Überleben gemeinschaftlich zu sichern.[101] Die Geselligkeit ist nämlich auch deswegen für Vicos Rechtsverständnis von grundsätzlicher Bedeutung, weil die Frage nach der Gemeinschaftsfähigkeit der menschlichen Natur seines Erachtens zusammenhängt mit der Existenz eines Rechts in der Natur (2).

a) Wissen von der Welt

Wie es seiner Darstellungsweise entspricht, entwickelt Vico an vergleichsweise früher Stelle einen Grundsatz, auf den er später zurückkommt: „Außerhalb ihres natürlichen Zustandes passen sich die Dinge nicht an, noch dauern sie. Dieser Grundsatz allein – da ja das Menschengeschlecht, seit man von der Welt weiß, verträglich in Gesellschaft gelebt hat und lebt – entscheidet den großen Streit, den die besten Philosophen und Moraltheologen noch heute mit dem Skeptiker Karneades und mit Epikur führen (auch Grotius hat ihn nicht beendet): ob es ein Recht in der Natur gebe oder, was dasselbe bedeutet, ob die menschliche Natur

---

99 Übersetzung Vittorio Hösle und Christoph Jermann, Meiner-Ausgabe, 2009, S. 499.

100 *Giambattista Vico*, La scienza nuova, 1744, edizione a cura di Fausto Niccolini (Editori Laterza), 5. Auflage 1967, S. 435.

101 *Benedetto Croce*, Die Philosophie Giambattista Vicos (deutsche Übersetzung Erich Auerbach/Theodor Lücke), 1927, S. 18, zeichnet die juristischen und übrigen wissenschaftlichen Studien Vicos in der Zeit nach 1712 nach und bietet eine mögliche biographische Erklärung für diese Weiterung seines Bildungshorizonts: „Im folgenden Jahrzehnt fühlte sich Vico immer stärker zu der Beschäftigung mit Untersuchungen über die Geschichte des Rechts und der Kultur hingezogen. Er las Grotius (...) und ließ sich in Debatten über das Naturrecht ein; er vertiefte seine Studien über das römische Recht und die allgemeine Rechtswissenschaft, um eines Lehrstuhls für Jurisprudenz an der Universität in Neapel würdig zu werden; er beschäftigte sich von neuem mit dem Ursprung der Sprachen, Religionen und Staaten (...); der Unterricht in der Rhetorik, der sein Beruf war, verschaffte ihm ständig Gelegenheit, über Natur und Geschichte der Dichtung und der Sprachformen nachzudenken“.

gesellig sei."[102] [„*Le cose fuori del loro stato naturale né vi si adagiano né vi durano. Questa degnità sola, poiché 'l gener umano, da che si ha memoria del mondo, ha vivuto e vive comportevolmente in società, ella determina la gran disputa, della quale i migliori filosofi e i morali teologi ancora contendono con Carneade scettico e con Epicuro (né Grozio l'ha pur inchiovata): se vi sia diritto in natura, o se l'umana natura sia socievole, che suonano la medesima cosa*"] (134/135).[103]

Abgesehen von dem auf Grotius zielenden Klammerzusatz, von dem im Hinblick auf die Naturrechtslehre noch die Rede sein wird (342),[104] ist hieran zweierlei bemerkenswert. Zunächst ist es der unscheinbare Einschub ‚seit man von der Welt weiß' – ‚da che si a memoria del mondo' –, der für Vicos Denkweise bezeichnend ist. Denn er unternimmt auf Schritt und Tritt buchstäblich jeden erdenklichen Versuch, in allen Bereichen menschlicher Kultur den frühestmöglichen Anknüpfungspunkt gesicherten Wissens herauszufinden, sei es über Mythen, literarische Zeugnisse, archaische Verhaltensweisen oder Gesetze. Insofern erscheint ihm das diesbezügliche Wissen geselligen Zusammenlebens innerhalb der menschlichen Gesellschaft als gesichert.

b) Übereinstimmende Sitten und natürliches Recht

Die zweite Besonderheit des zuletzt behandelten Gedankens (135), die aus der ersten folgt, besteht in dem Schluss auf ein Recht in der Natur aus der – für ihn nunmehr feststehenden – Tatsache des seit jeher bestehenden geselligen Zusammenlebens der Menschen.[105] Bei der Verfolgung dieses Gedankens, der in

---

102 Übersetzung Vittorio Hösle und Christoph Jermann, Meiner-Ausgabe, 2009, S. 91.

103 *Giambattista Vico*, La scienza nuova, 1744, edizione a cura di Fausto Niccolini (Editori Laterza), 5. Auflage 1967, S. 74.

104 *Benedetto Croce*, Die Philosophie Giambattista Vicos (deutsche Übersetzung Erich Auerbach/Theodor Lücke), 1927, S. 89, erklärt die Vorbehalte Vicos insbesondere im Hinblick auf diesen Naturrechtsdenker: „Daher rührt Vicos Vorwurf gegen Grotius, er habe das *ius naturale philosophorum*, das aus Vernunftmaximen der Moralisten, Theologen und zum Teil auch Juristen zusammengesetzte Recht, mit dem *ius naturale gentium* – in der Terminologie von Grotius: das natürliche Recht mit einer Form des willkürlichen oder positiven Rechts – verwechselt, die römischen Juristen, die nur von diesem zweiten Recht zu sprechen beabsichtigten, falsch verstanden und deshalb Verbesserungen vorgeschlagen und Kritiken geäußert habe, die unberechtigt sind." Hervorhebungen auch dort.

105 *Vittorio Hösle*, Recht und Geschichte bei Giambattista Vico, Gedenkschrift für Karl-Heinz Ilting, 1990, S. 389, 406 f., zeigt im Sinne des soeben Wiedergegebenen, dass nicht zuletzt Vicos Rekurs auf die ältesten philologischen Spuren, namentlich die homerischen Epen, Ausdruck eines gewissen Naturrechtsdenkens ist: „Vico erkennt die Geschichtlichkeit des Rechts an und hält es für einen der Hauptirrtümer der Naturrechtslehre, diese Geschichtlichkeit zu übersehen. Ja, sein Interesse an der Geschichte des Rechts geht viel weiter zurück als dasjenige der gelehrten

Bereiche führt, die allein nach dem äußeren System zu urteilen, weit auseinanderstehen, werden wir sehen, dass diese dem inneren System nach zusammengehören, wie vor allem die Bedeutung der Vernunft für Gesetz und Recht zeigt.[106]

aa) Gesetz, Gewohnheit und natürliches Recht

Vico führt nämlich diesen Gedanken entsprechend seiner genannten Verweisungstechnik an späterer Stelle in zwei aufeinanderfolgenden Überlegungen aus, deren zweite auf das soeben Dargestellte Bezug nimmt und an späterer Stelle noch einmal aufgegriffen wird (312): „Ein bemerkenswerter Ausspruch ist derjenige des Dio Cassius, daß die Gewohnheit dem König und das Gesetz dem Tyrannen ähnlich sei; was man beziehen muß auf die vernünftige Gewohnheit und auf das Gesetz, das nicht beseelt ist durch natürliche Vernunft. Dieser Grundsatz entscheidet mittels seiner Folgen auch den großen Streit, ‚ob es ein Recht in der Natur gebe oder ob das Recht nur in der Meinung der Menschen bestehe', was dasselbe ist wie der Streit, der im Folgesatz des achten Grundsatzes erörtert wurde (135), ‚ob die menschliche Natur gesellig sei'. Denn da das natürliche Recht der Völker von der Gewohnheit eingesetzt wurde (von der Dio sagt, sie gebiete wie ein König dadurch, daß sie gefalle) und nicht durch das Gesetz (von dem Dio sagt, es gebiete wie ein Tyrann auf gewaltsame Weise) – ist es doch mit diesen menschlichen Sitten entstanden, die aus der gemeinsamen Natur der Völker entsprungen sind (die der angemessene Gegenstand dieser Wissenschaft ist), und erhält doch dieses Recht die menschliche Gesellschaft – und da es schließlich nichts Natürlicheres gibt (denn es gibt nichts, was mehr gefällt), als den natürlichen Sitten gemäß zu

---

Rechtshistoriker seiner Zeit, die an der Zwölftafelgesetzgebung haltmachen; eine Schatzkammer für die Rekonstruktion des Naturrechts der griechischen Stämme ist ihm Homer." – Diese entscheidende Aussage zum Ursprung des vichianischen Rechts- und Geschichtsverständnis, das von allem abweicht, was in der Neuzeit, aber eben auch zuvor gedacht wurde, entspricht exakt dem, was hier unter Vicos Kulturgeschichte des Rechts verstanden wird.

106 Zur Unterscheidung zwischen innerem und äußerem System in der juristischen Methodenlehre, die man wohl auch auf Vicos Darstellung des Rechts anwenden kann, da Rechtsprobleme, die in einem inneren Zusammenhang zueinander stehen, oft an weit entfernt voneinander angeordneten Stellen stehen, grundlegend *Philipp Heck*, Begriffsbildung und Interessenjurisprudenz, 1932, S. 139 ff., freilich seiner Themenstellung entsprechend ohne Berücksichtigung Vicos. Zu dieser Lehre Hecks auch *Claus-Wilhelm Canaris*, Systemdenken und Systembegriff in der Jurisprudenz, 2. Auflage 1983, S. 35, der im Zusammenhang mit der Topik, wie weiter oben angedeutet, auch Vico berücksichtigt (S. 140); vgl. auch *Jens Petersen*, Anspruchsgrundlage und Anspruchsaufbau als Abbildung des inneren Systems der Privatrechtsordnung, Festschrift für Dieter Medicus, 2009, S. 295.

leben, so ist aus all diesen Gründen die menschliche Natur, aus der diese Sitten entsprungen sind, gesellig."[107]

[„*È un detto degno di considerazione quello di Dion Cassio: che la consuetudine è simile al re e la legge al tiranno; che deesi intendere della consuetudine ragionevole e della legge non animata da ragion naturale. Questa degnità dagli effetti diffinisce altresì la gran disputa: ‚se vi sia diritto in natura o sia egli nell'oppenione degli uomini', la qual è la stessa che la proposta nel corollario dell' ottava; ‚se la natura umana sia socievole'. Perché, il diritto natural delle genti essendo stato ordinato dalla consuetudine (la qual Dione dice comandare da re con piacere), non ordinato con legge (che Dion dice comandare da tiranno con forza), perocché egli è nato con essi costumi umani usciti dalla natura comune delle nazioni (ch'è 'l subbietto adeguato di questa Scienza), e tal diritto conserva l'umana società; né essendovi cosa più naturali (perché non vi è cosa che piaccia più) che celebrare i naturali costumi: per tutto ciò la natura umana, dalla quale sono usciti tali costumi, ella è socievole*"] (308/309).[108]

Bedeutsam ist der präzisierende Hinweis der vernünftigen Gewohnheit und dem nicht notwendigerweise vernünftigen von Menschen geschaffenen Gesetz. Denn auch hieran zeigt sich, was Vico weiter oben vorausgesetzt hat, nämlich der notwendige Zusammenhang zwischen dem Recht der Natur und der ursprünglichen Geselligkeit der menschlichen Natur (135). Ob die Beweisführung wirklich zwingend ist, mag dahinstehen. Doch die entwicklungsgeschichtliche Vorgehensweise, welche die prägende Kraft der Sitte mit der geselligen Natur der Menschen in Verbindung bringt und zu einer das natürliche Recht durchgängig erhaltenden Konstante erhebt, die ihrerseits wiederum die Gesellschaft erhält, stellt einen der bemerkenswertesten neuzeitlichen Begründungsversuche dar, zumal da er auch für den Zusammenhang zwischen Recht und Kulturgeschichte weiterführend ist.[109]

bb) Vereinbarkeit evolutionären Rechtsdenkens mit dem Naturrecht

Vico kommt später in knapperer Form erneut auf diesen Gedanken zurück, nämlich im Abschnitt über die politische Ordnung der Familie als der Keimzelle des Gemeinwesens. Nicht von ungefähr staunt er: „Man vergleiche damit die unermeßliche Zahl der politischen Wirkungen, die sich alle auf diese ihre vier

107 Übersetzung Vittorio Hösle und Christoph Jermann, Meiner-Ausgabe, 2009, S. 135 f.

108 *Giambattista Vico*, La scienza nuova, 1744, edizione a cura di Fausto Niccolini (Editori Laterza), 5. Auflage 1967, S. 109.

109 *Egon Friedell*, Kulturgeschichte der Neuzeit, 1927–1931, berücksichtigt Vico gleichwohl an keiner Stelle seines voluminösen und gedankenreichen Werkes.

Ursachen zurückführen lassen, die, wie durch dieses ganze Werk bemerkt werden wird, gleichsam die vier Elemente dieses politischen Universums sind: nämlich Religion, Ehen, Asyle und das erste Agrargesetz."[110] [„*E vi si combini sopra l'immenso numero degli effetti civili, che tutti richiamerannosi a queste quattro loro cagioni, che, come per tutta quest'opera si osserverà, sono quasi quattro elementi di quest'universo civile: cioè religioni, matrimoni, asili e la prima legge agraria*"] (630).[111]

(1) Agrargesetz in der poetischen Kosmographie

Wie ein Fremdkörper mutet auf den ersten Blick das erste Agrargesetz in dieser Aneinanderreihung an, aber seine konkrete Art der Sendung durch Merkur ist ausweislich Vicos poetischer Kosmographie noch unerwarteter: „Und geflügelt ist sein Heroldsstab, mit dem er von diesem Himmel den Plebejern das erste Agrargesetz bringt."[112] [„*E alato il di lui caduceo, con cui da questo cielo porta la prima legge agraria a' plebei*"] (713).[113] Diese visionäre Vorstellung verdeutlicht paradigmatisch, wie Vicos poetische Charaktere mit der Jurisprudenz zusammenhängen.[114] Den Gestalten des Lebens und Erscheinungsformen der Religion, der Ehen, der Asyle und des ersten Agrargesetzes ist letztlich gemeinsam, dass es um die einschleifende Macht der Sitte und des Rechts geht, die entsprechend Vicos evolutionärem Ansatz in ihrer Allmählichkeit und der damit einhergehenden persuasiven Kraft der sich dauerhaft fortentwickelnden Gepflogenheiten zusammenwirken. Er lässt keinen Zweifel daran, dass er diesen Prozess einer gesetzlichen Regelung gegenüber als überlegen erachtet: „Derartige Ordnungen gab dem Zustand der Familien die Vorsehung, und zwar (nach dem Anspruch Dios,[115] den wir in den Grundsätzen angeführt haben (308 f.)) nicht als Tyrannin durch die Gesetze, sondern als die Königin der menschlichen Dinge, die sie ist, durch die Sitten."[116] [„*Tali ordini la provvedenza (secondo il detto di Dione che*

---

110 Übersetzung Vittorio Hösle und Christoph Jermann, Meiner-Ausgabe, 2009, S. 355 f.

111 *Giambattista Vico*, La scienza nuova, 1744, edizione a cura di Fausto Niccolini (Editori Laterza), 5. Auflage 1967, S. 289 f.

112 Übersetzung Vittorio Hösle und Christoph Jermann, Meiner-Ausgabe, 2009, S. 406.

113 *Giambattista Vico*, La scienza nuova, 1744, edizione a cura di Fausto Niccolini (Editori Laterza), 5. Auflage 1967, S. 335.

114 *Jürgen Trabant*, Giambattista Vico – Poetische Charaktere, 2019, S. 30, 116, 39, berücksichtigt folgerichtig auch das Recht.

115 Zu dem genannten senatorischen Geschichtsschreiber grundlegend *Fergus Millar*, A Study of Cassius Dio, 1964.

116 Übersetzung Vittorio Hösle und Christoph Jermann, Meiner-Ausgabe, 2009, S. 272 f.

noi riferimmo tralle Degnità), non da tiranna con leggi, ma, da regina, qual è, delle cose umane, con costumanze pose allo stato delle famiglie"] (525).[117]

(2) Skepsis gegenüber einem statischen Naturrecht

Die kontinuierliche Abwandlung dieses antiken rechtsphilosophischen Gedankens eines großen Historikers veranschaulicht ihrerseits die kulturgeschichtliche Prägung des Rechtsdenkens, das Vico zu einem System ausgebaut hat. An der damit vorausgesetzten Korrespondenz der gewohnheitsmäßigen Entstehung und Verfestigung der gemeinsamkeitsstiftenden Sitten der Menschen mit dem natürlichen Recht kann man wohl nicht nur den evolutionär ausgerichteten Gleichschritt zwischen Sitten und Recht erkennen, sondern darüber hinaus folgern, dass Vico einem Naturrechtsdenken verpflichtet ist. Der angedeutete Vorbehalt gegenüber Grotius dürfte daher auch nicht als Abwendung vom Naturrecht als solchem zu deuten sein.[118] Vielmehr geht es Vico wohl darum aufzuzeigen, dass nach seiner Vorstellung kein ein für allemal statisches Naturrecht vorauszusetzen sei, sondern man sich der Anstrengung unterziehen muss, die Anhaltspunkte für ein solches Naturrecht aus unvordenklichen Quellen bis zum frühestmöglichen menschheitsgeschichtlichen Punkt zusammenzutragen und auszuwerten.[119]

Denn nur aus einer solchen Zusammenschau lässt sich ersehen, was die Menschen und Völker in übereinstimmender Übung als gemeinsame Normen gepflegt und anerkannt haben. Indem die großen Naturrechtlehrer dies unterlassen hätten, habe sich ihr Blickwinkel verringert und das jeweilige System als

117 *Giambattista Vico*, La scienza nuova, 1744, edizione a cura di Fausto Niccolini (Editori Laterza), 5. Auflage 1967, S. 226.

118 *Benedetto Croce*, Die Philosophie Giambattista Vicos (deutsche Übersetzung Erich Auerbach/Theodor Lücke), 1927, S. 39, gelingt mit der ‚Veredelung durch Religion und Gesetze' eine anschauliche Verdeutlichung: „Und ebenso betrachteten auch Grotius, Selden, Pufendorf und die anderen Schriftsteller des Naturrechts die durch Religion und Gesetze bereits veredelte menschliche Natur, so daß sie die historische Entwicklung nur in ihrer zweiten Hälfte darzustellen begannen; das heißt, sie behandelten den Intellekt und ignorierten die Phantasie, sie behandelten den moralisch disziplinierten Willen und vernachlässigten die wilde Leidenschaft".

119 *Rainer Specht*, Über den juristischen Realismus Giambattista Vicos, Philosophisches Jahrbuch 63 (1955) 166, 180, sieht den allfälligen Zusammenhang mit der Rechtsgeschichte, dessen Betonung auch der vorliegend vertretenen Kulturgeschichte des Rechts entspricht „Vico aber wird einen Schritt über sie hinausgehen; er wird zeigen, wie diese Norm in der Geschichte wirksam werden konnte. Damit verläßt er den Bereich der strengen Apriorität und wird zum Staatstheoretiker und Rechtsgeschichtler".

unzureichend erwiesen:[120] „Darauf vor allen Dingen hätten Grotius, Selden und Pufendorf ihre Systeme gründen und auf diese Weise mit den römischen Juristen übereinstimmen sollen, die das natürliche Recht der Völker als von der göttlichen Vorsehung eingesetzt erklären (342)."[121] [„*Ch'era quello sopra di che Grozio, Seldeno, Pufendorfio dovevano, innanzi ogni altra cosa, fondar i loro sistemi e convenire coi romani giureconsulti, che diffiniscono il diritto natural delle genti essere stato dalla divina provvedenza ordinato*"] (310).[122] Die Abstimmung der Befunde des Naturrechtsdenkens mit den dogmatischen Erkenntnissen der großen römischen Juristen, aber nicht zuletzt auch die sakralrechtliche Rückführung und Einbeziehung sind somit konstituierende Merkmale seines Rechtsdenkens.

(3) Naturrecht mit menschheitsgeschichtlicher Ausrichtung

Naturrechtsdenken und evolutionär ausgerichtetes Rechtsbewusstsein sind also aus Vicos Sicht durchaus miteinander vereinbar, ja können gar nicht ohne einander sinnvoll gedacht werden.[123] Denn indem unversehens die Gesellschaft oder irgendein anderes Gebilde der Zusammenführung von Menschen vorausgesetzt wird, bleibt die für die Naturrechtslehre entscheidende Frage offen, was vordem bestand und wie es überhaupt entstand. Ein System des Naturrechts, das jedoch diese menschheitsgeschichtliche Dimension ausblendet oder zugunsten eines fiktiven Zustands aufgibt, erweist sich aus Vicos Sicht von vornherein als wissenschaftlich prinzipiell unzureichend: „Wegen dieser drei Grundsätze sind die drei Systeme von Grotius, Selden und Pufendorf in ihren Prinzipien mangelhaft,

---

120 *Friedrich Kittler*, Eine Kulturgeschichte der Kulturwissenschaft, 2. Auflage 2001, S. 41, lässt zwar das Recht außer Betracht, stellt aber aus kulturwissenschaftlicher Sicht im Einklang mit dem hier für die Jurisprudenz Angenommenen fest, dass „die Kulturwissenschaft mit Vico an die Aufgabe geht, auf der Basis nicht mehr bloß der Bibel, sondern aller verfügbaren Quellen eine Weltgeschichtszeit zu entwerfen." – Dass aber natürlich auch und gerade die Bibel für Vico zu diesen Quellen gehört, belegt „eine klassische Stelle in den fünf heiligen Büchern, wo Moses berichtet, daß zu den Zeiten Josephs die ägyptischen Priester dem König keine Abgabe von ihren Feldern zahlten" (601); Übersetzung Vittorio Hösle und Christoph Jermann, Meiner-Ausgabe, 2009, S. 332.

121 Übersetzung Vittorio Hösle und Christoph Jermann, Meiner-Ausgabe, 2009, S. 136.

122 *Giambattista Vico*, La scienza nuova, 1744, edizione a cura di Fausto Niccolini (Editori Laterza), 5. Auflage 1967, S. 110.

123 *Vittorio Hösle*, Vico und die Idee der Kulturwissenschaft, Einleitung der Meiner-Ausgabe 1990, S. LXXIX, weist dies bereits anhand der Frühschrift Vicos ‚De universi iuris uno principio et fine uno' (=UI) nach: „Damit schließt UI in vollkommener Kreisstruktur (...): Das Recht kehrt zu Gott zurück, in dem es seinen Ursprung hat – so nimmt Vico mit der Naturrechtstradition an, ohne doch deswegen die Geschichtlichkeit des Rechts zu übersehen, das erst nach einem langen Prozeß sein Telos erreicht".

denn sie beginnen mit der Betrachtung der Völker, wie sie sich zueinander inmitten der Gesellschaft des ganzen Menschengeschlechtes verhalten, da dieses doch bei allen ersten Völkern, wie hier bewiesen werden wird, mit der Zeit der Familien begann, unter den Göttern der sogenannten ‚älteren' Stämme (502–661)."[124] [*„Per queste tre degnità, gli tre sistemi di Grozio, di Seldeno, di Pufendorfio mancano ne' loro princìpi, ch'incominciano dalle nazioni guardate tra loro nella società di tutto il gener umano, il quale, appo tutte le prime nazioni, come sarà qui dimonstrato, cominciò dal tempo delle famiglie, sotto gli dèi delle genti dette ‚maggiori'"*] (318).[125]

3. Natürliches Recht der Völker

Damit ist bereits der Übergang zu Vicos Vorstellung des Völkerrechts geebnet. Das folgt auch daraus, dass er in einem der zuletzt behandelten Gedanken bereits einen prima vista unscheinbaren Klammerzusatz im Hinblick auf Hugo Grotius eingefügt hat, dessen Bedeutung sich im Folgenden enthüllt.[126] Der Geselligkeit, die Vico schon ganz zu Anfang seines Werkes zum Hauptmerkmal der Menschen erklärt (2), entspricht auf der Ebene der Völker der Gemeinsinn: „Dieser Grundsatz ist ein großes Prinzip, das festlegt, daß der Gemeinsinn des Menschengeschlechts das Kriterium ist, das die göttliche Vorsehung die Völker gelehrt hat, um das Gewisse bezüglich des natürlichen Rechtes der Völker zu bestimmen (321 f.)."[127] [*„Questa degnità è un gran principio, che stabilisce il senso comune del gener umano esser il criterio insegnato alle nazioni dalla provvedenza divina per diffinire*

124 Übersetzung Vittorio Hösle und Christoph Jermann, Meiner-Ausgabe, 2009, S. 139.

125 *Giambattista Vico*, La scienza nuova, 1744, edizione a cura di Fausto Niccolini (Editori Laterza), 5. Auflage 1967, S. 111.

126 Um aber keine Missverständnisse aufkommen zu lassen, muss man Vicos außerordentliche Wertschätzung der völkerrechtlichen Arbeiten von Grotius beachten, deren prägende Bedeutung für sein Werk *Vittorio Hösle*, Recht und Geschichte bei Giambattista Vico, Gedenkschrift für Karl-Heinz Ilting, 1990, S. 389, 399, anhand des Frühwerks herausgearbeitet hat: „Auf der Basis eines rechtsphilosophischen Entwurfs gelang Grotius in Vicos Augen wenigstens ansatzweise eine Überwindung des Dualismus zwischen dem auf das Allgemeine gerichteten philosophischen Denken und den aufs Einzelne gehenden historischen Wissenschaften Philosophie, Jurisprudenz und Philologie in einer umfassenden Theorie zu vereinen, wurde fortan Vicos Hauptanliegen, dem er in den drei lateinisch verfaßten Bänden des von ihm sogenannten Diritto universale von 1720–1722 erstmals gerecht zu werden versuchte".

127 Übersetzung Vittorio Hösle und Christoph Jermann, Meiner-Ausgabe, 2009, S. 93.

il certo d'intorno al diritto natural delle genti"] (145).[128] Ohne die Vorsehung gäbe es also auch das natürliche Recht der Völker nicht (328).

a) Menschheitsgeschichtlicher Rekurs

Wiederum ist es die göttliche Vorsehung, aus der das gemeinsame Trachten der Menschen hervorgeht. Der ‚senso comune' erweist sich somit als bedeutsame Kategorie innerhalb der Menschheitsgeschichte, im Laufe derer sich zwar alle möglichen kulturgeschichtlichen Wandlungen vollzogen haben. Doch ist durch die einigende Kraft der göttlichen Vorsehung stets ein gewisser gemeinsamer Spielraum für die Herausbildung der Wahrheit verblieben. Der genannte Grundsatz wird aus der Beobachtung gewonnen, dass es eine gewisse Einmütigkeit gibt, die sich bei verschiedenen Völkern im Laufe der Zeit, also wiederum evolutionär begründet, einstellt:[129] „Entstehen gleichförmige Ideen bei ganzen Völkern, die miteinander nicht bekannt sind, so müssen sie einen gemeinsamen wahren Hintergrund haben."[130] [„*Idee uniformi nate appo intieri popoli tra essoloro non conosciuti debbon avere un motivo comune di vero*"] (144).[131]

aa) Wahrheit kraft Konformität

Dieses Verständnis von Wahrheit ist ersichtlich auch für die Idee des Rechts bedeutsam.[132] Wahrheit wird hier also aus Konformität gewonnen, was dann wiederum für das Verständnis der Metaphysik – auch der Rechtsmetaphysik – folgenreich ist:[133] „Der menschliche Geist neigt von Natur aus dazu, sich am Gleichförmigen zu

---

128 *Giambattista Vico*, La scienza nuova, 1744, edizione a cura di Fausto Niccolini (Editori Laterza), 5. Auflage 1967, S. 75.

129 *Hans Christoph Ernst von Gagern*, Critik des Völkerrechts, 1840, S. 80 f., hat als einer der ersten Vicos Bedeutung für das Völkerrecht erkannt: „Z. B. Vico in der Scienza nuova geht davon aus, und sucht schon in diesen Graden und Zuständen den Ursprung des Völkerrechts".

130 Übersetzung Vittorio Hösle und Christoph Jermann, Meiner-Ausgabe, 2009, S. 93.

131 *Giambattista Vico*, La scienza nuova, 1744, edizione a cura di Fausto Niccolini (Editori Laterza), 5. Auflage 1967, S. 75.

132 *Jürgen Trabant*, Giambattista Vico – Poetische Charaktere, 2019, S. 30, arbeitet dies unter Berücksichtigung der Differenz für Recht und Sprache heraus: „Die Rechtsverhältnisse und das Denken entfalten sich bei allen Völkern nach den gleichen strukturellen Gesetzen. Den nicht zu leugnenden Verschiedenheiten liegen universelle Strukturen zugrunde: ein Universelles Recht (Diritto Universale) ebenso wie ein Universelles Geistiges Wörterbuch (Dizionario Mentale Comune), die sich nach demselben ewigen Gesetz in der Zeit entwickeln".

133 Zum Verhältnis von Wahrheit und Konformität *Theo Kobusch*, Adaequatio rei et intellectus. Die Erläuterung der Korrespondenztheorie der Wahrheit in der Zeit nach Thomas von Aquin, in:

erfreuen. Dieser Grundsatz wird in bezug auf die Mythen durch die Sitte des gemeinen Volkes bestätigt, das von den Menschen, die auf die eine oder die andere Weise berühmt und in diese oder jene Lage versetzt sind, zu dem, was ihnen unter solchen Umständen zukommt, passende Geschichten erfindet. Diese sind Wahrheiten der Idee nach, in Übereinstimmung mit dem Verdienst derer, von denen das gemeine Volk sie erfindet; und sie sind manchmal in Wirklichkeit falsch, aber nur insofern, als dem Verdienst jener nicht zuerkannt wird, wessen sie würdig sind. So ist, wenn man es richtig bedenkt, das poetisch Wahre ein metaphysisch Wahres, verglichen mit welchem das physisch Wahre, das damit nicht übereinstimmt, für falsch erachtet werden muß."[134]

[„*La mente umana è naturalmente portata a dilettarsi dell'uniforme. Questa degnità, a proposito delle favole, si conferma dal costume c'ha il volgo, il quale degli uomini nell'una o nell'altra parte famosi, posti in tali o tali circostanze, per ciò che loro in tale stato conviene, ne finge accone favole. Le quali sono verità d'idea in conformità del merito di coloro de' quali il volgo le finge; e in tanto sono false talor in fatti, in quanto al merito di quelli non sia dato ciò de che essi son degni. Talché, si bene vi si rifletta, il vero poetico è un vero metafisico, a petto del quale il vero fisico, che non vi si conforma, dee tenersi a luogo di falso*"] (204/205).[135]

Auch wenn hier vorderhand nicht vom Recht die Rede ist, geht es hierbei doch um entscheidende Prämissen, wie man an dem für Vico so wichtigen Wahren unschwer erkennt – handelt es sich doch latinisiert um das ‚verum' – die auf das Recht ausstrahlen, so dass sie, da er vom ‚metaphysisch Wahren' spricht, unweigerlich auch seine Rechtsmetaphysik berühren, während sie in der Ausprägung des ‚poetisch Wahren' zwangsläufig kulturgeschichtlich von Bedeutung sind. Unausgesprochen kann man daher anhand dieser wichtigen Weichenstellung den Zusammenhang zwischen Vicos Rechtsmetaphysik und seiner darauf gründenden Kulturgeschichte des Rechts nachzeichnen.

bb) Kritik an Grotius', Seldens und Pufendorfs Naturrechtslehren

Die gleiche Gesinnung unter mehreren Völkern kann für Vico kein Zufall sein. Interessanterweise können aus Vicos Sicht aber umgekehrt auch juristische Irrtümer auf einer übereinstimmenden Fehlannahme beruhen, wie er am Beispiel dreier berühmter Denker im Hinblick auf das System des natürlichen Rechts der

---

Die Geschichte des philosophischen Begriffs der Wahrheit (Hg. Markus Enders/Jan Szaif), 2006, S. 158.

134 Übersetzung Vittorio Hösle und Christoph Jermann, Meiner-Ausgabe, 2009, S. 108 f.

135 *Giambattista Vico*, La scienza nuova, 1744, edizione a cura di Fausto Niccolini (Editori Laterza), 5. Auflage 1967, S. 88.

Völker veranschaulicht, denen er vorwirft, erst an einem viel zu späten Punkt angesetzt zu haben und die entscheidenden religions- und menschheitsgeschichtlichen Unterscheidungen unberücksichtigt gelassen zu haben:[136] „Der sechste (sc. Gesichtspunkt) ist ein System des natürlichen Rechts der Völker; dessen Stoff beginnt nach einem oben aufgestellten Grundsatz [314] mit dem Anfang der Völker, womit daher die drei Fürsten, die diese Lehre behandeln, diese hätten beginnen müssen, nämlich Hugo Grotius, John Selden und Samuel Pufendorf. Diese irrten alle drei in übereinstimmender Weise darin, daß sie sie mit der zweiten Hälfte begannen, das heißt mit den letzten Zeiten der zivilisierten Völker (und damit mit den Menschen, die von der voll entfalteten natürlichen Vernunft erleuchtet waren), aus denen die Philosophen hervorgegangen sind, die sich dazu erhoben, über eine vollkommene Idee der Gerechtigkeit nachzudenken."[137]

[*„Il sesto (sc. aspetto) è un sistema sel diritto natural delle genti, dal quale col cominciar delle genti, dalle quali ne incomincia la materia per una delle degnità sopraposta, dovevano cominciar la dottrina ch'essi trattano gli tre suoi principi: Ugone Grozio, Giovanni Seldeno e Samuello Pufendorfio. I quali in ciò tutte e tre errarono di concerto: incominciandola dalla metà in giù, cioè dagli ultimi tempi delle nazioni ingentilite (e quindi degli uomini illuminati dalla ragion naturale tutta spiegate), dalle quali sono usciti i filosofi, che s'alzarono a meditare una perfetta idea di giustizia*"] (394).[138] Hervorhebung verdient der Klam-

136 *Karl Löwith*, Weltgeschichte und Heilsgeschehen. Die theologischen Voraussetzungen der Geschichtsphilosophie, 8. Auflage 1990 (1953), S. 125, zeigt jedoch auch die bis zur offenen Widersprüchlichkeit reichenden Grenzen auf, die diesem Verständnis des Völkerrechts bei erkennbar besten Absichten Vicos gesetzt sind: „Dies wird indirekt durch die Tatsache bewiesen, daß Vico aufhört mit sich selbst übereinzustimmen, wo er gegen Ende seines Werkes die Möglichkeit eines letzten Zieles und Endes des Geschichtsverlaufs in Erwägung zieht. In einem Überblick über die Gegenwartslage Europas, Rußlands und Asiens erkühnt er sich zu sagen, daß sich jetzt eine ‚vollendete' Humanität bei allen Völkern zu verbreiten scheint, weil einige wenige christliche Monarchien über diese ganze Völkerwelt herrschen, wenn auch noch einige barbarische Völker überleben. Souveräne Mächte haben Bündnisse miteinander geschlossen, die mit der antiken Regierungsform unter souveränen Stammeskönigen zu vergleichen sind. Mit diesem Versuch eines Ausblicks auf einen christlichen *mondo civile* als der Erfüllung der gesamten Geschichte ist das eigentliche Thema seines Werks nicht vereinbar, denn es stellt mit Nachdruck fest, daß die Geschichte keine Erfüllung und keine Lösung kennt." – Vgl. auch *Patrick H. Hutton*, Vico and the End of History, Historical Reflections 22 (1996) 537, mit einem gewissen Anklang an *Francis Fukuyama*, The End of History and the Last Man, 1992. Dazu auch *Vittorio Hösle*, Globale Fliehkräfte. Eine geschichtsphilosophische Kartierung der Gegenwart, 2019, S. 16, 19 f.

137 Übersetzung Vittorio Hösle und Christoph Jermann, Meiner-Ausgabe, 2009, S. 184.

138 *Giambattista Vico*, La scienza nuova, 1744, edizione a cura di Fausto Niccolini (Editori Laterza), 5. Auflage 1967, S. 154. Zu dem genannten *John Selden*, De iure naturali et gentium iuxta

merzusatz, wonach sich die zweite Hälfte der für Vico relevanten Menschheitsgeschichte dadurch auszeichnet, dass erst hier die natürliche Vernunft der Menschen in voller Blüte stand. So wichtig diese Zäsur für die Geschichte der Menschheit und wohl auch für Vicos Einschätzung derselben ist, so wenig darf nach seiner Auffassung die erste Hälfte für die ganzheitliche und universelle Betrachtung der Entwicklung des natürlichen Rechts außer Betracht bleiben, weil gerade in dieser ersten Phase eine Entwicklungslinie bezüglich der Formung menschlicher Sitten im Zusammenleben begonnen hat, ohne die der vernunftmäßig erhellte zweite Teil nicht recht verständlich ist.

cc) Vicos Verdikt und kulturgeschichtliche Leistung

Vico geht für die Ermittlung des Systems des natürlichen Rechts menschheitsgeschichtlich so weit wie irgend möglich und nachvollziehbar zurück. Da sich aber die drei ausdrücklich von Vico genannten Naturrechtler Grotius, Selden und Pufendorf dieser Mühe nicht unterzogen und zudem nicht mit der gebotenen Strenge zwischen dem natürlichen Recht der heidnischen Völker (168), dem natürlichen Recht der Hebräer (396) sowie dem natürlichen Recht der Philosophen unterschieden hätten, seien ihre naturrechtlichen Systeme in letzter Konsequenz nicht weiterführend, wie Vico in einem harschen Verdikt verfügt:[139] „Denn die heidnischen Völker hatten nur die gewöhnlichen Unterstützungen durch die Vorsehung; die Hebräer hatten zudem auch außerordentliche Unterstützungen durch den wahren Gott, wodurch die ganze Welt der Völker bei ihnen in Hebräer und heidnische Völker geteilt war; und die Philosophen begründen das Recht

---

disciplinam hebraeorum, 1640, im Verhältnis zu Vico *Jason P. Rosenblatt*, Renaissance England's Chief Rabbi: John Selden, 2006, S. 260: „It was more than the cultivated obscurity of the erudite style that influenced Vico. Non narrative history, founded on a revival of antiquarian scholarship, is connected to the rise of profound scepticism about the reliability of narrative history, which bias or ignorance might mar." *Donald R. Kelley*, Foundations of Modern Historical Scholarship, Language, Law, and History in the French Renaissance, 1970; *ders.*, History, Law and the Human Sciences. Medieval and Renaissance Perspectives, 1984, hat auch in diesen beiden beeindruckenden geistesgeschichtlichen Werken nicht nur ausweislich ihrer beiden Titel das Recht grundlegend berücksichtigt, sondern auch die Philosophie Vicos.

139 *Friedrich Kittler*, Eine Kulturgeschichte der Kulturwissenschaft, 2. Auflage 2001, S. 20, weist auf die Ungerechtigkeit hin, dass „alle seine Studien über die gemeinschaftliche Natur der Völker', also auch das, was seit Pufendorf und Grotius Völkerrecht hieß, ihm die viel besser bezahlte Professur für Jurisprudenz, auf die er sich 1723 bewarb, doch nicht einbrachte." – So misslich diese Zurücksetzung in ökonomischer und wohl auch psychischer Hinsicht für ihn war, haben sich gerade diese Studien für die Begründung des Fundaments seiner Theorie doch in einem höheren Sinne ausgezahlt.

vollkommener durch die Vernunft, als es die heidnischen Völker durch ihre Sitten tun, traten freilich erst etwa zweitausend Jahre nach Gründung der heidnischen Völker auf. Weil sie all diese drei Unterschiede nicht beachtet haben, müssen die drei Systeme von Grotius, Selden und Pufendorf fallen."[140] [„*Perché le genti n'ebbero i soli ordinari aiuti dalla provvedenza; gli ebrei n'ebbero anco aiuti estraordinari dal vero Dio, per lo che tutto il mondo delle nazioni era da essi diviso tra ebrei e genti; e i filosofi il ragionano più perfetto di quello che 'l costuman le genti, i quali non vennero che da un duemila anni dopo essersi fondate le genti. Per tutte le quali tre differenze non osservate, debbon cadere gli tre sistemi di Grozio, di Seldeno, di Pufendorfio*"] (313).[141]

Auch hieran zeigt sich die sakralrechtliche und religionsgeschichtliche Fundierung, die Vico bei Grotius, Pufendorf und Selden vermisst, für ihn selbst hingegen unverzichtbar ist. Insbesondere die unterbliebene Berücksichtigung des Daseins heidnischer Völker während zweier Jahrtausende diskreditierten also aus Vicos Sicht die neuzeitlichen Naturrechtssysteme.[142] Aus heutiger Sicht könnte man, um seine Kritik begreiflich zu machen, hinzufügen, dass andernfalls schon im Ausgangspunkt bei einem aufgeklärten Naturrecht angesetzt würde, das seinerseits kaum mehr als eine geschichtslose Hypothese wäre. So angreifbar er sich selbst auch durch die Überbrückung des genannten Zeitraums im Wege der Berücksichtigung aller erdenklichen kulturellen Spuren aus Literatur, Überlieferung

140 Übersetzung Vittorio Hösle und Christoph Jermann, Meiner-Ausgabe, 2009, S. 137.

141 *Giambattista Vico*, La scienza nuova, 1744, edizione a cura di Fausto Niccolini (Editori Laterza), 5. Auflage 1967, S. 110.

142 *Benedetto Croce*, Die Philosophie Giambattista Vicos (deutsche Übersetzung Erich Auerbach/Theodor Lücke), 1927, S. 85, gibt insbesondere im Hinblick auf ihn etwas kulturgeschichtlich und juristisch Wesentliches zu bedenken: „Wenn Vico Grotius und den anderen Vertretern des Naturrechts vorwirft, sie hätten die Geschichte erst von der zweiten Hälfte, von den Kulturzeitaltern an begonnen und die vorübergehende Periode vernachlässigt, so geht dieser Vorwurf, soweit er sich auf die praktische Philosophie bezieht, darauf zurück, daß sie das ideale Moment der Gewalt ganz vergaßen, um einzig und allein die Gerechtigkeit, Billigkeit und Moral zu betrachten". Aber der Gedanke ist auch im Hinblick auf den zuvor genannten Tacitus weiterführend, wie sich auf der folgenden Seite, ebenda, S. 86, zeigt: „Dieser Autor war einer von seinen vier Autoren, und zwar gerade der, dessen Verwendung bei Vico (...) noch zu behandeln übrig bleibt: Tacitus. Dieser betrachtet, wie Vico sagt, mit unvergleichlichem metaphysischen Geist den Menschen, wie er ist (...), so steigt Tacitus in die durch die Nützlichkeit bedingten Entschlüsse hinab, damit sich der praktisch weise Mensch durch all die zahllosen Wechselfälle des Schicksals hindurch richtig benehmen könne. (...) Von Tacitus habe er kurzum die Anregung zu seiner großen Arbeit empfangen, die darin bestand, das Ideal konkret zu machen und den Staat Platons – wie er, einen Satz Ciceros umformend, sagte – mit dem zusammengelaufenen Gesindel des Romulus zu verschmelzen". Zu diesem Wort – es handelt sich wohl um SN 102 – noch an anderer Stelle der vorliegenden Untersuchung.

und frühzeitlicher Geschichte in den Augen seiner Kritiker gemacht haben mochte, um deretwillen sie ihn darob belächelten, so hoch muss man ihn dafür schätzen, dass er all dies zusammengetragen und zu einem System ausgearbeitet hat. Denn nur durch diese Kärrnerarbeit der Zusammenführung aller menschheitsgeschichtlichen Quellen aus dunkler Vorzeit hat er überhaupt erst diejenigen kulturellen Errungenschaften erfasst, systematisch eingeordnet und als denkbare Beiträge der Rechtsentwicklung ausfindig gemacht, die man vordem nicht im entferntesten als relevant für ein System des natürlichen Rechts gehalten haben mochte.

b) Entstehung des natürlichen Rechts der Völker im kulturgeschichtlichen Kontext

Zugleich betont Vico allenthalben, dass die göttliche Vorsehung den entscheidenden Impuls für diese Entwicklung gibt und die Richtung kontinuierlich lenkt (2). Daher ist für den vorliegenden Zusammenhang die Zweckbestimmung entscheidend, warum die göttliche Providenz diese gleichsinnigen Ideen der Völker geschaffen hat (144). Es geht dabei nämlich um die Bestimmung dessen, was im Hinblick auf das natürliche Recht der Völker ganz und gar unzweifelhaft ist: „Dessen vergewissern sich die Völker, indem sie die wesentlich einheitlichen Aspekte dieses Rechtes erkennen, in denen sie, mit verschiedenen Modifikationen, alle übereinstimmen."[143] [„*del quale le nazioni si accertano con intendere l'unità sostanziali di cotal diritto, nelle quali con diverse modificazioni tutte convengono*"] (145).[144]

Der Sache nach handelt es sich um eine prinzipielle Übereinstimmung trotz partieller Differenz. Interessant daran ist nicht zuletzt die Selbstvergewisserung der Völker im Hinblick auf einen einheitlichen Kern dieses natürlichen Rechts. Es ist für seine kulturgeschichtliche Betrachtung des Rechts bezeichnend, dass Vico von daher unmittelbar überleitet zu den Ursprüngen der Sprache, die ihrerseits eine Art ‚geistiges Wörterbuch' bilden (162), das die ‚ewige ideale Geschichte' enthält (114). Auch hieraus lässt sich paradigmatisch ersehen, auf welche Weise Vico Recht, Geschichte und Sprache zusammenführt.

---

143 Übersetzung Vittorio Hösle und Christoph Jermann, Meiner-Ausgabe, 2009, S. 93.

144 *Giambattista Vico*, La scienza nuova, 1744, edizione a cura di Fausto Niccolini (Editori Laterza), 5. Auflage 1967, S. 75 f.

c) Sittengeschichte und Rechtsgeschichte

An die zuletzt wörtlich zitierte Stelle knüpft eine spätere Stelle an, deren wichtige Präzisierung darin besteht, dass sich diese Übereinstimmung ohne Nachdenken, ohne einen Bewusstseinsprozess vollzieht, der diesen gemeinschaftlichen Vollzug als Ausdruck eines planvollen Handeln erscheinen lassen könnte, zugleich aber auch ohne bewusste Übernahme von Verhaltensweisen eines anderen Volkes: „Das natürliche Recht der Völker ist zusammen mit den Sitten der Völker entstanden, die in einem menschlichen Gemeinsinn übereinstimmen, und zwar ohne jede Reflexion und ohne daß das Volk sich an dem anderen ein Beispiel genommen hätte (142, 145)."[145] [*„Il diritto natural delle genti è uscito coi costumi delle nazioni, tra loro conformi in un senso comune umano, senza alcuna riflessione e senza prender esemplo l'una dall'altra"*] (311).[146]

Es besteht also ein gewisser Gleichklang zwischen der Sitten- und Rechtsgeschichte. So gelangt Vico entsprechend seinem evolutionären Rechtsdenken zur Entstehung eines natürlichen Rechts der Völker. Die prädikative Formulierung, die Vico dafür findet, mutet durchaus modern an:[147] „Auf diese Weise entstand das natürliche Recht der Völker, das jetzt unter Völkerschaften und Nationen gilt, bei der Bildung der Staaten als ein den souveränen politischen Gewalten eigentümliches."[148] [*„In cotal guisa il diritto naturale delle genti, ch'ora tra i popoli e le nazioni vien celebrato, sul nascere delle repubbliche nacque propio delle civili sovrane potestà"*] (632).[149] Die Ausstattung mit politischer Gewalt ist allerdings für ihn eine notwendige Bedingung für das betreffende Volk, dieses natürliche Recht ausüben zu können.

---

145 Übersetzung Vittorio Hösle und Christoph Jermann, Meiner-Ausgabe, 2009, S. 137. *Benedetto Croce*, Die Philosophie Giambattista Vicos (deutsche Übersetzung Erich Auerbach/Theodor Lücke), 1927, S. 70, macht darauf aufmerksam, dass Vico „auf die Frage, ob das Recht die Natur oder die Uebereinkunft zur Quelle habe, mit dem feierlichen ‚Axiom' erwidert: ‚Die Dinge passen sich nicht an und bestehen nicht außerhalb ihres natürlichen Zustands'".

146 *Giambattista Vico*, La scienza nuova, 1744, edizione a cura di Fausto Niccolini (Editori Laterza), 5. Auflage 1967, S. 110.

147 Vgl. nur *Christoph Möllers*, Die drei Gewalten. Legitimation der Gewaltengliederung in Verfassungsstaat, Europäischer Integration und Internationalisierung, 2008; *Alexander Somek*, The Cosmopolitan Constitution, 2014.

148 Übersetzung Vittorio Hösle und Christoph Jermann, Meiner-Ausgabe, 2009, S. 357.

149 *Giambattista Vico*, La scienza nuova, 1744, edizione a cura di Fausto Niccolini (Editori Laterza), 5. Auflage 1967, S. 291.

4. Evolutionäres Rechtsdenken und wissenschaftstheoretische Fundierung

Der weiter oben dargestellte menschheitsgeschichtliche Rekurs auf den frühestmöglichen Zeitpunkt erklärt sich mithin letztlich aus einem Bekenntnis zu einem evolutionären Rechtsdenken im Völkerrecht, das nicht einen beliebigen späten Zeitpunkt der Bewusstseinsbildung innerhalb der Menschheitsgeschichte für maßgeblich hält,[150] sondern in Betracht zieht, dass das Recht älter ist als die Gesetzgebung und von daher auch innerhalb der Geschichte früher anzusetzen ist,[151] so dass man auch die vorgestellten Bedürfnisse und Fertigkeiten der damaligen Menschen unter Berücksichtigung ihrer Mythen betrachten muss.[152]

a) Maßgeblicher Zeitpunkt

Vico hat die Maßgeblichkeit dieses relevanten Zeitpunktes – durchaus nach Juristenart[153] – wissenschaftstheoretisch abgesichert, indem er das vorliegende Problem in einer subsumtionsfähigen Weise in Richtung eines methodischen Vorgehens verallgemeinert: „Die Theorien müssen mit der Zeit einsetzen, in der der Stoff, den sie behandeln, entsteht. Dieser Grundsatz ist hier mit Bezug auf den besonderen Stoff des natürlichen Rechts der Völker aufgestellt worden, ist aber jedem Stoff, der hier behandelt wird, allgemein angewandt worden; daher wäre er bei den allgemeinen Grundsätzen (164) aufzuführen gewesen: aber er hat hier seinen Platz gefunden, weil er bei diesem mehr als bei jedem anderen besonderen Stoff seine Wahrheit und die Wichtigkeit seiner Anwendung deutlich macht."[154]

---

150 *Vittorio Hösle*, Kritik der verstehenden Vernunft, 2018, S. 448 f., stellt mit Recht fest, dass Vico „was seine Wahrnehmung der Tiefe geschichtlichen Wandels betrifft, seiner Zeit um mindestens ein halbes Jahrhundert voraus war".

151 Zu diesem Gedanken auch *Jens Petersen*, Freiheit unter dem Gesetz, 2014, § 1, zum Rechtsdenken Friedrich August von Hayeks, der diesen Gedanken ebenfalls fruchtbar gemacht hat, ohne freilich Vico berücksichtigt zu haben.

152 *Benedetto Croce*, Die Philosophie Giambattista Vicos (deutsche Übersetzung Erich Auerbach/Theodor Lücke), 1927, S. 131, gibt allerdings zur Vermeidung von Missverständnissen zu bedenken, dass „die historiographische Periode, die Vico voranging (...) alles andere als eine Periode der Leichtgläubigkeit war. Die Zeiten waren längst vorüber, in denen man ‚Weltchroniken' kompilierte und jede Sage und jede noch so plumpe Fälschung für Geschichte nahm: der von einigen Humanisten ausgestreute Samen hatte seine Früchte getragen bei den italienischen Gelehrten, in der französischen Juristenschule (...)".

153 Siehe nur *Claus-Wilhelm Canaris*, Funktion, Struktur und Falsifikation juristischer Theorien, Juristenzeitung 1993, 377; vgl. auch *Jens Petersen*, Von der Interessenjurisprudenz zur Wertungsjurisprudenz, 2001.

154 Übersetzung Vittorio Hösle und Christoph Jermann, Meiner-Ausgabe, 2009, S. 137 f.

[„*Le dottrine debbono cominciare da quando cominciano le materie che trattano. Questa degnità, allogata qui per la particolar materia del diritto natural delle genti, ella è universalmente usata in tutte le materie che qui si trattano; ond'era da proporsi tralle degnità generali: ma si è posta qui, perché in questa più che in ogni altra particolar materia fa vedere la sua verità e l'importanza di farne uso*"] (314/315).[155] Diese selbstkritische Erwägung gibt Anlass, sich die intellektuelle Rechtschaffenheit Vicos zu vergegenwärtigen, dessen auf den ersten Blick mitunter kryptisch anmutende Gliederungen von klaren Ordnungsprinzipien durchwirkt sind, die er nach skrupulöser Erwägung der Vor- und Nachteile nur dort ausnahmsweise durchbricht, wo eine aus seiner Sicht höhere Wahrheit der darzustellenden Gesichtspunkte etwas anderes gebietet, etwa unter dem Gesichtspunkt der göttlichen Vorsehung.[156]

b) Rechts- und geistesgeschichtliche Berücksichtigung zweier Jahrtausende

Zugleich lässt sich daraus ersehen, dass die Jurisprudenz für Vicos allgemein ausgerichtete Wissenschaftslehre paradigmatische Bedeutung hat und diese sich wiederum im für sein System so wichtigen natürlichen Recht der Völker kristallisiert (311).

---

155 *Giambattista Vico*, La scienza nuova, 1744, edizione a cura di Fausto Niccolini (Editori Laterza), 5. Auflage 1967, S. 110 f.

156 *Vittorio Hösle*, Recht und Geschichte bei Giambattista Vico, Gedenkschrift für Karl-Heinz Ilting, 1990, S. 389, 403, ordnet die Kritik Vicos an der Naturrechtslehre seiner Zeit in die neuzeitliche Metaphysik ein und veranschaulicht so das unerhört Neue und Wegweisende der Philosophie Vicos mit Wirkung auch für dessen Rechtsphilosophie, und zwar auch und gerade dort, wo er es altertümlich der göttlichen Vorsehung zurechnet: „Der Geist, der den Gegenstand der Scienza nuova bildet, wurde von Vico in bewußter Abgrenzung von der zeitgenössischen Naturrechtslehre und in einer gewissen Vorwegnahme nachidealistischer Kritik am primär subjektivistischen Charakter der neuzeitlichen Philosophie – wesentlich als intersubjektive Struktur gefaßt, in der eine innere Rationalität festzustellen ist, die über die Intentionen der einzelnen Subjekte in Richtung auf das Wohl des Ganzen hinausweist und die Vico mit einem frommen Namen Vorsehung nennt, obgleich er ausdrücklich erklärt, sie wirke gesetzmäßig und natürlich." – Der zuletzt angesprochene Gesichtspunkt verdeutlicht, was weiter unten noch zu vertiefen sein wird, und bereits mit Bezug auf Vico von *Albert O. Hirschman*, The Passions and the Interests. Political Arguments for Capitalism before its Triumph, 1977, S. 22, 25, 27, 139, 146, herausgearbeitet wurde.

aa) Übereinstimmender Irrtum der Naturrechtsdenker

Mit dieser Problematik und Vicos Abwendung von den Naturrechtskonzeptionen Grotius', Seldens und Pufendorfs[157] steht letztlich die Tragfähigkeit und von ihm behauptete Vorzugswürdigkeit einer evolutionär ausgerichteten Vorgehensweise im Hinblick auf die Frühformen des Rechts auf dem Spiel.[158] Es gibt letztlich kaum ein stärkeres und belastbareres Argument für die Vorzugswürdigkeit seiner Theorie, als dass er damit einen zwei Jahrtausende währenden geistesgeschichtlichen Prozess zureichend erklären und bruchlos in sie aufnehmen kann, was er bei seinen prominenten Antipoden vermisst: „Und eben diese sechs Sätze, die den drei Fürsten in der Lehre vom natürlichen Recht der Völker (394) unbekannt geblieben sind, sind der Grund, warum sie alle drei in übereinstimmender Weise irrten bei der Begründung ihrer Systeme; denn sie glaubten, daß die natürliche Billigkeit in ihrer vollkommensten Idee den heidnischen Völkern von deren ersten Anfängen an verständlich gewesen sei, ohne zu bedenken, daß etwa zweitausend Jahre vergehen mußten, bis in einem dieser Völker die Philosophen auftraten, und ohne ein bestimmtes Volk auszuzeichnen, das vom wahren Gott auf besondere Weise unterstützt wurde (310, 313, 318)."[159]

[„*E queste istesse sei proposizioni, sconosciute dagli tre principi della dottrina del diritto natural delle genti, fecero ch'essi, tutte e tre, errassero di concerto nello stabilirne i loro sistemi; perc'han creduto che l'equità naturale nella sua idea ottima fusse stata intesa dalle nazioni gentili fin da' loro primi incominciamenti, senza riflettere che vi volle da un duemila anni perché in alcuna fussero provenuti i filosofi, e senza privilegiarvi un popolo con particolarità assistito dal vero Dio*"] (329).[160] Es mutet wie eine besonders hintersinnige Ironie an, dass Vico die Theorien von Grotius (395), Selden (396) und Pufendorf (397) im Modus des übereinstimmenden Irrtums – ‚errassero di concerto' – falsifiziert, der ja gleichsam die Negation dessen darstellt, was für ihn sonst ein Zeichen der Wahrheitsbegründung ist, nämlich die gleichstimmigen Verhaltensweisen (144). Da aber jede Form von

---

157 Zu ihm *Marietta Auer*, Subjektive Rechte bei Pufendorf und Kant: Eine Analyse im Lichte der Rechtskritik Hohfelds, Archiv für die civilistische Praxis 208 (2008) 584; *dies.*, Die Substanz der Freiheit: Pufendorfs Begriff der moralischen Person, in: Person und Rechtsperson. Zur Ideengeschichte der Personalität (Hg. Rolf Gröschner/Stefan Kirste/Oliver B. Lembcke), 2015, S. 81.

158 Zu ihnen grundlegend *Uwe Wesel*, Frühformen des Rechts in vorstaatlichen Gesellschaften, 1985.

159 Übersetzung Vittorio Hösle und Christoph Jermann, Meiner-Ausgabe, 2009, S. 141.

160 *Giambattista Vico*, La scienza nuova, 1744, edizione a cura di Fausto Niccolini (Editori Laterza), 5. Auflage 1967, S. 113.

Ironie für sein Werk ganz und gar untypisch ist,[161] dürfte es sich eher um einen allgemeinen Ausweis seiner rhetorischen Brillanz handeln, die er in den Dienst seines Werkes stellte, um dessen systematische Konsistenz auch durch antithetische Beweisführungen überzeugungskräftig auszugestalten.

bb) Grotius' Sonderstellung

Allerdings nimmt unter den kritisierten Naturrechtslehrern Grotius für ihn auch in dieser Hinsicht eine Vorzugsstellung im Vergleich zu Pufendorf und Selden mit ihren Naturrechtslehren ein:[162] „Daher bekämpft Grotius, gelehrter und gründlicher als die beiden anderen, fast in jedem besonderen Gebiet dieser Lehre die römischen Juristen; doch gehen alle Schläge ins Leere, weil diese ihre Prinzipien des Gerechten auf das durch die Autorität des Menschengeschlechts Gewisse gründeten, nicht auf die Autorität der Gelehrten."[163] [„*Onde Grozio, più degli altri due come dotto così erudito, quasi in ogni particolar materia di tal dottrina combatte i romani giureconsulti; ma i colpi tutti cadono a vuoto, perché quelli stabilirono i loro princìpi del giusto sopra il certo dell'autorità del gener umano, non sopra l'autorità degli addottrinati*"] (350).[164]

Überhaupt zählt Vico Grotius neben Platon, Tacitus und Bacon zu den für ihn wichtigsten vier Denkern. Dieses allgemeine Bekenntnis ungeachtet seiner Kritik im Einzelnen zeugt von Vicos intellektueller Rechtschaffenheit. Ihm imponiert offenbar der gedankliche Wettstreit, in den Grotius mit den römischen Juristen eintritt, und auch wenn er das Fundament ihres Prinzipiendenkens aus seiner Sicht nicht zu erschüttern vermochte, so mag er es mit seiner Faszination für den förderlichen Ständekampf zwischen Plebejern und Patriziern geschätzt haben,

---

161 *Vittorio Hösle*, Vico und die Idee der Kulturwissenschaft, Einleitung der Meiner-Ausgabe 1990, S. LI Fußnote 46, macht mit Recht „den völligen Mangel an Ironie, der sein Werk kennzeichnet", geltend.

162 *Benedetto Croce*, Die Philosophie Giambattista Vicos (deutsche Übersetzung Erich Auerbach/Theodor Lücke), 1927, S. 73 f., geht davon aus, dass er die drei Naturrechtslehrer dafür in anderer Hinsicht separiert: „Das Fehlen eines Gottgedankens ist auch der Haupteinwand in Vicos Kritik an zwei anderen Gelehrten, die er als ‚Fürsten' des Naturrechts hoch verehrte, an Grotius und Pufendorf. Keiner von beiden – sagt er – erhebt die göttliche Vorsehung zum ersten und eigentlichen Prinzip." – In der Tat liegt hierin wohl die Ablehnung Vicos gegen die Genannten begründet, nicht aber in ihrer Eigenschaft als Befürworter eines Naturrechts. Grundlegend zur Naturrechtstradition seit Grotius *Knud Haakonssen*, Natural Law and Moral Philosophy: From Grotius to the Scottish Enlightenment, 1996.

163 Übersetzung Vittorio Hösle und Christoph Jermann, Meiner-Ausgabe, 2009, S. 156.

164 *Giambattista Vico*, La scienza nuova, 1744, edizione a cura di Fausto Niccolini (Editori Laterza), 5. Auflage 1967, S. 127.

dass auch die Heroen des Geistes über die Jahrhunderte hinweg einen Widerstreit um die besseren Gründe im Kampf um das Wahre vor der Nachwelt ausfechten.[165] Wir werden später noch sehen, dass hierin eine kompetitive Komponente seines Rechtsdenkens liegt, die Vico an den Anfang einer so wohl noch nicht gesehenen Ahnenreihe im Kampf um das Rechtbehalten stellt.[166]

c) Willensfreiheit und göttliche Vorsehung

Vico beschreibt die Willensfreiheit in einer Weise, die seine Rechtsmetaphysik anschaulich zum Ausdruck bringt: „Dies Zügeln der Bewegung der Körper ist sicherlich eine Wirkung der Freiheit der menschlichen Willkür und somit des freien Willens, der Wohnung und Aufenthaltsort ist aller Tugenden und unter anderen auch der Gerechtigkeit; durch diese geformt ist der Wille Subjekt alles Gerechten und aller Rechte, die vom Gerechten bestimmt sind."[167] [„*Questo infrenar il moto de' corpi certamente egli è un effetto della libertà dell'umano arbitrio, e sì della libera volontà, la qual è domicilio e stanza de tutte le virtù e, tralle altre, della giustizia, da cui informata la volontà è 'l subbietto di tutto il giusto e di tutti i diritti che sono dettati dal giusto*"] (340).[168]

aa) Beweis des freien Willens

Der freie Wille ist für Vico nicht nur als die voluntative Komponente des Einzelnen von Interesse, sondern auch für die Entwicklung des natürlichen Rechts der Völker. Er ist zwar im Ausgangspunkt unstet, findet jedoch eine allmähliche Austarierung nach Maßgabe dessen, was Vico für die entscheidenden Konstanten erachtet, nämlich dem reflexionslosen Gemeinsinn (142, 311): „Der menschliche Wille, seiner Natur nach höchst ungewiß (136), festigt und bestimmt sich nach dem gemeinsamen Sinn aller Menschen für die menschlichen Bedürfnisse oder

---

165 *Vittorio Hösle*, Vico und die Idee der Kulturwissenschaft, Einleitung der Meiner-Ausgabe 1990, S. LXXVI f., hebt das gemeinsame Interesse an Philosophie, Philologie und Jurisprudenz sowie den „umfassende(n), Räume und Zeiten übergreifenden Horizont seiner Betrachtungen" hervor.

166 Dazu *Jens Petersen*, Zivilrechtsdogmatik und methodischer Individualismus am Beispiel Rudolf von Jherings, Festschrift für Claus-Wilhelm Canaris, 2017, S. 87.

167 Übersetzung Vittorio Hösle und Christoph Jermann, Meiner-Ausgabe, 2009, S. 149.

168 *Giambattista Vico*, La scienza nuova, 1744, edizione a cura di Fausto Niccolini (Editori Laterza), 5. Auflage 1967, S. 122. Zu einer gänzlich andersartigen, ja entgegengesetzten rechtsmetaphysischen Konzeption der Willensfreiheit *Jens Petersen*, Schopenhauers Gerechtigkeitsvorstellung, 2017, S. 107 ff.

Vorteile, die die beiden Quellen des natürlichen Rechts der Völker sind."[169] [„*L'umano arbitrio, di sua natura incertissimo, egli si accerta e determina col senso comune degli uomini d'intorno alle umane necessità o utilità, che son i due fonti del diritto natural delle genti*"] (141).[170]

Bemerkenswert daran ist die Übereinstimmung mit der zuvor festgestellten Willensfreiheit, die ihrerseits wiederum in einer Vico eigentümlichen Weise einerseits mit der göttlichen Vorsehung verknüpft ist, andererseits aber das Allzumenschliche nicht aus dem Blick verliert: „Eben dieser Grundsatz beweist (...), daß der Mensch einen freien Willen hat,[171] obgleich einen schwachen, um die Leidenschaften in Tugenden umzuwandeln; daß er aber von Gott darin unterstützt wird, auf natürlichem Wege durch die göttliche Vorsehung, auf übernatürlichem durch die göttliche Gnade (310, 1410)."[172] [„*Questa medesima deginità (...) pruova che l'uomo abbia libero arbitrio, però debole, di fare delle passioni virtù; ma che da Dio è aiutato naturalmente con la divina provvedenza, e soprannaturalmente dalla divina grazia*"] (136).[173]

bb) Transformation des Wertwidrigen durch die göttliche Vorsehung

Unnachahmlich ist die entschiedene Bejahung der Frage nach der Willensfreiheit bei gleichzeitiger Zubilligung menschlicher Schwäche, die Vicos Menschenkenntnis ebenso verrät wie seine an anderer Stelle angestellte Beobachtung von „der Natur der Starken, das Erworbene zu bewahren, und nach der Natur der Wohltaten, die sich im politischen Leben erhoffen lassen"[174] [„*per la natura de' forti di conservare gli acquisti e per l'altra de' benefizi che si possono sperare nella vita civile*"] (599).[175] Diese anthropologische Beobachtung hat beinahe etwas Aphoristisches. Darüber hinaus aber ist die Einsicht in die menschliche Schwäche Ausdruck der Folgerichtigkeit seines Denkens, das die Hilfsbedürftigkeit

---

169 Übersetzung Vittorio Hösle und Christoph Jermann, Meiner-Ausgabe, 2009, S. 92.

170 *Giambattista Vico*, La scienza nuova, 1744, edizione a cura di Fausto Niccolini (Editori Laterza), 5. Auflage 1967, S. 75.

171 *Friedrich Kittler*, Eine Kulturgeschichte der Kulturwissenschaft, 2. Auflage 2001, S. 25, gibt mit Recht zu bedenken, dass „das Wort der ‚Mensch' bei Vico (...) Kollektivsingular" ist. Pointiert ebenda, S. 30: „In der Kulturgeschichte, wie Vico sie begründet hat, wird immerzu vorausgesetzt oder erschlichen, daß ich, der da Kulturgeschichte treibt, der Idee nach alle anderen bin".

172 Übersetzung Vittorio Hösle und Christoph Jermann, Meiner-Ausgabe, 2009, S. 91.

173 *Giambattista Vico*, La scienza nuova, 1744, edizione a cura di Fausto Niccolini (Editori Laterza), 5. Auflage 1967, S. 74.

174 Übersetzung Vittorio Hösle und Christoph Jermann, Meiner-Ausgabe, 2009, S. 331.

175 *Giambattista Vico*, La scienza nuova, 1744, edizione a cura di Fausto Niccolini (Editori Laterza), 5. Auflage 1967, S. 271.

menschlicher Unzulänglichkeit durch die Mitwirkung der göttlichen Gnade voraussetzt.

So mittelalterlich dies anmutet,[176] ist der unmittelbar folgende, ja geradezu konsekutive Gedanke, dass der freie Wille die Leidenschaften in Tugenden umwandeln soll, ein spezifisch neuzeitlicher. Denn die damit angesprochene Transformation von wertwidrigen Leidenschaften in wertvolle Interessen ist ein die gesamte neuzeitliche Geistesgeschichte beherrschender Gesichtspunkt.[177] Wir werden ihm an späterer Stelle wiederbegegnen, wenn es um den ‚Schmutz des Romulus' – ‚*la feccia di Romolo*' – geht (131). In der Verbindung von mittelalterlichem Gottesgnadendenken und neuzeitlicher Annahme der genannten Umgestaltung zeigt sich zugleich eine auffallende Übereinstimmung mit einem Gedanken Blaise Pascals, von dem ebenfalls später noch die Rede sein wird.[178] Letztlich ist dies aber in Vicos Denken nichts anderes als das Wirken der göttlichen Vorsehung.[179]

5. Sendung des Völkerrechts durch göttliche Vorsehung

Mit diesem bei Vico stets mitzubedenkenden Bezug zur göttlichen Vorsehung (328) ist nunmehr der Weg zu dem Problem eröffnet, wie sich die zwischenzeitlichen Überlegungen zu dem einleitend dargestellten Grundsatz über die Ent-

176 Dazu *Jens Petersen*, Dante Alighieris Gerechtigkeitssinn, 2. Auflage 2016, S. 70 ff., als Paradigma mittelalterlicher Rechtsmetaphysik (um es in Anlehnung an *Hugo Friedrich*, Die Rechtsmetaphysik der Göttlichen Komödie, 1942, auszudrücken) zur Willensfreiheit, wo der freie Wille als Ort der Unrechtsbegehung begriffen wird. *Karlheinz Stierle*, Die Fabel der Welt und das System der schönen Künste. Ovid, Dante, Proust, in: Das lebendige Wort. Begegnungen mit der Antike, 2020, S. 243, 262, spricht am Beispiel von Vergil und Statius (Purgatorio XXIV 73) treffend vom „Drama der göttlichen Gerechtigkeit".

177 *Albert O. Hirschman*, The Passions and the Interests. Political Arguments for Capitalism before its Triumph, 1977 (hier zitiert nach der deutschen Ausgabe: Leidenschaften und Interessen. Politische Begründungen des Kapitalismus vor seinem Sieg, 1987, Übersetzung Sabine Offe), hat dies grundlegend und übergreifend analysiert. Konsequenterweise hebt er auf S. 146 Anmerkung 15 den im Text folgenden Gedanken der SN 131 hervor. Speziell zu dem in dieser Hinsicht prägenden Montaigne *Hugo Friedrich*, Montaigne, 1949 (3. Auflage 1991, S. 180 f.).

178 *Blaise Pascal*, Pensées, 1669 posthume (Hg. Léon Brunschvicg, 1897), Fragment 402: „Grandeur de l'homme dans sa concupiscence même, d'en avoir su tirer un règlement admirable, et d'en avoir fait un tableau de la charité." Dazu *Jens Petersen*, Pascals Gedanken über Gerechtigkeit und Ordnung, 2016, S. 147.

179 *Vittorio Hösle*, Vico und die Idee der Kulturwissenschaft, Einleitung der Meiner-Ausgabe 1990, S. XXXV, bringt diesen Wirkungszusammenhang auf den Punkt: „Der Vorsehung wesentlich ist (...) die Fähigkeit, Negatives in Positives umzuwandeln".

stehung gleichförmiger Ideen bei ganzen Völkern (144) im Hinblick auf das Recht und damit insbesondere das Völkerrecht verhalten (145). Das ist für Vico insofern folgenreich, als es nicht nur in die gesamte Wirtschafts- und Rechtsordnung, insbesondere auf das Zivilrecht und die Handelsbeziehungen, ausstrahlt, sondern wiederum in die göttliche Vorsehung mündet: „Eben dieser Grundsatz stürzt auch alle Vermutungen um, die man bisher über das natürliche Recht der Völker gehabt hat; man glaubte, es sei von einem ersten Volk ausgegangen, von dem die anderen es übernommen hätten; dieser Irrtum wurde zum Ärgernis durch die Ägypter und die Griechen, die sich eitlerweise rühmten, die Humanität sei von ihnen in der Welt ausgesät worden; dieser Irrtum mußte natürlich das Zwölftafelgesetz von den Griechen zu den Römern kommen lassen (284 f.). Aber auf diese Weise wäre es ein Zivilrecht, das durch menschliche Vorkehrung anderen Völkern mitgeteilt, und nicht ein Recht, das zusammen mit den menschlichen Sitten auf natürliche Weise von der göttlichen Vorsehung in allen Völkern eingeführt wurde. Dies wird eine der ständigen Anstrengungen sein, die in diesen Büchern unternommen werden wird: zu beweisen, daß das natürliche Recht der Völker gesondert bei allen Stämmen entstand, ohne daß die einen etwas von den anderen wußten, und daß es später, bei Gelegenheit von Kriegen, Gesandtschaften, Bündnissen und Handelsbeziehungen, als dem ganzen Menschengeschlecht gemeinsam erkannt wurde (550).“[180]

[„*Questa stessa degnità rovescia tutte l'idee che si son finor avute d'intorno al diritto natural delle genti, il quale si è creduto esser uscito da una prima nazione da cui l'altre l'avessero ricevuto; al qual errore diedero lo scandalo gli egizi e i greci, i quali vanamente vantavano d'aver essi disseminata l'umanità per lo mondo: il qual error certamente dovette far venire la legge delle XII Tavole da' greci a' romani. Ma, in cotal guisa, egli sarebbe un diritto civile comunicato ad altri popoli per umano provvedimento, e non già un diritto con essi costumi umani naturalmente dalla divina provvedenza ordinato in tutte le nazioni. Questo sarà uno de' perpetui lavori che si farà in questi libri: in dimostrare che 'l diritto natural delle genti nacque privatamente appo i popoli senza sapere nulla gli uni degli altri; e che poi, con l'occasioni di guerre, ambasciarie, allianze, commerzi, si riconnobbe comune a tutto il gener umano*“] (146).[181]

---

180 Übersetzung Vittorio Hösle und Christoph Jermann, Meiner-Ausgabe, 2009, S. 93 f.

181 *Giambattista Vico*, La scienza nuova, 1744, edizione a cura di Fausto Niccolini (Editori Laterza), 5. Auflage 1967, S. 76. Siehe zur Bedeutung der dort aufscheinenden Humanität im Hinblick auf das Recht *Mercurio Candela*, Diritto e umanità in G. B. Vico, 1968. *Vittorio Hösle*, Kritik der verstehenden Vernunft, 2018, S. 264, macht darauf aufmerksam, dass „das römische Zwölftafelgesetz aus der Mitte des fünften vorchristlichen Jahrhunderts bis zum Ende des Römischen Reiches in Kraft blieb.“ *Ders.*, Vico und die Idee der Kulturwissenschaft, Einleitung der Meiner-

Die mit den genannten Bündnissen, Handelsbeziehungen etc. einhergehende Verständigung entfaltet also eher deklaratorische Wirkung, während die in der Einübung und Verankerung des Rechts durch entsprechende Sitten waltende Vorsehung konstitutiv wirkt. Selbst bei etwas vorderhand so Profanem wie der Schaffung zivilrechtlicher Gesetze ist für Vico die göttliche Vorsehung am Werk.

III. ‚Rationale politische Theorie der göttlichen Vorsehung'

An die Stelle der durch den Sündenfall verlorengegangenen vollkommenen göttlichen Gerechtigkeit tritt sonach die Verwirklichung einer menschlichen Gerechtigkeit, die es den Individuen erlaubt und nahelegt, in Gemeinschaft zu leben, auch wenn die Religion damit keineswegs ausgeschaltet, sondern im Gegenteil durch die nach Vicos Vorstellung allenthalben waltende göttliche Vorsehung nach wie vor mitbestimmend ist (2):[182] „Daher beginnen wir über das Recht zu reden, das zunächst als ein göttliches entstand, nach der Eigenschaft, nach der die Weissagung oder die Wissenschaft der Auspizien Jupiters von ihm redete; denn dies waren die göttlichen Dinge, nach denen die Völker alle menschlichen Dinge regelten, so daß beide zusammen den angemessenen Gegenstand der Jurisprudenz ausmachen (342, 379)."[183] [*„Laonde incominciamo a*

Ausgabe 1990, S. CLXII, gibt im Hinblick auf den zitierten (146) und in Bezug genommenen (550) Gedanken Vicos mit Recht zu bedenken, dass dessen „Theorie typologischer, nicht genetischer Verwandtschaft für die Rechtsgeschichte von besonderer Bedeutung ist. Vico erklärt, es sei eine der ständigen Anstrengungen seines Werkes, diffusionistische Vorstellungen zurückzuweisen und zu zeigen, daß das Recht bei den verschiedenen Völkern unabhängig voneinander entstanden und erst später als gemeinsam erkannt worden sei (...). Die wichtigste Anwendung dieser Theorie besteht in der Zurückweisung eines Ursprungs des Zwölftafelgesetzes (...). Zwar hat sich Vico hier wohl geirrt und sicher besteht ein bedeutender Mangel seiner Rechtstheorie darin, daß sie die Bedeutung von Rezeptionsvorgängen ignoriert." Zu berücksichtigen ist jedoch der wissenschaftsgeschichtliche Erfahrungssatz, den er daran knüpft und der auf Vicos fruchtbare Irrtümer im Hinblick auf das Recht im Besonderen zutreffen dürfte: „Aber es ist das gewöhnliche Schicksal großer Entdecker, daß sie in Absetzung von den Irrtümern ihrer Epoche das von ihnen erstmals erkannte Prinzip überdehnen. Je bedeutender die Entdeckung ist, desto näher liegt dieser Fehler".

182 *Karl Löwith*, Weltgeschichte und Heilsgeschehen. Die theologischen Voraussetzungen der Geschichtsphilosophie, 8. Auflage 1990 (1953), S. 115, erklärt den Zusammenhang, der auch für die Evolution des Rechts prägend ist: „Alle Zivilisationen, Gesetze und Einrichtungen, insbesondere die primitivsten, der Eheschließung und der Bestattung und des Ackerbaus, beruhen auf Opfern und Riten, auf irgendeiner Form von Religion, sei es nun die wahre oder eine falsche, die christliche oder eine heidnische".

183 Übersetzung Vittorio Hösle und Christoph Jermann, Meiner-Ausgabe, 2009, S. 186.

ragionare del diritto, che prima nacque divino, con la propietà con cui ne parlò la divinazione o sia scienza degli auspìci di Giove, che furono le cose divine con le quali le genti regolavano tutte le cose umane, ch'entrambe compiono alla giurisprudenza il di lei adeguato subbietto"] (398).[184]

1. Erkenntnis Gottes durch die Metaphysik

Dieser Gedanke führt zu einer durchaus originellen Begründung, wie sie, soweit ersichtlich, in der neuzeitlichen Geistesgeschichte vordem noch nicht ersonnen wurde: „Daher beginnt diese Wissenschaft nach diesem Hauptgesichtspunkt eine rationale politische Theologie der Vorsehung zu sein (342), die von der gewöhnlichen Weisheit der Gesetzgeber ihren Anfang nahm – die die Völker gründeten, indem sie Gott unter dem Attribut des Vorsehenden betrachteten – und mit der geheimen Weisheit der Philosophen sich vollendete, die in ihrer natürlichen Theologie ihn mit Argumenten als solchen beweisen (366)."[185] [„*Talché quindi questa Scienza incomincia, per tal principal aspetto, ad essere una teologia civile ragionata della provvedenza, la quale cominciò dalla sapienza volgare de' legislatori che fondarono le nazioni con contemplare Dio per l'attributo di provvedente, e si compiè con la sapienza riposta de' filosofi che 'l dimonstrano con ragioni nella loro teologia naturale*"] (385).[186]

a) Verbindung göttlicher Providenz mit der Ordnung der politischen Welt

Die Besonderheit besteht also in einer Verbindung göttlicher Providenz mit der Ordnung der politischen Welt bzw. der Welt der Völker, die zudem und vor allem rational ausgerichtet ist, wie es ausweislich des Titels seiner Abhandlung die ‚Prinzipien einer neuen Wissenschaft über die gemeinsame Natur der Völker‘ in Aussicht stellen.[187] Die Vorsehung weist aus Vicos Sicht einen Bezug zur Juris-

---

184 *Giambattista Vico*, La scienza nuova, 1744, edizione a cura di Fausto Niccolini (Editori Laterza), 5. Auflage 1967, S. 155 f.

185 Übersetzung Vittorio Hösle und Christoph Jermann, Meiner-Ausgabe, 2009, S. 178 f.

186 *Giambattista Vico*, La scienza nuova, 1744, edizione a cura di Fausto Niccolini (Editori Laterza), 5. Auflage 1967, S. 150.

187 *Vittorio Hösle*, Recht und Geschichte bei Giambattista Vico, Gedenkschrift für Karl-Heinz Ilting, 1990, S. 389, 400, stellt den Bezug zum System eines archaischen Naturrechts her: „Dieses will außerdem eine rationale politische Theologie der Vorsehung, eine Philosophie der Autorität, d. h. eine Lehre von den verschiedenen sich historisch entwickelnden Formen der Begründung von Geltungsansprüchen, ein System des Naturrechts der heidnischen Völker – d. h. eine Re-

prudenz auf: „Und sie ist es, die eigentlich den ersten und vornehmsten Teil des Gebiets der Jurisprudenz ausmacht, nämlich die göttlichen Dinge, von denen der andere Teil abhängt, der jenes Gebiet vollendet, nämlich die menschlichen Dinge." [398][188] [„*Ed è quella che propiamente occupa la prima e principal parte del subbietto della giurisprudenza, che son le cose divine, dalle quali dipende l'altra che 'l compie, che sono le cose umane*"] (342).[189]

Erkenntnisgegenstand Vicos sind also nach dem oben Gesagten auch die menschlichen Dinge (342), wie beispielsweise das von Menschen gesetzte und erlassene Recht als Bestandteil des mondo civile. Für die Erkenntnis der Gesetzmäßigkeiten im Zusammenleben der Menschen, die zum Erhalt der Gesellschaft beitragen, bedarf es einer bestimmten Methode, die er in der Scienza nuova zugrunde legt. Den Untersuchungsgegenstand umreißt er mit denjenigen Begriffen, die wir bereits kennengelernt haben, nämlich den Vorzügen und Erfordernissen der Geselligkeit und dem natürlichen Recht der Völker: „Um diese Natur der menschlichen Dinge aufzufinden, verfährt diese Wissenschaft nach einer strengen Analyse der menschlichen Gedanken bezüglich der menschlichen Bedürfnisse oder Vorteile im geselligen Leben; dies sind die beiden nie versiegenden Quellen des natürlichen Rechts der Völker, wie auch in den Grundsätzen bemerkt worden ist (141)."[190] [„*Per andar a truovare tali nature di cose umane procede questa Scienza con una severa analisi de' pensieri umani d'intorno all'umane necessità o utilità della vita socievole, che sono i due fonti perenni di diritto natural delle genti, come pure nelle Degnità si è avvisato*"] (347).[191]

b) ‚Rationale politische Theorie göttlicher Vorsehung'

Das eigentlich Neue der Scienza nuova besteht in einer den gesamten mondo civile erklärenden „rationalen politischen Theologie der göttlichen Vorsehung."[192] [„*una teologia civile ragionata della provvedenza divina*"] (2).[193] Es geht Vico also um das außerordentlich ambitionierte Vorhaben

konstruktion des archaischen Rechts – sowie schließlich die Herausarbeitung einer ‚idealen ewigen Geschichte' sein".

188 Übersetzung Vittorio Hösle und Christoph Jermann, Meiner-Ausgabe, 2009, S. 151.

189 *Giambattista Vico*, La scienza nuova, 1744, edizione a cura di Fausto Niccolini (Editori Laterza), 5. Auflage 1967, S. 123.

190 Übersetzung Vittorio Hösle und Christoph Jermann, Meiner-Ausgabe, 2009, S. 153.

191 *Giambattista Vico*, La scienza nuova, 1744, edizione a cura di Fausto Niccolini (Editori Laterza), 5. Auflage 1967, S. 125.

192 Übersetzung Vittorio Hösle und Christoph Jermann, Meiner-Ausgabe, 2009, S. 4.

193 *Giambattista Vico*, La scienza nuova, 1744, edizione a cura di Fausto Niccolini (Editori Laterza), 5. Auflage 1967, S. 6.

einer wissenschaftlich ausgerichteten und daher dem Maßstab der Vernunft standhaltenden Erkenntnis dessen, was er Vorsehung nennt, mit Blick auf die politischen Voraussetzungen des Zusammenlebens der zu Völkern verbundenen Individuen und ihrer kollektiven Selbsterhaltung:[194] „Damit die Metaphysik Gott erkenne, wie seine Vorsehung die öffentlichen moralischen Verhältnisse oder die politischen Sitten bestimmt, durch die die Völker auf die Welt gekommen sind und sich erhalten."[195] [*„Perché la metafisica conosca Dio provvedente nelle cose morali pubbliche, o sia ne' costumi civili, co' quali sono provenute al mondo e si conservan le nazioni*"] (5).[196]

aa) Wahrheitsanspruch der rational ausgerichteten Metaphysik

Immer wieder aufs Neue erklärter philosophischer Ausgangspunkt Vicos ist somit eine vernunftgeprägte Metaphysik der Erkenntnis göttlichen Wirkens, die freilich die menschlichen Belange im Lauf der Geschichte berücksichtigt.[197] So erhebt Vicos rational ausgerichtete Metaphysik, die von der allumfassenden Gegenwart Gottes handelt, einen Wahrheitsanspruch, den er gegen irrige heidnische und mythologisch geprägte Auffassungen verteidigt, deren Überlieferung er gleichwohl nicht geringschätzt, und dabei in einer für den vorliegenden Gegenstand aufschlussreichen Weise zum Recht übergeht (515): „Denn jene Wahrheit der rationalen Metaphysik von der Allgegenwart Gottes, die in dem falschen Sinne der poetischen Metaphysik verstanden worden war: ...'Iovis omnia plena' (Alles ist von Jupiter erfüllt) (379), verlieh jenen Giganten, die die ersten unbewohnten Ländereien der Welt besetzt hatten, die menschliche Autorität in eben dieser Bedeutung von ‚Eigentum' (388), das im römischen Recht sicherlich die Bezeichnung ‚ius optimum' (vorzüglichstes Recht) behielt."[198] [*„Perché quel vero di metafisica ragionata d'intorno all'ubiquità di Dio, ch'era stato appreso con falso senso di metafisica poetica: ...Iovis omnia plena, produsse l'autorità*

194 Monographisch *Goran Sunajko*, Vicos Neue Wissenschaft als politische Theologie, 2016.

195 Übersetzung Vittorio Hösle und Christoph Jermann, Meiner-Ausgabe, 2009, S. 6 f.

196 *Giambattista Vico*, La scienza nuova, 1744, edizione a cura di Fausto Niccolini (Editori Laterza), 5. Auflage 1967, S. 8.

197 *Bernd Wacker/Jürgen Manemann*, „Politische Theologie". Eine Skizze zur Geschichte und aktuellen Diskussion des Begriffs, in: Politische Theologie – gegengelesen (Hg. Dieselben), 2008, S. 44 Fußnote 70, betonen die heidnisch-poetologischen Voraussetzungen und Ursprünge dieser Form der politischen Theologie. Aufschlussreich auch *Gustav Seibt*, Deutsche Erhebungen. Das Klassische und das Kranke, 2008, S. 160 f., wonach Vico „im umfassend ausgespannten Rahmen biblischer Heilsgeschichte eine irdische Kausalität eingepaßt hatte, die göttliche Vorsehung in eine Heterogonie der Zwecke übersetzte".

198 Übersetzung Vittorio Hösle und Christoph Jermann, Meiner-Ausgabe, 2009, S. 247.

umana a quelli giganti ch'avevano occupato le prime terre vacue del mondo, nello stesso significato di ‚dominio', che n' ragion romana restò certamente detto ‚ius optimum'"] (490).[199]

bb) Entwicklungsgeschichtliche Rückverfolgung des Rechts

Dieses als ‚vorzüglichstes' Recht begriffene Eigentum zeichnet Vico entsprechend seinem entwicklungsgeschichtlich ausgerichteten Herrschaftsverständnis aus den besonderen Gewaltverhältnissen innerhalb des Familienverbundes nach und macht es auf diese Weise für die Entstehung der staatlichen Gewalt fruchtbar, indem er das Eigentum als ohnehin höchstes Recht gleichsam nochmals steigert: „Auch läßt sich unter allen menschlichen Möglichkeiten – da nun einmal die politischen Staaten weder durch Betrug noch durch die Gewalt eines einzelnen entstanden sind (wie wir oben bewiesen haben (522) und unten näher bewiesen werden wird (1010 ff.) – in keiner anderen Weise als dieser vorstellen, wie sich aus den Familiengewalten die politische Gewalt bilden konnte und wie aus dem natürlichen Eigentum der Väter (von dem wir oben angedeutet haben (490), es sei ‚ex iure optimo' (nach vorzüglichstem Recht) gewesen in der Bedeutung von ‚frei von aller privaten und öffentlichen Last') sich das Obereigentum der politischen Staaten bildete (266)."[200] [*„Né, tra tutti i possibili umani, una volta che gli Stati civili non nacquero né da froda né da forza d'un solo (come abbiam sopra dimostro e si dimostrerà più in appresso), come dalle potestà famigliari poté formarsi la civil potestà, e de' domini naturali paterni (che noi sopra accennammo essere stati ‚ex iure optimo', in significato di ‚liberi d'ogni peso privato e pubblico') si fusse formato il dominio eminente di essi Stati civili, si può immaginare in altra guisa che questa'"*] (585).[201] Diese Berufung auf Ciceros ‚ex iure optimo' findet sich auch an anderer Stelle (1076).

---

199 *Giambattista Vico*, La scienza nuova, 1744, edizione a cura di Fausto Niccolini (Editori Laterza), 5. Auflage 1967, S. 205. *Rainer Specht*, Über den juristischen Realismus Giambattista Vicos, Philosophisches Jahrbuch 63 (1955) 166, 171, erklärt unter anderem die „Wertung der Autorität als Regel" aus gutem Grund mit der Herkunft Vicos aus der römischen Rechtskultur: „Die Größe dieser Lösung setzt allerdings die Sicherheit des politischen Empfindens voraus, die das Aufwachsen in einem Volk und in einer Landschaft mit zweieinhalbtausendjähriger staatlicher Erfahrung und noch älteren Rechtstraditionen verleihen konnte".

200 Übersetzung Vittorio Hösle und Christoph Jermann, Meiner-Ausgabe, 2009, S. 320.

201 *Giambattista Vico*, La scienza nuova, 1744, edizione a cura di Fausto Niccolini (Editori Laterza), 5. Auflage 1967, S. 262.

2. Philologie, Geschichtsphilosophie und Kulturwissenschaft

Vico zieht, wie wir gesehen haben, die Philologie zurate, die aus seiner Sicht, wie man der Vermeidung von Missverständnissen halber präzisieren sollte, der Kulturwissenschaft im Ganzen entspricht.[202] Der Begriff der Philologie ist also für das Verständnis des vichianischen Denkens eine potentiell missverständliche Äquivokation, die vielleicht auch dazu beigetragen hat, dass die epochale Bedeutung seiner Einsichten erst vergleichsweise spät und bedauerlicherweise nicht mehr zu seinen Lebzeiten die gebührende Achtung erfahren hat.[203]

Wie eindrucksvoll, wenn auch vielleicht nicht immer logisch zwingend und im Einzelnen angreifbar, Vico scheinbar Unzusammenhängendes zur Veranschaulichung seiner kulturgeschichtlichen Annahmen in eine Ordnung und Chronologie zu bringen versuchte, zeigt folgende Erwägung: „Aber Sophokles und Euripides lebten etwas vor den Zeiten des Zwölftafelgesetzes (911), und die Lyriker kamen ebenfalls später (908 f.), was die Chronologie ziemlich durcheinanderzubringen scheint, die Hippokrates in die Zeit der Sieben Weisen Griechenlands setzt.“[204] [*„Ma Sofocle ed Euripide vissero alquanto innanzi i tempi della legge delle XII Tavole, e i lirici vennero anco dappoi; lo che sembra assai turbar la cronologia, che pone Ippocrate ne’ tempi de’ sette savi di Grecia*“] (906).[205]

---

202 *Vittorio Hösle*, Philosophiegeschichte und objektiver Idealismus, 1996, S. 163, wonach die Philologie „bei ihm das Ganze der Kulturwissenschaft heißt.“ *Ders*, Vico und die Idee der Kulturwissenschaft, Einleitung der Meiner-Ausgabe 1990, S. CX, verdeutlicht mit weiteren Nachweisen und einer wichtigen negativen Abgrenzung: „Vicos Begriff der Philologie ist viel weiter als der heutige – ihr Gegenstand ist der ganze intersubjektive Geist. Sprachen, Sitten, Taten in Krieg und Frieden werden als Thema der Philologie genannt (...). Insbesondere ist es *entscheidend, die Philologie nicht als Lehre der Interpretation von Texten zu verstehen* – ist doch einer der am häufigsten wiederholten Vorwürfe Vicos an die traditionelle Philosophie und Historie gerade dieser, daß sie sich zu Unrecht auf die Zeit seit dem Auftreten schriftlicher Überlieferung beschränke, obgleich dieser ein geschichtlich später sei (...).“ Hervorhebung nur hier.

203 *Jürgen Trabant*, Giambattista Vico – Poetische Charaktere, 2019, S. 116, verdeutlicht zur Begriffsklärung beiläufig das Verhältnis zur Geschichtsphilosophie und Jurisprudenz, indem er die Philologie zugleich als Fundament und eine Art Inbegriff versteht: „Vicos Geschichtskonstruktion basierte auf *weniger* Wissen, vor allem auf einem *anderen* Wissen aus Büchern, einem Wissen aus Sprache. Historische, juristische, aber auch mythologische und dichterische Texte waren die Quellen für die Konstruktion seiner Geschichte. Vico nennt die Gesamtheit dieser Texte ‚Philologie‘. Die Philologie ist sein empirisches Material, die Basis seiner Wissenschaft.“ Hervorhebung auch dort.

204 Übersetzung Vittorio Hösle und Christoph Jermann, 2009, Meiner-Ausgabe, S. 486.

205 *Giambattista Vico*, La scienza nuova, 1744, edizione a cura di Fausto Niccolini (Editori Laterza), 5. Auflage 1967, S. 414.

a) Kulturgeschichte und Kulturvergleichung im Hinblick auf das Recht

Vico konsultiert insbesondere die griechische Mythologie sowie die großen Dichtungen Homers[206] „für Entdeckungen auf dem Gebiete des natürlichen Rechts der griechischen Stämme, als diese noch Barbaren waren."[207] [„*di discoverte del diritto naturale delle genti greche ancor barbare*"] (7).[208] Gerade dieser Rekurs auf die Phase, während derer die genannten und später hochentwickelten Völker noch barbarische Ursprünge hatten, veranschaulicht im Verhältnis zum Erkenntnisinteresse der Entstehung des natürlichen Rechts Vicos eigentümliche Begründung einer Kulturgeschichte des Rechts.[209] Zudem zeugt gerade diese Verbindung der Rechtsphilosophie mit der Geschichtsphilosophie und der Philologie von einer Weite des historischen, kulturvergleichenden, juristischen und literarischen Denkens, wie sie in der neuzeitlichen Geistesgeschichte einzigartig dasteht.[210]

aa) Homerische Frage und Zwölftafelgesetz

Das zeigt sich etwa daran, dass Vico zwei durchaus unterschiedliche, von ihm jeweils als Irrtümer gegeißelte wissenschaftliche Probleme, nämlich die Beantwortung der homerischen Frage, die er überhaupt als Erster gestellt hat,[211] und die

---

206 *Erich Auerbach*, Mimesis. Dargestellte Wirklichkeit in der abendländischen Literatur, 1946, hat nicht von ungefähr Vico eine zentrale Stellung in seinem epochalen Werk eingeräumt; *ders.*, Philologie der Weltliteratur. Sechs Versuche über Stil und Wirklichkeitswahrnehmung, 2015, bezieht sich in dem titelgebenden Aufsatz dieses Bandes aus dem Jahre 1952 ebenfalls maßgeblich auf Vico.

207 Übersetzung Vittorio Hösle und Christoph Jermann, 2009, Meiner-Ausgabe, S. 9.

208 *Giambattista Vico*, La scienza nuova, 1744, edizione a cura di Fausto Niccolini (Editori Laterza), 5. Auflage 1967, S. 9.

209 Es verwundert nicht, dass ein so enzyklopädischer und überaus vielseitiger Jurist wie *Josef Kohler*, Vico als Rechtsphilosoph, Archiv für Rechts- und Wirtschaftsphilosophie 5 (1911/12) 261, 263, in seiner Besprechung des Vico-Buches von Benedetto Croce darauf hinweist, dass Vico ethnologische und universalgeschichtliche Fragestellung des Rechts andeutungsweise gestellt hat.

210 *Vittorio Hösle*, Wahrheit und Geschichte. Studien zur Struktur der Philosophiegeschichte unter paradigmatischer Analyse der Entwicklung von Parmenides bis Platon, 1984, S. 108 Fußnote 101: „Bei Vico, dem Erneuerer einer zyklischen Geschichtsphilosophie in der Neuzeit, findet sich übrigens schon der Vergleich antiker Philosophen mit neuzeitlichen (der Stoiker mit Spinoza und Epikurs mit Locke), wenn auch nur beiläufig".

211 Vgl. *Friedrich August Wolf*, Giambattista Vico über den Homer, Museum der Alterthumswissenschaft 1 (1807) 555, der selbst aufgrund einer wegweisenden Arbeit (*ders.* Prolegomena ad Homerum, 1795) zumeist genannt wird, hat damit übrigens den ersten wissenschaftlichen Aufsatz über Vico auf deutsch verfasst (*Vittorio Hösle*, Vico und die Idee der Kulturwissenschaft, Einlei-

vermeintliche griechische Herkunft des Zwölftafelgesetzes, rhetorisch so geschickt zueinander ins Verhältnis setzt, dass allein seine Auffassung den Anschein erweckt, die wissenschaftliche Dunkelheit zu erhellen: „Somit haben die Dichtungen Homers dasselbe Schicksal erfahren wie die Gesetze der zwölf Tafeln: denn wie diese, indem man sie für Gesetze hielt, die von Solon den Athenern gegeben worden und später zu den Römern gekommen waren (769), uns bisher die Geschichte des natürlichen Rechts der heroischen Stämme Latinums verborgen gehalten haben (154).“[212] [„*Tanto che lo stesso è avvenuto de' poemi d'Omero, che avvenne della legge della XII Tavole: perché, come queste, essendo state credute leggi date da Solone agli ateniesi, e quindi fussero venute a' romani, ci hanno tenuto finor nascosta la storia del diritto naturale delle genti eroiche del Lazio; così, perché tai poemi sono stati creduti lavori di getto d'un uomo particolare, sommo e raro poeta, ci hanno tenuta finor nascosta l'istoria del diritto naturale delle genti di Grecia*“] (904).[213]

bb) Verschränkung von Philologie und Rechtsgeschichte

Hieran erweist sich beispielhaft die Verschränkung von Philologie und Rechtsgeschichte in seinem Denken; darüber hinaus und damit zusammenhängend die Kulturvergleichung, die Vico in einer für seine Zeit, wenn auch primär auf die Antike konzentriert, bemerkenswerten Weise erkundet hat.[214] So zeigt sich, dass Vico nicht nur jeweils kulturgeschichtlich vertikal in der Zeit denkt, sondern auch gleichsam kulturvergleichend horizontal, indem er die in Bezug genommenen Entwicklungsstadien, die von den einzelnen Kulturen durchmessen werden, komparativ berücksichtigt.

---

tung der Meiner-Ausgabe 1990, S. CCXXXI, dort auch näher zur ‚Homerischen Frage‘). Siehe zum Ganzen auch *Wolfgang Kullmann*, Die Quellen der Ilias (Troischer Sagenkreis), 1960.

212 Übersetzung Vittorio Hösle und Christoph Jermann, 2009, Meiner-Ausgabe, S. 485.

213 *Giambattista Vico*, La scienza nuova, 1744, edizione a cura di Fausto Niccolini (Editori Laterza), 5. Auflage 1967, S. 412.

214 *Vittorio Hösle*, Recht und Geschichte bei Giambattista Vico, Gedenkschrift für Karl-Heinz Ilting, 1990, S. 389, 405, würdigt Vicos Leistung und Grenzen: „Besonders ist aber Vico am Vergleich zwischen Kulturen interessiert; ja, es läßt sich durchaus sagen, daß er die Methode des Kulturvergleichs in dieser umfassenden Form inauguriert hat, obgleich es im wesentlichen die griechische, die römische und – mit Einschränkungen – die mittelalterliche Kultur sind, die Vico studiert hat: Seine Kenntnisse außereuropäischer Kulturen sind bescheiden. Eine wichtige Voraussetzung dieser Methode ist bei Vico, daß Analogien zwischen verschiedenen Kulturen nicht notwendig auf genetische Abhängigkeit zurückgehen, wie zu seiner Zeit fast alle Gelehrten annahmen“.

Das gilt paradoxerweise auch dort, wo er, wie im soeben genannten Beispiel, zu dem Ergebnis gelangt, dass eine Einwirkung durch bestimmte Einflüsse – hier also der Einfluss griechischen Rechtsdenkens auf die Zwölftafelgesetzgebung – entgegen einer im Schrifttum vertretenen Auffassung seines Erachtens gerade *nicht* stattgefunden haben kann (769). Das jeweilige System – sofern man davon freilich in der betreffenden Epoche überhaupt sprechen kann, und daher wohl häufig eher der mehr oder minder rudimentär ausgeprägte Entwicklungsgrad – des natürlichen Rechts ist für ihn eine Art Indikator, um den Stand dieser Entwicklung zu ermessen. Schon zu diesem Zweck sind seine Annahmen zur Zwölftafelgesetzgebung erhellend, mehr noch freilich zur Verdeutlichung der von ihm vordringlich und übergreifend behandelten Geschichte des natürlichen Rechts.

b) Gesetzesgehorsam und Geschichtsphilosophie

Aber auch im Hinblick auf seine Geschichtsphilosophie zeigt das nicht zuletzt seine Vorstellung von der ‚ewigen idealen Geschichte' (349),[215] inmitten derer nicht von ungefähr der Gehorsam vor den Gesetzen steht – freilich ihrer zyklischen Natur nach nur vorübergehend:[216] „Im Menschengeschlecht erheben sich zunächst die Schrecklichen und Ungeschlachten, wie Polyphem; dann die Großmütigen und Stolzen, wie Achilles; darauf die Tapferen und Gerechten, wie Aristides, Scipio Africanus; uns näher diejenigen, die mit großen Bildern von Tugenden glänzen, die von großen Lastern begleitet sind, und die bei dem Volk Aufsehen erregen, als ob ihnen wahrer Ruhm gebühre, wie Alexander und Cäsar;

215 *Albert O. Hirschman*, The Passions and the Interests. Political Arguments for Capitalism before its Triumph, 1977 (hier zitiert nach der deutschen Ausgabe: Leidenschaften und Interessen. Politische Begründungen des Kapitalismus vor seinem Sieg, 1987, Übersetzung Sabine Offe), S. 27, hebt Vicos Umsicht im Vergleich zu Herder und Hegel hervor, indem er mit Recht zu bedenken gibt, dass „manche seiner späteren Adepten darin sogar erheblich weniger vorsichtig waren als Vico gewesen war: Ihnen scheint der Gang der Geschichte genug für die Annahme, daß die Leidenschaften des Menschen auf irgendeine Weise für den allgemeinen Fortschritt des Menschen oder des Weltgeistes zusammenwirken. In diese Richtung gehen die Argumente Herders und Hegels".

216 *Friedrich Kittler*, Eine Kulturgeschichte der Kulturwissenschaft, 2. Auflage 2001, S. 93, variiert das vichianische *verum et factum convertuntur* in geschichtsphilosophischer Hinsicht wie folgt: „in der Konstruktion eines Gattungssubjekts, dessen Erkennen von Geschichte koextensiv mit seinem eigenen Machen von Geschichte war." – Die Rede ist vom Menschen. *Vittorio Hösle*, Moral und Politik. Grundlagen einer Politischen Ethik für das 21. Jahrhundert, 1997, S. 680, würdigt innerhalb der ‚Kulturzyklentheorien' Vicos Rang: „Die größte von ihnen, diejenige Vicos, bleibt eine der bedeutendsten Leistungen auf dem Gebiet der Geschichtsphilosophie".

später die grüblerischen Bösewichte, wie Tiberius; schließlich die zügellos und unverschämt Wütenden, wie Caligula, Nero, Domitian. Dieser Grundsatz beweist, daß die erste Gruppe nötig war, damit im Zustand der Familien der Mensch dem Menschen gehorchte und dazu geneigt gemacht würde, im Zustand der Städte, der folgen sollte, den Gesetzen zu gehorchen; die zweite, in der von Natur niemand seinesgleichen nachgab, damit über den Familien die Republiken aristokratischer Form begründet würden; die dritte, um in solchen der Volksfreiheit zu ebnen; die vierte, um daselbst die Monarchien einzuführen, die fünfte, um sie zu befestigen; die sechste, um sie zu stürzen. Und dieser Grundsatz gibt zusammen mit den vorhergehenden einen Teil der Prinzipien der ewigen idealen Geschichte, nach der sich alle Völker in der Zeit entwickeln in ihrem Entstehen, ihrem Fortschritt, Höhepunkt, Niedergang und Ende (114)."[217]

[„*Nel gener umano prima surgono immani e goffi, qual'i Polifemi; poi magnanimi ed orgogliosi, quali gli Achilli; quindi valorosi e giusti, quali gli Aristidi, gli Scipioni affricani; più a noi (vicini) gli appariscenti con grand'immagini di virtù che s'accompagnano con grandi vizi, ch'appo il volgo fanno strepito di vera gloria, quali gli Alessandri e i Cesari; più oltre i tristi riflessivi, qual'i Tiberi; finalmente i furiosi dissoluti e sfacciati, qual'i Caligoli, i Neroni, i Domiziani. Questa degnità dimostra che i primi abbisognarono per ubdibire l'uomo all'uomo nello stato delle famiglie, e disporlo ad ubbidir alle leggi nello stato ch'aveva a venire delle città; i secondi, che naturalmente non cedevano a' loro pari, per istabilire sulle famiglie le repubbliche di forma aristocratica; i terzi per aprirvi la strada alla libertà popolare; i quarti per introdurvi le monarchie; i quinti per istabilirle; i sesti per rovesciarle. E questa con l'antecedenti degnità dánno una parte de' princìpi della* storia ideal eterna, *sulla quale corrono in tempo tutte le nazioni ne' loro sorgimento, progressi, stati, decadenze e fini*"] (243–245).[218]

Die ‚storia ideal eterna' ließ Vico nicht von ungefähr drucktechnisch hervorheben. In ihr ist der Gehorsam gegenüber den Gesetzen, das ‚ubbidir alle legge', bedauerlicherweise immer nur ein Zwischenschritt, der in der zyklischen Vorstellung durch stetig schlimmer werdende Despotie verloren geht.[219] Anders als viele seiner Vorgänger, die zyklische Geschichtstheorien entworfen haben, hat Vico kulturgeschichtliche und kulturvergleichende Beobachtungen in seine

---

217 Übersetzung Vittorio Hösle und Christoph Jermann, Meiner-Ausgabe, 2009, S. 117 f.

218 *Giambattista Vico*, La scienza nuova, 1744, edizione a cura di Fausto Niccolini (Editori Laterza), 5. Auflage 1967, S. 95.

219 Es wäre eine reizvolle Aufgabe, diesen Zusammenhang im Hinblick auf den Vergleich mit Machiavelli, dessen diesbezügliche, in den Discorsi niedergelegte Vorstellungen Vico gewiss gekannt hat, zu vergleichen; zu ihnen, insbesondere im Hinblick auf den allfälligen Gehorsam der Mächtigen gegenüber den Gesetzen *Jens Petersen*, Machiavellis Gesetzgebungslehre, 2020, S. 327.

Theorie aufgenommen. Es ist einer jener genialen Gedanken, aus denen sich ergibt, dass Vico bis heute als Begründer der Kulturwissenschaft gilt, wie sogleich noch näher darzulegen ist. Für den vorliegenden Zusammenhang ist jedoch einstweilen wichtiger, dass es sich nicht um einzelne zerstreute Beobachtungen handelt. Vielmehr dient die Berücksichtigung kulturgeschichtlichen Wissens dem Rückgriff auf einen möglichst frühen menschheitsgeschichtlichen Zeitpunkt, aus dem sich Zeugnisse gewinnen lassen, die für die genannten ‚Entdeckungen auf dem Gebiet des natürlichen Rechts' – ‚di discoverte del diritto naturale' (7) – Auskunft geben können. Die Einbeziehung der Philologie erfolgt somit nicht beliebig, sondern ist Ausdruck eines tiefgreifenden Systemdenkens und damit eine der großen theoretischen Leistungen der juristischen Geistesgeschichte der Neuzeit.

3. Berücksichtigung von Recht, Sprache und Sitten

Vico verliert sich somit, was die juristische Dimension seines Denkens betrifft, nicht einfach in unvordenklichen Spekulationen,[220] sondern geht in seinem gesamten Werk, also auch soweit es die genannte göttliche Vorsehung betrifft, von der Autorität der römischen Juristen aus:[221] „Und zwar nach einer gemeinsamen Vorstellung, die die Lateiner ‚d i v i n a r i' nannten, also ‚die Zukunft vorhersagen'; freilich mit diesem eben angegebenen grundlegenden Unterschied, von dem alle anderen (von dieser Wissenschaft zu beweisenden) wesentlichen Unterschiede zwischen dem natürlichen Recht der Hebräer und dem natürlichen Recht der heidnischen Völker abhängen, von welch letzterem die römischen Juristen erklärten, es sei zusammen mit den menschlichen Sitten von der göttlichen Vor-

220 *Vittorio Hösle*, Philosophiegeschichte und objektiver Idealismus, 1996, S. 163, fasst den selbstgesetzten Anspruch Vicos so anschaulich zusammen, dass damit auch die Rolle des Rechts deutlich wird: „Die ‚Scienza nuova' will nämlich erstens eine rationale politische Theorie der Vorsehung sein, zweitens eine Philosophie der Autorität (gemeint sind damit die geschichtlich realisierten Legitimationsformen), drittens eine Geschichte der menschlichen Ideen, viertens eine philosophische Kritik der Urgeschichte, die deren religiöse Vorstellungen und auf dieser Grundlage deren Institutionen rekonstruiert, fünftens eine ewige ideale Geschichte, sechstens ein System des natürlichen Rechts der Völker, siebtens eine Darlegung der Anfänge der Universalgeschichte".

221 *Karin Ulrich*, Wissen ist Macht. Erkenntnistheoretische Spielarten eines Prinzips. Eine wissenschaftsphilosophische Studie über ein atypisches Bild epistemologischer Wissensproduktion, 2015, S. 50 f., schildert anhand biographischer Begebenheiten Vicos Annäherung an das Gerechtigkeitsdenken der römischen Juristen.

sehung eingesetzt worden.“[222] [„*da un’ idea medesima, la quale i latini dissero ‚divinari‘, ‚avvisar l’avvenire‘; ma con questa fondamentale diversità che si è detta, dalla quale dipendono tutte l’altre (che da questa Scienza si dimostrano) essenziali differenze tra ’l diritto natural degli ebrei e ’l diritto natural delle genti, che i romani giureconsulti diffinirono essere stato con essi umani costumi dalla divina provvedenza ordinato*“] (9).[223]

a) Bedeutung des römischen Rechts als Kulturleistung

Er berücksichtigt also auch für die Begründung des natürlichen Rechts das gesamte verfügbare Wissen seiner Zeit, das sich aus rechts- und kulturgeschichtlichen Elementen zusammensetzt, und damit insbesondere die eminenten Fähigkeiten der römischen Juristen, indem er das römische Recht als Kulturleistung höchsten Ranges einbezieht,[224] darüber hinaus aber ebenso die Philosophie, insbesondere die Hinweise des von ihm besonders geschätzten Platon:[225] „Daher müssen bezüglich dieser Art von Versen jene gewöhnlichen Überlieferungen wahr sein, deren erste sich bei Platon findet und besagt, die Gesetze der Ägypter seien Dichtungen der Göttin Isis gewesen; die zweite findet sich bei Plutarch und erzählt, Lykurg habe den Spartanern – denen er in einem besonderen Gesetz verboten hatte, lesen und schreiben zu lernen – seine Gesetze in Versen gegeben; die

---

222 Übersetzung Vittorio Hösle und Christoph Jermann, Meiner-Ausgabe, 2009, S. 10.

223 *Giambattista Vico*, La scienza nuova, 1744, edizione a cura di Fausto Niccolini (Editori Laterza), 5. Auflage 1967, S. 10.

224 *Vittorio Hösle*, Moral und Politik. Grundlagen einer Politischen Ethik für das 21. Jahrhundert, 1997, S. 703.

225 *Benedetto Croce*, Die Philosophie Giambattista Vicos (deutsche Übersetzung Erich Auerbach/Theodor Lücke), 1927, S. 89 f., hat diesen Einfluss Platons über den im Text ausdrücklich genannten Zusammenhang hinaus in staatstheoretischer Hinsicht ausgearbeitet, betont aber auch den fundamentalen Unterschied, der Vicos genuin eigene geistige Leistung bedeutet: „Das ewige Gesetzbuch ist, seiner inneren Natur nach betrachtet, eine Utopie; und da die erste und größte aller Utopien der Platonische Staat war, empfiehlt es sich (...), Vicos Verhalten gegenüber der platonischen Staatskonstruktion zu betrachten. Seinen eigenen Worten nach zu schließen, wäre der Platonische Staat auch eine der vielen Anregungen und eines der zahlreichen Modelle gewesen, die ihn zum Entwurf der Neuen Wissenschaft veranlaßten. Aus dem Studium Platons entstand in ihm unmerklich der Gedanke, ein ideales ewiges Recht zu entwerfen, das angewendet werde in einem allgemeinen, nach der Idee oder einem Plane der Vorsehung aufgebauten Staatswesen, eine Idee, auf der überhaupt alle Staaten aller Zeiten und aller Völker aufgebaut sind. (...) So machte sich Vico Platos Idee eines ewigen Staats zwar zu eigen, änderte sie dabei aber von Grund auf durch den Vorbehalt, daß der wahre ewige Staat nicht der platonische ist, sondern der historische Verlauf in all seinen verschiedenen und aufeinanderfolgenden Phasen, angefangen von den Tiermenschen bis zu Plato einschließlich“.

dritte findet sich bei Maximus Tyrius und berichtet, Jupiter habe Minos seine Gesetze in Versen gegeben; die vierte und letzte wird von Suidas überliefert, demzufolge Drakon seine Gesetze – die er nach einer gewöhnlichen Erzählung mit Blut geschrieben haben soll [423] – den Athenern in Versen diktiert habe.“[226]

[„*Onde di tal spezie di verso bisogna che sieno vere quelle volgari tradizioni: delle quali la prima è appresso Platone, la qual dice che le leggi degli egizi furono poemi della dea Iside; la seconda è appresso Plutarco, la qual narra che Ligurgo diede agli spartani in verso le leggi, a' quali con una particolar legge aveva proibito saper di lettera; la terza è appo Massimo tirio, la qual racconta Goive aver dato a Minosse le leggi in verso; la quarta ed ultima è riferita da Suida, che Dragone dettò in verso le leggi agli ateniesi, il quale pur volgarmente ci vien narrato averle scritte col sangue*“] (469).[227] Dieser Schluss von der Überlieferung auf die Wahrheit am Beispiel der Dichtung und des Rechts ist im Übrigen aufschlussreich im Hinblick auf Vicos in Gestalt einer Austauschbarkeit formulierte Gleichsetzung des *verum et factum convertuntur.* Zugleich veranschaulicht die vierfache Vergegenwärtigung des kulturgeschichtlichen Zusammenhangs von Dichtung und Rechtssetzung, Vicos an früherer Stelle postulierten Lehrsatz, dass die unabhängig voneinander festzustellende Entstehung gleichförmiger Ideen unterschiedlicher Völker entscheidend für deren Wahrheit spricht (141). Nicht von ungefähr hat Vico diese These am Beispiel der Vergewisserung des natürlichen Rechts der Völker verdeutlicht (321/145).

b) Europäisches Rechtsdenken avant la lettre

Ebenso bemerkenswert ist ein weiterer Gedanke, der die Rezeption des römischen Rechts von den Zeiten des Kaisers Augustus an sowie des kanonischen Rechts in Europa betrifft, weil er veranschaulicht auf welche Weise nach Vico weltliches und kirchliches Recht die europäische Rechtsentwicklung maßgeblich geprägt haben:[228] „Und eben dieser Grundsatz ist in seinem letzten Teil die geheime Ursache, deretwegen von Augustus an die römischen Kaiser unzählige privatrecht-

226 Übersetzung Vittorio Hösle und Christoph Jermann, Meiner-Ausgabe, 2009, S. 236.

227 *Giambattista Vico*, La scienza nuova, 1744, edizione a cura di Fausto Niccolini (Editori Laterza), 5. Auflage 1967, S. 197.

228 *Vittorio Hösle*, Vico und die Idee der Kulturwissenschaft, Einleitung der Meiner-Ausgabe 1990, S. CCIV, hebt allerdings mit Recht Vicos romanistische Fähigkeiten hervor: „Insbesondere seine rechtsgeschichtlichen Ausführungen – zumal zum römischen Recht – zeigen das ungeheure Ausmaß seiner Kenntnisse auf diesem Gebiet, erinnern den Leser immer wieder daran, daß Vico promovierter Jurist war und daß er nicht zu Unrecht einen juristischen Lehrstuhl angestrebt hatte“.

liche Gesetze erließen und deretwegen die Souveräne und die Mächte Europas überall, in ihren Königreichen wie in den freien Republiken, das Corpus des römischen Zivilrechts und dasjenige des kanonischen Rechts rezipierten.“[229] [*„E questa degnità medesima per l'ultima parte è la ragione arcana perché, da Augusto incominciando, i romani principi fecero innumerabili legi di ragion privata, e perché i sovrani e le potenze d'Europa dappertutto, ne' loro Stati reali e nelle repubbliche libere, ricevettero il Corpo del diritto civile romano e quello del diritto canonico*“] (287).[230]

Vico verliert sich nicht in romanistischen Einzelheiten, auch wenn sie ihm, der für den Lehrstuhl des römischen Rechts in seiner Heimatstadt Neapel schmählich übergangen wurde, gründlichst vertraut waren.[231] Vielmehr zeichnet ihn eine geradezu blicköffnende Weisheit aus,[232] mit der er die rechts- und kulturgeschichtliche Entwicklungslinie verfolgt, die vom römischen Privatrecht über das Kirchenrecht bis hin zu einem Rückgriff europäischer Machthaber auf diese Rechtssätze des römischen und kirchlichen Rechts verläuft. Es dürfte nicht viele Zeitgenossen Vicos gegeben haben, die im auf die frühe römische Kaiserzeit zurückgehenden römischen Privatrecht einerseits und im kanonischen Recht andererseits die Säulen eines fortwirkenden Rechts in Europa erkannt haben.[233] Auch hieran zeigt sich Vicos eminente Fähigkeit das große Ganze einer Rechtsentwicklung im Blick zu halten, selbst wenn es schließlich auf einen beträchtlichen territorialen Raum mit erheblicher Zersplitterung der jeweils geltenden Rechte gerichtet ist. Wenn man es mit einem Wort Nietzsches, der den Autor der Scienza nuova allerdings nicht kannte,[234] sagen möchte,[235] dann war Vico mit Sicherheit ein „für Europa mitzählender Geist.“[236]

---

229 Übersetzung Vittorio Hösle und Christoph Jermann, Meiner-Ausgabe, 2009, S. 129.

230 *Giambattista Vico*, La scienza nuova, 1744, edizione a cura di Fausto Niccolini (Editori Laterza), 5. Auflage 1967, S. 104. Speziell zur augusteischen Ehegesetzgebung als wichtigem Bestandteil der im Zitat genannten Gesetze *Jens Petersen*, Recht bei Tacitus, 2019, § 1.

231 *Vittorio Hösle*, Recht und Geschichte bei Giambattista Vico, Gedenkschrift für Karl-Heinz Ilting, 1990, S. 389, 400, vermutet mit guten Gründen, „daß die nicht aufgehobene Spannung zwischen dem juristischen Titel der Schrift und seiner das streng Juristische transzendierenden Durchführung mit Vicos Hoffnung auf eine Karriere an der juristischen Fakultät zusammenhängt; und vielleicht ist es tatsächlich so, daß erst das Scheitern dieser Hoffnung nach dem Mißlingen der Bewerbung von 1723 Vicos Geist freimachte für die Scienza nuova“.

232 In Anlehnung an *Hugo Friedrich*, Montaigne, 1949, S. 180 f. und öfter.

233 *Uwe Wesel*, Geschichte des Rechts in Europa. Von den Griechen bis zum Vertrag von Lissabon, 2010, S. 2, macht darauf aufmerksam, dass von Europa bis in die frühe Neuzeit kaum gesprochen wurde, sondern vielmehr von der Christenheit.

234 *Vittorio Hösle*, Eine kurze Geschichte der deutschen Philosophie, 2013, S. 194.

c) Restauration der verschatteten Überlieferung

An der soeben herausgearbeiteten Breite der Betrachtung erkennt man Vicos Bestreben, die Rechtsentwicklung in Zeit und Raum, also auch im Hinblick auf den europäischen Rechtsraum, und dabei beginnend mit der frühestmöglichen Überlieferung der zur Verfügung stehenden Quellen, nicht zuletzt in Gestalt der Tradierung durch die Klassiker, alle erdenklichen Gesichtspunkte zu berücksichtigen und dabei die gemeinsame Klammer aus dem Bereich der Philologie aufzufinden, die zunächst in der Rechtssetzung durch Verse bestand. Denn diese bei ganz unterschiedlichen Völkern durch die allgemeine Übung und Gewohnheit langfristig gebildeten Überlieferungen bieten für Vico die Gewähr eines Wahrheitsanspruchs, der freilich nur eingelöst werden kann, wenn er von der Patina befreit wird, die sich durch Zeitablauf, semantische Verschiebungen und schlichte Verzerrungen darüber gelegt hat: „Die gewöhnlichen Überlieferungen müssen einen öffentlichen wahren Hintergrund haben, aus dem sie entstanden und sich über lange Zeiträume bei ganzen Völkern erhielten. Dies wird die zweite große Anstrengung dieser Wissenschaft sein: den wahren Hintergrund wiederzufinden, der durch den Lauf der Jahre und den Wandel der Sprachen und Sitten von Verfälschungen bedeckt auf uns gekommen ist.“[237]

[„*Le tradizioni volgari devon avere avuto pubblici motivi di vero, onde nacquero e si conservarono da intieri popoli per lunghi spazi di tempi. Questo sarà altro grande lavoro di questa Scienza: di rittruovarne i motivi del vero, il quale, col volger degli anni e col cangiare delle lingue e costumi, ci pervenne ricoverto di falso*“] (149/150).[238] Diese Restaurationsarbeit der verschatteten Überlieferung, die nicht zuletzt durch eine Aufschlüsselung der Zusammenhänge zwischen Recht, Sprache

---

235 *Friedrich Nietzsche*, Götzen-Dämmerung. Was den Deutschen abgeht 4 (Kritische Studien Ausgabe, Hg. Georgio Colli/Mazzino Montinari; im Folgenden nur KSA), 2. Auflage 1988, Band 6, S. 106 f.: „In der Geschichte der europäischen Cultur bedeutet die Heraufkunft des ‚Reichs' vor allem Eins: eine Verlegung des Schwergewichts. Man weiß es überall bereits: in der Hauptsache – und das bleibt Cultur – kommen die Deutschen nicht mehr in Betracht. Man fragt: habt ihr auch nur *Einen für Europa mitzählenden Geist* aufzuweisen? wie euer Goethe, euer Hegel, euer Heinrich Heine, euer Schopenhauer mitzählte? – daß es nicht einen einzigen deutschen Philosophen mehr giebt, darüber ist des Erstaunens kein Ende. –“. Für die Berücksichtigung Vicos spricht gerade die Einleitung des Wortes, welche von der europäischen Kulturgeschichte ausgeht.

236 Zu diesem – freilich nicht auf Vico gemünzten – Nietzsche-Wort *Jens Petersen*, „Einen für Europa mitzählenden Geist“, Festschrift für Johannes Strangas, 2017, S. 169.

237 Übersetzung Vittorio Hösle und Christoph Jermann, Meiner-Ausgabe, 2009, S. 94 f.

238 *Giambattista Vico*, La scienza nuova, 1744, edizione a cura di Fausto Niccolini (Editori Laterza), 5. Auflage 1967, S. 77.

und Philologie einhergeht, bringt die kulturwissenschaftliche Bedeutung der Leistung Vicos zur Geltung.[239]

IV. Metaphysik der Gesetze

Kehren wir vor dem Hintergrund dieser Überlegungen zum Ausgangspunkt der Rechtsmetaphysik und ihrem Verhältnis zur entwicklungsgeschichtlichen Betrachtung des Rechts zurück, die zu Beginn des Werkes aufscheint, wenn man es vom Recht her betrachtet. Denn das Recht besteht für Vico von Natur aus (2). Damit bleibt die Frage zu klären, woher es kommt. Der systematische Standort innerhalb der Scienza nuova ist für solche Fragen der Abschnitt über die letzten Beweise, also gegen Ende des monumentalen Werkes (1020 ff.).

1. Cessante ratione legis cessat lex ipsa

Auch dort, wo Vico sich den letzten Fragen zuwendet, wie hier also der Frage nach dem Ursprung des Rechts, geht er von den Einschätzungen der römischen Juristen aus: „Die Interpreten des römischen Rechts haben den ganzen Ruf der Metaphysik der Gesetze in die Betrachtung der Unteilbarkeit der Rechte gemäß dem berühmten Thema De dividuis et individuis (Vom Teilbaren und Unteilbaren) gesetzt. Doch dabei zogen sie nicht das andere, nicht weniger wichtige Thema in Betracht, welches die Ewigkeit war, die sie doch bemerken mußten in jenen zwei Rechtsregeln, von denen die erste festhält, daß, *‚cessante fine legis, cessat lex‘ (entfällt der Zweck des Gesetzes, das Gesetz entfällt)*; dabei sagen sie nicht *‚cessante ratione‘ (entfällt der Sinn)*, weil der Zweck des Gesetzes der gleiche Vorteil der Rechtsfälle ist, der fehlen kann, während hingegen der Sinn des Gesetzes eine Anpassung des Gesetzes an den Sachverhalt ist, der in solche Umstände gekleidet ist, über die, immer wenn er in sie gekleidet ist, lebendig der Sinn des Gesetzes herrscht."[240]

[*„Gl'interpetri della romana ragione hanno riposta tutta la riputazione della legal metafisica in considerare l'indivisibilità de' diritti sopra la famosa materia* De dividuis et individuis. *Ma non ne considerarono l'altra non meno importante, ch'era l'eternità, la qual dovevano pur avvertire in quelle due regole di ragione, che*

239 *Friedrich Kittler*, Eine Kulturgeschichte der Kulturwissenschaft, 2. Auflage 2001, S. 21, spricht in Anlehnung an eine von Vico an anderer Stelle verwendete Metapher treffend davon, dass „eine Wissenschaftslandschaft ohne Kulturwissenschaft laut Vico einer Nacht voller Schatten gleicht".
240 Übersetzung Vittorio Hösle und Christoph Jermann, Meiner-Ausgabe, 2009, S. 563.

stabiliscono, la prima, che, ‚cessante fine legis, cessat lex'; ove non dicono ‚cessante ratione', perché il fine della legge è l'uguale utilità delle cause, la qual può mancare; ma la ragione della legge è una conformazione della legge al fatto, vestito di tali circostanze, le quali, sempre che vestono il fatto, vi regna viva sopra la ragion della legge"] (1039).[241]

a) Teleologie als Anpassung des Gesetzes an den Sachverhalt

Vico verfährt auch hier wie ein philologisch geschulter Dogmatiker, indem er das Vorhandensein eines altehrwürdigen Rechtssatzes als Argument für die Beantwortung einer größeren Frage ins Feld führt, die im Hintergrund steht.[242] Seine Unterscheidung zwischen Sinn und Zweck ist intrikat, zumal da er die heute gängigere Ausprägung des Satzes – cessante ratione legis cessat lex ipsa – mit nicht gerade zwingenden Gründen ausscheidet.[243] Wichtiger ist wohl, dass er dem, was wir heute als teleologische Gesetzesanwendung bezeichnen, einen hohen Stellenwert beimisst.[244]

Das kommt auch in seiner zeitlos gültigen und daher – wenngleich selten so deutlich herausgestellt – sogar der heutigen Methodenlehre noch entsprechenden Überlegung zum Ausdruck, wonach ‚der Sinn des Gesetzes eine Anpassung des Gesetzes an den Sachverhalt' ist.[245] Allein diese Aussage legt die Annahme nahe, dass Vico ein herausragender Rechtsdogmatiker gewesen sein muss. Denn man muss im methodenrechtlichen Schrifttum lange suchen,[246] um eine Einsicht zu finden, welche die im Wege der Subsumtion gesuchte Übereinstimmung zwischen dem zu entscheidenden Fall und dem Gesetz auch nur annähernd so präzise

---

241 *Giambattista Vico*, La scienza nuova, 1744, edizione a cura di Fausto Niccolini (Editori Laterza), 5. Auflage 1967, S. 495.

242 *Wolfgang Löwer*, Cessante ratione legis cessat lex ipsa: Wandlung einer gemeinrechtlichen Auslegungsregel zum Verfassungsgebot?, 1989, zeigt allerdings, dass es kein klassisches römisches Recht, sondern ein Rechtssatz des Gemeinen Rechts ist.

243 Zu diesem bereits bei einem früheren neuzeitlichen Denker aufleuchtenden Grundsatz *Jens Petersen*, Montaignes Erschließung der Grundlagen des Rechts, 2. Auflage 2019, S. 16 f.

244 *Karl Larenz*, Methodenlehre der Rechtswissenschaft, 6. Auflage 1991, S. 350 f., zu dem genannten Grundsatz.

245 Vgl. nur *Jens Petersen*, Max Webers Rechtssoziologie und die juristische Methodenlehre, 3. Auflage 2020, § 1.

246 Die Terminologie im Text folgt bewusst *Detlef Leenen*, Methodenrecht; in: Methodenlehre zwischen Wissenschaft und Handwerk. Erstes Bielefelder Kolloquium (Hg. Susanne Hähnchen), 2019, S. 65.

vermittelt.[247] Überhaupt verdankt die juristische Methodenlehre Vico weit mehr elementare Einsichten als nur die bereits genannte Verbindung mit der Topik.[248]

b) Gesetzesanwendung als Verwirklichung der Idee der Gerechtigkeit

Handelt es sich bis hierhin noch um Gesetzesanwendung in Reinkultur, so scheint die folgende Überlegung Vicos beinahe buchstäblich metaphysischer Natur, indem sie die Ordnung betritt, ‚über die lebendig der Sinn des Gesetzes herrscht' (1039). Für Vico gibt es also offenbar jenseits des schlichten Positivismus' noch einen Bezirk des Rechts, der über die schiere Gesetzesanwendung hinaus die Gerechtigkeit selbst betrifft. Dies ist offenbar auch der Grund dafür, dass Vico über die rein technische Darstellung der Wirkungsweise der Gesetze hinaus von einer ‚Metaphysik der Gesetze' spricht.

Allerdings ist dies wohl weniger überhöhend gemeint, als es den Anschein hat, sondern kann als Erinnerung daran verstanden werden, dass die gewissenhafte Ermittlung eines anerkennungswürdigen Gesetzeszwecks auch im entlegensten Fall die Idee der Gerechtigkeit zu verwirklichen hilft. Dass er somit keine der konkreten Rechtsanwendung gänzlich enthobene Sphäre im Sinn hat, sondern vielmehr eine durchgängige Teleologie zugrunde legt, zeigt, welch herausragender Jurist er auch nach heutigen Maßstäben gewesen sein muss; gleichermaßen aus der Vergangenheit schöpfend wie seiner Zeit voraus und das Gesetz anwendend wie sinngemäß darüber hinausgehend. Auf der Ebene der Rechtsdogmatik finden sich bei Vico somit ebenfalls Spuren seines Bekenntnisses zum objektiven Idealismus.

2. Recht und Ewigkeit

Aber auch die Deutung des zweiten von Vico ins Feld geführten Rechtsgrundsatzes verdient näher dargestellt zu werden: „die zweite, daß ‚tempus non est modus constituendi vel dissolvendi iuris' (die Zeit keine Art und Weise des Bildens oder Auflösens eines Rechtes ist), denn die Zeit kann dem Ewigen weder Anfang noch Ende geben, und bei den Ersitzungen und Verjährungen bringt die Zeit die Rechte weder hervor, noch beendet

---

247 *Wolfgang Fikentscher*, Eine Theorie der Fallnorm als Grundlage von Kodex- und Fallrecht (code law and case law), Zeitschrift für Rechtsvergleichung 21 (1980) 161, weist auf rechtsvergleichender Ebene in diese Richtung.

248 *Theodor Viehweg*, Topik und Jurisprudenz, 1953; dazu *Claus-Wilhelm Canaris*, Systemdenken und Systembegriff in der Jurisprudenz, 2. Auflage 1983, S. 140.

sie diese, sondern sie ist der Beweis dafür, daß derjenige, der sie hatte, sich ihrer habe entäußern wollen; auch endet, weil man, um ein Beispiel zu nennen, ‚der Nießbrauch endet' sagt, das Recht nicht, sondern es gelangt aus der Knechtschaft zu seiner früheren Freiheit zurück."[249] [*„l'altra, che ‚tempus non est modus constituendi vel dissolvendi iuris' perché 'l tempo non può cominciare né finire l'eterno, e nell'usucapioni e prescrizioni il tempo non produce né finisce i diritti, ma è pruova che chi gli aveva abbia voluto spogliarsene; né, perché si dica ‚finire l'usufrutto', per cagion d'esemplo, il diritto finisce, ma dalla servitù si riceve alla primiera sua libertà*"] (1039).[250]

a) Ersitzung als Paradigma

Dieses Argument ist für Vicos Rechtsmetaphysik bezeichnend, da er von einem altehrwürdigen Prinzip ausgeht, das durchaus praktische Probleme zu ordnen hilft, wie etwa die von ihm genannte Verjährung oder die Ersitzung.[251] Es ist ein Grundsatz, der zunächst nur das Moment des Verstreichens einer längeren Zeit und deren Auswirkung auf das Recht regelt, die sich häufig im Zusammenhang mit der dinglichen Zuordnung von beweglichen Sachen stellt, aber im altrömischem Recht eine für die Sozialordnung entscheidende Grenze findet, die noch auf das von Vico sogenannte heroische Recht zurückgeht: „Aufgrund dieses heroischen Rechtes konnten die Plebejer, wieviel Zeit auch immer verflossen sein mochte, kein römisches Grundstück durch Ersitzung erwerben, denn diese Grundstücke standen im Handelsverkehr ausschließlich der Adligen; das ist ein wichtiger Teil des Grundes, weshalb das Zwölftafelgesetz keine nackten Besitzrechte anerkannte."[252] [*„Per lo quale diritto eroico i plebei, con quantunque corso di tempo, non potevan usucapere niuno fondo romano, perché tai fondi erano nel commerzio de' soli nobili; ch'è buona parte della ragione perché la legge delle XII Tavole non riconobbe nude possessioni*"] (638).[253]

---

249 Übersetzung Vittorio Hösle und Christoph Jermann, Meiner-Ausgabe, 2009, S. 563.

250 *Giambattista Vico*, La scienza nuova, 1744, edizione a cura di Fausto Niccolini (Editori Laterza), 5. Auflage 1967, S. 495.

251 Zu letzterer *Jens Petersen*, Der Menzelbilderfall, Juristische Ausbildung 1999, 297.

252 Übersetzung Vittorio Hösle und Christoph Jermann, Meiner-Ausgabe, 2009, S. 362 f.

253 *Giambattista Vico*, La scienza nuova, 1744, edizione a cura di Fausto Niccolini (Editori Laterza), 5. Auflage 1967, S. 295.

b) Prinzipienjurisprudenz als Rückführung zur Freiheit

Vico würdigt diesen Grundsatz wiederum über diese konkrete Rechtsfrage hinaus sogleich rechtsphilosophisch und erneut im Wortsinne rechtsmetaphysisch, indem er die Problematik auf die Ebene von Zeit und Ewigkeit hebt. Ebenso wie weiter oben endet freilich seine Spekulation nicht im Unendlichen, sondern führt – wie oben zur Teleologie des Gesetzes – am Beispiel des Rechtsinstituts des Nießbrauchs zu einer verallgemeinernden Veranschaulichung einer konkreten Frage, nämlich der Rückführung zur Freiheit. Das bestätigt auch ein korrespondierender Gedanke über die ‚Wahrung der Grenzen', in dem konkrete rechtsdogmatische Folgerungen abgeleitet werden (983). ‚Metaphysik des Gesetzes' bedeutet also mitnichten, dass Vico sich in haltlosen Abstraktionen verliert. Vielmehr dient ihm die rechtsmetaphysische Verallgemeinerung dazu, das zugrunde liegende Prinzip herauszuarbeiten. So findet Vico im antiquiert anmutenden Gewand einer überkommen scheinenden Rechtsmetaphysik zu dem, was wir mit moderneren Worten,[254] aber gleicher gedanklicher Richtung als Prinzipienjurisprudenz bezeichnen.[255]

3. Rechtsmetaphysik und göttliche Vorsehung

Doch wäre auch dieser – für sich schon überaus bemerkenswerte – Befund unvollständig, wenn man die religiöse Rückbindung unterschlagen würde, ohne die jeder tragende Gedanke Vicos unvollständig wäre. Denn die entscheidende Folgerung einer solchen Überlegung zieht, wie wir eingangs gesehen haben, letztlich wieder die göttliche Vorsehung in Betracht: „Daraus gehen diese zwei höchst wichtigen Folgesätze hervor: der erste, daß, indem die Rechte ewig sind in ihrer

---

254 *Rainer Specht*, Über den juristischen Realismus Giambattista Vicos, Philosophisches Jahrbuch 63 (1955) 166, 167, arbeitet auf ähnlicher Grundlage etwas anderes heraus, das zu dem hier Vertretenen aber nicht im Widerspruch steht, nämlich den „Aufbau der Metaphysik auf einer Grundgewißheit juristischer Art: eine gewisse Erweiterung des praktisch fundierten Systemtyps, der in unserer Terminologie ethischer Realismus heißt." – Das ist deswegen mit der hier genannten Prinzipienjurisprudenz vereinbar, weil diese der Wertungsjurisprudenz entspricht und ihrerseits, wenn auch durch einen Paradigmenwechsel, aus der Interessenjurisprudenz hervorgegangen ist (*Jens Petersen*, Von der Interessenjurisprudenz zur Wertungsjurisprudenz, 2001). Diese steht ihrerseits wiederum in einem Näheverhältnis zum ‚Legal Realism' und zur ‚Sociological Jurisprudence'; näher *Wolfgang Fikentscher*, Roscoe Pound. Von der Zweckjurisprudenz zur ‚Sociological Jurisprudence', Festschrift für Karl Larenz, 1983, S. 93.

255 Wegweisend *Peter Landau*, Die Rechtsquellenlehre in der deutschen Rechtswissenschaft des 19. Jahrhunderts, in: Juristische Theoriebildung und Rechtliche Einheit, Rättshistorika Studier (Hg. Claes Peterson), Band XIX, 1993, S. 69.

Vernunft, das heißt in ihrer Idee, und die Menschen in der Zeit sind, die Rechte nicht anderswoher zu den Menschen kommen können, als von Gott (696); der zweite, daß alle die unzähligen, mannigfachen und verschiedenen Rechte, die es in der Welt gab, gibt und geben wird, mannigfache und verschiedene Modifikationen der Macht des ersten Menschen sind, welcher der Ahnherr des Menschengeschlechts war, und des Eigentumsrechts, das er über die ganze Erde hatte."[256][*„Dallo che escono questi due importantissimi corollari: il primo, ch'essendo i diritti eterni nel di lor intelletto, o sia nella lor idea, e gli uomini essendo in tempo, non posson i diritti altronde venire agli uomini che da Dio; il secondo, che tutti gl'innumerabili vari diversi diritti, che sono stati, sono e saranno nel mondo, sono varie modificazioni diverse della potestà del primo uomo, che fu il principe del gener umano, e del dominio ch'egli ebbe sopra tutta la terra*"] (1039).[257]

Die Vorstellung des ‚Ahnherrn des Menschengeschlechts' darf nicht als individualistisch missverstanden werden. Denn Vico denkt weniger vom individuellen Menschen her, als vielmehr von der Menschheit als solcher sowie den Völkern, um deren gemeinschaftliche Natur es ihm geht.[258] Vicos methodisches Augenmerk ist nicht den Individuen sondern den Institutionen zugewandt.[259] Auch das zeigte sich bereits zu Beginn im Zusammenhang mit dem Verhältnis von Recht und Geselligkeit. So ergibt sich, dass dieser späte Gedankengang aus den letzten Beweisen der Scienza nuova unausgesprochen auf den Anfang des Werkes zurückverweist. Vico begnügt sich bei praktisch allen prinzipiellen Rechtsfragen nicht mit noch so scharfsichtigen romanistischen Einsichten, sondern führt sie über eine rechtsmetaphysische Spekulation zurück zu den Ausprägungen einer rationalen politischen Theologie der göttlichen Vorsehung (2).

---

256 Übersetzung Vittorio Hösle und Christoph Jermann, Meiner-Ausgabe, 2009, S. 563.

257 *Giambattista Vico*, La scienza nuova, 1744, edizione a cura di Fausto Niccolini (Editori Laterza), 5. Auflage 1967, S. 495.

258 *Friedrich Kittler*, Eine Kulturgeschichte der Kulturwissenschaft, 2. Auflage 2001, S. 61: „Vicos Völker, weil sie ja laut Buchtitel erklärtermaßen allesamt eine gemeinschaftliche Natur aufwiesen, mußten von Natur voneinander vollkommen isoliert ihre divinatorisch notwendigen Stadien durchmachen".

259 *Vittorio Hösle*, Vico und die Idee der Kulturwissenschaft, Einleitung der Meiner-Ausgabe 1990, S. LV.

§ 2 Rechtsgeschichte und Kulturgeschichte

Es kann nach allem bisher Bedachten nicht verwundern, dass die Scienza nuova als maßgebliches Werk für die Begründung der modernen Kulturwissenschaft gilt.[260] Vico ist daher die zentrale Gründergestalt einer geschichtsphilosophisch fundierten Kulturgeschichte.[261] Das ist folgenreich für die juristische Geistesgeschichte, ja sogar die wissenschaftstheoretische Einordnung der Jurisprudenz selbst, zumal da Vico auch und gerade diese sowie die Sitten- und Ideengeschichte in seine Untersuchungen einbezieht (368).[262]

I. Rechtsbegründung und Bestattungskult

Dieser kulturwissenschaftliche Ansatz zeigt sich zudem bei der Beurteilung einer so vorderhand ausschließlich juristischen Spezialfrage wie der Begründung von Eigentumsrechten an Grundstücken (572), die Vico in einer auch sprachwissenschaftlich aufschlussreichen Weise aus dem Griechischen herleitet:[263] „Dadurch, daß sie lange Zeit seßhaft an diesen Orten lebten, sowie durch die Bestattungen der Vorfahren begründeten und verteilten sie, wie sich herausstellte, das erste Eigentumsrecht an Grund und Boden, dessen Herren ‚Giganten' genannt wurden (dieses Wort heißt im Griechischen so viel wie ‚Söhne der Erde', das heißt Ab-

---

260 *Friedrich Kittler*, Eine Kulturgeschichte der Kulturwissenschaft, 2. Auflage 2001, S. 16: „Gründungsdokument aller Kulturwissenschaft".

261 *Vittorio Hösle*, Kritik der verstehenden Vernunft, 2018, S. 448, hat dies für die gesamten Geisteswissenschaften grundlegend herausgestellt: „Derjenige, der diese Entdeckung (sc. „daß die menschliche Geschichte nicht einfach eine Folge von Ereignissen ist, sondern daß es in ihr zu umstürzenden Veränderungen der Denkform, der Empfindungsweise und der sozial anerkannten Werte gekommen ist") mit äußerster Klarheit artikuliert hat, ist Giambattista Vico gewesen. (...) Als Theist setzt Vico voraus, dass der menschliche Geist an dem göttlichen teilhat; er nimmt auch ein allgemeines göttliches Wörterbuch an, das die verschiedenen Nationen verbinde (161 f.). *Aber sosehr er, wie schon der Titel behauptet, von einer gemeinsamen Natur der Menschen ausgeht, sowenig geht er von einer kontinuierlichen Entwicklung innerhalb einer einzelnen Kultur aus.* Im Gegenteil, jede Kultur durchlaufe drei Zeitalter – das der Götter, das der Heroen und das der Menschen, denen (...) geradezu drei Naturen entsprechen, die sich in allen möglichen Sphären der menschlichen Kultur manifestieren." Hervorhebung auch dort. – Einsichten wie diese werden sich gegen Ende der vorliegenden Untersuchung als weiterführend für die Beantwortung der Frage erweisen, ob die Rechtswissenschaft zu den Geisteswissenschaften gehört oder nicht vielmehr gerade Vicos Einsichten dafür sprechen, sie als Kulturwissenschaft zu begreifen.

262 Grundlegend dazu *Isaiah Berlin*, Vico and Herder. Two Studies in the History of Ideas, 1976.

263 *Fritz Mauthner*, Zur Sprachwissenschaft. Beiträge zu einer Kritik der Sprache, Zweiter Teil, 1912, Kapitel XI, würdigt die sprachwissenschaftliche Bedeutung Vicos.

https://doi.org/10.1515/9783110718461-004

kömmlinge der Bestatteten)."[264] [„*E, con lo star quivi fermi lunga stagione e con le seppolture degli antenati, si ritruovarono aver ivi fondati e divisi i primi domìni della terra, i cui signori ne furon detti ‚giganti' (ché tanto suona tal voce in greco quanto ‚figliulio della terra', cioè discendenti da' seppelliti)*"] (13).[265]

1. Zusammenwirken von Religion, Bestattungswesen, Recht und Güteraustausch

Auf diesen Topos – ‚figiulio della terra' – kommt Vico immer wieder zurück, indem er sich insbesondere kritisch auf Livius bezieht (114/532).[266] Daraus lässt sich erneut ersehen, dass er stets auf Schritt und Tritt bestrebt ist, alle verfügbaren Quellen für seine Darstellung der Rechtsentwicklung heranzuziehen und dabei auch die Zeugnisse der Historiker literarisch, kulturgeschichtlich und ethnographisch zu würdigen (529).

a) Originärer Grunderwerb

Kulturwissenschaftlich gesehen ist vor allem aber Vicos Betonung der Bestattung der Vorfahren bemerkenswert,[267] weil sich darin ein platonischer Dualismus von Leib und Seele spiegelt.[268] Aufschlussreich ist auch, dass Vico gleich zu Beginn der Scienza nuova den etymologischen Zusammenhang vom lateinischen Wort für das Beerdigen – humando – und Menschlichkeit – humanitas – her-

264 Übersetzung Vittorio Hösle und Christoph Jermann, Meiner-Ausgabe, 2009, S. 12 f. *Peter König*, Giambattista Vico, 2005, S. 41, erwähnt im weiteren Zusammenhang mit dem hinter den ‚Giganten' stehenden Sinnzusammenhang die Geschichte des Treppensturzes, den der gerade siebenjährige Vico erlitt.

265 *Giambattista Vico*, La scienza nuova, 1744, edizione a cura di Fausto Niccolini (Editori Laterza), 5. Auflage 1967, S. 12.

266 *Livius*, Ab urbe condita, 1, 8: ‚vetus urbes condentium consilium'. Siehe dazu auch *Dennis Pausch*, Der Aitiologische Romulus. Historisches Interesse und literarische Form in Livius' Darstellung der Königszeit, Hermes 136 (2008) 38.

267 Hier zeigt sich beispielhaft eine Fähigkeit Vicos, die *Vittorio Hösle*, Vico und die Idee der Kulturwissenschaft, Einleitung der Meiner-Ausgabe 1990, S. CLIX, methodisch verallgemeinert: „Zu großer Meisterschaft hat es Vico ferner in der Methode gebracht, Texten gerade diejenigen Informationen zu entnehmen, die sie nur unwillkürlich verraten, die aber wichtig sind, um Kulturstufe und Mentalität, denen sie entstammen, zu bestimmen".

268 *Friedrich Kittler*, Eine Kulturgeschichte der Kulturwissenschaft, 2. Auflage 2001, S. 38: „Daß Menschen ihre Toten begraben, besagt in Vicos Hermeneutik der Kulturursprünge, daß die Religion aller Völker dem Christentum keineswegs widerspricht, sondern zwischen der Sterblichkeit von Körpern und der Unsterblichkeit der entsprechenden Seelen zu unterscheiden wußte".

vorhebt (8). Zudem kommt darin der religionsgeschichtliche Ursprung zur Geltung, der nicht notwendigerweise auf das Christentum verweist.[269] Für den vorliegenden Zusammenhang seiner Kulturgeschichte des Rechts ist ebenfalls bedeutsam, dass gerade aus diesem eigentümlichen Zusammenwirken von religiös motivierten Bestattungsriten Eigentumsrechte hervorgingen, die sich nicht von ungefähr auf den Grund und Boden bezogen. Der Erwerb des Grundeigentums ist in diesem archaischen Stadium ein im Wortsinne originärer, als er auf die Ursprünge der dort seit jeher Ansässigen und nicht zuletzt auch ihrer Vorfahren verweist. Vor allem aus der Bestattung ergab sich aus Vicos Sicht nämlich eine besondere Bindung an die jeweilige Erde, die mit der Zeit gleichsam dingliche Wirkung erzeugte.

b) Ökonomische Bewertung der Grundstücksgeschäfte

Erst auf dieser kulturgeschichtlichen Grundlage konnte dann bezüglich der Grundstücke der Mechanismus von Angebot und Nachfrage zu einer interessengerechten Verteilung führen (1071): „Wenn, wie man sagt, die ältesten Verkäufe und Käufe Tauschgeschäfte waren, so müssen sie, sobald sie sich auf Immobilien bezogen, von der Art derjenigen Verträge gewesen sein, die in der wiedergekehrten Barbarei ‚Libellarpachtverträge' hießen; ihren Nutzen begriff man dadurch, daß der eine Überfluß an Grundstücken hatte, die eine große Menge von Früchten lieferten, an denen ein anderer Mangel litt, und umgekehrt."[270] [„*Che quelo che dicono, che l'antichissime vendite e compere furono permutazioni, ove fussero di robe stabili, elleno dovetter esser quelli che nella barbarie ricorsa furon detti ‚livelli'; de' quali s'intese l'utilità, perch'altri abbondasse di fondi i quali dassero copia di frutti, de' quali altri avesse scarsezza, e così a vicenda*"] (571).[271]

Vico erkennt also mit einem beachtlichen ökonomischen Gespür und seiner beständigen Berücksichtigung der Geselligkeit der Menschen, dass mit der Zeit mehr erwirtschaftet wurde, als der Grundeigentümer benötigte, und eine Nachfrage von Seiten anderer Eigentümer oder später Hinzugekommener nach den überschüssigen Gütern entstand. Auf diese Weise konnten aus dem ersten Grundeigentumsrecht und seiner Bewirtschaftung verkehrsfähige Güter werden, die in einem späteren Stadium der Rechtskultur marktwirtschaftlichen Bedürfnissen entsprachen. Das klingt trivial, doch darf man nicht vergessen, dass erst im

---

269 *Karl Löwith*, Weltgeschichte und Heilsgeschehen. Die theologischen Voraussetzungen der Geschichtsphilosophie, 8. Auflage 1990 (1953), S. 115.

270 Übersetzung Vittorio Hösle und Christoph Jermann, Meiner-Ausgabe, 2009, S. 312.

271 *Giambattista Vico*, La scienza nuova, 1744, edizione a cura di Fausto Niccolini (Editori Laterza), 5. Auflage 1967, S. 254.

vergangenen Jahrhundert von rechts- und wirtschaftswissenschaftlicher Seite in aller Deutlichkeit gesehen wurde, wie epochal die Begründung Tauschwirtschaft in menschheitsgeschichtlicher Hinsicht war.[272]

2. Rückkehr von den Gesetzen zur Kulturgeschichte

Wenn weiter oben im ersten Abschnitt, gleichsam vor der Klammer, eine allgemeine Vorschrift über die Bestattungsriten eingeführt wurde (13), dann entspricht es der komplizierten und verschachtelten vichianischen Systematik,[273] dass dieses Problem an späterer Stelle nochmals aufgefächert wird:[274] „So zeigten schon durch die Gräber ihrer Bestatteten die Giganten die Herrschaft über ihre Ländereien an; davon blieb im römischen Recht, daß man den Toten an einer Stätte bestattete, die einem gehörte, um diese zu heiligen (...) und die adligsten Häuser Europas und fast alle fürstlichen nehmen ihre Beinamen von den Ländereien, die ihrer Herrschaft unterworfen sind."[275] [*„Così con essi sepolcri de' loro seppelliti i giganti dimostravano la signoria delle loro terre; lo che restò in ragion romana di seppellire il morto in un luogo propio, per farlo religioso. (...) e le nobilissime case d'Europa e quasi tutte le sovrane prendono i cognomi dalle terre da esse signoreggiate*"] (531).[276] Auch hieran erweist sich der soeben bemerkte Zusammenhang zwischen Religion, Bestattungskult und Recht.

---

272 *Franz Böhm*, Die Idee des Ordo im Denken Walter Euckens, ORDO 3 (1950) XV, L f.: „Der Mensch tauscht, weil er als einziges Lebewesen zu dieser Transaktion befähigt ist, ohne eine Ahnung davon zu haben, wie genial er sich da verhält und daß sich auf dieser bilateralen Ordnung zwischen zwei Parteien eine multilaterale Dauerordnung für einen ganz Völker umfassenden Sozialprozeß aufbaut. Was aber der Mensch in freier Entfaltung unter Aufwand einer von Generationen in vielen Jahrhunderten betätigten Leistung beigetragen hat, das war die volle Entfaltung dieser vorgeformten Ordnungsstruktur des Tausches in einer aufs feinste ausgefeilten und abgewogenen Privatrechtsordnung durch entsprechende Gerichtsverfassungen, Verwaltungsorganisationen, politische Verfassungsordnungen und Regierungsformen." Näher dazu *Jens Petersen*, Rechtsordnung und Wirtschaftsordnung nach Eucken, 2019.

273 *Vittorio Hösle*, Vico und die Idee der Kulturwissenschaft, Einleitung der Meiner-Ausgabe 1990, S. XCIII, bemerkt in einem vergleichbaren Zusammenhang treffend: „Hier, bei dieser historisch-hermeneutischen Aufgabe, hat Vico das erreicht, was er auf systematischer Ebene sich versagen mußte: die Einheit der Wissenschaften".

274 *Leonardo Amoroso*, Erläuternde Einführung in Vicos Neue Wissenschaft (im italienischen Original: Lettura della Scienza nuova di Vico, 1998), 2006, S. 31, zu den Einzelheiten dieser Stelle.

275 Übersetzung Vittorio Hösle und Christoph Jermann, Meiner-Ausgabe, 2009, S. 279.

276 *Giambattista Vico*, La scienza nuova, 1744, edizione a cura di Fausto Niccolini (Editori Laterza), 5. Auflage 1967, S. 230 f.

Die Giganten sind für ihn durchaus real; getreu seiner philologischen Ausrichtung bezieht er sich – mitunter durchaus kritisch[277] – auf die ihm zugänglichen antiken Quellen, namentlich Cäsars ‚De bello gallico' und die ‚Germania' des Tacitus (170, 369).[278] Sie bietet ihm reiches kulturgeschichtliches (671) wie rechtliches Anschauungsmaterial (618). Gerade am Beispiel seiner Wertschätzung der ‚Germania' lässt sich der bruchlose Übergang in Vicos Denken von der Moralphilosophie (507) und der Rechtsphilosophie (592) über die Sprache zur Geschichte veranschaulichen (559): „Um nun von den Gesetzen zur Geschichte zurückzukehren, so berichtet Tacitus in den Sitten der alten Germanen, diese bewahrten die Anfänge ihrer Geschichten in Versen abgefaßt auf."[279]

[„*Ora, ritornando dalle leggi alle storie, riferisce Tacito ne' Costumi de' germani antichi che da quelli si conservavano conceputi in versi i princìpi della loro storia*"] (470).[280] Hervorhebung hieran verdient die Rückkehr von den Gesetzen zur Kulturgeschichte. Denn wenn Vico an dieser Stelle von der Geschichte spricht, dann bedeutet diese im vorliegenden Zusammenhang wiederum der Sache nach nichts anderes als die Kulturgeschichte, da es ihm ja gerade um die Erinnerung der Historie in Gestalt der Dichtung zu tun ist und auf diese Weise stets auch die philologische Überlieferung gegenwärtig ist, auch wenn Vicos Begriff der Philologie nicht auf das Geschriebene beschränkt ist.[281]

---

277 *Vittorio Hösle*, Recht und Geschichte bei Giambattista Vico, Gedenkschrift für Karl-Heinz Ilting, 1990, S. 389, 404: „Vico treibt in anderen Worten Quellenkritik".

278 Zu den rechtsrelevanten Stellen der Germania *Jens Petersen*, Recht bei Tacitus, 2019.

279 Übersetzung Vittorio Hösle und Christoph Jermann, Meiner-Ausgabe, 2009, S. 236. – Vico stützt sich hier vermutlich auf *Tacitus*, Germania, 2: ‚Celebrant carminibus antiquis, quod unum apud illos memoriae et annalium genus est, Tuistonem deum terra editum et filium Mannum, originem gentis conditoresque'. Grundlegend zum ‚filium Mannum' *Dieter Timpe*, Die Söhne des Mannus, in: Romano-Germanica. Gesammelte Studien zur Germania des Tacitus, 1995, S. 1; *ders.*, Der Namensatz der taciteischen Germania, in: ebenda, S. 61.

280 *Giambattista Vico*, La scienza nuova, 1744, edizione a cura di Fausto Niccolini (Editori Laterza), 5. Auflage 1967, S. 197.

281 *Vittorio Hösle*, Vico und die Idee der Kulturwissenschaft, Einleitung der Meiner-Ausgabe 1990, S. CX.

II. Rechtsphilosophie und Sprachphilosophie

Die zuletzt wörtlich zitierten Stellen sind auch für das Verhältnis von Rechtsphilosophie und Sprachphilosophie von Interesse.[282] Denn die etymologische Herleitung der Abkunft der Bestatteten aus dem Wort der Giganten und der Bezug zum Eigentumsrecht (13) zeigen beispielhaft den Zusammenhang von Rechts- und Sprachphilosophie, der bei Vico jedoch die bemerkenswerte Eigentümlichkeit aufweist, dass er kulturgeschichtlich ausgerichtet ist, auch wenn die Etymologien nicht immer gleichermaßen überzeugend sind.[283]

1. Redensarten und Rechtshandlungen

Überhaupt betrachtet Vico mit besonderem Augenmerk die Entwicklung der Sprache. So fallen ihm sogar metrische Besonderheiten von Rechtstexten auf: „Die Fragmente des Zwölftafelgesetzes ende(n), wenn man genau darauf achtet, in der Mehrzahl seiner Abschnitte mit adonischen Versen, die der letzte Teil der heroischen sind."[284] [*„I frammenti della legge delle XII Tavole, se bene vi si rifletta, nella più parte de' suoi capi va(nno) a terminar in versi adoni, che sono ultimi ritagli di versi eroici*"] (469).[285] Derartige Erkenntnisse mögen auf den ersten Blick nichtssagend erscheinen, können jedoch kulturgeschichtlich bedeutsame Zusammenführungen von Dichtung und Recht zu entdecken helfen.[286]

---

282 *Jürgen Trabant*, Giambattista Vico – Poetische Charaktere, 2019, S. 31, wonach „Vicos Philosophie tatsächlich der erste 'linguistic turn' oder besser 'semiotic turn' der Philosophie ist." Eingehend *ders.*, Neue Wissenschaft von alten Zeichen. Vicos Sematologie, 1994, S. 9 ff.

283 *Friedrich Kittler*, Eine Kulturgeschichte der Kulturwissenschaft, 2. Auflage 2001, S. 37, betont im Ausgangspunkt, dass „die Kulturwissenschaft Etymologien benutzen kann", und erblickt nicht zuletzt darin Vicos Verdienst: „Vicos Antwort auf diese Frage ist bezeichnend, weil sie einmal mehr die von ihm selbst aufgerissene Kluft zwischen Dichtung und Mathematik, Natur- und Kulturwissenschaft sichtbar macht." Er hebt des Weiteren hervor, dass Vico „die archaischen Sprachen (...) übrigens sehr zu Recht nie ohne eine entsprechende Form von Schrift denkt".

284 Übersetzung Vittorio Hösle und Christoph Jermann, Meiner-Ausgabe, 2009, S. 235 f.

285 *Giambattista Vico*, La scienza nuova, 1744, edizione a cura di Fausto Niccolini (Editori Laterza), 5. Auflage 1967, S. 196 f.

286 *Jens Petersen*, Recht vor Gnade in Ovids Tristia, Gedächtnisschrift für Hannes Unberath, 2015, S. 351, mit dem Versuch, den bereits lange bekannten Umstand (*Sidney George Owen*, P. Ovidii Nasonis Tristium Liber Secundus, 1924, S. 48), dass das zweite Buch der Tristien Ovids wie eine Gerichtsrede aufgebaut ist, dafür fruchtbar zu machen, die vorgetragenen juristischen Argumente auf ihre Stichhaltigkeit hin zu überprüfen.

a) Gesetze und Verse als scheinbar indisparate Kulturausprägungen

Vico hat dabei einen besonderen Umstand erkannt, der veranschaulicht, wie er alle Ausprägungen des kulturellen Lebens berücksichtigt, namentlich diejenigen, in denen sich bestimmt Anschauungen und Sitten spiegeln. Dazu gehören auch scheinbar unzusammenhängende Gegenstände wie Gesetze und Verse. Die damit angesprochene Philologie wird für gewöhnlich nur im Hinblick auf den Wortlaut, also die grammatikalische Auslegung, herangezogen. Kaum jemand dürfte vor Vico auf den Gedanken verfallen sein, dass künstlerische Ausdrucksformen der Sprache Eingang in Gesetzestexte gefunden haben könnten.

Aber es macht gerade die Originalität Vicos aus, dass er in dieser Hinsicht tiefer blickte, indem er – nicht zuletzt auch am Beispiel der homerischen Epen – die Schwierigkeit der damaligen Menschen vergegenwärtigte, derart anspruchsvolle Texte der Literatur oder Gesetzgebung im – sei es auch kollektiven – Gedächtnis zu bewahren, da die schriftliche Niederlegung und Entzifferung nur wenigen vorbehalten war. Vico legte daher das Augenmerk auf die Herausstellung und das Auffinden einprägsamer Erscheinungen. Erst vor diesem Hintergrund konnten vorderhand unscheinbare oder gar nicht erst gesehene Auffälligkeiten, wie die genannten Verse in den Bestimmungen des Zwölftafelgesetzes überhaupt in sein Blickfeld geraten und sinnvoll gedeutet werden.

b) Redensarten als Spiegel moralischer Anschauungen

Geradezu modern mutet seine Wertschätzung eingeübter Redeweisen an: „Die gewöhnlichen Redensarten müssen die gewichtigsten Zeugnisse der alten Sitten der Völker sein, die zu der Zeit üblich waren, als diese sich ihre Sprachen bildeten.“[287] [„*I parlari volgari debbon esser i testimoni più gravi degli antichi costumi de' popoli, che si celebrarono nel tempo ch'essi si formaron le lingue*“] (151).[288] Auch Sprichwörter haben für Vico also eine besondere Bedeutung (161). Eingeübte Redensarten spiegeln Denk- und Verhaltensweisen der unterschiedlichen Völker,

---

287 Übersetzung Vittorio Hösle und Christoph Jermann, Meiner-Ausgabe, 2009, S. 95.

288 *Giambattista Vico*, La scienza nuova, 1744, edizione a cura di Fausto Niccolini (Editori Laterza), 5. Auflage 1967, S. 77. *Vittorio Hösle*, Vico und die Idee der Kulturwissenschaft, Einleitung der Meiner-Ausgabe 1990, S. CXLVIII, zeigt, wie Vicos Blick auf das Unscheinbare hilft, die Denkweise eines Volkes zu ergründen: „Zu einer bestimmten Denkform gehört ein bestimmtes Ethos, zu einem bestimmten Ethos eine bestimmte Staatsform – so verschiedene Kulturphänomene wie Recht, Religion, Kunst sind bei einem Volk Manifestationen ein und derselben Mentalität. In winzigen Details vermag Vico eine ganze Welt wiederzuerkennen – ein Brauch, ein Mythos, ja eine Redensart oder Metapher sind ihm wie eine Monade, in der sich eine ganze Kultur widerspiegelt“.

die bis in das Ökonomische und Juristische hineinreichen.[289] Gewiss ist in der Goldenen Regel: „Was du nicht willst, das man dir tu', das füg' auch keinem andern zu" nicht der kantische kategorische Imperativ in seiner moraltheoretischen Komplexität enthalten. Aber der einprägsame Reim ist immerhin geeignet, das Verbot des neminem laedere mit einem Mindestmaß an gebotener Empathie zu verbinden.[290]

Dass Vico, der inmitten seiner spielenden Kinder arbeitete und sie offenbar auch aus wissenschaftlichen Gründen in ihrem Verhalten, also auch die Bedeutung kindlichen Spiels (215), und insbesondere ihrer Aufnahmefähigkeit beobachtete (211), gerade im Hinblick auf den Gesichtspunkt größtmöglicher Veranschaulichung ähnlich dachte (212), zeigt beispielhaft diese Stelle zu bestimmten onomatopoetischen Erscheinungen:[291] „Zufolge des bereits Gesagten begann zu derselben Zeit, da sich der göttliche Charakter Jupiter bildete, der der erste aller menschlichen Gedanken des Heidentums war, sich gleichermaßen die artikulierte Sprache zu bilden, und zwar mittels der Onomatopöie, nach der wir jetzt noch Kinder sich glücklich ausdrücken sehen."[292]

[„*In séguito del già detto, nello stesso tempo che si formò il carattere divino di Giove, che fu il primo di tutt'i pensieri umani della gentilità, incominciò parimente a formarsi la lingua articolata con l'onomatopea, con la quale tuttavia osserviamo spiegarsi felicemente i fanciulli*"] (447).[293] Denn die ersten Menschen waren für

---

289 *Wolfgang Fikentscher*, Modes of Thought, 1995; *ders.*, Rechtsanthropologie, Juristische Ausbildung 1998, 182; *ders.*, Law and Anthropology, 2. Auflage 2016, hat als seinerzeit maßgeblicher Wirtschaftsrechtler erkannt, welchen Stellenwert rechtsanthropologische Grundlagenforschung haben kann. Dazu ansatzweise auch *Jens Petersen*, Montaignes Erschließung der Grundlagen des Rechts, 2. Auflage 2019, § 6.

290 *Vittorio Hösle*, Vico und die Idee der Kulturwissenschaft, Einleitung der Meiner-Ausgabe 1990, S. CXLV f., hebt hervor, dass „dieser geniale Denker – ganz anders als Machiavelli – durch die Tiefe seines Gemüts aus der theoretischen Einstellung gleichsam herausgerissen wird zu *einem unverfälschten und ursprünglichen Mitgefühl für alle Leidenden und Unterdrückten*, zu einer Ergriffenheit, die auch den heutigen Leser eigentümlich zu berühren vermag." Hervorhebung nur hier. – Bei Machiavelli sind es in der Tat eher Spuren der Sympathie mit den Unterdrückten, die sich an versteckten Stellen seines Werks finden; zu ihnen *Jens Petersen*, Machiavellis Gesetzgebungslehre, 2020, § 4.

291 *Vittorio Hösle*, Praktische Philosophie in der modernen Welt, 2. Auflage 1995, S. 203 Anmerkung 16, unter Verweis auf den „möglichen onomatopoetischen Beginn der Sprache, wie ihn etwa Platon, Vico, Herder annehmen." Zu onomatopoetischen Auffälligkeiten in der lateinischen Dichtung mit möglichen Bezügen zum Recht *Jens Petersen*, Recht vor Gnade in Ovids Tristia, Gedächtnisschrift für Hannes Unberath, 2015, S. 351, 360.

292 Übersetzung Vittorio Hösle und Christoph Jermann, Meiner-Ausgabe, 2009, S. 223 f.

293 *Giambattista Vico*, La scienza nuova, 1744, edizione a cura di Fausto Niccolini (Editori Laterza), 5. Auflage 1967, S. 187.

Vico gleichsam „Kinder des Menschengeschlechts"[294] – ‚*come fanciulli del genere umano*'(209).[295] Ebenso wie die Kinder lernten auch die ersten Menschen durch Nachahmung (215). In ungefähr diesem Sinne ging es Vico darum, die Anschauungen der noch ganz und gar ungebildeten Menschen des von ihm sogenannten heroischen Zeitalters mit Hilfe aller möglichen Zeugnisse aus Kunst und Kultur zu rekonstruieren (217).

c) Rechtssprache und Umgangssprache

Daraus ergibt sich zugleich eine weiter unten noch näher zu betrachtende Verbindungslinie zum Recht, das sich ebenfalls evolutionär im Laufe der Zeit herausbildet. Vico scheut dabei nicht vor gewagt anmutenden Vergleichen zurück, das Immobiliareigentum in einem durchaus naturalistischen Sinne zur Rechtsträgerschaft in Beziehung setzen:[296] „Die Unterscheidung der Ideen brachte die Metamorphose hervor: wie uns auch die Römer unter ihren heroischen Redensarten – neben den anderen, die uns von der alten Jurisprudenz aufbewahrt wurden – ‚fundum fieri' (Grundstück werden) für ‚auctorem fieri' (Auktor werden) hinterließen [491]; denn wie der Grund und Boden das Besitztum oder das Erdreich samt dem, was darauf gesät, gepflanzt oder gebaut ist, trägt, so trägt der sie billigende Veräußerer die Rechtshandlung, die ohne seine Billigung zusammenstürzen würde, und wird so aus einem sich selbst Bewegenden, der er ist, zu einer unbeweglichen Sache, nimmt also die entgegengesetzte Form an."[297]

[„*La distinzione dell'idee fece la metamorfosi: come, fralle altre conservateci dalla giurisprudenza antica, anco i romani nelle loro frasi eroiche ne lasciarono quella ‚fundum fieri' per ‚autorem fieri', perché, come il fondo sostiene il podere o il suolo e ciò ch'è quivi seminato o piantato o edificato, così l'appruovatore sostiene l'atto, il quale senza la di lui appruovazione rovinerebbe, perché l'approvatore, da semovente ch'egli è, prende forma contraria di cosa stabile*"] (411).[298] Die Vorstellung einer solchen Transformation erschließt sich nicht ohne weiteres.

---

294 Übersetzung Vittorio Hösle und Christoph Jermann, Meiner-Ausgabe, 2009, S. 110.

295 *Giambattista Vico*, La scienza nuova, 1744, edizione a cura di Fausto Niccolini (Editori Laterza), 5. Auflage 1967, S. 89.

296 Zu einem anderen Rechtsdenker, der diesen Zusammenhang allenthalben zugrunde gelegt hat und beide Erscheinungen ebenfalls in evolutionärem Sinne verstand, *Jens Petersen*, Freiheit unter dem Gesetz. Friedrich August von Hayeks Rechtsdenken, 2014. Die im Folgenden dargestellte menschheitsgeschichtliche Denkweise findet man gleichfalls bei von Hayek, der allerdings Vico nicht berücksichtigt hat.

297 Übersetzung Vittorio Hösle und Christoph Jermann, Meiner-Ausgabe, 2009, S. 196.

298 *Giambattista Vico*, La scienza nuova, 1744, edizione a cura di Fausto Niccolini (Editori Laterza), 5. Auflage 1967, S. 166.

Stellen wie die zuletzt zitierte sind wohl auch dazu angetan, Vicos Scienza nuova als mitunter etwas dunkel erscheinen zu lassen.[299]

Andererseits sollte nicht übersehen werden, dass selbst noch geltende Zivilgesetze im Zusammenhang mit Grundschulden und Hypotheken, deren letztere dadurch übrigens ihrerseits geradezu sprichwörtlich wurden, von der ‚Belastung' eines Grundstücks sprechen.[300] Rechtssprache und Umgangssprache durchdringen einander wohl auch heute noch stärker, als sich selbst Juristen bewusst machen. Vicos Spekulationen sind daher über den Tag hinaus geeignet, die nötige Sensibilität dafür zu erhalten.

2. Rechtsbegriff und heidnische Religionen

Vico denkt menschheitsgeschichtlich, indem er an den frühestmöglichen Punkten ansetzt,[301] auch wenn sie nicht immer klar datierbar sind, dafür aber mit philologischer und mythologischer Hilfe annäherungsweise bestimmbar bleiben:[302]

---

299 *Vittorio Hösle*, Recht und Geschichte bei Giambattista Vico, Gedenkschrift für Karl-Heinz Ilting, 1990, S. 389, 391, macht diese Eigenart sowie ihren spezifischen Beitrag zu Vicos Werk und seiner Rezeption sinnfällig: „Wie keiner vor ihm und nur sehr wenige nach ihm hat Vico die menschliche Kultur als Ganzheit zu verstehen getrachtet. Seine Kenntnisse in den verschiedensten Gebieten sind singulär, und es ist alles andere als leicht, ihm zu folgen, zumal das Gewand, in das seine berühmten Prolepsen zahlreicher Entdeckungen des 19. und sogar 20. Jahrhunderts sich kleiden, betont archaisierend ist: Wenn Vico von seinen Zeitgenossen ignoriert wurde, so auch deswegen, weil er es ihnen sehr leicht gemacht hat, ihn ausschließlich als verspäteten Humanisten, als Relikt der Renaissance, der dem platonischen Ideal einer Einheitswissenschaft nachträumte, einzuschätzen".

300 Zu den hier nicht weiter interessierenden Vorschriften *Jens Petersen*, Die Grundschuld, Juristische Ausbildung 2017, 528; *ders./Christoph Rothenfußer*, Der Schutz des Schuldners bei der Trennung von Hypothek und Forderung, Wertpapier-Mitteilungen 2000, 657.

301 *Isaiah Berlin*, Vico and Herder. Two Studies in the History of Ideas, 1976, S. 35, hält dies für den Schlüssel zum Verständnis der kulturgeschichtlichen Einsichten Vicos: „The key lies in the past experience of the human race, which, from its earliest origins, may be read in its mythology, its language, its social and religious institutions".

302 *Vittorio Hösle*, Philosophiegeschichte und objektiver Idealismus, 1996, S. 163, verdeutlicht den Zusammenhang zwischen Rechtswissenschaft und Kulturwissenschaft: „Das Werk ist somit eine philosophisch-theologisch begründete Theorie menschlicher Kultur, wobei sie besonders die Legitimationssysteme und des Rechts thematisiert. Ein Schwerpunkt liegt auf der geschichtlichen Entwicklung von Kulturen, ihren Ideen und Institutionen; als wichtig gilt zumal die Rekonstruktion der Urzeit. Methodologisch besonders interessant ist daß das Werk einerseits eine bestimmte historische Epoche aufhellen will – nämlich die der Urzeit –, andererseits dies nur dadurch tun zu können meint, daß es von einem Entwicklungsschema ausgeht – denn das empirische Material für die Rekonstruktion der Epoche ist sehr karg und bedarf zudem einer

„Mit diesem ältesten Zeitpunkt setzt, wie der Stoff, so auch die Lehre vom natürlichen Recht der Völker ein – was ein weiterer Hauptgesichtspunkt ist, nachdem man diese Wissenschaft betrachten soll"[303] [*„Dal qual punto di tempo antichissimo, siccome ne incomincia la materia, così s'incomincia qui la dottrina del diritto natural delle genti, ch'è altro principal aspetto con cui si dee guardar questa Scienza*"] (13).[304] Diese Aussage ist auch deswegen bedeutsam, weil sie die zentrale Bedeutung des Rechts für Vicos Scienza nuova unterstreicht.

a) Religionssoziologische und rechtssoziologische Einsichten

Die Verbindung von Sprach- und Rechtsphilosophie sowie ihre jeweilige religiöse Konnotation, die zu aufschlussreichen religions- und rechtssoziologischen Einsichten führt, verfolgt Vico bis hin zum Rechtsbegriff selbst, den er von den heidnischen Religionen her ableitet:[305] „Daher waren die ersten Väter der heidnischen Völker, wie hier angedeutet wird, tapfer – gerecht waren sie wegen der vermeintlichen Frömmigkeit in der Beobachtung der Auspizien, die sie für göttliche Befehle Jupiters hielten (nach ihm, der bei den Lateinern Ious hieß wurde in alter Zeit das Recht ‚ious' genannt, das dann, kontrahiert ‚ius' hieß; daher wird bei allen Völkern die Gerechtigkeit auf natürliche Weise zusammen mit der Frömmigkeit gelehrt)."[306] [*„Onde i primi padri delle nazioni gentili – ch'erano giusti per la creduta pietà di osservare gli auspìci, che credevano divini comandi di Giove (dal quale, appo i latini chiamato Ious, ne fu anticamente detto ‚ious' il gius, che poi,*

Interpretation, die bei den Differenzen zwischen jener und der heutigen Zeit besonders anspruchsvoll und voller philosophischer Voraussetzungen ist." – Diese ausdifferenzierte Überlegung ist auch im Hinblick auf die abschließend zu behandelndé Frage weiterführend, ob die Rechtswissenschaft Kulturwissenschaft ist.

303 Übersetzung Vittorio Hösle und Christoph Jermann, Meiner-Ausgabe, 2009, S. 13.

304 *Giambattista Vico*, La scienza nuova, 1744, edizione a cura di Fausto Niccolini (Editori Laterza), 5. Auflage 1967, S. 12.

305 Grundlegend zur Sprachphilosophie Vicos *Karl-Otto Apel*, Die Idee der Sprache in der Tradition des Humanismus von Dante bis Vico, (1963), 2. Auflage 1975; dazu *Vittorio Hösle*, Die Krise der Gegenwart und die Verantwortung der Philosophie, 1990, S. 112 („Standardwerk zur Geschichte der Sprachphilosophie"). Zur Verbindungslinie von Sprach- und Rechtsphilosophie auch *Jens Petersen*, Nietzsches Genialität der Gerechtigkeit, 3. Auflage 2020, S. 122–124. Zum Verhältnis von Recht und Sprache mit religiöser Konnotation am Beispiel eines anderen großen Italieners, auf den sich auch *Karl-Otto Apel*, ebenda, maßgeblich bezieht, *Jens Petersen*, Dante Alighieris Gerechtigkeitssinn, 2. Auflage 2016, S. 116–118.

306 Übersetzung Vittorio Hösle und Christoph Jermann, Meiner-Ausgabe, 2009, S. 14.

contratto, si disse ‚i u s'; onde la giustizia appo tutte le nazioni s'insegna naturalmente con la pietà)"] (14).[307]

Man kann beispielhaft den kühnen Einfallsreichtum Vicos ermessen, der vom höchsten Gott der, religionsgeschichtlich gesehen, heidnischen Kultur etymologisch auf das Recht schließt (489) und von daher in einer kulturwissenschaftlich eindrücklichen Weise auf die Gerechtigkeit und Frömmigkeit.[308] Hier also leuchtet bereits der Begriff der Frömmigkeit auf, die am Ende seines Werkes im Zusammenhang mit der Schaffung eines vollkommenen Staates als Bedingung der Weisheit erscheint (1112).[309] Für Vico ist diese sprachliche Herleitung des Rechts aus dem lateinischen Begriff des höchsten römischen Gottes jedenfalls bestimmend, wie sich auch noch aus einer anderen Stelle ergibt: „Aus all diesen Gründen beginnen wir bei diesem ersten, ältesten Punkt aller Zeiten über das Recht zu sprechen, das von den Lateinern ‚ius' (Recht) genannt wurde, aus dem alten ‚Ious' kontrahiert: bei dem Augenblick also, da im Geist der Fürsten der Stämme die Idee Jupiters entstand."[310]

[„*Per tutto ciò, noi da questo primo antichissimo punto di tutti i tempi incominciamo a ragionare di diritto, detto da' latini ‚i u s', contratto dall'antico ‚I o u s': dal momento che nacque in mente a' principi delle genti l'idea di Giove*"] (398).[311] Erkennbar ist wiederum das Bemühen um einen frühestmöglichen Zeitpunkt der rechtsgeschichtlichen Überlieferung, mag man sich zu diesem Zweck auch ungesicherter oder mythologischer Ursprünge bedienen müssen:[312] „Daraus

---

307 *Giambattista Vico*, La scienza nuova, 1744, edizione a cura di Fausto Niccolini (Editori Laterza), 5. Auflage 1967, S. 13.

308 *Rainer Specht*, Über den juristischen Realismus Giambattista Vicos, Philosophisches Jahrbuch 63 (1955) 166, 167, fasst ebenso lapidar wie treffend zusammen: „Er war ein frommer Denker".

309 *Benedetto Croce*, Die Philosophie Giambattista Vicos (deutsche Übersetzung Erich Auerbach/Theodor Lücke), 1927, S. 201, verdeutlicht die Wahrheitssuche Vicos durch die wegweisende Geschichte, indem er rhetorisch fragt: „Wo war damals noch der *Weise*, der wahrhaft Weise, dem Vico in der Geschichte begegnet war, zuerst in der barbarischen Gestalt des theologischen Dichters, und später in der gesitteten und vernünftigen des griechischen Philosophen und des römischen Juristen, und den er in neuzeitlichem Sinne in dem Lehrer der Beredsamkeit erblickte – man möchte fast sagen in seiner eigenen Person – als demjenigen, der berufen sei, dem ganzen Wissen Einheit, Leben und Wirksamkeit zu verleihen?" Hervorhebung auch dort.

310 Übersetzung Vittorio Hösle und Christoph Jermann, Meiner-Ausgabe, 2009, S. 185.

311 *Giambattista Vico*, La scienza nuova, 1744, edizione a cura di Fausto Niccolini (Editori Laterza), 5. Auflage 1967, S. 155.

312 *Karl Löwith*, Weltgeschichte und Heilsgeschehen. Die theologischen Voraussetzungen der Geschichtsphilosophie, 8. Auflage 1990 (1953), S. 121, fasst Vicos Herleitung so zusammen: „Jupiter, der höchste Gott des Himmels, erscheint den ersten Menschengenerationen in schrecklichem Donner und Blitz. Von ihm kommt alle ‚vulgäre' Weisheit, das ist Weisheit, die weder ge-

entnimmt man, daß überall die ersten Gesetze die göttlichen Jupiters waren."[313] [„*Onde si raccoglie che dappertutto le prime leggi furono le divine di Giove*"] (482).[314]

b) Glanz und Grenzen etymologischer Begründungen

Auch hieran kann man den eminenten Gedankenreichtum Vicos erkennen, der auf eine durchaus originelle Weise das Recht eben nicht nur gesellschaftsverträglich begründet, sondern ebenso etymologisch (403),[315] selbst wenn dies in einer mitunter höchst anfechtbaren Weise erfolgt.[316] Das folgende Beispiel veranschaulicht die freilich nur zum Teil: „Dieser Grundsatz ist ein großes Prinzip der Etymologie: daß gemäß dieser Reihenfolge menschlicher Dinge die Geschichte der Wörter der einheimischen Sprache erzählt werden muß (354), wie wir bei der lateinischen Sprache beobachten, daß fast ihr ganzer Wortschatz seinen Ursprung im Wald- und Landleben hat. Wie zum Beispiel ‚lex' (G e s e t z), das anfangs ‚das Einsammeln von Eicheln' bedeutet haben muß, wonach, wie wir glauben, die Steineiche ‚i l e x', gleichsam ‚i l l e x', genannt wurde (wie sicher ‚aquilex' derjenige ist, der Wasser sammelt); denn die Steineiche bringt die Eichel hervor, um die sich die Schweine sammeln. Alsdann bedeutet ‚l e x' ‚das Einsammeln von Hülsenfrüchten', wonach diese ‚l e g u m i n a' genannt wurden. Später, zur Zeit, da die gewöhnlichen Buchstaben, mit denen die Gesetze hätten geschrieben werden können, noch nicht erfunden waren, mußte ‚l e x' aus einer Notwendigkeit der Natur des Politischen ‚Versammlung von Bürgern' oder das öffentliche Parlament bedeuten; daher war die Gegenwart des Volkes das Gesetz, das den Testamenten (...) Rechtskraft verlieh. Schließlich wurde das Sammeln von Buchstaben, so daß man aus ihnen in jedem Wort gleichsam ein Bündel machte, ‚l e g e r e' (l e s e n) genannt."[317]

---

offenbart noch rationell, sondern eine Wissenschaft der Weissagung ist, der Divination und der Auspizien, die religiöse Weisheit aller heidnischen Völker".

313 Übersetzung Vittorio Hösle und Christoph Jermann, Meiner-Ausgabe, 2009, S. 241.

314 *Giambattista Vico*, La scienza nuova, 1744, edizione a cura di Fausto Niccolini (Editori Laterza), 5. Auflage 1967, S. 201.

315 *Jürgen Trabant*, Neue Wissenschaft von alten Zeichen: Vicos Sematologie, 1994, S. 96, ist insoweit allerdings mit gutem Grund skeptisch: „Sein Hauptbeispiel, nämlich daß der Name Jupiters Iovis ursprüngliche ein onomatopoetisches Bild gewesen sei, ist nicht zu beweisen, und viele seiner Etymologien sind falsch".

316 *Vittorio Hösle*, Vico und die Idee der Kulturwissenschaft, Einleitung der Meiner-Ausgabe 1990, S.CLXXXI, wonach „die häufig auf abenteuerliche Weise mit ad hoc angenommenem Lautwandel spielenden Etymologien Vicos heute größtenteils zurückgewiesen werden müssen".

317 Übersetzung Vittorio Hösle und Christoph Jermann, Meiner-Ausgabe, 2009, S. 116 f.

[„*Questa degnità è un gran principio d'etimologia: che secondo questa serie di cose umane si debbano narrare le storie delle voci delle lingue natie, come osserviamo nella lingua latina quasi tutto il corpo delle sue voci aver origini selvagge e contadinesche. Come, per cagion d'esempio, ‚lex', che dapprima dovett'essere ‚raccolta di ghiande', da cui crediamo detta ‚ilex', quasi ‚illex', l'elce (...) produce la ghianda, alla quale s'uniscon i porci. Dappoi ‚lex' fu ‚raccolta di legumi', dalla quale questi furon detti ‚legumina'. Appresso, nel tempo che le lettere volgari non si eran ancor truovate con le quali fussero scritte le leggi, per necessità di natura civile ‚lex' dovett'essere ‚raccolta di cittadini', o sia il pubblico parlamento; onde la presenza del popolo era la legge che solennizzava i testamenti (...). Finalmente il raccoglier lettere e farne com'un fascio in ciascuna parola fu detto ‚legere'*"] (240).[318]

3. Erkenntnisleitende Ordnungsgesichtspunkte für die Jurisprudenz

Herleitungen dieser Art, die in Vicos Werk immer wieder begegnen, scheinen auf den ersten Blick jeder Stringenz zu entbehren. Aber wenn man die mitunter kruden Analogien zu Beginn der zitierten Passage herausrechnet, finden sich am Ende immer noch originelle und weiterführende Elemente, die freilich von jenen gleichsam in den Schatten gestellt werden. Denn der auf das Recht bezogene Teil dieser scheinbar nur aneinandergereihten Assoziationen hat durchaus etwas für sich, zumal da gerade die Beziehung zwischen dem lateinischen Wort für das Gesetz und das Lesen ersichtlich von kulturgeschichtlicher Bedeutung ist.[319] Solche rechtstheoretisch bemerkenswerten Einsichten geraten in den Hintergrund, wenn eher kuriose Zusammenführungen, wie hier jene mit der Steineiche, akzentuiert werden. Es sind wohl nicht zuletzt Stellen wie diese, deren Dasein dazu führt, dass Vico die verdiente Anerkennung auch dort versagt wird, wo er wirklich grundstürzend Neues gefunden hat.

---

318 *Giambattista Vico*, La scienza nuova, 1744, edizione a cura di Fausto Niccolini (Editori Laterza), 5. Auflage 1967, S. 94.

319 *Vittorio Hösle*, Vico und die Idee der Kulturwissenschaft, Einleitung der Meiner-Ausgabe 1990, S CLXXXII, arbeitet den Zusammenhang zwischen Sprach- und Rechtsphilosophie sowie der Kulturtheorie heraus, indem er feststellt, dass „Vico eine ganz außerordentliche Sensibilität für das Erschließen des archaischen Weltbilds und urtümlicher Kulturformen auf der Grundlage einer Analyse der Sprache besitzt." Ausdrücklich nennt er – unter Verweis auf *Pier Paolo Portinaro*, Vico e il diritto come „Nomos", Rivista internazionale di filosofia del diritto 57 (1980) 453, mit Bezügen zum Spätwerk Carl Schmitts – den „Bedeutungswandel im Wort ‚lex' auf die Entwicklung vom Sammlerdasein zur Zivilisation".

Das ist umso ungerechter, als er auch im Umfeld dieser vorderhand angreifbaren Stellen erkenntnisleitende Ordnungsgesichtspunkte entwickelt hat (237), die größere Beachtung verdienen, als ihnen in der bisherigen Geistesgeschichte zuteilgeworden ist. Bereits hier aber deutet sich an, dass selbst die moderne Jurisprudenz durch Vico noch für Grund und Grenzen von Wortlautargumenten sensibilisiert werden kann. Das gilt umso mehr für historisch fundierte Begründungen, da Vico gerade diesen Zusammenhang von Wortsinn und historischer Auslegung allenthalben unausgesprochen berücksichtigt. Denn wie wir bereits gegen Ende des ersten Kapitels gesehen haben, erweisen sich Vicos rechtsdogmatische Überlegungen gerade in teleologischer Hinsicht als stichhaltig; das ist für seine Wortlautargumente deswegen bedeutsam, weil er zumindest intuitiv erkannt haben dürfte, dass im richtig verstandenen und ermittelten Wortsinn stets ein teleologisches Moment mitschwingt.

III. Religion und Handel als Faktoren der Rechtsbegründung

Allerdings ersieht man sogar an der weiter oben genannten Verbindung von ius und Ious für Jupiter immerhin den von Vico zugrunde gelegten Zusammenhang von Rechtsphilosophie und Religionsphilosophie (14/482):[320] „Mit diesem ersten Entstehen der Schriftzeichen und der Sprachen entstand das Recht, das von Lateinern ‚*ious*' genannt wurde. (...) Denn allgemein wurde von den heidnischen Völkern der Himmel nach dem Gesichtspunkt betrachtet, er sei Jupiter [377], um mittels seiner göttlichen Ratschläge oder Weisungen, für die sie die Auspizien hielten, seine Gesetze empfangen; das beweist, daß alle Völker auf der Grundlage des Glaubens an die göttliche Vorsehung entstanden sind."[321] [„*Con tal primo nascere de' caratteri e delle lingue nacque il gius, detto ‚ious' da' latini. (...) Perché universalmente da tutte le nazioni gentili fu osservato il cielo con l'aspetto di*

320 *Karl Löwith*, Weltgeschichte und Heilsgeschehen. Die theologischen Voraussetzungen der Geschichtsphilosophie, 8. Auflage 1990 (1953), S. 116, verdeutlicht diesen Zusammenhang in einer rechtsphilosophisch bemerkenswerten Weise, die zugleich den Zusammenhang mit der Religion herstellt, indem diese freilich vom Recht weitgehend abgekoppelt wird, das als weitestgehend säkulares erscheint: „Aus den Leidenschaften der Menschen, deren jede ihre eigene Befriedigung sucht, aus Wildheit, Habgier und Ehrgeiz, schafft die Vorsehung als göttliche Gesetzgebung die Tugenden des Soldaten, des Kaufmanns und der Regierenden und das Naturrecht der Völker. (...). Das sogenannte ‚Natur'-Recht ist von Anfang an ein ziviles, in der civitas begründetes Recht, das auf einer zivilen Theologie beruht. Trotz ihres übernatürlichen Ursprungs wirkt jedoch die Vorsehung, wie sie Vico versteht, auf so ‚natürliche' und ‚einfache' Weise, daß sie fast mit den zivilen Gesetzen der geschichtlichen Entwicklung identisch ist".

321 Übersetzung Vittorio Hösle und Christoph Jermann, Meiner-Ausgabe, 2009, S. 238 f.

Giove, per riceverne le leggi ne' di lui divini avvisi o comandi, che credevan essere gli auspìci; lo che dimostra tutte le nazioni esser nate sulla persuasione della provvedenza divina"] (473).[322] Hier nur angedeutet sei die weiter unten noch zu vertiefende Beziehung zwischen Recht, Schriftzeichen und Sprache.

1. Zusammenwirken von Moralphilosophie und Gesetzgebung

Für den vorliegenden Zusammenhang erweist sich wiederum die Religion als bestimmend, indem sie Inhalte für die Moralphilosophie vorgibt, die dann erneut mit den weltlichen Gesetzen in Einklang gebracht werden sollen: „Hier werden neue Prinzipien für die Moralphilosophie gegeben, wonach die geheime Weisheit der Philosophen mit der gewöhnlichen Weisheit der Gesetzgeber zusammenwirken soll; nach solchen Prinzipien haben alle Tugenden ihre Wurzeln in der Frömmigkeit und der Religion, durch die allein sie wirksam werden können und infolge deren die Menschen sich all das als gut vornehmen sollen, was Gott will."[323]

[„*Quinci si dànno altri princìpi alla moral filosofia, onde la sapienza riposta de' filosofi debba cospirare con la sapienza volgare de' legislatori; per gli quali princìpi tutte le virtù mettano le loro radici nella pietà e nella religione, per le quali sole son efficaci ad operar le virtù, e 'n conseguenza de' quali gli uomini si debbano proporre per bene tutto ciò che Dio vuole*"] (14).[324] Dass der Anfang der Scienza nuova auf ihr Ende bezogen ist, erkennt man am Beispiel dieses Gedankens daran, dass hier wie dort die Weisheit mit den Wurzeln und der Pflege der Frömmigkeit verwoben sind (1112).

a) Mittelbarer Einfluss der Religion auf Staat und Gesetze?

Die Gottgefälligkeit menschlichen Handelns wird auf diese Weise zu einer moraltheoretischen Richtschnur, die in rechtsphilosophischer Hinsicht auf die Gesetzgebung einwirkt. Da aber für Vico die göttliche Vorsehung bestimmend ist (2), folgt auch das Recht der Religion, die auf diese Weise einen Primat zur kollektiven

---

322 *Giambattista Vico*, La scienza nuova, 1744, edizione a cura di Fausto Niccolini (Editori Laterza), 5. Auflage 1967, S. 199.

323 Übersetzung Vittorio Hösle und Christoph Jermann, Meiner-Ausgabe, 2009, S. 14.

324 *Giambattista Vico*, La scienza nuova, 1744, edizione a cura di Fausto Niccolini (Editori Laterza), 5. Auflage 1967, S. 13.

Selbsterhaltung entfaltet,[325] selbst wenn und gerade weil die Menschen diesen Zusammenhang in jenem kulturgeschichtlichen Stadium noch nicht kognitiv durchdringen können:[326] „Und wenn sie noch nicht in der Lage sind, Staat und Gesetze zu verstehen, sollen sie ihre Väter wie lebendige Abbilder Gottes verehren und fürchten; daher mögen sie sich dann auf natürliche Weise bereitfinden, der Religion ihrer Väter zu folgen, das Vaterland zu verteidigen, das ihnen die Familien erhält, und somit den Gesetzen zu gehorchen, die zur Erhaltung der Religion und des Vaterlandes aufgestellt sind (denn die göttliche Vorsehung ordnete die menschlichen Dinge nach folgendem ewigen Ratschluß: daß man zuerst die Familien durch die Religionen gründen müsse, über denen sich dann die Staaten durch die Gesetze erheben sollten)."[327]

[*„E, quando non son ancor capaci d'intender repubblica e leggi, vi riveriscano e temano i padri come vivi simolacri di Dio; onde si truovino poi naturalmente disposti*

---

325 *Benedetto Croce*, Die Philosophie Giambattista Vicos (deutsche Übersetzung Erich Auerbach/Theodor Lücke), 1927, S. 74 f., erklärt das am Beispiel zweier berühmter Naturrechtslehrer, denen Vico sich bei aller Hochschätzung im Prinzipiellen wieder und wieder kritisch zuwendet, was letztlich im unterschiedlichen Verständnis der Religion wurzelt und von daher auf die unterschiedlichen Moralvorstellungen bzw. den Vorwurf eines unverhohlenen Nützlichkeitsdenken ausgreift: „Weshalb haben wir nun behauptet, obgleich uns all diese energischen Feststellungen und Polemiken Vicos über die religiöse Bedingtheit der Moral bekannt waren, daß der einzige Punkt, in dem er tatsächlich mit Grotius, Pufendorf und ganz allgemein der Schule des Naturrechts übereinstimmt, seine vollkommen immanente Auffassung der Ethik ist? – Weil bei genauerem Zusehen Vico nicht gegen die von den Vertretern des Naturrechts eingeschlagene Methode ist; vielmehr auch er seine Wissenschaft von der menschlichen Gesellschaft aufbaut, indem er wie Grotius von jenem Gottesgedanken absieht und wie Pufendorf den Menschen ohne göttliche Hilfe und Fürsorge auf die Welt stellt, d. h. die geoffenbarte Religion und Gott ausschaltet. Gegenstand seiner Untersuchung ist, wie für jene beiden, das natürliche Recht und nicht das übernatürliche, das Recht der Völker und nicht das des auserwählten Volkes, das Recht, das spontan aus den Höhlen auftaucht, nicht jenes, das vom Sinai herniedersteigt. Vicos – mit der gewohnten Verworrenheit und Dunkelheit vorgebrachte – Opposition betrifft nicht diese Behauptungen, sondern den *Religionsbegriff überhaupt*. Die Religion, von der er spricht, ist kurzum nicht die gleiche, von der Grotius und Pufendorf sprachen oder nicht sprachen. (...) Da die Religion also von Vico entweder (...) als Bedingung, oder (...) als Synonym der Moral betrachtet wird, ist es klar, daß, wenn er Grotius und Pufendorf wegen ihrer Vernachlässigung dieses äußerst wichtigen Begriffes rügt, er eigentlich nur den abgeschmackten Moralismus und verkappten Utilitarismus jener zwei Denker kritisiert." Hervorhebung auch dort. Darauf wird weiter unten im Text noch zurückzukommen sein.

326 *Thomas Kleimann*, Lebensrealismus. Die Geschichtsphilosophie Giovanni Baptista Vicos, 2009, berücksichtigt ebenfalls den Gesichtspunkt der Selbsterhaltung bei Vico.

327 Übersetzung Vittorio Hösle und Christoph Jermann, Meiner-Ausgabe, 2009, S. 14 f. Zu dem eingangs des Zitats vorausgesetzten ‚Verstehen' allgemein *Stefanie Woidich*, Vico und die Hermeneutik. Eine rezeptionsgeschichtliche Annäherung, 2007.

a seguire la religione de' loro padri ed a difender la patria, che conserva lor le famiglie, e, così, ad ubbidir alle leggi, ordinate alla conservazione della religione e della patria (siccome la provvedenza divina ordinò le cose umane con tal eterno consiglio: che prima si fondassero le famiglie con le religioni, sopra le quali poi avevan da surgere le repubbliche con le leggi)"] (14).[328] Wie es bei Vico gelegentlich der Fall ist, steht die entscheidende Begründung in der Klammer: die bestimmende Wirkung der Religion in Gestalt der göttlichen Vorsehung. Auslegungsfähig ist freilich der mit ‚sopra' eingeleitete Schluss.

Weniger im Sinne Vicos dürfte freilich die Lesart sein, dass sich Staaten durch ihre Gesetze in völliger Unabhängigkeit von der religiösen Imprägnierung darüber erheben. Plausibel ist demgegenüber, dass die Staaten sowie die von ihnen verabschiedeten Gesetze letztlich auf ursprünglich religiösen Einflüssen und Voraussetzungen gründen.[329] Der Gedanke, dass in diesem frühen menschheitsgeschichtlichen Stadium die Einsichtsfähigkeit der Menschen noch so gering ausgeprägt ist, dass sie sich notwendigerweise an das Nächstliegende halten und daher ihren Vätern verehrungsvoll gehorchen müssen, wird noch in verschiedenen Abwandlungen begegnen.

b) Religiös gebundene Herrschaftsgewalt innerhalb der Familie

Die Familie erscheint auf diese Weise gleichsam als Keimzelle des Gemeinwesens, aus der alle politische Gewalt hervorgehen konnte (585), weil der allfällige Gesetzesgehorsam durch stetige und vorbildhafte Einübung hier leichter durchsetzbar ist (520). Nicht von ungefähr bezeichnet Vico die Ehen als „Quelle aller Rechtsgewalt."[330] [„*'l fonte di tutti i domìni*"] (629).[331] Wie Kinder die Gebote ihrer Eltern als stellvertretend vermittelte Normen archaischer Religionen (524), die sie noch nicht wirklich verstehen konnten, aber gleichwohl befolgen, so sollen die Erwachsenen a minore ad maius den Gesetzen im Staat gehorchen: „um in den politischen Staaten, die folgen mußten, natürlicherweise den Gesetzen zu ge-

---

328 *Giambattista Vico*, La scienza nuova, 1744, edizione a cura di Fausto Niccolini (Editori Laterza), 5. Auflage 1967, S. 13 f.

329 Diese Deutung scheint eine gedankliche Nähe zu dem berühmten Gedanken von *Ernst-Wolfgang Böckenförde*, Staat, Gesellschaft, Freiheit, 1980, S. 60, aufzuweisen, doch sollte man nicht vorschnell urteilen, zumal da dieser Vico, soweit ersichtlich, auch sonst nicht näher berücksichtigt.

330 Übersetzung Vittorio Hösle und Christoph Jermann, Meiner-Ausgabe, 2009, S. 354.

331 *Giambattista Vico*, La scienza nuova, 1744, edizione a cura di Fausto Niccolini (Editori Laterza), 5. Auflage 1967, S. 288.

horchen."[332] [„*ad ubbidire naturalemente alle leggi*"] (523).[333] Diese Befugnisse wurden nicht zuletzt durch das Zwölftafelgesetz tradiert: „Und das Zwölftafelgesetz bewahrte bis in die Zeit der zügellosesten Volksfreiheit den römischen Familienvätern diese beiden monarchischen Bestimmungen."[334] [„*E la legge delle XII Tavole, fin dentro la più prosciolta libertà popolare, serbò a' padri di famiglia romani entrambe queste due parti monarchiche*"] (582).[335]

aa) Sittlichkeit auf dem Fundament der Religion

Die entscheidende Bedingung besteht aber in der die Sittlichkeit stiftenden und gewährleistenden Grundlage der Religion. Auch hieran erkennt man die kulturgeschichtliche Ausprägung des Rechtsdenkens Vicos, das nicht allein vom positiven Recht ausgeht.[336] Vielmehr berücksichtigt er zudem frühe und rudimentäre Ausprägungen menschlichen Zusammenlebens, wie sie vor allem innerhalb der Familie begegnen, als Anwendungsbereich religiöser Normen, indem der Mensch dort selbst ohne eine kognitive Unterweisung kraft Gewöhnung durch die familiäre Prägung zugleich eine sakralrechtliche erhält: „Denn deren Rechte wurden in den ersten Zeiten, wie in diesem Werk bewiesen wird, alle für heilig gehalten."[337] [„*E si dice ‚sacra patria' essa paterna potestà, le cui ragioni ne' primi tempi, come si dimostra in quest'opera, erano tutte credute sagre*"] (526).[338]

Gerade dies befähigt den Menschen zu einem friedlichen Zusammenleben im Gemeinwesen, auch wenn man nicht übersehen darf, dass sich dieser lange entwicklungsgeschichtliche Prozess durch äußerst autoritäre und paternalistische, ja nachgerade autokratische Herrschaftsstrukturen vollzog: „Und sicherlich

---

332 Übersetzung Vittorio Hösle und Christoph Jermann, Meiner-Ausgabe, 2009, S. 270 f.

333 *Giambattista Vico*, La scienza nuova, 1744, edizione a cura di Fausto Niccolini (Editori Laterza), 5. Auflage 1967, S. 225.

334 Übersetzung Vittorio Hösle und Christoph Jermann, Meiner-Ausgabe, 2009, S. 315 f.

335 *Giambattista Vico*, La scienza nuova, 1744, edizione a cura di Fausto Niccolini (Editori Laterza), 5. Auflage 1967, S. 259.

336 *Vittorio Hösle*, Vico und die Idee der Kulturwissenschaft, Einleitung der Meiner-Ausgabe 1990, S. LXXIX, untersucht dies bereits anhand der Frühschrift Vicos ‚De constantia iurisprudentis' (=CI) überzeugend, indem er den Zusammenhang zwischen Rechts- und Kulturtheorie begründet: „In CI (1721) ist, trotz des Titels, das rechtsphilosophisch-rechtsgeschichtliche Interesse nicht so dominierend. Wie ansatzweise schon in UI (sc. ‚De universi iuris uno principio et fine uno') weitet es sich hier zu einer umfassenden Kulturtheorie, auch wenn die Breite der SN noch nicht erreicht wird. Da nach Vico die Jurisprudenz sowohl einen philosophisch begründeten als auch einen positiven Teil hat (...), gliedert sich das Werk in zwei Abschnitte".

337 Übersetzung Vittorio Hösle und Christoph Jermann, Meiner-Ausgabe, 2009, S. 275.

338 *Giambattista Vico*, La scienza nuova, 1744, edizione a cura di Fausto Niccolini (Editori Laterza), 5. Auflage 1967, S. 228.

müssen diese Väter, wie in den Grundsätzen erwähnt worden ist (256), monarchische Familienkönige gewesen sein, in ihren Familien allen überlegen und nur Gott unterworfen, versehen mit einer Herrschaftsgewalt, deren Waffen furchteinflößende Religionen und deren Weihe äußerst grausame Strafen waren.“[339] [„*E certamente cotali padri, come nelle Degnità si è avvisato, dovetter essere re monarchi famigliari, superiori a tutti nelle loro famiglie e solamente soggetti a Dio, forniti d'imperi armati di spaventose religioni e consegrati con immanissime pene*“] (522).[340]

bb) Interdependenz von Jurisprudenz und Philologie

Was die zuletzt mit einem vielsagenden Superlativ drohend angedeuteten grausamen Strafen betrifft, so kommt Vico an späterer Stelle darauf zurück und gibt anhand konkreter Beispiele zu verstehen, dass er, was das Strafmaß betrifft, nicht untertrieben hat: „So die Strafen, die in der Zeit der Familien so überaus grausam waren wie diejenigen der Polypheme (982), in welchem Zustand Apoll den Marsyas lebendig häutet (647); und sie waren weiter üblich in den aristokratischen Republiken: daher versteinerte Perseus mit seinem Schild, wie wir oben erläuterten (542), diejenigen, welche ihn ansahen.“[341] [„*Come le pene, che nel tempo delle famiglie erano crudelissime quanto erano quelle de' polifemi, nel quale stato Apollo scortica vivo Marsia; e seguitarono nelle repubbliche aristocratiche: onde Perseo col suo scudo, come sopra spiegammo, insassiva coloro che 'l riguardavano*“] (1021).[342]

Daran erkennt man beispielhaft, auf welche Weise Vicos rechtstheoretische und rechtsgeschichtliche Annahmen mit der durch ihn maßgeblich mitbegründeten Kulturwissenschaft verwoben sind.[343] Das archaische Strafrechtsdenken

---

339 Übersetzung Vittorio Hösle und Christoph Jermann, Meiner-Ausgabe, 2009, S. 270.

340 *Giambattista Vico*, La scienza nuova, 1744, edizione a cura di Fausto Niccolini (Editori Laterza), 5. Auflage 1967, S. 224.

341 Übersetzung Vittorio Hösle und Christoph Jermann, Meiner-Ausgabe, 2009, S. 552.

342 *Giambattista Vico*, La scienza nuova, 1744, edizione a cura di Fausto Niccolini (Editori Laterza), 5. Auflage 1967, S. 487.

343 *Vittorio Hösle*, Vico und die Idee der Kulturwissenschaft, Einleitung der Meiner-Ausgabe 1990, S. XXXII f. mit Fußnote 2, gibt sprachmächtig zu bedenken, dass „Vico einer Form von Philosophie huldigt, die man (...) dem Zeitalter der Götter zuzuschreiben geneigt wäre: Kraft und Ursprünglichkeit eines intuitiv-visionären, oft geradezu barbarischen Denkens, das vor logischen Gewalttätigkeiten und sachlichen Fehlern nicht zurückschreckt, wenn sie nur seine Entdeckungen stützten, trennt Vico aufs schärfste von der raffinierten Epigonalität eines Großteils der Aufklärer des 18. Jahrhunderts.“ Er belegt diese hellsichtige und gerade wegen ihrer Zugeständnisse gerechte Einschätzung mit einer aufgrund seines treffenden Vergleichs und der sinnfälligen

wird befeuert durch die mythische Überlieferung, zumal da „alle alte profane Geschichte mythische Anfänge hat."[344] [„*che tutte l'antiche storie profane hanno favolosi i princìpi*"] (840).[345] Daraus erhellt vielleicht, warum hier von Vicos Kulturgeschichte des Rechts gesprochen wird. Denn seine juristischen Annahmen und deren Voraussetzungen stehen allenthalben in einem Verhältnis der Interdependenz zu seinem Rückgriff auf mythologische und im weitesten Sinne philologische Überlieferungen.[346]

cc) Von der archaischen Autorität zur Wissenschaft der Gesetze

Auch wenn einem Besiegten jegliches Zivilrecht entzogen war und er der öffentlichen Rechte die Besiegten verlustig ging (1050), änderte das nichts am Fortbestehen der väterlichen Gewalt (582). Der Übergang vollzog sich erst später in Richtung einer Aristokratie: „Solange die Väter sich eine solche Auktorität des Eigentums innerhalb ihrer herrschenden Stände bewahrten, bis dann die Plebs ihrer heroischen Völker, durch Gesetze der Väter selbst, die Mitteilung des unbestrittenen Eigentums der Felder, der Konnubien, der Herrschaftsgewalt, der Priesterämter und mit den Priesterämtern auch der Wissenschaft der Gesetze errang (110), blieben die Republiken aristokratische."[347] [„*Mentre i padri si conservarono cotal autorità di dominio dentro gli ordini loro regnanti, finché le plebi de' loro popoli eroici, per leggi di essi padri, riportarono comunicati loro il dominio certo de' campi, i connubi, gl'imperi, i sacerdozi e, co' sacerdozi, la scienza ancor delle leggi, le repubbliche durano aristocratiche*"] (1006).[348]

Interessant für die Bestimmung des Verhältnisses von Religion und Recht ist daran die von Vico gezeichnete Entwicklungslinie vom Erwerb der Priesterämter zum damit einhergehenden Zugang zur Rechtswissenschaft, der im Rahmen der Erörterung der poetischen Geschichte wiederholt wird, wie es im Übrigen ohne jede Redundanz seinem ausgefeilten systematischen Grundverständnis entspricht

Diktion auch hier nicht vorzuenthaltenden Beobachtung des Historikers *Bruce Mazlish*, The Riddle of History. The Great Speculators from Vico to Freud, 1968, S. 52: „The greatness of Vico's work is that, *like one of his apocryphal giants*, it shakes off the chains of error and misguided insight, and goes crashing through the thickets and forests of thought." Hervorhebung nur hier.

344 Übersetzung Vittorio Hösle und Christoph Jermann, Meiner-Ausgabe, 2009, S. 468.

345 *Giambattista Vico*, La scienza nuova, 1744, edizione a cura di Fausto Niccolini (Editori Laterza), 5. Auflage 1967, S. 396.

346 Zu einer ordoliberalen Theorie der Interdependenz im Verhältnis von Ökonomie und Jurisprudenz *Jens Petersen*, Rechtsordnung und Wirtschaftsordnung nach Eucken, 2019.

347 Übersetzung Vittorio Hösle und Christoph Jermann, Meiner-Ausgabe, 2009, S. 542 f.

348 *Giambattista Vico*, La scienza nuova, 1744, edizione a cura di Fausto Niccolini (Editori Laterza), 5. Auflage 1967, S. 478.

(692): „Genau wie die römischen Patrizier in den heroischen Auseinandersetzungen der Plebs erwiderten, daß Hochzeit wie Herrschaftsgewalt wie Priesteramt, von welch letzterem die Wissenschaft der Gesetze abhing und mit diesen die Gerichte, sämtlich ihnen allein zustehende Rechte waren, weil ihnen allein die Auspizien zustanden, die bei den Hochzeiten die Hauptfeierlichkeiten ausmachten (110).“[349] [„*Appunto come i patrizi romani nelle contese eroiche replicavano alla plebe che e le nozze e gl'imperi e i sacerdozi, de' quali ultimi era dipendenza la scienza delle leggi, e, con queste, i giudizi, erano tutte ragioni loro propie, perch'erano loro propi gli auspìci, che facevano la maggior solennità delle nozze*“] (684).[350]

dd) Religiöse Legitimation als Analogiebasis

Aber selbst bei der Schilderung der archaischen Härte der Erziehung ist Vico der bedingende Hinweis wichtig, dass die familiäre Herrschaftsgewalt ‚Gott unterworfen‘ ist, so dass sich auch von daher eine Bindung an die Religion ergibt (522). Vielleicht ist durch diese religiöse Fundierung zu erklären, dass Vico in einer auf den ersten Blick gewagt erscheinenden Analogie zu den ursprünglich patriarchalischen Strukturen mit ihrer im Kern teleologisch anerkennungswürdigen Schutzbefohlenheit auf der Grundlage eines vormundschaftlichen Gedankens in Richtung einer völkerrechtlichen Ausprägung fortdenkt (945): „Durch diese Autorität lassen sich die freien Völker, welche die Herren ihrer Reiche sind, gleichsam als regierende Mündel, da sie nur schwachen Rat wissen in öffentlichen Angelegenheiten, natürlicherweise, wie von Vormunden, von ihren Senaten leiten, und so waren es ihrer Natur nach freie Republiken, die aristokratisch regiert werden.“[351] [„*Per la quale autorità, i popoli liberi, signori de' lor imperi, quasi pupilli regnanti, essendo di debole consiglio pubblico, essi naturalmente si fanno governare, come da' tutori, da' lor senati; e sì furono repubbliche libere per natura, governate aristocraticamente*“] (1006).[352]

---

349 Übersetzung Vittorio Hösle und Christoph Jermann, Meiner-Ausgabe, 2009, S. 390.

350 *Giambattista Vico*, La scienza nuova, 1744, edizione a cura di Fausto Niccolini (Editori Laterza), 5. Auflage 1967, S. 317.

351 Übersetzung Vittorio Hösle und Christoph Jermann, Meiner-Ausgabe, 2009, S. 543.

352 *Giambattista Vico*, La scienza nuova, 1744, edizione a cura di Fausto Niccolini (Editori Laterza), 5. Auflage 1967, S. 479.

c) Religion als Schutz- und Gesetzeszweck

Vornehmster Zweck der Gesetze ist für Vico also in jenem menschheitsgeschichtlichen Stadium der Schutz der Religion sowie des eigenen Grundes und Bodens. Wenn allerdings die Sitten so verroht sind, dass nur noch Waffengewalt regiert und die Gesetze wirkungslos werden, tritt die Religion selbst und unmittelbar an die Stelle des Rechts: „Wo die Völker durch die Waffen so verwildert sind, daß die menschlichen Gesetze keine Geltung mehr unter ihnen haben, ist das einzige wirksame Mittel, sie zu bändigen, die Religion.[353] Dieser Grundsatz legt fest, daß in dem gesetzlosen Zustand die göttliche Vorsehung den Wilden und Gewalttätigen Anlaß gab, sich zur Humanität zu erheben und die Völker zu gründen, indem sie in ihnen eine verworrene Vorstellung der Gottheit erweckte, die sie in ihrer Unwissenheit demjenigen zuschrieben, dem sie nicht zukam; und auf diese Weise, in der Angst vor einer solchen eingebildeten Gottheit, begannen sie, sich in irgendeine Ordnung zu fügen."[354]

[„*Ove i popoli so infieriti con le armi, talché non vi abbiano più luogo l'umane leggi, l'unico potente mezzo di ridurgli è la religione. Questa degnità stabilisce che nello stato eslege la provvedenza divina diede principio a' fieri e violenti di condursi all'umanità ed ordinarvi le nazioni, con risvegliar in essi un'idea confusa della divinità, ch'essi per la loro ignoranza attribuirono a cui ella non conveniva; e così, con lo spavento di tal immaginata divinità, so cominciarono a rimettere in qualche ordine*"] (177/178).[355] Gerade in Zeiten, während derer nur die Gewalt regiert, erweist sich die Religion als ordnungsstiftendes Regulativ. Stets bestand der Sinn des Waltens der Vorsehung nach Vicos Auffassung darin, die in ihren kognitiven Fähigkeiten noch beschränkten Menschen zu lenken, selbst wenn dies eher umgekehrt zu einer vorübergehenden zusätzlichen Verwirrung führte, die sie aber auf lange Sicht zur fortschreitenden Humanität leitete.

---

353 *Benedetto Croce*, Die Philosophie Giambattista Vicos (deutsche Übersetzung Erich Auerbach/Theodor Lücke), 1927, S. 72 f., erklärt den Einfluss der Religion auch mit Wirkung auf die menschlichen Gesetze, die sich gerade in primitiven Gesellschaften aus Vicos Sicht nicht als hinreichend widerstandsfähig gegen gewaltsame Rohheit erweisen: „Diese ethische und soziale Macht des Gottesgedankens erfährt im Verlauf der späteren Geschichte eine neue Bestätigung; denn wenn die Völker durch den Gebrauch der Waffen verroht sind und die menschlichen Gesetze keine Macht mehr über sie besitzen, ist das einzige Mittel, sie im Zaum zu halten, die Religion. (...) Sehr richtig sagte Cicero zu dem Epikuräer Atticus, daß er sich nicht eher in eine Diskussion über die Gesetze mit ihm einlassen könne, bevor er nicht die Existenz einer göttlichen Vorsehung zugegeben habe".

354 Übersetzung Vittorio Hösle und Christoph Jermann, Meiner-Ausgabe, 2009, S. 102 f.

355 *Giambattista Vico*, La scienza nuova, 1744, edizione a cura di Fausto Niccolini (Editori Laterza), 5. Auflage 1967, S. 83.

Das galt der Sache nach auch dann, wenn die Menschen Eingriffe der Natur, die sie nicht einzuordnen vermochten, als Gottesurteile wahrnahmen und die vermeintlichen Normen furchtsam befolgten: „in der Furcht vor der göttlichen Gerechtigkeit“[356] [„*col timore della divina giustizia*“] (523).[357] Im Unterschied zu Machiavellis Instrumentalisierung der Religion,[358] die Vico von Grund auf fremd ist, hat bei ihm stets die göttliche Vorsehung das letzte Wort, indem sie die Erhebung zur Humanität einleitet.[359] Es wird nicht die Leichtgläubigkeit der Menschen ausgenutzt, um anderweitige Zwecke zu verfolgen, sondern die Verwirklichung der Idee der Humanität ist Selbstzweck. Für Vico entfaltet die Religion nicht nur eine friedenstiftende Funktion. Vielmehr dient sie auch der Selbsterhaltung, indem sie durch die verhaltenssteuernde Angst vor dem aus Sicht der noch gänzlich ungebildeten Menschen Undurchschaubaren die Befolgung von Normen nahelegt, um dem Untergang zu entgehen. Aber all dies entspringt einer rationalen Theorie göttlicher Vorsehung (2).

d) Zusammenhang von Recht und religiöser Gesetzgebung

Auch hier kommt also das kollektive Interesse an der Selbsterhaltung zum Ausdruck. Auf diese Weise hat Vico einen Zusammenhang von Recht und Religion bzw. religiöser Gesetzgebung wiederbelebt, der in der Antike beiläufig von Tacitus[360] in seinem Gesetzgebungsexkurs mit knappen Worten herausgestellt wurde[361] und den erst Vico in seiner eigentlichen Tragweite erkennt:[362] „Dem

---

356 Übersetzung Vittorio Hösle und Christoph Jermann, Meiner-Ausgabe, 2009, S. 271.

357 *Giambattista Vico*, La scienza nuova, 1744, edizione a cura di Fausto Niccolini (Editori Laterza), 5. Auflage 1967, S. 225.

358 *Jens Petersen*, Machiavellis Gesetzgebungslehre, 2020, § 1, zur im Text genannten Vorstellung.

359 *Vittorio Hösle*, Vico und die Idee der Kulturwissenschaft, Einleitung der Meiner-Ausgabe 1990, S. CCXXIX, formuliert mit Recht kategorisch: „Wichtigstes Ziel der göttlichen Vorsehung ist die Erhaltung des Menschengeschlechts“.

360 *Isaiah Berlin*, Vico and Herder. Two Studies in the History of Ideas, 1976, S. 36 f., erklärt prägnant: „Tacitus, who paints ‚men as they are‘, is regarded by him (sc. Vico) as the supreme expert“.

361 *Jens Petersen*, Recht bei Tacitus, 2019, S. 222 ff. Zu Übereinstimmungen zwischen beiden Autoren *Emanuel Ciaceri*, Cornelio Tacito nell'Opera di G. B. Vico, 1940, S. 163. Insbesondere zum sog. Tacitismus *Jürgen von Stackelberg*, Tacitus in der Romania. Studien zur literarischen Rezeption des Tacitus in Italien und Frankreich, 1960, S. 49–159.

362 *Rainer Specht*, Über den juristischen Realismus Giambattista Vicos, Philosophisches Jahrbuch 63 (1955) 166, 167, 174, betont die Entscheidung für den allfälligen Zusammenhang zwischen Recht und Religion im vichianischen Denken: „Vico war sich des notwendigen Zusammenhangs von natürlicher Religion und apriorischem Recht voll bewußt“.

Servius Tullius der Zensus, der die Grundlage der demokratischen Republiken ist, und zahlreiche andere Gesetze über die Volksfreiheit, so daß er von Tacitus ‚praecipuus sanctor legum' (Hauptgesetzgeber) genannt wird. Denn der Zensus des Servius Tullius war, wie wir beweisen werden [619 ff.],[363] die Basis der aristokratischen Republiken; durch ihn erhielten die Plebejer von den Adligen das bonitarische Eigentum an den Feldern, dessentwegen später die Volkstribunen gewählt wurden, nämlich um ihnen diesen Teil natürlicher Freiheit zu schützen; und diese Volkstribunen sorgten später allmählich dafür, daß sie die ganze politische Freiheit erlangten; und so wurde der Zensus von Servius Tullius, weil von ihm die Gelegenheiten und Anstöße dazu ausgingen, zu einem Zensus, der die Basis der römischen demokratischen Republik wurde, wie in der Anmerkung zum Publilischen Gesetz hypothetisch erwogen worden ist [107, 111] und unten als Tatsache bewiesen werden wird [619 ff.]."[364]

[*„A Servio Tullio, il censo, ch'è il fondamento delle repubbliche democratiche, ed altre leggi in gran numero d' intorno alla popolar libertà, talché da Tacito vien acclamato ‚praecipuus sanctor legum'. Perché, come dimostreremo, il censo di Servio Tullio fu pianta delle repubbliche aristocratiche, col qual i plebei riportarono da' nobili il dominio bonitario de' campi, per cagion del quale si cri-*

363 *Tacitus*, Annales, 3, 26, 4.

364 Übersetzung Vittorio Hösle und Christoph Jermann, Meiner-Ausgabe, 2009, S. 199 f. Vor allem *Benedetto Croce*, Die Philosophie Giambattista Vicos (deutsche Übersetzung Erich Auerbach/Theodor Lücke), 1927, S. 175, hat die aus heutiger Sicht müßigen Detailfragen verdienstvollerweise nachgezeichnet, wobei allerdings der letzte Satz aufhorchen lässt, weil er zeigt, welch immense gedankliche Arbeit Vico auf einzelne Rechtsfragen verwandte: „Hierauf dehnten die Plebejer ihre Forderung auf das übrige öffentliche Recht aus; und zwar erlangten sie zuerst die Befehlsgewalt mit dem Konsulat, dann auch die Priestergewalt mit dem Pontifikat und damit zugleich die Kenntnis der Gesetze. Auf diese Weise verwandelte sich das von Servius Tullius aufgebaute System der Herrenfreiheit in ein System der Volksfreiheit; und der Census, den man den Patriziern entrichtete, floß nun in den Staatsschatz, aus dem die Kriegslasten der Plebejer bestritten wurden. Die sich bei dem sogenannten Census des Servius Tullius ergebenden Schwierigkeiten nannte Vico ‚seine härteste Gedankenarbeit über die römischen Dinge', dank der es ihm gelang, den Anachronismus des servianischen Census zu erklären und die Reform in die Zeit des Fabius Maximus zu verlegen." – Diese Einsicht wäre aus heutiger Sicht wohl ein vergleichsweise geringfügiger Lohn für eine so langwierige Gedankenarbeit, wenn man nicht zugleich die Möglichkeit in Betracht ziehen müsste, dass Vico gerade durch die gedankliche Gärung im Rahmen der Klärung dieser Detailfrage darüber hinaus zumindest implizit zu methodischen Erkenntnissen gelangt sein könnte, die seine geistesgeschichtlich epochalen Einsichten befördert haben, weil er sich dadurch des Verhältnisses von Recht, Religion, Wirtschaft und überhaupt der Rechtskultur im weitesten Sinne genauer vergewissert haben könnte, als dies vielleicht durch abstrakte Spekulationen möglich gewesen wäre. Siehe zum Verhältnis von Recht und Wirtschaft, das mit den genannten fiskalischen Fragen berührt ist, auch *Jens Petersen*, Rechtsordnung und Wirtschaftsordnung nach Eucken, 2019.

arono poi i tribuni della plebe per difender loro questa parte di natural libertà, i quali poi, tratto tratto, fecero loro conseguire tutta la libertà civile; e così il censo di Servio Tullio, perché indi ne incominciarono l'occasioni e le mosse, diventò censo pianta della romana repubblica popolare, come si è ragionato nell'annotazione alla legge Publilia per via d'ipotesi, e dentro si dimonstrerà essere stato vero di fatto"] (420).[365]

Allerdings sind dem König Servius Tullius die zaghaften Bemühungen um eine Entlastung und Besserstellung der Plebejer schlecht bekommen, weil er, wie Vico als Regelbeispiel formuliert, letztlich getötet wurde (769).[366] Vico legt demnach Wert auf gradlinige und monokausale rechtsgeschichtliche Begründungen, die zu einem Ausgangspunkt führen, den er für die entscheidende Ursache hält, in diesem Fall die von Tacitus bezeugte Stiftung religiöser Gesetze. Auch wenn Vico dadurch andere mögliche Gründe oder mitwirkende Determinanten bewusst ausblendet, gelingt ihm um den Preis einer gewissen Vereinfachung die Glaubhaftmachung religions- und sakralrechtlicher Einflüsse auf spätere Entwicklungen, an deren vorläufigem Ende man auf derartige Einwirkungen bei unbefangener Betrachtung schwerlich hätte schließen können. Unbeschadet der Richtigkeit der Aussagen im Einzelnen, stellt dieser evolutionäre Aspekt jedoch einen Vorzug seines Rechtsdenkens dar, das auf diese Weise insofern eine innere Folgerichtigkeit für sich beanspruchen kann, als es auch in dieser Hinsicht auf eine gleichwie geartete Vorsehung zurückgeführt werden kann (2).

2. Universelle Theorie des Rechts

Auf eine gewiss eigenwillige, aber in sich konsistente Weise begründet Vico auch die allmählich zunehmende Urbanisierung, deren Ursprung er dabei sprachgeschichtlich begründet (16). Die Urbanisierung wiederum befördert den Handelsverkehr (26). Insofern kann man sagen, dass Vicos Ideen bei aller metaphysischen Spekulation wie jede anspruchsvolle Theorie immer auch eine potentiell praktische Dimension haben.[367] Hieran zeigt sich die kulturgeschichtliche Ausrichtung

---

365 *Giambattista Vico*, La scienza nuova, 1744, edizione a cura di Fausto Niccolini (Editori Laterza), 5. Auflage 1967, S. 170 f.

366 *Vittorio Hösle*, Vico und die Idee der Kulturwissenschaft, Einleitung der Meiner-Ausgabe 1990, S. CCXV, zur Bedeutung dieser beispielhaften Veranschaulichung für die Staatsformenlehre Vicos.

367 *Benedetto Croce*, Die Philosophie Giambattista Vicos (deutsche Übersetzung Erich Auerbach/Theodor Lücke), 1927, S. 91, hält dies sogar dort für möglich, wo Vicos Rechtsmetaphysik kaum praktikable Anwendungsfelder aufzuweisen scheint, bei näherer Betrachtung aber gerade

des vichianischen Rechtsdenkens, weil sie die Entstehung von Gemeinschaften und Handelsbeziehungen, die notwendigerweise Rechtsbeziehungen begründen, nicht isoliert betrachtet, sondern evolutionär aus kleinsten Einheiten, etwa in Gestalt der bereits oben genannten Familie, erklärt und diese wiederum durch ihre seit alters angenommene religiöse Rückbindung berücksichtigt.

a) Ursprung der Institute und Institutionen

Vico geht es allenthalben darum, den Ursprung vermeintlicher Gegebenheiten und späterer Institutionen zu ermitteln.[368] Das betrifft zunächst die Familie, die ihm, jedenfalls was seine Vorstellung von der Entstehung des Rechts betrifft, buchstäblich heilig ist (526). Dementsprechend streng sind nach dem Zwölftafelgesetz die Strafen wegen gottlosen Verhaltens (617). Es gilt aber auch für die Rechtsprechung. Denn zur inneren Ordnung des jeweiligen Territoriums wird die Rechtsprechung unerlässlich:[369] „Der Ursprung der Familien, auf denen sich dann

---

aus der Erkenntnis des evolutionären Charakters des Rechts praktische Konsequenzen für die Gesetzgebung gezogen werden können: „Damit, daß er die Festlegung eines ewigen Gesetzbuches und die Darstellung der vorbildlichen Gesellschaft ablehnt, ist übrigens noch nicht gesagt, daß eine praktische Anwendung der von Vico verfaßten Wissenschaft unmöglich wäre, d. h. der unter dem dreifachen Aspekt der idealen, typischen und historischen Geschichte betrachteten Scienza nuova. (...) Wer wie Vico denkt, daß ‚die Sitten stärker sind als die Gesetze', und zugleich ‚daß die Sitten sich nicht von heute auf morgen, sondern schrittweise und in langer Zeit ändern', der wird nicht geneigt sein, leicht Gesetze zu geben und sich nicht einbilden, die Menschheit nach seinem subjektiven Vorbild neuformen zu können".

368 *Friedrich Kittler*, Eine Kulturgeschichte der Kulturwissenschaft, 2. Auflage 2001, S. 39, führt dies tiefblickend auf die wissenschaftstheoretische Aufhebung der Differenzen von Lebensformen und Institutionen zurück, die letztlich immer auf den Unterschied zwischen Kultur- und Naturwissenschaft verweisen: „Religion, Ehe und Totenbestattung bei Vico sind keine Attribute, die den Menschen von anderen Lebewesen unterscheiden würden oder sollten, sondern Institutionen, die einmal mehr die historische Welt gegen die naturwissenschaftliche absetzen." – Im Hintergrund steht also auch hier letztlich wieder das vichianische Prinzip *verum et factum convertuntur.*

369 *Jong-Seok Na*, Praktische Vernunft und Geschichte der Philosophie bei Vico und Hegel, 2002, S. 201, bringt den Zusammenhang zwischen Rechtstheorie, Kulturwissenschaft, Rechtsprechung und Rechtsdurchsetzung bei Vico in einer anspruchsvollen Weise zum Ausdruck, die auch Vicos evolutionärem Rechtsdenken Rechnung trägt: „Was Vicos Rechtstheorie und seine Kulturwissenschaft überhaupt angeht, ist (...) wichtig, daß eine normative Theorie über die genetischen (sic) Unwissenheit der Zusammenhänge und faktischen Hintergründe ihres eigenen Denkens durch den Hinweis nicht rechtfertigen kann, daß der Geltungsgrund aus jenen Tatsachen nicht abzuleiten ist. Denn es ist unmittelbar einsichtig, daß die Differenzierung der Rechtsprechung und Rechtsdurchsetzung von der Sozialmoral wie Sitten, Gebräuchen und religiösen Geboten, die wir vor allem in der europäischen Kultur des Abendlandes finden, ein Produkt einer langen

die Städte erhoben, wie weiter unten näher ausgeführt werden wird [25 ff.]; – der Ursprung davon, daß man in Städten lebte, und zwar damit die Menschen sicher seien vor den Ungerechten und Gewalttätigen; – der Ursprung der Rechtsprechung, die innerhalb der eigenen Territorien auszuüben ist; – der Ursprung der Ausdehnung der staatlichen Gewalt, die durch die Übung von Gerechtigkeit, Tapferkeit und Großmut erreicht wird."[370]

[„*L'origine delle famiglie, sulle quali poi sursero la città, come spiegherassi più sotto; – l'origine di celebrarsi le città, che fu per viver sicuri gli uomini dagl'ingiusti violenti;– l'origine delle giurisdizioni da esercitarsi dentro i propi territori; – l'origine di stender gl'imperi, che si fa con usar giustizia, fortezza e magnanimità*"] (18).[371] Gewiss kann man dagegen zu bedenken geben, dass die gedrängt stichwortartige Herleitung nicht zwingend und alternativlos ist. Aber es beeindruckt zugleich, auf welche Weise es Vico gelingt, eine gleichsam universelle Theorie des Rechts vorzustellen. Was von einer zu starken Vormachtstellung der Religion zu künden scheint und aus heutiger Sicht mitunter krude klingt,[372] erweist sich als der eindrucksvolle Versuch, alle möglichen Ausprägungen der Kultur unter Einbeziehung der Sprache, des Rechts und der Geschichte mit dem Anspruch wissenschaftlicher Rationalität in einen einheitlichen Ansatz zu überführen.[373]

Man kann wohl sogar so weit gehen zu sagen, dass er es vermocht hat, diese archaische Welt zu einem integralen Bestandteil einer universellen Theorie gemacht zu haben, die ungeachtet der unsicheren Quellenlage eine systematische Kohärenz aufweist, welche in dieser Geschlossenheit und Reichweite zugleich als einer der großen Erklärungsversuche innerhalb der neuzeitlichen Geistesge-

---

Entwicklung der Zivilisation ist, während diese Trennung des Rechts von den herrschenden Sitten und religiösen Vorstellungen in frühen Entwicklungsphasen der Gemeinschaften undenkbar gewesen wäre".

370 Übersetzung Vittorio Hösle und Christoph Jermann, Meiner-Ausgabe, 2009, S. 17 f.

371 *Giambattista Vico*, La scienza nuova, 1744, edizione a cura di Fausto Niccolini (Editori Laterza), 5. Auflage 1967, S. 16.

372 *Benedetto Croce*, Die Philosophie Giambattista Vicos (deutsche Übersetzung Erich Auerbach/Theodor Lücke), 1927, S. 57, macht dafür bei aller gebührenden Wertschätzung einen möglichen Grund aus: „All das sieht Vico und sieht es auch nicht, oder besser gesagt, manchmal sieht er es halb und manchmal schief, und darum kann man nicht sagen, daß es ihm gelingt, den Unterschied zwischen Mythos und Poesie wirklich zu bestimmen und das Problem ihrer Beziehung zu lösen." Zum Verhältnis von Mythos und Poesie zwar ohne Berücksichtigung Vicos, aber nichtsdestoweniger rhetorisch schwungvoll und kulturgeschichtlich tiefblickend *Walter Jens*, Mythen der Dichter. Modelle und Variationen, 1993.

373 *Vittorio Hösle*, Vico und die Idee der Kulturwissenschaft, Einleitung der Meiner-Ausgabe 1990, S. CIV, gibt zu bedenken, dass die von Vico vorausgesetzte Wirksamkeit der göttlichen Vorsehung in der Welt „dem heutigen Lebensgefühl entgegengesetzt sein mag, aber durchaus rationaler ist, als es auf den ersten Blick scheinen mag".

schichte gelten kann, die Gesamtheit aller kulturellen Erscheinungsformen widerspruchslos zu würdigen.[374] So veranschaulicht auch diese originär ausgerichtete Rückbesinnung, in der nicht von ungefähr juristische Institutionen eine maßgebliche Rolle einnehmen, Vicos Kulturgeschichte des Rechts.

b) Zwang des heroischen Rechts

Ebenso seltsam wie eigentümlich erscheint schließlich Vicos Einschätzung der Flucht und Vertreibung, die ihn zum Ursprung der Asyle führt (18):[375] „Daher wurden diese Flüchtlinge von den Heroen unter dem gerechten Gesetz der Schutzherrschaft aufgenommen, daß sie nämlich ihr natürliches Leben erhalten sollten mit der Verpflichtung, den Heroen als Tagelöhner zu dienen (258).“[376] [*„Perciò tali rifuggiti furono dagli eroi ricevuti con la giusta legge di protezione, onde sostentassero la naturale lor vita con l'obbligo di servir essi da giornalieri agli eroi“*] (555).[377]

aa) Ethik des Dienens und Herrschens

Es handelt sich um lehnsrechtliche Vasallen-Verhältnisse (1064), im Rahmen derer schutzherrschaftsrechtliche Beziehungen bestanden, kraft derer eine persönliche Gefolgschaft begründet wurde, die Vico beiläufig in einem Klammerzusatz entwicklungs- und rechtsgeschichtlich weiterverfolgt: „Später hießen so die Beklagten, die verpflichtet waren, ihren Klägern vor Gericht zu folgen.“[378] [*„Che poi restarono detti i rei, obbligati di seguir il lor attori in giudizio“*] (559).[379] Auch wenn Vico dem seltsamerweise das Attribut des Gerechten zumisst, ist es eine

---

374 *Vittorio Hösle*, Recht und Geschichte bei Giambattista Vico, Gedenkschrift für Karl-Heinz Ilting, 1990, S. 389, 405, hat dies vom anderen historischen Ende her hellsichtig analysiert, indem er im Hinblick auf die Rolle des Mythos bei Vico mit Recht darauf hinweist, dass er „als erster Mensch der Neuzeit beanspruchen kann, in die innere Logik der archaischen Welt eingedrungen zu sein“.

375 *Friedemann Haeffner*, Vico und Bloch. Mythos, Geschichte, Utopie, 1996, S. 145, zeichnet die religionsgeschichtliche Herkunft dieser Asyle nach.

376 Übersetzung Vittorio Hösle und Christoph Jermann, Meiner-Ausgabe, 2009, S. 297.

377 *Giambattista Vico*, La scienza nuova, 1744, edizione a cura di Fausto Niccolini (Editori Laterza), 5. Auflage 1967, S. 243. Siehe zu den Heroen den ursprünglich im Jahre 1966 verfassten Beitrag des großen Althistorikers *Arnoldo Momigliano*, ‚Bestioni' ed ‚eroi' romani nella Scienza nuova di Vico, in: Sui fondamenti della storia antica, 1984, S. 204.

378 Übersetzung Vittorio Hösle und Christoph Jermann, Meiner-Ausgabe, 2009, S. 301.

379 *Giambattista Vico*, La scienza nuova, 1744, edizione a cura di Fausto Niccolini (Editori Laterza), 5. Auflage 1967, S. 246.

Ethik des Dienens und Herrschens von archaischer Härte: „Nach der Natur der Starken, das Erworbene zu bewahren."[380] [„*Per la natura de' forti di conservare gli acquisti*"] (599).[381]

Diese Form der Unterordnung zeigt sich auch innerhalb der von ihm sogenannten ‚poetischen Politik' noch in ihren drastischen rechtlichen Konsequenzen selbst für die eigenen Verwandten:[382] „Ihr Leben stand in der Macht ihrer Herren und, als Folge ihres Lebens, auch ihre Erwerbungen; wie denn die Heroen kraft der zyklopischen väterlichen Gewalt gegen ihre eigenen Söhne das Recht über Leben und Tod hatten und, als Folge eines solchen Rechts über die Person, auch ein despotisches Recht über all ihre Erwerbungen besaßen (556)."[383] [„*De' quali le vite erano in balia de' loro signori, e, 'n conseguenza delle vite, eran anco gli acquisti; quando essi eroi, con gl'imperi paterni ciclopici, sopra i loro propi figliuoli avevano il diritto della vita e della morte, e, 'n conseguenza di tal diritto sopra le persone, avevan anco il diritto dispotico sopra tutti i di lor acquisti*"] (582).[384]

bb) Rechtliche Begründung der Asyle

Die rechtliche Begründung der eingangs dargestellten Einsichten zum Ursprung der Asyle (18) liest man aus heutiger Sicht mit Verwunderung: „Nicht also Überschwemmungen durch fremde Völker, die vom Meer her unmöglich sind; – nicht das Bestreben, mit den bekannten Kolonien ferne Erwerbungen zu bewahren, da man nichts davon liest, daß vom Orient, von Ägypten und von Griechenland aus nach Westen hin irgendeine Herrschaft ausgedehnt wurde; – nicht Handelszwecke, da der Westen zu jenen Zeiten offenbar noch nicht an den Küsten bewohnt war; – sondern das heroische Recht zwang auf diese Weise derartige Menschenhaufen aus solchen Völkern, ihr eigenes Land zu verlassen, von dem man sich natürlicherweise nur unter äußerstem Druck trennt."[385]

[„*Non la gelosia di conservare gli acquisti lontani con le colonie conosciute, perché dall'Oriente, da Egitto, da Grecia non si legge essersi nell'Occidente alcun*

380 Übersetzung Vittorio Hösle und Christoph Jermann, Meiner-Ausgabe, 2009, S. 331.

381 *Giambattista Vico*, La scienza nuova, 1744, edizione a cura di Fausto Niccolini (Editori Laterza), 5. Auflage 1967, S. 271.

382 *Carl Friedrich von Weizsäcker*, Die Zeit drängt, 2. Auflage 1986, S. 91, erklärt mit einer derartigen Ethik des Dienens und Herrschens den alttestamentarischen Imperativ, sich die Erde untertan zu machen.

383 Übersetzung Vittorio Hösle und Christoph Jermann, Meiner-Ausgabe, 2009, S. 315.

384 *Giambattista Vico*, La scienza nuova, 1744, edizione a cura di Fausto Niccolini (Editori Laterza), 5. Auflage 1967, S. 259.

385 Übersetzung Vittorio Hösle und Christoph Jermann, Meiner-Ausgabe, 2009, S. 20.

imperio disteso; – non la cagione de' traffichi, perché l'Occidente in tali tempi si truova non essere stato ancora sulle marine abitato; – ma il diritto eroico fece la necessità a sì fatte brigate d'uomini di tali nazioni d'abbandonare le propie terre, le quali, naturalmente, senonsé per qualche estrema necessità s'abbandonano"] (20).[386] So seltsam die Begründung des heroischen Rechts als Verdrängungsgrund im Übrigen klingt, ist zumindest bemerkenswert, dass Vico für die Bestimmung der kulturellen Zusammenhänge wiederum alle erdenklichen Gesichtspunkte, die sich aus der menschheitsgeschichtlichen Überlieferung ergeben, für die Ermittlung der Gründe heranzieht, aus denen sich eine bestimmte kulturgeschichtliche Entwicklung erklären bzw. – hier wegen des Ausschlusses des Imperialismus oder der Handelszwecke noch aufschlussreicher – nicht erklären lässt.[387] Davon wird im Folgenden die Rede sein.

3. Berücksichtigung des Handelsverkehrs als Teil der Kulturgeschichte

Interessanter als die positive Festsetzung des heroischen Rechts, das er entsprechend seinem mythologischen Ansatz begründet, ist an der zuletzt dargestellten Fülle möglicher Gründe außerhalb des heroischen Rechts nämlich dasjenige, was Vico gerade negatorisch ausschließt (20).[388] Immerhin berücksichtigt er nämlich inzident den Handelsverkehr als eine mögliche Ursache der Rechtsbegründung (440): „Hier, bei der Entstehung ihrer heroischen Republiken, ersannen die heroischen Dichter in ihrer Phantasie die elfte größere Gottheit [317], nämlich Merkur. Er bringt den empörten Knechten das Gesetz mit dem göttlichen Stab (einem dinghaften Wort für die Auspizien); (...) Hier begann der erste Handel (ital.: commerzi) der Welt, von dem Merkur seinen Namen hat, der deswegen später für den Gott des Handelsverkehrs gehalten wurde."[389] [„*Qui, nella gener-*

---

386 *Giambattista Vico*, La scienza nuova, 1744, edizione a cura di Fausto Niccolini (Editori Laterza), 5. Auflage 1967, S. 17 f.

387 *Vittorio Hösle*, Globale Fliehkräfte. Eine geschichtsphilosophische Kartierung der Gegenwart, 2019, S. 124 f.

388 *Benedetto Croce*, Die Philosophie Giambattista Vicos (deutsche Übersetzung Erich Auerbach/Theodor Lücke), 1927, S. 93, macht darauf aufmerksam, dass Vico zwar durchaus an der Praxis der Neuen Wissenschaft gelegen gewesen sei, aber nicht im Hinblick auf konkrete rechtliche Regelungen, weil diese Form des positiven Rechts für ihn keinerlei philosophische Relevanz habe: „Es fällt Vico nicht einmal ein, sich mit der Bestimmung der ‚Vorschriften, Gesetze und Beispiele' zu befassen, die man in jener Zeit und Lage anwenden müsse, denn dies sei nicht Aufgabe eines Philosophen".

389 Übersetzung Vittorio Hösle und Christoph Jermann, Meiner-Ausgabe, 2009, S. 337 bzw. 339; *Heinrich F. Jennes*, Ingenium und Topik im Werk es jungen Giambattista Vico. Spätbarockes

azione delle loro repubbliche eroiche, fantasticarono i poeti eroi l'undecima divinità maggiore, che fu Mercurio. Il quale porta a' famoli ammutinati la legge nella verga divina (parola reale degli auspìci) (...) Qui incominciarono i primi commerzi nel mondo, ond'ebbe il nomo esso Mercurio, e poi funne tenuto dio delle mercatanzie"] (604/606).[390]

a) Handelsgeist und Kulturgeschichte des Rechts

Auch diese Berufung auf Merkur innerhalb der ‚Poetischen Politik' Vicos veranschaulicht, hier auf den Handel bezogen, seine Kulturgeschichte des Rechts. Mag der Handel sich hier noch nicht als tragfähiger Gesichtspunkt mit hinreichender Erklärungskraft erwiesen haben, so ist doch an früherer Stelle zugrunde gelegt, dass er sich aus dem Grundeigentum ergibt: „Aus demselben Prinzip geht der Ursprung des Handels hervor, der mit der Entstehung der Städte in der angeführten Weise mit dem Handel von Grundstücken begann."[391] [„*Dallo stesso principio esce l'origine de' commerzi, che, 'n cotal guisa qual abbiam detto, cominciarono di beni stabili col cominciare d'esse città*"] (26).[392]

Bemerkenswert an Vicos Rechtsphilosophie ist nämlich, dass er neben so vielem Anderen nicht nur den Ursprung des Rechts, sondern auch den Ursprung des Handels berücksichtigt.[393] Das stimmt überein mit seiner Begründung des Eigentumsrechts, die, wie weiter oben gesehen, gleichfalls immobiliarsachenrechtlich fundiert ist (601), weil es um das Recht an Grund und Boden geht (13): „Das muß also der Grund sein, warum aus der Zeit der wiedergekehrten Barbarei in den alten Archiven keine anderen Verträge zu lesen sind als über Grundzins von Häusern oder Grundstücken, entweder für immer oder auf Zeit."[394] [„ *Talché questa dev'esser la cagione onde, per la barbarie ricorsa, negli antichi archivi non si leggon altri contratti che censi di case o poderi, o in perpetuo o a tempo*"] (574).[395]

Vorspiel zur Scienza Nuova, 2003, S. 43, weist bereits im Frühwerk Vicos Spuren einer Berücksichtigung des Handelsverkehrs nach.

390 *Giambattista Vico*, La scienza nuova, 1744, edizione a cura di Fausto Niccolini (Editori Laterza), 5. Auflage 1967, S. 275 f.

391 Übersetzung Vittorio Hösle und Christoph Jermann, Meiner-Ausgabe, 2009, S. 24.

392 *Giambattista Vico*, La scienza nuova, 1744, edizione a cura di Fausto Niccolini (Editori Laterza), 5. Auflage 1967, S. 20 f.

393 Siehe dazu aus gegenwärtiger Sicht etwa *Jens Petersen*, Rechtsordnung und Wirtschaftsordnung nach Eucken, 2019.

394 Übersetzung Vittorio Hösle und Christoph Jermann, Meiner-Ausgabe, 2009, S. 312.

395 *Giambattista Vico*, La scienza nuova, 1744, edizione a cura di Fausto Niccolini (Editori Laterza), 5. Auflage 1967, S. 255.

b) Rechtszustand vor der Herrschaft der Gesetze

Man muss sich stets Vicos heuristische Vorgehensweise vergegenwärtigen, die mit einer Universalität sondergleichen alle möglichen Gesichtspunkte kulturübergreifend in Betracht zieht, um die von ihm aufgeführten Erscheinungen zu erklären, auch wenn sie sich letztlich nicht alle gleichermaßen als stichhaltig erweisen.[396] Paradigmatisch für seine Ausführungen zum heroischen Recht sind diejenigen, die bereits von Anbeginn seiner Darstellung an das Recht am Grundeigentum anknüpfen (13). Dazu finden sich Angaben zur Festsetzung und Teilung der einzelnen Felder, bei denen wieder die übereinstimmenden Handlungen eine Rolle spielen, die für sein evolutionär ausgerichtetes Denken prägend sind (141): „Man hat sich vorgestellt, sie sei durch vorbedachte Konvention der Menschen erfolgt, mit sehr großer Gerechtigkeit gelungen und mit ebensoviel Treu und Glauben bewahrt worden, und zwar in Zeiten, da es noch keine bewaffnete öffentliche Gewalt und folglich auch keine politische Herrschaft der Gesetze gab."[397]

[„*Che si è immaginata fatta per deliberata convenzione degli uomini, e riuscita con tanta giustizia e osservata con altrettanto di buona fede, in tempi che non vi era ancora forza pubblica d'armi, e 'n conseguenza niuno imperio civile di leggi*"] (550).[398] Aufschlussreich an dieser Vorstellung ist der Umstand, dass Vico auch vor allem staatlichen Recht und aller Gesetzeskraft eine Verteilungsgerechtigkeit am Werk sieht, die unter den Menschen allmählich eingeübt wurde.

c) Absage an einen Absolutismus

Bis zum ersten Gesetzesrecht war es in dieser vorstaatlichen Vereinigung der Menschen noch ein weiter Weg. Und dennoch ist beeindruckend, dass Vico die

---

396 *Vittorio Hösle*, Recht und Geschichte bei Giambattista Vico, Gedenkschrift für Karl-Heinz Ilting, 1990, S. 389, 401, hält diese Verallgemeinerbarkeit mit Recht für den entscheidenden Punkt, der das große Werk zusammenhält: „Vico zielt hiermit auf eine nomothetische, allgemeine Theorie der Kulturentwicklung, auf Entwicklungsgesetze, die verschiedenen Kulturen eigentümlich sind, ab. Dieser Programmpunkt ist der zentrale, um Vicos Gesamtkonzept zu erfassen; er allein macht es verständlich, wieso Vico es überhaupt für möglich halten kann, die genannten Aspekte in einem Werke zu vereinen." – Diese entscheidende Einsicht kann sich insbesondere auf die Basiswertung SN 144 berufen.

397 Übersetzung Vittorio Hösle und Christoph Jermann, Meiner-Ausgabe, 2009, S. 293.

398 *Giambattista Vico*, La scienza nuova, 1744, edizione a cura di Fausto Niccolini (Editori Laterza), 5. Auflage 1967, S. 240. *Jürgen Trabant*, Neue Wissenschaft von alten Zeichen: Vicos Sematologie, 1994, S. 97 f., stellt bezogen auf die Sprache völlig zu Recht fest, was im Übrigen auch dem evolutorischen Charakter der Sittenausbildung und Rechtsentstehung entspricht, dass nämlich „Vico natürlich keinerlei legislative Prozedur für die sprachliche Konvention vorsieht".

Herrschaft der Gesetze als Zurechnungsendpunkt erblickt: „Diese Herrschaft den Völkern zu nehmen, ist den Monarchen natürlicherweise verwehrt; aber durch eben diese Natur der menschlich-politischen Verhältnisse, die sie nicht ändern können, macht jene den Völkern nicht zu entreißende Herrschaft gerade zu einem großen Teil die Macht der Monarchen aus, auf daß diese ihre königlichen Gesetze erlassen können, an die sich die Mächtigen zu halten haben gemäß den Bedeutungen, die ihnen ihre Völker geben. Aufgrund dieser Beherrschung der gewöhnlichen Buchstaben und Sprachen ist es nach der natürlichen Ordnung des Politischen notwendig, daß die freien demokratischen Republiken den Monarchien vorausgingen (927)."[399]

[„*Tal signoria è naturalmente niegato a' monarchi di toglier a' popoli; ma, per questa stessa loro niegata natura di umane cose civili, tal signoria, inseparabile da' popoli, fa in gran parte la potenza d'essi monarchi, perch'essi possano comadare le loro leggi reali, alle quali debbano star i potenti, secondo i sensi ch'a quelle dánno i lor popoli. Per tal signoria di volgari lettere e lingue è necessario, per ordine di civil natura, che le repubbliche libere popolari abbiano preceduto alle monarchie*"] (936).[400] Bemerkenswert daran ist insbesondere die Vorstellung, dass zwar die Macht der Könige vorausgesetzt wird, Gesetze zu erlassen, sie dann aber auch selbst daran gebunden sind. Die ‚den Völkern nicht zu entreißende Herrschaft' manifestiert sich also nicht zuletzt in der Absage an einen Absolutismus. Wenn damit die freien Völker auch ‚Herren ihrer Gesetze sein müssen',[401] dann leuchtet damit bereits ansatzweise ein vergleichsweise modernes Rechtdenken auf.[402]

d) Zusammenhang zwischen Wirtschaft und Recht

Es ist bezeichnend für Vico, dass er sich als hervorragender Jurist, der er war, allenthalben bemüht zeigt, die in Betracht kommenden Rechtsinstitute – nicht zuletzt im Hinblick auf ihren beabsichtigten wirtschaftlichen Erfolg – dogmatisch einzuordnen: „Und man versuche, eine solche Art von Rechtszustand mit einem juristischen Namen zu bezeichnen: und man wird mit größter Evidenz einsehen, daß ihm kein anderer Name zukommen kann als der desjenigen Zustandes, der bei uns ‚Lehnswesen' heißt."[403] [„*E tal spezie di diritti si pensi di diffinirsi con un*

399 Übersetzung Vittorio Hösle und Christoph Jermann, Meiner-Ausgabe, 2009, S. 499.
400 *Giambattista Vico*, La scienza nuova, 1744, edizione a cura di Fausto Niccolini (Editori Laterza), 5. Auflage 1967, S. 434.
401 Übersetzung Vittorio Hösle und Christoph Jermann, Meiner-Ausgabe, 2009, S. 499.
402 *Jens Petersen*, Machiavellis Gesetzgebungslehre, 2020, S. 315 ff., zu entsprechenden Erkenntnissen bei Vicos bedeutendem Vorgänger innerhalb Italiens.
403 Übersetzung Vittorio Hösle und Christoph Jermann, Meiner-Ausgabe, 2009, S. 340.

nome di legge: che si vedrà con evidenza che non può convenir loro altro nome che di questi i quali da noi si dicono ‚feudi'"] (608).[404]

Folgerichtig spricht er zuvor von „den Lehnsgesetzen der wiedergekehrten Barbarei"[405] [„*nelle leggi de' feudi, al ritornare della barbarie*"] (600).[406] Er führt dies im fünften Buch seiner Scienza nuova näher aus (1046–1096).[407] Der Handel mit Geld hingegen nahm erst von einem späteren Zeitpunkt, nämlich „nach der Gründung der politischen Gewalten" [„*dopo fondati già gl'imperi civili*"] seinen Ausgangspunkt, als Münzen geprägt wurden, deren Abbildungen „Rechte und Befugnisse des Adels bedeuteten."[408] [„*aver significato diritti e ragioni di nobiltà*"] (28).[409] So scheint hier der Zusammenhang zwischen Wirtschaft und Recht auf, dessen soziologische Konnotationen erst im zwanzigsten Jahrhundert vollends erkannt wurden.[410]

IV. Heroisches Recht und römisches Recht

Das heroische Recht hat von vornherein einen manifesten Bezug zum römischen Recht, vor allem was die Bedeutung des sakralen Rechts als Instument des Rechtserhalts betrifft: „Und die Heroen begründeten in den heroischen Auseinandersetzungen mit der Plebs ihre heroischen Rechte mit den göttlichen Auspizien (414)."[411] [„*E gli eroi nelle contese eroiche con le plebi sostenevano le loro*

404 *Giambattista Vico*, La scienza nuova, 1744, edizione a cura di Fausto Niccolini (Editori Laterza), 5. Auflage 1967, S. 277.

405 Übersetzung Vittorio Hösle und Christoph Jermann, Meiner-Ausgabe, 2009, S. 332.

406 *Giambattista Vico*, La scienza nuova, 1744, edizione a cura di Fausto Niccolini (Editori Laterza), 5. Auflage 1967, S. 271.

407 *Vittorio Hösle*, Vico und die Idee der Kulturwissenschaft, Einleitung der Meiner-Ausgabe 1990, S. CLX, bezeichnet diesen „Vergleich der altrömischen Klientelen mit den lehensrechtlichen Beziehungen des Mittelalters" als „seine wohl bedeutenste diesbezügliche Entdeckung".

408 Übersetzung Vittorio Hösle und Christoph Jermann, Meiner-Ausgabe, 2009, S. 27.

409 *Giambattista Vico*, La scienza nuova, 1744, edizione a cura di Fausto Niccolini (Editori Laterza), 5. Auflage 1967, S. 22 f.

410 *Max Weber*, Wirtschaft und Gesellschaft, 1922 (5. Auflage 1980); dazu *Jens Petersen*, Max Webers Rechtssoziologie und die juristische Methodenlehre, 3. Auflage 2020. Wichtig in diesem Zusammenhang die Feststellung von *Vittorio Hösle*, Philosophiegeschichte und objektiver Idealismus, 1996, S. 167 f.: „Auch wenn Vicos Verdienst gewiß nicht in einem Beitrag zur Lösung der äußerst schwierigen Frage liegt, wie sich Werturteile begründen lassen, ist doch offensichtlich, daß er von dem modernen Wertrelativismus eines Max Weber weit entfernt ist. Sosehr sich Vico in einem ersten Schritt immanent auf die Wertvorstellungen einer fremden Kultur einläßt, sosehr werden diese in einem zweiten Anlauf an überzeitlichen normativen Prinzipien gemessen".

411 Übersetzung Vittorio Hösle und Christoph Jermann, Meiner-Ausgabe, 2009, S. 248.

ragioni eroiche con gli auspìci divini"] (490).[412] Denn es bestand von jeher „die ewige Eigentümlichkeit, daß das Bürgerrecht keinem Menschen von abweichender Religion verliehen wird (526)."[413] [„*E ne restò propietà eterna che non si dà la cittadinanza ad un uomo di diversa religione*"] (610).[414]

Schließlich behaupteten die Heroen aufgrund sakraler Befugnisse, sich unmittelbar auf Jupiter selbst berufen zu können, so dass sie auch die Rechtssetzung und Ämterverteilung beanspruchten: „Die Heroen, die die herrschenden Stände bildeten, standen unter der Gewalt Jupiters, und zwar wegen der Auspizien: wenn diese es ihnen zu gestatten schienen, verteilten sie öffentliche Ämter, erließen Gesetze und übten andere Hoheitsrechte aus; wenn sie es zu verbieten schienen, standen sie davon ab."[415] [„*Gli eroi, che formarono gli ordini loro regnanti, eran in forza di Giove, per la ragion degli auspìci: i quali se loro sembravano di permetterlo, davano i maestrati, comandavan le leggi ed esercitavano altri sovrani diritti; se parevano di vietarlo, se n'astenevano*"] (602).[416]

1. Bedingungsverhältnis von Recht und Religion

Dieser Gedanke wird an späterer Stelle mit einem Rückverweis und einer nachgeschobenen Begründung fortgeführt, die letztlich ungebrochen in aufschlussreiche Ausführungen zur Wahrung der als heilig angesehenen Gesetze münden. Diese notwendige Verbindung von profaner und religiöser Gesetzgebung ist aus Vicos römisch-rechtlicher Sicht nicht nur für die kategoriale Scheidung der widerstreitenden Stände prägend und legitimationsbegündend, sondern erklärt überhaupt erst die kulturgeschichtlichen Entstehungsbedingungen: „Zufolge dieser Einteilung blieb dem Volk das ständige Beiwort ‚profan'; denn die Heroen oder Adligen waren die Priester der heroischen Städte, wie sie es sicher bei der Römern waren bis zu hundert Jahre nach dem Zwölftafelgesetz."[417] [„*In séguito di questa divisione, restò al volgo l'aggiunto perpetuo di ‚profano'; perché gli eroi, ovvero i nobili, furono i sacerdoti dell'eroiche città, come certamente lo furono tra'*

412 *Giambattista Vico*, La scienza nuova, 1744, edizione a cura di Fausto Niccolini (Editori Laterza), 5. Auflage 1967, S. 206.
413 Übersetzung Vittorio Hösle und Christoph Jermann, Meiner-Ausgabe, 2009, S. 340 f.
414 *Giambattista Vico*, La scienza nuova, 1744, edizione a cura di Fausto Niccolini (Editori Laterza), 5. Auflage 1967, S. 277.
415 Übersetzung Vittorio Hösle und Christoph Jermann, Meiner-Ausgabe, 2009, S. 333.
416 *Giambattista Vico*, La scienza nuova, 1744, edizione a cura di Fausto Niccolini (Editori Laterza), 5. Auflage 1967, S. 273.
417 Übersetzung Vittorio Hösle und Christoph Jermann, Meiner-Ausgabe, 2009, S. 340.

romani fin a cent'anni dopo la legge delle XII Tavole"] (610).[418] In den heroischen Republiken waren die Adligen nämlich zugleich Gesetzgeber (615).

a) Wahrung der Gesetze als heilige Gegenstände

Recht und Religion bedingen einander somit ursprünglich, wenngleich nicht notwendigerweise ausschließlich zu kultischer Verehrung, sondern auch zum schnöden Machterhalt: „Denn da sich auf der Grundlage dieses vorzüglichsten Eigentums, das die Väter hatten (...), die Republiken bildeten, wie an anderer Stelle oben gesagt worden ist (490), wurden diese von den Griechen ‚aristokratische' genannt, und bei den Lateinern hießen sie ‚Republiken von Optimaten', so genannt nach Opis, der Göttin der Macht. (...) Nach Opis nannten sich also die ‚Optimaten', denn diese Republiken sind sämtlich darauf angelegt, die Macht der Adligen zu erhalten; und um sie zu erhalten, behalten sie als ewige Eigentümlichkeiten folgende zwei Hauptarten von Wahrung (981 ff.), deren erste eine Wahrung der S t ä n d e und deren zweite eine Wahrung der G r e n z e n ist. Und aus der Wahrung der Stände erwuchs (...) schließlich die Wahrung der G e s e t z e, die alle ersten Völker als heilige Gegenstände betrachteten (999 ff.):[419] daher regierten bis zum Zwölftafelgesetz die Adligen Rom nach Gewohnheitsrecht (...) und behielten nach dem Bericht des Juristen Pomponius bis zu hundert Jahren nach diesem Gesetz dessen Auslegung dem Kollegium der Pontifizes vor,[420] denn bis zu diesem Zeitpunkt waren nur Adlige dort eingetreten."[421]

---

418 *Giambattista Vico*, La scienza nuova, 1744, edizione a cura di Fausto Niccolini (Editori Laterza), 5. Auflage 1967, S. 277.

419 Zu diesen Abschnitten weiter unten.

420 *Benedetto Croce*, Die Philosophie Giambattista Vicos (deutsche Übersetzung Erich Auerbach/Theodor Lücke), 1927, S. 172, zeichnet die Bedeutung der Religion für das römische Recht, vor allem aber ihre stabilisierende Wirkung für die obwaltenden Machtinteressen, aus Vicos geschichtsphilosophischer Sicht nach, nämlich im Sinne des ihr eigentümlichen *ricorso*, was nebenbei zu methodologisch und rechtstheoretisch interessanten Konsequenzen für das evolutionär ausgerichtete Rechtsdenken der Römer führte: „Infolge jener jugendlichen Kraft waren die Patrizier stark in dem Bewahren ihres Standes und der Religion, auf die jener sich stützte und die ihn gewährleistete – die Adligen, bemerkt Vico, halten sich so stets und überall an ihre angestammte Religion, und wenn sie diese zu verachten beginnen, so ist dies ein deutliches Zeichen dafür, daß eine Nation ihrem Verfall entgegengeht –; das Volk war hochherzig, insofern es Anteil an der Religion, den Auspizien und allen politischen Rechten haben wollte; die Juristen endlich waren weise im Auslegen und ganz allmählichen Anpassen der alten Gesetze an die neuen Fälle, die nach einer Regelung verlangten; und sie bemühten sich, so gut sie konnten, daß der Wortlaut jener Gesetze so wenig und so langsam als möglich dehnbar würde".

421 Übersetzung Vittorio Hösle und Christoph Jermann, Meiner-Ausgabe, 2009, S. 320 f.

[„*Ché, perché sopra esso dominio ottimo ch'avevano i padri (...) si formarono esse repubbliche, come altra volta si è detto sopra, da' greci si dissero ‚aristocratiche', e dà' latini si chiamarono ‚repubbliche d'ottimati', dette da Opi, dea detta della potenza. (...) Da Opi adunque si dissero gli ‚ottimati', perché tali repubbliche sono tutte ordinate a conservare la potenza de' nobili, e, per conservarla, ritengono per eterne proprietà quelle due principali custodie, delle quali una è degli* o r d i n i *e l'altra è de'* c o n f i n i . *E dalla custodia degli ordini venne (...) la custodia alfin delle* l e g g i , *che tutte le prime nazioni guardarono con aspetto di cose sagre: onde fin alla legge delle XII Tavole i nobili governarono Roma con costumanze, (...) e fino a cento anni dopo essa legge ne tennero chiusa l'interpetrazione dentro il collegio de' pontefici, al narrar di Pomponio giureconsulto, perché fin a quel tempo entrati v'erano i soli nobili*"] (586).[422] Die Auslegung des Zwölftafelgesetzes war also im ersten Jahrhundert nach seinem Erlass gleichsam von einer religiösen Weihe umgeben, die auch nur dem Anschein der Rechtsgleichheit durch die Exklusivität seiner Ausdeutung zuwiderlief.

b) Privilegien und Ausnahmen

Im Zusammenhang mit diesen Fragen zum Zwölftafelgesetz unter Berücksichtigung der Rechtsgleichheit muss noch eine spätere Stelle in Betracht gezogen werden, an der Vico der Sinnhaftigkeit etwaiger Ausnahmen, Sondergesetze und Privilegien nachgeht, auch wenn sie nicht oder allenfalls mittelbar vom Verhältnis des Rechts zur Religion ausgeht: „So kam es, von jenem Abschnitt des Zwölftafelgesetzes: ‚P r i v i l e g i a n e i r r o g a n t o' (S o n d e r g e s e t z e d ü r f e n n i c h t e i n g e b r a c h t w e r d e n), den man zur Zeit der römischen Aristokratie beachtete, durch die vielen besonderen Gesetze, die, wie gesagt, während der Volksfreiheit erlassen wurden, unter den Monarchen dahin, daß die Monarchen nichts anderes tun, als Privilegien zu gewähren, und wenn sie nach Verdienst gewährt werden, gibt es nichts der natürlichen Billigkeit Angemesseneres. Vielmehr kann man von allen Ausnahmen, die heute bei den Gesetzen gewährt werden, in Wahrheit sagen, daß sie Privilegien sind, welche die besondere Lage der Tatsachen verdient und fordert, die diese sich der allgemeinen Anordnung der Gesetze entziehen läßt."[423]

[„*Così, da quel capo della legge delle XII Tavole: ‚*P r i v i l e g i a n e i r r o g a n t o*', osservato nella romana aristocrazia, per le tante leggi singolari, fatte,*

---

422 *Giambattista Vico*, La scienza nuova, 1744, edizione a cura di Fausto Niccolini (Editori Laterza), 5. Auflage 1967, S. 262 f.

423 Übersetzung Vittorio Hösle und Christoph Jermann, Meiner-Ausgabe, 2009, S. 539 f.

come si è detto, nella libertà popolare, si giunse a tanto sotto le monarchie, ch'i principi non fann'altro che concede privilegi, de' quali, conceduti con merito, non vi è cosa più conforme alla natural equità. Anzi tutte l'eccezioni, ch'oggi si dánno alle leggi, si può con verità dire che sono privilegi dettati dal particolar merito de' fatti, il quale gli tragge fuori dalla comun disposizion delle leggi"] (1001).[424]

In diesen rechtstheoretisch bemerkenswerten Überlegungen kommen naturrechtlich geformte Gedanken Vicos zur Leistungs- und Einzelfallgerechtigkeit zum Vorschein, die in dieser Form nur als historisch gewachsen, das heißt aus dem Erfahrungsraum der Rechtsgeschichte geschöpft, verständlich sind. Sie zeigen zugleich, dass Vicos Naturrechtsdenken nicht erst an einem bestimmten konstruktivistisch vorausgesetzten Punkt der Rechtsentwicklung ansetzt, wie er es bei gewissen Naturrechtslehrern kritisiert, sondern die jahrhundertelange Rechtsentwicklung des römischen Rechts – und damit die Blüte seiner Rechtskultur – auf Schritt und Tritt in sich aufnimmt.[425]

---

424 *Giambattista Vico*, La scienza nuova, 1744, edizione a cura di Fausto Niccolini (Editori Laterza), 5. Auflage 1967, S. 474 f.

425 *Vittorio Hösle*, Vico und die Idee der Kulturwissenschaft, Einleitung der Meiner-Ausgabe 1990, S. LXV f., zeigt, wie genau Vico bereits in seiner frühen Schrift ‚De nostri temporis studiorum ratione' die juristischen Leitmotive seines Hauptwerks entfaltet hat: „Zu Unrecht habe sich ferner die moderne Jurisprudenz von der Philosophie losgelöst, obgleich sich ihre Prinzipien nur aus ihr beziehen könne (I 108). Was seine näheren Analysen des römischen Rechts angeht, so versucht Vico Entwicklungsprinzipien aufzudecken: Anfang habe ein sakral begründetes, insofern äußerst stabiles und strenges Rechtssystem gestanden, während später durch die Vervielfachung der Gesetze und die Trennung von privatem, öffentlichem und sakralem Recht die unbedingte Geltung des Rechts in Frage gestellt worden sein (I 106 ff.). Inhaltlich sei die Rechtsentwicklung durch eine Tendenz zur Herstellung von Rechtsgleichheit bestimmt: Die Ständegegensätze stumpfen sich ab, die Stellung der Sklaven verbessert sich, alle Einwohner des Römischen Reiches erhalten das Bürgerrecht (I 112 f.)." – Diese prägnante Paraphrase belegt, dass Vico selbst dann, wenn er die Scienza nuova nicht mehr geschrieben hätte, zu den bedeutenden Rechtstheoretikern der Neuzeit hätte gezählt werden müssen. Wie eingangs erwähnt, verdankt *Theodor Viehweg*, Topik und Jurisprudenz, 1953, S. 1, der Schrift eine so wichtige Anregung, dass er seinen ersten Paragraphen „Vicos Hinweis" überschreibt (S. 3), der darin bestehe, dass dieser der ‚neuen kritischen', nämlich cartesianischen Methode die ‚alte topische' gegenüberstellt und als vorzugswürdig erachtet (S. 4 f.): „Den Ausgang bildet der sensus communis (eingespielter Allgemeinsinn, common sense), der im Wahrscheinlichen (verissimilia) tastet, nach Maßgabe der rhetorischen Topik die Gesichtspunkte wechselt und vornehmlich mit einer Fülle von Syllogismen arbeitet. (...) Sie (sc. die rhetorische Topik) vermittelt humane Klugheit, schult Phantasie und Gedächtnis und lehrt, einen Sachverhalt von sehr verschiedenen Seiten zu betrachten, also eine Fülle von Gesichtspunkten aufzufinden. Man muß, meint Vico, die alte topische Denkart der neuen vorschalten, denn diese kommt in Wirklichkeit ohne jene gar nicht aus".

c) Wahrung der Gesetze und der Wissenschaft ihrer Auslegung

Diese Annahmen Vicos sind auch noch in anderer Hinsicht für die Jurisprudenz folgenreich. Denn wenn die höheren Stände priestergleich waren und die Gesetze eine sakralrechtliche Färbung aufwiesen, dann leuchtet es ein, dass auch die Auslegung der Gesetze eine religiöse Handlung darstellte, die aus Sicht der Menschen zur Wahrung seit alters bestehender Herrschaftsansprüchen intransparent blieb:[426] „Die Wahrung der Stände führt jene der öffentlichen Ämter und Priesterämter nach sich, und also auch diejenige der Gesetze und der Wissenschaft ihrer Auslegung. Von daher kommt es, daß man in der römischen Geschichte der Zeiten, als jene Republik aristokratisch war, liest, daß dem Senatorenstand (der damals ganz aus Adligen bestand (619)) sowohl die Konnubien als auch die Konsulate und die Priesterämter vorbehalten waren, und daß im Kollegium der Pontifizes (zu dem nur Patrizier zugelassen wurden), wie bei allen anderen heroischen Völkern, die Wissenschaft ihrer Gesetze als eine heilige oder geheime (was dasselbe ist) bewahrt wurde (953), was unter den Römern bis hundert Jahre nach dem Zwölftafelgesetz andauerte, nach dem Bericht des Juristen Pomponius (586, 621)."[427]

[„*La custodia degli ordini porta di séguito quella de' maestrati e de' sacerdozi, e quindi quella ancor delle leggi e della scienza d'interpetrarle. Ond'è che si legge nella storia romana, a' tempi ne' quali era quella repubblica aristocratica, che dentro l'ordine senatorio (ch'allora era tutto di nobili) erano chiusi e connubi e consolati e sacerdozi, e dentro il collegio de' pontefici (nel quale non si ammettevano che patrizi), come appo tutte l'altre nazioni eroiche, si custodiva sagra ovvero segreta (che sono lo stesso) la scienza delle lor leggi: che durò tra' romani fin a cento anni dopo la legge delle XII Tavole, al narrare di Pomponio giureconsulto*"] (999).[428]

Vico lenkt den Blick darauf, dass die sakralrechtliche Weihe weltlicher Vorschriften eben nicht nur der Verbrämung von Herrschaftsansprüchen dient, sondern mindestens ebenso Teil einer kulturgeschichtlichen Überlieferung ist, die dem Gemeinwesen einstmals ein sicheres Fundament verliehen hat und auf diese Weise neben der ehrfürchtigen Scheu vor der Gottheit einen ursprünglich förderungswürdigen Zweck verfolgte, auch wenn dieser später, als die ursprünglichen Absichten allmählich überkommen schienen, mitunter zur Zementierung von Machtansprüchen instrumentalisiert worden sein mochte.

---

426 *Tacitus*, Annales 1, 73, zeigt beispielhaft, wie die sakralrechtliche Überhöhung einfacher Gesetze von Augustus als Machtinstrument missbraucht wurde.

427 Übersetzung Vittorio Hösle und Christoph Jermann, Meiner-Ausgabe, 2009, S. 537 f.

428 *Giambattista Vico*, La scienza nuova, 1744, edizione a cura di Fausto Niccolini (Editori Laterza), 5. Auflage 1967, S. 473.

2. Paradigmatische Bedeutung der römischen Gesetzgebung

Die Geltendmachung dieser Machtansprüche lässt sich am besten anhand der altrömischen Gesetzgebung studieren, die Vico wohl schon aus diesem Grund eingehend behandelt. Insbesondere die Agrargesetze – und natürlich immer wieder das Zwölftafelgesetz – entfalten paradigmatische Bedeutung für sein Rechtsdenken. Hier kommt Vicos außerordentlicher Kenntnisreichtum zur Geltung, der sich freilich nicht in kleinteiligen Einzelheiten erschöpft, sondern im Dienste einer kulturgeschichtlichen Betrachtung des Rechts steht.

a) Vom Agrargesetz zum Zwölftafelgesetz

Das erste Agrargesetz rührt noch aus den Streitigkeiten der heroischen Zeiten her (679/264/597). Vico sieht allerdings die Notwendigkeit, dass sich allmählich ein spezifisches Bodenrecht heraus entwickelt, „ein Agrargesetz (...), das sich als das erste aller politischen Gesetze erweist."[429] [„*una legge agraria, che si truova essere stata la prima di tutte le leggi civili*"] (25).[430]

aa) Politische Ausrichtung der Agrargesetzgebung

Bereits diese Feststellung der ursprünglich politischen Ausrichtung der Agrargesetzgebung ist aufschussreich, und zwar nicht zuletzt auch vor dem Hintergrund seiner ‚rationalen Politik der göttlichen Vorsehung' (2). Stifter dieses Gesetzes ist Servius Tullus, der damit in seinen Augen eine weltgeschichtliche Pioniertat auf dem Gebiet des Rechts vollbrachte (613):[431] „Dieses Gesetz des Servius Tullius war das erste Agrargesetz der Welt."[432] [„*La qual legge di Servio Tullio fu la prima legge agraria del mondo*"] (107).[433] An späterer Stelle präzisiert er den Geltungsbereich:[434] „Dieses Gesetz über die Felder wird als das erste Agrar-

429 Übersetzung Vittorio Hösle und Christoph Jermann, Meiner-Ausgabe, 2009, S. 22.

430 *Giambattista Vico*, La scienza nuova, 1744, edizione a cura di Fausto Niccolini (Editori Laterza), 5. Auflage 1967, S. 19.

431 *Katryn Lomas*, Der Aufstieg Roms. Von Romulus bis Pyrrhus, 2019, hat die hinsichtlich der Quellenlage dunkle Frühgeschichte Roms bestmöglich aufbereitet.

432 Übersetzung Vittorio Hösle und Christoph Jermann, Meiner-Ausgabe, 2009, S. 80.

433 *Giambattista Vico*, La scienza nuova, 1744, edizione a cura di Fausto Niccolini (Editori Laterza), 5. Auflage 1967, S. 64.

434 *Vittorio Hösle*, Vico und die Idee der Kulturwissenschaft, Einleitung der Meiner-Ausgabe 1990, S. LIII, hat bereits herausgearbeitet, dass „einige ‚degnità' geradezu Kurzfassungen einzelner Abschnitte der Discorsi Machiavellis sind", und da er in der Fußnote 49 zum Beispiel

gesetz der Welt bestimmt (265); und es läßt sich natürlicherweise kein anderes vorstellen oder begreifen, das eingeschränkter sein könnte. Dieses Agrargesetz unterschied die drei Eigentumsformen, die nach der Natur des Politischen sich bei drei Arten von Personen finden können: das bonitarische bei den Plebejern; das quiritische, mit den Waffen bewahrte und folglich adlige bei den Vätern; das Obereigentum bei dem Stand, der die Herrschaft oder die souveräne Gewalt in den aristokratischen Republiken bildet."[435] [„*Questa legge d'intorno a' campi si stabilisce la prima agraria del mondo; né per natura si può immaginar o intendere un'altra che possa essere più ristretta. Questa legge agraria distinse gli tre domìni, che posson esser in natura civile, appo tre spezie di persone: il bonitario, appo i plebei; il quiritario, conservato con l'armi e, 'n conseguenza, nobile, appo i padri; e l'eminente, appo esso ordine, ch'è la Signoria, o sia la sovrana potestà, nelle repubbliche aristocratiche*"] (265/266).[436]

bb) Vicos zivilrechtsdogmatische Kenntnis römischer Gesetze

Vico ist in anderem legislatorischen Zusammenhang die Feststellung wichtig, dass das Zwölftafelgesetz bestimmte Besitzrechte der Plebejer entgegen mancher anderslautender Annahmen im seinerzeitigen Schrifttum gerade nicht kannte (1070). Mit der Prägnanz des geschulten Juristen schildert Vico den Unterschied zwischen bonitarischem und quiritischem Eigentum in zeitlos verständlicher Sprache (984):[437] „Heute bedeutet ein derartiges quiritisches Eigentum ein privates ziviles Eigentum, das durch Revindikation aufrechterhalten wird, im Unterschied zum bonitarischen Eigentum, das durch den bloßen Besitz bewahrt wird."[438] [„*Ora tal dominio quiritario è rimasto a significare dominio civile privato assistito da revindicazione, a differenza del bonitario, che si mantiene con la sola possessione*"] (621).[439]

---

richtigerweise auf D I 37 verweist, gehört gerade der Abschnitt über das Agrargesetz dazu. Hierzu auch *Jens Petersen*, Machiavellis Gesetzgebungslehre, 2020.

435 Übersetzung Vittorio Hösle und Christoph Jermann, Meiner-Ausgabe, 2009, S. 122 f.

436 *Giambattista Vico*, La scienza nuova, 1744, edizione a cura di Fausto Niccolini (Editori Laterza), 5. Auflage 1967, S. 99.

437 Nach wie vor unübertroffen ist die klassische Monographie von *Friedrich Carl von Savigny*, Das Recht des Besitzes, 1803. Dieser hat, wie weiter unten noch vertieft wird, als einer der wenigen Gelehrten seiner Zeit Vico angemessen gewürdigt, was gewiss auch daran lag, dass er wie wohl kein Zweiter in der Lage war, die Bedeutung seiner Studien im Römischen Recht zu erkennen.

438 Übersetzung Vittorio Hösle und Christoph Jermann, Meiner-Ausgabe, 2009, S. 349.

439 *Giambattista Vico*, La scienza nuova, 1744, edizione a cura di Fausto Niccolini (Editori Laterza), 5. Auflage 1967, S. 284.

Einen ähnlichen Gedanken entwickelt Vico im Rahmen der von ihm später behandelten Wahrung der Grenzen, im Rahmen derer er systematisch folgerichtig mit den possessorischen Gerichtsverfahren argumentiert (983).[440] Insgesamt dürfte es keinen bedeutenden neuzeitlichen Philosophen gegeben haben, der über ein so breites zivilrechtdogmatisches Wissen im Bereich der Rechtsgeschichte verfügt hat wie Vico. Selbst Montesquieus erstaunlicher Kenntnisreichtum im Hinblick auf die ganze Breite der römischen Gesetze ging zumindest hinsichtlich der rechtsdogmatischen und römisch-rechtlichen Feinheiten nicht so ins Einzelne wie derjenige Vicos, sondern beschränkte sich häufig auf einen markanten Gesichtspunkt, auch wenn die beiden Zeitgenossen durchaus als kongenial angesehen werden können.[441]

b) Freiheitsstiftende Wirkung des Privateigentums

Die soeben angestellten Überlegungen Vicos veranschaulichen, dass das dauerhafte und durch Herausgabeansprüche gegen den Besitzer gefestigte Eigentum neben wirtschaftlichem Wohlstand auch größere Freiheit versprach. Daraus lässt sich ersehen, dass er über den Blick auf die rechtlichen Details hinaus immer auch das im Hintergrund wirkende Prinzip sah. Nicht von ungefähr erkennt er daher innerhalb der römischen Geschichte die Gesetzgebung über den Grund und Boden als entscheidenden Streitpunkt der Verteilungsgerechtigkeit zwischen Patriziern und Plebejern (629).

aa) Grundlegende Prinzipien und poetische Geographie

Das Agrargesetz wird daher für Vico in seinem gesamten Werk zu einem Paradigma römischen Rechtsdenkens (526), weil es nicht zuletzt wegen der zu regelnden widerstreitenden Interessen eine eigentümliche Entstehungsgeschichte

---

440 Zur heutigen Rechtslage, die maßgeblich vom römischen Recht geprägt wurde, überblicksmäßig *Jens Petersen*, Grundfragen zum Recht des Besitzes, Juristische Ausbildung 2002, 160; *ders.*, Sonderfragen zum Recht des Besitzes, Jura 2002, 255, dort auch eingehend zum Unterschied zwischen possessorischen und petitorischen Ansprüchen, der im Hintergrund der von Vico angesprochenen Problematik steht.

441 *Elio Gianturco*, Vico's Significance in the History of Legal Thought, in: Giambattista Vico. An International Symposium (Hg. Giorgio Tagliacozzo/Hayden White), 1969, S. 327, 328, bezeichnet Vico als „the greatest legal intellect between Grotius and Montesquieu." Zustimmend *Vittorio Hösle*, Vico und die Idee der Kulturwissenschaft, Einleitung der Meiner-Ausgabe 1990, S. CCIV.

aufweist und über die Zeit seiner Geltung hinaus Bedeutung hat:[442] „Aber da die Adligen mit dem Agrargesetz des Servius in einer für die Plebejer schlechten Weise umgingen,[443] wählten sich diese die Volkstribunen und ließen sie von dem Adel eidlich anerkennen; diese sollten der Plebs jenen Teil natürlicher Freiheit in bezug auf das bonitarische Eigentum an den Feldern verteidigen: so wie deshalb, da die Plebejer von den Adligen das zivile Eigentum daran erhalten wollten, die Volkstribunen Marcius Coriolanus aus Rom vertrieben, weil er gesagt hatte, die Plebejer sollten hacken gehen, das heißt sie sollten, da sie nicht zufrieden waren mit dem Agrargesetz von Servius Tullius und ein vollständigeres und beständigeres Agrargesetz verlangten, wieder zu den Tagelöhnern des Romulus gemacht werden."[444]

[„*Ma, i nobili mal serbando l'agraria di Servio a' plebei, questi si criarono i tribuni della plebe, e gli si fecero giurare dalla nobilità, i quali difendessero alla plebe tal parte di natural libertà del dominio bonitario de' campi: siccome perciò, disiderando i plebei riportarne da' nobili il dominio civile, i tribuni della plebe cacciarono da Roma Marcio Coriolano, per aver detto ch'i plebei andassero a zappare, cioè che, poiché non eran contenti dell'agraria di Servio Tullio e volevano un'agraria più piena e più ferma, si riducessero a' giornalieri di Romolo*"] (108).[445] Dieser Gedanke ist nicht zufällig innerhalb des Ersten Buchs über die Grundlegung der Prinzipien angeordnet.

Die Bezugnahme auf Coriolan und den soeben aufgeführten Gedanken durchzieht später noch die poetische Geographie (772). Diese wiederum ist von prinzipieller Bedeutung für Vicos Denken, weil sie nicht nur eine über das antike Rom hinausreichende Sichtweise verfolgt (741), sondern von der menschlichen

---

442 *Leonardo Amoroso*, Erläuternde Einführung in Vicos Neue Wissenschaft (im italienischen Original: Lettura della Scienza nuova di Vico, 1998), 2006, S. 73, stellt diesen Gedanken in den thematischen Zusammenhang.

443 *Vittorio Hösle*, Recht und Geschichte bei Giambattista Vico, Gedenkschrift für Karl-Heinz Ilting, 1990, S. 389, 411, hat am Beispiel des Ständekampfs die Entstehung des Rechtsbewusstseins und Gerechtigkeitssinns des Volkes als zeitlos gültige gedankliche Errungenschaft Vicos herausgearbeitet: „Eine wichtige Einsicht Vicos ist, daß sozialer Wandel nur möglich ist, wenn der bestehende soziale Zustand als ungerecht empfunden wird und d. h. wenn auch das Bewußtsein der Unterdrückten sich ändert. Denn anfangs sind die Plebejer durchaus davon überzeugt, daß ihre verächtliche Behandlung durch die Patrizier völlig gerechtfertigt sei, teilen sie doch im Grunde deren Sicht der Dinge. Erst Reflexion, Selbsterkenntnis in des Wortes tiefster Bedeutung führt die Plebejer zu der Erkenntnis der fundamentalen Gleichheit aller Menschen; und nur diese Erkenntnis gibt ihnen die Kraft, für ihre politische und soziale Besserstellung zu kämpfen".

444 Übersetzung Vittorio Hösle und Christoph Jermann, Meiner-Ausgabe, 2009, S. 80.

445 *Giambattista Vico*, La scienza nuova, 1744, edizione a cura di Fausto Niccolini (Editori Laterza), 5. Auflage 1967, S. 64.

Natur ausgeht, die sich das Bekannte, Nahe und Gegenwärtige am besten vorzustellen vermag (122). Es ist daher auch kein Zufall, sondern Ausdruck der von Grund auf durchdachten Systematik des vichianischen Werks, dass jene Überlegung aus der poetischen Geographie (772) wieder zurückverweist auf die grundlegenden Prinzipien, im Rahmen derer eben auch anthropologische Gegebenheiten in besonderer Weise berücksichtigt werden. Doch gerade in diesem stetigen Rückbezug auf die conditio humana unter Berücksichtigung des in zeitlicher und territorialer Hinsicht Entfernten bis hin zur Poetik in dem weiten, von Vico zugrunde gelegten Sinne zeigt sich seine kulturgeschichtliche Betrachtung des Rechts.

bb) Ungeschliffene Härten der frühen Rechtsentwicklung

Vico hat die Problematik ungeachtet seiner rechtsgeschichtlichen Ausführungen im Hinblick auf die langen römischen Ständekämpfe in einer geradezu neuzeitlichen Weise auf den Begriff gebracht, indem er die freiheitsstiftende Wirkung des Privateigentums, aber in gewissem Sinne auch seine Sozialbindung unausgesprochen mitbedacht hat. Allerdings muss man mit derart modernen Begriffen vorsichtig verfahren, weil man nicht den Fehler der von Vico kritisierten idealisierenden Betrachtung der Naturrechtslehrer wiederholen sollte und den Blick von den extremen Härten der Rechtsentwicklung abwenden darf, die ihren Ausgangspunkt in archaischen und rohen Verhaltensweisen genommen hat.[446]

Es ging nämlich zunächst um das nackte Überleben und nicht um politische Freiheit oder gar die Zuerkennung von Individualrechten, die in dieser Form ohnehin außerhalb jeglicher Vorstellungskraft lag: „Romulus gründete innerhalb des im Haine eröffneten Asyls Rom auf die Klientelen, die der Schutz waren, den die Familienväter den zu dem Asyl Geflüchteten gewährten, insofern diese als bäuerliche Tagelöhner arbeiteten (561); diese hatten kein Bürgerrecht und daher nicht teil an der politischen Freiheit; und da sie dorthin geflüchtet waren, um ihr

446 *Benedetto Croce*, Die Philosophie Giambattista Vicos (deutsche Übersetzung Erich Auerbach/Theodor Lücke), 1927, S. 88 f., erkennt die rechtstheoretischen und rechtsphilosophischen Implikationen dieser unhistorischen Betrachtungsweise: „Mit dieser Art die Staaten, Gesetze und Sitten zu betrachten und zu beurteilen, wandte Vico sich gegen eine andere der Doktrinen und Hauptforderungen der Naturrechtslehre: jene Abstraktheit und jenen Antihistorizismus, (...) dessen Folge die Auffassung von einem natürlichen Recht war, das über dem positiven stünde, und deshalb eine Art von ewigem Gesetzbuch sei, eine vollkommene Gesetzgebung, die zwar noch nicht vollkommen realisiert, aber realisierbar sei und deren Grundzüge klar und deutlich in den Werken der Schriftsteller des Naturrechts durch den dünnen doktrinären und philosophischen Schleier hindurchschimmern".

Leben zu retten, beschützten die Väter ihnen die natürliche Freiheit, indem sie sie in Gruppen verteilt hielten zur Bebauung ihrer Felder, aus denen sich somit der öffentliche Grund und Boden des römischen Territoriums zusammensetzen mußte, so wie aus diesen Vätern Romulus den Senat zusammenstellte."[447] [„*Romolo dentro l'asilo aperto nel luco egli fondò Roma sopra la clientele, le quali furono protezioni nelle quali i padri di famiglia tenevano i rifuggiti all'asilio in qualità di contadini giornalieri, che non avevano niun privilegio di cittadino, e sì niuna parte di civil libertà; e, perché v'erano riffugiti per aver salva la vita, i padri proteggevano loro la libertà naturale col tenergli partitamente divisi in coltivar i di loro campi, de' quali così dovette comporsi il fondo pubblico del territorio romano, come di essi padri Romolo compose il senato*"] (106).[448]

cc) Ausschluss vom Bürgerrecht

Aus der weiter oben dargestellten sakralrechtlichen Färbung folgt, dass die Verbannung exkommunizierend wirkte: „Daher entzogen die ersten Völker mit einer Art von Exkommunikation das Bürgerrecht, wozu bei den Römern das Verbot von Wasser und Feuer gehörte, wie unten gezeigt werden wird."[449] [„*Onde i primi popoli, con certa spezie di scomunica, toglievano la cittadinanza, qual fu tra' romani l'interdetto dell'acqua e fuoco, come appresso si mostrerà*"] (610).[450] Auch hier verfährt Vico wiederum zunächst abstrakt generalisierend, wie es überhaupt seine kulturgeschichtlichen Ausführungen auszeichnet. Erst auf dieser Grundlage leitet er zu den ihm besonders vertrauten römisch-rechtlichen Verhältnissen über.

So hatten die Vorgänger der Plebejer keinerlei Rechte, ja diese selbst hatten noch lange kein Bürgerrecht, weshalb sie auch rechtlichen Bindungen oder Obligationen aller Art nach Kräften vermieden: „Denn die Plebejer hatten, wie wir bald in der Poetischen Politik sehen werden (597), in den heroischen Städten nicht am Bürgerrecht teil, und so gingen sie untereinander keine Schuldverhältnisse ein, die gebunden gewesen wären durch die Fessel eines Zivilgesetzes, die ihnen eine Notwendigkeit auferlegt hätte."[451] [„*Perocché, come quindi a poco vedremo nella Politica poetica, i plebei non ebbero niuna parte*

447 Übersetzung Vittorio Hösle und Christoph Jermann, Meiner-Ausgabe, 2009, S. 79 f.
448 *Giambattista Vico*, La scienza nuova, 1744, edizione a cura di Fausto Niccolini (Editori Laterza), 5. Auflage 1967, S. 63 f.
449 Übersetzung Vittorio Hösle und Christoph Jermann, Meiner-Ausgabe, 2009, S. 340.
450 *Giambattista Vico*, La scienza nuova, 1744, edizione a cura di Fausto Niccolini (Editori Laterza), 5. Auflage 1967, S. 277.
451 Übersetzung Vittorio Hösle und Christoph Jermann, Meiner-Ausgabe, 2009, S. 310.

di cittadinanza nell'eroiche città, e sì non contraevano tra loro obbligazioni legate con alcun vincolo di legge civile, che lor facesse necessità"] (569).[452]

dd) Poetische Politik

In der Tat setzt Vico die Rechtlosigkeit der Plebejer und ihr begründetes Verlangen nach Zuerkennung des Bürgerrechts in der ‚Poetischen Politik' noch näher auseinander[453] und verknüpft dies in der für seine alle erdenklichen Gesichtspunkte der Rechtskultur berücksichtigenden Weise bezeichnenden Erörterung der griechischen Mythologie:[454] „So kamen die Knechte zusammen, um die erste Plebs in den heroischen Städten zu bilden, und zwar ohne in ihnen irgendein Bürgerrecht zu haben; gerade wie ein solcher sei er von Agamemnon behandelt worden, der ihm zu Unrecht seine Briseis weggenommen hatte, behauptet Achilles, wo er sagt, jener habe ihm einen Schimpf zugefügt, den man nicht einmal einem Tagelöhner zugefügt hätte, der kein Bürgerrecht besitzt."[455]

[„*Così convennero i famoli a comporre le prime plebi dell'eroiche città, senza avervi niuno privilegio di cittadini; appunto come un de' quali dice Achille essere*

452 *Giambattista Vico*, La scienza nuova, 1744, edizione a cura di Fausto Niccolini (Editori Laterza), 5. Auflage 1967, S. 252.

453 *Vittorio Hösle*, Vico und die Idee der Kulturwissenschaft, Einleitung der Meiner-Ausgabe 1990, S. XCV, macht auf eine ebenso wichtige Ausprägung der Interdependenz in Vicos Denken aufmerksam, die mit dem im Text Gesagten aber wohl mindestens mittelbar zusammenhängt: „In der ‚Poetischen Politik' behandelt Vico nicht nur politische Institutionen der archaischen Welt (sowie staatsrechtliche Fragen der altrömischen Geschichte), sondern auch die Mentalität, die diese Institutionen trägt".

454 *Benedetto Croce*, Die Philosophie Giambattista Vicos (deutsche Übersetzung Erich Auerbach/Theodor Lücke), 1927, S. 174 f., hat sich hier und im Folgenden der mühevollen Arbeit unterzogen, die einzelnen Entwicklungen der römischen Geschichte und des römischen Rechts aus Vicos Sicht bis zum schließlichen Erwerb des Bürgerrecht durch die Plebejer nachzuzeichnen: „Nachdem die Plebejer das quiritarische Eigentum der Felder und das geschriebene Gesetz erlangt hatten, begann der Kampf von neuem um das Recht der Connubien. (...) In Wahrheit wünschte die römische plebs gar nicht connubia cum patribus, sondern connubia patrum; nicht das Recht, sich mit den Adligen zu verschwägern – eine Sache, die sie wohl kaum zu beanspruchen gewagt hätten und auf die es ihnen eigentlich auch gar nicht ankam – sondern das Recht feierliche Ehen schließen zu dürfen, wie die Adligen sie schlossen. Denn ohne feierliche Ehen, ohne Auspizien, konnten die Plebejer das quiritarische Recht über die Felder nicht tatsächlich ausüben (...). Die Forderung nach den Connubien war also, kurz gesagt, nichts anderes als die Forderung nach dem Bürgerrecht; und sie wurde durch die lex Canuleia befriedigt." *Vittorio Hösle*, Vico und die Idee der Kulturwissenschaft, Einleitung der Meiner-Ausgabe 1990, S.CCXLVII f., gibt allerdings mit eingehender Begründung zu bedenken, dass Vico die lex Canuleia falsch verstanden habe.

455 Übersetzung Vittorio Hösle und Christoph Jermann, Meiner-Ausgabe, 2009, S. 330.

stato trattato da Agamennone, il quale gli aveva tolto a torto la sua Briseide, ove dice avergli fatto un oltraggio che non si sarebbe fatto ad un giornaliere che non ha niuno diritto di cittadino"] (597).[456] Auch diese Zusammenschau von römischer Geschichte griechischer Mythologie veranschaulicht die Vicos neuartiger Sichtweise eigentümliche Kulturgeschichte des Rechts, die über die herkömmliche Rechtsgeschichte rechtsphilosophisch hinausweist, indem sie im Wege einer vergleichende Betrachtung das zugrunde liegende Problem – das fehlende Bürgerrecht – sichtbar macht.

ee) Natürliche Freiheit und politische Knechtschaft im Lichte der Ständekämpfe

Die späteren Ständekämpfe waren mit diesem Blick auf die Rechtsentwicklung bereits vorgezeichnet, weil die vorgebliche Rettung der persönlichen Freiheit der Tagelöhner unter diesen Bedingungen leicht als Ausprägung der Sklaverei verstanden werden konnte, auf deren Boden buchstäblich die spätere Größe Roms mit einer herrschenden Senatsaristokratie gründete.[457]

(1) Gesetzliche Verallgemeinerung des im Volk wirkenden Rechtsbewusstseins

Der Senatorenstand hatte damit zwar ein manifestes Interesse an der Aufrechterhaltung der bestehenden Verhältnisse. Doch verallgemeinert Vico das im Volk wirkende Rechtsbewusstsein mit Bedacht in der Weise, dass er auch zu jener Zeit der Adelsherrschaft von den Römern im Allgemeinen spricht, also unter Ein-

---

456 *Giambattista Vico*, La scienza nuova, 1744, edizione a cura di Fausto Niccolini (Editori Laterza), 5. Auflage 1967, S. 269.

457 *Vittorio Hösle*, Moral und Politik. Grundlagen einer Politischen Ethik für das 21. Jahrhundert, 1997, S. 703, sieht den Zusammenhang am deutlichsten, indem er ihn mit dem exzeptionellen Zuwachs an Rechtskultur durch die Römer in Verbindung bringt: „Die Tatsache, daß der soziale Aufstieg möglich ist, aber sehr schwierig war, hat die römischen Plebejer zu Höchstleistungen angespornt, zu denen sie weder in einer geschlossenen Oligarchie noch in einer Demokratie attischen Typs motiviert gewesen wären, wie Vico zu Recht erkannt hat. Neben dem großmütigen Wetteifer der Plebejer und dem energischen Verteidigen der eigenen Privilegien durch die Patrizier nennt Vico den Scharfsinn der Juristen als dritte Tugend der Römer. Wohl kein Volk hat das Recht derart systematisch als Mittel der Konfliktentschärfung eingesetzt wie die Römer. Das gilt besonders für das Privatrecht, in dem sie sogar formlos abgeschlossene Verträge klagbar machten – eine der folgenreichsten Rechtsideen, die man weder bei den Griechen noch bei den Germanen findet. Ist die demokratische Freiheit die weltgeschichtliche Leistung der Griechen, so sind *das volle, staatlich geschützte Privateigentum und ein äußerst differenziertes System der vertraglichen Verfügung über es* die größten Rechtsschöpfungen der Römer." Hervorhebung auch dort.

schluss der Plebejer, weil selbst den Aristokraten mit Blick auf die Rechtsentwicklung der vergangenen Jahrhunderte einsichtig erschien, dass der status quo nur durch das Zugeständnis bestimmter Rechte zu erhalten war, die in dem von Vico besonders kenntnisreich bedachten Zwölftafelgesetz ihren sichtbaren Ausdruck fanden: „Die Römer waren, im aristokratischen Zustand, äußerst strenge Hüter des Zwölftafelgesetzes, wie man oben sah (952), so daß dieses von Tacitus ‚finis omnis aequi iuris' (die letzte Bestimmung allen billigen Rechts) genannt wurde, weil es nach jenen, die man für hinreichend hielt, um die Freiheit auszugleichen (welche nach den Dezemvirn erlassen worden sein mußten, auf die sie, weil die alten Völker in poetischen Charakteren zu denken pflegten,[458] wie oben bewiesen (422), zurückgeführt wurden), später keine oder nur sehr wenige privatrechtliche konsularische Gesetze gab; und eben deshalb wurde jenes von Livius ‚fons omnis aequi iuris' (der Ursprung allen billigen Rechts) genannt, weil es der Ursprung aller Auslegung sein mußte."[459]

[„*Furono i romani, nello stato aristocratico, rigidissimi custodi della legge delle XII Tavole, comme si è sopra veduto; tanto che da Tacito funne detta ‚finis omnis aequi iuris', perché, dopo quelle che furono stimate bastevoli per adeguare la libertà (che dovettero essere comandate dopo i decemviri, a' quali, per la maniera di pensare per caratteri poetici degli antichi popoli, che si è sopra dimostra, furono richiamate), leggi consolari di diritto privato furono appresso o niune o pochissime; e per quest'istesso da Livio fu ella detta ‚fons omnis aequi iuris', perch'ellea dovett'esser il fonte di tutta l'interpetrazione*"] (1001).[460] Auch hieran ist wieder bemerkenswert, dass Vico philologische Zeugnisse wie die rechtsrelevanten Gedanken der lateinischen Klassiker bei der Behandlung der Rechtsentwicklung berücksichtigt, die für ihn eben auch eine allmähliche Entfaltung und Verwirklichung der Freiheit bedeutet.

(2) Rechtsquellen und Entwicklungsgesetze

Allerdings ist diese gleichsam symmetrische Deutung der livianischen und taciteischen Worte, so einnehmend sie auf den ersten Blick erscheint, nicht zwingend. Das beginnt schon damit, dass es bei Livius über das Zwölftafelgesetz leicht abweichend heißt: ‚fons omnis publici privatique iuris', also die Quelle allen öffentlichen und privaten Recht, womit die scheinbare Symmetrie durchbrochen

---

458 Zu ihnen grundlegend *Jürgen Trabant*, Giambattista Vico – Poetische Charaktere, 2019.

459 Übersetzung Vittorio Hösle und Christoph Jermann, Meiner-Ausgabe, 2009, S. 538 f.

460 *Giambattista Vico*, La scienza nuova, 1744, edizione a cura di Fausto Niccolini (Editori Laterza), 5. Auflage 1967, S. 474.

wird.[461] Vor allem aber ist die Formulierung des Tacitus – gleichviel, ob sie auf Livius anspielt oder nicht – zumindest doppeldeutig,[462] weil man nicht übersehen darf, dass sie in seinem überaus voraussetzungsreichen Gesetzgebungsexkurs angesiedelt ist, der in einer auf den Beginn seiner Annalen äußerst kunstvoll zurückgreifenden Weise die Anfänge des Rechts mit seinem Verfall verschränkt,[463] so dass die von Vico zitierten Worte zugleich auch als Niedergang der Rechtsentwicklung begriffen werden können.[464]

Jedoch sollte man solche kleinlich wirkenden Richtigstellungen nicht beckmesserisch gegen Vico wenden, weil man getrost davon ausgehen darf, dass er auch diese Deutungsmöglichkeit vorausgesehen hat, wie er überhaupt eine strukturelle Schwachstelle an dessen Rückführung auf den Ursprung der Gesetzgebung bemerkt und für seine Verhältnisse sogar ungewohnt ironisch aufs Korn nimmt: „Wo daher Tacitus, Sallust und andere sonst äußerst scharfsinnige Autoren vom Ursprung der Staaten und der Gesetze sprechen, erzählen sie vom ersten Zustand vor den Städten, daß die Menschen am Anfang ein Leben führten wie lauter Adame im Stand der Unschuld."[465]

[„*Onde Tacito, Sallustio ed altri per altro acutissimi autori, ove narrano dell'origine delle repubbliche e delle leggi, raccontano, del primo stato innanzi delle città, che gli uomini da principio menarono una vita come tanti Adami nello stato dell'innocenza*"] (1079).[466] Das gilt umso mehr, als Vico ebenso profunder wie begeisterter Kenner des Tacitus war und – vielleicht sogar teilweise durch ihn, wenn man an ein vielzitiertes Entwicklungsgesetz innerhalb der Annalen denkt[467]

461 *Livius*, Ab urbe condita, 3, 34.

462 *Tacitus*, Annales, 3, 27, 1.

463 *Jens Petersen*, Recht bei Tacitus, 2019, S. 238 ff.

464 *Vittorio Hösle*, Vico und die Idee der Kulturwissenschaft, Einleitung der Meiner-Ausgabe 1990, S. CCXVII, weist allerdings mit Recht darauf hin, dass Vicos „Analyse der römischen Geschichte unschwer erkennen läßt, daß er den Übergang von der Republik zum Prinzipat zwar für unvermeidlich, zugleich aber für den Beginn des Niedergangs hält. Der Prinzipat ist in Vicos Augen in Anbetracht der zentrifugalen Kräfte der späten Republik ein notwendiges Übel, aber er bleibt ein Übel".

465 Übersetzung Vittorio Hösle und Christoph Jermann, Meiner-Ausgabe, 2009, S. 587.

466 *Giambattista Vico*, La scienza nuova, 1744, edizione a cura di Fausto Niccolini (Editori Laterza), 5. Auflage 1967, S. 516.

467 *Tacitus*, Annales, 3, 55, 5; dazu *Eleonore Hahn*, Die Exkurse in den Annalen des Tacitus, 1933, S. 67, 69; eingehend *Francis Richard David Goodyear*, Cyclic Development in History: A Note of Tacitus Ann. 3.55.5, Bulletin of the Institute of Classical Studies 17 (1970) 101; unter Berücksichtigung des Gesetzgebungsexkurses sowie die ähnlichen Vorstellungen des Polybios auch *Dieter Flach*, Tacitus in der Tradition der antiken Geschichtsschreibung, 1973, S. 183. Neben Tacitus, aber gleichfalls maßgeblich durch ihn vermittelt, darf man bei den Vorläufern solcher Entwicklungsgesetze wiederum Machiavellis Discorsi als geistesgeschichtliches Verbindungsglied, das gewiss

– den wohl ausgeprägtesten Sinn für den zyklischen Aufstieg und Niedergang von Kulturen innerhalb des neuzeitschriftlichen Schrifttums überhaupt besaß.[468]

(3) Aufklärerische Tendenz seiner Kulturgeschichte des Rechts

Vico hat ebenso klar erkannt, dass der Drang zur Aufrechterhaltung natürlicher Freiheit einerseits und die Freiheit von politischer Knechtschaft andererseits mit der unmittelbaren persönlichen Wahrnehmung dieser Freiheit verbunden sind, so dass jene eher das Lebensnotwendige beansprucht, diese hingegen darüber hinaus gehende Güter begehrt, aber deswegen umso gefährdeter ist, weil der Freiheitsverlust unmittelbar weniger spürbar ist und daher zu einem schleichenden Prozess zu werden droht: „Die natürliche Freiheit ist um so unbändiger, je unmittelbarer der Besitz mit dem eigenen Körper zusammenhängt, und die politische Knechtschaft wurzelt sich ein mit den Glücksgütern, die zum Leben nicht notwendig sind."[469] [„*La natural libertà è più feroce quanto i beni più a' propi corpi son attaccati, e la civil servitù s'inceppa co' beni di fortuna non necessari alla vita.*"] (290).[470]

Es gehört wohl neben einem beträchtlichen Freiheitsbedürfnis ein gründlich reflektiertes Erfahrungswissen und ein nicht minder ausgeprägtes Gefühl für die unsichtbar wirkenden Gefährdungen bürgerlicher Freiheit dazu, solche Einsichten derart prägnant in einer Zeit auf den Punkt zu bringen, während derer diese Freiheiten noch nicht verbrieft und jedenfalls nicht in Gestalt von Individualrechten einklagbar waren. Bei genaueren Hinsehen kann man somit auch dort, wo Vico vorderhand nur die Kulturgeschichte des Rechts nachzeichnet, eine aufklärerische Tendenz ausmachen,[471] die jedenfalls auf lange Sicht, und damit im Einklang mit seinem evolutionär ausgerichteten Rechtsdenken, den Weg ebnet für die möglichst umfassende Zuordnung von Rechten zugunsten der Einzelnen.

---

bis zu Vico reicht, nicht außer Betracht lassen; dazu *Jens Petersen*, Machiavelllis Gesetzgebungslehre, 2020.

468 *Vittorio Hösle*, Vico und die Idee der Kulturwissenschaft, Einleitung der Meiner-Ausgabe 1990, S. CCV, wonach „es Vico nie so sehr um einzelne Fakten als um *Entwicklungsgesetze der Rechtsgeschichte* ging. Vico ist somit kein Rechtsrelativist – im Gegenteil, für ihn ist das Naturrecht der Aufkärung durchaus das normativ ausgezeichnete Telos der Rechtsentwicklung." Hervorhebung auch dort.

469 Übersetzung Vittorio Hösle und Christoph Jermann, Meiner-Ausgabe, 2009, S. 130.

470 *Giambattista Vico*, La scienza nuova, 1744, edizione a cura di Fausto Niccolini (Editori Laterza), 5. Auflage 1967, S. 105.

471 *Jürgen Trabant*, Giambattista Vico – Poetische Charaktere, 2019, S. 21.

ff) Forderung des Bürgerrechts

Vor diesem Hintergrund erklärt sich Vicos wohlwollende Schilderung des langwierigen Prozesses, im Zuge dessen die Plebejer die Erlangung des Bürgerrechts verlangten, nachdem sie gewahr worden waren, dass sie in Ermangelung des Bürgerrechts nicht über die von ihnen mühevoll bestellten Felder letztwillig verfügen konnten. Dies ging notwendigerweise einher mit dem gleichfalls erhobenen Anspruch auf die Konnubien, also des Rechts, Ehen zu schließen, um in den Genuss des Bürgerrechts kommen zu können (110):[472] „Auch konnten sie nicht darüber (sc. die Felder) testamentarisch verfügen, weil sie nicht Bürger waren, so daß die ihnen zugewiesenen Felder an die Adligen zurückfielen, von denen sie ihre Eigentumsrechte herleiteten. Sobald sie dies bemerkt hatten, erhoben sie sofort nach drei Jahren Anspruch auf die Konnubien. (...) So verlangten die Plebejer mit dieser Forderung das römische Bürgerrecht, dessen natürliche Grundlage die Vermählungen waren, die vom Juristen Modestinus deswegen als ‚omnis divini et humani iuris communicatio' (Mitteilung alles göttlichen und menschlichen Rechts) definiert werden, was auch für das Bürgerrecht eine Definition ist, wie sie zutreffender nicht gefunden werden kann (110)."[473] [*„Nemmeno disponerne in testamento, perché non erano cittadini: talché i campi lor assegnati ne ritornavano ai nobili, da' quali avevan essi la cagion del dominio. Avvertiti di ciò, subito fra tre anni fecero la pretension de' connubi (...). Talché i plebei con tal pretensione domandarono la cittadinanza romana, di cui erano natural principio le nozze, le quali perciò da Modestino giureconsulto son diffinite ‚omnis divini et humani iuris communicatio', che diffinizione più propia non può assegnarsi di essa cittadinanza*"] (598).[474]

---

472 *Benedetto Croce*, Die Philosophie Giambattista Vicos (deutsche Übersetzung Erich Auerbach/Theodor Lücke), 1927, S. 176 f., verdeutlicht die Hintergründe, indem er sie mit rechtsgeschichtlichen Einzelheiten anreichert und die Wertungen Vicos fortdenkt: „Doch dem Senat verblieb das souveräne Eigentumsrecht über den Landbesitz des römischen Reiches, das bereits auf das Volk übergegangen war. (...) Dies erklärt sich aus dem Rechtsverhältnis souveräner Lehen, die einer höheren Souveränität unterworfen sind, und eine Bestätigung dafür erblickt Vico in dem Ausspruch des Scipio Nascia, als er das Volk gegen Tiberius Gracchus bewaffnete: *Qui rem publicam salvam velit, consulem sequatur.* Nachdem durch die Gesetze die Tür zu den Ehrenämtern der Masse offenstand, die im Volksstaat regiert, blieb in Friedenszeiten nichts anderes übrig, als um die Macht zu kämpfen, (...); und mit Gewaltstreichen Gesetze zur Bereicherung zu diktieren, wie es die Agrargesetze der Gracchen waren, aus denen dann gleichzeitig Bürgerkriege im Inneren und ungerechte Kriege nach außen entstanden".

473 Übersetzung Vittorio Hösle und Christoph Jermann, Meiner-Ausgabe, 2009, S. 330 f.

474 *Giambattista Vico*, La scienza nuova, 1744, edizione a cura di Fausto Niccolini (Editori Laterza), 5. Auflage 1967, S. 270.

An späterer Stelle kleidet er diesen Prozess noch einmal in eine rhetorische Frage, um die obwaltenden Machverhältnisse klarzustellen: „Denn welche Gesetze hätten die Adligen die Plebejer lehren müssen, die doch bis zum Jahre CCCIX Roms kein Bürgerrecht hatten (586, 598), und da doch die Adligen die Gesetze bis zu hundert Jahren nach dem Zwölftafelgesetz innerhalb ihres Kollegiums der Pontifizes vor der Plebs geheimhielten (610)?“[475] [„*Imperciocché quali leggi dovevan i nobili insegnar a' plebei, i quali fin al CCCIX di Roma non ebbero privilegio di cittadini, e fin a cento anni dopo la legge delle XII Tavole, dentro il lor collegio de' pontefici, i nobili tennero arcane alla plebe?*“] (621).[476] Vico schildert die Rechtsgeschichte vorderhand bündig nach Art des kundigen Rechtshistorikers, verliert dabei aber nie sein Ziel aus den Augen, sie als Teil der Kulturgeschichte zu würdigen, die auch die Mythenbildung und Entstehungsformen des Rechts aus unvordenklicher Zeit sinnvoll in den Gesamtzusammenhang einbettet.

c) Genetischer Übergang vom Agrargesetz zum Zwölftafelgesetz

Aufschlussreich im Hinblick auf den werkimmanenten Zusammenhang ist darüber hinaus, auf welche Weise Vico den genetischen Übergang vom Agrargesetz zur Zwölftafelgesetzgebung darstellt, weil er dabei auf seine Princìpi del Diritto universale verweist: „Da die Adligen dennoch fortfuhren, den Plebejern die Felder wieder wegzunehmen, nachdem diese sie bebaut hatten, und da diese keinen zivilrechtlichen Klaganspruch hatten, sie zurückzufordern, verlangten nun aus all diesen Gründen die Volkstribunen das Zwölftafelgesetz (durch das, wie in den Prinzipien des allgemeinen Rechts bewiesen worden ist, keine andere Angelegenheit als diese geordnet wurde), mit dem die Adligen den Plebejern das quiritische Eigentum an den Feldern (266) zugestanden; dieses zivile Eigentum wird nach dem natürlichen Recht der Völker den Fremden gewährt. Und dies war das zweite Ackergesetz der alten Völker (107)“[477]

[„*Per tutto ciò, pur seguitando i nobili a ritogliere i campi a' plebei poi che quelli gli avevano coltivati, né avendo questi azion civile da vendicargli, quivi i tribuni della plebe fecero la pretensione della legge delle XII Tavole (dalla quale, come ne' ‚Princìpi del Diritto universale‘ si è dimonstrato, non si dispose altro affare che questo), con la qual legge i nobili permisero il dominio quiritario de' campi a' plebei; il qual dominio civile, per diritto natural delle genti, permettesi agli*

475 Übersetzung Vittorio Hösle und Christoph Jermann, Meiner-Ausgabe, 2009, S. 349.
476 *Giambattista Vico*, La scienza nuova, 1744, edizione a cura di Fausto Niccolini (Editori Laterza), 5. Auflage 1967, S. 284.
477 Übersetzung Vittorio Hösle und Christoph Jermann, Meiner-Ausgabe, 2009, S. 81.

stranieri. E questa fu la seconda legge agraria dell'antiche nazioni"] (109).[478] Die Überwindung der Rechtlosigkeit zu Lasten der Plebejer durch das zweite Ackergesetz entspricht also für Vico letztlich einem Desiderat des natürlichen Rechts. Er erkennt mit dem Auge des dogmatisch versierten Juristen, dass die vorderhand unscheinbar anmutenden Rechtszuweisungen, wie etwa die Überlassung des quiritischen Eigentums, ausschlaggebend für größere und weiterreichende Rechtsentwicklungen waren. Vicos Sympathien im jahrhundertelangen Ständekampf gehören somit grundsätzlich den Plebejern.[479]

Allerdings kommt an einer späteren Stelle auch eine Geringschätzung der nach seinem Dafürhalten allzu ehrgeizigen, ungebärdigen und gierigen Masse zum Ausdruck, deren Bestrebungen Vico für viele nachteilige Entwicklungen verantwortlich macht, weil damit an die Stelle der Gesetzesherrschaft rohe Gewalt treten kann: „Da in den demokratischen Republiken das Tor zu den Ehrenämtern durch die Gesetze vollständig für die habsüchtige Menge geöffnet worden ist, die in ihnen herrscht, so bleibt im Frieden nichts anderes übrig, als um die Macht zu kämpfen, und zwar nicht durch Gesetze, sondern mit Waffen, und dank der Macht Gesetze zur Bereicherung durchzusetzen, wie es in Rom die Agrargesetze der Gracchen waren; woraus zugleich Bürgerkriege im Innern und ungerechte Kriege nach außen entstehen."[480]

[„*Poiché la porta degli onori nelle repubbliche popolari tutta si è con le leggi aperta alla moltitudine avara che vi comanda, non resta altro in pace che contendervi di potenza non già con le leggi ma con le armi, e per la potenza comandare leggi per arricchire, quali in Roma furon l'agrarie de' Gracchi; onde provengono nello stesso tempo guerre civili in casa ed ingiuste fuori*"] (288).[481] Auch in Republiken darf also die Macht des Volkes, auf die Gesetzgebung einzuwirken, nicht habgierig missbraucht werden. Dabei gelten ihm die Gracchen als Inbegriff

---

478 *Giambattista Vico*, La scienza nuova, 1744, edizione a cura di Fausto Niccolini (Editori Laterza), 5. Auflage 1967, S. 64 f.

479 *Vittorio Hösle*, Vico und die Idee der Kulturwissenschaft, Einleitung der Meiner-Ausgabe 1990, S. CC, stellt es in einer prägnanten Paraphrase der Rechtsentwicklung in einen größeren Zusammenhang, der Vicos Emphase wirkungsvoll zum Ausdruck bringt: „Der Kampf gegen die Schuldknechtschaft, um die Gewährung des quiritischen Eigentums in einem zweiten Agrargesetz, schließlich um die politische und religiöse Gleichberechtigung bestimme die weitere Entwicklung (...). Klar ist, daß Vico (...) ganz auf Seiten der Plebejer steht. Mit jedem ihrer Fortschritte identifiziert er sich, bei der Schilderung ihrer Unterdrückung leidet er mit".

480 Übersetzung Vittorio Hösle und Christoph Jermann, Meiner-Ausgabe, 2009, S. 129.

481 *Giambattista Vico*, La scienza nuova, 1744, edizione a cura di Fausto Niccolini (Editori Laterza), 5. Auflage 1967, S. 104.

schädlicher Sozialrevolutionäre, die das Volk zu Begehrlichkeiten und Machtmissbrauchs angestiftet haben.[482]

d) Verdinglichung und Rechtsmetaphysik der Zwölftafelgesetzgebung

Aber noch eine andere Einsicht verdankt Vico seinen Princìpi del Diritto universale, wie er selbstgewiss mitteilt (155).[483] Es handelt sich dabei um einen scheinbar bedeutungslosen, für Vico aber besonderen Umstand des Zwölftafelgesetzes, der an die weiter oben behandelte Form der gemeinsamen Überlieferung und ihre wahrheitsstiftende Kraft anknüpft (149). Gemeint ist die eigentümliche und begriffprägende Verdinglichung dieses Gesetzes: „Wenn das Zwölftafelgesetz Sitten der Stämme Latiums darstellt, die seit dem Zeitalter Saturns begannen, üblich zu werden, und die sich anderswo stets veränderten, von den Römern jedoch in Erz fixiert und von der römischen Jurisprudenz fromm bewahrt wurden, so ist es ein bedeutendes Zeugnis des alten natürlichen Rechts der Völker Lati-

---

482 *Tacitus*, Annales, 3, 27, 2, dessen Werk Vico ja in besonderer Weise verinnerlicht hat, lässt in seinem Gesetzgebungsexkurs eine ähnliche Geringschätzung erkennen: ‚Hinc Gracchi et Saturni turbatores plebis'. Dazu *Jens Petersen*, Recht bei Tacitus, 2019, § 1.

483 *Vittorio Hösle*, Recht und Geschichte bei Giambattista Vico, Gedenkschrift für Karl-Heinz Ilting, 1990, S. 389, 399, der selbst die Scienza nuova für bedeutsamer hält als das frühere Werk, betont gerechterweise dessen Vorzüge: „Dieses Werk ist von der bisherigen Vico-Forschung stark vernachlässigt worden, obgleich es die letzte Schrift Vicos ist, die seine Zeitgenossen zu rezipieren gewillt bzw. in der Lage waren. Und doch ist auch immer wieder behauptet worden, das Diritto universale – nicht die Scienza nuova – sei als Vicos Hauptwerk anzusehen." Unter Verweis auf *Elio Gianturco*, Vico's Significance in the History of Legal Thought, in: Giambattista Vico. An International Symposium (Hg. Giorgio Tagliacozzo/Hayden White), 1969, S. 327, 328, der dem ‚Diritto universale' den Vorzug vor der Scienza nuova gibt. – Aber gerade Stellen, wie die im Text mit diesem Nachweis belegte, zeigen deutlich, dass Vico das vermeintlich wichtigere Werk als Vorstudie begreift, wie Hösle, ebenda, S. 399 f., überzeugend ausführt: „Erstens hat Vico selbst das Diritto universale zu einer Vorstufe der Scienza nuova erklärt, und zwar deswegen, weil er hier noch von dem Standpunkt der Philosophie aus in den Geist der archaischen Welt einzudringen versucht habe, statt den umgekehrten Weg emzuschlagen (...); Vicos Entdeckung einer eigenen Logik der archaischen Welt ist in der Tat erst eine Leistung der Neuen Wissenschaft. Zweitens hat Vico erst in diesem Werk die im *Liber metaphysicus* entworfene Erkenntnistheorie zur Begründung der historischen Wissenschaften eingesetzt, und drittens wird erst in der Scienza nuova das Recht ausdrücklich als Bestandteil eines umfassenden kulturellen Zusammenhangs verstanden: Wenn auch der zweite Teil des Diritto universale, De constantia iurisprudentis, an außerjuristischem philologisch-historischem Material reich ist, so wird doch kaum explizit thematisiert, warum derartige Analysen in eine Rechtsphilosophie gehören. Zwar weitet sich der primär rechtsphilosophische Ansatz des Diritto universale immer wieder zu einer kulturphilosophischen Perspektive; diese ist aber nicht das eigentliche sondern nur ein beiläufiges Thema des Werkes".

ums."[484] [„*Se la legge delle XII Tavole furono costumi delle genti del Lazio, incominciativisi a celebrare fin dall'età di Saturno, altrove sempre andanti e da' romani fissi nel bronzo e religiosamente custoditi dalla romana giurisprudenza, ella è un gran testimone dell'antico diritto natural delle genti del Lazio*"] (154).[485]

aa) Fixierung des Rechtszustandes durch Verkörperung

Vico hebt hier entsprechend seinem zuvor bekundeten Vorgehen das Eigentümliche des Begriffs der Zwölftafelgesetzgebung hervor, nämlich ihre Verkörperung in Bronzetafeln, die im Übrigen Rechtssicherheit vermittelte.[486] Denn damit trat die Fixierung eines bestimmten Rechtszustandes ein, die es Vico auch ermöglicht, gleichsam einen festen Punkt auszumachen, von dem aus ein Sittengemälde der betreffenden Völker entworfen werden kann. So weit scheint es sich um eine rein deskriptive Aussage zu handeln, die noch keinen rechtsmetaphysischen Gehalt aufzuweisen scheint, weil es ja im Gegenteil gerade um die physische Verkörperung des Gesetzes geht und nichts darüber Hinausreichendes.

Aber Vico findet eine ingeniöse Formulierung, die den enthüllenden Aspekt des Zwölftafelgesetzes im Verhältnis zum apokryph anmutenden Rechtszustand verdeutlicht: „Denn dieses konnte nicht als unbestritten feststehen, wenn nicht das Gesetz darüber ewig auf einer öffentlichen Tafel fixiert worden wäre, mit der das ungewisse Recht bestimmt, das verborgene Recht offenbart und dadurch den Adligen die königliche Hand gebunden wäre, sich jene Felder wieder zu nehmen."[487] [„*Che certo non poteva durare, se non ne fusse stata fissa eternalmente la legge in una pubblica tavola, con la quale determinatosi il gius incerto, manifestatosi il gius nascosto, fusse legata a' nobili la mano regia di ripigliarglisi*"] (612).[488]

Stilistisch großartig ist die parallelisierende Präzisierung bzw. Offenbarung des ‚determinatosi il gius incerto, manifestatosi il gius nascosto.'[489] In dieser

484 Übersetzung Vittorio Hösle und Christoph Jermann, Meiner-Ausgabe, 2009, S. 95.

485 *Giambattista Vico*, La scienza nuova, 1744, edizione a cura di Fausto Niccolini (Editori Laterza), 5. Auflage 1967, S. 77.

486 *Jürgen Kaube*, Der Anfang von allem, 2017, S. 270, hat sich eingehend mit dem materiellen Ursprung dieser Tafeln auseinandergesetzt.

487 Übersetzung Vittorio Hösle und Christoph Jermann, Meiner-Ausgabe, 2009, S. 342 f.

488 *Giambattista Vico*, La scienza nuova, 1744, edizione a cura di Fausto Niccolini (Editori Laterza), 5. Auflage 1967, S. 279.

489 *Vittorio Hösle*, Vico und die Idee der Kulturwissenschaft, Einleitung der Meiner-Ausgabe 1990, S. LXXXVI, bewundert das „prachtvolle Italienisch" des Werkes und verweist zur Entscheidung Vicos für diese seine Heimatsprache gegenüber dem Lateinischen, in dem seine Frühwerke verfasst wurden, auf *Mario Fubini*, Stile e umanità di Giambattista Vico, 2. Auflage

Formulierung kommt ein nicht unwesentlicher Teil seiner Rechtstheorie zum Vorschein. So zeigt sich, dass die aus Vicos Sicht augenscheinlich kulturgeschichtlich wegweisende Fixierung der Gesetze auf Tafeln und die Offenbarung des apokryphen Recht für ihn offenbar zusammenhängen.

bb) Herrschaft der Gesetze durch Herstellung der Öffentlichkeit

Vico hat auf diese Weise zugleich die Möglichkeit der Bindung der Herrschenden an das Gesetz durch dauerhafte Herstellung von Öffentlichkeit ausgeführt, die über zwei Jahrhunderte zuvor bereits ein kongenialer italienischer Denker hellsichtig erkannt hatte.[490] Auch hier half ihm seine tiefe Kenntnis der römischen Juristen: „Und natürlicherweise kam das Geheimnis an die Öffentlichkeit: welches das ‚ius latens' (verborgenes Recht) ist, von dem Pomponius erzählt, die römische Plebs habe es nicht mehr geduldet und daher verlangt, die Gesetze sollten auf Tafeln geschrieben werden (283 f.).“[491] [„*E naturalmente se n'andò a pubblicar il segreto: ch'è 'l ‚ius latens', che Pomponio narra non avere sofferto più la plebe romana, onde volle le leggi descritte in tavole*“] (953).[492]

Vico sieht mit seinem eminenten Sinn für langfristige Rechtsentwicklungen zudem den durch die besondere Rolle der römischen Jurisprudenz gleichsam sakralrechtlich aufgeladenen Gehalt der Zwölftafelgesetzgebung, deren besondere Bedeutung damit eben auch aus einer geradezu weihevollen Wertschätzung herrührt, die ihr dadurch schließlich etwas Rechtsmetaphysisches verleiht, indem die römische Jurisprudenz sie mit religiöser Ehrfurcht bewahrte. Erst durch das kumulative Zusammenwirken dieser beiden Komponenten gewinnt die Zwölftafelgesetzgebung ihre herausragende Bedeutung für Vico und erklärt wohl auch, warum er bezüglich ihres Verständnisses keine anderen Ansichten gelten ließ.

1965, S. 183: „Con l'italiano la prosa del Vico acquistava, per così dire, una terza dimensione.“ – Das könnte man wahrscheinlich auch im Hinblick auf Dante sagen, dessen ‚Monarchia' noch in der herkömmlichen Sprache der Gelehrten in streng akademischem Stil abgefasst war. Es ist vielleicht auch deswegen nicht verwunderlich, dass Vicos Scienza nuova ein Werk wie Joyce' ‚Finnegans Wake' beeinflussen konnte, weil es neben aller wissenschaftlichen Genialität selbst ein sprachliches Kunstwerk darstellt.

490 *Jens Petersen*, Machiavellis Gesetzgebungslehre, 2020, S. 320 ff.

491 Übersetzung Vittorio Hösle und Christoph Jermann, Meiner-Ausgabe, 2009, S. 509.

492 *Giambattista Vico*, La scienza nuova, 1744, edizione a cura di Fausto Niccolini (Editori Laterza), 5. Auflage 1967, S. 444.

3. Zusammenhang zwischen Recht und Geschichte

Im Laufe der zuletzt angestellten Überlegungen kommt der politische Charakter des Rechts erneut zum Vorschein, den Vico bereits eingangs zugrunde gelegt hat (2). In diesem Zusammenhang erweist sich Vico als ausgezeichneter Kenner des römischen Rechts mit all seinen historischen Bedingungen. Es verwundert nicht, dass auch Friedrich Carl von Savigny zu Vicos Bewunderern zählte.[493] Denn bereits Vico interessierte die Genese der Gesetze, ihre Herkunft und darüber hinaus der mögliche Einfluss, den andere Länder auf sie ausüben konnten.[494] Allerdings dürfen die fundamentalen Unterschiede zwischen Vicos und Savignys Methode nicht übertüncht werden.[495]

---

493 *Friedrich Carl von Savigny*, Vermischte Schriften, Band IV, 1850, S. 217 f.: „Unter so ungünstigen Verhältnissen konnte sein Geist nicht zu fruchtbringender Ausbildung kommen. Allerdings finden sich bei ihm einzelne Gedanken über die Römische Geschichte, den Niebuhr'schen verwandt. Aber diese Gedanken sind ähnlich den Blitzen in dunkler Nacht, wodurch der Wanderer mehr verwirrt, als zurecht geführt wird. Durch sie wäre keiner belehrt worden, der nicht schon auf seinem Wege die Wahrheit gefunden hätte." *Dieter Nörr*, Savignys philosophische Lehrjahre. Ein Versuch, 1994, S. 42 Fußnote 37, hält nicht zuletzt auf der Grundlage dieses Wortes eine nähere Untersuchung des Verhältnisses von Savigny zu Vico für lohnenswert und verweist auf eine weitere Bemerkung Savignys aus einem in demselben Band abgedruckten Aufsatz (S. 217 f.) ‚Ueber den juristischen Unterricht in Italien'.

494 *Benedetto Croce*, Die Philosophie Giambattista Vicos (deutsche Übersetzung Erich Auerbach/Theodor Lücke), 1927, S. 206 f., sieht allerdings auch die immanenten Grenzen, freilich aus einer gewissen Distanz: „Die historische Schule der Rechtswissenschaft, eine Reaktion auf die abstrakt revolutionären und reformistischen Tendenzen des 18. Jahrhunderts, nahm Vicos andere Polemik wieder auf, die Polemik gegen die Lehren Platos und Grotius' von einem idealen Staate oder einem Naturrecht, das außerhalb und über der Geschichte steht und einen Maßstab der Gerechtigkeit bildet; sie erkannte in Uebereinstimmung mit Vico, daß das Recht dem ganzen inneren und sozialen Leben eines Volkes in einem bestimmten historischen Augenblick entspricht, sich nur mit Beziehung auf dieses Leben beurteilen läßt und lebendig, plastisch und in beständiger Wandlung begriffen ist wie die Sprache." Etwas zu pauschal freilich ebenda, S. 209: „Savigny und die historische Schule (sc. kultivierten in der Nachfolge Vicos) das Studium der spontanen Rechtsentwicklungen, wobei sie den Gewohnheiten vor den Gesetzen und Gesetzbüchern den Vorrang gaben."

495 *Vittorio Hösle*, Vico und die Idee der Kulturwissenschaft, Einleitung der Meiner-Ausgabe 1990, S. CCVI, macht nämlich mit Recht darauf aufmerksam, dass Vico bei näherem Hinsehen „Welten trennen von der Historischen Rechtsschule, die in einem letztlich sehr unhistorischen Verfahren den Nachweis der Genese eines Rechtsinstituts immer wieder zu seiner Legitimation herangezogen hat".

a) Recht der Quiriten als Paradigma seines Rechtsdenkens

Merkwürdigerweise verknüpft er nun diese Form der politischen Gesetzgebung mit dem soeben begründeten heroischen Recht, wobei er sich wiederum auf die römischen Juristen bezieht: „Und hier klären sich die Anfänge des berühmten ‚ius quiritium' [Rechtes der Quiriten], von dem die Interpreten des römischen Rechtes geglaubt haben, es sei nur den römischen Bürgern eigentümlich, weil es dies in den letzten Zeiten in der Tat war; aber in den alten römischen Zeiten war es offenbar natürliches Recht aller heroischen Völker."[496] [*„E quindi si schiariscono i princìpi del famoso ‚ius quiritium', che gl'interpetri della romana ragione han creduto esser propio de' cittadini romani, perché negli ultimi tempi tale lo era; ma ne' tempi antichi romani si truova essere stato diritto naturale di tutte le genti eroiche*"] (25).[497]

Dabei handelt es sich im Ausgangspunkt scheinbar nur um eine Feinheit des römischen Rechts, die eigentlich keiner weiteren Erläuterung bedürfte.[498] Doch enthüllt sich die tiefere und prinzipielle Bedeutung des quiritischen Rechts erst sehr viel später, weil das natürliche Recht der menschlichen Völker dort auf das Recht in den Republiken und Monarchien bezogen wird: „Denn die Römer mußten ihr eigenes Recht pflegen, wie sie es (...) zuerst in den Sitten und dann in den Gesetzen bewahrt hatten."[499] [*„Perché i romani dovetter attendere al diritto loro propio, come (...) l'avevano conservato prima coi costumi e poi con le leggi*"] (990).[500] Hieran ist vor allem die für Vico bezeichnende Reihenfolge aufschlussreich. Denn die Rechtspflege und entwicklungsgeschichtliche Bewahrung vollzieht sich in erster Linie durch die sich allmählich verfestigenden Sitten und erst

496 Übersetzung Vittorio Hösle und Christoph Jermann, Meiner-Ausgabe, 2009, S. 22 f.

497 *Giambattista Vico*, La scienza nuova, 1744, edizione a cura di Fausto Niccolini (Editori Laterza), 5. Auflage 1967, S. 19 f.

498 *Jürgen Trabant*, Giambattista Vico – Poetische Charaktere, 2019, S. 74, skizziert am Beispiel der ersten Auflage der SN von 1725 und Vicos Autobiographie dessen juristische Einsichten mit wenigen Federstrichen und leitet daraus eine prinzipienorientierte Betrachtung ab, die derjenigen Vicos gerecht wird: „Daher ist das Quiritenrecht das Recht aller Heroengeschlechter. Vico zeigt die Nichtigkeit der Fabel, dass die Gesetze der Zwölf Tafeln aus Athen gekommen seien. (...) Durch drei bei den Heroengeschlechtern Latiums von Anfang an heimische, in Rom eingeführte, und dort eingehaltene Gesetze, sowie durch jene, die auf den Zwölf Tafeln festgehalten wurden, gewannen die Ursachen der römischen Herrschaft sowie der römischen Tugend und Gerechtigkeit Bestand. (...) Vico beleuchtet auf die eben dargestellte Weise die wahren Prinzipien der römischen Gesetzeskunde".

499 Übersetzung Vittorio Hösle und Christoph Jermann, Meiner-Ausgabe, 2009, S. 531.

500 *Giambattista Vico*, La scienza nuova, 1744, edizione a cura di Fausto Niccolini (Editori Laterza), 5. Auflage 1967, S. 468.

in zweiter durch Rechtsicherheit verheißende Gesetze. So erweist sich der Blick auf das quiritische Recht als paradigmatisch für sein Rechtsdenken überhaupt.

b) Kulturgeschichtliche Rückverfolgung des quiritischen Rechts

Vor diesem Hintergrund lohnt es sich auch in kulturgeschichtlicher Hinsicht, seine Erwägungen zum Recht der Quiriten zurückzuverfolgen, weil er es entsprechend seinem entwicklungsgeschichtlichen Ansatz auf das natürliche Recht der heroischen Stämme zurückverfolgt:[501] „Nach der Erörterung dieser Umstände muß das ‚Recht der Quiriten' das natürliche Recht der heroischen Stämme Italiens gewesen sein, das, um von demjenigen der anderen Völker unterschieden zu werden, ‚ius quiritium romanorum' (das Recht der römischen Quiriten) genannt wurde."[502] [„*Per le quali cose ragionate, il ‚diritto de' quiriti' dee essere stato il diritto naturale delle genti eroiche d'Italia, che, per distinguersi da quello degli altri popoli, si disse ‚ius quiritium romanorum'*"] (595).[503]

Dieser Befund stimmt mit dem weiter oben zum zweiten Ackergesetz Festgestellten überein (107). Auch dieses quiritische Recht begründet er entsprechend seiner bevorzugten Art der Herleitung auf etymologische Weise (1077),[504] die ihrerseits kulturgeschichtlich fundiert ist, weil die ‚quires' genannten Lanzen eine gewisse Wehrhaftigkeit bezüglich des Eigentums zum Ausdruck brachten (562). Die Unterscheidung des bonitarischen und quiritischen Rechts – allerdings in dem von ihm zugrunde gelegten Sinne[505] – berührt daher aus Vicos Sicht prin-

---

501 *Vittorio Hösle*, Kritik der verstehenden Vernunft, 2018, S. 345, weist mit Recht darauf hin, dass man Vieles „bei Vico (...) nur bei guter Kenntnis (...) des römischen Rechtes verstehen kann".

502 Übersetzung Vittorio Hösle und Christoph Jermann, Meiner-Ausgabe, 2009, S. 328.

503 *Giambattista Vico*, La scienza nuova, 1744, edizione a cura di Fausto Niccolini (Editori Laterza), 5. Auflage 1967, S. 268.

504 Näher *Jürgen Trabant*, Neue Wissenschaft von alten Zeichen: Vicos Sematologie, 1994, S. 110: „Bei anderen Wörtern bezieht er sich dagegen auf den Signifikanten, so zum Beispiel, wenn er *Quirites* von dem Wort *quir* ableitet (...). Dabei ist klar, daß die Identität oder Ähnlichkeit der Signifikanten immer eine Identität der Bedeutungen impliziert: *quir* bedeutet ‚Speer', daher sind Quiriten ‚speerbewaffnete Priester'." Hervorhebungen auch dort.

505 *Vittorio Hösle*, Vico und die Idee der Kulturwissenschaft, Einleitung der Meiner-Ausgabe 1990, S. CXCVIII, hat allerdings akribisch herausgearbeitet, dass Vicos Verständnis des quiritischen (und auch des bonitarischen) Recht sich von der herrschenden Auffassung zum römischen Zivilrecht unterscheidet: „In Vicos Rekonstruktion haben die Termini eine abweichende Bedeutung, die nach seiner Konstruktion ihre ursprüngliche gewesen sein soll. Das bonitarische oder natürliche Eigentum ist bei ihm ein widerrufliches Eigentum, das insofern dem Nießbrauch nahesteht, als es unvererblich ist (...). Das quiritische Eigentum ist bei ihm das anfangs den Patrizien vorbehaltene volle Eigentum".

zipielle Probleme der Verteilungsgerechtigkeit, die den Epochenwandel der römischen Rechts- und Kulturgeschichte veranschaulichen.

c) Natürliches Recht der heroischen Stämme und der Völker und Naturrecht

Aber darüber hinaus kann man dem soeben Betrachteten wohl auch noch entnehmen (990), wie wichtig Vico die Vorstellung eines natürlichen Rechts *aller* Völker ist.

aa) Vico als Vertreter des Naturrechts

Das ist deswegen von Bedeutung, weil sich noch an verschiedenen Stellen seines Werkes zeigt, dass er den Naturrechtslehrern – jedoch eben nicht notwendigerweise dem Naturrecht (135/309) – skeptisch gegenüberstand. Aus der Kritik gegenüber den Naturrechtslehrern wurde im Schrifttum mitunter abgeleitet, dass er überhaupt gegen ein universell gültiges Naturrecht gewesen sei. Das aber wird man nicht in dieser Allgemeinheit annehmen können, weil er sich gerade nicht gegen das Naturrecht als solches wendet, sondern vielmehr gegen die vergleichsweise willkürliche Festsetzung eines bestimmten Standes der Ausbildung des Naturrechts. Demgegenüber geht es für ihn gerade um die frühestmögliche kulturgeschichtliche Erscheinungsform, in der sich das Naturrecht in einer sei es auch noch so rudimentären, aber eben entwicklungsfähigen und daher verfolgungswürdigen Gestalt zeigt. Daher ist auch Vicos Scienza nuova mit einem Naturrecht bzw. einem aufgeklärten Vernunftrecht prinzipiell in Einklang zu bringen.[506]

bb) Interdependenz von Recht und Geschichte

Solange also Vico für seine Darlegungen nicht auf Juristenrecht oder konkrete Gesetze Bezug nehmen kann, begründet er die Evolution des Rechts mythologisch und philologisch.[507] Sobald er aber klare Anhaltspunkte im römischen Recht

506 *Rainer Specht*, Über den juristischen Realismus Giambattista Vicos, Philosophisches Jahrbuch 63 (1955) 166, 180, betont die Differenz: „Vico nämlich unterscheidet höchst deutlich das Vernunftrecht der Philosophen vom „Naturrecht" der Juristen".

507 *Benedetto Croce*, Die Philosophie Giambattista Vicos (deutsche Übersetzung Erich Auerbach/Theodor Lücke), 1927, S. 88, bringt die Entwicklung am deutlichsten zum Ausdruck: „In ähnlicher Weise entstand das natürliche Recht zuerst in Gesetzen, die sozusagen aus gerechter Begierde und gerechter Gewalt entstanden; später war es in Fabeln gehüllt, die gerechte Vernunft

findet, macht er sich diese zunutze und verbindet sie, wenn irgend möglich, mit dem ‚heroischen Recht'. Immer wieder blickt Vico auf das römische Recht und die römische Geschichte, um daraus Gesetzmäßigkeiten für das eine wie die andere herzuleiten,[508] was mitunter zu einer gewissen Interdependenzbeziehung zwischen Recht und Geschichte führt.[509]

Gerade dieser Zusammenhang ist ihm wichtig, betont er doch, dass die Auslegung von Gesetzen danach zu erfolgen hat, wie es mit der jeweiligen Staatsform bestellt war.[510] So hängt das Verständnis und die Deutung der Gesetze maßgeblich von der inneren Verfassung einer Staatsform ab, wie wohl Montesquieu, der nicht von ungefähr in ähnlicher Naturrechtstradition stand, etwa zeitgleich herausfand.[511] Und selbst wenn Vico dies wiederum am Beispiel der römischen Republik veranschaulicht (26), kann man es auch als eine darüber hinausreichende, bis auf den heutigen Tag wirksame rechtstheoretische Einsicht begreifen.[512]

---

enthielten; schließlich baute es sich offenkundig auf seiner reinen Vernunft und edelmütigen Wahrheit auf".

508 Konsequenterweise würdigt *Vittorio Hösle*, Recht und Geschichte bei Giambattista Vico, Gedenkschrift für Karl-Heinz Ilting, 1990, S. 389, 394, Vicos geistesgeschichtliches Verdienst, indem er die Zusammenführung von Rechtsphilosophie und Rechtsgeschichte betont: „Vicos Leistung auf dem Gebiete der Rechtsphilosophie läßt sich am bündigsten damit angeben, daß er als erster eine Synthese der naturrechtlichen und der rechtshistorischen Tradition geleistet, daß er als erster eine Philosophie der Geschichte des Rechts entworfen hat, während es vor ihm nur eine Philosophie des Rechts und eine Historie des Rechts gegeben hatte".

509 *Peter Burke*, Vico. Philosoph, Historiker, Denker einer neuen Wissenschaft, 1990, S. 77, beobachtet anhand einer mitgeteilten Besonderheit der römischen Geschichte und Gesetzgebung: „Wie wir gesehen haben (...), wollte Vico deutlich machen, daß das Recht ein Produkt der Geschichte ist. Hier jedoch können wir das Gegenteil beobachten: Er betont, daß das Recht bei der Gestaltung der Geschichte eine entscheidende Rolle gespielt hat".

510 Grundlegend zu den Staatsformen bei Vico *Noberto Bobbio*, Vico e la teoria delle forme di governo, Bollettino del centro di Studi Vichiani 8 (1975) 5.

511 *Vittorio Hösle*, Moral und Politik. Grundlagen einer Politischen Ethik für das 21. Jahrhundert, 1997, S. 780, der Vico und Montesquieu als Begründer der Rechtssoziologie nennt (S. 547), sieht darin richtigerweise keinen zwingenden Widerspruch zur Naturrechtstradition: „In der Tat haben sich Rechtsgeschichte und Rechtssoziologie im 19. Jahrhundert in Abkehr von den Idealen der Naturrechtstradition definiert. Doch zeigen Vico und Montesquieu, daß beide Ansätze einander nicht notwendig feindlich gegenüberstehen müssen; und sachlich ist leicht einzusehen, daß selbst die Entdeckung der größten Fülle unterschiedlichster Rechtssysteme den Grundgedanken der Naturrechtslehre nicht widerlegt".

512 *Claus-Wilhelm Canaris*, Grundrechte im Privatrecht, 1999, ist hier aus dem zivilrechtlichen Schrifttum zu nennen.

4. Kulturgeschichtliche Herleitung der Gesetzgebung

Es kann daher auch nicht überraschen, dass sich bei Vico schon eine kulturgeschichtlich interessante Herleitung verpönter Einzelfallgesetzgebung findet: „Durch diese Geschichte der menschlichen Ideen werden mit größter Evidenz all diejenigen ihres gemeinsamen Irrtums überführt, die, befangen in der allgemeinen falschen Meinung von der höchsten Weisheit der Alten, geglaubt haben, Minos, erster Gesetzgeber der Völker, Theseus bei den Athenern, Lykurg bei den Spartanern, Romulus und andere römische Könige hätten allgemeine Gesetze verordnet. Denn man bemerkt, daß die ältesten Gesetze als Gebote oder Verbote für einen einzelnen abgefaßt waren, die dann für alle Späteren galten (so sehr waren die ersten Völker allgemeiner Begriffe unfähig!); und man faßte sie auch nur ab, wenn die Fälle eingetreten waren, die sie erforderten. (...) Doch nachdem die intelligiblen Allgemeinbegriffe erfaßt worden waren, erkannte man jene wesentliche Eigenschaft des Gesetzes: – daß es allgemein sein muß; – und man setzte in der Jurisprudenz jene Maxime fest, daß ‚legibus, non exemplis, est iudicandum' (nach Gesetzen, nicht nach Beispielen, zu richten ist)."[513]

[*„Da questa storia d'umane idee si convincono ad evidenza del loro comun errore tutti coloro i quali, occupati dalla falsa comune oppenione della somma sapienza ch'ebber gli antichi, han creduto Minosse, primo legislator delle genti, Tesco agli ateniesi, Ligurgo agli spartani, Romolo ed altri romani re aver ordinato leggi universali. Perché l'antichissime leggi si osservano concepute comandando o vietando ad un solo, le quali poi correvan per tutti appresso (tanto i primi popoli eran incapaci d'universali!); e pure non le concepivano senonsé fussero avvenuti i fatti che domandavanle. (...) Ma, poi che furono entesi gli universali intelligibili, si riconobbe quella essenziale propietà della legge: – che debba esser universale, – e si stabilì quella massima in giurisprudenza: ‚legibus, non exemplis, est iudicandum'*"] (500/501).[514]

a) Zugewinn an Rechtskultur und drohender Verfall

Auch hieran erkennt man die besondere Leistungsfähigkeit und das eigentlich Neue der Theorie Vicos. Denn ebenso wie bei seiner Kritik an Selden, Pufendorf und Grotius wendet er sich gegen wohlfeile Idealisierungen, die einen willkürlich

513 Übersetzung Vittorio Hösle und Christoph Jermann, Meiner-Ausgabe, 2009, S. 253 f.

514 *Giambattista Vico*, La scienza nuova, 1744, edizione a cura di Fausto Niccolini (Editori Laterza), 5. Auflage 1967, S. 210 f.

gewählten Zeitpunkt innerhalb einer langfristig verlaufenden Entwicklung zum Maßstab nehmen und von daher Zuschreibungen vornehmen, die weniger erklären, als sie voraussetzen. Demgegenüber erweist sich sein evolutionäres Vorgehen als methodisch konsistenter und in wissenschaftstheoretischer Hinsicht leistungsfähiger,[515] weil Vico bereits bei den frühesten Ge- und Verboten ansetzt, die notwendigerweise Einzelfallverfügungen waren.[516] So schärft er den Blick dafür, dass ein Zugewinn an Rechtskultur, wie ihn die Allgemeinheit von Gesetzen nun einmal darstellt, entwicklungsgeschichtlich durchaus nicht selbstverständlich ist, sondern nur als Ausdruck einer Entwicklung begriffen werden kann, die mit primitiven und einzelfallbezogenen Zurechtweisungen begonnen hat und erst allmählich jene Höhe erreicht, von der irrtümlich angenommen wird, dass die großen Gesetzgeber sie aus sich heraus vollbracht hätten.

aa) Fiskalische Zwecke der Gesetzgebung

Paradigmatisch ist aus Vicos Sicht ein altrömisches Gesetz, nämlich die lex Papia Poppea, wonach das Vermögen verstorbener Ehe- und Kinderloser an den Fiskus fiel:[517] „Alles hier Gesagte wird zur Evidenz gebracht durch das Papisch-Poppäische Gesetz über verfallende Erbschaften, das die Ledigen mit einer gerechten Strafe belegte: daß nämlich, wenn Bürger, die versäumt hatten, ihren römischen Namen durch Ehen fortzupflanzen, Testamente hinterließen, diese ungültig sein sollten, und daß sie andererseits eingestuft werden sollten, als ob sie keine Angehörigen hätten, die sie ‚ab intestato' (ohne Testament) beerben

515 Zu diesem maßgeblichen Kriterium *Claus-Wilhelm Canaris*, Funktion, Struktur und Falsifikation juristischer Theorien, Juristenzeitung 1993, 377.

516 *Rainer Specht*, Über den juristischen Realismus Giambattista Vicos, Philosophisches Jahrbuch 63 (1955) 166, 181, gibt allerdings auch die möglichen Schattenseiten einer solchen Vorstellung zu bedenken: „Also begann das Recht seine Geschichte mit einem Ungestüm, das deshalb gerecht war, weil es der Rettung des wertvolleren Menschen diente; er war aber wertvoller, weil er dem Angreifer an Gerechtigkeit überlegen war. Diese eigenartige Fassung der Lehre von der natürlichen Auslese, die lange vor Darwin entstanden ist, verdiente eine längere Betrachtung, als wir ihr hier widmen können." Zu dieser Problematik, allerdings ohne Berücksichtigung Vicos, *Jens Petersen*, Freiheit unter dem Gesetz. Friedrich August von Hayeks Rechtdenken, 2014, da Hayek im Zusammenhang mit Adam Smith und anderen Schottischen Aufklärern mitunter anerkennend als ‚Darwinisten vor Darwin' spricht. Eine nähere Untersuchung hätte wohl insbesondere zu berücksichtigen, dass – im scharfen Gegensatz etwa zu Hayek – sowohl Vico als auch Adam Smith der Religion eine besondere Bedeutung zugewiesen haben und auf diese Weise eine nicht zu unterschätzende deistische Komponente Einzug hält (näher *Jens Petersen*, Adam Smith als Rechtstheoretiker, 2. Auflage 2017, S. 230 f.). Siehe zu Vico auch *David Lewis-Williams*, The Mind in the Cave. Consciousness and the Origins of Art, 2004, S. 114 ff.

517 Näher *Jens Petersen*, Recht bei Tacitus, 2019, S. 144 f.

könnten, und daß sie somit weder auf dem einen noch auf dem anderen Weg Erben haben sollten, die ihre Namen bewahren könnten; und ihr Vermögen sollte an den Fiskus zurückfallen, und zwar nicht als Erbschaft, sondern als Pekulium; es sollte also, um es mit Tacitus zu sagen, an das Volk fallen ‚tamquam omnium parentem' (als an den Vater von allen). Bei dieser Gelegenheit führt der tiefsinnige Schriftsteller das Recht der Bußen, die verfallende Erbschaften betreffen, auf die ältesten Zeiten zurück, in denen die ersten Väter des Menschengeschlechts die ersten unbewohnten Ländereien in Besitz nahmen (389)."[518]

[„*Tutto lo che qui detto ad evidenza vien confermato dalla legge Papia Poppea d'intorno a' caduci, la quale puniva i celibi con la giusta pena: ch'i cittadini, i quali avevano traccurato di propagare co' matrimoni il loro nome romano, s'avessero fatto testamenti, questi si rendessero inefficaci, ed altronde si stimassero non avere congionti che loro succedessero ‚ab intestato', e sì, né per l'una né per l'altra via, avessero eredi, i quali conservassero i nomi loro; e i patrimoni ricadessero al fisco, con qualità non di retaggi ma di peculi, e, per dirla con Tacito, andassero al popolo, ‚tamquam omnium parentem'. Ove il profondo scrittore richiama la ragione delle pene caducarie fino dagli antichissimi tempi ch'i primi padri del gener umano occuparono le prime terre vacue, la qual occupazione è ‘l fonte originario di tutti i domìni del mondo; i quali padri poi, unendosi in città, delle loro potestà paterne fecero la potestà civile*"] (603).[519]

Der Gerechtigkeitsgehalt dieser Bestimmungen erschließt sich heute nicht mehr ohne weiteres, weil er in Besonderheiten der augusteischen Ehegesetzgebung liegt, der ein planerisches Element innewohnte, darüber hinaus aber auch schlicht auf die Erzielung entsprechender Einkünfte gerichtet war.[520] Dass die Vermögenstrennung zwischen Fiskus und Staatskasse unter dem Prinzipat nicht immer ganz streng verlief, war Vico ohnehin klar (622).

518 Übersetzung Vittorio Hösle und Christoph Jermann, Meiner-Ausgabe, 2009, S. 336.

519 *Giambattista Vico*, La scienza nuova, 1744, edizione a cura di Fausto Niccolini (Editori Laterza), 5. Auflage 1967, S. 274.

520 *Dieter Nörr*, Planung in der Antike. Über die Ehegesetze des Augustus, Festgabe für Helmut Schelsky, 1977, S. 309, 312; es dürfte kein Zufall sein, dass der Verfasser dieses grundlegenden Aufsatzes ihn einem bedeutenden Soziologen gewidmet hat. Dieser interdisziplinäre Gesichtspunkt ist auch für den vorliegenden Zusammenhang aufschlussreich, weil ja Vico, wie eingangs gesehen, als Mitbegründer der Rechtssoziologie gilt, und ihn nicht von ungefähr gerade solche Regelungen besonders interessierten.

bb) Abstieg der Rechtskultur

Kulturgeschichtlich aufschlussreich ist an dieser Darstellung des Gesetzes vor allem der letzte Satz, weil Vico hier die taciteische Schilderung, deren tiefen Blick er würdigt, als gleichsam kulturgeschichtliches Zeugnis heranzieht. In der Tat spricht für dieses Vorgehen auf den ersten Blick der systematische Standort der Darstellung, weil Tacitus auch den Verweis auf die lex Papia Poppea innerhalb seines Gesetzgebungsexkurses anordnet, der durchaus bewusst auf die graue Vorzeit zurückweist.[521] Insofern haben wir es vorderhand mit einem strukturell ähnlichen Bezugspunkt und Vergleichsmaßstab zu tun, soweit die älteste Frühgeschichte betroffen ist, nicht jedoch im Hinblick auf die augusteische Familiengesetzgebung. Jedoch erweist sich Vicos Einschätzung bei näherem Hinsehen als etwas blauäugig, weil er nicht berücksichtigt, dass sich an der von ihm zitierten Stelle beißende Kritik an der augusteischen Ehegesetzgebung manifestiert.

Es ging dabei nämlich durchaus um ein – mitnichten altehrwürdiges – legislatorisches Instrument der Unterdrückung durch den Princeps,[522] die bis in den privaten Familienkreis reichte und geeignet war, das gesellschaftliche Fundament zu zersetzen.[523] Bei Licht betrachtet ist das, was Vico unausgesprochen für einen beifallswürdigen Zugewinn an Rechtskultur hält, schon mit den ersten Anzeichen des Abstiegs der Rechtskultur behaftet, weil das genannte Gesetz wohl ein Anwendungsfall der im Gesetzgebungsexkurs unterschwellig vorgetragenen taciteischen Grundthese ist, dass Anfänge und Verfall des Rechts ineinanderfallen.[524]

Vico konnte oder wollte dies nicht erkennen (1084), weil sein Augustus-Bild – trotz aller Skepsis gegenüber dem Prinzipat[525] – entschieden zu verklärt ist (1104) und ihn zu fragwürdigen Folgerungen vermeintlich rechtmäßigen Herrschens und Beherrschtwerdens verleitete (1105).[526] Doch muss man gerechterweise hinzufügen, dass die kritische Beobachtung und Aufspürung aller kulturgeschichtlichen

521 *Tacitus*, Annales, 3, 25, 1; die von Vico zitierte Stelle ist Annales 3, 28, 3.

522 *Fritz Schulz*, Classical Roman Law, 1951, S. 107 f.

523 *Ronald Syme*, Tacitus, 1958, Vol. I, S. 372: „That meant control and repression henceforth: 'acriora ex eo vincula, inditi custodes'. The Papia Poppaea (though passed much later, in A.D. 9) was an example, and the historian enlarges upon its detrimental consequences".

524 Näher *Jens Petersen*, Recht bei Tacitus, 2019, § 1.

525 *Vittorio Hösle*, Vico und die Idee der Kulturwissenschaft, Einleitung der Meiner-Ausgabe 1990, S. CCXVII.

526 *Ronald Syme*, The Roman Revolution, 1939, hat in seiner bahnbrechenden Studie nicht zuletzt auf der Grundlage der taciteischen Geschichtsschreibung nachgewiesen, dass der Aufstieg des Augustus und seiner Gefolgsleute nach Art eines Syndikats organisiert war.

Verfallserscheinungen für Vico niemals Selbstzweck war, sondern immer im Dienste der Schilderung einer Aufwärtsbewegung der Menschheit stand.[527]

b) Verlust der Rechtskultur

Allerdings lässt Vico anklingen, dass es gegenüber den wenigen Gesetzen der ersten Republiken nach der Zwölftafelgesetzgebung[528] – ‚*in quella parsimonia di leggi propia delle prime repubbliche*‘[529] – in seiner eigener Zeit eine zu große Zahl von Gesetzen gegeben habe: „Da doch bei dieser Fülle an Gesetzen, unter der wir heute leiden, die Gesetzgeber diejenigen Fälle, die selten vorkommen, dem Gutdünken der Richtenden überlassen."[530] [„*Quando, in questa copia di leggi della qual or travagliamo, i legislatori lasciano all'arbitrio de' giudicanti le cause ch'avvengono rade volte*"] (566).[531]

aa) Gesetzesflut

Auch wenn es Vico hier entgegen seiner sonstigen Gewohnheit nicht eigens ausspricht, darf man diese Stelle wohl als eine Anspielung auf das taciteische Verdikt verstehen: ‚utque antehac flagitiis, ita tunc legibus laborabatur‘.[532] Dieses wohl schon topische Wort kulminiert, den Gesetzgebungsexkurs gleichsam ein-

527 *Vittorio Hösle*, Vico und die Idee der Kulturwissenschaft, Einleitung der Meiner-Ausgabe 1990, S.CXXIX, betont richtigerweise, dass „Vico als einer der ganz wenigen Denker des 18. Jahrhunderts die Kraft besessen hat, das Phänomen des Kulturverfalls zu analysieren, ja für die unmittelbare Zukunft mit einer Epoche entsetzlichen Niedergangs zu rechnen, gilt ihm doch alles Negative nur als Durchgangsstadium zu einer höheren Phase".

528 *Benedetto Croce*, Die Philosophie Giambattista Vicos (deutsche Übersetzung Erich Auerbach/Theodor Lücke), 1927, S. 178, skizziert die Missstände: „Die Gesetze, die in den Aristokratien wenige, feststehende und heilig eingehaltene waren, vermehren sich in den Demokratien und werden veränderlich und flexibel. Die Spartaner, die die Aristokratie bewahrten, sagten, daß in Athen viele Gesetze geschrieben, die wenigen aber, die es in Sparta gebe, gehalten würden. Die römische plebs diktierte ähnlich wie die athenische immerfort Spezialgesetze, und umsonst versuchte Sulla, als Parteiführer der Adligen, (...) hierin Abhilfe zu schaffen; nach ihm vermehrten sich die Gesetze von neuem".

529 *Giambattista Vico*, La scienza nuova, 1744, edizione a cura di Fausto Niccolini (Editori Laterza), 5. Auflage 1967, S. 251.

530 Übersetzung Vittorio Hösle und Christoph Jermann, Meiner-Ausgabe, 2009, S. 308.

531 *Giambattista Vico*, La scienza nuova, 1744, edizione a cura di Fausto Niccolini (Editori Laterza), 5. Auflage 1967, S. 251.

532 *Tacitus*, Annales, 3, 25, 1.

rahmend, in einem noch berühmteren Wort:[533] ‚et corruptissima re publica plurimae leges'.[534] Darauf nimmt Vico erst sehr viel später unausgesprochen Bezug: „Aber als er (sc. Marius) die Diktatur niedergelegt hatte, begannen, wie Tacitus berichtet, die besonderen Gesetze wieder, sich nicht weniger als vorher zu vervielfältigen. Diese Vielzahl von Gesetzen ist, wie die Staatstheoretiker anmerken, der schnellste Weg, um zur Monarchie zu gelangen (283); und deshalb gab Augustus, um diese zu befestigen, Gesetze in größter Zahl, und die folgenden Monarchen benutzten vor allem den Senat, um Senatsbeschlüsse privatrechtlichen Inhalts zu erlassen."[535] [*„Ma, rinnunziata ch'ebbe la dittatura, ritornarono a moltiplicarsi, come Tacito narra, le leggi singolari niente meno di prima. Della qual moltitudine delle leggi, com'i politici l'avvertiscono, non vi è via più spedita di pervenir alla monarchia; e perciò, Augusto, per istabilirla, ne fece in grandissimo numero, e i seguenti principi usarono sopra tutto il senato per fare senaticonsulti di privata ragione*"] (1001).[536]

bb) Einzelfallgesetzgebung und Wiederkehr der Barbarei

Dass Vico diese vor dem Hintergrund seiner erklärten Bewunderung des Tacitus so naheliegenden Sentenzen an der weiter oben wiedergegebenen Stelle nicht ausdrücklich und wörtlich zitiert (566), könnte daran liegen, dass er die Tonstelle auf einen ihm wichtigeren Gesichtspunkt legen möchte, der durch das Zitat eines berühmten Wortes nicht verschattet werden soll, nämlich die in rechtstheoretischer Hinsicht nachdenklich stimmende Einsicht, dass eine Überreglementierung dazu führen kann, dass seltene Fallgestaltungen gleichsam ohne Ansehen der Gesetze von den Richtern eigenmächtig entschieden werden. Der Bezug zur eingangs genannten Einzelfallgesetzgebung, deren Problematik Vico ausweislich des

533 *Blaise Pascal*, Pensées, 1669 posthume (Hg. Léon Brunschvicg, 1897), Fragment 294, zitiert einige Jahrzehnte zuvor ungenau: ‚ut olim vitiis, nunc legibus laboramus.' Obwohl Vico das angesichts seiner überaus profunden Tacitus-Kenntnisse vielleicht nicht so falsch zitiert hätte (wenngleich sich auch bei ihm viele Fehlzitate finden), stehen die von Pascal verunstalteten drei letzten Worte mit ihrer aktivischen Formulierung paradoxerweise sinngemäß Vicos Verständnis noch näher. Zu dieser Stelle auch *Jens Petersen*, Pascals Gedanken über Gerechtigkeit und Ordnung, 2016, S. 15.

534 *Tacitus*, Annales, 3, 27, 3. Zur Gesetzesflut einerseits, den missbräuchlichen Einzelfallgesetzen andererseits am Beispiel der zitierten Stellen auch *Jens Petersen*, Recht bei Tacitus, 2019, S. 102 ff.

535 Übersetzung Vittorio Hösle und Christoph Jermann, Meiner-Ausgabe, 2009, S. 539.

536 *Giambattista Vico*, La scienza nuova, 1744, edizione a cura di Fausto Niccolini (Editori Laterza), 5. Auflage 1967, S. 474.

oben Zitierten nur zu deutlich war (500),[537] zeigt sich übrigens in aller Deutlichkeit bei dem zuletzt zitierten Tacitus-Wort.

Denn dieses wird mit einer Vico gewiss nur zu bekannten Anspielung auf jene Einzelfallgesetze des Clodius Pulcher eingeleitet,[538] mit denen er seinen Widersacher Cicero endgültig zur Strecke zu bringen hoffte.[539] Vicos allgegenwärtige Berücksichtigung philosophischer Reflexion der römischen Rechtsgeschichte ermöglicht es ihm, durch gezielte Auslassungen zum Ausdruck zu bringen, wohin der Verzicht auf die allfällige Allgemeinheit der Gesetze führen kann: einem Verlust an Rechtskultur und damit schlimmstenfalls dem, was er wenige Absätze zuvor einmal aufscheinen lässt (565) und am Ende seines Werkes näher ausführt, nämlich der Wiederkehr der Barbarei (1002) und schließlich der Barbarei der Reflexion (1106).[540]

---

537 *Rainer Specht*, Über den juristischen Realismus Giambattista Vicos, Philosophisches Jahrbuch 63 (1955) 166, 188, hat das aus dem Frühwerk Vicos hergeleitet: „Das heißt, daß zu dem Zeitpunkt, als der Begriff der Optimaten keine Entsprechung mehr in wirklichen Menschen fand, an die Stelle der natürlichen Sitte die positiven Rechtsbestimmungen des rationalisierten Staates traten, im geltenden Recht das einsichtig-vernünftige Konstitutiv zurückging und das autoritäre von lediglich den Funktionen des höchst komplizierten Staatsmechanismus dienenden und in sich selbst uneinsichtigen Einzelvorschriften überhand nahm. Dieser Vorgang wird von Vico offenbar als Verschlechterung empfunden." – Es ist bemerkenswert, dass er dabei den Gesichtspunkt der Rationalisierung im Hinblick auf Staat und Recht anspricht; wenn auch wenig verwunderlich, weil er zuvor bereits den Bezug zu Max Weber herausgearbeitet hat (S. 186). Zu Rationalität des Rechts auch *Jens Petersen*, Max Webers Rechtssoziologie und die juristische Methodenlehre, 3. Auflage 2020, § 1.

538 *Manfred Fuhrmann*, Einführung in die Tusculum-Ausgabe der Annalen, 3. Auflage 1997, S. 834 Anmerkung 20.

539 *Tacitus*, Annales, 3, 27, 3: ‚iamque non modo in commune, sed in singulos homines latae quaestiones'.

540 *Vittorio Hösle*, Recht und Geschichte bei Giambattista Vico, Gedenkschrift für Karl-Heinz Ilting, 1990, S. 389, 408, 412, analysiert die rechtsrelevanten Facetten dieses Szenarios hellsichtig: „Einer der düstersten Aspekte der Vicoschen Entwicklungskonzeption ist, daß nach ihm der Rationalisierungs- und Aufklärungsprozeß zwar einerseits zur Rechtsgleichheit führt und insofern die Rechtsidee verwirklicht, daß er aber andererseits die sozialen Bindekräfte auflöst, die im sakralen Ursprung des Rechts wurzeln (...). Leere Reflexion und eitles Räsonieren breiten sich aus; mit dem Heroismus der archaischen Welt schwindet die Fähigkeit, sich für ein Ganzes ggf. bis zur Selbstaufopferung einzusetzen; ein Individualismus wird beherrschend, der diese Spätzeitmenschen freilich nur zur Einsamkeit und damit zur Unglückseligkeit verdammen kann. Auf der Ebene der Rechtsentwicklung ist für eine solche Epoche, für die bei Vico besonders Spätrom steht, ganz allgemein ein Schwund der Normativität des Rechts kennzeichnend; die Staatsräson löst sich auf, und nur das Privatrecht wird noch gepflegt." – Eine solche Pervertierung des Rechts veranschaulicht auch der im Text zitierte Ausgangspunkt Vicos, der mit dem Blick des geschulten Rechtsgeschichtlers und Juristen den institutionellen Missstand der Veranlassung privatrechtlicher Senatsbeschlüsse erfasst (1001). Zur beklemmenden Aktualität der Barbarei der Reflexion *ders*, Globale Fliehkräfte. Eine geschichtsphilosophische Kartierung der Gegenwart, 2019, S. 124 f.

§ 3 Recht, Poetik und Religion

Bisher hat sich gezeigt, dass Vico nicht nur gründlicher Kenner des römischen Rechts war, sondern die dogmatischen Erkenntnisse zu allgemeinen rechtstheoretischen Einsichten zu verdichten wusste. Es ist allerdings auch deswegen wichtig, dieses profunde Wissen über die römische Jurisprudenz hervorzuheben, weil sonst nur zu leicht der Eindruck entstehen könnte, seine Ausführungen über das heroische Recht hätten etwas Schwärmerisches oder Diffuses.[541] Demgegenüber betont er selbst, „daß das heroische Recht ein Recht der Gewalt war, die jedoch von der Religion gebändigt wurde, die allein die Gewalt und die Waffen in Schranken zu halten vermag, wenn man noch nicht den gesetzlichen Rechtsweg kennt beziehungsweise wenn er, nachdem man ihn einmal gekannt hat, nichts mehr gilt; dies Recht ist genau dasjenige von Achilles, desjenigen Heros, den Homer den Völkern Griechenlands als Muster heroischer Tugend besingt und der alles Recht auf die Waffen gründete."[542] [„*che'l diritto eroico fu diritto della forza, ma prevenuta dalla religione, la qual sola può tener in ufizio la forza e l'armi ove non ancora si sono ritruovate (o, ritruovate, non hanno più luogo) le leggi giudiziarie; il qual diritto è quell'appunto d'Achille, ch'è l'eroe cantato da Omero a' popoli della Grecia in esemplo dell'eroica virtù, il qual riponeva tutta la ragione nell'armi*"] (27).[543]

---

541 *Karl-Otto Apel*, Die Idee der Sprache in der Tradition des Humanismus von Dante bis Vico, (1963), 2. Auflage 1975, S. 319, stellt mit Recht fest, was insbesondere für den vorliegenden Zusammenhang gilt: „Zu diesen besonderen Charakterzügen gehört nicht zuletzt die spezifische Bedeutung der Sprache für sein Denken, das methodisch durch die ständige Wechselbeziehung von Gesichtspunkten der Philologie, Rhetorik, Poetik und Jurisprudenz charakterisiert ist".

542 Übersetzung Vittorio Hösle und Christoph Jermann, Meiner-Ausgabe, 2009, S. 25 f. *Benedetto Croce*, Die Philosophie Giambattista Vicos (deutsche Übersetzung Erich Auerbach/Theodor Lücke), 1927, S. 34 f., geht der damit unausgesprochen aufgeworfenen Frage nach dem Verhältnis von Gewalt und Gerechtigkeit nach: „Es ist wahr, daß das Moment der Gewalt nicht das der Gerechtigkeit ist; aber der empirische Typus der auf die Gewalt gegründeten und barbarischen Gesellschaft enthält gerade, weil er eine vorstellende und annähernde Bestimmung ist und sich auf einen konkreten und vollständigen Zustand bezieht, nicht nur Gewalt, sondern auch Gerechtigkeit; und wenn man jenes ideale Moment und jenen Typus miteinander verwechselt und für identisch ansieht, so wird einerseits der philosophische Begriff der Gewalt durch den der Gerechtigkeit getrübt, wird hinfällig, widerspruchsvoll und inkohärent und verliert seine Gestalt, während andererseits der empirische Typus der barbarischen Gesellschaft übertrieben und allzu streng wird".

543 *Giambattista Vico*, La scienza nuova, 1744, edizione a cura di Fausto Niccolini (Editori Laterza), 5. Auflage 1967, S. 22.

https://doi.org/10.1515/9783110718461-005

I. Recht der Gewalt und poetische Politik

Wenn dort Achilles genannt wird, so bedeutet dies für Vico, dass dessen Recht zugleich das oben bezeichnete Recht der Gewalt ist (923).[544] Gleichwohl ist ihm die Feststellung wichtig, dass auch unter diesem Recht der Gewalt zu Zeiten des Achill eine gerichtliche Ordnung herrschen musste (966).[545] Hier wird nicht nur erneut der Zusammenhang zwischen der Metaphysik einerseits und dem Recht, der Philologie und der Theologie andererseits verdeutlicht, den Vico selbst auf den Begriff bringt, wenn er sinngemäß von der „Theologie der Dichter oder der poetischen Metaphysik" spricht:[546] *„teologia de' poeti o sia metafisica poetica"* (428).[547]

Vielmehr lässt sich daraus auch ersehen, dass Vico als einer der ersten Denker der Neuzeit den Zusammenhang zwischen Rechtsphilosophie und Ästhetik erkannt hat.[548] Eine solche Sicht setzt erstaunliches frühzeitliches Wissen voraus. Paradigmatisch sind für Vico die homerischen Epen: „Wenn die Dichtungen Homers politische Geschichten der alten griechischen Sitten sind, dann werden sie zwei große Schatzkammern des natürlichen Rechts der Stämme Griechenlands

---

544 *Jürgen Trabant*, Neue Wissenschaft von alten Zeichen: Vicos Sematologie, 1994, S. 52, erklärt anschaulich: „Achill ist der Charakter des jugendlichen Helden, dessen Recht sich in vorjuristischer Zeit auf die Stärke der Waffen gründet".

545 *Vittorio Hösle*, Vico und die Idee der Kulturwissenschaft, Einleitung der Meiner-Ausgabe 1990, S. CXXXVII, ordnet es philosophiehistorisch in das Gefüge der griechischen Geisteswelt ein: „Vico sieht mit aller Deutlichkeit, daß sich das Verhalten des Heros der Ilias nicht angemessen verstehen läßt, wenn die von der griechischen Philosophie ausgebildeten Kategorien von Gerechtigkeit, Ruhm und Unsterblichkeit auf ihn angewandt werden (...). Denn Achill gehe in dem Gespräch vor dem Zweikampf mit Hektor (....) gerade nicht von einer Symmetrie beider aus – Unleichheit, nicht Gleichheit sei seine Hauptkategorie".

546 Übersetzung Vittorio Hösle und Christoph Jermann, Meiner-Ausgabe, 2009, S. 205.

547 *Giambattista Vico*, La scienza nuova, 1744, edizione a cura di Fausto Niccolini (Editori Laterza), 5. Auflage 1967, S. 174.

548 *Benedetto Croce*, Die Philosophie Giambattista Vicos (deutsche Übersetzung Erich Auerbach/Theodor Lücke), 1927, S. 150, würdigt seine von eminenter Belesenheit zeugende sowie auch rechtsanthropologisch bemerkenswerte Leistung und fasst sie in einem treffenden abschließenden Wort zusammen: „daß die ägyptischen Gesetze, einer Ueberlieferung zufolge, ‚Gedichte der Göttin Isis' waren, und daß in Versen oder rhythmischer Prosa jene Gesetze abgefaßt waren, die Lykurg den Spartanern und Drakon den Athenern gab. Das ganze antike römische Recht war ein ‚ernstes Gedicht' oder – wie Vico an anderer Stelle sagt – *poema quoddam dramaticum Romanorum*, das von den Römern auf dem Forum vorgetragen wurde; und die antike Jurisprudenz war eine strenge Poesie". *Christoph Menke*, Tragödie im Sittlichen. Gerechtigkeit und Freiheit nach Hegel, 1996, wäre aus dem zeitgenössischen Schrifttum bezüglich der Verbindungslinie zwischen Rechtsphilosophie und Ästhetik zu nennen.

sein (904).“[549] [„*Se i poemi d’Omero sono storie civili degli antichi costumi greci, saranno due grandi tesori del diritto naturale delle genti di Grecia*“] (156).[550]

1. Recht, Literatur und Mythologie

Denn dass die Dichtungen Homers von einem Recht der Gewalt kündeten, zugleich aber als solche rechtsrelevant sein können, stellt eine Einsicht dar, die in der modernen Rechtsphilosophie wohl erst mit der Law and Literature-Bewegung Einzug gehalten hat;[551] allerdings in einer von einem anderen Erkenntnisinteresse bestimmten Form, als dies in Vicos systematisch streng geschlossener Konzeption der Vorstellung poetischer Charaktere – *caratteri poetici*[552] – als Ergebnis beharrlichen und buchstäblich jahrzehntelangen Nachdenkens aufscheint (34).[553] Auf diese Weise führt er scheinbar Unvereinbares zueinander und bringt damit einen wesentlichen Bestandteil seiner Kulturgeschichte des Rechts zur Anschauung „So war das ganze alte römische Recht eine ernsthafte Dichtung, die

549 Übersetzung Vittorio Hösle und Christoph Jermann, Meiner-Ausgabe, 2009, S. 96.

550 *Giambattista Vico*, La scienza nuova, 1744, edizione a cura di Fausto Niccolini (Editori Laterza), 5. Auflage 1967, S. 78.

551 *Richard A. Posner*, Law & Literature, 3. Auflage, 2009. Aus dem deutschsprachigen Schrifttum *Thomas Weitin*, Recht und Literatur, 2010; *Jens Petersen*, Marcel Proust und Tacitus, 2021, S. 1 ff.

552 *Jürgen Trabant*, Giambattista Vico – Poetische Charaktere, 2019, S. 63, definiert prägnant: „Caratteri poetici sind individuelle Gestalten, die etwas Allgemeines repräsentieren.“ *Ders.*, Neue Wissenschaft von alten Zeichen: Vicos Sematologie, 1994, S. 43, hat dies bereits eineinhalb Jahrzehnte zuvor zum Schlüssel seiner Vico-Deutung gemacht: „Daß die ersten heidnischen Nationen in poetischen Charakteren sprachen, ist nämlich nichts weniger als die Entdeckung der fundamentalen Semiotizität des menschlichen Denkens.“ In diese Richtung auch schon *Donald Phillip Verene*, Vico’s Science of Imagination, 1981.

553 *Karl Löwith*, Weltgeschichte und Heilsgeschehen. Die theologischen Voraussetzungen der Geschichtsphilosophie, 8. Auflage 1990 (1953), S. 113, zeichnet diese über Jahrzehnte gewachsene Einsicht in einer auch das Recht einbeziehenden Weise nach: „Vico gesteht, daß es ihn fünfundzwanzig Jahre unermüdlichen Nachdenkens gekostet habe, die Vorurteile des modernen Intellektualismus zu durchbrechen und die von der modernen Zivilisation noch unberührte Geistesverfassung der homerischen und vorhomerischen Menschheit in ihren Gesetzen, Bräuchen, Sprachen und Religionen wieder zum Leben zu erwecken.“ *Vittorio Hösle*, Philosophiegeschichte und objektiver Idealismus, 1996, S. 173, zieht daraus die für den vorliegenden Zusammenhang bedeutsame Konsequenz, dass „Vicos konkrete Interpretationen des archaischen Mythos, Rechts und Staats, der archaischen Sprache, Dichtung und Gesellschaft – die jede für sich eine genauere Betrachtung lohnten – auf dieser Grundannahme einer tiefen Kluft basieren, die die archaische von der modernen Welt trennt“. – Die vorliegende Untersuchung stellt den Versuch einer solchen Betrachtung im Hinblick auf das Recht dar.

von den Römern auf dem Forum dargestellt wurde, und die alte Jurisprudenz war eine strenge Dichtung."[554] [„*Talché tutto il diritto romano antico fu un serioso poema, che si rappresantava da' romani nel fòro, e l'antica giurisprudenza fu una severa poesia*"] (1037).[555]

a) Verbindungslinie zwischen Ästhetik und Rechtsphilosophie

Diese Einschätzung zeigt Vicos Denken in seiner ganzen Originalität. Jedem anderen könnte man leicht vorzuwerfen geneigt sein, dass damit strenges Recht und künstlerisch freie Poesie vermengt würden.

aa) Formenstrenge des Rechts und des Versmaßes

Doch gerade Vico erhebt die Formenstrenge des römischen Rechts auf Schritt und Tritt zu einem Leitgesichtspunkt seiner Ausführungen, vermag die scheinbaren Ausnahmen aber kraft seines immensen Wissens, nicht zuletzt der römischen Klassiker, als Bestätigungen dieser Regel begreiflich zu machen: „Und die Formeln, in welchen die Gesetze sprachen, hießen wegen ihres jeweils festgeschriebenen Maßes von so vielen und solchen Worten – weder mehr, noch weniger, noch andere – ‚carmina' (Gesänge), wie wir oben von Livius jenes genannt hörten (500), das die Strafe über Horatius verhängte."[556]

[„*E le formole con le quali parlavan le leggi, per le loro circoscritte misure di tante e tali parole – né più, né meno, né altre, – si dissero ‚carmina', come sopra udimmo dirsi da Livio quella che dettava la pena contro di Orazio*"] (1036).[557] So kann das strenge Versmaß, das keine Veränderung auch nur einer einzelnen Silbe duldet, gleichsam Gesetzeskraft entfalten.[558] Damit soll nicht gesagt werden, dass nicht vorher schon gesehen wurde, dass in den großen Epen ebenso rechtliche Zusammenhänge erscheinen. Dass es jedoch einen Zusammenhang Poetik und Recht gibt, hat wohl erst Vico in einen systematischen und philologisch einge-

---

554 Übersetzung Vittorio Hösle und Christoph Jermann, Meiner-Ausgabe, 2009, S. 561 f.

555 *Giambattista Vico*, La scienza nuova, 1744, edizione a cura di Fausto Niccolini (Editori Laterza), 5. Auflage 1967, S. 494.

556 Übersetzung Vittorio Hösle und Christoph Jermann, Meiner-Ausgabe, 2009, S. 561.

557 *Giambattista Vico*, La scienza nuova, 1744, edizione a cura di Fausto Niccolini (Editori Laterza), 5. Auflage 1967, S. 494.

558 Zum Gesetz der Kunst als unerbittlichem Richtmaß in der Wahrnehmung des Künstlers *Jens Petersen*, Marcel Proust und Tacitus, 2021.

hend begründeten Zusammenhang eingebettet;[559] nicht zuletzt indem er die eindämmende Kraft der Religion betont hat.[560] Dementsprechend oblagen Herrschaftsgewalt, Richteramt und Priesteramt den heroischen Ständen (657).

bb) Poetische Politik und Literatur

Diese eigentümliche Konfiguration von Poetik, Recht und Religion ist wohl seine ureigene Schöpfung (410/566):[561] „Wenn die Völker durch die Gesetze gegründet wurden, die Gesetze aber bei allen in Versen abgefaßt waren und auch die ältesten Angelegenheiten der Völker in Versen aufbewahrt wurden, dann ist es notwendig, daß alle ersten Völker aus Dichtern bestanden."[562] [„*Che, se i popoli si fondarono con le leggi, e le leggi appo tutti furono on versi dettate, e le prime cose de' popoli pur in versi si conservarono; necessaria cosa è che tutti i primi popoli furono di poeti*"] (470).[563] Dieser etwas eigenartige Syllogismus wird nicht jeden überzeugen, wie auch seine Prämissen angreifbar sein mögen, obwohl Vico ansonsten gerade im Hinblick den Syllogismus in einer für die Jurisprudenz weiterführenden Weise scharfsichtige Erwägungen anstellt (499).[564] Das deutlichste Zeugnis dieser

---

559 *Stephen Greenblatt*, Towards a Poetics of Culture, in: The New Historicism (Hg. Harold Veeser), 2013, S. 1, entwickelt einen konzeptionellen literaturwissenschaftlichen Neuansatz; Vicos poetische Politik vor diesem Hintergrund zu würdigen, könnte Gegenstand einer lohnenden Arbeit sein (zu Vico in diesem Sammelband *John D. Schaeffer*, The Use and Misuse of Giambattista Vico: Rhetoric, Orality, and Theories of Discourse, S. 89).

560 *Jacob Grimm*, Von der Poesie im Recht, Zeitschrift für geschichtliche Rechtswissenschaft 2 (1816) 25, stellte mehr als hundert Jahre später die vielzitierte These auf, „dasz recht und poesie aus einem bette aufgestanden waren". Dazu *Kaspar Renner*, Wie poetisch ist das Recht? Jacob Grimm zwischen Etymologie und Topik, Jahrbuch des Forums Vormärz Forschung 15 (2009) 163. – Bereits diese beiden Begriffe der Etymologie und Topik, die beide auch für das Verständnis Vicos zentral sind, legen die Annahme nahe, dass man in ihm einen Stammvater dieser Richtung erblicken kann. Siehe zu dem Dictum Jacob Grimms auch *Thomas Gutman*, Recht als Kultur. Über die Grenzen des Kulturbegriffs als normatives Argument, 2015, S. 27 Fußnote 83, der Vico allerdings nicht berücksichtigt.

561 *Vittorio Hösle*, Philosophiegeschichte und objektiver Idealismus, 1996, S. 207, macht im Übrigen darauf aufmerksam, dass man Vicos „Sprache dichterische Qualitäten nicht absprechen kann".

562 Übersetzung Vittorio Hösle und Christoph Jermann, Meiner-Ausgabe, 2009, S. 237.

563 *Giambattista Vico*, La scienza nuova, 1744, edizione a cura di Fausto Niccolini (Editori Laterza), 5. Auflage 1967, S. 197 f.

564 *Benedetto Croce*, Die Philosophie Giambattista Vicos (deutsche Übersetzung Erich Auerbach/Theodor Lücke), 1927, S. 14, zeichnet Vicos generelle Skepsis gegenüber einer teleologische Erwägungen nicht hinreichend achtenden Form der Jurisprudenz, die zu einer leeren Form verkommt, geistesgeschichtlich durchaus anspruchsvoll nach: „Gleich Bacon ist er der Ansicht, daß der Syllogismus und der Sorites nichts Neues schaffen und lediglich wiederholen, was schon in

Zusammenführung von Poetik und Recht ist wohl der Abschnitt über die poetische Politik (582–678).

Er wird hier freilich nicht zusammenhängend behandelt, weil die einzelnen Absätze immer wieder auf andere Zusammenhänge verweisen und ausstrahlen, so dass möglichst alles an seinem aus Sicht des Rechts systematischen Ort angesprochen wird, während das Recht für Vico selbst nur ein – wenn auch sehr wichtiger – Bereich ist. Doch verdient die eigentümliche poetische Kraft dieser Rechtsvorstellung zumindest Bewunderung, zumal da sie mit erheblichem frühzeitlichen Wissen bislang Unerhörtes zum Ausdruck bringt und zumindest seiner Behauptung nach beweist: „Daher wurde das Gesetz von den Dichtern mit aller Eigentümlichkeit als ‚lyra regnorum' (Leier der Reiche) bezeichnet."[565] „*Onde la legge con tutta propietà restò a' poeti diffinita ‚lyra regnorm'* " (614).[566] Von dort her spannt er über das Poetelische Gesetz (115) den Bogen zu Orpheus (659). Es verwundert vor diesem Hintergrund nicht, dass sich eines der am schwersten zugänglichen Werke der Weltliteratur – ‚Finnegans Wake' von James Joyce[567] – ohne Kenntnisse der Philosophie Vicos nicht erschließen lässt, wenn auch nicht allein durch diese.[568]

---

den Prämissen enthalten war; und er hebt die zahlreichen Schäden hervor, die die Aristotelischen Universalien in allen Wissenszweigen angerichtet haben: in der Jurisprudenz, in der die leeren Allgemeinheiten den gesetzgeberischen Sinn ersticken".

565 Übersetzung Vittorio Hösle und Christoph Jermann, Meiner-Ausgabe, 2009, S. 344.

566 *Giambattista Vico*, La scienza nuova, 1744, edizione a cura di Fausto Niccolini (Editori Laterza), 5. Auflage 1967, S. 280.

567 *Samuel Beckett*, hat bereits in einem Aufsatz aus dem Jahre 1929 unter dem Titel ‚Dante... Bruno. Vico...Joyce' den Einfluss Vicos auf Joyce nachgezeichnet, dessen ‚Ulysses' (1922) bereits seine Vico-Lektüre im Jahre 1905 in Triest erahnen lasse. Eingehend *Donald Phillip Verene* (Hg.), Vico and Joyce, 1987.

568 *James Joyce*, Finnegans Wake, 1939, S. 452, verdeutlicht dies: „The Vico road goes round and round to meet where terms begin". Dazu grundlegend *Donald R. Kelley*, Vico's Road: From Philology to Jurisprudence and Back, in: Giambattista Vico's Science of Humanity (Hg. Giorgio Tagliacozzo/Donald Phillip Verene), 1976, S. 15. Das ist eine Anspielung auf Vicos Zyklentheorie (*Vittorio Hösle*, Vico und die Idee der Kulturwissenschaft, Einleitung der Meiner-Ausgabe 1990, S. CCLXXIV; unausgesprochen wohl auch bereits auf S. XXXI f.: „Und nicht zufällig verdankt sich eines der eigenwilligsten und sprachgewaltigsten Werke der modernen Literatur der Begegnung mit Vicos Welt und ihren Giganten und Heroen."). Entsprechendes dürfte für den Anfang (I 1) von ‚Finnegans Wake' gelten: „riverrun, past Eve and Adam's, from swerve of shore to bend of bay, brings us by a commodius *vicus of recirculation* back to Howth Castle and Environs." Hervorhebung nur hier. ‚Vicus' ist also nicht das lateinische Wort für Dorf oder Gehöft, wie man lange geglaubt hat, sondern die latinisierte Form von Vico; vgl. den deutschsprachigen Band ‚Gesammelte Annäherungen' (Hg. Klaus Reichert/Fritz Senn), 10. Auflage 2016, S. 16, in der Übersetzung von *Harald Beck:* „flußauf, vorbei an Ev' und Adams, vom küstenknick zum bug der bucht, bringt uns auf kommodem *vicus zirkel* wieder zurück zu Howth Castells Engrer Umgebung." Diesselbe

b) Mythologische Herleitung der Herrschaft der Gesetze über die drakonischen Gesetze

Gerade diejenigen Bezüge zum Recht, die sich einer bildhaften Sprache bedienen, werden von Vico mitunter mythologisch gedeutet, wie er am Beispiel der legendären drakonischen Gesetzgebung darstellt, deren Erzeugnisse mit Blut geschrieben sein sollen (500):[569] „Ebenso Drakon, Verfasser der mit Blut geschriebenen Gesetze zur Zeit, da nach dem Bericht der griechischen Geschichte, wie oben gesagt worden ist (414), Athen den Optimaten gehörte. (...) Und dieser Drakon muß eine der Schlangen der Gorgo gewesen sein, die an den Schild des Perseus geheftet war; wir werden finden (542), daß sie die Herrschaft der Gesetze bezeichnet; dieser Schild versteinerte durch seine schrecklichen Strafen diejenigen, die ihn ansahen, wie auch in der biblischen Geschichte derartige Gesetze, weil sie exemplarische Bestrafungen darstellten, ‚leges sanguinis' (Blutgesetze) genannt werden."[570] [*„Così Dragone, autore delle leggi scritte col sangue nel tempo che la greca storia, come sopra si è detto, ci narra ch'Atene era occupata dagli ottimati. (...) E cotal Dragone dovett'esser una di quelle serpi della Gorgone inchiovatta allo scudo di Perseo, che si truoverà significare l'imperio delle leggi, il quale scudo con le spaventose pense insassiva coloro che 'l reguardavano, siccome nella storia sagra, perché tali leggi erano essi esempli castighi, si dicono ‚leges sanguinis'*"] (423).[571]

Stelle lautet, ebenda, S. 36, in der Übersetzung von *Kurt Jauslin:* „Flußfloß, furbay Eva' und Adams dahein, vom Klippenrand zur verschlungenen Bucht, und er bringt uns wieder in lässigem *Circel* zurück über Commodus und *Vico* nach Hoth Castell samt Einzugkreis." Hervorhebungen nur hier. *Wolfgang Schrödter*, ebenda, S. 39, übersetzt die hier interessierenden beiden Worte geistreich mit: „Rezirkulus viciosus". *Friedhelm Rathjen*, ebenda, S. 44, hingegen verfehlt die Anspielung: „im commundiösen Wickelwirken des Rezirkulierens". Siehe auch *Klaus Reichert*, ebenda, S. 9: „Vielmehr scheint Joyce ebensosehr die Entwicklung des Menschengeschlechts am Beispiel seiner Institutionen im Sinn gehabt zu haben, oder doch der Institutionen, die in dem für Finnegans Wake wohl wichtigsten Modell, der Scienza Nuova des Giambattista Vico, als allen Kulturen gemeinsam herausgearbeitet worden waren: der Einsetzung der Religion, der Institutionalisierung der Ehe und der Begräbnisfeierlichkeiten. (...) Ontogenese als Phylogenese, von einem neapolitanischen *Rechtsgelehrten* behauptet, anderthalb Jahrhunderte bevor Biologen und Psychologen die These empirisch begründeten." Hervorhebung nur hier.

569 Dazu auch *Jens Petersen*, Adam Smith als Rechtstheoretiker, 2. Auflage 2017.

570 Übersetzung Vittorio Hösle und Christoph Jermann, Meiner-Ausgabe, 2009, S. 201.

571 *Giambattista Vico*, La scienza nuova, 1744, edizione a cura di Fausto Niccolini (Editori Laterza), 5. Auflage 1967, S. 171.

Das ist wohl eine der ungewöhnlichsten Herleitungen des Prinzips der Herrschaft der Gesetze, welche die juristische Geistesgeschichte kennt.[572] Doch lässt sie gerade deswegen unabhängig von ihrem Wahrheitsgehalt aufhorchen, weil sie daran erinnert, dass sich auch die erhabenen Rechtsprinzipien wie die Herrschaft der Gesetze allmählich und gegen größte Widerstände durchsetzen mussten – eine Grundeinsicht Vicos, um deren Veranschaulichung willen er etwa die römischen Ständekämpfe so akribisch nachzeichnet. Dass er dafür an der soeben dargestellten Stelle auf die historisch ungesicherte Überlieferung zurückgreift, ist freilich das Markenzeichen seiner Kulturgeschichte des Rechts.

Zu ihr gehört, wie verschiedentlich gesehen, auch die etymologische Herleitung, die an sehr viel späterer, aber, vom inneren System seines großen Werkes her betrachtet, verwandter Stelle für die Erklärung der Strafen bei den Römern dient, weil er dort gleichfalls die – sogar buchstäbliche – exemplarische Bestrafung aufzeigt: „Und die Strafen hießen (...) bei den Lateinern ‚exempla' (Beispiele) (...) im Sinne von ‚exemplarischen Strafen' (501)."[573] [*„E le pene se ne dissero (...) da' latini (...) ‚esempla', in senso di ‚castighi esemplari'"*] (1021).[574] Vicos Rechts- und Kulturtheorie verdeutlicht unausgesprochen, dass die generalpräventiv ausgerichtete Verhaltenssteuerung in jenen Zeiten im Vordergrund stand, indem abschreckende Strafen den Menschen beispielhaft vor Augen geführt wurden.

2. Literarische und ökonomische Quellen des Rechts

Zur Erforschung der Frühzeit nutzt Vico alle verfügbaren literarischen Quellen des klassischen Altertums. Bevorzugte Autoren sind unter den römischen Klassikern neben Lukrez, immer wieder Varro, Livius und Cicero, vor allem aber Tacitus; von den Griechen ist es – abgesehen von dem omnipräsenten Homer – nicht zuletzt Thukydides (665/687). Darüber hinaus werden wir sogleich sehen, dass auch ökonomische Aspekte Wirkungen entfalten. Mitunter kommt sogar beides zusammen, indem den Zeugnissen der von Vico bevorzugten römischen oder griechischen Autoren Hinweise auf wirtschaftliche Zusammenhänge entnommen werden. Das sind sogar die in methodischer Hinsicht interessantesten Aspekte,

---

572 Zum Vergleich mit anderen Begründungen der Herrschaft der Gesetze *Jens Petersen*, Freiheit unter dem Gesetz. Friedrich August von Hayeks Rechtsdenken, 2014, passim; *ders.*, Machiavellis Gesetzgebungslehre, 2020, S. 320 ff.

573 Übersetzung Vittorio Hösle und Christoph Jermann, Meiner-Ausgabe, 2009, S. 552.

574 *Giambattista Vico*, La scienza nuova, 1744, edizione a cura di Fausto Niccolini (Editori Laterza), 5. Auflage 1967, S. 487.

weil sich daraus nicht nur kulturgeschichtliche Folgerungen ziehen lassen, sondern auch wenigstens ansatzweise ergibt, welche Bedeutung Vicos Theorie für die modernen Sozialwissenschaften entfalten kann.[575]

a) Rechtsgewalt und Waffengewalt am Beispiel der taciteischen Germania

Es verwundert nicht, dass angesichts seiner erklärten Vorliebe für Tacitus dessen ‚Germania' immer wieder zu Wort kommt (778).[576] Das zeigt sich am deutlichsten im Hinblick auf Recht und Religion, namentlich durch einen kommentierenden Klammerzusatz,[577] der die Rechtsgewalt aus der Waffengewalt ableitet:[578] „Doch Tacitus berichtet uns in den ‚Sitten der Germanen' folgendes: daß sie (sc. die Versammlungen) auch von den Priestern abgehalten wurden, wobei diese in Waffen die Strafen anordneten, als ob ihre Götter dabei anwesend wären (und nach einem richtigen Gefühl: die heroischen Versammlungen bewaffneten sich, um die Strafen anzuordnen, weil die höchste Gewalt der Gesetze aus der höchsten

575 *Vittorio Hösle*, Vico und die Idee der Kulturwissenschaft, Einleitung der Meiner-Ausgabe 1990, S. CCLXXVII, verleiht der berechtigten Hoffnung Ausdruck und lässt dies in ein buchstäblich wegweisendes wissenschaftstheoretisches Desiderat münden: „Aber so wie die wahre Vernunft diejenige ist, die ihren Ursprung aus der poetischen Welt nicht vergißt und nicht zum leeren Verstand verkümmert, so könnte eine synthetische Sozialwissenschaft viel von Vico lernen. Sein Werk gibt eine Richtung an, in die gearbeitet werden sollte (...)".

576 *Tacitus*, Germania, 7, 1, zu den weitreichenden Strafbefugnisse der Priester, die von der körperlichen Züchtigung bis hin zur Todesstrafe gehen, allerdings – im Hinblick auf Vicos Religionsverständnis wohl nicht uninteressant – nicht als Strafe und auch nicht auf Befehl eines irdischen Herrschers, sondern wie wenn ein Gott es befehlen würde: ‚ceterum neque animadvertere neque vincire, ne verberare quidem nisi sacerdotibus permissum, non quasi in poenam nec ducis iussu, sed velut deo imperante' (Germania 7, 1). Bedeutsam ist ferner folgende Stelle über die Sitzungs- und Strafgewalt der Priester: *‚silentium per sacerdotes, quibus tum et coercendi ius est, imperatur'* (Germania 11, 2). Dazu *Erwin Wolff*, Das geschichtliche Verstehen in Tacitus' Germania, in: Tacitus (Hg. Viktor Pöschl), 1969, S. 241, 270: „Jenseits des Abschnittes über den Kult begegnen wir den Funktionen des Religiösen wieder, aber nun im Bereiche der staatlichen Ordnungen, Riten, Veranstaltungen." Zu beiden Stellen in der Zusammenschau *Jens Petersen*, Recht bei Tacitus, 2019, S. 84.

577 *Vittorio Hösle*, Vico und die Idee der Kulturwissenschaft, Einleitung der Meiner-Ausgabe 1990, S. CXLVI, bemerkt beiläufig, was sich auch hier zeigt, dass bei Vico „die vielen Klammerzusätze (...) seinen Stil charakterisieren." – In der Tat steht das aus heutiger Sicht kulturgeschichtlich Interessantere in der Klammer.

578 *Dieter Timpe*, Tacitus' Germania als religionsgeschichtliche Quelle, in: Romano-Germanica. Gesammelte Studien zur Germania des Tacitus, 1995, S. 93, 141, hält als einer der profundesten Kenner der taciteischen Germania allerdings für möglich, dass „die Strafgewalt der Priester (...) mißverstanden sein oder unzutreffende Verallgemeinerungen enthalten haben mag, sie verrät jedenfalls etwas vom sakralen Sinn der Todesstrafen".

Gewalt der Waffen folgt); und allgemein erzählt Tacitus, daß sie alle ihre öffentlichen Angelegenheiten bewaffnet verhandelten und unter dem Vorsitz der Priester, wie eben gesagt worden ist. Daher findet man bei den alten Germanen, die uns Anlaß geben, dieselbe Sitte bei allen ersten barbarischen Völkern anzunehmen, die Königsherrschaft der ägyptischen Priester wieder (605)."[579]

[„*Ma Tacito ne' ,Costumi de' germani' ci narra quello: che si tenevano anco da' sacerdoti, ove comandavano le pene in mezzo dell'armi, come se ivi fussero presenti i lor dèi (e con giusto senso: si armavano le adunanze eroiche per comandare le pene, perché il sommo imperio delle leggi va di séguito al sommo imperio dell'armi); e generalmente narra che armati trattavano tutti i loro pubblici affari presiedendovi i sacerdoti, com'or si è detto. Laonde tra gli antichi germani, i quali ci dânno luogo d'intendere lo stesso costume di tutti i primi popoli barbari, si rincontra il regno de' sacerdoti egizi*"] (594).[580] Hieran lässt sich besonders deutlich erkennen, dass Vico unter Umständen bereit ist, Analogieschlüsse zu fremden, wenngleich seines Erachtens verwandten Kulturen zu ziehen, bei denen die Tatsachengrundlage zwar letztlich unerweislich ist, so dass man die Analogiebasis bezweifeln kann, wenn man nicht kategorisch annehmen möchte, dass sie in der gemeinsamen Natur der Völker liegt.

Dafür lassen sich freilich immanente Argumente in Vicos Werk finden (141/144). Doch kommt bei derartigen und mitunter gewagt erscheinenden Schlüssen zumindest seine beeindruckende Phantasie und Kombinationsgabe zum Vorschein, wenn auch die konkreten Hypothesen heutigen wissenschaftlichen Maßstäben nicht immer standhalten. Zudem veranschaulicht die zitierte Stelle einmal mehr Vicos Interesse an Institutionen. Selbst wenn er scheinbar nur Tacitus' ethnographische Erkenntnisse wiedergibt, zeigt auch hier der abschließende Kulturvergleich mit der ägyptischen Königsherrschaft, dass Vicos über Jahrtausende schweifender Blick, der die Völkervergleichung einbezieht, institutionen- und herrschaftssoziologisch eher Erkenntnisinteressen Max Webers vorwegnimmt, als dass er taciteischen Spuren folgt.[581]

579 Übersetzung Vittorio Hösle und Christoph Jermann, Meiner-Ausgabe, 2009, S. 327.

580 *Giambattista Vico*, La scienza nuova, 1744, edizione a cura di Fausto Niccolini (Editori Laterza), 5. Auflage 1967, S. 267 f.

581 Zu einer ähnlichen Schnittstelle bei einem anderen Denker, der Vico zwar nicht berücksichtigt hat, aber ebenfalls die Rechts- und Völkervergleichung in historischer Hinsicht angemahnt hat, *Jens Petersen*, Nietzsches Genialität der Gerechtigkeit, 3. Auflage 2020, S. 88 f.

b) Schlussfolgerung auf die Wirtschaftsordnung und Staatsordnung

Aber nicht nur die Religion, sondern auch ökonomische Belange finden sein Interesse im Hinblick auf die antiken Quellen, auch wenn zur Vermeidung übertriebener Erwartungen vorausgeschickt werden muss, dass Vico Ökonomie und technische Entwicklungen im Ganzen eher unzureichend behandelt.[582] Als Beweis für die vergleichsweise späte Verortung des Geldes in der Menschheitsgeschichte genügt ihm die Tatsache, dass Homers Dichtungen vom Geld noch nichts wissen (28). Auch dies zeigt beispielhaft, dass der Blick auf die Philologie sogar ein argumentum e silentio ermöglicht.[583]

aa) Philologie und Ökonomie

Dieses Schweigen der seines Erachtens maßgeblichen Dichtungen verleitet Vico zu der Annahme, dass es das betreffende Phänomen noch nicht gegeben habe. Und ebenso wie das heroische Recht aus diesen Dichtungen begründet wird, sofern es die graue Vorzeit betrifft, aus der noch keine gesicherten Daten vorliegen, ermöglichen die Dichtungen für ihn im Umkehrschluss offenbar Schlussfolgerungen auf die Wirtschaftsordnung.[584] Auch hieran erkennt man die besondere Leistung Vicos, weil er den Zusammenhang zwischen Philologie und Recht nicht nur um seiner selbst willen propagiert, sondern wegen seiner mög-

---

582 *Vittorio Hösle*, Vico und die Idee der Kulturwissenschaft, Einleitung der Meiner-Ausgabe 1990, S. CIL („Hauptmangel der Kulturtheorie der SN").

583 *Vittorio Hösle*, Recht und Geschichte bei Giambattista Vico, Gedenkschrift für Karl-Heinz Ilting, 1990, S. 389, 398, 402, präzisiert den Begriff der Philologie und macht auf den für das im Text angedeutete Argument wichtigen Gesichtspunkt hermeneutischer Tätigkeit sowie den für die gesamte vorliegende Untersuchung bedeutsamen Bezug zum Naturrecht aufmerksam: „Nur eine durch philosophische Prinzipien geleitete, auf allgemeine Strukturen abzielende Philologie – und zu Vicos Philologiebegriff zählen alle hermeneutischen Tätigkeiten der Sozial- und Geisteswissenschaften – sei in der Lage, die neue Wissenschaft von der menschlichen Kultur zu begründen. (...) Trotz Vicos Bekenntnis zur geometrisch-deduktiven Methode (...), die er von zahlreichen Naturrechtlern der frühen Neuzeit übernimmt, ergibt sich aus dem Gesagten, daß nach ihm der allgemeine theoretische Rahmen einerseits ein Verstehen besonderer Phänomene erst ermöglicht, andererseits selbst durch diese Phänomene – oder besser: deren Vorverständnis – bestimmt ist: Vico gibt sich über den hermeneutischen Zirkel ansatzweise Rechenschaft." Grundlegend zur Hermeneutik, auch unter Berücksichtigung Vicos, *ders.*, Kritik der verstehenden Vernunft, 2018, S. 16, 113, 345, 389, 448.

584 Zu ähnlichen Argumenten, die dort freilich weniger in Zeugnissen aus der Dichtung als vielmehr in der Überlieferung rechtlicher Regelungen liegen, *Jens Petersen*, Rechtsordnung und Wirtschaftsordnung nach Eucken, 2019.

lichen Rückschlüsse auf andere kulturgeschichtliche, aber eben auch ökonomische Erscheinungen.[585]

Besonders deutlich zeigt sich die Wechselwirkung zwischen staatstheoretischen und ökonomischen Fragen am Beispiel seiner Erörterung ‚von den Ursprüngen des Zensus und der Staatskasse' (619), auf die er bereits an früherer Stelle mit einigem Stolz verweist (111), indem er sie schrittweise vorbereitet (420). Dabei geht es zwar nicht mehr um den spezifischen Zusammenhang zwischen der Philologie einerseits sowie Recht und Ökonomie andererseits. Daher muss die Problematik hier nicht in allen intrikaten Einzelheiten nachgezeichnet werden, auf die Vico nach eigenem Bekunden die größte gedankliche Arbeit verwendet hat (623), wie er gleich zu Beginn seines großen Werkes anklingen lässt (25).

bb) Aristotelischer Einfluss

In diesem Zusammenhang verdient ein Gedanke Erwähnung, in dem Vico ausgehend von der ‚gesetzlichen Gerechtigkeit' die berühmte aristotelische Unterscheidung zwischen distributiver und kommutativer Gerechtigkeit darlegt:[586] „Daher hinterließ uns Aristoteles eine göttliche Definition des guten Gesetzes: daß es ein ‚von Leidenschaften freier Wille' sei, was soviel besagt wie: ein heroischer Wille; er erkannte die königliche Gerechtigkeit, die im Gemüt des Heros ihren Sitz hat und über alle anderen Tugenden gebietet. Denn er hatte bemerkt, daß die gesetzliche Gerechtigkeit (die ihren Sitz hat im Gemüt der souveränen politischen Gewalt) der Klugheit gebietet im Senat, der Tapferkeit in den Heeren, der Mäßigkeit bei den Festen, der besonderen Gerechtigkeit sowohl als distributiver bei der Staatskasse wie auch als meistens kommunikativer auf dem Marktplatz, und

585 *Benedetto Croce*, Die Philosophie Giambattista Vicos (deutsche Übersetzung Erich Auerbach/Theodor Lücke), 1927, S. 149, verdeutlicht den Gleichlauf von Privatrecht und Ökonomie in Vicos Vorstellung und zeigt durch diese Paraphrase, wie hellsichtig und trotz ihres Rückblicke in unvordenkliche Zeiten paradoxerweise fortschrittlich diese in rechtsökonomischer Hinsicht ist: „Das private Recht entsprach vollkommen der ökonomischen Konstitution jener Gesellschaft, die ganz und gar Naturalwirtschaft war, auf die notwendigen Dinge des Lebens beschränkt, ohne den Gebrauch des Geldes zu kennen; und deshalb kannte das Recht die Kontrakte nicht, die man später als durch bloße Einigung zustande gekommen bezeichnete. Alle Schuldverhältnisse wurden mit der Hand bekräftigt, die ersten Käufe waren Tauschgeschäfte, die Hausmieten bestanden im Grundzins des Baulands, die Pacht landwirtschaftlichen Bodens war Emphytheuse; Sozietät und Auftrag waren unbekannt".

586 Dazu *Claus-Wilhelm Canaris*, Die Bedeutung der iustitia distributiva im deutschen Vertragsrecht, 1997.

daß die kommunikative nach arithmetischer, die distributive nach geometrischer Proportion verfährt."[587]

[„*Onde Aristotile poscia divinamente ci lasciò diffinita la buona legge: che sia una ‚volontà scevera di passioni'*, *quanto è dire volontà d'eroe; intese la giustizia regina, la qual siede nell'animo dell'eroe e comanda a tutte l'altre virtù. Perché aveva osservato la giustizia legale (la qual siede nell'animo della civil potestà sovrana) comandar alla prudenza nel senato, alla fortezza negli eserciti, alla temperanza nelle feste, alla giustizia particolare, così distributiva negli erari, come per lo più commutativa nel fòro, e la commutativa la proporzione aritmetica e la distributiva usare la geometrica*"] (1042).[588] Die scheinbar nur referierende Wiedergabe des aristotelischen Gedankens ist bei näherer Betrachtung durchsetzt von der Originalität Vicos, dessen scheinbar geringfügige Umformulierungen, wie jene in Richtung eines heroischen Willens, dem Ganzen eine eigentümliche Richtung geben, die gerade sein kulturgeschichtlich gefärbtes Verständnis des Rechts zum Ausdruck bringen. Das zeigt sich im hier nicht wörtlich zitierten Folgenden noch deutlicher, wenn er der aristotelischen Zweiteilung die arithmetische Gerechtigkeit gegenüberstellt, die er zur heroischen Gerechtigkeit bildhaft in Beziehung setzt.

cc) Etymologische Absicherung

Aber noch in anderer Hinsicht kommen ökonomische Gesichtspunkte zum Tragen, und zwar vermittels philologischer Herleitungen.[589] Die spätere Entwicklung von Griechenland nach Rom verläuft nämlich wiederum etymologisch und mit literarischem Beleg abgesichert, vor allem aber durch die Gleichförmigkeit des Verhaltens inspiriert (141): „Wie bei den alten Lateinern nach einer solchen Gleichförmigkeit der Ideen das Vermögen ‚pecunia' (Geld) genannt wurde, das nach Meinung der lateinischen Philologen a ‚pecude' (vom Vieh) so heißt: wie bei den alten Germanen nach dem Bericht des Tacitus die Klein- und Großviehherden ‚solae et gratissimae opes sunt'[590] (das einzige und äußerst willkommene Zahlungsmittel sind): diese Sitte muß sich bei

587 Übersetzung Vittorio Hösle und Christoph Jermann, Meiner-Ausgabe, 2009, S. 564.

588 *Giambattista Vico*, La scienza nuova, 1744, edizione a cura di Fausto Niccolini (Editori Laterza), 5. Auflage 1967, S. 496.

589 *Vittorio Hösle*, Vico und die Idee der Kulturwissenschaft, Einleitung der Meiner-Ausgabe 1990, S. XCIV, macht auf den interessanten Umstand aufmerksam, dass ein Schüler Vicos namens Antonio Genovesi der erste Lehrstuhlinhaber für Volkswirtschaftslehre innerhalb Europas war.

590 *Tacitus*, Germania, 5, 1. Zum Geld in der Germania, wonach die Germanen Silber höher achteten als Gold (Germania 5, 3), auch *Jens Petersen*, Recht bei Tacitus, 2019, S. 15.

den alten Römern gefunden haben, bei denen das Vermögen ,pecunia' hieß, wie dies das Zwölftafelgesetz im Abschnitt Über die Testamente bezeugt."[591] [„*Siccome dagli antichi latini, con tal uniformità d'idee, il patrimonio si disse ,pecunia', ch'i latini gramatici vogliono esser detta a ,pecude'; come appo i germani antichi, al narrare di Tacito, i greggi e gli armenti ,solae et gratissimae opes sunt': il qual costume deve esser lo stesso degli antichi romani, da' quali il patrimonio si diceva ,pecunia', come l'attesta la legge delle XII Tavole, al capo De' testamenti*"] (545).[592]

c) Vicos Zuschreibung der Wahrheit ungesicherter Überlieferung

Wichtiger als die römisch-rechtlichen Einzelheiten sind allerdings die philosophischen Folgerungen für das Verhältnis von Recht und Geschichte. Das betrifft, wie verschiedentlich gesehen, vor allem seine Suche nach unverbrüchlicher Gewissheit. Daher soll hier nur die Quintessenz wiedergegeben werden, die auch derjenigen Überlieferung Wahrheit zuschreibt, die letztlich gar nicht historisch gesichert ist: „Auf diese Weise kann man der Überlieferung Wahrheit zuschreiben, daß der Zensus von Servius Tullius (weil durch ihn deren Stoff zubereitet und durch ihn der Anlass dazu gegeben wurde) die Basis der Volksfreiheit war, wie oben in den Anmerkungen zur chronologischen Tafel – dort, wo das Publilische Gesetz seinen Ort hat (107, 111) – hypothetisch erörtert wurde. Und diese Vorkehrung, in Rom selbst entstanden, war in der Tat diejenige, die dort die demokratische Republik einführte, nicht etwa das Zwölftafelgesetz, das von Athen dorthin gekommen sein soll (52). (...) Das kann man aus Livius beweisen, der, obgleich er den römischen Staat jener Zeiten kaum kannte, doch berichtet, die Adligen hätten sich beschwert, sie hätten in jenem Jahr, in dem sie doch viele bedeutsame Siege davongetragen hatten, durch jenes Gesetz im Staat mehr verloren, als sie außerhalb mit den Waffen gewonnen hätten. Das ist der Grund, weshalb Publilius, der dessen Urheber war, ‚Diktator des Volkes' genannt wurde (112)."[593]

[„*Tal è la guisa che fa vera la tradizione che 'l censo di Servio Tullio (perché da quello se ne apparecchiò la materia e da quello ne nacquero l'occasioni) fu egli pianta della libertà popolare, come sopra si ragionò per ipotesi nell'Annotazioni alla Tavola cronologica, ov'è il luogo della legge Publilia. E tal ordinamento, nato dentro Roma medesima, fu invero quello che ordinovvi la repubblica demo-*

591 Übersetzung Vittorio Hösle und Christoph Jermann, Meiner-Ausgabe, 2009, S. 288.

592 *Giambattista Vico*, La scienza nuova, 1744, edizione a cura di Fausto Niccolini (Editori Laterza), 5. Auflage 1967, S. 237.

593 Übersetzung Vittorio Hösle und Christoph Jermann, Meiner-Ausgabe, 2009, S. 348.

cratica, non già la legge delle XII Tavole colà venuta da Atene. (...) Lo che si dimostra con esso Livio, che, quantunque ignorante dello Stato romano di quelli tempi, pur narra ch'i nobili si lagnavano avere più perduto con quella legge in città che guadagnato fuori con l'armi in quell'anno, nel quale pur avevano riportato molte e grandi vittorie. Ch'è la cagione onde Publilio, che ne fu autore, fu detto ‚dittator popolare'"] (620).[594] Das zuletzt genannte publilische Gesetz begegnet weiter unten im Zusammenhang mit der Volksfreiheit erneut (945). Bezüglich des darüber hinaus distanzierend dargestellten Rechtstransfers des Zwölftafelgesetzes von Athen nach Rom (52), der auch an späterer Stelle des Werkes mit annähernd gleichen Worten in Zweifel gezogen wird (612), besteht allerdings, wie weiter unten noch am Beispiel einer weiteren Passage zu bedenken gegeben wird (284), ein gewisses Spannungsverhältnis zu einer vergleichsweise entschieden formulierten Annahme, die man anders verstehen könnte (102).

3. Interdependenz von Recht und Kultur

Das zuletzt Bedachte belegt beiläufig, dass Vico die lateinischen Klassiker, also die taciteische Germania ebenso wie das Geschichtswerk des Livius, zu Quellen der Beweisführung für ökonomische und juristische Feinheiten macht (592); übrigens auch eine solche, die besondere Bedeutung für die Staatsform hat, wo das Werk des Livius eher auf ungesicherte Überlieferung zurückgreift, die zwar keine freie Dichtung darstellt, aber historisch nicht vollends belastbar ist.[595] Immerhin zitiert Vico wiederholt (1036), wenn auch überaus kritisch, eine prägnante juristisch konnotierte Wendung des Livius, die zugleich das Gesetz mit dem Gesang bzw. Gedicht in Verbindung bringt und eine alte Rechtsgepflogenheit bezeichnet, nämlich ‚lex horrendi carminis' (500).[596]

Der livianische Einfluss auf das Rechts- und Staatsverständnis, den Vico hier so hoch schätzt, ist zwar nicht unbedingt dem gleichzuachten, was Vico innerhalb

---

594 *Giambattista Vico*, La scienza nuova, 1744, edizione a cura di Fausto Niccolini (Editori Laterza), 5. Auflage 1967, S. 283.

595 *Katryn Lomas*, Der Aufstieg Roms. Von Romulus bis Pyrrhus, 2019.

596 *Livius*, Ab urbe condita 1, 26: ‚Lex horrendi carminis erat: Duum viri perduellionem iudicent. Si a duum viris provocarit, provocatione certato'. Dazu *Gustav Geib*, Geschichte des römischen Criminalprocesses bis zum Tode Justinian's, 1842, S. 156 mit Fußnote 14; *August Theodor Woeniger*, Das Sacralsystem und das römische Provocationsverfahren der Römer, 1843, S. 243; *Karl Friedrich Dieck*, Historische Versuche über das Criminalrecht der Römer, 1822, S. 22; aus dem neueren Schrifttum *Bernhard Linke*, Von der Verwandtschaft zum Staat. Die Entstehung politischer Organisationsformen in der frührömischen Geschichte, 1995, S. 55; *Jochen Bleicken*, Gesammelte Schriften, Band 1, 1998, S. 338, zu Bezügen zwischen Livius und *Cicero*, Pro Rabirio, 1, 5.

seiner poetischen Logik an Recht behandelt hat (428 – 455). In seiner Zusammenschau von Problemen der Fiskalgesetzgebung, dem Demokratieverständnis und den Werken römischer Schriftsteller,[597] die über eine unvordenkliche und daher – wie Vico bemerkenswerterweise durchaus einräumt – nicht mehr exakt historisch nachzuvollziehende Zeit berichten, ist aber wohl auch dieser Gedankengang ein Beleg für die Interdependenz von Recht und Kultur.[598]

a) Gesetzgebung und Institutionenbildung in Griechenland und Ägypten

Dieser Zusammenhang zeigt sich auch innerhalb der Scienza nuova, wenn die demokratisch geprägten Institutionen und Gesetze der alten Griechen auf die ihnen eigentümliche poetologische Denkweise bezogen und zu einer anderen Kultur ins Verhältnis gesetzt werden: „Auf diese Weise wurden, da von einer solchen Reflexion in Athen alle Institutionen und Gesetze ausgingen, die eine demokratische Republik ausmachen, wegen dieser Weise der ersten Völker, in poetischen Charakteren zu denken, diese Institutionen und diese Gesetze von den Athenern sämtlich auf Solon zurückgeführt, wie alle für das menschlich-politische Leben nützlichen Erfindungen von den Ägyptern auf Mercurius Trismegistus (68).“[599]

[„*In cotal giusa, perché da tal riflessione incominciarono in Atene tutti gli ordini e tutte le leggi che formano una repubblica democratica, perciò, per questa maniera di pensare per caratteri poetici de' primi popoli, tali ordini e tali leggi, come dagli egizi tutti i ritruovati utili allla vita umana civile a Mercurio Trimegisto, furon tutti dagli ateniesi richiamati a Solone*“] (416).[600] Dieser Trismegistus nämlich soll den Ägyptern die Gesetzgebung erschlossen haben: „So entdeckte Mercurius Trismegistus – wie wir bewiesen haben, ein poetischer Charakter der ersten Gründer der Ägypter – ihnen die Gesetze wie die Buchstaben.“[601] [„*Così Mercurio Trim-*

597 Zu einem ähnlichen Zusammenhang zwischen Staatsform und Fiskalgesetzgebung *Jens Petersen*, Recht bei Tacitus, 2019, Einleitung und § 1.

598 *Vittorio Hösle*, Vico und die Idee der Kulturwissenschaft, Einleitung der Meiner-Ausgabe 1990, S. XCV, macht auf eine ebenso wichtige Ausprägung der Interdependenz in Vicos Denken aufmerksam, die mit dem im Text Gesagten aber wohl mindestens mittelbar zusammenhängt, zumal da „die Überzeugung von der wechselseitigen Bedingtheit von Institutionen und menschlichem Selbstverständnis zu den wichtigsten Einsichten Vicos gehört“.

599 Übersetzung Vittorio Hösle und Christoph Jermann, Meiner-Ausgabe, 2009, S. 199.

600 *Giambattista Vico*, La scienza nuova, 1744, edizione a cura di Fausto Niccolini (Editori Laterza), 5. Auflage 1967, S. 169.

601 Übersetzung Vittorio Hösle und Christoph Jermann, Meiner-Ausgabe, 2009, S. 242.

egisto, carattere poetico de' primi fondatori degli egizi, quale l'abbiam dimostrato, ritruovò loro e le leggi e le lettere"'] (483).[602]

b) Kulturvergleichung und natürliches Recht der Völker

Was damit gemeint ist, erschließt sich, wie so oft bei Vico, erst an späterer Stelle. Dort wird eine weitere Folge seiner verschachtelten Verweisungstechnik offenbar, welche die Verbindungslinie zu seiner Kritik an den drei Naturrechtslehrern schafft, denen er ja, wie erinnerlich, vorwirft, dass sie die allmählich vonstatten gehende Rechtsentwicklung unzureichend berücksichtigten und stattdessen an einem menschheitsgeschichtlich sehr viel spätere Punkt ansetzten, der willkürlich gewählt und in dieser Gestalt wohl gar nicht fixierbar sei:[603] „Zufolge all dessen hätten von diesen Buchstaben und von diesen Gesetzen, die Mercurius Trismegistus den Ägyptern erfand (66), von diesen ‚Charakteren' und diesen ‚Namen' der Griechen, von diesen ‚Namen', die bei den Römern sowohl ‚Stämme' als auch ‚Rechte' bedeuten (433), die drei Fürsten dieser Lehre, Grotius, Selden und Pufendorf (394), ausgehen müssen, um über das natürliche Recht der Völker zu sprechen."[604] [„*In conseguenza di tutto ciò, da queste lettere e queste leggi che truovò Mercurio Trimegisto agli egizi, da questi ‚caratteri' e questi ‚nomi' de' greci, da questi ‚nomi' che significano e ‚genti' e ‚diritti' a' romani, gli tre princii della lor*

602 *Giambattista Vico*, La scienza nuova, 1744, edizione a cura di Fausto Niccolini (Editori Laterza), 5. Auflage 1967, S. 201.

603 *Isaiah Berlin*, Vico and Herder. Two Studies in the History of Ideas, 1976, S. 34, verdeutlicht dies auf eine ideengeschichtlich so kenntnisreiche und zugleich Vicos eigenes wissenschaftliches Anliegen so klar herausstellende Weise, dass daraus zugleich unausgesprochen hervorgeht, wie wegweisend Vicos eigene Sicht für die durch ihn aufkommende Kulturwissenschaft ist: „The theorists whom he singled out for attack were those who seemed to him to have perpetrated unhistorical anachronisms: like the upholders of theories of Natural Law or social contract, who credited primitive men with some of the civilized attributes of their own ‚magnificent' age; and those rationalists like Descartes and Spinoza, or utilitarians like Hobbes and Locke, or ‚Epicureans' like Gassendi, who, however deeply they differed from one another, all assumed the existence of a fixed, unchanging human nature, common to all men, everywhere, at all times, a fully developed moral and psychological structure from which rights, obligations, laws, flowing from universal goals, identical for all men, could be logically deduced. Vico attacks the great jurists Grotius, Selden, Pufendorf, whose gifts and erudition he admired, and to whose notions of social laws (especially Grotius) he acknowledged a profound debt, for their blindness to the idea of development, nascimento, coming to birth, from which natura is derived, whereby one generation, or culture, grows into another. Blind to this, they cannot see the organic interconnection which unites the various fields of activity which belong to any one particular state of social growth".

604 Übersetzung Vittorio Hösle und Christoph Jermann, Meiner-Ausgabe, 2009, S. 249 f.

dottrina, Grozio, Seldeno, Pudendorfio, dovevan incominciar a parlare del diritto natural delle genti"] (493).[605]

c) Rechts- und Kulturvergleichung im Verhältnis zur Rechtsgeschichte

Vico kritisiert die drei genannten Naturrechtslehrer somit nicht um des Naturrechts willen, sondern wegen mangelnder rechtsgeschichtlicher Berücksichtigung der Evolution des Rechts. Namentlich Grotius, den er ja als Denker durchaus schätzt, hält er entgegen, dass dieser hinsichtlich des nach justinianischen natürlichen Rechts der Völker (1086) die zwischenzeitliche Epoche der wiedergekehrten Barbarei schlechterdings ausblende (1002). Spätestens hier zeigt sich jedoch (483), dass seine Kritik nicht zersetzend ist, sondern immanent und insofern konstruktiv verfährt, als er das Naturrechtsdenken um eine ganze Dimension bereichert, nämlich die historisch-genetische, die er kulturvergleichend anlegt und mit der Evolution der Sprache verbindet. Dieses Verständnis der Kritik konvergiert auch mit seiner Vorstellung von der Topik:[606] „Denn die Topik ist das Vermögen, das den Geist schöpferisch macht, während die Kritik ihn genau macht."[607] [„*Perché la topica è la facultà di far le menti ingegnose, siccome la critica è di farle esatte*"] (498).[608]

Er bezieht also nicht nur die Sprach- und Rechtsentwicklung der Römer in seine umfassende Theorie ein, sondern auch die Griechen und sogar die Ägypter. Diese geographisch weitreichende Kulturvergleichung, die eben nicht nur

---

605 *Giambattista Vico*, La scienza nuova, 1744, edizione a cura di Fausto Niccolini (Editori Laterza), 5. Auflage 1967, S. 207.

606 Anschaulich *Benedetto Croce*, Die Philosophie Giambattista Vicos (deutsche Übersetzung Erich Auerbach/Theodor Lücke), 1927, S. 197: „Jenes Alter, das die *Barbarenzeit des Intellekts* ist, so reich an Phantasie und – wegen der engen Beziehung zwischen beiden Fähigkeiten – an Gedächtnis, sollte mit der Lektüre von Dichtern, Historikern und Rednern und mit dem Erlernen von Sprachen genährt und erzogen werden. Die Kunst, die man dort lehren soll, ist nicht die Kritik, sondern die *Topik*, die wahre Kunst des ingenium, d. h. der Erfindungsgabe, durch die Kinder den Stoff vorbereiten lernen, um später gut zu urteilen; denn man kann erst gut urteilen, wenn man das Ganze der Sache kennt, und die Topik lehrt, in jedem Ding seinen gesamten Inhalt zu finden". Hervorhebungen auch dort. In dieser Hinsicht ist aus juristischer Sicht die über Vico von *Ciceros* Topica bis hin zu *Theodor Viehweg*, Topik und Jurisprudenz, 1953, reichende Traditionslinie bedeutsam, in der Vico das entscheidende Bindeglied darstellt; vgl. *Claus-Wilhelm Canaris*, Systemdenken und Systembegriff in der Jurisprudenz, 2. Auflage 1983, S. 140, der mit Recht darauf hinweist, dass „der Bezug der Topik auf die Rhetorik (...) ihr historisch gesehen von vornherein immanent ist und von Aristoteles über Cicero bis Vico eine maßgebliche Rolle spielt".

607 Übersetzung Vittorio Hösle und Christoph Jermann, Meiner-Ausgabe, 2009, S. 251.

608 *Giambattista Vico*, La scienza nuova, 1744, edizione a cura di Fausto Niccolini (Editori Laterza), 5. Auflage 1967, S. 209.

gleichsam horizontal die Rechtsvergleichung mit einschließt, sondern auch vertikal die Rechtsgeschichte, sucht ihresgleichen, zumal da sie eben auch die Entwicklung der Schriftzeichen und Sprachen berücksichtigt.[609] Gesetzgebung und Sprache sind für Vico nicht zu trennen. Ebenso gehören Rechts- und Kulturvergleichung für ihn zusammen. Das ist deswegen bedeutsam, weil das Verhältnis von Recht und Kultur von einer Wechselbezüglichkeit geprägt ist, die auch wissenschaftstheoretische Folgerungen nach sich ziehen kann, die sich allerdings erst am Ende der Untersuchung ansatzweise ziehen lassen. Aber bereits hier wird deutlich, warum man zusammenfassend von Vicos Kulturgeschichte des Rechts sprechen kann.

II. Archaische Gottesurteile und Evolution des Rechts

Vico erklärt den für das Recht charakteristischen Interessenwettstreit in einer einerseits kompetitiven, andererseits evolutionär ausgerichteten Weise.[610] Paradigmatisch für diese beiden Ausprägungen sind die altrömischen Standeskämpfe zwischen Plebejern und Patriziern, deren hartnäckiges Ringen im Laufe der Zeit zu immer neuen Rechtszuweisungen führte. Allerdings wirkt auch im Rahmen der Anstrengungen der Plebejer zur Erreichung gleicher Rechte die Vorsehung entscheidend mit und führt letztlich zu einem Machtzuwachs des Gemeinwesens: „Da ließ, weil nach einer gewissen Zeit die Völker selbst souverän sein sollten, die Vorsehung es geschehen, daß die Plebs zuvor lange Zeit mit dem Adel wetteiferte in Frömmigkeit und Religiosität in den heroischen Auseinandersetzungen um die Pflicht der Adligen, den Plebejern die Auspizien mitzuteilen, auf daß sie dadurch alle öffentlichen und privaten bürgerlichen Rechte mitgeteilt erhielten, die als davon abhängig erachtet wurden; und so brachten gerade die Pflege der Frömmigkeit und eben der religiöse Eifer die Völker dahin, souverän zu sein in den

---

609 *Vittorio Hösle*, Recht und Geschichte bei Giambattista Vico, Gedenkschrift für Karl-Heinz Ilting, 1990, S. 389, 406, stellt die Rolle des Rechts am deutlichsten in einen Zusammenhang zu anderen menschlichen Ausdrucksformen und Errungenschaften: „In der Tat ist das Recht diejenige Determinante einer Kultur, an der und deren Entwicklung Vico ganz besonders interessiert ist, auch wenn der entscheidende Gedanke der Scienza nuova der ist, daß zwischen den einzelnen Erscheinungsformen einer Kultur Zusammenhänge bestehen: Den verschiedenen Formen von Sprache, Schrift, Kunst, Recht, Moral, Staat, Religion, Legitimationssystem liegen nach Vico verschiedene formae mentis zugrunde, mit deren Veränderung sich unausweichlich auch das Gesamte einer Kultur wandle“.

610 *Peter Burke*, Vico. Philosoph, Historiker, Denker einer neuen Wissenschaft, 1990, S. 49, stellt mit Recht fest, dass „seinem Werk ein besonderer Rang in jeder Ideengeschichte der Rechtsevolution gebührt“.

Städten, worin das römische Volk alle anderen Völker der Welt übertraf; und deshalb wurde es zum Herrn der Welt."[611] [*„Ove dovendo a capo di tempo esser sovrani essi popoli, permise la provvedenza che le plebi, per lungo tempo innanzi, gareggiassero con la nobilità di pietà e di religione nelle contese eroiche di doversi da' nobili comunicar a' plebei gli auspìci, per riportarne comunicate tutte le pubbliche e private ragioni civili che se ne stimavano dipendenze; e sì la cura medesima della pietà e lo stesso affetto della religione portasse i popoli ad esser sovrani nelle città: nello che il popolo romano avanzò tutti gli altri del mondo, e perciò funne il popolo signor del mondo*"] (1101).[612]

1. Vernünftigkeit des Rechts

Aber Vico greift wiederum weiter in die Vergangenheit zurück, indem er Rechtsentwicklungen aus unvordenklicher Zeit schildert, deren bemerkenswertes Charakteristikum erneut darin besteht, dass sie theologisch fundiert sind, nämlich durch die göttliche Vorsehung: „Bei diesen Waffengerichten beurteilte man das Recht nach dem Glück des Sieges, was ein Ratschluß der göttlichen Vorsehung war, auf daß unter barbarischen und nur mit einer äußerst beschränkten Geisteskraft ausgestatteten Völkern, die sich noch nicht auf eine vernunftgeleitete Rechtsbeurteilung verstanden, nicht durch Kriege stets neue Kriege gesät würden, sondern sie so eine Idee von der Gerechtigkeit oder Ungerechtigkeit der Menschen hatten nach dem Maßstab, ob diesen die Götter geneigt oder ungünstig gesinnt waren (923)."[613]

[*„In sì fatti giudizi armati estimaron la ragione dalla fortuna della vittoria: lo che fu consiglio della provvedenza divina, acciocché, tra genti barbare e di cortissimo raziocinio, che non intendevan ragione, da guerre non si seminassero guerre, e sì avessero idea della giustizia o ingiustizia degli uomini dall'aver essi propizi o pur contrari gli dèi*"] (963).[614] Entscheidend ist der Gegenbegriff der ‚vernunftgeleiteten Rechtsbeurteilung', zu der die damaligen Menschen noch nicht in der Lage waren. Es geht Vico damit bereits vor Hegel[615] nicht nur um eine geschichtliche

611 Übersetzung Vittorio Hösle und Christoph Jermann, Meiner-Ausgabe, 2009, S. 601.

612 *Giambattista Vico*, La scienza nuova, 1744, edizione a cura di Fausto Niccolini (Editori Laterza), 5. Auflage 1967, S. 528.

613 Übersetzung Vittorio Hösle und Christoph Jermann, Meiner-Ausgabe, 2009, S. 515.

614 *Giambattista Vico*, La scienza nuova, 1744, edizione a cura di Fausto Niccolini (Editori Laterza), 5. Auflage 1967, S. 452.

615 Allerdings hat Hegel Vico wohl nicht rezipiert; vgl. *Vittorio Hösle*, Hegels System. Der Idealismus der Subjektivität und das Problem der Intersubjektivität, 2. Auflage 1998, S. 595

Entfaltung der göttlichen Vorsehung,[616] sondern auch der Vernunft im Laufe der Rechtsgeschichte.[617]

a) Entfaltung der Humanität im Verlauf der Geschichte

Paradigmatisch sind auch in dieser Hinsicht die Zweikämpfe, die für Vico, eine entscheidende Rolle spielen.[618] Er sieht etwa „den Ursprung der Zweikämpfe (...) in den jüngsten barbarischen Zeiten (...), in denen die Mächtigen sich noch nicht daran gewöhnt hatten, Beleidigungen und Unrecht gegenseitig auf dem gesetzlichen Rechtsweg zu rächen, sondern gewisse Gottesurteile in Anspruch nahmen (...). Aus all diesen Gründen wurde der Zweikampf für eine Art göttlicher Reinigung gehalten; deswegen galten die Zweikämpfe in den barbarischen Zeiten für ebenso notwendig, wie sie heute, bei diesem Stand der Humanität, die straf-

---

Fußnote 9: „Ähnlich wie sein großer, ihm allerdings unbekannt gebliebener Vorläufer G. Vico ist auch Hegel der Ansicht, die Mythen der Kunst und Religion seien nicht eine bewußte Übersetzung begrifflicher Einsichten (...).“ Eingehend *Jong-Seok Na*, Praktische Vernunft und Geschichte der Philosophie bei Vico und Hegel, 2002; vgl. auch *Jens Petersen*, Die Eule der Minerva in Hegels Rechtsphilosophie, 2. Auflage 2015.

616 Vgl. dazu *Hans Küng*, Menschwerdung Gottes. Eine Einführung in Hegels theologisches Denken als Prolegomena zu einer künftigen Theologie, 1970.

617 *Karl Löwith*, Weltgeschichte und Heilsgeschehen. Die theologischen Voraussetzungen der Geschichtsphilosophie, 8. Auflage 1990 (1953), S. 120, korrigiert diese sprachmächtig dargestellte Wirkungsweise allerdings in einem wichtigen Punkt, der ihre povidentielle Ursache betrifft, in scheinbar dantesker Diktion, in Wahrheit aber wohl in eher hegelianischem Habitus: „Diese Dialektik von besonderen Absichten und allgemeinen Endzwecken, von menschlichen Handlungen und ihren unbeabsichtigten Ergebnissen, ist nicht, wie Croce meint, eine menschliche ‚Komödie der Irrungen‘, sondern eine göttliche Komödie der Wahrheit, vergleichbar mit dem Wirken der Vorsehung in Hegels Philosophie der Geschichte, d. h. eine ‚List der Vernunft‘, welche die menschlichen Absichten überlistet. Diese Dialektik, die an dem Beispiel gesellschaftlicher Institutionen aufgezeigt wurde, waltet in der zeitlichen Ordnung der Epochen, in der Aufeinanderfolge göttlicher, heroischer und menschlicher Zeitalter.“ – Allerdings liegen Löwith und Croce nicht so weit auseinander, wie es den Anschein hat; vgl. *Benedetto Croce*, Die Philosophie Giambattista Vicos (deutsche Übersetzung Erich Auerbach/Theodor Lücke), 1927, S. 207: „Endlich nahm die *vichianische Vorsehung, das heißt die Rationalität und Objektivität der Geschichte,* die einer anderen Logik folgt als ihr von den individuellen Vorstellungen und Illusionen zugeschrieben wird, in der von Hegel formulierten List der Vernunft zwar einen prosaischen Namen an, veränderte aber ihren Charakter nicht“. Hervorhebung nur hier.

618 *Vittorio Hösle*, Recht und Geschichte bei Giambattista Vico, Gedenkschrift für Karl-Heinz Ilting, 1990, S. 389, 417, betont die Notwendigkeit und den Nutzen der Beschäftigung mit diesen – mitunter sperrigen – Kapiteln: „Wer in die Tiefen archaischen Rechtsdenkens eindringen will, der wird sich durch das Labyrint der Scienza nuova zwar mit Mühen, aber doch stets mit Gewinn hindurcharbeiten müssen“.

rechtliche und zivilrechtliche Urteilssprüche gesetzlich geregelt hat, verboten sind."[619] [*„E qui si scuopre l'origine de' duelli (...) ne' tempi barbari primi, ne' quali non erano ancor i potenti addimesticati di vendicare tra loro le offese e i torti con le leggi giudiziarie, e si esercitavano con certi giudizi divini (...). Per le quali cagioni tutte funne il duello creduto una spezie di purgazione divina; onde, quanto oggi, in questa umanità, la quale con le leggi ha ordinato i giudizi criminali e civili, sono vietati*"] (27).[620]

aa) Idee der Humanität und Verbot der Selbstjustiz

Hiermit ist zugleich die Entwicklung des Verbots der Selbstjustiz unausgesprochen behandelt.[621] Letztlich ist aber auch dieses eine Ausprägung der von Vico allenthalben berücksichtigten Idee der Humanität, die folgerichtig auch das Gebot von Treu und Glauben umschließt (974). Deren Entfaltung im Laufe der Geschichte führt, wenn man Vicos Darlegungen nachverfolgt, mitunter zu eigentümlichen Beweisführungen, die jedoch in sich schlüssig sind, wenn man bedenkt, dass entsprechend dem Prinzip des *ricorso* auch immer Rückschritte in die Betrachtung einzustellen sind.[622]

Aber damit wird vorgegriffen, weil man im Ausgangspunkt nicht übersehen darf, dass die Herstellung der Gerechtigkeit durch Zweikämpfe zunächst roh und gewalttätig vonstatten ging, wie Vico in einer für seine kulturgeschichtliche Herangehensweise bezeichnenden Art mythologisch veranschaulicht: „Was die Gerechtigkeit betrifft, so gibt Achilles dem Hektor – der mit ihm die Bestattung vereinbaren will, falls er ihn im Zweikampf tötet –, ohne an die Gleichheit des Ranges, ohne an das gemeinsame Los zu denken (diese beiden Betrachtungen führen den Menschen natürlicherweise dazu, Gerechtigkeit anzuerkennen), die wilde Antwort."[623] [*„E, d'intorno alla giustizia, egli ad Ettorre, che con esso vuol patteggiare la seppoltura se nell'abbattimento l'uccida, nulla riflettendo all'egualità*

---

619 Übersetzung Vittorio Hösle und Christoph Jermann, Meiner-Ausgabe, 2009, S. 26.

620 *Giambattista Vico*, La scienza nuova, 1744, edizione a cura di Fausto Niccolini (Editori Laterza), 5. Auflage 1967, S. 22.

621 *Johann Braun*, Einführung in die Rechtsphilosophie, 2006, S. 205, zur rechtsphilosophischen Legitimierung dieses Verbots am Beispiel von John Locke.

622 *Vittorio Hösle*, Vico und die Idee der Kulturwissenschaft, Einleitung der Meiner-Ausgabe 1990, S. LXXIX, zeichnet anhand der wichtigen Frühschrift Vicos ‚De universi iuris uno principio et fine uno' (=UI) einen wegweisenden Gedanken nach, der auch für den vorliegenden Zusammenhang verständnisfördernd ist: „Das Recht sei immer milder geworden, das Prinzip der Rechtsgleichheit habe es immer mehr bestimmt, bis es schließlich, nach dem Plan der Vorsehung (...) dem Geist des Christentums angemessen sei".

623 Übersetzung Vittorio Hösle und Christoph Jermann, Meiner-Ausgabe, 2009, S. 380 f.

del grado, nulla alla sorte comune (le quali due considerazioni naturalmente inducono gli uomini a riconoscer giustizia), feroce risponde"] (667).[624]

Weniger wichtig als die archaische Antwort ist der erhellende Klammerzusatz zu den Beweggründen der Menschen im Ringen um Gerechtigkeit.[625] Freilich war der Prozess, im Laufe dessen sich diese Anerkennung von Gerechtigkeit vollzog, ein aus heutiger Sicht äußerst harter. Er vergegenwärtigt jedoch auch hier die noch nicht vernunftmäßig ausgeprägten und artikulierten Beweggründe der auf diese Weise Rechtsunterworfenen, indem er das Allgemeinwohl im Interesse der kollektiven Selbsterhaltung so begreift, dass ein eindeutiger Ausgang des Zweikampfes langfristige Streitigkeiten auszuräumen geeignet ist, die den Bestand der Gruppe gefährden.[626]

bb) ‚Gesetzlicher Rechtsweg'

Vico bleibt seinem Ansatz treu, das aus religiösen Quellen gespeiste Recht,[627] welches zunächst scheinbar irrational begründet wird, in seiner allmählichen

---

624 *Giambattista Vico*, La scienza nuova, 1744, edizione a cura di Fausto Niccolini (Editori Laterza), 5. Auflage 1967, S. 308 f.

625 *John Rawls*, A Theory of Justice, 1971, wird hier zwar mitnichten vorweggenommen, aber hinsichtlich einiger seiner für die zeitgenössische Rechtsphilosophie weiterführenden Prämissen ansatzweise erahnt, zumal da ja in dem mythologischen Beispiel der Schleier des Nichtwissens – wenn auch ersichtlich in einem anderen Sinne als dem von Rawls als ‚veil of ignorance' verstandenen – über dem Ausgang des Kampfes liegt und jeder der Kontrahenten im Falle des Unterliegens wenigstens ein Interesse an einer würdigen Bestattung haben könnte, so dass eine entsprechende Übereinkunft zumindest nicht unvernünftiger ist als der Kampf um Leben und Tod.

626 *Vittorio Hösle*, Vico und die Idee der Kulturwissenschaft, Einleitung der Meiner-Ausgabe 1990, S. CLXIX, erkennt in einem – auch rechtssoziologisch aufschlussreichen – Vorgriff auf die moderne Systemtheorie eine bemerkenswerte funktionalistische Betrachtungsweise Vicos und deutet dessen im Text zitierten Gedanken am Beispiel verwandter Vico-Stellen (SN 27/923/963) richtigerweise dahingehend, dass „nur der Glaube an die absolute Gültigkeit ihres (sc. der Duelle) Ausgangs und *also an das Recht des Stärkeren vor unendlichen Rechtsstreitigkeiten bewahrt* habe." Hervorhebung nur hier. Zum Recht des Stärkeren bei einem Historiker, den Vico häufig erwähnt, *Klaus Meister*, Das Recht des Stärkeren bei Thukydides, in: Ein Besitz für immer? Geschichte, Polis und Völkerrecht bei Thukydides (Hg. Ernst Baltrusch/Christian Wendt), 2011, S. 229.

627 *Benedetto Croce*, Die Philosophie Giambattista Vicos (deutsche Übersetzung Erich Auerbach/Theodor Lücke), 1927, S. 75, fasst Vicos Verständnis der Religion in einer Weise zusammen, die auch für den vorliegenden Zusammenhang weiterführend ist: „Religion bedeutet (...) für Vico nicht etwa Offenbarung, sondern Begreifen der Wirklichkeit, sei es, daß sie wie in Zeiten des ganz entwickelten Geistes in Form einer intelligiblen Metaphysik auftritt und vom Gottesgedanken ausgeht, um die Logik bei ihren Vernunftschlüssen zu erleuchten und dahin zu gelangen das

Entwicklung zu erfassen und auf diese Weise dessen Vernünftigkeit unter Beweis zu stellen.[628] Diese Annahmen sind ohne aristotelischen Einfluss schwerlich zu erklären (959), dessen Grenzen Vico freilich an späterer Stelle ebenfalls sieht (1079): „Eine weitere klassische Stelle des Aristoteles in demselben Buch (sc. der *Politik*) ist die, wo er berichtet, daß die alten Republiken keine Gesetze hatten, um private Beleidigungen zu bestrafen und privates Unrecht wiedergutzumachen; und er sagt, dies sei eine Sitte barbarischer Völker, da die Völker eben deswegen in ihren Anfängen barbarisch seien, weil sie noch nicht durch Gesetze gezähmt seien. Dieser Grundsatz beweist die Notwendigkeit der Zweikämpfe und der Wiedervergeltungen in den barbarischen Zeiten, weil in solchen Zeiten ein gesetzlicher Rechtsweg fehlt (959 ff.)."[629] [*„È pur luogo d'oro d'Aristotile ne' medesimi libri, ove riferisce che l'antiche repubbliche non avevano leggi da punire l'offese ed ammendar i torti privati; e dice tal costume esser de' popoli barbari, perché i popoli per ciò ne' lor incominciamenti son barbari perché non sono addimesticati ancor con le leggi. Questa degnità dimostra la necessità de' duelli e delle ripresaglie ne' tempi barbari, perché in tali tempi mancano le leggi giudiziarie*"] (269/270).[630]

(1) Gesetzliche Zähmung der Gewalt

Da jedoch am Ende dieser Überlegung vom ‚gesetzlichen Rechtsweg' – den ‚legge giudiziarie' – die Rede ist, muss man noch einen weiteren Gedanken hinzunehmen, der die drei Arten von Gerichten betrifft, die Vico erst sehr viel später behandelt. Der tiefere Sinn dieses Gedankens erschließt sich nämlich erst dort, wo die Arten von Gerichten behandelt werden, im Rahmen derer Vico nicht von ungefähr erneut auf die Zweikämpfe und Wiedervergeltungen eingeht (959): „Immerhin hörten wir hierzu in den ‚Grundsätzen' von Aristoteles (269 f.), daß man in den ältesten Republiken, und erst recht im Zustand der Familien, die den Städten vorausgingen, keine Gesetze hatte, um Unrecht wiedergutzumachen und Beleidigungen zu bestrafen, mit denen die Bürger einander privat verletzten (und

menschliche Herz durch die Moral zu läutern, sei es, daß sie wie in den Uranfängen der Menschheit sich in einer poetischen Metaphysik zeigt".

628 *Vittorio Hösle*, Philosophiegeschichte und objektiver Idealismus, 1996, S. 179, hat dies allgemeingültig herausgearbeitet: „Allerdings macht es seine Originalität, seine Widerborstigkeit wie seine Größe aus, daß er – anders als die Rationalisten der Aufklärung – das Prälogische und scheinbar Irrationale in der Natur des Menschen vorurteilsfrei zu analysieren gewußt hat, um dann allerdings im Rahmen einer Theorie der notwendigen und gesetzmäßigen Entwicklung des menschlichen Geistes auch diese Momente der Vernunft zu vindizieren".

629 Übersetzung Vittorio Hösle und Christoph Jermann, Meiner-Ausgabe, 2009, S. 123 f.

630 *Giambattista Vico*, La scienza nuova, 1744, edizione a cura di Fausto Niccolini (Editori Laterza), 5. Auflage 1967, S. 100.

wir haben es soeben von der alten römischen bewiesen) (960); und deshalb sagte Aristoteles uns auch in den ‚Grundsätzen' (269), daß dies eine Sitte barbarischer Völker war, da, worauf wir dort hinwiesen, die Völker ebendeswegen in ihren Anfängen barbarisch sind, weil sie noch nicht durch Gesetze gezähmt sind."[631] [*„Certamente Aristotile ne ha detto nelle ‚Degnità' che nell'antichissime repubbliche, nonché nello stato delle famiglie, che furon innanzi delle città, non avevano leggi da emendar i torti e punire l'offese, con le qual'i cittadini s'oltraggiassero privatamente tra loro (e noi l'abbiamo testé dimostro della romana antica); e perciò Aristotile pur ci disse, nelle ‚Degnità', che tal costume era de' popoli barbari, perché, come ivi avvertimmo, i popoli per ciò ne' lor incominciamenti son barbari, perché non son addimesticati ancor con le leggi*"] (962).[632]

(2) Bestrafung privater Beleidigungen

Zudem zeigt sich die Richtigkeit des Ausgangsgedankens dort, wo Vico das allgemeine rechtsgeschichtliche Gesetz freilegt, das von den konkreten Gegebenheiten zur rationalen Verallgemeinerung findet und neben der Logik die Rhetorik einbezieht.[633] Dadurch ergibt sich an diesem Beispiel der Bestrafung privater Beleidigungen eine die Nachbardisziplinen einbeziehende Verallgemeinerung: „und auf diese Weise existierten zunächst die realen Beispiele, später die rationalen, deren sich die Logik und die Rhetorik bedienen."[634] [*„e 'n cotal guisa, prima furono gli esempli reali, dipoi gli esempli ragionati de' quali si servono la logica e la rettorica*"] (501).[635] Erneut zeigt sich, wie bedeutsam die Verbindung von Recht

631 Übersetzung Vittorio Hösle und Christoph Jermann, Meiner-Ausgabe, 2009, S. 514 f.

632 *Giambattista Vico*, La scienza nuova, 1744, edizione a cura di Fausto Niccolini (Editori Laterza), 5. Auflage 1967, S. 451.

633 *Friedrich Kittler*, Eine Kulturgeschichte der Kulturwissenschaft, 2. Auflage 2001, S. 19 f., macht auf den Zusammenhang zwischen dem klassischen Verständnis der Rhetorik und der Begründung der Kulturwissenschaft aufmerksam: „Rhetorik war vielmehr, in der Tradition von Griechen und Römern, die Weitergabe oder Überlieferung der gesamten antiken Überlieferung, sofern und soweit sie sich in Reden und Argumenten, in poetischen Bildern und mythischen Erzählungen niedergeschlagen haben. Schon deshalb konnte Vico gar nicht umhin, die antiken Erzählungen über Kulturentstehung (...) auswendig zu kennen." – So drückend Vicos finanzielle Lage mit dem im Verhältnis zur Jurisprudenz schlechter bezahlten Lehrstuhl für Rhetorik auch war, könnte es für sein Werk daher eine Fügung gewesen sein, dass er auch nach seiner fehlgeschlagenen Bewerbung weiterhin Rhetorik lehrte, weil ihm von daher alles jederzeit präsent war, was er für die Begründung der heute so genannten Kulturwissenschaft benötigte. Zum Verhältnis von Recht und Rhetorik auch *Jens Petersen*, Recht bei Tacitus, 2019, § 3.

634 Übersetzung Vittorio Hösle und Christoph Jermann, Meiner-Ausgabe, 2009, S. 254.

635 *Giambattista Vico*, La scienza nuova, 1744, edizione a cura di Fausto Niccolini (Editori Laterza), 5. Auflage 1967, S. 211.

und Philologie in ihrem weiten von Vico zugrunde gelegten Verständnis, für seine neuartige Vorstellung einer Kulturgeschichte des Rechts ist. Es ist systematisch folgerichtig, dass dieser Gedanke die ‚poetische Logik' innerhalb der Scienza nuova beschließt, die Vico im Ausgangspunkt von der poetischen Metaphysik abgegrenzt hat (400).

cc) Sanktionen am Beispiel der Übertretung des Remus

Gedanken wie diese veranschaulichen, warum Vicos maßgebliches Verdienst darin besteht, eine Philosophie der Rechtsgeschichte begründet zu haben.[636] Denn er findet gleichsam auf Schritt und Tritt in beeindruckender Weise Erklärungsmuster, die archaische Rechtszustände aus unvordenklicher Zeit mit noch niemals zuvor bedachten Gesichtspunkten verdeutlichen, hier etwa in Gestalt des Fehlens eines gesetzlichen Rechtswegs (270). Seine besondere Leistung besteht aber darin, dass er es dabei nicht bewenden lässt, sondern das soeben gefundene Prinzip gleichsam rationalisiert, indem er es entwicklungsgeschichtlich vom konkreten Beispiel auf die allgemeine Regel zurückführt, die ihrerseits mit der Logik und Rhetorik in Einklang gebracht wird.

Allerdings scheinen die mitunter gewunden wirkenden Wege dieser inneren Folgerichtigkeit gelegentlich entgegenzustehen, wie folgende Beweisführung nahelegt, die an den Brudermord des Romulus anknüpft:[637] „Und dieser Ausdruck ‚sagmina' (Grasbüschel) hat sich erhalten, um die Kräuter zu bezeichnen, mit denen man die Altäre schmückte, und sie müssen so genannt worden sein nach dem ‚Blut' (ital.: sangue) der Getöteten, die, wie Remus, über die Mauern gestiegen

636 In diesem Sinn auch *Vittorio Hösle*, Recht und Geschichte bei Giambattista Vico, Gedenkschrift für Karl-Heinz Ilting, 1990, S. 389, 400.

637 *Heinrich F. Jennes*, Ingenium und Topik im Werk des jungen Giambattista Vico. Spätbarockes Vorspiel zur Scienza Nuova, 2003, S. 85, behandelt Vicos Etymologie innerhalb seines Frühwerks und gelangt am Beispiel der Rhetorik zu einer Folgerung, deren Richtigkeit sich auch im Verlauf der juristischen Behandlung seines Hauptwerks aufzeigen lässt, weil es einen Zusammenhang herstellt, der sich auch an der vorliegenden Stelle zeigt, nämlich denjenigen zwischen Etymologie und der soeben im Text angesprochenen Rhetorik: „Vicos Etymologie, die sich als Vereinigung der Worte versteht, ist eine Vorleistung für die Entwicklung der Gesellschaft, innerhalb derer nun der ‚Kenner' der Worte und Geschichte eine bedeutende Rolle spielt: der Redner." *John D. Schaeffer*, The Use and Misuse of Giambattista Vico: Rhetoric, Orality, and Theories of Discourse, in: The New Historicism (Hg. Harold Veeser), 2013, S. 89, zeigt, dass Vico mitunter gerade im Hinblick auf die Rhetorik oder vermeintliche Diskurstheorien in problematischer Weise vereinnahmt wird; dort auch eingehend zu *Hayden White*, The Tropics of History: The Deep Structure of The New Science, in: Giambattista Vico's Science of Humanity (Hg. Giorgio Tagliacozzi/Donald Phillip Verene), 1976, S. 65.

sein mochten. Von daher kam die Heiligkeit der Mauern, wie gesagt worden ist (550), und ebenso der Herolde, die, wie wir unten sehen werden (550), sich mit solchen Kräutern bekränzten, wie dies sicherlich die alten römischen Gesandten mit denjenigen taten, die auf dem Felsen des Kapitols gepflückt wurden; und schließlich der Gesetze, die die Herolde entweder über den Krieg oder über den Frieden brachten: daher heißt ‚sanctio' (Strafbestimmung) jener Teil des Gesetzes, der denen, die es übertreten, die Strafe bestimmt."[638]

[„*Tali siepi dovetter esser piantate di quelle piante ch'i latini dissero ‚sagmina', cioè di sanginelli, sambuci, che finoggi ne ritengono e l'uso e 'l nome; e si conservò tal voce ‚sagmina' per significar l'erbe di che si adornavan gli altari, e dovettero così dirsi dal ‚sangue' degli ammazzati, che come Remo, trascese l'avessero. Di che venne la santità alle mura, come si è detto; ed agli araldi altresì, che, come vedremo appresso, si coronavano di sì fatt'erbe, come certamente gli antichi ambasciadori romani il facevano con quelle còlte dalla ròcca del Campidoglio; e finalmente alle leggi ch'essi araldi portavano o della guerra o della pace: ond'è detta ‚sanctio' quella parte della legge ch'impon la pena a' di lei trasgressori*"] (550).[639]

dd) Übereinstimmung mit der Darlegung des natürlichen Rechts der Völker

Die hier verwendete Übersetzung bringt in etymologisch überzeugender Weise zum Ausdruck, dass Sanktionen die Rechtsfolge von Gesetzesübertretungen darstellen, so dass Vicos Gedankengang schlüssig erscheint, zumal da dies aus Remus' buchstäblicher Übertretung der von Romulus gesetzten Mauer gefolgert wird.[640] Vico würde dem Einwand zufälliger Übereinstimmung der italienischen und deutschen Sprache wohl das entgegenhalten, was im unmittelbar sich anschließenden Originaltext folgt und was er weiter oben schon in allgemeinerer Form auseinandergesetzt hat (141). Allein infolge schierer Dauer ist dies mit einem Wahrheitsanspruch versehen (149): „Und hier nimmt das seinen Ausgangspunkt, was wir in diesem Werk beweisen: daß das natürliche Recht der Völker von der

638 Übersetzung Vittorio Hösle und Christoph Jermann, Meiner-Ausgabe, 2009, S. 294.

639 *Giambattista Vico*, La scienza nuova, 1744, edizione a cura di Fausto Niccolini (Editori Laterza), 5. Auflage 1967, S. 241.

640 Auch Machiavelli behandelt Remus' Übertretung innerhalb seiner Discorsi paradigmatisch, allerdings in einem überaus angreifbaren Gedankengang; näher *Jens Petersen*, Machiavellis Gesetzgebungslehre, 2020, § 1 und § 4; jeweils am Ende. Siehe vor allem *Vittorio Hösle*, Vico und die Idee der Kulturwissenschaft, Einleitung der Meiner-Ausgabe 1990, S. LIII, wonach „die paradigmatische Geltung, die Vico der römischen Geschichte zuschreibt (...) ebenso von Machiavelli beeinflußt sind wie die Bedeutung der Ständekämpfe als Motor der Entwicklung Roms".

göttlichen Vorsehung bei jedem der Völker einzeln eingesetzt wurde und daß diese, als sie miteinander bekannt wurden, es als etwas ihnen Gemeinsames erkannten (146); denn damit die mit solchen Kräutern geweihten römischen Herolde bei den anderen Völkern Latiums als unverletzlich galten, ist es notwendig, daß diese, ohne etwas von jenen zu wissen, dieselben Sitten hatten."[641]

[„*E quindi comincia quello che noi pruoviamo in quest'opera: che 'l diritto natural delle genti fu dalla divina provvedenza ordinato tra' popoli privatemente, il quale, nel conoscersi tra di loro, riconobbero esser loro comune: ché, perché gli araldi romani consagrati con sì fatt'erbe fussero inviolati trag li altri popoli del Lazio, è necessario che quelli, senza saper nulla di questi, celebrassero lo stesso costume*"] (550).[642] Spätestens hier müsste man, sofern man sich zuvor über die krude anmutende Herleitung gewundert haben sollte, einräumen, dass Vico auch dort, wo die etymologischen Gedankenreihen beliebig erscheinen, in einer teleologisch ausgerichteten Betrachtung stets das große systematische Ganze im Blick hat (627). Denn dieses ist aus immer denselben Elementen zusammengesetzt, namentlich dem Wirken der göttlichen Vorsehung (2), dem gleichförmigen sittenprägenden Verhalten der unterschiedlichsten Völker (144) und den daraus folgenden Rechtsvorstellungen, die durch einen langwierigen geschichtlichen Prozess habituell und sprachlich geformt werden (145).

b) Zusammenhang zwischen Rechtsmetaphysik und Rechtssoziologie

Auf diese Weise führt die Vico eigentümliche – nämlich entwicklungsgeschichtlich ausgerichtete – Philosophie der Rechtsgeschichte zugleich zu einem Zuwachs an Rechtskultur. Diese Überlegungen lassen sich auch mit den im ersten Paragraphen zur Rechtsmetaphysik angestellten in Einklang bringen, die dadurch zugleich zu einer wesentlichen Bedingung seiner Philosophie der Rechtsgeschichte wird.[643]

aa) Rechtsmetaphysische Vorstellung göttlicher Gerichte

Es dürfte Vico am wenigsten verwundert haben, dass die Streitigkeiten entsprechend seiner Idee des ‚*ricorso*' auch viel später noch, ja sogar zu seiner Zeit noch von den Baronaldynastien seiner Heimatstadt untereinander durch Zweikämpfe

641 Übersetzung Vittorio Hösle und Christoph Jermann, Meiner-Ausgabe, 2009, S. 294.

642 *Giambattista Vico*, La scienza nuova, 1744, edizione a cura di Fausto Niccolini (Editori Laterza), 5. Auflage 1967, S. 241.

643 Grundlegend *Vittorio Hösle*, Recht und Geschichte bei Giambattista Vico, Gedenkschrift für Karl-Heinz Ilting, 1990, S. 389, 400.

ausgefochten wurden, als das Rechtswesen eigentlich schon so ausdifferenziert und von Selbstjustiz befreit war, dass Rechtsschutz durch eine geordnete Gerichtsbarkeit zur Verfügung stand.[644] Ursprünglich wurde nämlich durch die Zweikämpfe selbst Gericht gehalten: „Doch die Zweikämpfe bildeten reale Gerichte."[645] [„*Ma i duelli contenevano giudizi reali*"] (961).[646] Auch diese Vorstellung einer wirklichen Darstellung göttlicher Gerichte in Gestalt von Zweikämpfen verdeutlicht Vicos eigentümliche Rechtsmetaphysik. Zugleich zeigt die Annahme solcher Zweikämpfe, in denen um die Vorherrschaft gestritten wird, eine rechtssoziologische Herangehensweise, weil sie höchstwahrscheinlich näher an den Rechtstatsachen ausgerichtet sein dürfte, die in jenen Zeiten zur Klärung von Herrschaftsfragen an der Tagesordnung waren.

bb) Verhältnis zur Rechtssoziologie

Auch die tatsächlichen Entwicklungen der Rechtswirklichkeit hinter seinen rechtsmetaphysischen Annahmen schärften Vicos Blick für die rechtssoziologischen Gegebenheiten und bewirkten paradoxerweise, dass die Einsicht in diese aus jenen hervorging oder sie zumindest mit sich brachte.[647] Es sind nicht selten

644 *Benedetto Croce*, Die Philosophie Giambattista Vicos (deutsche Übersetzung Erich Auerbach/Theodor Lücke), 1927, S. 189: „Unter dem Namen von ‚kanonischen Reinigungen' (...) übte man in ganz Europa gewisse Arten von Gottesurteilen oder Zweikämpfen; und bis zu den Zeiten des Bartolo hatten die Repressalien Rechtsgeltung. Die Streitfälle (...) fochten die Herren untereinander mit Waffen aus; und im Königreich Neapel wehrten sich die Barone noch zu Vicos Zeiten gegen andere Barone auf ihre Lehen nicht auf gerichtlichem Wege, sondern durch Zweikampf. (...) Das römische Recht Justinians, das ganz von der Idee der Billigkeit durchdrungen war, wurde verschmäht und geriet in Vergessenheit. In Frankreich und Spanien wurde schwer bestraft, wer sich im Prozeß darauf zu berufen wagte; und sicher hielten die Adligen in Italien es für eine Schande, ihre Angelegenheiten nach römischem Gesetz zu erledigen (...)".

645 Übersetzung Vittorio Hösle und Christoph Jermann, Meiner-Ausgabe, 2009, S. 513.

646 *Giambattista Vico*, La scienza nuova, 1744, edizione a cura di Fausto Niccolini (Editori Laterza), 5. Auflage 1967, S. 450. *Vittorio Hösle*, Vico und die Idee der Kulturwissenschaft, Einleitung der Meiner-Ausgabe 1990, S. CCVIII mit Fußnote 267, hält mit gutem Grund und weiteren Nachweisen Vicos ebenfalls in diesem Gedanken entwickelte Hypothese für naheliegend, dass die rei vindicatio ihren Ursprung im Duell findet.

647 *Vittorio Hösle*, Recht und Geschichte bei Giambattista Vico, Gedenkschrift für Karl-Heinz Ilting, 1990, S. 389, 398, erklärt eine wichtige Weichenstellung bezüglich der Hinwendung zur Rechtssoziologie aus dem Frühwerk Vicos: „Aus dieser Reflexion wie aus zahlreichen anderen erhellt, daß Vico das Recht als bedingenden und bedingten Faktor in einem größeren Gesamtzusammenhang betrachtet. Die Gesetze verändern sich mit der Form des Staates, und ihre Veränderung hat auch umgekehrt Einfluß auf das Bestehen eines Staates. Schon in *De nostri temporis* finden sich somit Ansätze zu einer rechtssoziologischen Betrachtung: Vico erklärt den Wandel des

die auf den ersten Blick weltfern anmutenden Spekulationen Vicos, die den Blick auf die Rechtstatsachen freigeben.[648] Jetzt zeigt sich, warum es sich im ersten Kapitel der vorliegenden Untersuchung empfohlen hat, die Rechtsmetaphysik Vicos mit seinem entwicklungsgeschichtlichen Rechtsdenken in Verbindung zu bringen, das die Entstehung von Rechtsinstituten und Institutionen zu verstehen half, weil diese ihrerseits wiederum rechtssoziologisch von Bedeutung war.

Dies ließ sich anhand der innerhalb der Scienza nuova von Anfang an in den Vordergrund gestellten menschlichen Eigentümlichkeit der Geselligkeit belegen, welche die Philosophen nicht hinreichend erfasst hätten: „Aber sie haben ihn noch nicht von jener Seite betrachtet, die den Menschen eigentümlicher ist, zu deren Natur als Haupteigenschaft gehört, gesellig zu sein."[649] [*„Ma nol contemplarono già per la parte ch'era più propia degli uomini, la natura de' quali ha questa principale propietà: d'essere socievoli*"] (2).[650] Hieraus ergibt sich der spezifische Zusammenhang zwischen Rechtsmetaphysik und Rechtssoziologie, den erst die Scienza nuova hergestellt hat und durch den sie ein ganz neues Verständnis der juristischen Grundlagen wissenschaftlich befördert hat.

c) Rechtsdogmatische Schulung durch die römische Jurisprudenz

Vicos rechtsphilosophische und rechtsgeschichtliche Genialität besteht nicht zuletzt darin, in konkreten lebensweltlichen Zerwürfnissen der Vergangenheit, wie sie durch Fakten, Mythen oder Dichtungen überliefert wurden, immer zugleich das allgemeine Prinzip zu erkennen, das sich freilich oft erst aus einer langwierigen Rechtsentwicklung ergeben hat.[651]

---

römischen Privatrechtes mit dem Wandel der Verfassung und damit der Interessen einflußreicher sozialer Gruppen".

648 *Rainer Specht*, Über den juristischen Realismus Giambattista Vicos, Philosophisches Jahrbuch 63 (1955) 166, 180, zufolge „verquickt er die Gesellschaftslehre mit der Rechtsphilosophie und kann die eine nicht ohne die andere betrachten".

649 Übersetzung Vittorio Hösle und Christoph Jermann, Meiner-Ausgabe, 2009, S. 4.

650 *Giambattista Vico*, La scienza nuova, 1744, edizione a cura di Fausto Niccolini (Editori Laterza), 5. Auflage 1967, S. 6.

651 *Jürgen Habermas*, Auch eine Geschichte der Philosophie, Band 2: Vernünftige Freiheit. Spuren des Diskurses über Glauben und Wissen, 2019, S. 385, folgert wohl nicht von ungefähr just im Anschluss an seine Darstellung Vicos, auch wenn er mit dem Folgenden bereits einen genuin eigenen Standpunkt entwickelt, wie die Parenthese nahelegt, etwas, das die ungebrochene Aktualität von Vicos Kulturgeschichte des Rechts aufscheinen lässt: „Die in der Lebenswelt angetroffenen kulturellen und gesellschaftlichen Erfahrungsgegenstände – Kommunikationsprozesse, Sprachen, Dokumente, Erzählungen, Texte, Kunstwerke, Stile und allgemein kulturelle Überlieferungen, aber auch Artefakte, Verfahren und Techniken, Handlungen, Interaktionszusammen-

aa) Mangel an Beweisen und gesetzlichem Rechtsweg

Doch ergibt sich daraus zugleich die Schattenseite, weil er durch die eminente Vielschichtigkeit seines Denkens und die permanente Heranziehung aller kultureller Kontexte selbst die Wohlgesonnenen mitunter überfordert und dadurch paradoxerweise dort den Eindruck undurchdringlicher und schwer nachvollziehbarer Assoziationsketten schürt, wo er seine in der Werkidee seiner Scienza nuova grundgelegten methodischen Prinzipien am deutlichsten verfolgt (2).[652] Das ist umso bedauerlicher, als seine Folgerungen an rechtsdogmatischer Schärfe nichts zu wünschen übrig lassen, wie der Schluss des zuletzt zitierten Gedankens veranschaulicht: „Also sind diejenigen, welche schreiben, die Zweikämpfe seien aus Mangel an Beweisen eingeführt worden, im Irrtum; vielmehr müssen sie sagen: aus Mangel an einem gesetzlichen Rechtsweg."[653] [„*Quindi coloro che scrivono i duelli essersi introdutti per difetto di pruove, egli è falso; ma devon dire: per difetto di leggi giudiziarie*"] (961).[654]

bb) Vicos dogmatischer Scharfsinn

Hieran zeigt sich beispielhaft die schneidende Schärfe seiner rechtsdogmatischen Gedanken. Denn was dem Nichtjuristen als haarspalterisch erscheint, ist aus Sicht des geschulten Juristen Vico ein Gebot der Folgerichtigkeit, weil die Streitfrage auf einer völlig anderen Ebene angesiedelt ist. Man darf über die mitunter wenig fassbar wirkenden Spekulationen Vicos, in denen er die Rechtsverhältnisse aus grauer Zeit rekonstruiert, nicht vergessen, dass seine Annahmen von bemerkenswerter Kontinuität, Widerspruchsfreiheit und innerer Folgerichtigkeit geprägt sind, die gerade im Hinblick auf das Recht dessen Rationalität unter Beweis stellen und in dieser gedanklichen Strenge nur von jemandem stammen können, dessen juristischer Geist an den epochalen rechtsdogmatischen Leistungen der großen römischen Juristen mit ihren vernunftmäßig diktierten Differenzierungen geschult wurde.

hänge, Konventionen, Rechte und Institutionen sowie Organisationen und Systeme – sind *von Haus aus* begrifflich strukturiert." Hervorhebung auch dort. – Nicht zuletzt die in der Parenthese beispielhaft genannten Konventionen, Rechte und Institutionen interessieren Vico ja in besonderer Weise. Aber auch die darüber hinaus genannten Phänomene lassen sich nicht von ungefähr überwiegend Vicos weitgespanntem Begriff der Philologie subsumieren.

652 *Vittorio Hösle*, Vico und die Idee der Kulturwissenschaft, Einleitung der Meiner-Ausgabe 1990, S. XCVI.

653 Übersetzung Vittorio Hösle und Christoph Jermann, Meiner-Ausgabe, 2009, S. 513 f.

654 *Giambattista Vico*, La scienza nuova, 1744, edizione a cura di Fausto Niccolini (Editori Laterza), 5. Auflage 1967, S. 451.

2. Kampf um das Recht in der römischen Rechtsgeschichte

Vor der Begründung der römischen Weltherrschaft und auch noch eine beträchtliche Zeitspanne danach bestand – jedenfalls lange bevor Rudolf von Jhering diesen Begriff in die rechtswissenschaftliche Diskussion einführte[655] – eine Art ‚Kampf ums Recht':[656] „Von da an erhielten nach der Reihenfolge menschlicher Wünsche die Plebejer von den Vätern alle privaten Folgerechte der Auspizien mitgeteilt, wie die väterliche Gewalt, das Recht, Hauserben, Agnaten und Gentilen zu haben, und mittels dieser Rechte die gesetzliche Erbfolge, die Testamente und die Vormundschaften (1023). Darauf beanspruchten sie deren öffentliche Folgerechte und erhielten zuerst mit den Konsulaten die Herrschaftsmacht mitgeteilt und schließlich die Priesterämter und das Pontifikat und mit diesen auch die Wissenschaft der Gesetze (598, 987 ff.)."[657]

[„*Quindi, secondo la serie degli umani disidèri, ne riportarono i plebei da' padri comunicate tutte le dipendenze degli auspìci ch'erano di ragion privata, come patria potestà, suità, agnazioni, gentilità e, per questi diritti, le successioni legittime, i testamenti e le tutele. Dipoi ne pretesero le dipendenze di ragion pubblica, e prima ne riportarono communicati gl'imperi coi consolati, e finalmente i sacerdozi e i pontificati e, con questi, la scienza ancor delle leggi*"] (110).[658] Es liest sich bei Vico unwillkürlich wie eine Aufwärtsbewegung von den weltlichen Ämtern über die religiösen bis hinauf zur Höhe der römischen Jurisprudenz.

---

655 *Rudolf von Jhering*, Der Kampf ums Recht, 1872.

656 Dazu *Jens Petersen*, Zivilrechtsdogmatik und methodischer Individualismus am Beispiel Rudolf von Jherings, Festschrift für Claus-Wilhelm Canaris, 2017, S. 87.

657 Übersetzung Vittorio Hösle und Christoph Jermann, Meiner-Ausgabe, 2009, S. 82.

658 *Giambattista Vico*, La scienza nuova, 1744, edizione a cura di Fausto Niccolini (Editori Laterza), 5. Auflage 1967, S. 65. Zu dieser Entwicklung auch *Benedetto Croce*, Die Philosophie Giambattista Vicos (deutsche Übersetzung Erich Auerbach/Theodor Lücke), 1927, S. 175. Der bedeutende Machiavelli- und Vico-Kenner *Gennaro Sasso* (Giambattista Vico e il simbolo, Atti dell'Accademia Nazionale dei Lincei. Memorie della Classe di Scienze morali, storiche e filologiche, Band XXIX, 2012, S. 597–606) veranschaulicht in seinem Machiavelli-Buch (*ders.*, Machiavelli, Geschichte seines politischen Denkens, 1965, Übersetzung Werner Klesse/Stefan Burger; im Original: Storia del suo pensiero politico, 1958, S. 229 f.) am Beispiel der Discorsi Machiavellis die Standeskämpfe zwischen Plebejern und Patriziern: „Machiavellis These ist in ihren wesentlichen Zügen äußerst einfach: wenn in jeder Stadt zwei ‚Stimmungsrichtungen' herrschen, nämlich die des einen, der befehlen will, und die des anderen, der nicht unterdrückt werden will, so ist es die Aufgabe des Gesetzgebers, ihre Gründe zu verstehen und den einen nicht zugunsten des anderen zu vernichten, sondern beiden eine angemessene politische Ausdrucksmöglichkeit zu geben. Das im Zusammenhang mit der Geschichte Roms aufgeworfene Problem könnte nicht aufschlußreicher sein." Dazu auch *Jens Petersen*, Machiavellis Gesetzgebungslehre, 2020.

a) Ursprünge und Regierungsformen

Die Geschichte des römischen Rechts hat für Vico eine buchstäblich fundamentale Bedeutung, ist aber umgekehrt ihrerseits von den entwicklungsgeschichtlich bestimmten Arten des Rechts abhängig: „Was hier zur Erörterung der drei Arten des Rechts gesagt worden ist, kann der Geschichtsschreibung des römischen Rechts feste Grundlagen geben.“[659] [„*Le cose qui ragionate d'intorno alle tre spezie della ragione posson esser i fondamenti che stabiliscono la storia del diritto romano*“] (952).[660] Auch hier geht Vico also bis zu den nachvollziehbaren Ursprüngen zurück. An die Stelle eines platonischen Philosophenkönigtums, das er für eine unerfüllbare Wünschbarkeit hält (253), tritt bei ihm eine eher pragmatisch ausgerichtete römische Betrachtungsweise in Erscheinung, die eben nicht diejenige der Philosophen, sondern die Sichtweise der Gesetzgeber betont.

Die Regierungsform, die der Natur der dadurch regierten Menschen entsprechen muss (246), war anfangs die Monarchie (251), wie sich aus der für Vico besonders bedeutsamen ‚gewöhnlichen Überlieferung‘ ergibt (252). Aber auch im Königtum wirkt für ihn religiöse Tradition mit, so dass es sich mit dem Priestertum vereinigt, was wiederum für die Gesetzgebung bedeutsam ist: „All diese Grundsätze beweisen, daß in den Personen der ersten Väter Weisheit, Priestertum und Königtum vereint waren und daß Königtum und Priestertum abhingen von der Weisheit, aber nicht der geheimen der Philosophen, sondern der gewöhnlichen der Gesetzgeber.“[661] [„*Tutte queste degnità dimostrano che nelle persone de' primi padri andarono uniti sapienza, sacerdozio e regno, e 'l regno e 'l sacerdozio erano dipendenze della sapienza, non già riposta di filosofi, ma volgare di legislatori. E perciò, dappoi, in tutte le nazioni i sacerdoti andarono coronati*“] (254).[662]

aa) Kulturgeschichtliche Betrachtung des Anfangssatzes der Annalen des Tacitus

Der wichtigste Bezugspunkt ist für Vico daher die römische Rechtsgeschichte. Unausgesprochen maßgeblich gewesen sein dürfte für sein Verständnis der anfänglichen Königsherrschaft wiederum dasjenige eines großen Klassikers gewe-

---

659 Übersetzung Vittorio Hösle und Christoph Jermann, Meiner-Ausgabe, 2009, S. 507. Auch *Dieter Nörr*, Rechtskritik in der römischen Antike, 1974.

660 *Giambattista Vico*, La scienza nuova, 1744, edizione a cura di Fausto Niccolini (Editori Laterza), 5. Auflage 1967, S. 443.

661 Übersetzung Vittorio Hösle und Christoph Jermann, Meiner-Ausgabe, 2009, S. 119.

662 *Giambattista Vico*, La scienza nuova, 1744, edizione a cura di Fausto Niccolini (Editori Laterza), 5. Auflage 1967, S. 97.

sen sein, nämlich des von ihm besonders geschätzten Tacitus.[663] Denn dessen berühmten Anfangssatz der Annalen zitiert er nicht zuletzt deswegen wiederholt und zum Teil sogar wörtlich, weil Tacitus „oft in der Eigentümlichkeit und Aussagekraft der Worte seine Ansichten kundzugeben pflegt."[664] [*„che nella proprietà ed energia di esse voci spesso suol dare i suoi avvisi"*] (1019).[665]

Mit einem bemerkenswerten Superlativ würdigt er die taciteische Scharfsicht, indem er in einer für ihn charakteristischen Auslegungsweise auf ein Wortlautargument aufmerksam macht, das im übrigen Schrifttum weder zuvor gesehen noch danach wieder aufgegriffen wurde, obwohl es keineswegs von der Hand zu weisen ist, weil es folgenreiche Bedeutungswechsel und Abschattierungen offenlegt, die durchaus im Sinne des Autors gewesen sein könnten: „Und in der Tat hat uns dies der sehr tief blickende Tacitus in jener ersten Wendung der Annalen angedeutet: ‚*Urbem Romam principio reges habuere*' (Die Stadt Rom hatten am Anfang die Könige inne),[666] indem er das Verb verwendet, das die schwächste der drei Arten bezeichnet, in die die Juristen den Besitz einteilen, nämlich ‚habere' (haben), ‚tenere' (halten), ‚possidere' (besitzen)."[667] [*„E invero Tacito avvedutissimo, lo ci avvisò in quel primo motto degli Annali: ‚Urbem Romam principio reges habuere', usando il verbo che significa la più debole spezie delle tre che della possessione fanno i giureconsulti, che sono ‚habere', ‚tenere', ‚possidere'"*] (645).[668]

663 *Tacitus*, Annales 1, 1, 1.

664 Übersetzung Vittorio Hösle und Christoph Jermann, Meiner-Ausgabe, 2009, S. 551. Dazu auch *Jens Petersen*, Recht bei Tacitus, 2019, S. 180 f. Grundlegend *Rhiannon Ash*, Ordering Anarchy. Armies and Leaders in Tacitus' Histories, 1999.

665 *Giambattista Vico*, La scienza nuova, 1744, edizione a cura di Fausto Niccolini (Editori Laterza), 5. Auflage 1967, S. 486.

666 Im modernen Schrifttum wird vor allem das ‚a principio' diskutiert, vgl. *Mary Beard*, Confronting the Classics. Traditions, Adventures and Innovations, 2014, S. 164: „*A principio* can mean both 'in the beginning' and 'from the beginning', and the double meaning is significant. Is Tacitus' meaning simply that 'in the beginning' Rome was ruled by kings (Romulus and co)? Or is he also encouraging us to wonder if autocracy and the city of Rome have actually gone hand in hand 'from the start'?" *Rhiannon Ash*, Tacitus, 2006, S. 82, unterstreicht die zeitgeschichtliche Brisanz, indem sie fragt: „Is even Trajan in some sense a king?" Dazu auch *Jens Petersen*, Marcel Proust und Tacitus, 2021, S. 65 ff.

667 Übersetzung Vittorio Hösle und Christoph Jermann, Meiner-Ausgabe, 2009, S. 368. Siehe auch *Dieter Timpe*, Untersuchungen zur Kontinuität des frühen Prinzipats, 1962, S. 19.

668 *Giambattista Vico*, La scienza nuova, 1744, edizione a cura di Fausto Niccolini (Editori Laterza), 5. Auflage 1967, S. 299.

bb) Philologische Überlegungen

Es fällt auf, dass Vico den Text des Historikers nicht nur philologisch nach den Regeln der Kunst auslegt, sondern zugleich auch aus fachjuristischer Sicht beurteilt und auf etwaige Herrschaftsformen rückschließt.[669] Kulturgeschichtlich aufschlussreich ist auch seine Analyse des Anfangswortes: „Und er verwendet das Wort ‚urbem' (Stadt), was eigentlich die Gebäude sind, um einen mit dem Körper bewahrten Besitz anzudeuten: er sagte nicht ‚civitatem' (Bürgerschaft), was die Gemeinde der Bürger ist, welche alle zusammen, oder in ihrer Mehrheit, mit ihrem Willen das Gemeinwesen ausmachen (971)."[670] [„*Non disse ‚civitatem', ch'è 'l comune de' cittadini, i quali tutti, o la maggior parte, con gli animi fanno la ragion pubblica*"] (1019).[671] Es ist vor dem Hintergrund seiner Wertschätzung der Philologie und der von den poetischen Charakteren[672] ausgehenden Gerechtigkeit in kulturwissenschaftlicher Hinsicht allerdings beinahe bedauerlich, dass Vico den Umstand unberücksichtigt lässt, ob und gegebenenfalls warum der zitierte Anfangssatz der Annalen ein Hexameter ist.[673]

Da Vico allerdings aufgrund seiner ungenauen Zitierweise[674] – er zitiert nur ‚principio' statt ‚a principio' – einen metrisch bedeutsamen Buchstaben unterschlagen hat, dürfte er angesichts seiner herausragenden Kenntnisse der lateinischen Sprache ohnehin schwerlich angenommen haben, dass es sich überhaupt um einen Hexameter gehandelt haben könnte.[675] Doch auch davon abgesehen, verdeutlicht Vicos akribische Analyse des taciteischen Eingangssatzes, seine juristische und kulturgeschichtliche Vorgehensweise, die zunächst methodisch

---

669 Zu einem ähnlichen Versuch am Beispiel dieser vielzitierten Stelle *Jens Petersen*, Recht bei Tacitus, 2019, S. 1, 3 und öfter.

670 Übersetzung Vittorio Hösle und Christoph Jermann, Meiner-Ausgabe, 2009, S. 551 f. Zum Beginn der Annalen auch *Walter Jens*, Libertas bei Tacitus, Hermes 84 (1956) 331, 346.

671 *Giambattista Vico*, La scienza nuova, 1744, edizione a cura di Fausto Niccolini (Editori Laterza), 5. Auflage 1967, S. 486.

672 Zu ihnen grundlegend *Jürgen Trabant*, Giambattista Vico – Poetische Charaktere, 2019, S. 25, der sie mit gutem Grund als ‚Hauptschlüssel' der Scienza nuova begreift, so dass man sie wohl auch mit Fug auf die Gerechtigkeit beziehen kann.

673 *Erich Koestermann*, Cornelius Tacitus. Annalen, Band I, Buch 1–3, 1967, S. 56: „ein – schlechter – Hexameter."

674 *Vittorio Hösle*, Vico und die Idee der Kulturwissenschaft, Einleitung der Meiner-Ausgabe 1990, S. XCVI f., der seine Verdienste wie kaum ein anderer Wissenschaftler gewürdigt hat, geht mit ihm in dieser Hinsicht hart ins Gericht: „Peinlich ist, wie oft sich Vico beim Zitieren vergreift (...)".

675 *Friedrich Leo*, Die staatsrechtlichen Exkurse in Tacitus' Annalen, Nachrichten von der Königlichen Gesellschaft der Wissenschaften zu Göttingen. Philologisch-historische Klasse, Heft 2/ 1896, S. 191 Fußnote 1, wonach „diese Worte für Tacitus und seine Zeit kein Hexameter sind, und, wenn sie ein solcher sein sollten drei metrische Fehler haben würden".

gründlich vom Wortlaut des betreffenden Textes – sei es ein juristischer, literarischer oder historischer – ausgeht und den auf diese Weise ermittelten Bedeutungsgehalt sodann kulturgeschichtlich mit anderweitigen juristischen oder philologischen Erkenntnissen abgleicht.

cc) Gesetz und Sitte als Geltungsgründe

Erst mit den genaueren kulturgeschichtlichen Kenntnissen über die Antike, die Vico nicht zuletzt aus den römischen Klassikern gewinnt, lassen sich somit Rückschlüsse aus der Rechtsgeschichte gewinnen:[676] „Als aber zuletzt wegen der Parteien der Mächtigen die freien Völker sich nicht mehr mit den Gesetzen in politischer Gleichheit erhalten konnten, sondern sich in den Bürgerkriegen aufzureiben begannen, geschah es auf natürliche Weise, daß sie zu ihrer Rettung durch ein natürliches Königsgesetz, wie es sich bei allen Völkern aller Zeiten in derartigen verderbten demokratischen Staaten findet (...), daß sie also durch ein solches Gesetz oder vielmehr durch eine natürliche Sitte der menschlichen Völker in Monarchien Zuflucht suchen; dies ist nämlich die zweite Art der menschlichen Regierungsformen.“[677] [„*Ma finalmente, non potendo i popoli liberi mantenersi in civile egualità con le leggi per le fazioni de' potenti, e andando a perdersi con le guerre civili, avvenne naturalmente che, per esser salvi, con una legge regia naturale la qual si truova comune a tutt'i popoli di tutti i tempi in tali Stati popolari corrotti (...), con tal legge o più tosto costume naturale delle genti umane, vanno a ripararsi sotto le monarchie, ch'è l'altra spezie degli umani governi*“] (29).[678]

---

676 *Vittorio Hösle*, Recht und Geschichte bei Giambattista Vico, Gedenkschrift für Karl-Heinz Ilting, 1990, S. 389, 416 f., formuliert den entscheidenden Gesichtspunkt, indem er herausarbeitet, dass „es Vicos ungeheure Leistung bleibt, nicht nur erstmals in der Geschichte des Denkens das Programm einer Philosophie der Rechtsgeschichte entworfen zu haben, sondern gleich beim ersten Anlauf eine Theorie geschaffen zu haben, der auch spätere Zeiten nur wenig an die Seite zu stellen haben.“ – Diese Einsicht kann für die rechtstheoretische, rechtshistorische und rechtsphilosophische Würdigung der Scienza nuova sowie der Vorstudien nicht hoch genug veranschlagt werden, zumal da sie die Interdependenz der unterschiedlichen Grundlagendisziplinen sichtbar macht. Und weil für diese theoretische Leistung Vicos auch sein besonderes Verständnis der Philologie und ihre rechtsgeschichtliche Berücksichtigung konstitutiv ist, stehen die vorliegenden Überlegungen zu Vicos Kulturgeschichte des Rechts in einem Komplementaritätsverhältnis zu der von Hösle herausgearbeiteten Erkenntnis und bauen auf dieser auf, ohne freilich alle rechtshistorischen Vorfragen erschöpfend beantworten zu können, die sich vor dem Hintergrund einer Philosophie der Rechtsgeschichte stellen.

677 Übersetzung Vittorio Hösle und Christoph Jermann, Meiner-Ausgabe, 2009, S. 27 f.

678 *Giambattista Vico*, La scienza nuova, 1744, edizione a cura di Fausto Niccolini (Editori Laterza), 5. Auflage 1967, S. 23.

Vico lässt bereits im Ausgangspunkt erahnen, dass er der Vorstellung einer ursprünglich vorgeblichen Rechtsgleichheit zwischen den Mächtigen und den faktisch Beherrschten wenig abgewinnen kann, weil sie angesichts der Gegebenheiten, die auf das faktische Recht des Stärkeren hindeuten, illusorisch ist. Er erkennt nämlich hellsichtig, dass die Demokratie nurmehr Fassade war, weil sie zuinnerst korrumpiert war, wie er ebenfalls von Tacitus wusste.[679] Der Erfahrungssatz in den er diesen Befund kleidet, verdient Aufmerksamkeit, weil er Vicos begründete Skepsis zum Ausdruck bringt und den evolutionären Prozess eines Wandels der Regierungsform als natürliche Gesetzmäßigkeit erscheinen lässt. Rechts- und kulturgeschichtlich interessant hieran ist nicht zuletzt die rhetorisch wirkungsvoll stilisierte Selbstvergewisserung des eigentlichen Geltungsgrundes, wonach die Völker ‚durch ein solches Gesetz oder vielmehr durch eine natürliche Sitte' auf diese Weise verfuhren, weil damit die prägende Kraft der Sitte unversehens die Oberhand gewinnt.

b) Bezugspunkt der Rechtsgeltung

Hieran zeigt sich, dass die Betrachtung der römischen Rechtsgeschichte, auf deren Durchdringung Vico sich, wie sich am Beispiel der Verortung der Zwölftafelgesetzgebung ergibt (26), viel zugute hielt (29), eine zeitlich klare Bestimmung der Rechtsgeltung ermöglicht.[680] Daher ist es ihm auch so wichtig, den Beginn der Geltung des Zwölftafelgesetzes zeitlich zu fixieren, weil dieses eine fundamentale Transformation des Rechts bedeutete, indem es die Herrschaftsform von Grund auf umgestaltete: „Dieses Gesetz wurde erlassen im Jahre Roms CCCCXVI und bildet einen Meilenstein in der römischen Geschichte, da die römische Republik mit diesem Gesetz in ihrem Zustand für umgewandelt erklärt wurde, und zwar aus einer aristokratischen in eine demokratische, weswegen Publilius Philo, dessen Urheber, ‚Diktator des Volkes' genannt wurde. Und man hat dasselbe nicht geachtet, weil man seine Sprache nicht zu verstehen vermochte."[681] [*„Questa legge fu comandata negli anni di Roma CCCCXVI, e contiene un punto massimo d'istoria romana, ché con questa legge si dichiarò la romana repubblica mutata di stato da aristocratica in popolare; onde Publilio Filone, che ne fu autore, ne fu detto ‚dittator*

679 *Tacitus*, Annalen, 1, 2, 2.

680 *Gerald Posselt*, Katachrese. Rhetorik des Performativen, 2005, S. 184, zu einzelnen Ausprägungen der Sichtweise Vicos auf die Zwölftafelgesetzgebung in archaisch anmutenden Zusammenhängen und im Verhältnis zu John Locke. Grundlegend zur Rhetorik Vicos *Michael Mooney*, Vico in the Tradition of Rhetoric, 1985.

681 Übersetzung Vittorio Hösle und Christoph Jermann, Meiner-Ausgabe, 2009, S. 79.

popolare'. E non si è avvertita, perché non si è saputo intendere il di lei linguaggio"] (104).[682]

Auch an dieser Stelle zeigt sich Vicos bedeutsame Erkenntnis der Bedeutung der Sprache für das Recht, wie sich bereits an der Bekundung der Volksmeinung unter dem Begriff des ‚Diktators des Volkes' zeigt, von der bereits weiter oben die Rede war (112). So trivial der Befund auf den ersten Blick anmutet, veranschaulicht er doch bei näherem Hinsehen etwas für die Akzeptanz der Rechtsgeltung durch die Normadressaten rechtssoziologisch Wesentliches. Denn wo die antiquierte Sprache des Gesetzes zum Verständnishindernis wird, lässt nicht nur die Rechtsbefolgung unweigerlich zu wünschen übrig, sondern verblasst auch der Normappell, weil er in Vergessenheit gerät und das Gesetz vielleicht noch als rechtshistorischer Meilenstein in Erinnerung zu bleiben droht, als lebendiges Recht aber außer Betracht gerät.

Allerdings reichen Vicos Bedenken über solche soziologischen Gesichtspunkte noch hinaus, weil er, wie seine unausgesprochenen Verweisungen entsprechend dem inneren System seiner komplexen Bezugnahmen erkennen lassen, tiefgreifende Zweifel daran hat, ob die Menschen vielschichtige Begriffe, wie beispielsweise ‚König' oder ‚Freiheit' (105), überhaupt in ihrer semantischen Tragweite und den mannigfachen herrschaftssoziologischen Konnotationen zu erfassen vermochten (663).

c) Fortwirkung sittenprägender Basiswertungen

Dass diese Gefahr sich auch im Hinblick auf das Zwölftafelgesetz realisieren und die Berufung darauf in letzter Konsequenz zu einem Vorwand der Herrschsucht geraten könnte, hat Vico gerade aufgrund seiner philosophisch geschulten Kenntnis der Rechtsgeschichte durchschaut. Allerdings war vielleicht auch gerade sein tiefer Blick, aufgrund dessen er die weitreichenden gesellschaftlichen Umgestaltungen, die mit dem Zwölftafelgesetz einhergingen, schärfer als seine Zeitgenossen zu sehen vermochte (415), paradoxerweise der Anlass persönlicher Tragik. Denn man muss der Vollständigkeit halber hinzufügen, dass er im Hinblick auf seine Deutung des Zwölftafelgesetzes auch im akademischen Disput keinerlei Widerrede duldete und überaus empfindlich reagieren konnte, wie sich biographisch sehr zu seinem Nachteil belegen lässt, weil es die beklemmende

682 *Giambattista Vico*, La scienza nuova, 1744, edizione a cura di Fausto Niccolini (Editori Laterza), 5. Auflage 1967, S. 63.

Unsouveränität eines so großen Geistes verdeutlicht, der seiner Zeit voraus und seinen Zeitgenossen himmelhoch überlegen war.[683]

Denn ganz abgesehen von seiner philosophischen Genialität verstand er es eben auch wie kaum ein anderer, in rechtsdogmatischer Hinsicht mit dem Zwölftafelgesetz zu argumentieren und beispielsweise die oben dargestellte Auffassung des monarchischen Rechts zu belegen: „Dieses monarchische Recht wurde ihnen vom Zwölftafelgesetz für alle Zeiten der römischen Republik bewahrt."[684] [„*Il qual diritto monarchico fu loro serbato dalla legge delle XII Tavole per tutti i tempi della romana repubblica*"] (256).[685] Hieran zeigt sich beispielhaft, dass er den Begriffen der Staatsformen misstraut, weil er kraft seiner philosophischen Durchdringung der Rechtsgeschichte und seiner eminenten Kenntnisse der römischen Gegebenheiten, insbesondere der Entwicklungsweise des römischen Rechts, das Fortwirken der scheinbar in den Hintergrund gerückten, in Wahrheit aber von ihren Basiswertungen, vor allem aber ihren sittenprägenden Auswirkungen her nach wie vor omnipräsenten Kodifikation erkannte.

4. Zwischenbetrachtung

Vico hatte somit ein außerordentliches Gespür für die jeweilige Verfassungswirklichkeit. Auch an der weiter oben genannten Stelle sieht man (104), wie sehr Vico das Verhältnis von Recht und Sprache zueinander beschäftigte, weil er erkannte, dass voraussetzungsreiche Rechtsbegriffe, die komplexe Herrschaftsverhältnisse beschreiben, sich der Volkssprache nicht ohne weiteres erschließen und damit diejenigen, zu deren Gunsten Regelungen umgewandelt werden, Gefahr laufen, ihre Tragweite nicht auf Anhieb zu erfassen, wenn dies nicht einmal späteren Historikern und Staatstheoretikern nicht vollends gelingt (105).

---

683 *Vittorio Hösle*, Vico und die Idee der Kulturwissenschaft, Einleitung der Meiner-Ausgabe 1990, S. XC f. Fußnote 126, kommentiert einfühlsam die scheinbar komische, in Wahrheit tieftraurige Begebenheit, die oft für Vicos eifernde Rechthaberei ins Feld geführt wird: „Wieviel innere Aggression sich gleichzeitig in Vico anstaute, belegt die Anekdote, Vico habe 1736, als Damiano Romanos Buch gegen seine Interpretation des Zwölftafelgesetzes in seine Hände fiel, zum Entsetzen aller Anwesenden in ungeheurer Wut hineingebissen, weil er die – übrigens höfliche – Kritik seitens eines inferioren Geistes nicht habe ertragen können." – Dieser destruktive Akt gegenüber der Verkörperung des Werks eines fremden Interpreten des Zwölfafelgesetzes versinnbildlicht vielleicht auch die Tragik seines Lebenswerks, das in seiner grundstürzenden Bedeutung erst nach seinem Tode erkannt werden konnte.

684 Übersetzung Vittorio Hösle und Christoph Jermann, Meiner-Ausgabe, 2009, S. 120.

685 *Giambattista Vico*, La scienza nuova, 1744, edizione a cura di Fausto Niccolini (Editori Laterza), 5. Auflage 1967, S. 97.

a) Erkenntnis der Sollbruchstellen der römischen Rechtsgeschichte

So ist es im Hinblick auf das oben zum publilischen Gesetz Gesagte wichtig (107), eine sehr viel spätere Bemerkung Vicos hinzuzulesen, wonach der Diktator Philo im Zusammenhang mit diesem Gesetz – wohl durchaus hellsichtig – festgestellt habe, dass die Republik damit ihrem Wesen nach zu einer demokratischen geworden sei (1006). Davon wird weiter unten noch die Rede sei. Doch zeigt sich bereits an dieser Stelle, dass Vico vermöge seiner gründlichen Kenntnis des römischen Rechts, insbesondere des Zwölftafelgesetzes, aber eben auch weniger bekannter Kodifikationen, wie des publilischen oder poetelischen Gesetzes imstande war, die Sollbruchstellen der römischen Rechtsgeschichte zu erkennen und kulturgeschichtlich einzuordnen.[686]

Vico verfügte über ein seismographisches Gespür für die Bestimmung der markanten Punkte der Rechtsentwicklung, an denen sich etwa im Verhältnis der Plebejer zu den Patriziern Umbrüche abzeichneten und die Kräfteverhältnisse verschoben. Zudem war er in der Lage, diejenigen Gesetze dogmengeschichtlich einzuordnen, anhand derer sich solche Verschiebungen oder Umwälzungen frühzeitig ankündigten bzw. manifestierten. Umgekehrt wusste er aber auch einzuschätzen, welche Gesetze Stabilität oder Erneuerung verhießen, wie sich am Beispiel des publilischen oder poetelischen Gesetzes erwies. Denn nicht zuletzt die möglichst langwierige Bewahrung dieser beiden letztgenannten Kodifikationen dient ihm als ein Argument unter vielen für seine entwicklungsgeschichtlich fundierte Annahme einer Wiederkehr der menschlichen Dinge (1088).

b) Wiederkehr der menschlichen Dinge

Mit dieser Wiederkehr der menschlichen Dinge ist etwas angesprochen, das zu den prägenden Strukturprinzipien der vichianischen Geschichtsphilosophie gehört und daher auch aus rechtlicher Sicht bedeutungsvoll ist. Diesen großen

686 *Benedetto Croce*, Die Philosophie Giambattista Vicos (deutsche Übersetzung Erich Auerbach/Theodor Lücke), 1927, S. 175 f., fasst die römisch-rechtliche Entwicklungslinie, die bei Vico teils kleinschrittig dargestellt, andernteils unausgesprochen vorausgesetzt wird, zum besseren Verständnis zusammen: „Die Tribunen gingen dann weiter und forderten die Befugnis, Gesetze geben zu dürfen; denn die früheren Gesetze, die *lex Horatia* und die *lex Hortensia*, hatten den Plebisciten keine bindende Gewalt über das ganze Volk gegeben (...). Diese neue Errungenschaft, die die Vorherrschaft der Plebs sicherte und das Staatswesen aus einem aristokratischen in ein demokratisches verwandelte, war die von dem Diktator Publius Philo verordnete *lex Publilia* (...). Die Autorität des Senats wurde dadurch eingeschränkt. (...) Die *lex Petelia*, die wenige Jahre später folgte, beseitigte die letzte Spur der Lehensfesseln, den nexus, der die Plebejer, im Falle der Verschuldung, zu Lehensvasallen der Adligen machte und sie oft zwang ihr ganzes Leben in deren Privatgefängnissen zu arbeiten." Hervorhebungen auch dort.

Gedanken des *ricorso* bringt er schließlich in einer erhabenen Periode zum Ausdruck, die wohl zu den schönsten der Scienza nuova zählt und seines Erachtens ihren Titel rechtfertigt:[687] „Nun, anhand dieser Wiederkehr politisch-menschlicher Verhältnisse, die besonders in diesem Buch erörtert worden ist, bedenke man die Vergleiche, die durch dieses ganze Werk bei einer großen Anzahl von Gegenständen angestellt worden sind zwischen den ersten und den letzten Zeiten der alten und der neuen Völker, und man wird die Geschichte als ganze dargelegt vor sich haben, nicht die besondere und zeitliche der Gesetze und der Taten der Römer oder der Griechen, sondern man wird (aufgrund der substanziellen Identität des Denkens und der Verschiedenheit ihrer Ausdrucksweisen (161)) die ideale Geschichte der ewigen Gesetze haben, nach denen die Begebenheiten aller Völker ihren Lauf nehmen, in deren jeweiligem Entstehen, deren Fortschritt, Höhepunkt, Niedergang und Ende (393), auch wenn es so wäre (was sicherlich falsch ist), daß von Ewigkeit her immer wieder unendlich viele Welten entstünden (348).“[688]

[„*Ora, con tal ricorso di cose umane civili, che particolarmente in questo libro si è ragionato, si rifletta sui confronti che per tutta quest'opera in un gran numero di materie si sono fatti circa i tempi primi e gli ultimi delle nazioni antiche e moderne; e si avrà tutta spiegata la storia, non già particolare ed in tempo delle leggi e de' fatti de' romani o de' greci, ma (sull'identità in sostanza d'intendere e diversità de' modi lor di spiegarsi) si avrà la storia ideale delle leggi eterne, sopra le quali corron i fatti di tutte le nazioni, ne' loro sorgimenti, progressi, stati, decadenze e fini, se ben fusse (lo che è certamente falso) che dall'eternità di tempo in tempo nascessero mondi infiniti*“] (1096).[689]

c) Verhältnis der Rechtsgeschichte zur Geschichte

Vom Standpunkt des Rechts aus gesehen ist dieser Schlüsselsatz der Scienza nuova gerade wegen seiner verhältniswahrenden Klarstellung bedeutungsvoll. Denn Vico hebt die Relativität insbesondere der ‚besonderen und zeitlichen Gesetze der Römer oder Griechen' hervor und setzt sie ab von der ‚Geschichte als ganzer'. Es ist dies nicht einfach nur eine Spielart der geltungstheoretischen raumzeitlichen Relativität, der Gesetze nun einmal unterliegen.[690] Vielmehr geht

687 Das ergibt sich aus den hier nicht zitierten Zeilen, die sich unmittelbar im Abschluss finden, aber an anderer Stelle der vorliegenden Untersuchung noch genannt werden.

688 Übersetzung Vittorio Hösle und Christoph Jermann, Meiner-Ausgabe, 2009, S. 595 f.

689 *Giambattista Vico*, La scienza nuova, 1744, edizione a cura di Fausto Niccolini (Editori Laterza), 5. Auflage 1967, S. 522.

690 Zu ihr *Jens Petersen*, Pascals Gedanken über Gerechtigkeit und Ordnung, 2016, § 1.

es darüber hinaus um das Verhältnis eines paradigmatisch beleuchteten Ausschnitts der Rechtsgeschichte zur Geschichte überhaupt.

Aber jenseits dieser geschichtsphilosophischen Betrachtung ist wohl angesichts der genannten und ersichtlich nicht juridisch begriffenen ‚Geschichte der ewigen Gesetze' und der ‚von Ewigkeit her immer wieder unendlich vielen Welten' die Philosophie insgesamt gemeint. So beispielhaft aus Sicht der vorliegenden Untersuchung Vicos Kulturgeschichte des Rechts ist, so wenig darf übersehen werden, dass sich das wesentliche theoretische Anliegen der Scienza nuova anhand dieser kulturgeschichtlichen Betrachtung des Rechts zwar zur Gänze veranschaulichen lässt, aber als Metaphysik, die „in Gott die Welt des menschlichen Geistes betrachtet" (2), darüber hinausreicht.

III. Jurisprudenz aus dem Ursprung der Theologie

Wenn man auf der Grundlage der zuletzt erstellten Zwischenbilanz, insbesondere vor dem Hintergrund des betrachteten *ricorso*, die Jurisprudenz erneut ins Verhältnis zur Philologie und Religion ins Verhältnis setzt, dann empfiehlt es sich, nochmals entwicklungsgeschichtlich möglichst früh, also beim heroischen Recht anzusetzen, weil auch Vico an späteren Stellen immer wieder darauf zurückkommt.

1. Vom Recht der Gewalt zur Schonung der Besiegten nach gerechten Gesetzen

Das heroische Recht ist, wie bereits oben angesprochen, in unvordenklicher Zeit anzusiedeln (20): „Und mit solcher Natur, solchen Sitten, solchen Staaten, solchen Ständen und solchen Gesetzen wird der Heroismus der ersten Völker auftreten."[691] [„*E con tali nature, tali costumi, tali repubbliche, tali ordini e tali legge si celebrerà l'eroismo de' primi popoli*"] (677).[692] Die fünffache Anapher bringt neben der Gleichordnung dieser Institutionen auch ihre notwendige Häufung zum Ausdruck, weil sich erst im Zusammenspiel von Sitten und Gesetzen die heroische Jurisprudenz entwickeln kann. Allerdings werden wir sogleich sehen, dass sich

691 Übersetzung Vittorio Hösle und Christoph Jermann, Meiner-Ausgabe, 2009, S. 386.

692 *Giambattista Vico*, La scienza nuova, 1744, edizione a cura di Fausto Niccolini (Editori Laterza), 5. Auflage 1967, S. 313.

die Sitten und Gesetze nicht notwendigerweise gleichzeitig herauskristallisieren, sondern leicht zeitversetzt zur Übereinstimmung gelangen können.

Dabei erscheint Vico lediglich gewiss, „daß die ersten Völker in ihren heroischen Zeiten, als das natürliche Recht der Gewalt herrschte, einander als ewige Feinde ansahen."[693] [*„Ch'i primi popoli, ne' tempi lor eroici ne' quali regnava il diritto natural della forza, si guardavano tra loro da perpetui nimici*"] (30).[694] Das sonst bei Vico geläufige natürliche Recht der Völker kontrastiert hier aufs Schärfste mit dem natürlichen Recht der Gewalt, das ja für sich betrachtet bereits sprachlich – ‚il diritto natural della forza' – eine schroffe Antithese, ja beinahe ein Oxymoron darstellt.

Von Natur aus regiert also das Recht des Stärkeren und die gewaltsame Durchsetzung von Ansprüchen. Erst im Laufe der Zeit bildeten sich Sitten heraus, aufgrund derer ein friedliches Zusammenleben der Menschen möglich wurde, die, wie erinnerlich, ursprünglich zur Geselligkeit neigen (2).[695] So kamen die Menschen allmählich dazu, durch wechselseitigen Verzicht auf die kompromisslose Durchsetzung vermeintlicher Rechtspositionen ein gedeihliches Zusammenleben zu ermöglichen und in Frieden miteinander zu leben:[696] „Dagegen sollte es,

---

693 Übersetzung Vittorio Hösle und Christoph Jermann, Meiner-Ausgabe, 2009, S. 28 f.

694 *Giambattista Vico*, La scienza nuova, 1744, edizione a cura di Fausto Niccolini (Editori Laterza), 5. Auflage 1967, S. 24.

695 *Vittorio Hösle*, Recht und Geschichte bei Giambattista Vico, Gedenkschrift für Karl-Heinz Ilting, 1990, S. 389, 404, betont daher mit Recht den Gesichtspunkt der Intersubjektivität bei Vico: „Die Natur des Menschen sei, gesellig zu sein (...), und allen Theoretikern des objektiven Geistes vor ihm – insbesondere Hobbes, dem freilich schon das Verdienst zukomme, über die Griechen hinaus die Begründung einer neuen Wissenschaft angestrebt zu haben (...) – wift Vico vor, eben diesen Aspekt nicht ausreichend berücksichtigt und einen (wie man, wenn auch nicht mit seinen Worten, so doch in seinem Sinne sagen könnte) atomistischen Ansatz gewählt zu haben. Wer den Ursprung der Nationen erfassen wolle, könne den Urmenschen nicht jene sich aus der Gemeinschaft herausreflektierende Subjektivität unterstellen, die sich in den hellenistischen Philosophien der Stoa und des Kepos erstmals und in den frühneuzeitlichen Systemen erneut ausgebildet habe. Die Urmenschen hätten nicht durch Reflexion ihr Rechtssystem ausgebildet (...); sie seien nicht durch Verträge in die Sphäre der Staatlichkeit getreten, sondern seien immer schon in sprachlich vermittelten intersubjektiven Bindungen, denen der Familien und Sippen, gewesen; die Gründe der inneren Rationalität ihrer Institutionen seien ihnen selbst nie klar gewesen." – Nicht zuletzt um solcher fundamentalen Einsichten willen können wir aus heutiger Sicht Vico zu den Wegbereitern der Rechtssoziologie zählen.

696 Siehe *Giuseppe Cacciatore*, Metaphysik, Poesie und Geschichte. Über die Philosophie von Giambattista Vico, 2002, S. 60, illustriert den Zusammenhang von Vicos Verständnis der Geselligkeit mit der kantischen Philosophie. Dazu *Johannes Strangas*, Kritik der kantischen Rechtsphilosophie. Ein Beitrag zur Herstellung der Einheit der praktischen Philosophie, 1988; geschichtsphilosophisch wegweisend *Vittorio Hösle*, Der Ort von Kants Geschichtsphilosophie in der Geschichte der Geschichtsphilosophie, Festschrift für Peter Landau, 2000, S. 997; vgl. auch

nachdem sie in derselben Zeit herangereift, zusammen zur Gesittung gelangt und daher fähig geworden waren, sich mit den Sitten der jeweils anderen zu vertragen, den siegreichen Völkern leicht sein, nach den gerechten Gesetzen der Siege das Leben der Besiegten zu schonen."[697] [„*Ma poi che, con lo stesso tempo, fussero cresciute e si truovassero insiememente addimesticate, e perciò fatte comportevoli de' costumi l'une dell'altre, indi fusse facile a' popoli vincitori di risparmiare la vita a' vinti con le giuste leggi delle vittorie*"] (30).[698] Die kriegerische Überlegenheit des einen Volkes verlangt dann eben nicht mehr nach Vernichtung des anderen, sondern achtet das Lebensrecht der Unterworfenen. Ein bedeutsamerer Fortschritt an Rechtskultur ist kaum vorstellbar.

2. Vertragsschluss durch Sprache und Willensübereinstimmung

Dass sich diese letztgenannte Möglichkeit etablieren konnte, liegt nicht zuletzt daran, dass die Vertragschließenden sich kraft ihrer Sprache und Willensübereinstimmung darüber verständigen konnten. Das aber führt, wie Vico sieht, zu Sublimierungen, die im Vergleich zum zuletzt Festgestellten vergleichsweise geringfügig erscheinen, auf lange Sicht aber einen wesentlichen und weiteren kulturgeschichtlichen Schritt in Richtung der Zivilisation eingeleitet haben, der in seiner Tragweite für das europäische Rechtsdenken gar nicht hoch genug veranschlagt werden kann: „Später (als sich dann die artikulierte Sprache gebildet hatte) wollten sie, damit bei Vertragsschlüssen einer sich des Willens des andern versichern konnte, daß man die Verträge, im Akte der Übergabe des Knotens, in feierliche Worte kleidete, aus denen sichere und genaue Stipulationen abgefaßt würden (569); und so verfaßten sie später in den Kriegen die Gesetze, nach denen die Übergaben der besiegten Städte stattfanden und welche ‚Friedensbeschlüsse' (ital.: paci) hießen von ‚pacio' (Vertrag), was dasselbe Wort ist wie ‚pactum' (Vertrag)."[699]

[„*Poscia (essendosi la favella articolata formata appresso), per accertarsi l'uno della volontà dell'altro nel contrarre tra loro, vollero ch'i patti, nell'atto della consegna di esso nodo, si vestissero con parole solenni, delle quali fussero conce-*

Jens Petersen, Kants ‚Metaphysische Anfangsgründe der Rechtslehre' – kritisches Spätwerk oder ‚Erzeugnis eines gewöhnlichen Erdensohns'?, Festschrift für Claus Wilhelm Canaris, 2007, Band 2, S. 1243.

697 Übersetzung Vittorio Hösle und Christoph Jermann, Meiner-Ausgabe, 2009, S. 29.

698 *Giambattista Vico*, La scienza nuova, 1744, edizione a cura di Fausto Niccolini (Editori Laterza), 5. Auflage 1967, S. 24.

699 Übersetzung Vittorio Hösle und Christoph Jermann, Meiner-Ausgabe, 2009, S. 558.

pute stipulazioni certe e precise; e così dappoi in guerra concepivano le leggi con le quali si facevano le rese delle vinte città, le quali si dissero ‚paci' da ‚p a c i o ', che lo stesso suona che ‚p a c t u m '"] (1030).[700] Auch diese etymologische Herleitung hat einiges für sich und veranschaulicht Vicos Methode, die konkrete Rechtsbegriffe, wie die Stipulation, und kulturell entwickelte Verhaltensweisen, etwa die Übergabe des Knotens, sinnvoll zusammenführen (558). Auf dieser Grundlage erweist sich dann auch die abschließende Etymologie als tragfähig.

a) Dreizahl von Sprachen, Zeitaltern und Herrschaftsformen

Das ist das eigentlich Neue an seiner S c i e n z a n u o v a , die in dieser Ausprägung zugleich eine Kulturgeschichte des Rechts enthält, deren Besonderheit freilich darin besteht, dass sie Metaphysik ist:[701] „Indem so diese ‚N e u e W i s s e n s c h a f t ', das heißt die Metaphysik, die im Lichte der göttlichen Vorsehung die gemeinsame Natur der Völker durchdenkt, derartige Ursprünge der göttlichen und menschlichen Dinge unter den heidnischen Völkern entdeckt hat, stellt sie daraus ein System des natürlichen Rechts der Völker auf, das mit größter Gleichheit und Beständigkeit durch die drei Zeitalter hindurch fortschreitet."[702] [*„Così questa ‚N u o v a S c i e n z a ', o sia la metafisica, al lume della provvedenza divina meditando la comune natura delle nazioni, avendo scoverte tali origini delle divine ed umane cose tralle nazioni gentili, ne stabilisce un sistema del diritto natural delle genti, che procede con somma egualità e constanza per le tre età che gli egizi ci lasciaron detto aver camminato per tutto il tempo del mondo corso loro dinanzi cioè"*] (31).[703]

aa) Rechtsmetaphysik und System des natürlichen Rechts der Völker

Nicht zuletzt dieser Zusammenhang zwischen der Metaphysik und dem System des natürlichen Rechts der Völker ist der Grund dafür, dass im ersten Abschnitt dieser Abhandlung von Vicos Rechtsmetaphysik die Rede war. Bedeutungsvoll ist freilich auch der Nachsatz, wonach dieses System des natürlichen Rechts ‚mit größter Gleichheit und Beständigkeit durch die drei Zeitalter fortschreitet.' Denn darin kommt der entwicklungsgeschichtliche Gesichtspunkt seines Rechtsden-

---

700 *Giambattista Vico*, La scienza nuova, 1744, edizione a cura di Fausto Niccolini (Editori Laterza), 5. Auflage 1967, S. 491 f.

701 Siehe zu diesem Begriff *Hugo Friedrich*, Die Rechtsmetaphysik der göttlichen Komödie, 1942.

702 Übersetzung Vittorio Hösle und Christoph Jermann, Meiner-Ausgabe, 2009, S. 29.

703 *Giambattista Vico*, La scienza nuova, 1744, edizione a cura di Fausto Niccolini (Editori Laterza), 5. Auflage 1967, S. 24 f.

kens zum Vorschein. Deshalb wurden im ersten Kapitel der vorliegenden Abhandlung auch die Rechtsmetaphysik und das evolutionäre Rechtdenken zusammenhängend behandelt, weil diese Verbindung nicht außer Acht gelassen werden darf. Für den Anspruch und das wissenschaftliche Selbstverständnis Vicos bedeutsam ist wiederum der darin aufscheinende Begriff des ‚Systems des natürlichen Rechts'.[704] Dabei ist es jeweils eine Trias der Sprachen, der Zeitalter und der Herrschaftsformen, die eine jeweils korrespondierende Jurisprudenz begründet hat (36).

bb) Theologie als Ursprung

Wie nicht anders zu erwarten, liegt der Ursprung wiederum in der Theologie (37). Bei den Römern sieht Vico den Zusammenhang von Recht und Religion aus unvordenklicher Zeit namentlich im Wirken des frühen römischen Königs Numa Pompilius vergegenwärtigt, der die religiösen Gesetze und Institutionen begründet habe: „Dem Numa sehr viele über die heiligen Dinge und die göttlichen Zeremonien, in denen sich später in ihren glanzvollsten Zeiten die römische Religion manifestierte."[705] [„*A Numa, tante d'intorno alle cose sagre ed alle divine cerimonie, nelle quali poi comparve ne' tempi suoi più pomposi la romana religione*"] (418).[706] Auch hier geht es Vico nicht um die individuellen Leistungen Numas, sondern die Stiftung der sakralen Institutionen.[707]

b) Wortgebundenheit der heroischen Jurisprudenz

Die zweite Erscheinungsform der Jurisprudenz nennt Vico – nach dem zuvor Bedachten ebenfalls wenig überraschend – die heroische Jurisprudenz. Diese führt Vico entsprechend seiner philologischen Grundausrichtung beispielhaft auf

---

704 *Nicola Erny*, Theorie und System der Neuen Wissenschaft von Giambattista Vico. Eine Untersuchung zu Konzeption und Begründung, 1994, zum für Vico wesentlichen Gesichtspunkt des Systems. Allgemein dazu *Claus-Wilhelm Canaris*, Systemdenken und Systembegriff in der Jurisprudenz, 2. Auflage 1983.

705 Übersetzung Vittorio Hösle und Christoph Jermann, Meiner-Ausgabe, 2009, S. 199.

706 *Giambattista Vico*, La scienza nuova, 1744, edizione a cura di Fausto Niccolini (Editori Laterza), 5. Auflage 1967, S. 169.

707 *Vittorio Hösle*, Recht und Geschichte bei Giambattista Vico, Gedenkschrift für Karl-Heinz Ilting, 1990, S. 389, 410, mit einer historiographisch weiterführenden Beobachtung: „Lange vor Niebuhr spricht Vico den Erzählungen über die römische Frühgeschichte, die wir etwa bei Livius finden, wörtliche Wahrheit ab; Romulus, Numa Pompilius und die anderen römischen Könige symbolisierten weitaus eher bedeutende Einschnitte in der Insitutionengeschichte Roms, als daß sie die Urheber der ihnen zugeschriebenen Taten gewesen seien".

Odysseus zurück, womit wiederum Homer Pate steht.[708] Charakteristisch für diese Form der Jurisprudenz ist aus Vicos Sicht die penible Bindung an den Wortlaut (328). Er verdeutlicht es mit dem Begriff der ‚aequitas civilis', die er an späterer Stelle in Anlehnung an Ulpian erklärt (320). Vor allem aber prägt er den aufschlussreichen Ausdruck der ‚ragion di stato' (949). Das entspricht in etwa unserem Begriff der Staatsräson, für den kaum je Vicos wichtige Vorarbeit herangezogen wird, obwohl die hier zitierte Übersetzung ihn mit gutem Grund verwendet.

Denn darin schwingt eine politische Komponente mit, die den inneren Zusammenhalt des Gemeinwesens mit all seinen unausgesprochenen, aber bedeutungsvollen Voraussetzungen betrifft: „Sie war ausgerichtet auf das, was die römischen Juristen ‚aequitas civilis' (politische Billigkeit) nannten und wir ‚Staatsräson' nennen; nach ihr glaubten die Menschen mit ihren beschränkten Ideen, ihnen stehe auf natürliche Weise das Recht zu, und zwar gerade dasjenige, welches und soweit und auf die Art, wie es mit Worten erklärt worden sei; wie man auch heute noch bei Bauern und anderen rohen Menschen beobachten kann, die bei einem Streit zwischen den Worten und den Gefühlen hartnäckig darauf beharren, für sie liege ihr Recht in den Worten."[709]

[„*La quale guardave quella che da' giureconsulti romani fu detta ‚aequitas civilis' e noi diciamo ‚ragion di Stato', per la quale, con le loro corte idee, estimarono appartenersi loro naturalmente quello diritto, ch'era ciò, quanto e quale si fusse con le parole spiegato; come pur tuttavia si può osservare ne' contadini ed altri uomini rozzi, i quali, in contese di parole e di sentimenti, ostinatamente dicono la lor ragione star per essi nelle parole*"] (38).[710] Wir haben es hier wiederum mit

708 *Benedetto Croce*, Die Philosophie Giambattista Vicos (deutsche Übersetzung Erich Auerbach/Theodor Lücke), 1927, S. 154, klassifiziert im Einklang mit Vico maßgebliche Gesetzgeber der römischen Geschichte als ‚poetische Charaktere', was in Anbetracht der Genannten durchaus kontraintuitiv anmutet, auch wenn es wiederum den engen Zusammenhang zwischen Recht, Dichtung und Religion veranschaulicht, der für Vico bezeichnend ist: „Poetische Charaktere sind in der römischen Geschichte Romulus, dem alle Gesetze über die Stände zugeschrieben wurden; Numa, der Urheber der Gesetze über die religiösen Dinge und die göttlichen Zeremonien, Tullus Hostilius, der Urheber der Gesetze und Vorschriften über das Militärwesen; Servius Tullius, der Erfinder des census (...); endlich wurden auch die Decemvirn und die Zwölf Tafeln – über die Vico einen besondere Abhandlung schrieb – zu poetischen Charakteren, weil auf diese Ereignisse und Persönlichkeiten sehr viele spätere, der Gleichheit und Freiheit dienende Gesetze zurückgeführt wurden." Zum eingangs genannten Begriff wegweisend *Jürgen Trabant*, Giambattista Vico – Poetische Charaktere, 2019, S. 63.

709 Übersetzung Vittorio Hösle und Christoph Jermann, Meiner-Ausgabe, 2009, S. 34 f.

710 *Giambattista Vico*, La scienza nuova, 1744, edizione a cura di Fausto Niccolini (Editori Laterza), 5. Auflage 1967, S. 28.

einer ursprünglichen Sichtweise zu tun, der noch jede Fähigkeit zur abstrahierenden Betrachtung ermangelt. Daher rührt, wie bereits verschiedentlich gesehen, die Fixierung auf den Wortlaut, weil bereits die geringste Verschiebung oder Abänderung nach der Vorstellung der Menschen zu einer Unordnung stiftenden Änderung des Rechts führen könnte.

Aber auch im Mittelalter, das Vico als ‚Wiederkehr der Barbarei' auffasst (1047), wie noch gegen Ende der vorliegenden Arbeit darzustellen sein wird, kehrt diese schlichte Wortgebundenheit in dem für Vico eigentümlichen *ricorso* wieder und führt dazu, dass sogar Mächtigere, die sich ohne weiteres gewaltsam Geltung verschaffen könnten, davor zurückschrecken und sich dem Wortlaut sowie den Formeln der selbsterlassenen Gesetze beugen. Paradoxerweise kann dadurch sogar die ehrfürchtige Duldung einer primitiven Umgehung der Gesetze zu einem Zugewinn an Humanität führen (972).[711]

3. Heroische Jurisprudenz mit Rückbindung an die Theologie und Philologie

Es handelt sich also dabei noch um eine einstweilen vergleichsweise primitive Form der Jurisprudenz.[712] Sie verfährt vordergründig auf der Ebene bloßer Wortklauberei und ist noch nicht offen für teleologische Argumente, die den Sinn und Zweck der gesetzlichen Vorschriften zu erhellen suchen, wie es erst das römische Recht vermochte: „Doch ist hier die römische Würde und Weisheit zu bewundern, daß, in all diesem Wandel der Zustände, die Prätoren und Juristen mit ihrer

711 *Benedetto Croce*, Die Philosophie Giambattista Vicos (deutsche Übersetzung Erich Auerbach/Theodor Lücke), 1927, S. 190, veranschaulicht Vicos Sicht mit einem Beispiel aus dem mittelalterlichen Recht, das freilich zugleich veranschaulicht, dass Croces bedeutendes Werk in erster Linie das eines großen Gelehrten war und weniger den Rechtsphilosophen Vico würdigt: „Als Beispiel für die Ehrfurcht vor den Formeln kann jene – zu Vicos Zeit noch für eine historische Tatsache gehaltene – Legende gelten, die sich bei der Einnahme Weinsbergs durch den Kaiser Konrad zugetragen haben soll; die Stadt hatte den Gegenkaiser unterstützt, und er verurteilte sie zum Untergang, indem er anordnete, daß nur die Frauen mit dem, was sie auf dem Rücken tragen könnten, sie unbehelligt verlassen dürften. Doch die Frauen zogen aus der verurteilten Stadt mit ihren Söhnen, Männern und Vätern auf den Schultern; und der Kaiser der vor den Toren stand, an der Spitze seines Heeres, bereit mit blanken Schwertern und eingelegter Lanze seinem schrecklichen Zorn Genüge zu tun, sah zu und ließ sie alle unangefochten abziehn, aus Achtung vor dem buchstäblichen Wortlaut des Gesetzes, das er dekretiert hatte".

712 *Isaiah Berlin*, Vico and Herder. Two Studies in the History of Ideas, 1976, S. 35, sieht ein besonderes Verdienst Vicos in der umfassenden Darstellung der kulturgeschichtlichen Besonderheiten primitiver Gesellschaften im Hinblick auf ihre Dichtung, religiösen oder sonstigen Riten sowie der rechtlichen und gesetzlichen Strukturen: „especially in the poetry, the magical rites, the legal structures of primitive societies".

ganzen Macht dahin wirkten, daß so wenig und in so langsamen Schritten wie möglich die Worte des Zwölftafelgesetzes sich von ihrem ursprünglichen Sinn entfernten."[713] [„*Però qui è da ammirare la romana gravità e sapienza: che, in queste vicende di stati, i pretori e i giureconsulti si studiarono a tutto loro potere che di quanto meno e con tardi passi s'impropiassero le parole della legge delle XII Tavole*"] (1003).[714]

a) Allmählichkeit der Rechtsanwendung nach Maßgabe des Wortsinns

Hieran zeigt sich beispielhaft, dass das römische Recht für Vico bereits auf einer sehr viel höheren kulturgeschichtlichen Entwicklungsstufe steht und dadurch auch besser geeignet ist, die Freiheit der Menschen zu entfalten.[715]

aa) Behutsamkeit der Rechtsfortbildung

Nicht minder wichtig ist freilich die Allmählichkeit der Rechtsentwicklung, die Vico mit Bedacht hervorhebt, indem er den Gesichtspunkt betont, dass die Rechtsanwender sich unter dem Druck der Verhältnisse nicht dazu hinreißen lassen sollen, das Recht abrupt zu ändern, sondern vielmehr retardierenden Momenten Raum zu geben haben. Auch Bestimmungen des Zwölftafelgesetzes, deren Härte nicht mehr zeitgemäß erschien, sollten daher unter stetiger Rückbindung an den Wortlaut angewendet und dadurch behutsam fortentwickelt werden, damit das allgemeine Rechtsbewusstsein mit dem Prozess der Rechtsfortbildung Schritt halten kann.

Das lässt sich mutatis mutandis auf moderne Fragen der Methodenlehre übertragen, weil die Streitentscheidung nicht nur nach kurzfristigen Interessen, sondern vergleichsweise langlebigen Prinzipien erfolgen sollte, welche die gewachsenen Wertungen des Gesetzes unter Beachtung des Wortsinns zum Aus-

---

713 Übersetzung Vittorio Hösle und Christoph Jermann, Meiner-Ausgabe, 2009, S. 540.

714 *Giambattista Vico*, La scienza nuova, 1744, edizione a cura di Fausto Niccolini (Editori Laterza), 5. Auflage 1967, S. 475.

715 *Vittorio Hösle*, Vico und die Idee der Kulturwissenschaft, Einleitung der Meiner-Ausgabe 1990, S. CCXI: „In der Entwicklung des römischen Rechts erkennt Vico sowohl universalistische Tendenzen als auch eine größere Berücksichtigung der individuellen Freiheit besonders im Familien- und Erbrecht." Unter Verweis etwa auf die bonorum possessio, also dem Nachlassbesitz; zu ihr aus dem älteren Schrifttum die zweibändige Darstellung von *Burkhard Wilhelm Leist*, Die bonorum possessio, 1848; ferner *Francesca Pulitanò*, Ricerche sulla bonorum possessio ab intertestato nell'età tardo-romano, 1999; instruktiv die knappe Darstellung von *Max Kaser/Rolf Knütel/Sebastian Lohsse*, Römisches Privatrecht, 21. Auflage 2017, § 65 Randnummer 16–21.

druck bringen.[716] Im Gegensatz dazu fehlt der heroischen Jurisprudenz noch jede Flexibilität der Rechtsanwendung. Vielmehr ist ihr im Interesse der gemeinschaftlichen Selbsterhaltung eine Rigidität zu eigen, die freilich im Sinne des bisher Bedachten wiederum entwicklungsgeschichtlich begründet und nachvollziehbar ist.

bb) Interdependenz von Recht und Philosophie

Wiederum ist es die schon mehrfach beobachtete Wortlautfixierung, die für Rechtssicherheit bürgt, aber eben auch die Allgemeinheit der Gesetze sicherstellt, damit nicht Einzelne ungebührlich bevorzugt werden konnten, so dass die Gesetze hart, aber gerecht waren: „Denn da die Völker lange Jahrhunderte hindurch leben mußten, ohne das Wahre und die natürliche Billigkeit (die erst später die Philosophen weiter erhellten) fassen zu können, ließ sie es zu, daß sich die Völker an das Gewisse und an die politische Billigkeit hielten, die den Wortlaut der Gebote und Gesetze mit peinlicher Genauigkeit beachtet, und daß sie durch diesen Wortlaut dazu gebracht würden, dieselben allgemein und also auch in jenen Fällen anzuwenden, in denen sie hart erscheinen mußten, auf daß sich die Völker erhielten."[717] [„*Poiché per lunga scorsa di secoli le nazioni avevano a vivere incapaci del vero e dell'equità naturale (la quale più rischiararono, appresso, i filosofi), esse si attenessero al certo ed all'equità civile, che scrupolosamente custodisce le parole degli ordini e delle leggi, e da queste fussero portate ad osservarle generalmente anco ne' casi che riuscissero dure, perché si serbassero le nazioni*"] (328).[718]

Wie so oft bei Vico ist der Klammerzusatz bedeutungsvoll, weil darin eine gewisse Interdependenz von Recht und Philosophie vorausgesetzt wird, da die archaische Jurisprudenz gerade deswegen so unbeugsam und hart anmutet, weil sie noch nicht mit der Philosophie in Berührung gekommen und daher noch keinerlei rechtsethischen Abmilderungen zugänglich ist. Bis zu einem Vernunftrecht ist es noch ein denkbar weiter Weg, dessen Distanz Vico aber im Unterschied zu den von ihm kritisierten Naturrechtslehrern bewusst betont, weil er ihn von jenen verschleiert sieht.[719]

---

716 *Jens Petersen*, Von der Interessenjurisprudenz zur Wertungsjurisprudenz, 2001, S. 4 ff.

717 Übersetzung Vittorio Hösle und Christoph Jermann, Meiner-Ausgabe, 2009, S. 141.

718 *Giambattista Vico*, La scienza nuova, 1744, edizione a cura di Fausto Niccolini (Editori Laterza), 5. Auflage 1967, S. 113.

719 *Vittorio Hösle*, Vico und die Idee der Kulturwissenschaft, Einleitung der Meiner-Ausgabe 1990, S. CX, erkennt die paradigmatische Bedeutung des archaischen Rechts und ordnet es in die, sich freilich erst sehr viel später, als Vico ansetzt, etablierende – Tradition ein: „Natürlich kann

b) Archaisches Recht mit Härten

Die extreme Wortlautbezogenheit der heroischen Jurisprudenz hat somit etwas Primitives, Ungeschlachtes und Archaisches.[720] Das schließt auch fatalistische Elemente ein, weil es in Extremfällen zu einer unbeugsamen Härte führt, die aus dem Glauben an Gottesurteile gespeist ist und damit wiederum die für Vicos Rechtsdenken bezeichnende Rückbindung an die Theologie aufweist. Wenn es scheint, als würden hier nur die Härten des archaischen Rechts wiederholt, dann ist demgegenüber zu bedenken, dass sich das Verstehen gleichsam auf einer höheren Ebene – hier der Einbeziehung der Religion unter gleichzeitiger Berücksichtigung juristischer Dogmatik – vervollständigt, also nach Art eines Kreisgangs.[721]

aa) Archaische Opferbereitschaft gegenüber dem Willen des Gesetzes

Was sich weiter oben angedeutet hat, zeigt sich jetzt besonders deutlich, nämlich die prägende Eigenschaft guter Gesetze, die in ihrer Allgemeinheit besteht. Aber auch die Beobachtung der Koinzidenz von Privatinteresse und Allgemeininteresse zeigt Vico als hervorragenden Rechtstheoretiker. Er arbeitet mit bemerkenswerter juristischer Phantasie heraus, wie sich durch die Hingabe an einen obskuren Willen des Gesetzes eine eigenartige Opferbereitschaft herauskristallisiert:[722]

---

dieses Recht nicht als vernünftig angesprochen werden – der Mangel an Allgemeinheit, die Grausamkeit seiner Strafen, die Umständlichkeit seines Formalismus widersprechen den Forderungen des Vernunft- und Naturrechts, das, wie seine Vertreter übersehen, keineswegs immer und überall gegolten hat. Aber das heißt erstens nicht daß jenes archaische Recht nicht auch eine eigentümliche Kohärenz besitze, daß es nicht in einer eigenen, ‚phantastischen' Logik wurzle, und schließt zweitens nicht aus, daß der Entwicklung von ihm zum Vernunftrecht Notwendigkeit eigne." – Gerade dieser letztgenannte Gesichtspunkt ist hervorhebenswert, weil er die Unbefangenheit und Vorurteilslosigkeit Vicos voraussetzt, die sein evolutionäres Rechtsdenken auszeichnet.

720 *Max Weber*, Wirtschaft und Gesellschaft, 1922 (5. Auflage 1980, Zweiter Halbband, Kapitel VII, S. 510), hat etwas Ähnliches in unnachahmlicher Weise auf den ‚wortgebunden' urteilenden juristischen Laien bezogen: „Er pflegt vor allem ein Wortrabulist zu werden, wenn er ‚juristisch' zu argumentieren glaubt". Dazu *Jens Petersen*, Max Webers Rechtssoziologie und die juristische Methodenlehre, 3. Auflage 2020, S. 1. – Auch an der Übereinstimmung dieser Beobachtungen lässt sich mutatis mutandis ersehen, dass Vico als Vorläufer derer gelten kann, die die Rechtssoziologie als eigenständige Disziplin begründet haben.

721 Dazu *Carl Friedrich von Weizsäcker*, Zeit und Wissen, 1992, S. 30 und passim; weitere Nachweise aus von Weizsäckers Werk zu diesem Darstellungsmodus bei *Jens Petersen*, Der Gläubigerschutz im Umwandlungsrecht, 2001, S. 22 f.

722 *Vittorio Hösle*, Recht und Geschichte bei Giambattista Vico, Gedenkschrift für Karl-Heinz Ilting, 1990, S. 389, 407, paraphrasiert treffend: „Vico lobt die Weisheit der göttlichen Vorsehung,

„Und dies nach einem Ratschluß der göttlichen Vorsehung, damit die heidnischen Menschen, die noch nicht der Allgemeinbegriffe fähig waren, nach denen sich die guten Gesetze ausrichten müssen, eben durch die Besonderheit ihrer Worte dahin geführt würden, die Gesetze allgemein zu beachten; und wenn durch eine derartige Billigkeit in einem besonderen Fall die Gesetze nicht nur hart, sondern sogar grausam ausfielen, so ertrugen sie es als etwas Natürliches, weil sie glaubten, dies sei ihr natürliches Recht. Auch veranlaßte sie zur Beachtung der Gesetze ein sehr starkes Privatinteresse, das für die Heroen offenbar zusammenfiel mit dem Interesse ihres Vaterlandes, in dem sie allein die Bürger ausmachten; daher zögerten sie nicht, um die Rettung ihres Vaterlandes willen sich und ihre Familien dem Willen der Gesetze zu opfern."[723]

[*„E ciò, per consiglio della provvedenza divina, acciocché gli uomini gentili, non essendo ancor capaci d' universali, quali debbon esser le buone leggi, da essa particolarità delle loro parole fussero tratti ad osservare le leggi universalmente; e se per cotal equità in alcun caso riuscivan le leggi non solo dure ma anco crudeli, naturalmente il sopportavano, perché naturalmente tale stimavano essere il loro diritto. Oltreché, gli vi attirava ad osservarle un sommo privato interesse, che si truova aver avuto gli eroi medesimamente con quello delle loro patrie, delle quali essi soli erano cittadini; onde non dubitavano, per la salvezza delle loro patrie, consagrare sé e le loro famiglie alla volontà delle leggi*"] (38).[724]

bb) Vergleich mit der neuzeitlichen Rechtskultur

Gerade dieser letztgenannte Gesichtspunkt bedingungsloser Opferbereitschaft unter Verweis auf einen diffusen Gesetzeswillen muss uns fremdartig erscheinen und veranschaulicht in einer heilsamen Kontrastierung, dass Rechtsordnungen, die auch heute noch darauf Anspruch erheben, suspekt sind, weil sie Archaismen Raum geben, die in frühester Zeit der kollektiven Selbsterhaltung dienen konnten, in einer neuzeitlichen Rechtskultur jedoch, selbst innerhalb einer Militärgerichtsbarkeit etwa, erklärungsbedürftige Fremdkörper darstellen. Das archaische Recht setzt also weniger auf einen Verstehens- als vielmehr auf einen Gehorsamsglauben.

---

die, da die Menschen noch nicht in der Lage gewesen seien, Rechtsstreitigkeiten durch Argumente zu entscheiden." Im Übrigen hat *ders.*, Philosophiegeschichte und objektiver Idealismus, 1996, S. 157, ein treffendes Bild gewählt: „Für den modernen Leser ist es nicht viel einfacher, durch den großen Wald der ‚Scienza Nuova' zu dringen, als es laut Vico für den archaischen Menschen gewesen sein muß, sich in dem damaligen Urwald zurechtzufinden".

723 Übersetzung Vittorio Hösle und Christoph Jermann, Meiner-Ausgabe, 2009, S. 34 f.

724 *Giambattista Vico*, La scienza nuova, 1744, edizione a cura di Fausto Niccolini (Editori Laterza), 5. Auflage 1967, S. 28 f.

So kann es aus Vicos Sicht allenfalls dann – und auch nur unter gedanklicher Überbrückung von Jahrtausenden, welche die von ihm kritisierten Naturrechtslehrer nicht hinreichend berücksichtigten – zu einem Vorläufer fortschrittlicher Gesetze werden, wenn man die barbarische Härte abzieht, der Legitimationsbedürftigkeit gegenüber individuellen Eingriffen Rechnung trägt und das darin ansatzweise zum Ausdruck kommende vernunftrechtliche Potential ausschöpft.[725] Auch wenn Individualinteresse und rudimentär begriffenes Gemeinwohl ineinanderfielen, ist aufschlussreich, dass es für Vico ein Privatinteresse gibt, dessen Verfolgung allgemeinen Nutzen stiften kann,[726] wie weiter unten noch zu sehen sein wird.[727]

cc) Naturrechtliche Immunisierung

Festzuhalten bleibt aber, dass der rechtskulturvergleichende Blick auf das von Vico gezeichnete heroische Recht ebenso zum besseren Verständnis archaischer Relikte in neuzeitlichen Rechtsordnungen eine kontrastierende Wirkung entfalten kann, weil sich die Geltungsgründe erst im Nachvollzug der Entwicklungsgeschichte begreifen lassen, die in gewaltigen Zeiträumen vonstatten ging. Das zeigt sich paradigmatisch im Vergleich Vicos mit Nietzsche, der ebenfalls die Jahrtausende langen Entwicklungszeiträume für die Herausbildung von Sitten und Gesetzen berücksichtigt.[728]

Denn selbst wenn Nietzsche Vico nicht berücksichtigt hat[729] – ein Mangel, der sich wohl insbesondere innerhalb seiner ‚Genealogie der Moral' erkennbar niederschlägt[730] –, lassen sich hier wohl zumindest phänotypische Gemeinsamkei-

725 *Vittorio Hösle*, Vico und die Idee der Kulturwissenschaft, Einleitung der Meiner-Ausgabe 1990, S. CX, begründet überzeugend, warum auch das archaische Recht nicht pauschal geringgeschätzt werden darf, zumal da man in Betracht ziehen müsse, dass „der Entwicklung von ihm zum Vernunftrecht Notwendigkeit eigne".

726 *Peter Burke*, Vico. Philosoph, Historiker, Denker einer neuen Wissenschaft, 1990, S. 74.

727 *Vittorio Hösle*, Recht und Geschichte bei Giambattista Vico, Gedenkschrift für Karl-Heinz Ilting, 1990, S. 389, 408, macht allerdings richtigerweise darauf aufmerksam, dass bezüglich der Kategorie des Gemeinwohls in diesem Stadium der Menschheitsgeschichte Vorsicht angezeigt ist: „Die Urmenschen seien von der Legitimität ihrer Rechtsvorstellungen unbedingt überzeugt, ja zu Betrug gar nicht in der Lage gewesen ebensowenig wie zu einem Erfassen der Kategorie des Gemeinwohls, die eben die logische Fähigkeit, allgemein zu denken, schon voraussetze".

728 Vergleichend bereits *David W. Price*, Vico and Nietzsche. On Metaphor, History, and Literature, The Personalist Forum 10 (1994) 119.

729 *Vittorio Hösle*, Eine kurze Geschichte der deutschen Philosophie, 2013, S. 194.

730 Vgl. auch *Jens Petersen*, Nietzsches Genialität der Gerechtigkeit, 3. Auflage 2020, S. 81 ff., 98 ff.

ten feststellen, die aber mit äußerster Vorsicht gewürdigt werden müssten, weil sich genotypisch fundamentale Unterschiede ergeben, da Vico ungeachtet seiner Kritik gegenüber bestimmten Perspektiven gewisser Naturrechtslehrer im Unterschied zu Nietzsche an ein Natur- und Vernunftrecht glaubt.[731] Dieses Vertrauen immunisiert Vicos Rechtsdenken zugleich gegen die genannten Gefahren, die ein evolutionistisches Rechtsverständnis birgt, wie man nicht nur am Beispiel Nietzsches, sondern auch im Hinblick auf einen ungehemmten Wirtschaftsliberalismus sehen kann.[732]

c) Vorzüge, Grenzen und Ende der heroischen Jurisprudenz

So ist die von Vico sogenannte heroische Jurisprudenz mit ihrer sachlichen Nähe zur Philologie, die ja überhaupt der heroischen Gerechtigkeit mit ihrem Bezug zur Mythologie zu eigen ist, auch geistesgeschichtlich rückgebunden. Die Beschränktheit dieser heroischen Jurisprudenz liegt also nicht zuletzt in ihrer mangelnden Abstraktion, die den Menschen noch nicht geläufig war oder zugetraut wurde.[733] Das ergibt sich gleichsam im Umkehrschluss aus einer späteren Stelle über einen höheren Entwicklungsstand der inzwischen zu demokratischem Verhalten befähigten Menschen: „Aber als die menschlichen Zeiten der demokratischen Republiken gekommen waren, begann man in den großen Versammlungen, vom Verstand Gebrauch zu machen, und von dem vom Verstand abstrahierten und allgemeinen Rechtsbegriffen sagte man von da an, sie würden ‚consistere in intellectus iuris‘ (in der Vernunft des Rechts bestehen).“[734] [*„Ma, venuti i tempi umani delle repubbliche popolari, s'intercominciò nelle grandi adunanze a ravvisar intelletto; e le ragioni astratte dell'in-*

731 *Benedetto Croce*, Die Philosophie Giambattista Vicos (deutsche Übersetzung Erich Auerbach/Theodor Lücke), 1927, S. 89.

732 *Jens Petersen*, Freiheit unter dem Gesetz. Friedrich August von Hayeks Rechtsdenken, 2014, passim.

733 *Max Weber*, Wirtschaft und Gesellschaft, 1922 (5. Auflage 1980, Zweiter Halbband, Kapitel VII, S. 510), hat dies auf den Punkt gebracht, indem er den juristischen Laien beobachtete: „Und daneben ist ihm das Schließen vom Einzelnen auf das Einzelne natürlich: die juristische Abstraktion des ‚Fachmanns‘ ist ihm fern.“ – Dass Weber den ‚Fachmann‘ apostrophiert, dürfte auch daran liegen, dass der ‚Fachmensch‘ eine besondere Kategorie seines soziologischen Denkens darstellt, die er mit einem anderen bedeutenden Zeitgenossen der Sache nach teilte; vgl. *Friedrich Wilhelm Graf*, Fachmenschenfreundschaft. Studien zu Troeltsch und Weber, 2014.

734 Übersetzung Vittorio Hösle und Christoph Jermann, Meiner-Ausgabe, 2009, S. 562.

telletto ed universali si dissero indi in poi ‚consistere in intellectu iuris‘“] (1038).[735]

aa) Intersubjektivität und Philosophie der Rechtsgeschichte

Dieser Gedanke ist auch deswegen bedeutsam, weil er den Gesichtspunkt der Intersubjektivität voraussetzt und zugleich vor aller Diskurstheorie davon ausgeht, dass es einen Zusammenhang zwischen Demokratie und der sich entwickelnden Vernunft gibt, da gerade die Volksversammlungen ein Forum für den rationalen Gedankenaustausch mit der Kraft des überzeugenden Arguments bieten.[736] Aber einstweilen waren die Menschen in dem von Vico beschriebenen Zeitalter zu solcher Einsicht noch nicht imstande. An dieser mangelnden Verallgemeinerungsfähigkeit bezüglich der Eigentümlichkeit und Wirkungsweise abstrakt-generell wirkender Gesetze gebrachen Vicos Erachtens die legislatorischen Versuche der Athener und später noch der römischen Plebejer im Ständekampf mit den Patriziern: „Die römische Plebs erließ, nach Art der athenischen, täglich besondere Gesetze, weil sie zu allgemeinen nicht fähig ist (500).“[737] [„*La plebe romana, a guisa dell'ateniese, tuttodì comandava delle leggi singolari, perché d'universali ella non è capace*“] (1001).[738]

Diese Feststellung mangelnder Verallgemeinerungsfähigkeit ist durchaus kein Ausdruck der Geringschätzung der Plebejer, denen Vicos Sympathie im Ständekampf mit den Patriziern gilt. Vielmehr veranschaulicht dies seine unbefangene Fähigkeit zur philosophischen Reflexion der Rechtsgeschichte, mit der er seiner Zeit voraus war. Diese eigentümliche Verbindung eines aufkeimenden Verständnisses der Intersubjektivität mit einer rational ausgerichteten Philosophie der Rechtsgeschichte begründet Vicos besondere Bedeutung für die juristische Geistesgeschichte.

---

735 *Giambattista Vico*, La scienza nuova, 1744, edizione a cura di Fausto Niccolini (Editori Laterza), 5. Auflage 1967, S. 494.

736 *Vittorio Hösle*, Vico und die Idee der Kulturwissenschaft, Einleitung der Meiner-Ausgabe 1990, S. CCLXVI, arbeitet aufschlussreiche Gemeinsamkeiten und Unterschiede heraus, indem er im Hinblick auf Vico und Habermas bemerkt, dass „beide in letzter Instanz Rationalisten sind und zugleich den Niedergang der Lebenswelt in einer Ära des abstrakten Verstandes befürchten. Ja, selbst ihr Wahrheitskriterium scheint ähnlich zu sein, betont doch auch Vico die Bedeutung des Konsenses. Gerade hier aber wird ihr Unterschied besonders deutlich: Denn für Vico *entdeckt* der Konsens die Werte, für Habermas *macht* er sie. Vico ist Platoniker, Habermas nicht.“ Hervorhebungen auch dort.

737 Übersetzung Vittorio Hösle und Christoph Jermann, Meiner-Ausgabe, 2009, S. 539.

738 *Giambattista Vico*, La scienza nuova, 1744, edizione a cura di Fausto Niccolini (Editori Laterza), 5. Auflage 1967, S. 474.

bb) Selbsterhaltung als Geltungsgrund religiöser Gesetze

Im heroischen Zeitalter wirkte eine dem Individualinteresse übergeordnete kollektive Selbsterhaltung als Geltungsgrund der religiös gestifteten Gesetze mit, wie sie überhaupt durch die göttliche Vorsehung intendiert wird.[739] Jedoch verlangten die Menschen entsprechend archaischer Logik noch nach Gesetzen mit unmissverständlichen Ge- und Verboten. Klingt dies noch vergleichsweise roh und – freilich absichtsvoll[740] – primitiv, so ist der Gedanke des Ineinanderfallens von Eigeninteresse und Gemeinwohl durchaus modern,[741] weil er den Weg zu einem methodischen Individualismus weist, der die Verfolgung von Privatinteressen mitsamt ihrer juristischer Durchsetzung und dem dadurch beförderten kollektiven Nutzen zu einem allgemeinen Leitgesichtspunkt erhebt.[742] Allerdings muss man mit solchen Modernismen zurückhaltend sein, weil man Vico nicht leichtfertig eine effizienzorientiert anmutende Sichtweise unterstellen darf. Er wusste zwar um die heilsamen Nebenwirkungen niedriger Instinkte (102), sah jedoch vor allem im schrittweise vollzogenen Zusammenhalt der Gesellschaft das Walten der göttlichen Vorsehung (2).

cc) Ansätze der Staatsbegründung

Da aber die Menschen im Zeitalter der Familienmonarchien diesen Prozess der Vereinigung des Individualinteresses mit dem Gemeinwohl in Ermangelung einer entsprechenden Fähigkeit zur Verallgemeinerung noch nicht erkennen konnten – umso weniger die Zuerkennung universeller Menschenrechte[743] –, vollzog sich die

---

739 *Vittorio Hösle*, Vico und die Idee der Kulturwissenschaft, Einleitung der Meiner-Ausgabe 1990, S. CXXIX, formuliert mit Recht kategorisch: „Wichtigstes Ziel der göttlichen Vorsehung ist die Erhaltung des Menschengeschlechts".

740 *Karl Löwith*, Weltgeschichte und Heilsgeschehen. Die theologischen Voraussetzungen der Geschichtsphilosophie, 8. Auflage 1990 (1953), S. 111, hat diese Absicht wohl als Erster durchschaut: „Sie (sc. die Scienza nuova) betont überall den primitiven, heroischen und dichterisch religiösen Geist, der die schöpferische Grundlage auch der rationalisierten Menschheit späterer Zeitalter ist." – Der erhellende Relativsatz birgt gleichsam die Pointe, indem er den Geltungsgrund für die zeitlose Aktualität der Philosophie Vicos im Hinblick auf die Neuzeit mit ihren – gerade in rechtshistorischer Hinsicht – allfälligen Rekursen auf das Rechtsdenken der Antike und des Mittelalters legt. Vgl. auch *Jens Petersen*, Dante Alighieris Gerechtigkeitssinn, 2. Auflage 2016, S. 14 f., zum Übergang von Letzterem zur frühen Neuzeit.

741 *Jürgen Gebhardt*, Senso Commune: Vico und die alteuropäische Tradition, Festschrift für Martin Sattler, 2005, S. 91.

742 *Jens Petersen*, Zivilrechtsdogmatik und methodischer Individualismus am Beispiel Rudolf von Jherings, Festschrift für Claus-Wilhelm Canaris, 2017, S. 87.

743 *Vittorio Hösle*, Vico und die Idee der Kulturwissenschaft, Einleitung der Meiner-Ausgabe 1990, S. CLII.

Staatsbegründung durch die göttliche Vorsehung geleitet: „Und da der Geist der Menschen im höchsten Maße im Besonderen befangen und nicht in der Lage war, das Gemeinwohl zu erfassen (38, 218) (...), führte die Vorsehung gerade durch diese Regierungsform sie dazu, sich mit Vaterland zu vereinigen."[744] [„*E, perché gli uomini erano di menti particolarissime, che non potevano intendere ben comune (...) la provvedenza, con la stessa forma di tai governi, gli menò ad unirsi alle loro patrie*"] (629).[745]

Vico verfolgt konsequent den einmal erkannten Gesichtspunkt, dass den Menschen im heroischen Zeitalter die Abstraktionsfähigkeit fehlte, so dass sie die Sinnhaftigkeit einer Preisgabe der Selbständigkeit nicht von sich aus zu begreifen vermochten. Abermals beeindruckt, wie genau er den frühesten menschheitsgeschichtlichen Annahmen einen bestimmten kognitiven Verständnisgrad zuordnet, welcher der Vorsehung den nötigen, aber eben auch erforderlichen Raum für die Überbrückung der unterschiedlichen Entwicklungsstadien lässt.

dd) Rechtsmetaphysische Reflexion entwicklungsgeschichtlicher Annahmen

Somit veranschaulicht der weiter oben zitierte Gedanke wiederum e contrario, dass man menschheitsgeschichtlich nicht vorgreifen darf, weil die Reflexion der soeben angedeuteten Überlegung ebenfalls erst in den menschlichen Zeiten der Republiken einsetzte: „Diese Vernunft ist die des Willens, den der Gesetzgeber in seinem Gesetz ausgedrückt hat (welcher Wille ‚ius' (Recht) heißt (398)) und der der Wille der Bürger war, welche sich in der Idee eines gemeinsamen vernünftigen Vorteils vereint fanden (1040), den sie als seiner Natur nach geistigen verstehen mußten."[746] [„*Il qual intelletto è della volontà che 'l legislatore ha spiegato nella sua legge (la qual volontà si appella ‚ius'), che fu la volontà de' cittadini uniformati in un'idea d'una comune ragionevole utilità, la qual dovettero intendere essere spirituale di sua natura*"] (1038).[747]

Dies bildet nun im Einklang mit dem im ersten Abschnitt der vorliegenden Untersuchung Behandelten gleichsam die rechtsmetaphysische Auseinandersetzung desselben Sachverhalts der Staatsbegründung, der zunächst entwicklungsgeschichtlich dargelegt wurde (638). Hieraus ersieht man wiederum, warum eingangs Rechtsmetaphysik und evolutionäres Rechtsdenken zusammenhängend

744 Übersetzung Vittorio Hösle und Christoph Jermann, Meiner-Ausgabe, 2009, S. 355.

745 *Giambattista Vico*, La scienza nuova, 1744, edizione a cura di Fausto Niccolini (Editori Laterza), 5. Auflage 1967, S. 289.

746 Übersetzung Vittorio Hösle und Christoph Jermann, Meiner-Ausgabe, 2009, S. 562.

747 *Giambattista Vico*, La scienza nuova, 1744, edizione a cura di Fausto Niccolini (Editori Laterza), 5. Auflage 1967, S. 494.

behandelt wurden. Es ist nämlich geradezu ein Kennzeichen seiner Rechtstheorie, dass Vico dasjenige, was er entwicklungsgeschichtlich von den frühesten philologisch greifbaren Zeugnissen her an rechtlichen Fortschritten rechtsgeschichtlich begründet, von einer höheren Warte aus im Wege der philosophischen Reflexion metaphysisch absichert (2). Damit ergibt sich insgesamt eine philologisch überaus reichhaltige, vor allem aber seinem wissenschaftstheoretischen Anspruch gemäße Zusammenschau seiner Philosophie der Rechtsgeschichte.

d) Heroische Jurisprudenz als Paradigma seiner Philosophie der Rechtsgeschichte

Die Endphase und Überwindung der heroischen Jurisprudenz reicht bis zu Homer zurück, wie Vico an einer diesen Zusammenhang zunächst schwerlich erahnenlassenden Stelle aufscheinen lässt, die in das Kapitel über ‚die Entdeckung des wahren Homer' eingebettet ist (780 – 914).[748] Dabei betont er die Wichtigkeit vorsichtshalber selbst, als ob er die scheinbare Zusammenhanglosigkeit kompensieren und zugleich den Bezug zur heroischen Jurisprudenz herstellen wollte: „Schließlich (was für unsere Betrachtung das Wichtigste ist) scheint Homer in Zeiten gelebt zu haben, als in Griechenland das heroische Recht bereits gesunken und die Volksfreiheit am Aufkommen war, denn die Heroen schließen Ehen mit fremden Frauen und die Bastarde treten in den Königreichen die Erbfolge an. Und dies mußte der Gang der Dinge sein, weil lange Zeit zuvor Herkules, vom Blut des häßlichen Zentauren Nessus gefärbt und dadurch in Wahnsinn geraten, gestorben

---

748 *Benedetto Croce*, Die Philosophie Giambattista Vicos (deutsche Übersetzung Erich Auerbach/Theodor Lücke), 1927, S. 160 f., beantwortet die homerische Frage vom Standpunkt Vicos aus gesehen einleuchtend: „Aus all diesen Erwägungen entstand in Vico der Verdacht, daß Homer zumindest als Gesamterscheinung keine wirkliche Persönlichkeit gewesen sei, sondern ebenfalls ‚halb und halb' einer jener *poetischen Charaktere*, auf die im Altertum ganze Serien von Handlungen, Werken und Ereignissen zurückgeführt wurden. Wenn man sich tatsächlich vorzustellen versucht, daß die homerischen Gedichte nicht die Erfindung eines Individuums sind, sondern zwei große Fundgruben für die Sitten des ältesten Griechenlands, die die Geschichte des Naturrechts und des heroischen Zeitalters der griechischen Stämme enthalten; wenn man anstatt einen oder zwei einzelnen Dichter an ein ganzes dichtendes Volk denkt; anstatt an zwei Werke aus einem Guß, an eine volkstümliche, im Laufe von Jahrhunderten entwickelte Dichtung: so erklärt und löst sich alles." Hervorhebung auch dort und vor allem bemerkenswert wegen des Zusammenhangs dieser poetischen Charaktere zum Recht, der, wie weiter oben bereits gezeigt, von *Jürgen Trabant*, Giambattista Vico – Poetische Charaktere, 2019, S. 30, 116, 39, noch näher ausgearbeit wurde.

war, das heißt, wie im zweiten Buch erklärt worden ist (659), das heroische Recht sein Ende erreicht hatte."[749]

[„*Finalmente (quel che più importa al nostro proposito) Omero sembra esser venuto in tempi ch'era già caduto in Grecia il diritto eroico e 'ncominciata a celebrarsi la libertà popolare, perché gli eroi contraggono matrimoni con istraniere e i bastardi vengono nelle successioni de' regni. E così dovett'andar la bisogna, perché, lungo tempo innanzi, Ercole, tinto dal sangue del brutto centauro Nesso, e quindi uscito in furore, era morto; cioè, come si è nel libro secondo spiegato, era finito il diritto eroico*"] (802).[750]

Hieran zeigt sich anschaulich, auf welche Weise Vico Phasen zu datieren versucht, obwohl diese nicht nur in grauer Vorzeit lagen, sondern auch lediglich durch dürftige mythologische Anhaltspunkte bestimmbar waren, sofern man davon überhaupt sprechen kann. Doch selbst diese scheinbaren Unzulänglichkeiten seiner philologischen Methode können nicht darüber hinwegsehen lassen, dass es sich um ein beeindruckendes Gedankengebäude handelt, das Vico auf so quellentheoretisch unsicherem Grund errichtet. Immerhin haben die Zeugnisse aus den homerischen Epen für Vico historische Gewissheit (792).

Wenn er daraus auch die Rechtsverhältnisse rekonstruiert, dann zeigt dies, auf welche Weise er mit Hilfe der Philologie markante Eckpunkte setzt, deren interpretatorische Verknüpfung die Rechtsgeschichte mit metaphysischem Wahrheitsanspruch erklärt, selbst wenn dies über weite Strecken schwerlich tatsachenbasiert erfolgt. Nicht zuletzt wegen dieser deutenden Auffüllung der Armut an historischen Fakten im modernen historiographischen Sinne erweist sich die von Vico entworfene heroische Jurisprudenz als Paradigma seiner Philosophie der Geschichte des Rechts. Sie ist bestimmt durch die Interdependenz von Philologie, Kulturgeschichte und Jurisprudenz. Zur Überbrückung partieller oder temporärer Ungewissheiten können deren Elemente einander vertreten oder sinnstiftend ergänzen.

e) Ende der heroischen Jurisprudenz und Beginn der Demokratie

Die heroische Jurisprudenz ist freilich noch ganz und gar in feudalen Begriffsmustern befangen; Herr und Knecht sind kategorial voneinander geschieden

---

749 Übersetzung Vittorio Hösle und Christoph Jermann, Meiner-Ausgabe, 2009, S. 454.

750 *Giambattista Vico*, La scienza nuova, 1744, edizione a cura di Fausto Niccolini (Editori Laterza), 5. Auflage 1967, S. 382 f.

durch die genannte Ethik des Dienens und Herrschens,[751] die zu peinlich genauer Beachtung der jeweiligen Standesunterschiede führt und Herrscher sowie Beherrschte voraussetzte (1100):[752] „So setzten sich die ersten Städte nur aus Adligen zusammen, die darin befahlen. Doch da es notwendigerweise auch solche geben mußte, die dienten, so wurden die Heroen durch einen gemeinsamen Sinn für ihren Vorteil gezwungen, die Menge der empörten Klienten zufriedenzustellen, und schickten ihnen die ersten Gesandtschaften, die nach dem Recht der Völker nur von Souveränen abgeordnet werden. Und sie schickten sie mit dem ersten Agrargesetz, das auf der Welt entstand (265), durch das sie, als Starke, den Klienten so wenig wie möglich abtraten (261), nämlich das bonitarische Eigentum an den Feldern, die ihnen die Heroen zuweisen würden (604); und so kann es wahr sein, daß Ceres sowohl die Ähren als auch die Gesetze erfand. Dieses Gesetz wurde von folgendem natürlichen Recht der Völker diktiert: da das Eigentum der Macht folgt und da die Knechte das Leben nach dem Gutdünken der Heroen besaßen, die es ihnen in ihren Asylen gerettet hatten, war es Recht und Vernunft, daß sie auf ähnliche Weise das Eigentum nach deren Gutdünken besaßen und daß sie es genießen mochten, solange es den Heroen gefallen würde, sie im Besitz der Felder zu belassen, die sie ihnen zugewiesen hatten."[753]

[„*Così si composero le prime città di soli nobili, che vi comandavano. Ma però, bisognandovi che vi fussero anche color che servissero, gli eroi furono da un senso comune d'utilità costretti di far contenta la moltitudine de' sollevati clienti, e mandarono loro le prime ambasciarie, che per diritto delle genti si mandano da' sovrani. E le mandarono con la prima legge agraria che nacque al mondo, con la quale, da forti, rillasciarono a' clienti il men che potevano, che fu il dominio bonitario de' campi ch'arebbon assegnato loro gli eroi; e così può esser vero che Cerere ritruovò e le biade e le leggi. Cotal legge fu dettata da questo diritto natural delle genti; ch'andando il dominio di séguito alla potestà, ed avendo i famoli la vita precaria da essi eroi, i quali l'avevano loro salvata ne' lor asili, diritto era e ragione ch'avessero un dominio similmente precario, il qual essi godessero fintanto ch'agli*

---

751 Zu einer solchen Ethik bereits weiter oben sowie am Beispiel der biblischen Genesis *Jens Petersen*, Antropozentrik und Ökozentrik im Umweltrecht, Archiv für Rechts- und Sozialphilosophie 83 (1997) 361.

752 *Vittorio Hösle*, Recht und Geschichte bei Giambattista Vico, Gedenkschrift für Karl-Heinz Ilting, 1990, S. 389, 409, hat den letztlich in der Selbsterhaltung des obersten Standes mitsamt der Aufrechterhaltung ihrer Privilegien bestehenden Grund herausgearbeitet: „Die Vermischung der Stände gilt als absolute Gefahr; das Recht wird eifersüchtig als Besitz der herrschenden Klasse bewahrt, die es darauf anlegt, daß es den Vasallen unzugänglich bleibt, diese Geheimhaltung freilich religiös begründet".

753 Übersetzung Vittorio Hösle und Christoph Jermann, Meiner-Ausgabe, 2009, S. 329 f.

eroi fusse piaciuto di mantenergli nel possesso de' campi ch'avevano lor assegnati"] (597).[754]

Auch hier zeigt sich am Beispiel der auf Ceres bezogenen Hypothese Vicos Zusammenführung von Recht und Philologie. Wichtiger noch ist das eifersüchtige Wachen der Bevorrechtigten und Mächtigen über ihre Privilegien. Die dingliche Zuordnung des Eigentums folgt nicht dem Recht, sondern der Macht, deren Wirkungsweise Vico als Leser des Thukydides geläufig war (637). Für den vorliegenden Zusammenhang ebenso bedeutsam ist allerdings nicht zuletzt der Umstand, dass das Ende der heroischen Jurisprudenz für Vico mit der Entstehung der Demokratie zusammenfällt (659).

f) Folgefragen für das Verhältnis von Philologie und Jurisprudenz

Vico berichtet an verschiedenen Stellen mit vernehmlicher Entrüstung von der Ermordung des Königs Agis durch die Ephoren, weil dieser es gewagt hatte, Gesetze zugunsten des Volkes zu erlassen (592/668/985).[755] Denn das führt zu einer weiteren, für sein Denken aufschlussreichen Verschränkung der Philologie mit der Jurisprudenz. Als Kostprobe dieses Zusammenhangs mag einstweilen folgender programmatische Gedanke aus Vicos poetologischer Logik dienen: „All diese Wahrheiten werden uns hier die Ursprünge der Sprachen und der Buchstaben liefern sowie, weiter unten, diejenigen der Hieroglyphen, der Gesetze, der Namen, der Geschlechterwappen, der Medaillen, der Münzen sowie derjenigen Sprache und Schrift, in der das erste natürliche Recht der Völker sprach und schrieb."[756] [„*Tutte queste verità ne daranno qui le origini delle lingue e delle lettere e, quivi dentro, quelle de' geroglifici, delle leggi, de' nomi, dell'imprese gentilizie, delle medaglie, delle monete e della lingua e scrittura con la quale parlò e scrisse il primo diritto natural delle genti*"] (434).[757]

---

754 *Giambattista Vico*, La scienza nuova, 1744, edizione a cura di Fausto Niccolini (Editori Laterza), 5. Auflage 1967, S. 269.

755 *Jens Petersen*, Machiavellis Gesetzgebungslehre, 2020, S. 117 f., zu dieser Begebenheit innerhalb der Discorsi Machiavellis.

756 Übersetzung Vittorio Hösle und Christoph Jermann, Meiner-Ausgabe, 2009, S. 211. *Jürgen Trabant*, Giambattista Vico – Poetische Charaktere, 2019, S. 91, hat Vicos Verständnis der Hieroglyphen sowie die daraus resultierende Rangfolge am deutlichsten herausgearbeitet und auch im Hinblick auf das Recht gedeutet: „Die dritte, unterste Gruppe der Hieroglyphen: das Rutenbündel, das Schwert, die Waage und der Heroldstab repräsentieren die Herrschaft, das heroische Recht der Waffengewalt, Handel und Geld, das Gesetz und die Zähmung des Krieges".

757 *Giambattista Vico*, La scienza nuova, 1744, edizione a cura di Fausto Niccolini (Editori Laterza), 5. Auflage 1967, S. 178.

Wenn man die Philologie mit unserem heutigen Verständnis der – namentlich durch Vico begründeten – Kulturwissenschaft gleichsetzt, dann stellt sich damit die gegen Ende der vorliegenden Abhandlung implizit angesprochene Frage, ob und inwieweit auch die Rechtswissenschaft, vom Standpunkt Vicos aus gesehen, als Kulturwissenschaft begriffen werden kann. Auf diese Weise kann die Aufschlüsselung Vicos eigentümlicher Methode die unbeabsichtigte Wirkung entfalten, wissenschaftstheoretisch weiterführende Fragen zu stellen und Hypothesen zu bilden. Dass diese Möglichkeit prinzipiell besteht, ist wohl kein Zufall, sondern dürfte eher Vicos rechtstheoretischer und philologischer – mithin: kulturwissenschaftlicher – Methodologie geschuldet sein.

4. Natürliche Gerechtigkeit

Unter Vicos drei Arten der Jurisprudenz ist die dritte diejenige der natürlichen Gerechtigkeit:[758] „Die letzte Jurisprudenz war die der natürlichen Billigkeit, die naturgemäß in den freien Republiken herrscht, wo die Völker durch das besondere Wohl eines jeden einzelnen, das für alle dasselbe ist, ohne dies zu beabsichtigen, dazu geführt werden, allgemeine Gesetze zu erlassen und daher natürlich wünschen, daß diese sich auf wohlwollende Weise an die letzten tatsächlichen Umstände anpassen, die einen gleichen Vorteil verlangen."[759] [*„L'ultima giurisprudenza fu dell'equità naturale, che, regna naturalemente nelle repubbliche libere, ove i popoli, per un bene particolare di ciascheduno, ch'è eguale in tutti, senza intenderlo, sono portati a comandar leggi universali, e perciò natu-*

758 *Benedetto Croce*, Die Philosophie Giambattista Vicos (deutsche Übersetzung Erich Auerbach/Theodor Lücke), 1927, S. 81 f., hebt am Beispiel des Frühwerks zum ‚Diritto universale' den auch hier wirksamen Gedanken der Einheit in der Vielheit bei Vico hervor, der sich dann im Verhältnis von Recht und Moral zueinander auch in der Scienza nuova fortsetzt: „So erklärt er, nachdem er die zwei Gerechtigkeiten, die drei Tugenden und die drei Rechte unterschieden hat, daß diese Zweiheiten, Dreiheiten und Vielheiten eine Einheit bilden. Und eine Einheit bilden für ihn auch Gerechtigkeit und Tugend, da dieselbe Kraft der Wahrheit oder menschliche Vernunft, die Tugend ist, insofern sie gegen Begierde kämpft, auch Gerechtigkeit ist, insofern sie die Nützlichkeitsdinge lenkt und ausgleicht. Das heißt, daß Vico, zumindest in der systematischen Darstellung des Diritto universale, keinen Unterschied zwischen Recht und Moral macht. (...) Aber auch wenn dem Problem der Beziehung zwischen Recht und Moral bei Vico auch die theoretische Formulierung und systematische Behandlung fehlt, so ist es doch um so mehr in den einzelnen Betrachtungen enthalten und kreist sozusagen durch die ganze Neue Wissenschaft".
759 Übersetzung Vittorio Hösle und Christoph Jermann, Meiner-Ausgabe, 2009, S. 36.

ralmente le disiderano benignamente pieghevoli inverso l'ultime circostanze de' fatti che dimandano l'ugual utilità"] (39).[760]

Hervorhebung an dieser Form der Jurisprudenz verdient die negative Voraussetzung, wonach der Erlass allgemeiner und für alle gleicher Gesetze mit dem Ziel gleichen Rechts verfolgt wird, ohne dass dies der Absicht der Menschen entspringt. Es geht dabei um das weite Feld der Ergebnisse menschlicher Handlungen ohne eine darauf gerichtete Absicht. Dieses Kennzeichen spontaner Ordnungen wird innerhalb der juristischen Wirtschafts- und Geistesgeschichte für gewöhnlich Adam Ferguson als bahnbrechende Erkenntnis zugeschrieben, die auch Adam Smith maßgeblich beeinflusst hat.[761] Anhand der vorliegenden Stelle jedoch kann man erkennen, dass eine diesbezügliche Grundeinsicht bereits vor der Schottischen Aufklärung andeutungsweise bei Vico angelegt ist. Bemerkenswert ist die Beiläufigkeit, mit der Vico eine derartige Einsicht aufscheinen lässt, aus der später ganze Abhandlungen wurden, in denen Vico freilich in aller Regel nicht berücksichtigt wird.[762]

5. Gesetze der Gleichheit

Auch der gedankliche Zusammenhang ist ein vergleichbarer, wenn man bedenkt, dass sich Vico maßgeblich auf Cicero beruft, der auch von der genannten Strö-

---

760 *Giambattista Vico*, La scienza nuova, 1744, edizione a cura di Fausto Niccolini (Editori Laterza), 5. Auflage 1967, S. 29.

761 *Friedrich August von Hayek*, Die Ergebnisse menschlichen Handelns, aber nicht menschlichen Entwurfs, 1967, in: *ders.*, Rechtsordnung und Handelnsordnung. Aufsätze zur Ordnungsökonomik, Gesammelte Schriften, Abteilung A, Band 4, 2003, S. 178; dort auch mit Nachweisen zu Ferguson, auf den der Aufsatztitel anspielt. Insbesondere zu Ferguson ferner *Jens Petersen*, Adam Smith als Rechtstheoretiker, 2. Auflage 2017, S. 169, 209 und öfter; *ders.*, Freiheit unter dem Gesetz. Friedrich August von Hayeks Rechtsdenken, 2014, S. 67.

762 Eine Ausnahme bildet *Albert O. Hirschman*, The Passions and the Interests. Political Arguments for Capitalism before its Triumph, 1977 (hier zitiert nach der deutschen Ausgabe: Leidenschaften und Interessen. Politische Begründungen des Kapitalismus vor seinem Sieg, 1987, Übersetzung Sabine Offe, S. 139): „Sie gab einer jener erstaunlichen, unbeabsichtigten Wirkungen menschlichen Handelns (oder, in diesem Fall, menschlichen Denkens) Ausdruck, deren Entdeckung den Rang und höchsten Ansprüchen der Sozialwissenschaftler seit Vico, Mandeville und Adam Smith ausmachte." Für *Vittorio Hösle*, Vico und die Idee der Kulturwissenschaft, Einleitung der Meiner-Ausgabe 1990, S. CCLXXVII, ist Vico denn auch mit Recht „der erste große Sozial- und Kulturwissenschaftler der Menschheit".

mung immer wieder bemüht wird, wenn es darum geht, die Vorstellung einer Herrschaft der Gesetze geistesgeschichtlich zurückzuverfolgen (39).[763]

a) Jurisprudenz der natürlichen Billigkeit

Charakteristisch für diese Form der Rechts- und Wirtschaftsordnung ist aus Vicos Sicht, dass die einzelnen innerhalb einer obrigkeitsstaatlich reglementierten Ordnung frei und ihrem Individualinteresse entsprechend wirtschaften können, wobei sie jeweils ihrem eigenen Vorteil nachgehen dürfen. Daher sagt Vico über diese Art der Jurisprudenz: „Sie ist auch, und vielleicht in noch höherem Maße, der Natur der Monarchien angemessen, in denen die Monarchen ihre Untertanen daran gewöhnt haben, ihre Privatvorteile zu verfolgen, während sie selbst die Sorge übernommen haben für alle öffentlichen Dinge, und in denen sie alle unterworfenen Völker durch die Gesetze untereinander gleichgestellt wissen wollen, damit alle in gleichem Maße am Staat interessiert seien“[764] [„*È ella ancora, e forse anco più, connaturale alle monarchie, nelle qual'i monarchi hanno avvezzati i sudditi ad attendere alle loro private utilità, avendosi essi preso la cura di tutte le cose pubbliche, e vogliono tutte le nazioni soggette uguagliate tra lor con le leggi, perché tutte sieno egualmente interessate allo Stato*“] (39).[765]

Die Jurisprudenz der natürlichen Billigkeit wird also durchdrungen vom Gedanken der Gleichheit der Menschen untereinander.[766] Entscheidend sind also für Vico die „Gesetze der Gleichheit, was in eigentlichem Sinne die Gesetze sind“[767] [„*le leggi d'ugualità, che sono propiamente le leggi*“] (40).[768] Hier ist wohl das Desiderat umfassender Rechtsgleichheit zumindest der Sache nach, wenngleich

---

763 *Cicero*, De Cluentio, 53: „legum denique idcirco omnes servi sumus ut liberi esse possimus.“ Siehe auch *Jens Petersen*, Freiheit unter dem Gesetz. Friedrich August von Hayeks Rechtsdenken, 2014, § 3.

764 Übersetzung Vittorio Hösle und Christoph Jermann, Meiner-Ausgabe, 2009, S. 36. *Benedetto Croce*, Die Philosophie Giambattista Vicos (deutsche Übersetzung Erich Auerbach/Theodor Lücke), 1927, S. 182: „Mit der Monarchie machte das natürliche Recht der Stämme dem natürlichen Recht der Völker Platz; und deshalb entspricht diese politische, soziale und juristische Form am meisten der menschlichen Natur von ganz entwickelter Vernunft“.

765 *Giambattista Vico*, La scienza nuova, 1744, edizione a cura di Fausto Niccolini (Editori Laterza), 5. Auflage 1967, S.30.

766 *Peter König*, Giambattista Vico, 2005, S. 81, präzisiert die Gerechtigkeitskonzeption Vicos im Hinblick auf vergleichbare Güter: „Bezogen auf sie bedeutet Recht (ius) nach Vico die Herstellung einer Gleichheit nach ewigem Maß“.

767 Übersetzung Vittorio Hösle und Christoph Jermann, Meiner-Ausgabe, 2009, S. 38.

768 *Giambattista Vico*, La scienza nuova, 1744, edizione a cura di Fausto Niccolini (Editori Laterza), 5. Auflage 1967, S. 31.

nur in rudimentärer Ausgestaltung, mitgedacht.[769] Dass diese Rechtsgleichheit erkämpft werden musste, entspricht ebenfalls seinem altrömischen Denken, wie er am Beispiel der Ständekämpfe zwischen Patriziern und Plebejern verdeutlicht (414): „Die Kämpfe um Rechtsgleichheit, in denen sich die Stände in den Städten üben, sind das wirkungsvollste Mittel, um die Republiken groß zu machen."[770] [„*Le gare, ch'esercitano gli ordini nelle città, d'uguagliarsi con giustizia sono lo più potente mezzo d'ingrandir le repubbliche.*"] (280).[771]

b) Grenzen der Rechtsgleichheit

Auch wenn die Rechtsgleichheit hier noch nicht Selbstzweck, sondern ihre Erlangung in nachdenkender staatsphilosophischer Würdigung eher als Mittel zum Zweck der Blüte des Staates erscheint, verdeutlicht die Stelle, wie wenig selbstverständlich Rechtsgleichheit wohl auch zu Vicos Lebzeiten noch war, was sich daran zeigt, dass er sie nur innerhalb einer Monarchie für realistisch hält: „Diese Ordnung der politisch-menschlichen Verhältnisse war schließlich reif für die monarchischen Staaten, in denen die Monarchen die Gesetze nach der natürlichen Billigkeit erlassen wollen, folglich so, wie sie die Menge versteht, und dadurch dem Recht nach die Mächtigen den Schwachen gleichstellen, was einzig die Monarchie tut."[772] [„*Tal ordine di cose umane civili finalmente si truovò apparecchiato per gli Stati monarchici, ne' quali i monarchi vogliono ministrate le leggi secondo l'equità naturale e, 'n conseguenza, conforme l'intende la moltitudine, e perciò adeguino in ragione i potenti co' deboli: lo che fa unicamente la monarchia*"] (280).[773] Es dürfte dies ein frommer Wunsch gewesen sein, dessen leutselig anmutende Formulierung wohl nicht zuletzt der Zensur geschuldet war.

Vicos feinstens austariertes Gerechtigkeitsgefühl gibt ihm eine markante Einsicht ein, mit der er sich rhetorisch wirkungsvoll an die Leser seines Werkes wendet, denen er einige Aspekte der römischen Geschichte zu bedenken gibt,

---

769 *Vittorio Hösle*, Vico und die Idee der Kulturwissenschaft, Einleitung der Meiner-Ausgabe 1990, S. CXLIV Fußnote 182, schätzt dies ähnlich ein: „Allerdings ist zuzugeben, daß Vico über eine befriedigende Begründung der letzten normativen Maßstäbe des Zeitalters der Menschen – also etwa des Prinzips der Rechtsgleichheit – nicht verfügt. Sie erschienen ihm evident und sind von ihm nie problematisiert worden". – Die im Text zitierte Stelle Vicos belegt diese zutreffende Beobachtung andeutungsweise.

770 Übersetzung Vittorio Hösle und Christoph Jermann, Meiner-Ausgabe, 2009, S. 126.

771 *Giambattista Vico*, La scienza nuova, 1744, edizione a cura di Fausto Niccolini (Editori Laterza), 5. Auflage 1967, S. 102.

772 Übersetzung Vittorio Hösle und Christoph Jermann, Meiner-Ausgabe, 2009, S. 509.

773 *Giambattista Vico*, La scienza nuova, 1744, edizione a cura di Fausto Niccolini (Editori Laterza), 5. Auflage 1967, S. 444 f.

unter denen die letzten Worte besonders eindrucksvoll nachhallen: „Denn gewiß befremdet die römische Geschichte jeden aufmerksameren Leser, der sie unter folgenden Gesichtspunkten betrachtet: welch römische Tugend gab es bei solchem Hochmut? welche Mäßigung bei soviel Habsucht? welche Milde bei so viel Grausamkeit? welche Gerechtigkeit bei so viel Ungleichheit?“[774] [„*Perché certamente la storia romana sbalordisce qualunque scortissimo leggitore, che la combini sopra questi rapporti: che romana virtù dove fu tanta superbia? che moderazione dove tanta avarizia? che mansuetudine dove tanta fierezza? che giustizia dove tanta inegualità?*“] (668).[775]

c) Menschliche Gerichte

Es ist noch ein beträchtlicher Weg bis zu den von Vico sogenannten ‚*Giudizi umani*‘, den ‚menschlichen Gerichten‘, in denen die Prinzipien der Wahrheit, des Gewissens, der Milde, der Humanität und der größtmöglichen Gleichheit gelten: „Die dritten Gerichte sind gänzlich außerordentliche, in welchen die Wahrheit der Tatsachen ausschlaggebend ist, denen, gemäß den Vorschriften des Gewissens, die Gesetze, wo immer es nötig ist, milde entgegenkommen in allem, was das Prinzip des gleichen Vorteils der Rechtsfälle erheischt; gänzlich geprägt von natürlicher Scham (die Teil der Intelligenz ist [918]) und daher verbürgt durch Treu und Glauben (was ein Kind der Humanität ist), entsprechend der Offenheit der demokratischen Republiken und viel mehr noch der Großzügigkeit der Monarchien, wo die Monarchen, in diesen Gerichten, es sich zum Ruhme machen, über die Gesetze erhaben und nur ihrem Gewissen und Gott unterworfen zu sein.“[776]

[„*I terzi giudizi sono tutti straordinari, ne' quali signoreggia la verità d'essi fatti, a' quali, secondo i dettami della coscienza, soccorrono ad ogni uopo benignamente le leggi in tutto ciò che domanda essa uguale utilità delle cause; tutti aspersi di pudor naturale (ch'è parte dell'intelligenza), e garantiti perciò dalla buona fede (ch'è figliuola dell'umanità), convenevole all'apertezza delle repubbliche popolari e*

774 Übersetzung Vittorio Hösle und Christoph Jermann, Meiner-Ausgabe, 2009, S. 383.
775 *Giambattista Vico*, La scienza nuova, 1744, edizione a cura di Fausto Niccolini (Editori Laterza), 5. Auflage 1967, S. 310. *Vittorio Hösle*, Recht und Geschichte bei Giambattista Vico, Gedenkschrift für Karl-Heinz Ilting, 1990, S. 389, 406, verdeutlicht die geschichtsphilosophischen Abstufungen und die Abhängigkeit der Rechtsfähigkeit bzw. des Grades der Rechtsgleichheit von der jeweiligen Epoche: „In der Zeit der Heroen bilden die einzelnen Individuen einerseits eine tiefere Subjektivität aus, wird andererseits der Ständeunterschied zur dominierenden Kategorie. In der Zeit der Menschen schließlich wird allgemeine Rechtsgleichheit erreicht. Den verschiedenen Zeiten entsprechen verschiedene Rechtsformen“.
776 Übersetzung Vittorio Hösle und Christoph Jermann, Meiner-Ausgabe, 2009, S. 521.

molto più alla generosità delle monarchie, ov'i monarchi, in questi giudizi, fan pompa d'esser superiori alle leggi e solamente soggetti alla loro coscienza e a Dio"] (974).[777] Vico stellt hier einen idealen und nicht von ungefähr theologisch geprägten Maßstab auf, der in seiner Erhabenheit seinesgleichen sucht und ihn als wahren Humanisten ausweist, auch wenn und gerade weil er ein großer Unzeitgemäßer war.[778]

777 *Giambattista Vico*, La scienza nuova, 1744, edizione a cura di Fausto Niccolini (Editori Laterza), 5. Auflage 1967, S. 457.

778 Man versteht von daher, warum *Stephan Otto*, Nicolaus von Kues, in: Klassiker der Philosophie (Hg. Otfried Höffe), Band I, 2. Auflage 1985, S. 245, 259, beiläufig feststellt, dass in Vicos Schriften „die zentralen Themen des Humanismus noch einmal wie in einem Brennglas zusammenlaufen".

§ 4 Rechtsphilosophie und Sprachphilosophie

Den Zusammenhang zwischen Recht und Sprache, den Vico nicht nur intuitiv erkennt, sondern zu einem integralen Bestandteil seiner Theorie des Rechts macht,[779] verfolgt er auch im Rahmen der Zweckbestimmung der Gesetze, die sogar die Privilegierten binden können, weil und sofern die Gesetze in der Sprache des Volkes abgefasst sind und ihm daher verstandesmäßig zugänglich sind:[780] „Die dritte war die menschliche Sprache durch Wörter, auf die sich die Völker durch Konvention geeinigt hatten; über sie sind die Völker unumschränkte Herren; sie ist den demokratischen Republiken und den monarchischen Staaten eigentümlich, damit die Völker den Sinn der Gesetze bestimmen, dem mit der Plebs auch die Adligen gehorchen müssen; daher entgleitet bei allen Völkern, sobald die Gesetze in der gewöhnlichen Sprache verfasst sind, die Wissenschaft der Gesetze den Adligen aus den Händen; schon vorher, so zeigt sich, bewahrten bei allen Völkern die Adligen (die ebenfalls überall offenbar Priester waren) die Gesetze wie eine heilige Sache in einer Geheimsprache; dies ist der natürliche Grund für das Geheimbleiben der Gesetze bei den römischen Patriziern, bis dort die Volksfreiheit entstand."[781]

[„*La terza fu la lingua umana per voci convenute da' popoli, della quale sono assoluti signori i popoli, propia delle repubbliche popolari e degli Stati monarchici, perché i popoli dieno i sensi alle leggi, a' quali debbano stare con la plebe anco i*

---

779 Zu Vicos Sprachphilosophie im Vergleich *Günter Wohlfahrt*, Denken der Sprache. Sprache und Kunst bei Vico, Hamann, Humboldt und Hegel, 1984.

780 Auch diese Einsicht ist ein Grund dafür, dass Vico – abermals mit den treffenden Worten von *Vittorio Hösle*, Vico und die Idee der Kulturwissenschaft, Einleitung der Meiner-Ausgabe 1990, S. CCLXXVVI – „ein Klassiker ist, also *ein Autor, den jeder Student* der Gräzistik und der Latinistik, der Literaturwissenschaft und der Psychologie, der Anthropologie und der Kulturwissenschaft, der Politologie und der Soziologie, der Geschichte und *der Jurisprudenz* und ohnehin der Philosophie und Theologie *mit Gewinn lesen wird.*" Hervorhebungen nur hier.

781 Übersetzung Vittorio Hösle und Christoph Jermann, Meiner-Ausgabe, 2009, S. 30. *Benedetto Croce*, Die Philosophie Giambattista Vicos (deutsche Übersetzung Erich Auerbach/Theodor Lücke), 1927, S. 100, erklärt die historische Entwicklung aus einer Spirale der Arroganz der Herrschenden, durch die den Unterdrückten unwillkürlich Kraft zuwuchs: „Die Aristokraten, Feudalherren oder Patrizier glaubten ihr quiritarisches Eigentum an Grund und Boden dadurch zu erhalten, daß sie äußerste Strenge gegenüber den famuli oder den Plebejern walten ließen, die ihn bebauten; doch auf diese Weise veranlaßten sie die famuli, sich zu ihrer Verteidigung zusammenzuschließen, weckten das Bewußtsein der eigenen Kraft in ihnen und machten aus den Plebejern Menschen; und je hochmütiger die Patrizier ihr Patriziertum als solches hervorkehrten und zu erhalten suchten, desto wirksamer arbeiteten sie an der Zerstörung des patrizischen und an der Bildung des demokratischen Zustandes".

https://doi.org/10.1515/9783110718461-006

nobili; onde, appo tutte le nazioni, portate le leggi in lingue volgari, la scienza delle leggi esce di mano a' nobili, delle quali, innanzi, come di cosa sagra, appo tutte so truova che ne conservano una lingua segreta i nobili, i quali, pur da per tutte, si truova che furono sacerdoti: ch'è la ragion naturale dell'arcano delle leggi appo i patrizi romani, finché vi surse la libertà popolare"] (32).[782]

I. Rückführung auf die Religion

Wiederum ist es das Zusammenspiel mit der Religion, aufgrund dessen die Gesetze eine eigentümliche mystische Autorität gewannen, um es mit Montaigne zu sagen.[783] Vico vermag mit seinem Erklärungsmodell nahezu alle Ausprägungen und Erscheinungsformen des Rechts sowie die Wirkungsweise der Gesetze mit den gesellschaftlichen Gegebenheiten auf die Religion zurückzuführen, wie folgende Begründung im Abschnitt über die göttlichen Gerichte beispielhaft zeigt: „Und die besiegten Völker betrachtete man als Menschen ohne Götter (676), nach dem Beispiel der ersten Knechte, so daß die Sklaven, wie leblose Sachen, in der Sprache der Römer ‚mancipia' (durch Manzipation erwerbbares Eigentum) (486) genannt und in der römischen Jurisprudenz ‚loco rerum' (wie Sachen) behandelt wurden."[784] [„*E i popoli arrese erano considerati uomini senza dèi, sull'esemplo de' primi famoli: onde gli schiavi, come cose inanimate, in lingua romana si dissero ‚mancipia' ed in romana giurisprudenza si tennero' ‚loco rerum'*"] (958).[785]

1. Sakralrechtliche Stabilisierung von Rechten

Dabei ist es nicht immer der materielle Inhalt des religiösen Glaubens, sondern mitunter eine typische Ausprägung dessen – wie hier die den heiligen Dingen

782 *Giambattista Vico*, La scienza nuova, 1744, edizione a cura di Fausto Niccolini (Editori Laterza), 5. Auflage 1967, S. 25.
783 Näher dazu *Jens Petersen*, Montaignes Erschließung der Grundlagen des Rechts, 2. Auflage 2019, § 1.
784 Übersetzung Vittorio Hösle und Christoph Jermann, Meiner-Ausgabe, 2009, S. 512.
785 *Giambattista Vico*, La scienza nuova, 1744, edizione a cura di Fausto Niccolini (Editori Laterza), 5. Auflage 1967, S. 449.

eigentümliche Verborgenheit –, was den Dingen einen sakralrechtlichen Anstrich gibt.[786]

a) Religion und Macht

Wie das Beispiel zeigt, geht es eben nicht um Glaubenssätze, sondern die Innehabung der schieren Macht, die den Adligen vorbehalten war und durch religiöse Riten sowie die Zugehörigkeit zur Priesterschaft stabilisiert wurde:[787] „So muß das, was ‚Ious', Jupiter, genannt wurde und kontrahiert ‚ius' (Recht) hieß, vor allem anderen das Fett der Opfertiere bezeichnet haben, das Jupiter zukam, gemäß dem, was darüber oben gesagt worden ist (433). Wie während der wiedergekehrten Barbarei ‚Kanon' sowohl das Kirchengesetz als auch das, was der Erbpächter seinem unmittelbaren Herrn bezahlt, genannt wurde, vielleicht weil die ersten Emphyteusen von den Geistlichen eingeführt wurden, die, da sie die Grundstücke der Kirchen nicht selbst bebauen konnten, sie anderen zur Bebauung überließen."[788] [*„Così quello che fu detto ‚Ious', Giove, e, contratto, si disse ‚ius', prima d'ogni altro dovette significare il grascio delle vittime dovuto a Giove, conforme a ciò che se n'è sopra detto. Siccome nella barbarie ricorsa ‚canone' si disse e la legge ecclesiastica e ciò che paga l'enfiteuticario al padrone diretto, pe-*

---

786 *Vittorio Hösle*, Recht und Geschichte bei Giambattista Vico, Gedenkschrift für Karl-Heinz Ilting, 1990, S. 389, 397, hat das bereits am Beispiel des Frühwerks Vicos erkannt, dass sich „an konkreten Beobachtungen zur Geschichte des römischen Rechts etwa die Einsicht in den sakralen Charakter des alten römischen Rechts der XII Tafeln findet, die religionssoziologisch dessen Stabilität, ja Starrheit begründete, sowie in die ungeheure Bedeutung von Formeln für das archaische Recht, bei dem Ausnahmen nicht statthaft waren." Er macht allerdings auch auf eine bemerkenswerte Divergenz zwischen Früh- und Hauptwerk aufmerksam: „Hervorzuheben ist, daß der Vico von De nostri temporis – ganz im Unterschied zu dem Verfasser der Scienza nuova – diese Entwicklung ausschließlich negativ bewertet: Die Milderung der Rechtsnormen habe ebenso wie die steigende Bedeutung des Privatrechts gegenüber dem öffentlichen Recht zum Verfall des Römischen Reiches entscheidend beigetragen".

787 *Niccolò Machiavelli*, Discorsi sopra la prima deca di Tito Livio, 1531, I 12, hat bereits einen ähnlichen Gedanken entwickelt (zu weiteren Übereinstimmungen *Vittorio Hösle*, Vico und die Idee der Kulturwissenschaft, Einleitung der Meiner-Ausgabe 1990, S. LIII). Im Zusammenhang mit dem im Text Folgenden erweist sich eine Einsicht von *Jürgen Habermas*, Strukturwandel der Öffentlichkeit, 1962 (hier zitiert nach der Suhrkamp-Ausgabe 1990, S. 117), als weiterführend, die diese klandestine Wirkungsweise der Macht verdeutlicht: „Die apologetische Literatur der Staatsarcana bringt die Mittel zur Sprache, mit deren Hilfe der Fürst seine Souveränität, die jura imperii, allein behaupten kann – eben die arcana imperii, jener ganze durch Machiavelli inaugurierte Katalog geheimer Praktiken, die die Erhaltung der Herrschaft über das unmündige Volk sichern sollen".

788 Übersetzung Vittorio Hösle und Christoph Jermann, Meiner-Ausgabe, 2009, S. 247.

rocché forse le prime enfiteusi s'introdussero dagli ecclesiastici, che, non potendo esse coltivargli, davano i fondi delle chiese a coltivar ad altrui"] (489).[789]

Auch wenn Vicos etymologische Herleitung der Rechtsbegriffe nicht immer gleichermaßen gesichert sind, ist doch für sein Rechtsdenken bemerkenswert, dass er den Zusammenhang zwischen Recht und Sprache weitestmöglich berücksichtigt,[790] indem er die ursprüngliche Bedeutung des Rechts analysiert und dadurch geistesgeschichtliche Verbindungslinien aufzeigt, die in dieser Form zuvor noch nicht gesehen wurden (485):[791] „Und im römischen Recht bedeutet ‚nomen' ‚Recht'."[792] [„*E in ragion romana ‚nomen' significa ‚diritto'*"] (433).[793]

b) Jurisprudenz und poetische Geschichte

Vico erwähnt in diesem Zusammenhang eine Livius-Stelle, die er weiter unten wiederholt, wo sich dann auch ein weiterer Bezug zum Recht offenbart: „Diese zwei göttlichen Titel wurden aus Unkenntnis dieser poetischen Geschichte miteinander vermengt, gleichsam als wäre Jupiter auch Vater der Menschen, die doch bis zu den Zeiten der alten römischen Republik ‚non poterant nomine ciere patrem' (ihren Vater nicht namentlich anführen konn-

789 *Giambattista Vico*, La scienza nuova, 1744, edizione a cura di Fausto Niccolini (Editori Laterza), 5. Auflage 1967, S. 205.

790 *Jürgen Trabant*, Neue Wissenschaft von alten Zeichen: Vicos Sematologie, 1994, S. 220, stellt den Zusammenhang zum eingangs behandelten ‚mondo civile' paradigmatisch her: „Das heißt aber nichts anderes, als daß der *mondo civile* nur über die Zeichen zugänglich ist. Das Verfahren der neuen sematologischen Wissenschaft, das Vico ja in vielen Beispielen vorführt, ist die *etymologische Dekonstruktion* der Zeichen. (...) Die Grundidee seiner Philosophie illustriert Vico durch die etymologische Dekonstruktion des Ur-Wortes (...): Auf dem Grund des lateinischen Wortes *ius* (‚Recht') entdeckt Vico den Namen des Gottes, *Iovis*, der seinerseits eine onomatopoetische Nachahmung des Donners ist: IOUS." Hervorhebungen auch dort.

791 *Karl-Otto Apel*, Die Idee der Sprache in der Tradition des Humanismus von Dante bis Vico, (1963), 2. Auflage 1975, S. 350, hat sogar in sprachphilosophischer Hinsicht einen Gesichtspunkt ausfindig gemacht, bezüglich dessen Vico nicht nur der Aufklärung, sondern sogar einem Denker des 20. Jahrhunderts voraus war: „Wie scharfsinnig Vicos Satz ‚homo non intelligendo fit omnia' für das Verständnis menschlicher Schöpferpotenz überhaupt ist, kann schließlich – abseits aller philosophiehistorischen Vergleiche – unmittelbar einleuchten angesichts der fast neidischen Hochachtung moderner Künstler vor allem Archaischen. Hier ist Vico zweifellos der erste Denker, der die Fortschrittsidee der Aufklärung (noch bevor sie Epoche machte) überholt hat, und seine Phasentheorie der Sprachentwicklung ist in diesem Punkt noch heute der von E. Cassirer überlegen, die lediglich den ‚Aufstieg' der Sprache zum intellektuellen Begriff ins Auge faßt".

792 Übersetzung Vittorio Hösle und Christoph Jermann, Meiner-Ausgabe, 2009, S. 209.

793 *Giambattista Vico*, La scienza nuova, 1744, edizione a cura di Fausto Niccolini (Editori Laterza), 5. Auflage 1967, S. 177.

ten), wie Livius berichtet (433); denn sie entstanden aus natürlichen Ehen, nicht aus feierlicher Vermählung; daher blieb in der Jurisprudenz jene Regel: ‚Nuptiae demonstrant patrem' (Die Hochzeit beweist den Vater) (567)."[794]

[„*I quali due divini titoli, per ignorazione di quest'istoria poetica, si sono tra lor confusi, quasi Giove fusse anco padre degli uomini; i quali fin dentro a' tempi della repubblica romana antica ‚non poterant nomine ciere patrem', come narra Livio, perché nascevano da' matrimoni naturali, non da nozze solenni; onde restò in giurisprudenza quella regola: ‚Nuptiae demonstrant patrem'*"] (587).[795] Auch daran zeigt sich die Verbindung von Jurisprudenz, Geschichte und Philologie, hier in Gestalt ihrer Zusammenführung in der ‚poetischen Geschichte'. So veranschaulicht dieser knappe Gedanke paradigmatisch Vicos Kulturgeschichte des Rechts.

2. Staatsgeheimnisse und Staatsformen

Interessant ist dabei, dass die Vulgarisierung der Inhalte durch eine allen zugängliche Volkssprache und die Übersetzung der Gesetze in dieselbe zu einer Entmystifizierung führen konnte, die das sakralrechtlich zementierte Herrschaftsmonopol aufbrach. Auch hier argumentiert Vico herrschafts- und rechtssoziologisch, indem er weniger das Sollen als vielmehr das Sein darstellt, wobei freilich dieses entwicklungsmäßig hergeleitet wird und dadurch jenes zu verstehen hilft.[796] Zugleich erweist sich Vico in anderer Hinsicht als hellsichtiger Aufklärer,[797] indem er erkennt, dass die öffentliche Zugänglichmachung geheimer

---

794 Übersetzung Vittorio Hösle und Christoph Jermann, Meiner-Ausgabe, 2009, S. 322.

795 *Giambattista Vico*, La scienza nuova, 1744, edizione a cura di Fausto Niccolini (Editori Laterza), 5. Auflage 1967, S. 264.

796 *Vittorio Hösle*, Moral und Politik. Grundlagen einer Politischen Ethik für das 21. Jahrhundert, 1997, S. 684, erachtet Vico neben Montesquieu und Tocqueville aus gutem Grund als „größten wertenden Soziologen". An anderer Stelle erkennt *ders.*, Recht und Geschichte bei Giambattista Vico, Gedenkschrift für Karl-Heinz Ilting, 1990, S. 389, 408, sogar eine Nähe zur Systemtheorie, indem er darauf hinweist, „daß Vico, wie die moderne systemtheoretische Soziologie, klar zwischen latenter und manifester Funktion von Institutionen unterscheidet".

797 *Jürgen Trabant*, Giambattista Vico – Poetische Charaktere, 2019, S. 21. *Wolfgang Röd*, Der Weg der Philosophie. Von den Anfängen bis ins 20. Jahrhundert, Zweiter Band: 17. bis 20. Jahrhundert, 1996, S. 119, zählt demgegenüber Vico wegen des von ihm angenommenen *ricorso* und der Einwirkung Gottes zu den Gegnern der Aufklärung.

Abreden und Regelwerke zu einer Demokratisierung beitragen kann.[798] Wenn die arcana imperii nicht mehr geheim sind, dann droht den Herrschenden Ungemach, wie bereits der von Vico hochgeschätzte Tacitus wusste (29):[799] „Denn die Väter schlossen sich in einen Stand zusammen gegen die empörten Knechte, und von diesem Geheimnis begannen diejenigen Geheimnisse auszugehen, die die Staatstheoretiker ‚arcana imperii' (Staatsgeheimnisse) nennen."[800] [*„Perché i padri si chiusero in ordine contro i famoli ammutinati, dal qual segreto incominciarono a venir quelli ch'i politici dicono ‚arcana imperii'"*] (588).[801] Diese Form der Geheimhaltung aus Gründen der Staatsräson ist für Vico geradezu ein Gebot der politischen Billigkeit (953).

a) Mischformen innerhalb der Staatsverfassung

Die weiter oben zitierte Stelle, an der sich Vico auf Tacitus bezieht, ist aber noch in anderer Hinsicht bedeutsam, weil sie die Frage nach den theoretisch vorzugswürdigen und praktisch verwirklichungsfähigen Staatsformen betrifft: „Dies sind die drei Staatsformen, die die göttliche Vorsehung mit den natürlichen Sitten der Völker in der Welt hat entstehen lassen, und in dieser natürlichen Ordnung folgen sie aufeinander; denn von den anderen, durch menschliche Klugheit aus diesen drei gemischten, erklärt, da die Natur der Völker sie nicht verträgt, Tacitus (der nur die Wirkungen jener Ursachen sah, die hier kurz erwähnt und weiter unten ausführlich untersucht werden), sie ‚seien eher zu loben, als daß sie je erlangt werden könnten; und wenn sie einmal durch einen Zufall entstanden sind, so sind sie keineswegs von Dauer.' Aufgrund dieser Entdeckung werden der Staatslehre neue Prinzipien gegeben, die von denjenigen, die man sich bis jetzt vorgestellt hat, nicht nur verschieden, sondern ihnen sogar ganz entgegengesetzt sind."[802]

798 *Vittorio Hösle*, Globale Fliehkräfte. Eine geschichtsphilosophische Kartierung der Gegenwart, 2019, S. 124, spannt den Bogen zur damit verbundenen Garantie von Rechtsinstitutionen, die auf Gleichberechtigung ausgerichtet sind; nach seiner treffenden Einordnung ist Vico „tief in der Aufklärung verwurzelt und sieht in der langsamen Entwicklung aus ursprünglicher Barbarei zu einem universalistischen moralischen Bewußtsein und zu egalitären Rechtsinstitutionen das Wesen jedes einzelnen Kulturzyklus".

799 *Tacitus*, Annales, 1, 6, 3 berichtet, dass der Großneffe des Sallust bei der Herrschaftsübernahme durch Tiberius dessen Mutter ermahnt habe, ‚ne arcana domus, ne consilia amicorum, ministeria militum vulgarentur'. Zu dieser Stelle auch *Jens Petersen*, Recht bei Tacitus, 2019, S. 10 ff. Als Quelle seiner ethnographischen Bemerkungen nennt Vico ihn in SN 47.

800 Übersetzung Vittorio Hösle und Christoph Jermann, Meiner-Ausgabe, 2009, S. 323.

801 *Giambattista Vico*, La scienza nuova, 1744, edizione a cura di Fausto Niccolini (Editori Laterza), 5. Auflage 1967, S. 264.

802 Übersetzung Vittorio Hösle und Christoph Jermann, Meiner-Ausgabe, 2009, S. 28.

[„*Perché queste sono le tre spezie degli Stati che la divina provvedenza, con essi naturali costumi delle nazioni, ha fatto nascere al mondo, e con quest'ordine naturale succedono l'una all'altra; perché altre per provvedenza umana di queste tre mescolate, perché essa natura delle nazioni non le sopporta, da Tacito (che vidde gli effetti soli delle cagioni che qui si accennani e dentro ampiamente si ragionano) son diffinite che ‚sono più da lodarsi che da potersi mai conseguire, e, se per sorta ve n'hanno, non sono punto durevoli'. Per la qual discoverta si dánno altri princìpi alla dottrina politica, non sol diversi ma affatto contrari a quelli che se ne sono immaginata finora*"] (29).[803]

Vico spielt hier offenbar auf einen kurzen taciteischen Exkurs über die Staatsformen an, der im vierten Buch seiner Annalen unmittelbar vor der Rede des Cremutius Cordus angesiedelt ist, die nicht von ungefähr auf die allmächtige Willkür des Kaisers Tiberius hinausläuft, so dass es dramaturgisch nachvollziehbar erscheint, warum Tacitus an der von Vico zitierten Stelle davon ausgeht, dass Mischformen innerhalb der Staatsverfassung zwar lobenswert erscheinen, aber nicht dauerhaft zu verwirklichen seien.[804]

b) Rückverweis auf die Werkidee

Wie es seiner systematischen Vorgehensweise entspricht, kommt Vico darauf an späterer Stelle zurück, indem er den eingangs skizzierten Gedanken nunmehr vor dem Hintergrund zwischenzeitlich zutage geförderter Erkenntnisse bestätigend und abrundend in einen größeren Zusammenhang stellt. So zeigt sich erneut, dass die Werkidee zu Beginn der Scienza nuova gleichsam vor der Klammer steht und sich die Ausarbeitung im Besonderen nur vor dem Hintergrund der Rückverweisungen auf das Allgemeine erklärt:[805] „Aufgrund all dessen, was in diesem Buch gesagt wurde, ist mit größter Evidenz bewiesen worden, daß während des ganzen Lebens, das die Völker leben, sie in dieser Ordnung diese drei Arten von Staatsformen, das heißt von politischen Staaten, und nicht mehr,

---

803 *Giambattista Vico*, La scienza nuova, 1744, edizione a cura di Fausto Niccolini (Editori Laterza), 5. Auflage 1967, S. 24.

804 *Tacitus*, Annales, 4, 33, 1: ‚Nam cunctas nationes et urbes populus aut primores aut singuli regunt.' Dazu *Friedrich Klingner*, Tacitus, in: Römische Geisteswelt, 5. Auflage 1979, S. 504, 520; *Richard Reitzenstein*, Aufsätze zu Tacitus, 1967, S. 92 f. mit Fußnote 5; *Jens Petersen*, Recht bei Tacitus, 2019, S. 256 f., zur genannten Rede des Cremutius Cordus ebenda, S. 527–544.

805 *Jürgen Trabant*, Neue Wissenschaft von alten Zeichen: Vicos Sematologie, 1994, S. 121, erkennt darin ein Grundprinzip: „Im Gegensatz zu einem historistisch-hermeneutischen Vorgehen will die Neue Wissenschaft durch die empirischen historischen Fakten hindurch *zum Allgemeinen* vorstoßen. Er will sich nicht mit dem Verstehen des Besonderen zufriedengeben, weder in der Jurisprudenz noch in der Sematologie." Hervorhebung nur hier.

durchlaufen, die alle ihren Ausgangspunkt bei den ersten Regierungen haben, welche die göttlichen waren (925 ff.): mit diesen, und zwar bei allen Völkern, anfangend (gemäß der oben als Prinzipien der ewigen idealen Geschichte aufgestellten Grundsätzen (243 ff.), muß diese Abfolge menschlicher Dinge ihren Lauf nehmen, zuerst in Republiken von Optimaten, dann in den freien demokratischen und schließlich unter den Monarchien; deswegen (worauf wir in der Idee des Werks hingewiesen haben (29)), sagt Tacitus, obwohl er sie nicht in dieser Ordnung sieht, daß außer diesen drei von der Natur der Völker vorgeschriebenen Formen öffentlicher Staaten die anderen, aus diesen gemischt durch menschliche Klugheit, eher vom Himmel zu wünschen als jemals zu erlangen seien, und daß sie, wenn sie durch Zufall einmal entstanden, keineswegs von Dauer seien.[806] Um aber nicht den geringsten Zweifel an einer solchen natürlichen Abfolge politischer, das heißt bürgerlicher, Staaten zurückzulassen, wird sich ihr gemäß finden, daß die Republiken natürlicherweise aus Mischformen bestehen, zwar nicht der Formen selbst (was Mißgeburten wären), aber der späteren Formen mit den Regierungen der früheren; eine Mischung, die auf jenem Grundsatz beruht, daß, wenn die Menschen sich ändern, sie noch einige Zeit die Prägung durch ihre frühere Gewohnheit behalten (249, 412)."[807]

[„*Per tutte le cose che in questo libro si sono dette, con evidenza si è dimostrato che, per tutta l'intiera vita onde vivon le nazioni, esse corrono con quest'ordine sopra queste tre spezie di repubbliche, o sia di Stati civili, e non più: che tutti mettono capo ne' primi, che furon i divini governi; da' quali, appo tutte, incominciando (per le degnità sopra poste come princìpi della storia ideal eterna), debbe correre questa serie di cose umane, prima in repubbliche d'ottimati, poi nelle libere popolari e finalmente sotto le monarchie: onde Tacito, quantunque non le veda con tal ordine, dice (quale nell'Idea dell'opera l'avvisammo) che, oltre a queste tre forme di Stati pubblici, ordinate dalla natura de' popoli, l'altre di queste tre, mescolate per umano provvedimento, sono più da disiderarsi dal cielo che da potersi unquemai conseguire, e, se per sorte ve n'hanno, non son punto durevoli. Ma, per non trallasciare punto di dubbio d'intorno a tal naturale successione di Stati politici o sien civili, secondo questa ritruoverassi le repubbliche mescolarsi naturalmente, non già di forme (che sarebbero mostri), ma di forme seconde mescolate coi governi delle primiere; il qual mescolamento è fondato sopra quella degnità:*

806 *Tacitus*, Annales, 4, 33, 1, sagt dies in der Tat beinahe wörtlich: ‚delecta ex iis et consociata rei publicae forma laudari facilius quam evenire, vel, si evenit, haud diuturna esse potest'.
807 Übersetzung Vittorio Hösle und Christoph Jermann, Meiner-Ausgabe, 2009, S. 541 f.

che, cangiandosi gli uomini, ritengono per qualche tempo l'impressione del loro vezzo primiero"] (1004).[808]

3. Gewohnheitsmäßige Prägung kulturgeschichtlicher Vorstellung des Rechts

Hieraus lässt sich exemplarisch ersehen, wie Vico auf der Grundlage eines taciteischen Gedankens über die unterschiedlichen Staatsformen zu durchaus eigenen, vollkommen originellen Einsichten findet. Denn er wandelt den Gedanken der Mischformen der Staatsverfassung sogleich dahingehend ab, dass nurmehr nachfolgende Staatsformen mit den Regierungen der vorherigen sinnvoll erscheinen. Er argumentiert also nicht allein auf der abstrakten Ebene der Staatsformen selbst, sondern führt die Verfassungswirklichkeit, wie wir vielleicht heute eher sagen würden, auf die Menschen mit ihren eingefleischten Gewohnheiten zurück. Denn diese Gewohnheiten überdauern erfahrungsgemäß institutionelle Neuordnungen. An diesem Beispiel lässt sich ersehen, warum Vico zusammen mit Montesquieu, der ähnlich dachte und im Übrigen ebenfalls auffallend häufig Tacitus zitiert,[809] als Begründer der Rechtssoziologie angesehen wird.[810]

Selbst wenn man davon ausgehen kann, dass Vico unausgesprochen auch die zwischenzeitlichen Erkenntnisse Machiavellis aus den Discorsi kritisch in sich aufgenommen und durchdacht hat,[811] die nicht nur durch Polybios, sondern darüber hinaus ebenfalls von der zitierten Tacitus-Stelle inspiriert gewesen sein dürften,[812] dann bleibt unabweislich, dass sich Vico schließlich für einen allein seiner genuin eigenen Zyklentheorie gemäßen Ausweg entscheidet, der das verschiedentlich beobachtete habituelle Moment der gewohnheitsmäßigen Prägung gebührend berücksichtigt und nicht zuletzt dadurch seine kulturgeschichtliche Vorstellung des Rechts zum Ausdruck bringt. Zugleich zeigt sich anhand des soeben zu den Staatsformen Gesagten, dass für Vico nicht nur die sprachlichen

---

808 *Giambattista Vico*, La scienza nuova, 1744, edizione a cura di Fausto Niccolini (Editori Laterza), 5. Auflage 1967, S. 477 f.

809 *Charles-Louis de Secondat de Montesquieu*, Vom Geist der Gesetze, Band I (Übersetzung Ernst Forsthoff, 1951), S. 82, 114, 117 mit Fußnote 2, 140 f., 308, 339, 348, 350, 396; Band II, S. 4, 84 f., 141, 144, 148, 153, 189, 276, 281, 374 f., 381 und öfter. Näher dazu *Catherine Volpilhac-Auger*, Tacite et Montesquieu, 1985.

810 *Vittorio Hösle*, Moral und Politik. Grundlagen einer Politischen Ethik für das 21. Jahrhundert, 1997, S. 547; *Rudolf Richter*, Soziologische Paradigmen, 2. Auflage 2016, S. 39; jeweils im Hinblick auf Vico und Montesquieu.

811 *Vittorio Hösle*, Vico und die Idee der Kulturwissenschaft, Einleitung der Meiner-Ausgabe 1990, S. LIII.

812 Zu ihnen *Jens Petersen*, Machiavellis Gesetzgebungslehre, 2020.

Begriffe bezüglich der Rechtsformen entscheidend sind, sondern vor allem auch die gewohnheitsmäßen Verfestigungen, welche die Institutionen durch die konkrete Einübung seitens der Menschen erfahren haben.

II. Ursprung der Sprache und Ursprung des Rechts

Der von Vico zugrunde gelegte Zusammenhang zwischen Recht und Sprache geht allerdings noch viel tiefer. Es ist nämlich der Ursprung der Sprachen selbst, der mit dem Ursprung des Rechts zusammenhängt. Dabei schwebt ihm ein aus drei Sprachen zusammengesetztes ‚geistiges Wörterbuch' vor, von dem es nicht weit schiene zu einem ‚ewigen Gesetzbuch':[813] „Ein solches Wörterbuch erweist sich als erforderlich, um die Sprache zu verstehen, in der die ewige ideale Geschichte spricht, nach der die Geschichte aller Völker in der Zeit verläuft, und um mit Sachkenntnis die Zeugnisse anführen zu können, die das bestätigen, was über das natürliche Recht der Völker und folglich über jede besondere Jurisprudenz ausgeführt wird"[814] [„*Un tal lessico si truova esser necessario per sapere la lingua con cui parla la storia ideal eterna, sulla quale corrono in tempo le storie di tutte le nazioni, e per potere con iscienza arrecare l'autorità da confermare ciò che si ragiona in diritto natural delle genti, e quindi in ogni giurisprudenza particolare*"] (35).[815]

---

813 *Benedetto Croce*, Die Philosophie Giambattista Vicos (deutsche Übersetzung Erich Auerbach/Theodor Lücke), 1927, S. 89, bemerkt im Hinblick auf Vicos Kritik an einem unhistorisch ausgerichteten Naturrecht freilich treffend: „Ein ewiges Gesetzbuch, das dann in seinem effektiven Teil ein zufälliges und vergängliches Gesetzbuch war, oder doch wenigstens der Vorschlag zu einem, das den reformatorischen und revolutionären Tendenzen jener Schriftsteller entsprach, die eher Publizisten als Philosophen waren. Vico entfernt sich von dem idealen ewigen Gesetzbuch, ohne daß es den Anschein hat: er ist sogar durchaus bereit, anzuerkennen, daß das *ius naturale philosophorum* in seiner Idee ewig ist und streng *ad rationis aeternae libellam* aufgebaut". Hervorhebung auch dort.

814 Übersetzung Vittorio Hösle und Christoph Jermann, Meiner-Ausgabe, 2009, S. 33 f.

815 *Giambattista Vico*, La scienza nuova, 1744, edizione a cura di Fausto Niccolini (Editori Laterza), 5. Auflage 1967, S. 28. Zur im Text genannten ‚storia ideale eterna' *Vittorio Hösle*, Wahrheit und Geschichte. Studien zur Struktur der Philosophiegeschichte unter paradigmatischer Analyse der Entwicklung von Parmenides bis Platon, 1984, S. 133 und vor allem – dort dementsprechend hervorgehoben – S. 152: „Nur, weil die Geschichte von ricorsi, von Wiederholungen bestimmt ist, die auf eine Idee der Geschichte, auf eine paradigmatische ‚storia ideale eterna' verweisen, kann die Historie Wissenschaft sein – dies, und zwar genau dies, ist Vicos Argument für seine ungeheure Aufwertung der Historie".

1. Rechtsphilosophie mit universellem Anspruch

Vicos Theorie der Sprache mündet also nicht nur in eine durchaus eigentümliche Geschichtsphilosophie,[816] sondern auch in eine Rechtsphilosophie mit universellem Anspruch.[817] Ein derart groß dimensioniertes Vorhaben, eine so weitreichende Erklärung der Zusammenhänge von Sprache, Philologie, Geschichte und Recht, eine vergleichbar anspruchsvolle Deutung dessen, was gesprochen wird, geschehen ist und gelten soll, sucht in der neuzeitlichen juristischen Geistesgeschichte seinesgleichen,[818] selbst wenn es im Detail nahezu notwendigerweise fehlerbehaftet ist und auf mannigfachen Wissenslücken oder Missverständnissen beruht, aber im großen Ganzen nichtsdestoweniger beeindruckend bleibt.[819] Wie tiefdringend Vico jedoch das Verhältnis von Sprache und Recht zueinander analysiert, ergibt sich auch daraus, dass er nicht nur den Begriff der Gesetze in den Vordergrund stellt, den nach seiner Durchsicht Homer, zumindest was das Wort ‚nomos' betrifft,[820] nicht verwendet (66).[821]

---

816 *Otto Klemm*, G. B. Vico als Geschichtsphilosoph und Völkerphilosoph, 1906; *Richard Wilhelm Schmidt*, Die Geschichtsphilosophie G. B. Vicos, 1982. Siehe zu Vico auch *Gustav Kafka*, Geschichtsphilosophie und Philosophiegeschichte, in: Geschichte der Philosophie in Längsschnitten, Band 10, 1933, S. 14 f.; dagegen überzeugend *Vittorio Hösle*, Wahrheit und Geschichte. Studien zur Struktur der Philosophiegeschichte unter paradigmatischer Analyse der Entwicklung von Parmenides bis Platon, 1984, S. 121 Fußnote 120.

817 *Jürgen Trabant*, Neue Wissenschaft von alten Zeichen: Vicos Sematologie, 1994, hat die sprachtheoretischen Voraussetzungen Vicos grundlegend ausgearbeitet.

818 *Vittorio Hösle*, Kritik der verstehenden Vernunft, 2018, S. 389 f., bemerkt, dass „schon bei Vico das Band zwischen Sprachphilosophie und Poetik sehr eng ist".

819 *Benedetto Croce*, Die Philosophie Giambattista Vicos (deutsche Übersetzung Erich Auerbach/Theodor Lücke), 1927, S. 130, wird ihm in geradezu aphoristischer Weise am ehesten gerecht: „Doch genau so, wie wir ihm (...) den Scharfsinn im kleinen absprachen und dafür jenen Scharfsinn im großen, der die Tiefe ist, zuerkannten, so müssen wir auch hier hinzufügen, daß Vico den kritischen Sinn, der ihm im kleinen fehlte, umso stärker im großen besaß. Nachlässig, wunderlich und verworren in den Einzelheiten, weitblickend, logisch und durchdringend in den wesentlichen Punkten, bietet er jedem noch so kläglichen und mechanischen Pedanten Blößen; aber er flößt auch dem größten Kritiker und Historiker Respekt und Ehrfurcht ein".

820 *Pier Paolo Portinaro*, Vico e il diritto come ‚Nomos', Rivista internazionale di filosofia del diritto 57 (1980) 453.

821 *Christian Heinecke*, Homer und Lykurg, oder das Alter der Iliade und die politische Tendenz ihrer Poesie, 1833, S. 72 und öfter.

2. Mündlichkeit und Schriftlichkeit der Gesetze

Vico richtet bohrende Fragen und Einwände an die herkömmlichen Vorstellungen, die nicht nur das Verhältnis eines etwaigen Gesellschaftsvertrags zur Gesetzgebung berühren, sondern darüber hinaus auch die Mündlichkeit und Schriftlichkeit der Gesetze selbst.[822] Sein kulturgeschichtlich scharfer Blick zeigt sich daran, dass er die zeitliche Reihenfolge der Entwicklung der Schrift und der Gesetze zum Ausgangspunkt erhebt: „Und wie in jener die Heroen die Gesetze mündlich berieten, so verkündeten sie sie in dieser mündlich (denn die gewöhnlichen Buchstaben waren noch nicht erfunden worden)."[823] [„*E come in quella gli eroi a voce ordinavano le leggi, in quest a voce le publicavano (perocché le lettere volgari non si erano ancor truovate*"] (521).[824]

a) Gesetze als konstitutive Merkmale der Völker

Der bereits mehrfach beobachtete Zusammenhang zwischen Recht und Sprache führt Vico zu buchstäblich radikalen Überlegungen, deren Vortrag ihn zugleich als den rhetorisch versierten Denker ausweist, der er durch sein Lehramt für Rhetorik war, obgleich er selbst sehr viel lieber und womöglich besser – jedenfalls sehr viel besser bezahlt – römisches Recht unterrichtet hätte: „Wie kann man der Ansicht sein, daß die Völker ohne die Gesetze schon begründet waren? (...) Gleichsam als ob die Buchstaben zum Wesen der Gesetze gehörten und als ob die in Sparta keine Gesetze gewesen wären, wo es ja durch ein Gesetz Lykurgs verboten war, lesen und schreiben zu lernen! Gleichsam als ob es in der Natur des Politischen nicht folgende Ordnung hätte sein können, nämlich die Gesetze mündlich zu entwerfen und sie auch mündlich zu verkünden."[825] [„*Come le nazioni, senza le leggi, possano truovarsi diggià fondate? (...) Quasi fussero d'essenza delle leggi le lettre, e sì non fussero leggi quelle di Sparta, ove per legge d'esso Ligurgo erano proibiti saper di lettera! Quasi non vi avesse potuto essere*

---

822 *Dieter Timpe*, Mündlichkeit und Schriftlichkeit als Basis der frührömischen Überlieferung, in: Antike Geschichtsschreibung. Studien zur Historiographie (Hg. Uwe Walter), 2007, S. 86, behandelt ein ähnliches Problem am Beispiel der Geschichtsschreibung. Vicos Bedeutung für die Geschichtsschreibung würdigt *Hayden White*, Die Bedeutung der Form. Erzählstrukturen in der Geschichtsschreibung, 1990, S. 303 ff.; *ders.*, Metahistory. Die historische Einbildungskraft im 19. Jahrhundert in Europa, 1991, S. 302.

823 Übersetzung Vittorio Hösle und Christoph Jermann, Meiner-Ausgabe, 2009, S. 269.

824 *Giambattista Vico*, La scienza nuova, 1744, edizione a cura di Fausto Niccolini (Editori Laterza), 5. Auflage 1967, S. 224.

825 Übersetzung Vittorio Hösle und Christoph Jermann, Meiner-Ausgabe, 2009, S. 56.

quest'ordine in natura civile: — di concepire a voce le leggi e pur a voce di pubblicarle"] (67).[826]

Offenbar sind die Gesetze für Vico einerseits konstitutiv für das Bestehen von Völkern, wofür schließlich auch spricht, dass eine gleichwie geartete gesellschaftsvertragliche Vereinbarung, sei sie auch stillschweigend erfolgt, Voraussetzung für das Bestehen von Völkern in dem von ihm zugrunde gelegten Sinne ist.[827] Ermöglicht wird diese Vorstellung andererseits dadurch, dass die Gesetze nicht notwendigerweise schriftlich niedergelegt sein müssen, wie Vico in einem Paradoxon wissen lässt: „daß man in Athen sehr viele Gesetze aufschrieb, in Sparta die wenigen bestehenden achtete."[828] [„*che le leggi in Atene tante se ne scrivevano, e le poche ch'erano in Isparta si osservavano*"] (1000).[829] Allerdings muss man sich vor einer positivistischen Engführung hüten, da Vico entsprechend seinem evolutionären Rechtsdenken von den Gewohnheiten und Sitten ausgeht, die sich allmählich herausgebildet haben und schon von daher die Vorstellung eines gleichwie gearteten Gesellschaftsvertrags als gekünstelt erscheinen lassen.[830]

b) Rechtsgeschichte, Ideengeschichte, Kulturgeschichte und Universalgeschichte

Auch hier ist es unausgesprochen wiederum die göttliche Providenz, die diesen Prozess in Gang gesetzt hat (68): „Gleichsam als ob schließlich die Vorsehung nicht für folgendes menschliches Bedürfnis Sorge getragen hätte: daß wegen des Fehlens der Buchstaben alle Völker in ihrer Barbarei zuerst mit den Gewohn-

826 *Giambattista Vico*, La scienza nuova, 1744, edizione a cura di Fausto Niccolini (Editori Laterza), 5. Auflage 1967, S. 46 f.

827 *Thomas Schaack*, Die Ungeduld des Papiers. Studien zum alttestamentarischen Verständnis, 1998, S. 203, verweist bezüglich der im Vico-Zitat vorausgesetzten Mündlichkeit der Gesetze des Lykurg darauf hin, dass „der Bericht Plutarchs für (das) Problem der Sicherung der Texte ohnehin nicht viel aussagt, denn die Staatsverfassung Lykurgs war nicht schriftlich abgefaßt. Im Gegenteil hat Lykurg nach dem Zeugnis Plutarchs ihre schriftliche Niederlegung ausdrücklich abgelehnt".

828 Übersetzung Vittorio Hösle und Christoph Jermann, Meiner-Ausgabe, 2009, S. 538.

829 *Giambattista Vico*, La scienza nuova, 1744, edizione a cura di Fausto Niccolini (Editori Laterza), 5. Auflage 1967, S. 474. Vgl. auch *Jens Petersen*, Friedrich Schiller über die Gesetzgebung des Lykurgus und Solon, Festschrift für Reinhard Singer, 2021, S. 497.

830 *Vittorio Hösle*, Philosophiegeschichte und objektiver Idealismus, 1996, S. 171 f., macht auf „eine seiner größten Entdeckungen" aufmerksam, dass „vieles von dem, was die zeitgenössische Aufklärungsphilosophie für allgemeinmenschlich hielt, ein spätes Resultat einer mühsamen und qualvollen Entwicklung ist. Der archaische Mensch dachte, fühlte, wollte anders als die Zeitgenossen Vicos." – Diese zutreffende Einsicht steht ersichtlich in einer wichtigen Wechselbezüglichkeit zu seinem evolutionär ausgerichteten Rechtsdenken.

heiten gegründet und dann, nachdem sie zivilisierter geworden waren, mit den Gesetzen regiert würden! So wie auch in der wiedergekehrten Barbarei die ersten Rechte der neuen Völker Europas mit den Gewohnheiten entstanden sind (...), und daß daher das natürliche Recht der Völker nicht mit den Gesetzen, sondern mit den menschlichen Sitten begründet worden ist (309)."[831] [„*Quasi, finalmente, la provvedenza non avesse provveduto a questa umana necessità: che, per la mancanza delle lettre, tutte le nazioni nella loro barbarie si fondassero prima con le consuetudini e, ingentilite, poi si governassero con le leggi! Siccome nella barbarie ricorsa i primi diritti delle nazioni novelle d'Europa sono nati con le consuetudini, (...) e quindi il diritto natural delle genti, non già con leggi, ma con essi costumi umani essersi stabilito*"] (67).[832]

aa) Entwicklung des Gewohnheitsrechts

Hervorhebung verdient im Ausgangspunkt das habituelle Moment, aus dem sich bestimmte Sitten herausbilden, die noch nicht buchstäblich niedergelegt werden können. Das ist im Übrigen gerade im Hinblick auf die genannte ‚wiedergekehrte Barbarei' von Bedeutung, da mit ihr das römische Recht zwar zurückgedrängt wurde, aber „nur die Plebejer, die sich erst spät ihrer Bräuche entwöhnten, übten weiterhin einige römische Rechte als Gewohnheitsrechte."[833] [„*E i plebei, che tardi si disavvezzano de' lor costumi, praticavano alcuni diritti romani in forza di consuetudini*"] (1002).[834]

Die einschleifende Macht der Gewohnheit setzt sich in denjenigen Bevölkerungskreisen, die das betreffende Recht am längsten praktiziert, ja evolutionär mitgestaltet haben, auch dann noch durch, wenn es, wie zur Zeit der wiedergekehrten Barbarei in weiten Teilen sogar verboten und verpönt war. Auf diese Weise kann Vico das allmählich sich bildende Gewohnheitsrecht aus seinem entwicklungsgeschichtlichen Rechtsdenken begründen, ohne dass das Prinzip des *ricorso* entgegensteht. Dass zudem der Analphabetismus zunächst entgegensteht, wie weiter oben mitgeteilt (67), veranschaulicht paradigmatisch, auf welche Weise Vico Kulturgeschichte und Rechtsgeschichte miteinander in Einklang zu bringen bestrebt ist.

---

831 Übersetzung Vittorio Hösle und Christoph Jermann, Meiner-Ausgabe, 2009, S. 57.

832 *Giambattista Vico*, La scienza nuova, 1744, edizione a cura di Fausto Niccolini (Editori Laterza), 5. Auflage 1967, S. 47.

833 Übersetzung Vittorio Hösle und Christoph Jermann, Meiner-Ausgabe, 2009, S. 540.

834 *Giambattista Vico*, La scienza nuova, 1744, edizione a cura di Fausto Niccolini (Editori Laterza), 5. Auflage 1967, S. 475.

bb) Wissenschaftliche Begründung der Kulturgeschichte

Zugleich bekräftigt diese Erklärung die prägende Kraft der Sitte, die Vicos evolutionärem Rechtsdenken entspricht.[835] Außerdem folgt daraus eine Übereinstimmung von Rechtsgeschichte, Ideengeschichte, Kulturgeschichte und Universalgeschichte (399): „Auf diese Weise gelangt diese Wissenschaft dazu, in einem Zug eine Geschichte der Ideen, Sitten und Taten des Menschengeschlechts zu sein (347/391). Und aus allen dreien wird man die Anfänge der Geschichte der menschlichen Natur hervorgehen sehen; und diese sind die Anfänge der Universalgeschichte, die, was ihre Anfänge betrifft, noch mangelhaft zu sein scheint."[836]

[„*Di tal maniera questa Scienza vien ad essere ad un fiato una storia dell'idee, costumi e fatti del gener umano. E da tutti e tre vedranno uscir i princìpi della storia della natura umana, e questi esser i princìpi della storia universale, la quale sembra ancor mancare ne' suoi princìpi*"] (368).[837] Die Berücksichtigung von Sittengeschichte, Ideengeschichte und Universalgeschichte bewahrt Vico vor blutleeren Abstraktionen oder Konstruktionen.[838] Entscheidend ist aber, dass diese Zusammenschau, weil und sofern sie nach Vicos strengen wissenschaftlichen Maßstäben betrieben wird, nichts anderes ist als Kulturgeschichte, und zwar nicht nur als beschreibender Begriff verstanden, sondern als konstitutiver Teil seiner ‚Neuen Wissenschaft'.

3. Evolutionäres Rechtsdenken statt Naturzustand oder Gesellschaftsvertrag

Vico hütet sich also vor kontraktualistischen Vorstellungen, die für ihn auf bloße Unterstellungen hinauslaufen und meidet daher auch Begriffe wie den des Naturzustandes oder des Gesellschaftsvertrags, die er allenfalls beiläufig voraussetzt oder als einen im Rahmen der natürlichen Entwicklung temporären Zustand

---

835 *Friedrich Nietzsche*, Morgenröte, 9, der Vico nicht zur Kenntnis genommen hat, wird später von der „Sittlichkeit der Sitte" sprechen, um den unbedingten Gehorsam gegenüber dem Herkömmlichen zum Ausdruck zu bringen; näher *Jens Petersen*, Nietzsches Genialität der Gerechtigkeit, 3. Auflage 2020, S. 102 f.

836 Übersetzung Vittorio Hösle und Christoph Jermann, Meiner-Ausgabe, 2009, S. 164 f.

837 *Giambattista Vico*, La scienza nuova, 1744, edizione a cura di Fausto Niccolini (Editori Laterza), 5. Auflage 1967, S. 136 f.

838 *Friedrich Kittler*, Eine Kulturgeschichte der Kulturwissenschaft, 2. Auflage 2001, S. 69, spricht pointiert von einer „Universalgeschichte von Machtsystemen". Siehe auch ebenda, S. 189: „Bei Vico herrschte das fraglos große Prinzip, daß Menschen eine Weltgeschichte, die sie selbst gemacht haben, auch selber erkennen können".

anerkennt (1100):[839] „Doch was am meisten Staunen erregen muß, ist, daß die Vorsehung – wie sie zur gleichen Zeit mit der Entstehung der Familien (die alle mit irgendeiner Ahnung einer Gottheit entstanden waren, obgleich wegen ihrer Unwissenheit und Unordnung keine die wahre Gottheit kannte, indem jede für sich eigene Religion, Sprache, Ländereien, Vermählung, Namen, Waffen, Regierung und Gesetze hatte) das natürliche Recht der älteren Stämme hatte entstehen lassen, ausgestattet mit allen eben genannten Eigentümlichkeiten, die dann den Familienvätern gegenüber den Klienten zustehen sollten – ebenso bei der Entstehung der Republiken mittels der aristokratischen Form, in der sie entstanden, das natürliche Recht der älteren Stämme (oder Familien), das vorher im Naturzustand beachtet worden war, in dasjenige der jüngeren Stämme (und Völker) übergehen ließ, das in der Zeit der Städte beachtet werden sollte (631)".[840]

[„*Ma ciò che dee recare più maraviglia è che la provvedenza come, trallo far nascere le famiglie (le quali tutte erano nate con qualche cognizione d'una divinità, benché, per lor ignoranza e disordine, non conoscesse la vera ciascuna, con aver ciascuna propie religioni, lingue, terre, nozze, nomi, armi, governi e leggi), aveva fatto nello stesso tempo nascere il diritto naturale delle genti maggiori, con tutte l'anzidette propietà, da usar poi i padri di famiglia sopra i clienti; così, trallo far nascere le repubbliche, per mezzo di essa forma aristocratica con la qual nacquero, ella il diritto naturale delle genti maggiori (o sieno famiglie), che si era innanzi nello stato di natura osservato, fece passare in quello delle genti minori (o sia de' popoli), da osservarsi nel tempo delle città*"] (631).[841]

Naturzustand ist für Vico also nur ein anderes Wort für den Zustand der Familie, wie er im Zusammenhang mit den drei Arten der Gerichte wissen lässt: „Die erste war die der göttlichen Gerichte, bei denen, in dem Zustand, welcher ‚Naturzustand' heißt (und derjenige der Familien war), da es keine gesetzlichen politischen Gewalten gab."[842] [„*La prima di giudizi divini, ne' quali, nello stato che dicesi ‚di natura' (che fu quello delle famiglie), non essendo imperi civili di leggi*"]

---

839 *Peter Burke*, Vico. Philosoph, Historiker, Denker einer neuen Wissenschaft, 1990, S. 56: „Die Ansicht, es handele sich bei den Mythen um eine philosophische Geheimsprache, hielt er ebenso wie die Vorstellung der Naturrechtstheoretiker vom Naturzustand für einen Anachronismus. In beiden Fällen habe man fälschlicherweise dem Menschen der Frühzeit moderne Rationalität zugeschrieben".

840 Übersetzung Vittorio Hösle und Christoph Jermann, Meiner-Ausgabe, 2009, S. 357.

841 *Giambattista Vico*, La scienza nuova, 1744, edizione a cura di Fausto Niccolini (Editori Laterza), 5. Auflage 1967, S. 290 f.

842 Übersetzung Vittorio Hösle und Christoph Jermann, Meiner-Ausgabe, 2009, S. 509 f.

(955).[843] Das entscheidende negative Abgrenzungskriterium ist also die Abwesenheit der ‚gesetzlichen politischen Gewalten'.

In dieser Verfassung gab es aber eben nur die Familien, in denen die ‚natürliche väterliche Gewalt' regierte, wie Vico sie nennt (582).[844] Vico geht es jedoch nicht so sehr um einen statischen Naturzustand als vielmehr um die Evolution des Rechts, die Schritt hält mit der Sprache und ihrer Verschriftlichung, also sich allmählich entwickelnden kulturellen Begleiterscheinungen. Diese Letztere setzt die Evolution des Rechts jedoch gerade nicht zwangsläufig voraus, so dass sich Recht und Gesetze aus eingeübten Verhaltensweisen, Bräuchen und Sitten herausbilden können, ohne als solches niedergelegt worden zu sein.

4. ‚Wiedergekehrte Barbarei' und die ‚ersten Rechte der Völker'

Daher ist auch sein Verständnis von der ‚wiedergekehrten Barbarei' im Zusammenhang mit den ‚ersten Rechten der neuen Völker' keineswegs so negativ besetzt, wie es auf den ersten Blick anmuten mag. Vor allem zeigt sich, dass Vico hier zudem anthropologische Gegebenheiten berücksichtigt,[845] indem er das menschliche Misstrauen in Abhängigkeit vom Grad der Kenntnis in Rechnung stellt:[846] „Da man in dem ältesten Recht der heroischen Stämme, die nur für die zum Leben notwendigen Dinge sorgten, wo man keine anderen Früchte einsammelte als diejenigen der Natur, den Nutzen des Geldes noch nicht verstand und die Menschen fast ganz Körper waren, die Verträge sicherlich nicht kennen konnten, die, wie man heute sagt, durch bloßen Konsens geschlossen werden; da sie ferner äußerst rohe Menschen waren, deren Eigentümlichkeit es ist, miß-

843 *Giambattista Vico*, La scienza nuova, 1744, edizione a cura di Fausto Niccolini (Editori Laterza), 5. Auflage 1967, S. 447.

844 Wichtig für die Übersetzung in juristische Kategorien auch *Benedetto Croce*, Die Philosophie Giambattista Vicos (deutsche Übersetzung Erich Auerbach/Theodor Lücke), 1927, S. 85: „Die primitive Gesellschaft, die Vico schildert, ist in juristischer Hinsicht sozusagen der Mythos des reinen Rechtes oder der praktischen Gewalt".

845 *Rainer Specht*, Über den juristischen Realismus Giambattista Vicos, Philosophisches Jahrbuch 63 (1955) 166, 181, erblickt in der Berücksichtigung der Anthropologie überhaupt eine besondere Eigentümlichkeit der Rechtsbegründung Vicos.

846 *Vittorio Hösle*, Moral und Politik. Grundlagen einer Politischen Ethik für das 21. Jahrhundert, 1997, S. 236 f., macht auf einen wichtigen Zusammenhang aufmerksam, wenn er zu Bedenken gibt: „Rousseauistische Begeisterung für den edlen Wilden ist zwar keine vernünftige Alternative; aber es ist ein Zeichen der Größe eines Tacitus bzw. von Leibniz und Vico, daß sie, überzeugte Vertreter des Römischen Reiches bzw. der neuzeitlichen Wissenschaft, die Überlegenheit der Barbaren in jenen Punkten anzuerkennen wußten, in denen sie wirklich besteht".

trauisch zu sein – denn die Roheit entspringt aus der Unwissenheit, und es ist eine Eigenschaft der menschlichen Natur, daß, wer nicht weiß, stets im Zweifel ist –: aus all diesen Gründen kannten sie nicht Treu und Glauben und versicherten sich aller Schuldverhältnisse durch die Hand, entweder die wirkliche oder die gedachte, wobei letztere jedoch im Akt des Rechtsgeschäfts durch die feierlichen Stipulationen deutlich gemacht wurde".[847]

[„*Perché, per l'antichissimo diritto delle genti eroiche, le quali non curavano che le cose necessarie alla vita, e non raccogliendosi altri frutti che naturali, né intendendo ancora l'utilità del danaio, ed essendo quasi tutti corpo, non potevano conoscere certamente i contratti che oggi dicono compiersi col solo consenso; ed essendo sommamente rozzi, de' quali è propio l'essere sospettosi, perché la rozzezza nasce dall'ignoranza ed è propietà di natura umana che chi non sa sempre dubita: per tutto ciò non conoscevano buona fede, e di tutte l'obbligazioni si assicuravano con la mano o vera o finta, però questa accertata, nell'atto del negozio, con le stipulazioni solenni*"] (570).[848] In anthropologischer Hinsicht tiefblickend ist die viel zu wenig wahrgenommene Bemerkung über die misstrauische Menschennatur, die zeigt, wieviel Vico von Thukydides und Tacitus gelernt hat. Darüber hinaus dürfte die Annahme, „daß, wer nicht weiß, stets im Zweifel ist", eine versteckte Spitze gegen das cartesische Denken darstellen.

Aus juristischer Sicht wichtiger ist jedoch, dass er aus vermeintlich primitiven Verhaltensweisen bedeutende Fortschritte der Rechtskultur in Gestalt abstrakter Verpflichtungen erklärt, deren Anerkennung als systematische Zugrundelegung zu den anspruchsvollsten Schöpfungen der römischen Jurisprudenz gehört.[849] Es ist vielleicht nicht uninteressant, dass Vicos auf menschlichem Erfahrungswissen, nicht zuletzt wohl auf dem Gedankengut der Alten gründender, entwicklungsgeschichtlicher Blick, der von den Jägern und Sammlern ausgeht und bis zu so komplizierten juristischen Konstrukten wie dem zuletzt betrachteten reicht, in methodischer Hinsicht gewisse Ähnlichkeiten mit Adam Smiths Vierstadien-

---

847 Übersetzung Vittorio Hösle und Christoph Jermann, Meiner-Ausgabe, 2009, S. 311.

848 *Giambattista Vico*, La scienza nuova, 1744, edizione a cura di Fausto Niccolini (Editori Laterza), 5. Auflage 1967, S. 254.

849 *Vittorio Hösle*, Recht und Geschichte bei Giambattista Vico, Gedenkschrift für Karl-Heinz Ilting, 1990, S. 389, 392, erklärt die Diskrepanz zwischen einer systematisch ausgerichteten und einer entwicklungsgeschichtlichen Jurisprudenz, wie sie im nächsten Satz im Text aufleuchtet, im Hinblick auf die Rolle der Philosophie: „In der Tat hat Vico schon früh in seiner Ausbildung den Gegensatz zwischen der mehr historisch und der mehr systematisch ausgerichteten Jurisprudenz als schmerzlich empfunden und in der Philosophie diejenige Instanz zu finden geglaubt, die eine Überbrückung dieses Gegensatzes zu leisten vermöchte".

theorie aufweist, die dieser nur wenige Jahrzehnte später in seinen ‚Lectures on Jurisprudence' entwerfen wird.[850]

III. Gesetzgebung als Ausweis der Rechtskultur

Immer aufs Neue bemerkenswert ist bei Vico der Verweis auf Homer, weil jener die poetische Jurisprudenz und Gerechtigkeit in Betracht zieht, wo andere Quellen fehlen (66): „In Übereinstimmung mit solchen Naturen war die alte Jurisprudenz ganz oder gar dichterisch, indem sie Geschehenes als nicht geschehen, nicht Geschehenes als geschehen, noch nicht Geborene als geboren, Lebende als tot, Tote als in ihren ruhenden Erbschaften lebend fingierte; indem sie so viele leere Masken ohne Subjekte einführte, die ‚iura imaginaria', von der Phantasie erdichtete Rechte, hießen; und indem sie ihren ganzen Ruf in die Erfindung so beschaffener Mythen setzte, die den Gesetzen die Würde erhalten und den Sachverhalten das Recht zuführen sollten. So waren alle Fiktionen der alten Jurisprudenz maskierte Wahrheiten."[851] [*„In conformità di tali nature, l'antica giurisprudenza tutta fu poetica, la quale fingeva i fatti non fatti, i non fatti fatti, nati gli non nati ancora, morti i viventi, i morti vivere nelle loro giacenti eredità; introdusse tante maschere vane senza subbietti, che si dissero ‚iura imaginaria', ragioni favoleggiate da fantasia; e riponeva tutta la sua riputazione in truovare sì fatte favole ch'alle leggi serbassero la gravità ed ai fatti ministrassero la ragione. Talché tutte le finzioni dell'antica giurisprudenza furono verità mascherate*"] (1036).[852]

1. Einbettung der Rechtstheorie in die Sprachphilosophie und Philologie

Unausgesprochen setzt Vico auch dort die genannten drei Arten der Jurisprudenz (37–39) voraus und verbindet Philologie, Sprache, Geschichte und Recht systematisch miteinander.[853] So gilt ihm das heroische Recht, von dem er eingangs

---

850 Näher *Jens Petersen*, Adam Smith als Rechtstheoretiker, 2. Auflage 2017, S. 271 ff. *Knud Haakonssen*, The Science of a Legislator. The Natural Jurisprudence of David Hume and Adam Smith, 1981, hat die genannten ‚Lectures on Jurisprudence' als Erster grundlegend untersucht und systematisch eingeordnet.

851 Übersetzung Vittorio Hösle und Christoph Jermann, Meiner-Ausgabe, 2009, S. 561.

852 *Giambattista Vico*, La scienza nuova, 1744, edizione a cura di Fausto Niccolini (Editori Laterza), 5. Auflage 1967, S. 494.

853 *Karl Löwith*, Weltgeschichte und Heilsgeschehen, 8. Auflage 1990 (1953), S. 109, spricht treffend von einem „System in Fragmenten"; ähnlich bereits im Hinblick auf einen anderen

spricht (20), als Ausweis göttlicher Gerechtigkeit (79). Verfolgt man das heroische Recht zurück auf seinen göttlichen Ursprung, dann richtet sich der Blick zwangsläufig auf die Gesetzgebung, weil der Gesetzgeber nach Vicos Vorstellung ursprünglich im Wortsinne der Übermittler göttlicher Weisungen war. Gesetzgebung versteht Vico unausgesprochen als Ausweis der Rechtskultur.[854]

a) Gesetzgebung als Kristallisationspunkt der Kultur

Das ist wie so Vieles bei Vico wortwörtlich zu nehmen. Denn zur Rechtskultur gehört für ihn eben auch die entwicklungsgeschichtliche Rückführung auf ihren Ausgangspunkt, der religiös konnotiert ist und dann wiederum mit der Literatur verknüpft wird, so dass sich am Beispiel der Gesetzgebung Religion, Sprache, Poesie und Recht treffen:[855] „Und schließlich die Könige, die die Gesetze von den Göttern zu ihren Familien bringen mußten, also in der eigentlichen Bedeutung dieses Wortes ‚Legislatoren' waren, das heißt ‚Überbringer von Gesetzen', wie es später die ersten König in den heroischen Städten waren, die die Gesetze von den herrschenden Senaten zu den Völkern brachten, wie wir dies oben in den Anmerkungen zur chronologischen Tafel anhand der beiden Arten heroischer Versammlungen bei Homer (...) beobachtet haben (67)."[856] [*„E finalmente gli re, che dovevano portar le leggi dagi dèi alle loro famiglie, nel propio significato di tal voce ‚legislatori', cioè ‚portatori di leggi', comme poi lo furono i primi re nelle città eroiche, che portavano le leggi da' senati regnanti a' popoli, come noi l'osservammo sopra, nelle due spezie dell'adunanze eroiche d'Omero (...) nell'Annotazioni alla Tavola cronologica*"] (521).[857]

Denker, der freilich Vico nicht zur Kenntnis genommen hat, *ders.*, Nietzsches Philosophie der ewigen Wiederkunft des Gleichen, 1935, S. 11 („System in Aphorismen"); dazu *Jens Petersen*, Nietzsches Genialität der Gerechtigkeit, 3. Auflage 2020, S. 7. – Bei allen scheinbaren und äußerlichen Gemeinsamkeiten darf aber nie übersehen werden, was beide in ihrem evolutionären Rechtsdenken von Grund auf trennt, nämlich Nietzsches kategorische Ablehnung des Naturrechts, das für Vico hingegen bestimmend ist.

854 *Luigi Lacchè*, Der eklektizistische Kanon. Auf der Suche nach einer „Tiefenschicht" der italienischen Rechtskultur des 19. Jahrhunderts, 2014, S. 33 ff, zeichnet den Einfluss der Rechtstheorie Vicos ideengeschichtlich nach.

855 *Friedrich Kittler*, Eine Kulturgeschichte der Kulturwissenschaft, 2. Auflage 2001, S. 34 f., hält es für die „grundstürzende Entdeckung" Vicos, dass „am Ursprung von Sprache überhaupt nicht, wie alle Welt vor Vico es stillschweigend vorausgesetzt hat, die Prosa, sondern gerade umgekehrt die Poesie steht".

856 Übersetzung Vittorio Hösle und Christoph Jermann, Meiner-Ausgabe, 2009, S. 269.

857 *Giambattista Vico*, La scienza nuova, 1744, edizione a cura di Fausto Niccolini (Editori Laterza), 5. Auflage 1967, S. 223 f.

aa) Begriffsverständnis der Rechte im Sinne göttlicher Gerichte

Man kann die Bedeutung dieses Gedankens nur dann ermessen, wenn man, wie so oft bei Vico, einen weiteren hinzunimmt. Im Ausgangspunkt ist nämlich zu berücksichtigen, dass unter den drei Arten des natürlichen Rechts das erste göttlicher Natur war, so dass alles Geschehen den Göttern zugerechnet wurde (922). Es waren nach Vico sogar die Rechte selbst Götter, weil die Menschen noch nicht über das erforderliche Abstraktionsvermögen verfügten und jede andere Ausfüllung des Begriffs der Rechte ihre Vorstellungskraft überstieg: „Die Rechte, die in solchen göttlichen Gerichten angeführt werden, waren selbst Götter, indem in jenen Zeiten die Heiden sich alle Dinge als Götter vorstellten."[858] [„*Le ragioni, le quali s'arrecavano in tali divini giudizie, eran essi dèi, siccome ne' tempi ne' quali i gentili tutte le cose immaginavano esser dèi*"] (956).[859] Die zweite Art des natürlichen Rechts war heroisch und somit auch noch archaisch-gewaltsam geprägt (923). Erst die dritte Art des natürlichen Rechts, das menschliche Recht, ist vernunftmäßig geprägt (924).

bb) Gesetzeserlass und Gesetzgeber als Überbringer

Man muss dies voranstellen, um die Überbringung von Gesetzen im Wortsinne besser einordnen zu können. Dann aber ergibt sich in der Gesamtschau ein tiefer reichendes Verständnis im Hinblick auf alle Ausprägungen der Kultur. Während hier buchstäblich die Gesetzgeber als Überbringer von Gesetzen angesprochen sind, bezeichnet Vico die Gesetzgeber mit entsprechend divergierender Bedeutung als ‚legum conditores', also diejenigen, die Gesetze begründeten und erließen: „Von dieser heroischen Sitte kommt bei den Lateinern der Ausdruck ‚condere leges' (Gesetze erlassen), so daß ‚legum conditores' (Gesetzgeber) eigentlich die Senate waren, die die Gesetze erließen, während ‚legum latores' (Überbringer der Gesetze) diejenigen waren, die die Gesetze von den Senaten zu der Plebs der Völker brachten, wie oben, im Zusammenhang mit der Anklage gegen Horatius, gesagt worden ist (521)."[860]

[„*Dal qual eroico costume appo i latini fu detto ‚condere leges', talché ‚legum conditores' furono propiamente i senati che comandavan le leggi, siccome ‚legum latores' coloro che da' senati portavano le leggi alle plebi*

858 Übersetzung Vittorio Hösle und Christoph Jermann, Meiner-Ausgabe, 2009, S. 510.

859 *Giambattista Vico*, La scienza nuova, 1744, edizione a cura di Fausto Niccolini (Editori Laterza), 5. Auflage 1967, S. 448.

860 Übersetzung Vittorio Hösle und Christoph Jermann, Meiner-Ausgabe, 2009, S. 324 f.

de' popoli, come sopra, nell'accusa d'Orazio è detto"] (590).[861] Entsprechend seiner entwicklungsgeschichtlichen Betrachtung des Rechts begründet Vico auch diese Unterscheidung aus den Ursprüngen heroischer Zeit. Es geht bei der zweiten, von der sogleich näher die Rede sein wird, um die Eule der Minerva, die somit auch in Vicos Rechtsphilosophie ihren Platz hat und nicht nur in derjenigen Hegels.[862]

cc) Philosophie der Rechtsgeschichte im Gefüge der Kulturwissenschaft

Vor allem aber veranschaulicht der zitierte Gedankengang (521), auf welche Weise in Vicos Denken Theologie, Politik, Philologie und Jurisprudenz ineinandergreifen. Deshalb muss man ihn noch ausführlicher wiedergeben, da er die Interdependenz derjenigen Teilbereiche zum Ausdruck bringt, die in ihrer wechselseitigen Abhängigkeit voneinander und in ihrem Zusammenwirken für die Begründung der Kulturwissenschaft bedeutsam sind: „Doch die theologischen Dichter betrachteten Minverva nach der Idee der politischen Ordnung, wie bei den Lateinern ‚ordo' (Ordnung) vorzugsweise für den ‚Senat' blieb (das gab vielleicht den Philosophen Anlaß, sie für die ewige Idee Gottes zu halten, die nichts anderes ist als ewige Ordnung);[863] und davon blieb die ewige Eigentümlichkeit, daß der Stand (ital. ordine) der Besseren die Weisheit der Städte ist. (...) Und die Eule und der Ölbaum waren ihr geheiligt, nicht etwa weil sie nachts nachsinne und beim Licht der Lampe lese und schreibe, sondern um das nächtliche Dunkel der Verstecke anzudeuten, mit denen (...) die Humanität begründet wurde, und vielleicht um eigentlicher anzudeuten, daß die heroischen Senate, aus denen sich die Städte zusammensetzten, die Gesetze im Geheimen entwarfen; und davon blieb sicher den Areopagiten die Sitte, ihre Stimmen im dunklen zu geben im Senat von Athen, das die Stadt Minervas war (521)."[864]

[„*Ma i poeti teologi contemplarono Minerva con l'idea di ordine civile, come restò per eccelenza a' latini ‚ordo' per lo ‚senato' (lo che forse diede motivo a'*

---

861 *Giambattista Vico*, La scienza nuova, 1744, edizione a cura di Fausto Niccolini (Editori Laterza), 5. Auflage 1967, S. 265 f.

862 *Jens Petersen*, Die Eule der Minerva in Hegels Rechtsphilosophie, 2. Auflage 2015; siehe zur Eule der Minerva auch *Benedikt Melters*, Vor der Differenz. Anmerkungen zum Verhältnis von Allgemeiner Systemtheorie und der Philosophie Michel Serres', Soziale Systeme 21 (2016) 390, 415. *Friedrich Kittler*, Eine Kulturgeschichte der Kulturwissenschaft, 2. Auflage 2001, S. 93, 95, 97 f., 100, 103, berücksichtigt Vico in seinem Hegel-Kapitel durchgängig (auch wenn Hegel selbst Vico nicht wahrgenommen hat).

863 Zum Ordo in seinen verschiedenen Bedeutungen *Jens Petersen*, Rechtsordnung und Wirtschaftsordnung nach Eucken, 2019, zum Ordoliberalismus; *ders.*, Pascals Gedanken über Gerechtigkeit und Ordnung, 2016.

864 Übersetzung Vittorio Hösle und Christoph Jermann, Meiner-Ausgabe, 2009, S. 324.

filosofi di crederla idea eterna di Dio, ch'altro non è che ordine eterno); e ne restò propietà eterna: che l'ordine de' migliore è la sapienza della città. (...) E la civetta e l'oliva le furono consagrate, non già perch'ella mediti la notte e la legga e scriva al lume della lucerna, ma per significare la notte de' nascondigli, co' quali si fondò (...) l'umanità, e forse per più propiamente significare che i senati eroici, che componevano le città, concepivano in segreto le leggi; e ne restò certamente agli areopagiti di dir i voti al buio nel senato d'Atene, che fu la città di Minerva"] (590).[865] Nicht erst die abschließenden Worte veranschaulichen, dass beide Stellen (521/590) in einem inneren Kausal- und Verweisungszusammenhang zueinander stehen und damit auch die Philosophie der Rechtsgeschichte im Gefüge der Kulturwissenschaften verdeutlichen.[866]

dd) Rückführung der Gesetzgebung auf die Werkidee

Es verwundert angesichts dieser mythologischen Ursprünge nicht, dass Vico am Beispiel der Gesetzgebung über alle genannten Ausprägungen der Kultur zurück zu jener chronologischen Tafel findet, die er seinem Werk voranstellt und die dort erläutert wird, indem sie zugleich die Werkidee enthüllt (2):[867] „So wie es Kebes aus Theben mit den moralischen Dingen tat, so zeigen wir hier eine Tafel der politischen Verhältnisse, die dem Leser behilflich sein soll, die Idee dieses Werkes vor der Lektüre zu erfassen und sie nach der Lektüre mit Hilfe der Phantasie leichter im Gedächtnis zu behalten."[868] [„*Quale Cebete tebano fece delle morali, tale noi qui diamo a vedere una T a v o l a d e l l e c o s e c i v i l i, la quale serva al leggitore per concepire l'idea di quest'opera avanti di leggerla, e per ridurla più facilmente a memoria, con tal aiuto che gli somministri la fantasia, dopo di averla letta*"] (1).[869] Man beachte das mnemotechnische Anliegen Vicos, der als Professor

---

865 *Giambattista Vico*, La scienza nuova, 1744, edizione a cura di Fausto Niccolini (Editori Laterza), 5. Auflage 1967, S. 265.

866 *Vittorio Hösle*, Vico und die Idee der Kulturwissenschaft, Einleitung der Meiner-Ausgabe 1990, S. XXXIII, hat zweifellos recht, wenn er davon ausgeht, dass „es unabdingbar ist, etwa römisches Recht und den Zugang zum römischen Recht zur Zeit Vicos zu studieren, um die philosophische Tragweite seiner Theorie zu erfassen".

867 *Jürgen Trabant*, Giambattista Vico – Poetische Charaktere, 2019, S. 23 f., hilfreich zu den Einzelheiten, aber selbst in seiner Apostrophierung überspitzt zu den „philologischen ‚Verbrechen' der Nicolini'sche(n) Ausgabe", deren vereinheitlichende Verdienste ihre behaupteten Zuwiderhandlungen nicht nur um der Absatznummerierung willen bei weitem übersteigt.

868 Übersetzung Vittorio Hösle und Christoph Jermann, Meiner-Ausgabe, 2009, S. 3.

869 *Giambattista Vico*, La scienza nuova, 1744, edizione a cura di Fausto Niccolini (Editori Laterza), 5. Auflage 1967, S. 5.

der Rhetorik wusste, wie wichtig die Verlebendigung der Imagination für Leser und Zuschauer gleichermaßen ist.

Die besondere intellektuelle Herausforderung ist freilich klar formuliert, weil die Lektüre der Erinnerung durch das Hilfsmittel der Anschauung voranzugehen hat. Denn er war sich der Schwierigkeit und des Facettenreichtums seines Werkes nur zu bewusst, und ebenso wie der Gesetzgeber zum Mittler zwischen der göttlichen Vorsehung und dem ‚mondo civile' wurde (330), bedurfte es jener bildhaften Darstellung, um Vicos Werkidee dem Leser didaktisch zu vermitteln,[870] zumal da sich nicht von selbst versteht, dass die genannten ‚cose civili' und überhaupt der gesamte ‚mondo civile' von Vernunft bestimmt und durchdrungen ist.[871] Zudem zeigt der Vergleich mit der Bildtafel des Philosophen Kebes und der Bezugnahme auf die ‚moralischen Dinge', dass es Vico auch auf diese ankam.[872] Aber darüber hinaus ging es Vico eben um die politischen Verhältnisse, so dass in der Gesamtschau ausweislich der Werkidee Moral und Politik eine zentrale Bedeutung für die Scienza nuova entfalten.[873]

b) Begründung der Kulturwissenschaft

Aus dem zuletzt Gesagten ergibt sich beispielhaft die Einbettung der Rechtstheorie Vicos in seine sprachphilosophische und philologische Idee, wie folgender Doppelgedanke näher veranschaulicht, der erstaunlicherweise neben dem naheliegenden Rekurs auf die lateinische Sprache einen – scheinbar unerwarteten[874] – kulturvergleichenden Blick auf die deutsche wirft: „Die Sprache eines

---

870 *Friedemann Haeffner*, Vico und Bloch. Mythos, Geschichte, Utopie, 1996, S. 127, spricht von der „helfende(n) Phantasie, die das Gedächtnis stützt".

871 *Karl Löwith*, Weltgeschichte und Heilsgeschehen. Die theologischen Voraussetzungen der Geschichtsphilosophie, 8. Auflage 1990 (1953), S. 111, muss hier erneut zitiert werden, weil sich die dort genannte ‚Gesamtheit der Aspekte, zu denen eben auch Recht und Gesetzgebung gehören, erst jetzt annäherungsweise zeigt: „Alles in Allem ist die ‚Neue Wissenschaft' in der Gesamtheit ihrer Aspekte eine vernunftbegründete Theologie des *mondo civile*, der geschichtlichen Welt". Hervorhebung auch dort.

872 Siehe zum Ganzen in bildwissenschaftlicher Hinsicht auch *Horst Bredekamp*, Fortuna als neue Wissenschaft, Leviathan 47 (2019) 74, unter eingehender Berücksichtigung des Frontispiz Vicos und der Bildtafel des Kebes. Zu Vico im Hinblick auf die frühesten Zeugnisse menschlicher Höhlenmalereien *David Lewis-Williams*, The Mind in the Cave. Consciousness and the Origins of Art, 2004, S. 114 ff.

873 *Vittorio Hösle*, Moral und Politik. Grundlagen einer Politischen Ethik für das 21. Jahrhundert, 1997, berücksichtigt Vico folgerichtig an vielen Stellen seines monumentalen Werks.

874 Dass der Schein in solchen Fällen bei Vico oft trügt, weil die Genese solch vorderhand überraschender Einsichten geradezu der kulturvergleichenden Methode Vicos folgt, wird allge-

alten Volkes, das seine Unabhängigkeit bewahrt hat, bis es seine Vollendung erreichte, muß ein bedeutendes Zeugnis der Sitten der ersten Zeiten der Welt sein. Dieser Grundsatz bestätigt uns, daß die philologischen Beweise für das natürliche Recht der Völker (in dem das römische Volk unzweifelhaft weiser war als alle anderen der Welt), die aus den lateinischen Redensarten gezogen werden, äußerst gewichtig sind. Aus demselben Grund werden die gelehrten Kenner der deutschen Sprache das Gleiche tun können, da sie eben diese Eigenschaft der alten römischen Sprache besitzt (33 f., 445, 458, 471).“[875]

[„*Lingua di nazione antica, che si è conservata regnante finché pervenne al suo compimento, dev'esser un gran testimone de' costumi de' primi tempi del mondo. Questa degnità ne assicura che le pruove filologiche del diritto natural delle genti (del quale, senza contrasto, sapientissima sopra tutte l'altre del mondo fu la romana) tratte da' parlari latini sieno gravissime. Per la stessa ragione potranno far il medesimo i dotti della lingua tedesca, che ritiene questa stessa propietà della lingua romana antica*“] (152/153).[876] Auf diese Weise wird in der Zusammenschau deutlich, warum Vico zum Begründer der Kulturwissenschaft gehörte.[877]

c) Entstehung von Gesetzen

Das zeigt sich etwa an jener Stelle, als er über einen gescheiterten griechischen Gesetzgeber sagt, „daß er von selbst nicht auf die Gesetze kam, die einen barbarischen Stamm zu menschlicher Kultur zu bilden vermöchten.“[878] [„*che non intese da sé le leggi valevoli di addimesticare una gente barbara ad un'umana civilità*“] (100).[879] Auch diese Stelle erschließt sich mit Blick auf eine spätere aus der poetischen Geographie Griechenlands, an der ein Brudermord erörtert wird, weil der Ermordete „durch griechische Gesetze die Humanität einführen wollte: so weit hatte er es in der barbarischen Philosophie van Heurns gebracht, daß er jene

meingültig herausgearbeitet von *Vittorio Hösle*, Vico und die Idee der Kulturwissenschaft, Einleitung der Meiner-Ausgabe 1990, S. CLX.

875 Übersetzung Vittorio Hösle und Christoph Jermann, Meiner-Ausgabe, 2009, S. 95.

876 *Giambattista Vico*, La scienza nuova, 1744, edizione a cura di Fausto Niccolini (Editori Laterza), 5. Auflage 1967, S. 77.

877 *Ernst Cassirer*, Zur Logik der Kulturwissenschaft. Fünf Studien, 1942, S. 23, deren erste lautet: Der Gegenstand der Kulturwissenschaft. Zu ihm in kulturphilosophischer Hinsicht grundlegend *Martin Scherer*, Vom Apriori der Prägnanz. Vortheoretische Sinnerschlossenheit als zentrales Motiv der Kulturphilosophie Ernst Cassirers, 1996.

878 Übersetzung Vittorio Hösle und Christoph Jermann, Meiner-Ausgabe, 2009, S. 76.

879 *Giambattista Vico*, La scienza nuova, 1744, edizione a cura di Fausto Niccolini (Editori Laterza), 5. Auflage 1967, S. 61.

Gesetze nicht von selbst zu finden vermochte (100)!“[880] [„*volendo ordinare l’umanità con le greche leggi, funne ucciso da Caduvido, suo fratello: tanto egli profittò nella filosofia barbaresca dell’Ornio, che non seppe ritruovargliele dappersé!*“] (745).[881]

Sieht man einmal von dieser zeitgenössischen Kontroverse zweier Gelehrter ab, die hier nicht weiter interessiert,[882] so ist vor allem die eingangs und später noch angesprochene Frage weiterführend, wie man zur Idee gewisser kulturbildender Gesetze gelangt. Hier wird die Übermittlungsfunktion des Gesetzgebers, der gleichsam selbst nicht mehr als ein Vermittler zwischen göttlich gestiftetem Recht und den politischen Angelegenheiten ist (1), besonders deutlich, weil er sich als unfähig erweist, aus eigener Machtvollkommenheit jene Transformation zu bewerkstelligen, die zu einem wirklichen Zuwachs an Rechtskultur führt.

2. Rechtstransfer unterschiedlicher Kulturen?

Der Übergang von der Barbarei zur Kultur, für den eben auch die allmähliche Herausbildung des Rechts prägend ist, das wiederum mit der Entwicklung der Sprache Schritt hält und dafür notwendigerweise literarische Quellen ausschöpfen muss, zeigt sich hier ganz offensichtlich.[883] Zu diesem Zweck berücksichtigt Vico ebenso den möglichen bzw. fragwürdigen Rechtstransfer von einer Kultur in die andere, selbst wenn das betreffende Gesetz zunächst ganz ungeschlacht Einzug hält.[884]

880 Übersetzung Vittorio Hösle und Christoph Jermann, Meiner-Ausgabe, 2009, S. 428.

881 *Giambattista Vico*, La scienza nuova, 1744, edizione a cura di Fausto Niccolini (Editori Laterza), 5. Auflage 1967, S. 355.

882 *Giuseppe Mazotta*, The Map of the World. The Poetic Philosophy of Giambattista Vico, 1999, S. 240, stellt Vicos Meinungsverschiedenheiten mit dem genannten Otto van Heurn und anderen Denkern in einen kulturwissenschaftlichen Zusammenhang: „To think against the cultural paradigms of Marsham, Spencer, and van Heurn means also correcting their errors in the light of a philology that acknowledges the necessity and inevitability of a philosophical principle of intelligibility“.

883 *Peter Burke*, Vico. Philosoph, Historiker, Denker einer neuen Wissenschaft, 1990, S. 53, setzt den Gleichlauf von Sprachentwicklung und Rechtsentwicklung unausgesprochen ebenfalls voraus: „Ungewöhnlich für die Zeit war (...), daß Vico sich im Rahmen seiner Sprachtheorie – genau wie bei seiner Rechtstheorie – so eingehend mit der Frühgeschichte der Menschheit beschäftigte“.

884 *Vittorio Hösle*, Vico und die Idee der Kulturwissenschaft, Einleitung der Meiner-Ausgabe 1990, S. CCXLVI, macht auf das spezifische Erkenntnisinteresse Vicos aufmerksam: „Doch mehr als die Frage, welches Fragment auf welche Tafel gehört, beschäftigt ihn das Problem, wie das Zwölftafelgesetz aus der Logik der Rechtsentwicklung zu verstehen sei.“ Zum Zwölftafelgesetz auch *Jens Petersen*, Recht bei Tacitus, 2019, S. 238 ff.

a) Zwölftafelgesetz als Paradigma

Das Zwölftafelgesetz gehört zu denjenigen Kodifikationen, deren Genese und Geltungsgrund Vicos besonderes Augenmerk gilt (529): „In dieser Zeit wird von Athen das Zwölftafelgesetz nach Rom gebracht, so ungesittet, roh, unmenschlich, grausam und wild, wie es in den ‚Prinzipien des allgemeinen Rechts' bewiesen ist"[885] [„*Nel qual tempo da Atene si porta in Roma la legge delle XII Tavole, tanto incivili, rozza, inumana, crudele e fiera quanto ne' ‚Princìpi del Diritto universale' sta dimostrata*"] (102).[886] Von diesem Hinüberwirken des Gesetzes von Athen nach Rom war schon weiter oben die Rede, wo allerdings Vico einen diesbezüglichen Irrtum brandmarkt (52), den er an späterer Stelle noch näher aufklärt (769):[887] „Noch von Cicero, der in Gegenwart des Quintus Mucius Scaevola, des bedeutendsten Juristen seiner Zeit, den Redner Marcus Crassus sagen läßt, daß die Weisheit der Decemvirn diejenige Drakons und Solons, die den Athenern die Gesetze gaben, ebenso wie diejenige Lykurgs, der sie den Spartanern gab, bei weitem übertroffen habe: was soviel heißt, wie daß das Zwölftafelgesetz weder aus Sparta noch aus Athen nach Rom gekommen sei."[888] [„*Né Cicerone, il qual in presenza di Quinto Muzio Scevola, principe de' giureconsulti della sua età, fa dire a Marco Crasso oratore che la sapienza de' decemviri di gran lunga superava quella di Dragone e di Solone, che diedero le leggi agli ateniesi, e quella di Ligurgo, che diedele agli spartani: ch'è lo stesso che la legge delle XII Tavole non era né da Sparta né da Atene venuta in Roma*"] (284).[889]

b) Rechtsdenken über unterschiedliche Kulturräume hinweg

Indem Vico etwa das Zwölftafelgesetz nicht rein romanistisch herleitet, sondern den hellenistischen Kulturraum als möglichen ideellen Herkunftsort, wenn auch

---

885 Übersetzung Vittorio Hösle und Christoph Jermann, Meiner-Ausgabe, 2009, S. 78.

886 *Giambattista Vico*, La scienza nuova, 1744, edizione a cura di Fausto Niccolini (Editori Laterza), 5. Auflage 1967, S. 62.

887 *Vittorio Hösle*, Recht und Geschichte bei Giambattista Vico, Gedenkschrift für Karl-Heinz Ilting, 1990, S. 389, 410, fasst den Gedankengang in moderner wissenschaftstheoretischer Diktion zusammen, woran sich beiläufig die Aktualität Vicos selbst am Beispiel einer so fernliegenden Sachfrage ermessen lässt: „Auch hier handle es sich bei den Ähnlichkeiten um typologische, nicht genealogische; die Rechtsentwicklung verdanke sich primär endogenen Faktoren, und es sei eine Wahnvorstellung zu glauben, das Recht einer so entwickelten Kultur wie der attischen des 5. Jahrhunderts hätte ohne weiteres auf eine Kultur archaischer Entwicklungsstufe wie die altrömische übertragen werden können".

888 Übersetzung Vittorio Hösle und Christoph Jermann, Meiner-Ausgabe, 2009, S. 127.

889 *Giambattista Vico*, La scienza nuova, 1744, edizione a cura di Fausto Niccolini (Editori Laterza), 5. Auflage 1967, S. 103.

letztlich ablehnend, in Betracht bezieht, vermittelt er – unbeschadet der historischen Richtigkeit oder Unrichtigkeit seiner Prämisse – einen Begriff seines über die Grenzen einzelner Kulturräume hinausreichenden Denkens (1031): „So müssen auch sehr viele Gesetze, von denen wir unten beweisen werden [1001], daß sie in späteren Zeiten erlassen worden sind, den zwölf Tafeln zugeschrieben worden sein; und weil (wie in den Prinzipien des allgemeinen Rechts vollständig bewiesen worden ist) das Gesetz über die Mitteilung des quiritischen Eigentums durch die Adligen an die Plebejer das erste auf eine öffentliche Tafel geschriebene Gesetz war (allein seinetwegen wurden die Dezemvirn gewählt), so wurden unter diesem Gesichtspunkt der Volksfreiheit alle Gesetze, die eine Gleichstellung bezüglich der Freiheit erreichten und später auf öffentliche Tafeln geschrieben wurden, den Dezemvirn zugeschrieben. Als Beleg dafür diene hier der griechische Luxus bei den Leichenbegängnissen, den die Dezemvirn nicht dadurch den Römern beigebracht haben werden, daß sie ihn verboten; ein solches Verbot gibt nur Sinn, nachdem die Römer diesen Brauch angenommen hatten; das kann nur nach den Kriegen mit den Tarentinern und mit Pyrrhus geschehen sein, in denen sie begannen, mit den Griechen bekanntzuwerden [116]; und von daher kommt es, daß Cicero bemerkt, dieses Gesetz sei mit denselben Worten ins Lateinische übersetzt worden, mit denen es in Athen abgefaßt worden war."[890]

[„*Così dovettero affiggersi alle XII Tavole moltissime leggi che dentro dimostreremo essere state comandate ne' tempi appresso; e (come si è appieno dimostrato ne' ‚Princìpi del Diritto universale'), perché la legge del dominio quiritario da' nobili accomunato a' plebei fu la prima legge scritta in pubblica tavola (per la quale unicamente furono criati i decemviri), per cotal aspetto di popolar libertà tutte le leggi che uguagliarono la libertà e si scrissero dappoi in pubbliche tavole furono rapportate a' decemviri. Siane pur qui una dimostrazione il lusso greco de' funerali, che i decemviri non dovettero insegnarlo a' romani col proibirlo, ma dopoché i romani l'avevano ricevuto; lo che non poté avvenire se non dopo le guerre co' tarantini e con Pirro, nelle quali s'incominciarono a conoscer co' greci; e quindi è che Cicerone osserva tal legge portata in latino con le stesse parole con le quali era stata conceptua in Atene*"] (422).[891]

890 Übersetzung Vittorio Hösle und Christoph Jermann, Meiner-Ausgabe, 2009, S. 200 f.
891 *Giambattista Vico*, La scienza nuova, 1744, edizione a cura di Fausto Niccolini (Editori Laterza), 5. Auflage 1967, S. 170 f.

c) Einübung kultureller Verhaltensweisen und Abkommen

Allerdings scheint auf den ersten Blick zwischen der apodiktischen Formulierung der Überbringung des Zwölftafelgesetzes von Athen nach Rom unter Verweis auf Vicos eigene Erkenntnisse in den ‚Prinzipien des allgemeinen Rechts' (102) und der geringschätzig-distanzierten Bezeichnung als ‚Märchen' – ‚favola' (52/612) – eine gewisse Diskrepanz zu bestehen. Doch ist der nähere Befund eindeutig: „Und bemerkenswert ist der ganz grobe Fehler, den jene gelehrten Ausschmücker des Zwölftafelgesetzes machen, die behaupten, jenes sei von Athen nach Rom gebracht worden (904)."[892] [„*Ed è degno di riflessione questo sconcissimo errore preso da cotesti eruditi adornatori della legge delle XII Tavole, i quali vogliono essersi portata da Atene in Roma*"] (992).[893] Vor allem hält Vico es für ausgeschlossen, dass dieses Gesetz einander von den Menschen mitgeteilt und nicht durch die göttliche Vorsehung gemeinsam mit den Gebräuchen auf natürlichem Wege eingeübt worden wäre.[894]

---

892 Übersetzung Vittorio Hösle und Christoph Jermann, Meiner-Ausgabe, 2009, S. 532.

893 *Giambattista Vico*, La scienza nuova, 1744, edizione a cura di Fausto Niccolini (Editori Laterza), 5. Auflage 1967, S. 469.

894 *Benedetto Croce*, Die Philosophie Giambattista Vicos (deutsche Übersetzung Erich Auerbach/Theodor Lücke), 1927, S. 173 f., paraphrasiert rhetorisch wirkungsvoll und arbeitet umsichtig das für Vicos evolutionäres Rechtsdenken so bedeutsame gleichsinnige Verhalten der Völker heraus: „Die spätere Geschichtsschreibung schmückte den Ursprung der Zwölftafelgesetze mit Sagen aus; sie erzählte unter anderem von der Gesandtschaft, die die Dezemvirn nach Athen geschickte hätten, um das neue Gesetz von dort zu holen: das behaupten Livius und Dionysius, aber Polybius wußte nichts davon und Varro und Cicero glaubten es nicht, wie Vico mit viel Arbeitsaufwand zu beweisen suchte. (...) Wie hätten die Römer in jener Zeit so genaue Kenntnisse über das Wesen der Athenischen Gesetze haben sollen, um beurteilen zu können, daß sie zu einer Schlichtung der Streitigkeiten zwischen ihren Plebejern und Adligen geeignet seien? (...) Und was sollte man erst zu den Gesandten sagen, die aus Athen mit den griechischen Gesetzen in der Reisetasche zurückkehrten, ohne zu wissen, was eigentlich in ihnen stand, so daß die Römer, wenn sich damals nicht zufällig der aus seinem Vaterland verbannte Hermodor, ein Schüler Heraklits, in Rom befunden hätten, gar nicht gewußt hätten, was anfangen mit dem verschlossenen und unzugänglichen Schatz? (...) Nein, Heraklits Brief (...) ist kurzum nichts anderes als eine ausgemachte Fälschung.; (...) kurzum, die ganze Sage von dem athenischen Ursprung jener Gesetze ist ein Dünkel der Gelehrten (...). Sicher weisen die Zwölftafelgesetze nicht nur Aehnlichkeiten mit den athenischen und spartanischen Gesetzen auf, sondern auch mit denen anderer Völker und selbst mit den mosaischen; *doch die Ursache davon ist die einheitliche Entwicklung der Völker.* Sicher wurden den Decemvirn im Altertum Gesetze zugeschrieben, die deutlich griechische Spuren tragen, z. B. jenes Gesetz, das den griechischen Prachtaufwand bei Leichenbegräbnissen verbietet; doch das hing damit zusammen, daß, wie schon erwähnt, die Gesetzgebung der Decemvirn ebenso wie die Namen der einzelnen Könige zu einem ‚poetischen Charakter' wurde, und daß sie auf alle Gesetze bezogen wurden, die später die allgemeine Freiheit schufen und öffentlich aufgezeichnet wurden. Doch das ursprüngliche Zwölftafelgesetz, so ungesittet,

Er äußert sein Unverständnis gegenüber der Auffassung derer, welche die Römer „wie gesetzlose Barbaren durch Italien, durch Großgriechenland und durch das ihnen auf der anderen Seite des Meeres gegenüberliegende Griechenland haben umherziehen lassen, um sich Gesetze zu suchen zur Ordnung ihrer Freiheit, nur damit sie dem Märchen von der Herkunft des Zwölftafelgesetzes aus Athen nach Rom (52) seine Glaubwürdigkeit bewahren konnten."[895] [*„come barbari eslegi per l'Italia, per la Magna Grecia e per la Grecia oltramare, cercando leggi da ordinare la loro libertà, per sostenere la riputazione alla favola della legge delle XII Tavole venuta in Roma da Atene*"] (769).[896] Seine Vorstellung besteht denn auch in einer gesonderten Entstehung des natürlichen Rechts, das ohne besondere Verständigung untereinander (144), sondern eher durch das alltägliche Miteinander im Zusammenhang mit Handelsbeziehungen, dem Schließen von Bündnissen oder dem Empfangen von Gesandtschaften (146).

Das Recht entwickelte sich also vielmehr zwanglos durch solche Transaktionen. Selbst die Niederlegung des Rechts in den einzelnen Tafeln des Zwölftafelgesetzes erfolgte in einem ungeordnet anmutenden Verfahren: „Aber in einem so großen Durcheinander sagen sie doch auch, wenngleich bloß ahnend, dieses Wahre: daß in den letzten beiden Tafeln einige alte Bräuche der Römer Gesetz wurden."[897] [*„Ma, in tanta confusione di cose, dicono pur questo, quantunque indovinando, di vero: che nelle due ultime tavole passarono in leggi alcune costumanze antiche d'essi romani*"] (985).[898] Wichtig daran ist die schon vorher begegnende Einsicht, dass Unordnung und Desorganisation kraft der Vorsehung langfristig heilende Wirkung entfalten können (102). In diesem allmählich vonstatten gehenden Prozess können dann Sitten Gesetzeskraft entfalten. Das ist auch für Vicos Wahrheitsverständnis folgenreich (144). Denn lange andauernde gewohnheitsmäßige Überlieferungen eines ganzen Volkes verbürgen für ihn einen Wahrheitsanspruch (772).

---

roh, unmenschlich, grausam und wild, so unpassend für eine Epoche, in der Athen im hellen Licht der Kultur erstrahlte, ist ein bedeutendes Zeugnis des antiken natürlichen Rechts der Völker Latiums, und der Sitten, die dort seit dem Zeitalter Saturns herrschten". Hervorhebung nur hier. – Die letzten Sätze verdeutlichen auch in rechtsgeschichtlicher Hinsicht, warum Vico als Begründer der Kulturwissenschaft gilt.

895 Übersetzung Vittorio Hösle und Christoph Jermann, Meiner-Ausgabe, 2009, S. 435 f.

896 *Giambattista Vico*, La scienza nuova, 1744, edizione a cura di Fausto Niccolini (Editori Laterza), 5. Auflage 1967, S. 361.

897 Übersetzung Vittorio Hösle und Christoph Jermann, Meiner-Ausgabe, 2009, S. 527.

898 *Giambattista Vico*, La scienza nuova, 1744, edizione a cura di Fausto Niccolini (Editori Laterza), 5. Auflage 1967, S. 465.

IV. Entwicklungsgeschichtliche Kulturleistung der Römer

Vicos ausgefeilte rechtsgeschichtliche Argumentation zu bestimmten Gesetzen des römischen Rechts, die er bereits in der Einleitung andeutet (26) und die in einer Neubestimmung des Zwölftafelgesetzes ihren Niederschlag finden, die Vico besonders eingehend behandelt (109), sind aus heutiger Sicht wohl auch im Hinblick auf die römische Rechtsgeschichte von überschaubarer Bedeutung.[899] Wichtiger sind allerdings die Folgerungen, die sich aus diesem Blick auf das römische Recht für den Wissenschaftsanspruch der Jurisprudenz ergeben.[900] Zeitlos gültig dürfte dagegen eine Einsicht sein, die wiederum das Verhältnis der Sprachphilosophie zur Rechtsphilosophie beleuchtet und die man von ihrem rechtsgeschichtlichen Anlass abstrahieren kann.

1. Undefinierte Begriffe im gesetzlichen Tatbestand

Es geht dabei um die Bedeutung bestimmter in den Gesetzen vorausgesetzter Begriffe, die aufgrund ihrer Alltäglichkeit unmissverständlich zu sein scheinen, während sie in Wahrheit wert- und bedeutungsgeladen sind, wie Vico am Beispiel des publilischen Gesetzes veranschaulicht (415):[901] „Dieses und das folgende Poetelische Gesetz (115), das von gleicher Bedeutung ist wie das Publilische, sind unbegriffen geblieben wegen folgender drei nicht definierter Wörter: ‚Volk‘, ‚Königtum‘ und ‚Freiheit‘ (...). Und diese drei nicht definierten Ausdrücke haben alle Kritiker, Geschichtschreiber, Staatstheoretiker und Juristen einem Irrtum verfallen

---

899 *Benedetto Croce*, Die Philosophie Giambattista Vicos (deutsche Übersetzung Erich Auerbach/Theodor Lücke), 1927, S. 181, behandelt verdienstvollerweise auch die historische Entwicklung, die dem Zwölftafelgesetz allmählich zuwiderlief, weil auch diese für Vicos methodisch aufschlussreich ist: „Der Wortlaut der Gesetze wurde, dank der natürlichen Billigkeit, immer freier ausgelegt (...). Man handelte schließlich in schärfstem Gegensatz zu den Bestimmungen des Zwölftafelgesetzes“.

900 *Vittorio Hösle*, Vico und die Idee der Kulturwissenschaft, Einleitung der Meiner-Ausgabe 1990, S. CXXI, stellt den Zusammenhang mit dem Wissenschaftsanspruch der Jurisprudenz als hervorragender Kulturleistung der Römer her: „So betont Vico selbst immer wieder, daß die storia ideale eterna in paradigmatischer Form bei den Römern – und nur bei ihnen abgelaufen sei. (...) Die römische Kultur kann beanspruchen, die Idee von Recht und Staat besonders effizient verwirklicht zu haben – die Jurisprudenz als Wissenschaft ist eine römische Schöpfung“. Erhellend zum Wissenschaftscharakter der Jurisprudenz und diesbezüglichen Zweifeln auch *ders.*, Moral und Politik. Grundlagen einer Politischen Ethik für das 21. Jahrhundert, 1997, S. 548.

901 *Jens Petersen*, Max Webers Rechtssoziologie und die juristische Methodenlehre, 3. Auflage 2020, S. 1 ff., insbesondere zum Problem der sogenannten Äquivokationen.

lassen, weil sie sich aufgrund keiner der gegenwärtigen Republiken eine Idee von den heroischen bilden konnten, die von einer äußerst strengen aristokratischen Form und daher von denjenigen unserer Zeiten völlig verschieden waren."[902] [*„Giacque sconosciuta questa e la seguente legge Petelia, ch'è d'ugual importanza che la Publilia, per queste tre parole non diffinite: ‚popolo', ‚regno' e ‚libertà' (...). E queste tre voci non diffinite han fatto cader in errore tutti i critici, storici, politici e giureconsulti, perché da niuna delle presenti poterono far idea delle repubbliche eroiche, le quali furono d'una forma aristocratica severissima e quindi a tutto cielo diverse da queste de' nostril tempi*"] (105).[903]

a) Begriffsklärung

Auch hier soll es nicht um die intrikaten Einzelheiten der betreffenden Gesetze gehen, die Vico im Folgenden auseinanderlegt (106 – 118). So wichtig ihm diese Fragen waren, so genau sie seine Kenntnis des römischen Rechts ausweisen (658), das er an seiner Heimatuniversität bedauerlicherweise niemals in einer seinen Gaben gemäßen Weise öffentlich lehren konnte,[904] weil seine Bewerbung um den betreffenden Lehrstuhl zu seinem bleibenden Verdruss erfolglos war[905] – so unbedeutsam sind sie wohl letztlich für die Einschätzung seiner eigentlichen theoretischen Leistung, die wohl vielmehr aufgrund seines Misserfolgs in Gestalt der Scienza nuova reifen konnte.[906] Hilfreich ist allerdings Vicos knappe Darstellung des poetelischen Gesetzes aus dem Jahre 419 nach der Gründung

902 Übersetzung Vittorio Hösle und Christoph Jermann, Meiner-Ausgabe, 2009, S. 79.

903 *Giambattista Vico*, La scienza nuova, 1744, edizione a cura di Fausto Niccolini (Editori Laterza), 5. Auflage 1967, S. 63.

904 *Friedrich Kittler*, Eine Kulturgeschichte der Kulturwissenschaft, 2. Auflage 2001, S. 93, macht nichtsdestoweniger in wissenschaftsgeschichtlich aufschlussreicher Weise darauf aufmerksam, dass „Vicos kulturgeschichtlicher Platz in der alteuropäischen korporativen Universität lag".

905 *Max H. Fisch*, Vico on Roman Law, in: Essays in Political Theory. Presented to George H. Sabine (Hg. Milton R. Konwitz/Arthur E. Murphy), 2. Auflage 1972, S. 62.

906 *Vittorio Hösle*, Recht und Geschichte bei Giambattista Vico, Gedenkschrift für Karl-Heinz Ilting, 1990, S. 389, zeichnet dies biographisch nach und ordnet den Misserfolg Vicos anhand seiner Autobiographie überzeugend ein: „Vicos Beziehung zum Recht und seiner Wissenschaft hat auf Ebene der persönlichen Karriere für ihn bekanntlich traumatisch geendet. Als sich der schlecht bezahlte fünfundfünfzigjährige Rhetorikprofessor 1723 an der Universität Neapel um einen lange anvisierten freigewordenen zivilrechtlichen Lehrstuhl bewarb, scheiterte er mit seinem Bewerbungsvortrag. Dieser Vorfall ist nicht nur von anekdotischem Interesse, sondern bedeutet in vielem eine Zäsur in Vicos geistigem Werdegang. (...). Andererseits zeigt sich die Größe von Vicos herber und stolzer Persönlichkeit darin, daß gerade dieser Mißerfolg ihn zur Abfassung seines Hauptwerks, der Prinzipien einer neuen Wissenschaft über die Natur der Völker, motivierte".

Roms, weil dies wegen der damit verbundenen Schuldturmproblematik (612) und der damit einhergehenden Brutalität (272/668) für sein Freiheitsverständnis nicht unwichtig ist (658).

Es begegnet daher auch später noch (1017):[907] „Dieses andere Gesetz, genannt de nexu (über das Nexum) (658), wurde erlassen im Jahre Roms CCCCXIX (und somit drei Jahre nach dem Publilischen) von den Konsuln Caius Poetelius und Lucius Papirius Mugillanus; es bildet einen anderen Meilenstein in der römischen Geschichte (104), weil mit ihm den Plebejern die lehnsrechtliche Bestimmung erlassen wurde, ligische Vasallen der Adligen zu sein aufgrund von Schulden, deretwegen diese jene, häufig deren ganzes Leben lang, in ihren Privatgefängnissen hielten, damit sie für sie arbeiteten (612)."[908] [„*Quest'altra legge fu comandata negli anni di Roma CCCCXIX, detta de nexu (e, sì, tre anni dopo la Publilia), da' consoli Caio Petelio e Lucio Papirio Mugilano; e contiene un altro punto massimo di cose romane, poiché con quella si rillasciò a' plebei la ragion feudale d'essere vassalli ligi de' nobili per cagion di debiti, per gli quali quelli tenevano questi, sovente tutta la vita, a lavorare per essi nelle loro private prigioni*"] (115).[909]

aa) Ordnungszusammenhang zwischen Recht und Geschichte

Die Einzelheiten müssen hier nicht auseinandergesetzt werden, zumal da die Ausführungen Vicos eher deskriptiven Charakter haben, aber anschaulich verdeutlichen, wie einschneidend die Freiheitsentziehung und wie drückend die Herrschaftsverhältnisse waren. Es genügt, sich den Schluss zu vergegenwärtigen, in dem die Verbindung von Recht und Geschichte zum Ausdruck kommt:[910] „Und

---

907 Im übertragenen Sinne wird nicht von ungefähr dort auch heute noch von der Schuldturmproblematik gesprochen, wo der Einzelne im Rahmen seiner Privatautonomie Schulden in unkalkulierbarer und nicht mehr abtragbarer Höhe anhäuft, etwa durch Bürgschaften; vgl. *Dieter Medicus*, Leistungsfähigkeit und Rechtsgeschäft, Zeitschrift für Wirtschaftsrecht (ZIP) 1989, 817.

908 Übersetzung Vittorio Hösle und Christoph Jermann, Meiner-Ausgabe, 2009, S. 85.

909 *Giambattista Vico*, La scienza nuova, 1744, edizione a cura di Fausto Niccolini (Editori Laterza), 5. Auflage 1967, S. 67 f.

910 *Benedetto Croce*, Die Philosophie Giambattista Vicos (deutsche Übersetzung Erich Auerbach/Theodor Lücke), 1927, S. 63 f., sieht hier einen dialektischen Prozess am Werk, betrachtet die Dinge aber womöglich unnötig kompliziert, wie seine etwas gewundene Argumentation zeigt, der man allerdings zugute halten muss, dass sie Vicos mitunter nicht ganz geradlinige Sicht in dieser Frage nachzeichnet, die vielleicht sogar Scheinprobleme behandelt, im Ergebnis aber wohl auf gesichertem naturrechtlichen Fundament ruht: „Was nun die Lehren praktischen Inhalts betrifft, (...) so könnte es den Anschein haben, als wenn Vico (...) geradezu bei einer Bewegung seiner Zeit anknüpfe: der Schule vom Naturrecht. (...) Die Anknüpfung ist in gewissem Sinne ganz offen-

daher glauben wir nicht, irgend jemandes Recht zu verletzen, wenn wir uns in einer Weise darüber ergehen, die von den Meinungen, die man bisher über die Anfänge der Humanität der Völker gehabt hat, häufig verschieden, ja ihnen manchmal ganz entgegengesetzt ist. Und indem wir dies tun, werden wir diese auf wissenschaftliche Prinzipien zurückführen, durch die den Tatsachen der gesicherten Geschichte ihre ersten Ursprünge gegeben werden sollen, auf die sie sich stützen und durch die sie miteinander übereinstimmen können; diese Tatsachen scheinen bisher keine gemeinsame Grundlage, kein stetiges Aufeinanderfolgen und keinen Zusammenhang untereinander zu haben."[911]

[„*E perciò non crediamo d'offendere il diritto di niuno se ne ragioneremo spesso diversamente ed alle volte tutto il contrario all'oppenioni che finora si hanno avute d'intorno a' princìpi dell'umanità delle nazioni. E, con far ciò, gli ridurremo a princìpi di scienza, per gli quali ai fatti della storia certa si rendano le loro primiere origini, sulle quali reggano e per le quali tra essoloro convengano; i quali finora non sembrano aver alcun fondamento comune né alcuna perpetuità di séguito né alcuna coerenza tra lor medesimi*"] (118).[912] Bedeutsam daran ist die von Vico betonte Behandlung nach wissenschaftlichen Prinzipien. Es geht ihm also nicht um die anhäufende Darstellung blinder Faktizität, sondern den Ordnungszusammenhang, in dem diese Tatsachen aufeinanderfolgen.

bb) Bedeutungswandel von Rechtsbegriffen

Damit tritt unweigerlich die wissenschaftliche Begriffsbildung in den Vordergrund, da Vico eingangs hervorhebt, dass die zentralen Begriffe des Volks, des Königtums und der Freiheit von Geschichtsschreibern, Staatstheoretikern und Juristen ganz unterschiedlich verstanden werden (105). Es geht also nicht zuletzt um den Bedeutungswandel von normativ aufgeladenen Begriffen im Wandel der Zeiten. Wichtig ist daher gerade diese Prämisse, die auch vom Standpunkt der juristischen Methodenlehre aus gesehen zeitlose Bedeutung hat.

---

kundig und Vico selbst bekennt und verkündet sie; doch ist er zweifellos nicht nur ein bloßer Anhänger jener Schule und setzte sie auch nicht in der Weise fort, daß er die allgemeinen Begriffe und Direktiven beibehält und nur durch die Einzelheiten entwickelt und korrigiert. Er setzt sie lediglich in dialektischem Sinne fort, sei es, daß er die Hauptthesen bestreiten oder, sie von Grund auf verändernd, übernehmen mußte. Das Naturrecht bot ihm keine Lösungen, sondern *Probleme*, und wenn es ihm auch einige gut abgegrenzte bot, erweckte es andere und weitaus schwierigere nur in *seinem* Geiste: ungelöste, ja nicht einmal gesehene Probleme, die Vico sich stellte und teilweise löste." Hervorhebung auch dort.

911 Übersetzung Vittorio Hösle und Christoph Jermann, Meiner-Ausgabe, 2009, S. 87.

912 *Giambattista Vico*, La scienza nuova, 1744, edizione a cura di Fausto Niccolini (Editori Laterza), 5. Auflage 1967, S. 69.

Allerdings ist hiermit nicht nur die vergleichsweise banale Einsicht gemeint, dass juristische Fachbegriffe, wie sie in gesetzlichen Tatbestandsmerkmalen notwendigerweise enthalten sind, eine andere Bedeutung haben als in der Umgangssprache, das heißt um die bereits oben genannten Äquivokationen.[913] Die volkstümliche Sprache schätzt er freilich gerade in rechtlicher Hinsicht hoch ein, weil in ihr in der Vergangenheit mitunter aus Gründen der besseren Verständlichkeit die Gesetze geschrieben waren: „und dies kraft der gewöhnlichen Sprache, in welcher (...) die Gesetze abgefaßt werden, wie oben erörtert (953).“[914] [„*E ciò, in forza della lingua volgare, con cui (...) si concepiscon le leggi, come sopra si è ragionato*“] (1017).[915]

cc) Rechtstheorie und Entwicklungsgeschichte des Rechts

Vico ist es darüber hinaus um den entwicklungsgeschichtlich bestimmten Charakter des Rechts zu tun, das je nach Epochen unterschiedliche Bedeutungen für scheinbar gleiche Begriffe aufweist.[916] Dies veranschaulicht wiederum, wie neuartig seine Philosophie der Rechtsgeschichte ist. Insofern haben die von ihm für besonders klärungsbedürftigen Worte des Volkes, des Königtums und der Freiheit paradigmatische Bedeutung. Ihre vordergründige Sinnfälligkeit steht in auffallendem Kontrast zu den historischen Hintergründen, die man kennen und zugrunde legen muss, um die Regelungen angemessen würdigen zu können, die in ihrer Allgemeinheit ansonsten abgründig werden: „Solche Irrtümer in der Staatslehre sind entstanden aufgrund jener drei nicht definierten Ausdrücke, die wir oben an anderen Stellen vermerkt haben (666): ‚Volk‘, ‚Königtum‘ und ‚Freiheit‘.“[917] [„*Tali errori nella dottrina politica sono nati da quelle tre voci non diffinite,*

---

913 Näher *Jens Petersen*, Die systematische Stellung des Allgemeinen Teils vor der Klammer der anderen Bücher, Juristische Ausbildung 2011, 759, zur Verweisungstechnik innerhalb des Bürgerlichen Gesetzbuchs.

914 Übersetzung Vittorio Hösle und Christoph Jermann, Meiner-Ausgabe, 2009, S. 549.

915 *Giambattista Vico*, La scienza nuova, 1744, edizione a cura di Fausto Niccolini (Editori Laterza), 5. Auflage 1967, S. 484.

916 *Vittorio Hösle*, Vico und die Idee der Kulturwissenschaft, Einleitung der Meiner-Ausgabe 1990, S. CCV, bringt es auf den entscheidenden Begriff, indem es Vico „nie so sehr um einzelne Fakten geht als um *Entwicklungsgesetze der Rechtsgeschichte.*“ Hervorhebung auch dort. Rechtsphilosophisch bedeutsam ist auch die Folgerung, die er daraus zieht: „Vico ist somit kein Rechtsrelativist – im Gegenteil, für ihn ist das Naturrecht der Aufklärung durchaus das normativ ausgezeichnete Telos der Rechtsentwicklung. Insofern gehört Vico (wie auch Hegel) ohne jeden Zweifel zur Naturrechtstradition der Neuzeit“.

917 Übersetzung Vittorio Hösle und Christoph Jermann, Meiner-Ausgabe, 2009, S. 550.

ch'altre volte abbiamo sopra osservato: ‚popolo', ‚regno' e ‚libertà'“] (1019).[918] Auch hieran lässt sich ersehen, dass Vico den Zusammenhang zwischen Rechtstheorie und der Entwicklungsgeschichte des Rechts in einer Tiefe erkannt hat, wie kaum jemand vor ihm.[919]

b) Zeitlich-dynamisches Moment der Gesetzgebung

Man würde wohl kaum je einen Konsens über die betreffenden Grundbegriffe des Volkes, des Königtums und der Freiheit erzielen, weil sich darin bereits neues Konfliktpotenzial vereinigen würde. Das erschwert scheinbar die Rechtsanwendung bezüglich solcher Bestimmungen, welche die betreffenden Begriffe voraussetzen, weil ihnen weniger leicht subsumiert werden kann. Der Vorteil bedeutungsoffener Regelungen um den Preis mangelnder Definierbarkeit hinsichtlich des Wortlauts besteht allerdings in einem zeitlich-dynamischen Moment, das eine Langlebigkeit der betreffenden Gesetze ermöglicht:[920] „Doch als später auf das Recht der heroischen Völker dasjenige der menschlichen gefolgt war, wie es Ulpian bezeichnet (569), geschah eine so große Umwälzung der Verhältnisse, daß der Kauf und Verkauf, der in alter Zeit keine Eviktionshaftung zur Folge hatte, wenn nicht im Akt des Vertrages die ‚dupla' (der doppelte Preis) stipuliert wurde, heute der König der Verträge ist, die ‚auf Treu und Glauben' heißen, und er jene natürlicherweise, auch ohne ausdrücklichen Vertrag, schuldet.“[921] [„*Ma, a quello dell'eroiche essendo poi succeduto il diritto delle*

918 *Giambattista Vico*, La scienza nuova, 1744, edizione a cura di Fausto Niccolini (Editori Laterza), 5. Auflage 1967, S. 485.

919 *Vittorio Hösle*, Vico und die Idee der Kulturwissenschaft, Einleitung der Meiner-Ausgabe 1990, S. LVII, sieht im Hinblick auf die Jurisprudenz ebenfalls Vicos vordringliches Anliegen in der Verbindung einer normativen Rechtstheorie mit der Rechtsgeschichte.

920 *Benedetto Croce*, Die Philosophie Giambattista Vicos (deutsche Übersetzung Erich Auerbach/Theodor Lücke), 1927, S. 120, betont im Zusammenhang mit Vicos Metaphysik, deren besondere juristische Ausprägung den Gegenstand des ersten Kapitels der vorliegenden Untersuchung bildete, den „dynamischen Charakter“ seiner Weltsicht.

921 Übersetzung Vittorio Hösle und Christoph Jermann, Meiner-Ausgabe, 2009, S. 313 f. *Karl-Otto Apel*, Die Idee der Sprache in der Tradition des Humanismus von Dante bis Vico, (1963), 2. Auflage 1975, S. 360, macht auf kulturgeschichtliche Besonderheiten aufmerksam, die im Zusammenhang mit den im Text vorausgesetzten Umwälzungen von Bedeutung sind, aber auch das Recht betreffen, weil dessen Normappelle ursprünglich verbal verlautbart wurden: „Bevor in Erweckungs-, Aufklärungs- und Reformationsbewegungen, die – wie Vico ganz richtig sieht – wohl immer auch plebejisch-demokratische Umwälzungen waren, der Gehalt von Religion, Mythos, Recht, Politik ‚veröffentlicht' wurde, muß er weitgehend im kultischen Ritual, in Tanz, totemistischen ‚Darleben', Tabuzeremonien, symbolischen Handlungen anläßlich von Geburt und Tod, Kriegserklärung und Friedensschluß ‚dargestellt' worden sein“.

genti umane che diffinisce Ulpiano, si fece tanto rivolgimento di cose, che la vendita e compera, la qual anticamente, se, nell'atto del contrarsi, non si stipulava la ‚dupla', non produceva l'evizione, oggi è la regina de' contratti i quali si dicono ‚du buona fede', e naturalmente, anco non patteggiata, la deve"] (578).[922]

aa) Ulpian und das ‚ius naturale gentium humanarum'

Zum besseren Verständnis muss man eine etwas frühere Stelle hinzunehmen, aus der sich der Verweis auf Ulpian erklärt, da auch dieser Absatz, wie so oft bei Vicos Gleichungen mit mehreren Unbekannten, dann wiederum einen zuvor eingeführten (573) enigmatischen Begriff – hier die ‚Emphyteuse' – verwendet, auf den dann erst hunderte Seiten später im Zusammenhang mit einer erbpachtähnlichen Konstruktion Bezug genommen wird[923] „Das ist vielleicht der Grund, warum die Emphyteuse ein Vertrag ‚de iure civili' (nach Zivilrecht) ist (1067); nach diesen Prinzipien wird sich finden (990), daß es derselbe sei wie ‚de iure heroico romanorum' (nach heroischem Recht der Römer), dem Ulpian das ‚ius naturale gentium humanarum' (natürliche Recht der menschlichen Völker) entgegenstellt (569); er nannte sie ‚menschlich' im Gegensatz zum Recht der barbarischen Völker, die vorher existierten, nicht der barbarischen Völker, die zu seinen Zeiten außerhalb des Römischen Reiches lebten; denn deren Recht interessierte die römischen Juristen überhaupt nicht."[924]

[„*Ch'è forse la ragione per che l'enfiteusi è contratto ‚de iure civili'; che, per questi princìpi, si truoverà essere lo stesso che ‚de iure heroico romanorum', a cui Ulpiano oppone il ‚ius naturale gentium humanarum', che disse ‚umane' in rapporto al gius delle genti barbare che furon prima, non delle genti barbare, ch'a' suoi tempi erano fuori dell'imperio romano, il quale nulla importava a' romani giureconsulti*"] (575).[925] Es ist nicht ganz klar, welche Ulpian-Stelle Vico hier genau meint. Das ‚humanarum' begegnet in Ulpians berühmter Definition der Jurisprudenz aus den Digesten: ‚Iuris prudentia est divinarum atque humanarum

---

922 *Giambattista Vico*, La scienza nuova, 1744, edizione a cura di Fausto Niccolini (Editori Laterza), 5. Auflage 1967, S. 256.

923 *Vittorio Hösle*, Vico und die Idee der Kulturwissenschaft, Einleitung der Meiner-Ausgabe 1990, S. XXXII, skizziert allgemein die Herausforderungen, vor denen man wohl auch an dieser besonderen Stelle steht: „Es bedarf einer aufs Wesentliche gerichteten Kraft, um durch den Wust zeitbedingter Gelehrsamkeit hindurch Vicos geniale Einsichten zu erfassen".

924 Übersetzung Vittorio Hösle und Christoph Jermann, Meiner-Ausgabe, 2009, S. 313.

925 *Giambattista Vico*, La scienza nuova, 1744, edizione a cura di Fausto Niccolini (Editori Laterza), 5. Auflage 1967, S. 255.

rerum notitia, iusti atque iniusti scientia.‘[926] Doch passt dies nicht recht zu dem von Vico Gemeinten.

Vom Sinnzusammenhang her scheint es eher auf Ulpians Definition des Naturrechts zugeschnitten: ‚Ius naturale est, quod natura onmia animalia docuit.‘[927] Aber auch das fügt sich ersichtlich nicht in das von Vico Zitierte. Man wird somit zur Beantwortung dieser Frage mit einer rein romanistischen Betrachtung schwerlich weiterkommen. Bedeutsamer ist daher Vicos eigenwillige Methode, die sich auch an dieser unscheinbaren Stelle zeigt. Der Gedanke ist nämlich in anderer Hinsicht insofern bezeichnend für Vico, als er die notwendigerweise juristisch vage, aber ahnungsvolle Einsicht der Dichter zum stringenten und lege artis hergeleiteten Rechtsdenken des Juristen Ulpian in Beziehung setzt. Es geht also auch hier um Vicos geistesgeschichtlich gesehen ingeniöse Zusammenführung von Philologie und Jurisprudenz, die von einer kulturgeschichtlichen Betrachtung des Rechts Zeugnis ablegt.

bb) Sprachliche und juristische Bedeutung der Gesetzesbegriffe

Dass Ulpian wie den anderen großen römischen Juristen das barbarische Recht nach Vicos Schilderung gleichgültig war (578), erstaunt nicht, macht aber den Umstand umso bemerkenswerter, dass die römischen Eroberer aus diesem Desinteresse eine Tugend machten, die ihren imperialistischen Pragmatismus unter Beweis stellt und nicht mit Toleranz zu verwechseln ist. Hintergrund dieser unausgesprochenen Einsicht Vicos dürfte nämlich der Umstand gewesen sein, dass die Römer den unterworfenen Völkern, sofern es opportun war, ihre Gesetze beließen, soweit sie den römischen nicht entgegenstanden.[928]

Allerdings blieb ihnen damit nicht mehr an Befugnissen: „Doch wurde er von den Juristen mit Bezug auf die vom römischen Volk besiegten Völkerschaften gebraucht, denen – wie wir ausführlicher unten beweisen werden (595) –, nach der Entziehung allen Zivilrechts durch das Gesetz des Siegers nichts als die natürliche väterliche Gewalt blieb sowie, als deren Folge, die natürlichen Bande des Blutes, die ‚Kognationen‘ heißen, und auf der anderen Seite das natürliche Eigentum, nämlich das bonitarische, sowie, vermöge all dessen, die natürlichen Schuldverhältnisse, die ‚de iure naturali gentium‘ (nach natürlichem

926 *Ulpian*, D. 1, 1, 10, 2. Dazu und den vorangehenden Regeln *Ernst Levy*, Natural Law in Roman Thought, Gesammelte Schriften Band I, 1963, S. 16; *Wolfgang Waldstein*, Zu Ulpians Definition der Gerechtigkeit (D. 1, 1, 10 pr.), Festschrift für Werner Flume, Band I, 1978, S. 213.

927 *Ulpian*, D. 1, 1, 1, 3.

928 *Jens Petersen*, Machiavellis Gesetzgebungslehre, 2020, S. 234 ff., zu dieser von Machiavelli als Klugheitsregel verschiedentlich hervorgehobenen Praxis.

Recht der Völker) heißen, was uns Ulpian oben durch die Beifügung ‚humanarum' (der menschlichen) näher bestimmte (575). All diese Rechte müssen die außerhalb des Reiches lebenden Völker nach einem Zivilrecht besessen haben, und zwar genau in der Form, in der sie die Römer selbst besaßen."[929]

[*„Ma ciò fu da' giureconsulti detto in rapporto delle nazioni vinte dal popolo romano; alle quali, come più a lungo appresso dimostreremo, tolto tutto il diritto civile con la ragione delle vittorie, non restarono che naturali paterne potestà e, 'n lor conseguenza, naturali vincoli di sangue, che si dicono ‚cognazioni', e, dall'altra parte, naturali domìni, che son i bonitari, e, per tutto ciò, naturali obbligazioni, che si dicono ‚de iure naturali gentium', ch'Ulpiano ci specificò sopra con l'aggiunto ‚humanarum'. Le quali ragioni tutte i popoli posti fuori dell'imperio dovettero avere civili, e appunto tali quali l'ebbero essi romani*"] (582).[930] Auch hier sind es weniger die romanistischen Einzelheiten, die vom theoretischen Standpunkt aus bleibende Bedeutung beanspruchen können, als vielmehr die besondere Rechts- und Kulturleistung der Römer, mit der auf dem Prinzip von Treu und Glauben gründende Verbindlichkeiten formlos möglich wurden.[931]

2. Rechtskultur aus dem Geiste der Mythologie und Philologie

Zu Vicos bedeutsamsten Errungenschaften gehört die Herleitung eines umfassenden Verständnisses der Rechtskultur, und zwar nicht nur als Folge einer immanenten rechtstheoretischen Würdigung bestimmter legislatorischer Leistungen, sondern vor allem im Zusammenwirken mit gänzlich anders gearteten Ausprägungen der Kultur, wie sie aus Mythologie und Philologie überliefert sind. Die besondere Schwierigkeit, vor die Vico den Leser stellt, rührt nicht zuletzt daher, dass er aus beiden Bereichen, der Dogmatik und Geschichte des römischen Rechts einerseits und der Philologie und Mythologie andererseits, beträchtliche

929 Übersetzung Vittorio Hösle und Christoph Jermann, Meiner-Ausgabe, 2009, S. 316.

930 *Giambattista Vico*, La scienza nuova, 1744, edizione a cura di Fausto Niccolini (Editori Laterza), 5. Auflage 1967, S. 260.

931 *Vittorio Hösle*, Recht und Geschichte bei Giambattista Vico, Gedenkschrift für Karl-Heinz Ilting, 1990, S. 389, 391 f., wollte sich ebenfalls „auf seine äußerst differenzierte Lehre von der geschichtlichen Entwicklung des Rechts, konzentrieren – und zwar auf deren allgemeine Grundzüge, nicht auf Vicos konkrete rechtsgeschichtliche Detailinterpretationen." – Allerdings findet sich auch zu Letzteren in seinem Beitrag sehr viel Weiterführendes, auf das hier verwiesen sei.

Kenntnisse voraussetzt, über die schon zu seiner Zeit kaum jemand verfügt haben dürfte; umso weniger noch in der heutigen.

a) Philologisch fundierte Begriffsjurisprudenz

Man muss einen weiteren längeren Gedanken zusammenhängend wiedergeben, um dies ansatzweise ermessen zu können, auch wenn es selbst dann noch einiger Kenntnisse des römischen Rechts bedarf, wenn man den von einer bildhaft-mythologischen Verdeutlichung ausgehenden Erwägungen folgen möchte, die zu einer philologisch fundierten Begriffsjurisprudenz im wohlgemeinten Sinne führen:[932] „Daher wurden Venus die ebenfalls nackten Grazien beigesellt; und bei den Lateinern bedeuten ‚causſa' (Rechtsgrund) und ‚gratia' (Gunst; Grazie) dasselbe, so daß bei den Dichtern die Grazien die ‚nackten Verträge' bedeutet haben müssen, die nur das natürliche Schuldverhältnis zur Folge haben. Und daher nannten die römischen Juristen ‚stipulierte Verträge' diejenigen, die später von den alten Interpreten ‚bekleidet' genannt wurden: denn da diese begriffen, daß die nackten Verträge die nicht stipulierten Verträge waren, kann ‚stipulatio' (Stipulation) nicht nach ‚stipes' (Pfahl) so heißen (denn nach einem solchen Ursprung müßte sie ‚stipatio' heißen), und zwar mit dem gezwungenen Argument, ‚daß sie die Verträge stütze', sondern sie muß von ‚stipula' (Halm) kommen, die von den Bauern Latiums so genannt wird, weil sie ‚das Getreide umkleidet': wie umgekehrt die ‚bekleideten Verträge' (ital. patti vestiti) von den Feudisten anfangs so genannt worden sind nach demselben Ursprung, nach dem die ‚Investituten' (ital. investiture) der Lehen so heißen; bezüglich ihrer heißt ‚der Würde berauben' sicherlich ‚exfestucare'. Nach unseren Erörterungen haben die lateinischen Dichter unter ‚gratia' und unter ‚caussa' dasselbe verstanden bezüglich der Verträge, die die Plebejer der heroischen Städte schlossen: so wie, als später die Verträge ‚de iure naturali gentium' (nach natürlichem Recht der Völker) eigeführt wurden, die Ulpian ‚humanarum' (der menschlichen) nennt (990), ‚caussa' und ‚negocium' (Rechtsgeschäft) dasselbe bedeuteten; denn bei dieser Art von Verträgen sind die Rechtsgeschäfte fast immer ‚caussae' oder ‚cavissae' oder ‚Sicherheitsleistungen' (ital. cautele), die als Stipulationen gelten, die die Verträge schützen sollen (1072).“[933]

---

932 Es ist gleichsam der Vorläufer einer wertungsmäßig fundierten Begriffsjurisprudenz; zu ihr *Jens Petersen*, Von der Interessenjurisprudenz zur Wertungsjurisprudenz, 2001, S. 22 f.

933 Übersetzung Vittorio Hösle und Christoph Jermann, Meiner-Ausgabe, 2009, S. 310 f. *Vittorio Hösle*, Vico und die Idee der Kulturwissenschaft, Einleitung der Meiner-Ausgabe 1990, S. CCLVI f., hebt im Rahmen der weiter unten noch zu behandelnden Wiederkehr der Barbarei mit ihrem

[„*Quindi furon a Venere attribuite le Grazie ancor nude; e appo i latini ,causssa' e ,gratia' significano una cosa stessa: talché le Grazie a' poeti significar dovettero i ,patti nudi', che producono la sola obbligazion naturale. E quindi i giureconsulti romani dissero ,patti stipulati' quelli che poi furon detti ,vestiti' dagli antichi interpetri: perché, intendendo quelli i patti nudi esser i patti non stipulati, non deve ,stipulatio' venir detta da ,stipes' (che, per tal origine, si dovrebbe dire ,stipatio'), con la sforzata ragione ,perocché ella sostenga i patti'; ma dee venire da ,stipula', detta da' contadini del Lazio perocch'ella ,vesta il frumento': com'al contrario i ,patti vestiti' in prima da' feudisti furono detti dalla stessa origine onde son dette l' ,investiture' de' feudi, de' quali certamente si ha ,exfestucare' il ,privare della degnità'. Per lo che ragionato, ,gratia' e ,caussa' s'intesero essere una cosa stessa da' latini poeti d'intorno a' contratti che si celebravano da' plebei delle città eroiche: come, introdutti poi i contratti ,de iure naturali gentium', ch'Ulpiano dice ,humanarum', ,caussa' e ,negocium' significarono una cosa medesima; perocché, in tali spezie di contratti, essi negozi quasi sempre sono ,caussae' o ,cavissae' o ,cautele', che vagliono per stipulazioni le quali ne cautelino i patti*"] (569).[934]

b) Basiswertungen des römischen Privatrechts

Zum besseren Verständnis dieser Stelle muss man aufgrund der verschachtelten Verweisungstechnik Vicos wiederum eine spätere hinzunehmen, die teils wortgleich auf den soeben wiedergegebenen Gedanken Bezug nimmt, insbesondere was die Trias ,caussae-cavendo-cavissae' betrifft.[935] Obwohl die bisweilen be-

fundamentalen Gedanken einer strukturellen Entsprechung lehnsrechtlicher Vasallenverhältnisse des Mittelalters mit dem altrömischen Klientelwesen einen kulturgeschichtlich weiterführenden Gedanken Vicos hervor: „Interessant ist etwa sein Vergleich von Manzipation und Mannschaft, bei welch beiden Akten die Hand *als Rechtssymbol* wichtig sei." Hervorhebung nur hier.

934 *Giambattista Vico*, La scienza nuova, 1744, edizione a cura di Fausto Niccolini (Editori Laterza), 5. Auflage 1967, S. 252 f.

935 *Benedetto Croce*, Die Philosophie Giambattista Vicos (deutsche Übersetzung Erich Auerbach/Theodor Lücke), 1927, S. 177 f., macht ebenfalls auf den späteren Zuwachs an Rechtskultur aufmerksam, der sich wiederum evolutionär vollzieht, und damit auch der teleologischen Auslegung einen entsprechend größeren Stellenwert einräumt: „Die Prozeßverfahren, so reich umrankt von Fiktionen, feierlichen Formeln und symbolischen Handlungen, werden vereinfacht und rationalisiert; man beginnt den Intellekt, d. h. den Geist des Gesetzgebers zu berücksichtigen, und die Staatsbürger einigen sich auf den Gedanken eines gemeinsamen, vernünftigen Nutzens, der seinem Wesen nach als etwas Geistiges verstanden wird. Die *caussae*, die zuerst durch besondere und präzise Worte festgelegte Formeln waren, werden zu Geschäftsvorgängen, die durch bloße

gegnenden Wiederholungen weit auseinanderstehender Gedanken Vicos ermüdend sein können,[936] wenn man sie, wie es hier geschieht, um des systematischen Zusammenhangs willen zusammenstellt, ist es unerlässlich, auch diese Absätze hier einzufügen, weil sich nur auf ihrer Grundlage Vicos Folgerungen für das Verhältnis des Wahren und Gerechten im Spiegel seiner Kulturgeschichte des Rechts erklären (1045): „So verstand man – (um) nun zum Thema zurückzukehren und zu einem Ende zu kommen mit dem Gegenstand, den wir erörtern – seit diesen menschlichen Zeiten, in denen die demokratischen Republiken und danach die Monarchien hervortraten (927), daß die Rechtsgründe, die ursprünglich durch ganz bestimmte und genaue Worte gesicherte Formeln gewesen waren (und die a ‚cavendo' (von ‚sich vorsehen') zuerst ‚cavissae' hießen und später abgekürzt die Bezeichnung ‚caussae' (Rechtsgründe) behielten (569), die Gegenstände oder Rechtsgeschäfte selbst waren in den übrigen Verträgen (welche Gegenstände oder Rechtsgeschäfte heutzutage die Verträge förmlich machen, über die man im Akt des Vertragsschlusses übereingekommen ist, damit sie die Klagansprüche erzeugen); und daß in jenen, die gültige Titel zur Eigentumsübergabe des Eigentums sind, sie die natürliche Eigentumsübergabe, damit es von einem auf den andern übergehe, förmlich machten (1030), und daß nur in den Verträgen, von denen man sagt, daß sie mit den Worten geschlossen werden (welches die Stipulationen sind), die Sicherheitsleistungen selbst die ‚Rechtsgründe' seien in ihrer alten Eigentümlichkeit. Das hier Gesagte erläutert noch weiter die oben aufgestellten Prinzipien der Schuldverhältnisse (570 ff.), die aus den Kontrakten und den Pakten hervorgehen."[937]

[*„Ora, ritornando al proposito e (per) conchiudere l'argomento che ragioniamo, da questi tempi umani, ne' quali provennero le repubbliche popolari e appresso le monarchie, intesero che le cause, le quali prima erano state formole cautelate di propie e precise parole (che a ‚cavendo' si dissero dapprima ‚cavissae', e poi restaron dette in accorcio ‚caussae'), fussero essi affari o negozi negli altri*

Einigungsverträge Rechtskraft gewinnen, und bei Uebertragung von Eigentum durch die natürliche Uebergabe; und nur in den sogenannten Verbalverträgen, d. h. in den Stipulationen, bleiben die Formeln *caussae* in der altertümlichen Bedeutung des Wortes." – Dass Croce hier den Gesichtspunkt der Rationalisierung anspricht, der gerade im Hinblick auf das Recht für Max Weber bezeichnend ist (*Jens Petersen*, Max Webers Rechtssoziologie und die juristische Methodenlehre, 3. Auflage 2020, § 1), sollte man nicht bekenntnisartig überhöhen, fällt aber zumindest auf. Siehe auch *Pietro Rossi*, Max Weber und Benedetto Croce, in: Max Weber und seine Zeitgenossen (Hg. Wolfgang J. Mommsen/Wolfgang Schwentker), 1988, S. 613.

936 *Vittorio Hösle*, Vico und die Idee der Kulturwissenschaft, Einleitung der Meiner-Ausgabe 1990, S. XCVI: „An Überschneidungen und Wiederholungen ist das Werk, das trotzdem dunkel bleibt, überreich." Bestimmte Einzelheiten würden „bis zum Überdruß wiederholt".

937 Übersetzung Vittorio Hösle und Christoph Jermann, Meiner-Ausgabe, 2009, S. 566.

contratti (i qual'affari o negozi oggi solennizzano i patti, i quali nell'atto del contrarre son convenuti acciocché producano l'azioni); ed in quelli che sono valevoli titoli a trasferir il dominio, solennizzassero la natural tradizione per farlo d'un in altro passare, e ne' contratti soli che si dicono compiersi con le parole (che sono le stipulazioni), in quelli esse cautele fussero le ‚cause' nella lor antica propietà. Le quali cose qui dette illustrano vieppiù i princìpi sopra posti dell'obbligazioni che nascono da' contratti e da' patti"] (1044).[938] Man kann alle diese Ausführungen mit nur geringfügiger Verkürzung dahingehend zusammenfassen, dass es sich um Basiswertungen des römischen Privatrechts handelt, die Vico in Erinnerung ruft und in denen sich die besondere Kulturleistung des römischen Rechts in aller Deutlichkeit offenbart.[939]

c) Vernunftrecht als Ergebnis der Kulturgeschichte des Rechts

Auch die Begründung derartiger abstrakter Verbindlichkeiten, wie sie Vico bereits eingangs des zuvor Behandelten vorausgesetzt hat (578), hängt für ihn von kulturgeschichtlichen Besonderheiten ab, durch die Mythologie und Sprache auf das Recht wirken, dieses fortbilden und auf diese Weise in eine Wechselbezüglichkeit zwischen Rechtswissenschaft und Kultur eintreten: „Auf solche Weise blieb das Recht der heroischen Völker Latiums festgehalten in dem berühmten Abschnitt des Zwölftafelgesetzes mit dem Wortlaut: ‚Si quis nexum faciet mancipiumque, uti lingua nuncupassit, ita ius esto' (Wenn jemand ein Nexum und eine Manzipation eingehen wird, soll als Recht gelten, was er mit seiner Rede erklärt hat') (968), der die große Quelle des ganzen alten römischen Rechts ist und der, wie diejenigen zugeben, die das attische Recht und das römische einander gleichmachen, nicht aus Athen nach Rom gekommen ist."[940] [„*In cotal guisa il diritto delle genti eroiche del Lazio restò fisso nel famoso capo della legge delle XII Tavole così conceputo (...), ch'è il gran fonte di tutto il diritto romano antico, ch'i pareggiatori del diritto attico confessano non esser venuto da Atene in Roma*"] (1031).[941]

---

938 *Giambattista Vico*, La scienza nuova, 1744, edizione a cura di Fausto Niccolini (Editori Laterza), 5. Auflage 1967, S. 497.

939 *Max Kaser/Rolf Knütel/Sebastian Lohsse*, Römisches Privatrecht, 21. Auflage 2017, § 7 Randnummer 20 – 24, zeichnen die von Vico genannte Stipulation seit der von ihm offenbar in besonderer Weise akzentuierten Frühgeschichte bis hin zu Justinian nach.

940 Übersetzung Vittorio Hösle und Christoph Jermann, Meiner-Ausgabe, 2009, S. 558 f.

941 *Giambattista Vico*, La scienza nuova, 1744, edizione a cura di Fausto Niccolini (Editori Laterza), 5. Auflage 1967, S. 492.

aa) Rechtskultur der Römer als Brücke zwischen Rechtstheorie und Kulturwissenschaft

Auch hieran erkennt man die kulturgeschichtliche Verbindung konkreten Rechts mit der Annahme heroischer Völker, die dieses Recht in der Erkenntnis gesetzt haben sollten, dass aus der sprachlich zum Ausdruck gebrachten Einstandspflicht im Wege der Fiktion Recht wird. Darin besteht die oben vorausgesetzte Kulturleistung der Römer, die Vico somit in seine Sprach- und Rechtstheorie bruchlos und widerspruchsfrei integrieren kann. Es kommt nicht darauf an, ob alle oben genannten Etymologien und Assoziationen in philologischer oder römischrechtlicher Hinsicht gleichermaßen belastbar sind, zumal da dies im einzelnen kaum mehr erweislich sein dürfte. Einige sind es gewiss, andere zeugen zumindest von enormer Bildung.

Das zeigt sich etwa, wenn Vico – ausgehend von den göttlichen Gerichten über die Komödiendichter Plautus und Terenz sowie bestimmte Wendungen des Zwölftafelgesetzes – zu dem plausiblen Schluss kommt: „von diesen Reden her behielten bei den Lateinern die Bezeichnung ‚oratores' (Redner) jene, welche die Rechtsfälle vor Gericht vertreten."[942] [*„talché da queste orazioni restaron a' latini detti ‚oratores' coloro ch'arringano le cause in giudizio"*] (955).[943] Und auch bei dem genannten Plautus sind es mitunter, wie Vico hervorhebt, juristische Winkelzüge, welche die Dramatik ausmachen (966), zugleich aber die natürliche Billigkeit bestätigen (326).[944] So ist es Vicos spezifischem Blickwinkel und gerade seiner Art der Verdeutlichung rechtskultureller Fortschritte zu verdanken, die es alles andere als zufällig erscheinen lassen, dass er ohne ausdrückliche Absicht zu einem der maßgeblichen Begründer der Kulturwissenschaft wurde.[945]

bb) Ermittlung des Wahren und Gerechten

Allerdings vollzieht sich dies entgegen einem vordergründigen Anschein nicht allein auf der Grundlage freier Assoziationen, sondern in aller Regel möglichst

---

942 Übersetzung Vittorio Hösle und Christoph Jermann, Meiner-Ausgabe, 2009, S. 510.

943 *Giambattista Vico*, La scienza nuova, 1744, edizione a cura di Fausto Niccolini (Editori Laterza), 5. Auflage 1967, S. 447.

944 Zu ihrer Bedeutung bei Vico *Vittorio Hösle*, Vico und die Idee der Kulturwissenschaft, Einleitung der Meiner-Ausgabe 1990, S. CCX, der in diesem Zusammenhang für plausibel hält, „im immer stärkeren Eingehen auf den Einzelfall eine durchgehende Entwicklungstendenz des römischen Rechts zu erblicken".

945 *Friedrich Kittler*, Eine Kulturgeschichte der Kulturwissenschaft, 2. Auflage 2001, S. 19, 29 und öfter, freilich ohne spezifisch rechtlichen Bezug.

durch rational hergeleitete romanistische Befunde. Stets ist ein Höchstmaß an Rationalität im Spiel, auch wenn dies mitunter verschattet wird durch die vor dem Hintergrund seiner prinzipiellen Methode unerlässlichen Spekulationen bezüglich gewisser kulturgeschichtlicher Übergänge aus unvordenklicher Zeit, die sich – entgegen seiner zuweilen selbstgewissen und etwas affirmativen Diktion – schlechterdings nicht beweisen, sondern lediglich mehr oder minder glaubhaft machen lassen.[946] Vor allem aber geht es Vico auch und gerade im Hinblick auf die Ermittlung der kulturgeschichtlichen Ursprünge des Rechts stets um den Zusammenhang zwischen dem Wahren und Gerechten.

Das wird deutlich, wenn man Vicos Quintessenz einiger der soeben wiedergegebenen Gedankengänge betrachtet, die nach alledem fast für sich spricht: „Kurzum: da der Mensch eigentlich nichts anderes ist als Geist, Körper und Sprache und die Sprache gleichsam in die Mitte gesetzt ist zwischen den Geist und den Körper, begann das Gewisse bezüglich des Gerechten in den stummen Zeiten beim Körper; später, als die sogenannten artikulierten Sprachen erfunden waren, ging es über auf die gewissen Ideen, das heißt Formeln in Worten; schließlich, als sich unsere menschliche Vernunft ganz entfaltet hatte, kam es ans Ziel im Wahren der Ideen bezüglich des Gerechten, die mittels Vernunft bestimmt werden nach den letzten tatsächlichen Umständen (951)."[947] [„*Insomma – non essendo altro l'uomo, propiamente, che mente, corpo e favella, e la favella essendo come posta in mezzo alla mente ed al corpo – il certo d'intorno al giusto cominciò ne' tempi muti dal corpo; dipoi, ritruovate le favelle che si dicon articolate, passò alle certe idee, ovvero formole di parole; finalmente, essendosi spiegata tutta la nostra umana ragione, andò a terminare nel vero dell'idee d'intorno al giusto, determinate con la ragione dall'ultime circostanze de' fatti*"] (1045).[948]

cc) Beständiges Recht vernünftiger Humanität als Ausweis der Rechtskultur

Auch hier gelingt es Vico unnachahmlich, von den vorgenannten romanistischen Einzelheiten, die scheinbar zusammenhanglos aneinandergereiht, in Wirklichkeit aber auf der Prinzipienebene zueinander in Beziehung gesetzt werden, zu buchstäblich elementaren Fragen zu finden, wie hier der Zusammensetzung des Menschen aus Körper, Geist und Sprache. Indem Vico nun auf der Suche nach dem Wahren, Gewissen und Gerechten die unterschiedlichen Entwicklungssta-

946 *Vittorio Hösle*, Kritik der verstehenden Vernunft, 2018, S. 113 Fußnote 100, spricht mit Recht von Vicos „genialen Spekulationen".
947 Übersetzung Vittorio Hösle und Christoph Jermann, Meiner-Ausgabe, 2009, S. 566 f.
948 *Giambattista Vico*, La scienza nuova, 1744, edizione a cura di Fausto Niccolini (Editori Laterza), 5. Auflage 1967, S. 497.

dien des Menschen – und das heißt für Vico immer auch: der Menschheit – nachvollzieht,[949] gelangt er schließlich im Hinblick auf das Gerechte zu einem Vernunftrecht,[950] allerdings auf einem Weg, der nur begriffen werden kann, wenn man seine spezifische Kulturgeschichte des Rechts nachvollzogen hat: „Was bisher erörtert wurde und alles, was diesbezüglich im weiteren zur Erörterung kommen wird, geht aus jenen Definitionen hervor, die wir oben, unter den Grundsätzen (321 ff.), über das Wahre und das Gewisse der Gesetze und der Verträge aufgestellt haben; und daß den barbarischen Zeiten das strenge, anhand der Worte beobachtete Recht, das im eigentlichen Sinne das ‚fas gentium' (Recht der Völker) ist, ebenso natürlich ist, wie den menschlichen Zeiten das milde Recht, das nach dem Prinzip des gleichen Vorteils der Rechtsfälle erwogen wird (951) und im eigentlichen Sinne ‚fas naturae' (Naturrecht) genannt werden muß, unwandelbares Recht der vernünftigen Humanität, die die wahre und eigentliche Natur des Menschen ist (927)."[951]

[*„Ciò che si è finor ragionato, e tutto ciò che ragionerassene appresso, esce da quelle diffinizioni che sopra, tralle ‚Degnità', abbiamo proposto d'intorno al vero ed al certo delle leggi e de' patti; e che così a' tempi barbari è naturale la ragion stretta osservata nelle parole, ch'è propiamente il ‚fas gentium', com'a' tempi umani lo è la ragione benigna, estimata da essa uguale utilità delle cause, che propiamente ‚fas naturae' dee dirsi, diritto immutabile dell'umanità ragionevole, ch'è la vera e propia natura dell'uomo"*] (973).[952] Dieses beständige Recht vernünftiger Humanität kann als maßgeblicher Ausweis der Rechtskultur begriffen werden.

3. Missverständnisse unterschiedlich vorgebildeter Personengruppen

Kehren wir vor diesem Hintergrund nochmals zu der weiter oben wiedergegebenen Überlegung Vicos zurück. Dort ging es ja zur Erinnerung darum, dass er

949 *Vittorio Hösle*, Vico und die Idee der Kulturwissenschaft, Einleitung der Meiner-Ausgabe 1990, S. CXLV, beschreibt Vicos zweistufiges Verfahren: „Er eruiert die Wertmaßstäbe einer Epoche, um ihre Taten zunächst an ihnen zu messen; in einem zweiten Schritt wirft er aber jene Maßstäbe auf die *überzeitliche Waage der Gerechtigkeit* und erkennt sie als zu leicht." Hervorhebung nur hier.

950 *Rainer Specht*, Über den juristischen Realismus Giambattista Vicos, Philosophisches Jahrbuch 63 (1955) 166, 167, 175: „Vico hatte die apriorische Grundlage des Rechts in der Vernunft gefunden (…); ferner hatte er die Notwendigkeit ihrer Verbindung mit der Gottesidee erkannt".

951 Übersetzung Vittorio Hösle und Christoph Jermann, Meiner-Ausgabe, 2009, S. 520 f.

952 *Giambattista Vico*, La scienza nuova, 1744, edizione a cura di Fausto Niccolini (Editori Laterza), 5. Auflage 1967, S. 456.

bestimmte wertgeladene Begriffe wie Volk, Königtum und Freiheit als zu unbestimmt auffasste, weil kaum je zwei Denker dasselbe darunter verstünden (105). Es gibt also für ihn einen geradezu unweigerlichen Dissens darüber, den er am Beispiel der unterschiedlichen mit den diesbezüglichen Regelungen über die Zeiten befassten Personengruppen veranschaulicht (1017).

a) Kritiker und Geschichtsschreiber

Zunächst sind dies noch eher allgemein und unbestimmt die ‚Kritiker' (105). Diese kann man zunächst als Opponenten begreifen, die sich generell gegen das Gesetz wenden, weil sie mit der gesamten Richtung nicht übereinstimmen. Darüber hinaus kann man sie jedoch auch in jenem Sinne verstehen, der gerade die Unterscheidung im Wortsinne betont. Denn undefinierte Begriffe erschweren die Unterscheidung bzw. machen sie im grundsätzlichen Sinne erst erforderlich und stehen daher vor besonderen Auslegungsschwierigkeiten, wie Vico in einer so kaum je beobachteten Verschränkung mit den entwicklungsgeschichtlichen Voraussetzungen eines evolutionären Rechtsdenkens erkannte: „Und die Gesetze müssen deshalb gemäß den Regierungen erlassen und, aus diesem Grunde, gemäß der Form der Regierungen ausgelegt werden (was keiner von allen Juristen und Interpreten getan zu haben scheint, indem sie denselben Irrtum begingen, den früher die Geschichtsschreiber der römischen Geschichte begangen hatten, die zwar die Gesetze aufzählen, die zu verschiedenen Zeiten in jener Republik in Kraft gesetzt worden waren, aber die Beziehungen nicht beachten, welche zwischen den Gesetzen und den Zuständen bestehen mußten, durch welche jene Republik sich entwickelte."[953]

[„*E ché le leggi perciò debbon essere ministrate in conformità de' governi e, per tal cagione, dalla forma de' governi si debbono interpetrare (lo che non sembra aver fatto niuno di tutti i giureconsulti ed interpetri, prendendo lo stesso errore ch'avevano innanzi preso gli storici delle cose romane, i quali narrano le leggi comandate in vari tempi in quella repubblica, ma non avvertono a' rapporti che dovevano le leggi aver con gli stati per gli quali quella repubblica procedé*"] (952).[954] Die zweitgenannte Gruppe der Geschichtsschreiber (105) ist aus Vicos Sicht daher ebenfalls deswegen von besonderer Bedeutung, weil sein Zugriff auf das Recht entwicklungsgeschichtlich ausgerichtet ist.[955] Es erinnert an das Erfordernis, die

---

953 Übersetzung Vittorio Hösle und Christoph Jermann, Meiner-Ausgabe, 2009, S. 507.

954 *Giambattista Vico*, La scienza nuova, 1744, edizione a cura di Fausto Niccolini (Editori Laterza), 5. Auflage 1967, S. 443.

955 *Isaiah Berlin*, Vico and Herder. Two Studies in the History of Ideas, 1976, S. 37 f., verallgemeinert prinzipiell zutreffend, auch wenn er mit seiner Annahme von Vicos genereller Ablehnung

Schlüsselbegriffe gesetzlicher Regelungen wenigstens auch aus dem Geist der Zeit zu verstehen, in der sie ursprünglich gefasst wurden. Der buchstäblich fundamentale Streit über einen juristischen Originalismus, der die Begriffe so versteht, wie der historische Gesetzgeber sie gemeint hat, erinnert noch heute an die Brisanz dieses Problems, das von Vico skizziert wird.[956]

b) Staatstheoretiker im Allgemeinen

Es ist nicht verwunderlich, dass der zuletzt wörtlich wiedergegebene Gedanke überleitet zu Jean Bodin, „gleichermaßen äußerst gelehrter Jurist wie Staatstheoretiker."[957] [„*egualmente eruditissimo giureconsulto e politico*"] (952).[958] Dass Vico nämlich neben den soeben angesprochenen Geschichtsschreibern auch die Staatstheoretiker als anfällig für Missverständnisse ansieht, verwundert nicht, weil sie seines Erachtens zumeist ein bestimmtes Staatsverständnis voraussetzen, das wenig mit Vicos entwicklungsgeschichtlichem Ansatz zu tun hat:[959] „Diese hier zitierte Stelle erklärt uns zwei andere bei demselben Homer, auf die die Staatstheoretiker irrtümlicherweise die Auffassung gründen, Homer habe die Monarchie gekannt."[960]

---

der Naturrechts-Theoretiker wohl etwas zu pauschal urteilt, zumindest dann, wenn man darin eine Ablehnung des Naturrechts ableitet: „Natural law theorists, social contract theorists, utilitarians, individualists, materialists and rationalists of various types, have, according to Vico, gone hopeless astray because they do not understand the systematically developing and altering succession of outlooks and motives, dictated by the changing needs of human nature, a nature which is a nascimento – a process; for him human nature, in the course of seeking to satisfy its needs, cannot help transforming itself, and so constantly generates new characteristics, new needs, new categories of thought and action. The leading theorists of the age – lawyers and philosophers – are blind to this because they do not understand the nature of history or society or the individul soul".

956 Dazu *Cass R. Sunstein*, Five Thesis on Originalism, Harvard Journal of Law and Public Policy 311 (1995) 311.

957 Übersetzung Vittorio Hösle und Christoph Jermann, Meiner-Ausgabe, 2009, S. 507.

958 *Giambattista Vico*, La scienza nuova, 1744, edizione a cura di Fausto Niccolini (Editori Laterza), 5. Auflage 1967, S. 443.

959 *Benedetto Croce*, Die Philosophie Giambattista Vicos (deutsche Übersetzung Erich Auerbach/Theodor Lücke), 1927, S. 87: „Künstliche Mischformen, wie einige Staatstheoretiker sie herbeisehnen, wären ein Unding; und wenn sich auch natürliche Mischformen oder solche, die einen Rest der früheren Formen bewahren, finden, so wird doch jede Form wegen ihrer Einheitlichkeit nach Kräften bemüht sein, sich all der Eigentümlichkeiten anderer Formen zu entledigen".

960 Übersetzung Vittorio Hösle und Christoph Jermann, Meiner-Ausgabe, 2009, S. 319.

[„*Il qual luogo qui riferito ne spiega due altri del medesimo Omero, ne' quali con errore i politici fondano ch'Omero avesse inteso la monarchia*"] (585).[961] Ideale gesellschaftsvertragliche Konstruktionen aber werden Vicos evolutionär ausgerichtetem Gesellschaftsverständnis schwerlich gerecht.[962] Daher erscheint es ihm nur folgerichtig, dass gerade Staatstheoretiker Bedeutungsinhalte voraussetzen, die nichts mit der konkreten historischen Wirklichkeit der jeweiligen Zeit gemein haben:[963] „Doch die Philologen, in Verwirrung gebracht durch all die Staatstheoretiker, welche sich vorstellten, Rom sei von Romulus in dem Zustand gegründet worden, in dem sich heute die Städte befinden, wußten nicht, daß die Plebejer der heroischen Städte während mehrerer Jahrhunderte als Fremde galten und also unter sich natürliche Ehen schlossen."[964] [„*Ma i gramatici, confusi da tutti i politici, ch'immaginarono Roma essere stata fondata da Romolo sullo stato nel quale ora stanno le città, non seppero che le plebi delle città eroiche per più secoli furono tenute per istraniere, e quindi contrassero matrimoni naturali tra loro*"] (987).[965]

---

961 *Giambattista Vico*, La scienza nuova, 1744, edizione a cura di Fausto Niccolini (Editori Laterza), 5. Auflage 1967, S. 262.

962 *Vittorio Hösle*, Eine kurze Geschichte der deutschen Philosophie, 2013, S. 194, bemerkt im Kapitel über Friedrich Nietzsche Aufschlussreiches zu Vico: „Nietzsche kannte leider Vico nicht, der die Evolution der Moral auffallend ähnlich wie er behandelt, doch diesen Zugang mit einer universalistischen Naturrechtslehre verknüpft, die mit ihm kompatibel ist." Nur mit dieser letztgenannten, aber sehr wichtigen Einschränkung zutreffend *Isaiah Berlin*, Vico and Herder. Two Studies in the History of Ideas, 1976, S. 39: „Vico's reply to this is contained in his criticism of the theories of Natural Law and of the social contract. Which is designed to show that to leave out history is to render the model of man too remote from reality to be of use".

963 *Tacitus*, Annales, 1, 6, 3: ‚eam esse imperandi conditionem, ut non aliter ratio constet quam si uni reddatur'. Vico zitiert wohl nicht von ungefähr im Umfeld dieser Stelle jenen auf die berühmten und von ihm ebenfalls angesprochenen (588) ‚arcana' hindeutenden Rat des Großneffens des Sallust an die Adresse der herrschsüchtigen Witwe des Augustus. Zu dieser Stelle beiläufig *Jens Petersen*, Recht bei Tacitus, 2019, S. 321. *Michael Stolleis*, Arcana imperii und Ratio status. Bemerkungen zur politischen Theorie des 17. Jahrhunderts, 1980, S. 16 f., zeichnet die geistesgeschichtliche Linie bis in die Neuzeit anschaulich nach. Gundlegend *Friedrich Klingner*, Tacitus über Augustus und Tiberius. Interpretationen zum Eingang der Annalen, Sitzungsberichte der Bayerischen Akademie der Wissenschaften, Philosophisch-historische Klasse, Jahrgang 1953, Heft 7 (in: Tacitus, Hg. Viktor Pöschl, 1969, S. 507).

964 Übersetzung Vittorio Hösle und Christoph Jermann, Meiner-Ausgabe, 2009, S. 529.

965 *Giambattista Vico*, La scienza nuova, 1744, edizione a cura di Fausto Niccolini (Editori Laterza), 5. Auflage 1967, S. 467.

c) Kritik an den Juristen

Auch hieran lässt sich ersehen, dass Vicos dynamisch-entwicklungsgeschichtlicher Ansatz wirklichkeitsnäher ist als alle statischen Betrachtungsweisen und dadurch auch rechts- und kultursoziologisch leistungsfähiger erscheint. Interessant ist schließlich der Umstand, dass Vico zuletzt auch die Juristen als Irrende darstellt.[966] Ihr Defizit besteht vielleicht am deutlichsten darin, dass sie für seine Begriffe kein hinlängliches Verständnis für die Idee der heroischen Republiken haben. Wenn man diese Kritik nämlich zu Vicos Vorstellung eines heroischen Rechts, das er einleitend dargestellt hat (20), ins Verhältnis setzt, dann läuft es zugleich auf den Vorwurf hinaus, dass die Juristen sich im Rahmen der Gesetzesauslegung zu wenig um die Erkenntnisse der Philologie kümmern, der sie mehr verdanken, als ihnen bewusst ist, wie er am Beispiel der Satire bemerkt: „Daher nannte man später ‚lex per satyram' ein Gesetz, das Abschnitte verschiedenen Inhalts umfaßte."[967]

[„*Donde poi se ne disse ‚lex per satyram' quella la quale conteneva diversi capi di cose*"] (910).[968] Beschäftigten sich die Juristen mit den anderen kulturellen Zeugnissen in ausreichendem Maße, indem sie Überlieferung und Erkenntnisse der Philologie berücksichtigten, so kämen sie nicht umhin, gerade in Regelungen aus unvordenklicher Zeit das Walten heroischer Vorstellungen zu erkennen, über das etwa die homerischen Epen Auskunft geben. Dann aber würden sie unweigerlich auch in scheinbar unverdächtigen Regelungen sublimierte Spuren gewaltgeprägten Rechtsdenkens erkennen können, deren Anwendung im Wege einer die historische Entwicklung berücksichtigenden Auslegung gemildert werden könnten.

d) Bedeutung Jean Bodins für Vico

Auch Jean Bodin gehört für Vico zu den irrenden Staatstheoretikern, weil ihm die Einsicht in die wahren Prinzipien verwehrt gewesen sei (552): „Aber Jean Bodin – wie sehr er auch dem gewöhnlichen allgemeinen Irrtum verfallen war, dem vorher alle anderen Staatstheoretiker verfallen waren, daß nämlich zunächst die Monarchien kamen, dann die Tyranneien, darauf die demokratischen Republiken und schließlich die Aristokratien (und hier sehe man, welche Verdrehungen der menschlichen Ideen vorgenommen werden können und tatsächlich vorgenom-

966 Siehe zum Ganzen auch *Jens Petersen*, Wilhelm von Humboldts Rechtsphilosophie, 3. Auflage 2015.
967 Übersetzung Vittorio Hösle und Christoph Jermann, Meiner-Ausgabe, 2009, S. 489.
968 *Giambattista Vico*, La scienza nuova, 1744, edizione a cura di Fausto Niccolini (Editori Laterza), 5. Auflage 1967, S. 415.

men werden, wenn die wahren Prinzipien fehlen!) – stützt, da er doch wahrnimmt, daß in der alten römischen Volksfreiheit, von der man geträumt hat, die Erscheinungen diejenigen einer aristokratischen Republik waren, sein System auf folgende Unterscheidung: daß in den alten Zeiten Rom der Staatsform nach demokratisch war, aber doch aristokratisch regiert wurde."[969]

[„*Ma Gian Bodino, quantunque entrato nel volgare comun errore, nel qual eran entrati innanzi tutti gli altri politici, che prima furono la monarchie, appresso le tirannidi, quindi le repubbliche popolari e alfine l'aristocrazie (e qui vedasi, ove mancano, i veri princìpi, che contorcimenti si possono fare, e fansi di fatto, d'umane idee!), pure, osservando nella sognata libertà popolare romana antica che gli effetti erano di repubblica aristocratica, puntella il suo sistema con quella distinzione: che ne' tempi antichi Roma era popolare di Stato, ma che aristocraticamente fussesi governata*"] (663).[970]

aa) Gesetzesstrenge in Abhängigkeit von der Herrschaftsform

Wenig einnehmend, weil von einer gewissen akademischen Überheblichkeit zeugend, ist allerdings Vicos angriffslustige Polemik gegen Bodin, nachdem er bereits selbstgewiss verkündet hatte, dass er dessen Gedanken vollständig entkräftet habe: „Doch gefällt es uns, ihn ad exuberantiam (zu allem Überfluß), noch von den Unmöglichkeiten und Absurditäten dieses seines Standpunkts her zu widerlegen."[971] [„*Ma ci piace, ad exuberantiam, sonfutarlo dagl'impossibili e dagli assurdi di cotal sua posizione*"] (1009).[972] Wie so oft, misslingt dann jedoch der Versuch, die angegriffene Argumentation von Grund auf ad absurdum zu führen, wie sich an der mäandernden Beweisführung zeigt, der die Schlagkraft fehlt (1010 – 1019).

---

969 Übersetzung Vittorio Hösle und Christoph Jermann, Meiner-Ausgabe, 2009, S. 377. *Benedetto Croce*, Die Philosophie Giambattista Vicos (deutsche Übersetzung Erich Auerbach/Theodor Lücke), 1927, S. 141, paraphrasiert: „In diesen Irrtum war Jean Bodin verfallen, gegen den Vico mit Vorliebe polemisiert. Doch Bodin, der scharfsinniger als die anderen politischen Schriftsteller war, verwickelte sich in Widersprüche; denn , obwohl er in den allgemeinen Irrtum verfallen war, bemerkte er dennoch in der vermeintlichen altrömischen Freiheit die Wirkungen des aristokratischen Staatswesens und stützte deshalb sein System dadurch, daß er zwischen Staat und Regierungsform einen Unterschied machte und behauptete, Rom sei in seiner ersten Zeit ein demokratischer Staat gewesen, doch aristokratisch regiert worden".

970 *Giambattista Vico*, La scienza nuova, 1744, edizione a cura di Fausto Niccolini (Editori Laterza), 5. Auflage 1967, S. 306.

971 Übersetzung Vittorio Hösle und Christoph Jermann, Meiner-Ausgabe, 2009, S. 546.

972 *Giambattista Vico*, La scienza nuova, 1744, edizione a cura di Fausto Niccolini (Editori Laterza), 5. Auflage 1967, S. 482.

Aus juristischer Sicht bezeichnend hierfür ist, dass Vicos Brillanz eher dort aufleuchtet, wo er beiläufig bemerkenswerte rechtstheoretische Einsichten zum Ausdruck bringt, wenn er etwa wie selbstverständlich zu bedenken gibt, dass „die Strenge der Gesetze (...) den aristokratischen Republiken zu eigen ist (wie die milden Gesetze den demokratischen Republiken, die gnädigen den legitimen Königreichen, die zügellosen den Tyrannen zu eigen sind (242 ff.)."[973] [„*al rigor delle leggi, propio delle repubbliche aristocratiche (come le benigne sono delle repubbliche popolari, le clementi de'regni leggitimi, le dissolute sotto i tiranni)*"] (1015).[974] Hier gelingen ihm zeitlos gültige Einsichten, wie sie sein im Hinblick auf die Rechtsphilosophie kongenialer Zeitgenosse Montesquieu im zweiten Buch seines Hauptwerks über die Arten der Gesetze unter den jeweiligen Regierungsformen entfaltet hat.[975] Beide gelangten auf denkbar unterschiedlicher methodischer Grundlage, aber mit übereinstimmendem Sinn für rechtssoziologische Überlegungen, zu mitunter überraschend ähnlichen Einsichten.[976]

bb) Philosophische Durchdringung der römischen Rechtsgeschichte

Vicos Argumentation ist dementsprechend eher geeignet – darin freilich liegt ihr Verdienst –, die eigenen Gedanken zu vertiefen, die es kraft ihrer Originalität nicht nötig gehabt hätten, sich so hochfahrend gegen diejenigen Bodins zu richten: „Wegen dieser Schwierigkeit, wie freie Menschen und Unfreie den Stoff der Republiken abgeben können aufgrund seines Standpunkts, wundert sich Bodin selbst darüber, daß sein Volk dasjenige der ‚Franken' (ital.: franchi; zugleich:

973 Übersetzung Vittorio Hösle und Christoph Jermann, Meiner-Ausgabe, 2009, S. 548. Wie aufschlussreich dies beispielsweise im Hinblick auf die Prämissen Machiavellis ist, kann hier nicht vertieft werden; vgl. nur *Jens Petersen*, Machiavellis Gesetzgebungslehre, 2020, § 2.

974 *Giambattista Vico*, La scienza nuova, 1744, edizione a cura di Fausto Niccolini (Editori Laterza), 5. Auflage 1967, S. 483 f.

975 *Charles-Louis de Secondat de Montesquieu*, Vom Geist der Gesetze, Band I (Übersetzung Ernst Forsthoff, 1951), S. 18 – 32.

976 *Peter Burke*, Vico. Philosoph, Historiker, Denker einer neuen Wissenschaft, 1990, S. 9: „Dem Recht galt Vicos Interesse in besonderem Maße. Er setzte sich zwar nicht persönlich für eine Rechtsreform ein, wies aber wie sein Zeitgenosse Montesquieu darauf hin, daß unterschiedliche Staats- und Gesellschaftssysteme auch verschiedene Rechtssysteme entstehen lassen". Schärfer noch sieht dies *Vittorio Hösle*, Recht und Geschichte bei Giambattista Vico, Gedenkschrift für Karl-Heinz Ilting, 1990, S. 389, 392: „Auch wenn Vicos Werk qualitativ alles weit hinter sich läßt, was vor ihm geleistet wurde, und, u. a. an Methodenbewußtsein, m. E. selbst Montesquieus Esprit des lois übertrifft, ist es doch wichtig, den soeben skizzierten juristischen Hintergrund im Auge zu behalten, wenn man Vicos Leistung historisch erklären will, wenn man also vermeiden möchte, daß gerade das Werk des Begründers der historischen Methode historisch so unerklärbar bleibt, wie es vielen erschienen ist".

Freie) genannt worden ist, von dem er anmerkt, sie seien in ihren ersten Jahren wie elendste Sklaven behandelt worden; denn von seinem Standpunkt konnte er nicht sehen, daß auf der Grundlage der vom Knoten des Poetelischen Gesetzes Befreiten (115, 658) die Völker sich vollendeten."[977] [*„Per tale difficultà di poter essere uomini liberi e servi materia delle repubbliche con la sua posizione, si maraviglia esso Bodino che la sua nazione sia stata detta di ‚franchi', i quali osserva essere stati ne' loro primi tempi trattati da vilissimi schiavi; perché, per la sua posizione, non poté vedere che sugli sciolti dal nodo della legge Petelia si compierono le nazioni*"] (1017).[978]

Wegen dieser Stelle war es geboten, das poetelische Gesetz weiter oben zu erwähnen (105). Denn erst dadurch enthüllt sich Vicos philosophische Durchdringung der römischen Rechtsgeschichte, weil er die Verwirklichung der Freiheit in ihren entscheidenden Stadien entwicklungsgeschichtlich nachzeichnet (1066).[979] Diese Meinungsverschiedenheit hat also zwar ideengeschichtlich gesehen gewiss paradigmatische Bedeutung, zumal da sie die Begründung und Prinzipien der Staatsformen betrifft.[980] Doch veranschaulicht sie über den engeren Sachzusammenhang hinaus wohl vor allem die unter Prinzipiengesichtspunkten beträchtliche Tiefe der Gedanken Vicos,[981] besonders im Hinblick auf die Anschauungen und sozialen Strukturen der ältesten und vergleichsweise primitiv verfassten Völker bis hin zu den höher entwickelten, vor allem den Römern.

---

977 Übersetzung Vittorio Hösle und Christoph Jermann, Meiner-Ausgabe, 2009, S. 549.

978 *Giambattista Vico*, La scienza nuova, 1744, edizione a cura di Fausto Niccolini (Editori Laterza), 5. Auflage 1967, S. 484

979 *Vittorio Hösle*, Vico und die Idee der Kulturwissenschaft, Einleitung der Meiner-Ausgabe 1990, S. LXVI, hat herausgearbeitet, dass Vico bereits in seiner frühen Schrift ‚De nostri temporis studiorum ratione' „die Rechtsentwicklung immer wieder mit sozialen Faktoren erklärt." Mit Recht schreibt er über das zweite Kapitel des V. Buches der SN, dem der oben im Text in der Klammer zitierte Gedanke entstammt, und „das das altrömische Recht mit dem mittelalterlichen Lehensrecht vergleicht: In ihm zeigt sich die Genese der SN aus der juristischen Fragestellung des DU (sc. Diritto universale) besonders deutlich." (S. XCVI).

980 Eingehend *Noberto Bobbio*, Vico e la teoria delle forme di governo, Bollettino del centro di Studi Vichiani 8 (1978) 5 ff.

981 *Isaiah Berlin*, Vico and Herder. Two Studies in the History of Ideas, 1976, S. 35 Fußnote 1: „Bodin and Bacon had both noted that fables and myths provided evidences of the beliefs and social structure of primitive peoples, but did not develop this insight with anything resembling the breadth and depth of Vico".

V. Wechselwirkungen hinsichtlich der Gesetzgebung

Gerade die zuletzt zitierte Stelle zeigt, dass Vico vor allem durch seine eminente Vertrautheit mit dem römischen Recht, hier in Gestalt des poetelischen Gesetzes (1065), mitunter weiter und kenntnisreicher als andere zurückblicken konnte (115). Dadurch war er imstande, geläufige Namen mit überragender Verkehrsgeltung auf mögliche rechtshistorische Ursprünge zurückzuverfolgen (1017). Zusammenfassend lässt sich zu diesen Gedanken sagen, dass Vicos Kritik von so fundamentaler Art ist und zugleich so viele verschiedene Wissenschaften betrifft,[982] dass es paradoxerweise kaum verwunderlich ist, wie vergleichsweise gering ihre Wirkung auf die Hauptströmungen der europäischen Rechts- und Geistesgeschichte war, weil nur wenige in der Lage gewesen sein dürften, seinen juristischen und kulturgeschichtlichen Einsichten überhaupt kritisch zu folgen.

1. Einordnung der Zwölftafelgesetzgebung

Zugleich beeindruckt, wie außerordentlich feinsinnig er die historischen und insbesondere römisch-rechtlichen Voraussetzungen der von ihm in Betracht gezogenen Gesetze nachzeichnet. Jedoch waren diese Analysen für die Romanisten wohl nicht zuletzt infolge ihres Zusammenwirken mit Vicos ganz eigentümlicher rechtstheoretischer Konzeption des heroischen Rechts zu wenig greifbar und zugleich zu prinzipiell, als dass sie wenigstens einen Nachhall in der Wissenschaft des römischen Rechts erfahren hätten. Daher ist es müßig, die einzelnen römisch-rechtlichen Ausführungen, um die es Vico zu tun ist, nachzuverfolgen, weil sie sich nicht als wirkungsmächtig genug herausgestellt haben, um beispielsweise die Provenienz des Zwölftafelgesetzes in einer wissenschaftlich fundierten Weise zu diskutieren: „So lebten die römischen Plebejer bis zur Auseinandersetzung um die Konnubien (110). Denn nachdem sie durch das zweite Agrargesetz, das ihnen die Adligen durch das Zwölftafelgesetz gewährten, das quiritische Eigentum an den Feldern davongetragen hatten, wie vor vielen Jahren in den Prinzipien des allgemeinen Rechts bewiesen worden ist (das ist eine der beiden Stellen, deretwegen es uns nicht reut, daß jenes Werk erschienen

982 *Friedrich Kittler*, Eine Kulturgeschichte der Kulturwissenschaft, 2. Auflage 2001, S. 27, stellt im Hinblick auf Vicos Skepsis gegenüber den Naturwissenschaften fest, dass „die Kulturgeschichte mit genau demselben Gründerpathos wie die modernen Naturwissenschaften entstanden ist, daß sie jedoch die Feindschaft, mit der Descartes vordem gegen die scholastische Philosophie anrannte, in eine Feindschaft gegen die exakten Wisenschaften selbst verkehrt hat".

ist),[983] und da gleichzeitig nach dem Recht der Völker die Fremden zu zivilem Eigentum (nicht) fähig waren und die Plebejer somit noch nicht Bürger waren, konnten sie, wenn sie starben, ihre Felder nicht ab intestato (ohne Testament) ihren Angehörigen hinterlassen."[984]

[„*Tali furon i plebei romani fin alla contesa de' connubi. Imperciocché essi – per la seconda agraria, accordata loro da' nobili con la legge delle XII Tavole, avendo riportato il dominio quiritario de' campi, come si è dimostrato da molti anni fa ne' Princìpi del Diritto universale" (il qual è uno de' due luoghi per gli quali non c' incresce d'esser uscita alla luce quell' opera), e per diritto delle genti (non) essendo gli stranieri capaci di dominio civile, e così i plebei non essendo ancor cittadini, – come ivan morendo, non potevano lasciare i campi, ab intestato' a' congionti, perché non avevano suità, agnazioni, gentilità, ch' erano dipendenze tutte delle nozze solenni*"] (598).[985] Für den vorliegenden Zusammenhang bedeutsamer ist die prinzipielle Verortung der rechtstheoretischen und rechtsgeschichtlichen Annahmen Vicos, der für die Auslegung bestimmter Regelwerke eben auch andere Kulturräume zum Maßstab nimmt.

Interessant ist vor diesem Hintergrund ein bestätigender Rückblick gegen Ende seines Werks, an dem er eine Stelle betont, die der soeben zitierten zumindest ähnelt: „Das ist einer der wichtigsten Punkte, weshalb wir in der ersten Auflage dieses Werkes sagten, daß, wenn man für die römische Jurisprudenz nicht diese Prinzipien annimmt, die römische Geschichte unglaubwürdiger ist als die

---

983 *Benedetto Croce*, Die Philosophie Giambattista Vicos (deutsche Übersetzung Erich Auerbach/Theodor Lücke), 1927, S. 172 f., verfolgt diese Entwicklung – ganz im Sinne von Vicos Zyklentheorie – im Hinblick auf den römischen Imperialismus weiter: „Und als die Römer ihre Eroberungen dann erweiterten und die ganze Welt im Siegeslauf durcheilten, bedienten sie sich jener vier Abstufungen, die sie schon auf die Plebejer in Rom angewandt hatten: aus den widerspenstigen Provinzen machten sie Klientelen, indem sie Kolonien hinschickten, den willfährigen Provinzen ließen sie das bonitarische Eigentum ihrer Felder, Italien billigten sie das quiritarische zu, und den um sie verdienten Munizipien oder Städten ließen sie die nämliche Art von Gleichberechtigung zuteil werden, die die Plebejer zuletzt erlangt hatten. Die Resultate der ersten Kämpfe, bei denen es sich, nach Vico, um das bonitarische Eigentum der Felder handelte (...), führten zum Tribunat, und infolge der Forderung der Plebejer nach dem quiritischen Eigentum zum Zwölftafelgesetz, das jene Errungenschaft der Plebejer bestätigte. Aber das Zwölftafelgesetz war zugleich die Eroberung des *geschriebenen Rechtes*, das Ende der Geheimhaltung, mit der die Patrizier die Gesetze umgaben, die sie ganz allein kannten, verstanden und auslegten und deshalb nach ihrem Gutdünken anwandten. Auf diese Veröffentlichung und Festlegung des geschriebenen Rechts können die Patrizier sich nicht gutwillig eingelassen haben (...)." Hervorhebung auch dort.

984 Übersetzung Vittorio Hösle und Christoph Jermann, Meiner-Ausgabe, 2009, S. 330.

985 *Giambattista Vico*, La scienza nuova, 1744, edizione a cura di Fausto Niccolini (Editori Laterza), 5. Auflage 1967, S. 270.

mythische der Griechen, wie sie uns bisher erzählt wurde."[986] [„*Ch'è una delle cose massime, onde dicevamo in quest'opera la prima volta stampata che, se non si dánno questi princìpi alla giurisprudenza romana, la romana storia è più incredibile della favolosa de' greci, quale finora ci è stata ella narrata*"] (986).[987] Auch diese Einbeziehung veranschaulicht, dass Vicos Begründung der Kulturwissenschaft mit seinen rechtstheoretischen und rechtsgeschichtlichen Erkenntnissen in einer Interdependenzbeziehung zueinandersteht, deren Zugrundelegung ihn weit über die rechtswissenschaftlichen Erkenntnisse seiner Zeit emporhebt, weil sie eben auch die Perspektive einer Rechtswissenschaft als Kulturwissenschaft ermöglicht.

2. Phasenverschobene Wechselbezüglichkeit von Gesetzen

Der römische Imperialismus brachte es mit sich, dass römisches Recht in die Provinzen Einzug hielt und sich so sein Anwendungsbereich erheblich vergrößerte, selbst wenn man in Betracht zieht, dass den unterworfenen Völkern ihre althergebrachten Gesetze in bestimmten Grenzen belassen wurden. Über diesen schlichten Befund hinaus zeichnet Vico eine langfristige Entwicklung nach, die belegt, dass sich über längere Zeiträume auch eine überraschende Befruchtung in die entgegengesetzte Richtung vollzog: „Daher kam das natürliche Recht der Völker, von den römischen Prätoren in den Provinzen gefördert, am Ende einer langen Zeit dazu, selbst den Römern zu Hause die Gesetze vorzugeben; denn das heroische Recht der Römer über die Provinzen fiel, weil die Monarchen alle Untertanen durch ihre Gesetze gleichgestellt wollen (1008). Und die römische Jurisprudenz, die in den heroischen Zeiten ganz auf das Zwölftafelgesetz ausgerichtet war und dann, seit den Zeiten Ciceros (wie er in einem Buch ‚De legibus' (Über die Gesetze) berichtet) begann, nach dem Edikt des römischen Prätors zu verfahren (952), beschäftigte sich endlich, von Kaiser Hadrian an, ausschließlich mit dem ‚Allgemein gültigen Edikt', das von Salvius Julianus fast ganz anhand von Provinzialedikten zusammengestellt und geordnet worden war (39)."[988]

[„*Onde il diritto natural delle nazioni, promosso da' pretori romani nelle provincie, venne, a capo di lunga età, a dar le leggi in casa d'essi romani; perché cadde il diritto eroico de' romani sulle provincie, perché i monarchi vogliono tutti i soggetti uguagliati con le lor leggi. E la giurisprudenza romana, la quale ne' tempi eroici*

986 Übersetzung Vittorio Hösle und Christoph Jermann, Meiner-Ausgabe, 2009, S. 528.

987 *Giambattista Vico*, La scienza nuova, 1744, edizione a cura di Fausto Niccolini (Editori Laterza), 5. Auflage 1967, S. 466.

988 Übersetzung Vittorio Hösle und Christoph Jermann, Meiner-Ausgabe, 2009, S. 554 f.

tutta si celebrò sulla legge delle XII Tavole, e poi, fin da' tempi di Cicerone (com'egli il riferisce in un libro ‚De legibus'), era incominciata a praticarsi sopra l'editto del romano pretore, finalmente, dall'imperador Adriano in poi, tutta s'occupò d'intorno all'Editto perpetuo, composto ed ordinato da Salvio Giuliano quasi tutto d'editti provinciali"] (1023).[989]

Das führt der Sache nach zu einer phasenverschobenen Wechselbezüglichkeit von Gesetzen unter Aufhebung der ursprünglichen Herrschaftsverhältnisse. Diese Wirkungsweise ist, soweit ersichtlich, rechtstheoretisch noch kaum behandelt worden, so dass man Vico hier das Verdienst zuschreiben kann, derartige unerwartete und gleichsam osmotische Einwirkungen der ursprünglich unterworfenen Rechtsordnung auf die früheren Beherrscher erkannt zu haben. Hieran zeigt sich, dass die Kulturgeschichte des Rechts, die er zu einem umfassenden rechtstheoretischen System ausgearbeitet hat, zu genuin neuen Einsichten führt, die nur auf der Grundlage einer Betrachtung erarbeitet werden konnten, die neben dem Gesetzesrecht im engeren Sinne auch dessen Evolution und Hinüberwirken in einen anderen Kulturkreis und Rückwirkung in den ursprünglichen berücksichtigt.[990]

---

989 *Giambattista Vico*, La scienza nuova, 1744, edizione a cura di Fausto Niccolini (Editori Laterza), 5. Auflage 1967, S. 489.

990 *Vittorio Hösle*, Vico und die Idee der Kulturwissenschaft, Einleitung der Meiner-Ausgabe 1990, S. IC, zeigt den Bezug der Kultur zur Jurisprudenz auf: „Die SN ist also philosophisch-theologisch begründete Theorie menschlicher Kultur. Entscheidende Bestandteile der Kultur sind für sie Legitimationssysteme und insbesondere das Recht".

§ 5 Wahrheit und Gewissheit des Rechts

Wir haben im bisherigen Verlauf der Untersuchung gesehen, dass das archaische Recht mit seinen Härten für die Menschen empfindlich in seinen Sanktionen wirkt und ihnen auf diese Weise einen spürbaren Grad an Gewissheit vermittelt.[991] Das entspricht nach Vico der conditio humana: „Die Menschen, die das Wahre über die Dinge nicht kennen, bemühen sich darum, sich an das Gewisse zu halten, damit, da sie schon den Verstand mit der Wissenschaft nicht befriedigen können, wenigstens der Wille sich auf das Bewußtsein stütze."[992] [„*Gli uomini che non sanno il vero delle cose proccurano d'attenersi al certo, perché, non potendo soddisfare l'intelletto con la scienza, almeno la volontà riposi sulla coscienza*"] (137).[993]

Doch stellt sich die Frage, ob das Recht dadurch auch einen Wahrheitsanspruch erheben kann. Die Wahrheit könnte sich vielmehr erst als Ergebnis eines langen Entwicklungsprozesses ergeben, der von zunehmender Rationalität und wachsender Einsicht in die Vernünftigkeit geprägt ist. Wenn man das eingangs der Untersuchung behandelte Prinzip des *verum et factum convertuntur* vordergründig auf die Gesetze anwendet, könnte man meinen, dass sie als Menschenwerk ohne weiteres wissenschaftlich wahrheitsfähig und erkennbar seien. In der Tat spricht das dafür, dass die Jurisprudenz aus Vicos Sicht schon deswegen eine Wissenschaft darstellt. Allerdings ist einschränkend zu bedenken, dass eine solche Erkenntnis der Gesetze, um dem Wissenschaftsanspruch der Jurisprudenz Genüge zu leisten, voraussetzt, dass diejenigen Menschen, welche die Gesetze geschaffen haben, typischerweise andere sind, als die, die sie später auslegen.[994]

Gleichwohl kommt es vor, dass die am Gesetzgebungsprozess Beteiligten die von ihnen mitgestalteten Kodifikationen, nachdem sie in Kraft getreten sind, in wissenschaftlichen Werken kommentieren, obwohl die kritische Distanz in solchen Fällen beschränkt zu sein scheint, wenngleich nicht notwendigerweise fehlt, sofern die Mitwirkung am Gesetzgebungsprozess nur unentgeltlich und nicht

---

991 *Benedetto Croce*, Die Philosophie Giambattista Vicos (deutsche Übersetzung Erich Auerbach/Theodor Lücke), 1927, S. 83 f.

992 Übersetzung Vittorio Hösle und Christoph Jermann, Meiner-Ausgabe, 2009, S. 92.

993 *Giambattista Vico*, La scienza nuova, 1744, edizione a cura di Fausto Niccolini (Editori Laterza), 5. Auflage 1967, S. 74.

994 *Vittorio Hösle*, Vico und die Idee der Kulturwissenschaft, Einleitung der Meiner-Ausgabe 1990, S. CVI, hat Entsprechendes für die Geschichtsphilosophie Vicos herausgearbeitet: „Die Menschen, die die Geschichte erkennen, sind nicht identisch, mit den Menschen, die sie machen – auch wenn eine Erkenntnis nur möglich ist, weil Erkennender wie Handelnder beide Menschen sind".

https://doi.org/10.1515/9783110718461-007

interessengeleitet ist.[995] Vicos verum-factum-Prinzip lädt somit auch die moderne Rechtswissenschaft ein, den Wissenschaftsanspruch der Jurisprudenz immer aufs Neue zu bedenken.[996]

I. Autorität und Härte des Rechts

Vico schließt von der Gewissheit vom Recht auf die Gesetze und gelangt dabei zu einer tiefsinnigen, aber vorderhand irrational anmutenden Sichtweise:[997] „Das Gewisse der Gesetze ist das, was der Vernunft dunkel bleibt und lediglich durch die Autorität gestützt wird; das macht, daß wir sie bei der Anwendung als hart erfahren."[998] [„*Il certo delle leggi è un'oscurezza della regione unicamente sostenuta dall'autorità, che le ci fa sperimentare dure nel praticarle*"] (321).[999] Bei näherem Hinsehen zeigt sich jedoch, dass Vico hier keiner gleichwie gearteten Irrationalität des Rechts Vorschub leistet, sondern vielmehr eine rational begründete Rechtstheorie vertritt, deren Prämissen freilich gerade aufgrund ihrer entwicklungsgeschichtlichen Herleitung verdeutlichen, dass das so begründete Recht eine besondere Kulturleistung darstellt.[1000]

---

995 Den grassierenden Lobbyismus in Gesetzgebungsverfahren geißelte bereits der Begründer der Volkswirtschaftslehre; vgl. *Jens Petersen*, Adam Smith als Rechtstheoretiker, 2. Auflage 2017.

996 Zu einem ähnlichen Versuch am Beispiel eines anderen – wie verschiedentlich gesehen: nicht ganz unähnlichen – Denkers *Jens Petersen*, Max Webers Rechtssoziologie und die juristische Methodenlehre, 3. Auflage 2020, S. 131 ff.

997 *Benedetto Croce*, Die Philosophie Giambattista Vicos (deutsche Übersetzung Erich Auerbach/Theodor Lücke), 1927, S. 206, betrachtet bereits die geistesgeschichtlichen Folgen Vicos: „Das Gewisse, das harte *Gewisse*, das Vico von dem Wahren des Rechts unterschied, blieb ein Gegenstand des Denkens von Thomasius bis zu Kant und Fichte und darüber hinaus bis zu den Modernsten, die das Kriterium für die Unterscheidung der beiden Formen zwar nicht fanden, aber doch suchten, und die alle oder fast alle ein lebhaftes Bewußtsein für das zeigten, was sie ‚Kraft' oder ‚Zwang' nannten und was in der alten, oberflächlichen und schönrednerischen moralischen Theorie so gut wie ganz in Vergessenheit geraten war." Hervorhebung auch dort.

998 Übersetzung Vittorio Hösle und Christoph Jermann, Meiner-Ausgabe, 2009, S. 139.

999 *Giambattista Vico*, La scienza nuova, 1744, edizione a cura di Fausto Niccolini (Editori Laterza), 5. Auflage 1967, S. 112.

1000 *Vittorio Hösle*, Vico und die Idee der Kulturwissenschaft, Einleitung der Meiner-Ausgabe 1990, S. XXXIV, formuliert das nur auf den ersten Blick paradox anmutende Prinzip, dessen Richtigkeit sich indes auch hier zeigt: „Vicos Größe und Originalität besteht gerade darin, *eine rationale Theorie der irrationalen Gründe menschlichen Kultur* entworfen zu haben." Hervorhebung auch dort.

Daher ruht die Tonstelle auf der Feststellung, dass das Fundament der Gesetze die Autorität ist, die aber gleichwohl der Vernunft unterliegt:[1001] „Es gibt noch recht viele und recht bedeutende andere Erscheinungen, besonders in der römischen Jurisprudenz, die ihre Ursachen nirgendwo sonst als in eben diesen Prinzipien finden. Und vor allem wegen jenes Grundsatzes (137): daß – weil die Menschen natürlicherweise danach streben, das Wahre zu erlangen, und, aufgrund dieses Bedürfnisses, dort, wo sie es nicht erlangen können, sich an das Gewisse halten, – deshalb die Manzipationen mit wirklicher Hand (...) begannen (404, 433), was heißen soll: mit ‚wirklicher Gewalt', weil ‚Gewalt' abstrakt, ‚Hand' konkret ist. Und die Hand bedeutete bei allen Völkern ‚Macht.'"[1002] [„*Vi sono altri ben molti e ben grandi effetti, particolarmente nella giurisprudenza romana, i quali non truovano le loro cagioni che 'n questi stessi princìpi. E sopra tutto per quella degnità: — che, perocché sono gli uomini naturalmente portati al conseguimento del vero, per lo cui affetto, ove non possono conseguirlo, s'attengono al certo, — quindi le mancipazioni cominciarono con vera mano, per dire con ‚vera forza', perché ‚forza' è astratto, ‚mano' è sensibile. E la mano appo tutte le nazioni significò ‚potestà'*"] (1027).[1003]

1. Vergleich mit anderen neuzeitlichen Denkern

Dieser Gedanke wiederum begegnet in ähnlicher Form bereits bei Montaigne. Bei ihm findet man, wie bereits weiter oben angedeutet, zuerst den Daseinsgrund und die Geltungskraft der Gesetze als mystische Grundlage ihrer Autorität beschrieben.[1004] Das ist ersichtlich nicht passgenau die Formulierung oder auch nur der Gedanke Vicos, auch wenn er sich mitunter etwas dunkel in diese Richtung

---

1001 *Rainer Specht*, Über den juristischen Realismus Giambattista Vicos, Philosophisches Jahrbuch 63 (1955) 166, 180, hat die konstruktive Begründung und den Akt des in Geltung Setzens im Verhältnis zur Gewissheit deutlich herausgearbeitet, indem er davon ausgeht, dass „das Naturrecht der Vernunft rein normativ ist und von sich aus keinen Einfluß auf tatsächliche Zustände gewinnen kann; vielmehr bedarf es eines Aktes, der ihm zur Existenz verhilft und es zum geltenden Recht macht, gleichsam einer Vorzeichenoperation, die es auf eine tiefere Ebene versetzt. Dieser actus existentialis ist die Setzung durch Autorität, welche die Quelle des certum ist".

1002 Übersetzung Vittorio Hösle und Christoph Jermann, Meiner-Ausgabe, 2009, S. 556.

1003 *Giambattista Vico*, La scienza nuova, 1744, edizione a cura di Fausto Niccolini (Editori Laterza), 5. Auflage 1967, S. 490.

1004 *Michel de Montaigne*, Les Essais, III 13, S. 1119 der Pléiade-Ausgabe; dazu *Jaques Derrida*, Force de loi. Le „fondement mystique de l'autorité", 1994 (deutsch: Gesetzeskraft. Der „mystische Grund der Autorität", 1991, S. 24f).; sehr skeptisch gegenüber Derridas Deutung *Jens Petersen*, Montaignes Erschließung der Grundlagen des Rechts, 2. Auflage 2019, S. 80 f.

auszudrücken scheint: „Weil also die Rechte Modi einer geistigen Substanz sind, deshalb sind sie unteilbar und folglich auch ewig, denn die Zerstörung ist nichts anderes als eine Trennung der Teile (698)."[1005]

[„*Perché, adunque, son i diritti modi di sostanza spirituale, perciò son individui, e quindi son anco eterni, perché la corrozione non è altro che divisione di parti*"] (1038).[1006] Jedoch ist der Zusammenhang zwischen einer der Vernunft nicht immer vollends zugänglichen und auf schiere Autorität gegründeten Gesetzesregelung mit ihrer Geltungskraft und Akzeptanz ein Gesichtspunkt, der auch nach Montaigne noch prägend wurde und wenige Jahre vor Vicos Geburt in Pascals nachgelassenen Gedanken aufscheint.[1007]

a) Vicos Bedenken gegenüber Hobbes

Neben den beiden Genannten denkt man unwillkürlich an das berühmte Wort von Thomas Hobbes: ‚auctoritas, non veritas facit, legem'. Doch auch diese Aussage trifft Vicos eigentümliche Begriffsbestimmung nicht hinlänglich, weil sich seines Erachtens eben ungeachtet der unzureichenden Erschließung der Wahrheitsgründe dennoch eine hinreichende Gewissheit in den Gesetzen abbildet, die aber noch nicht notwendigerweise einen Wahrheitsanspruch geltend machen kann, der vielmehr die Entfaltung der Vernuft durch das Walten der göttlichen Vorsehung im Laufe der Geschichte voraussetzt.[1008] Hobbes' Rechtsdenken ist ihm demgegenüber zu sehr auf gewaltsame Durchsetzung von Machtansprüchen

1005 Übersetzung Vittorio Hösle und Christoph Jermann, Meiner-Ausgabe, 2009, S. 562.

1006 *Giambattista Vico*, La scienza nuova, 1744, edizione a cura di Fausto Niccolini (Editori Laterza), 5. Auflage 1967, S. 495.

1007 *Blaise Pascal*, Pensées, 1669 posthume (Hg. Léon Brunschvicg, 1897), Fragment 294; auch dazu eingehend *Jacques Derrida*, Force de loi: Le „fondement mystique de l'autorité", 1994, zuerst veröffentlicht übrigens im Rahmen des Kolloquiums „Deconstruction and the Possibility of Justice", in: The Cardozo Law Review 11 (1990) 919. Siehe dazu auch *Jens Petersen*, Pascals Gedanken über Gerechtigkeit und Ordnung, 2016, S. 30 f.

1008 *Vittorio Hösle*, Vico und die Idee der Kulturwissenschaft, Einleitung der Meiner-Ausgabe 1990, S. CCVI, stellt diesen Gedanken Vicos besonders klar dar, der zugleich auf die eingangs dieses Abschnitts indirekt gestellte Frage überzeugend antwortet: „Die Unterschiede zwischen archaischem und modernem Recht faßt Vico mit den Kategorien des ‚certo' und ‚vero'. Gemeint ist damit, daß das alte Recht seine Geltung allein aus der positiven Autorität beziehe, die es setzt, während das moderne Recht durch die natürliche Vernunft legitimiert werde. Allerdings darf die bare Faktizität und Positivität des archaischen Rechts weder dahingehend mißverstanden werden, daß es bzw. die Entwicklung von ihm zum Vernunftrecht einer eigenen Logik entbehre, noch so, daß es von den archaischen Völkern als reiner Zwang empfunden werde".

ausgerichtet, wie dies Vico vordringlich für das heroische Recht einleuchtete (553).[1009]

So kann auch sein kritischer Blick auf Hobbes nicht verwundern, dessen unzureichende Berücksichtigung der Religion er für philosophisch verhängnisvoll hält: „Einen solchen Anfang der Dinge wußte bei seinen ‚Wilden und Gewalttätigen' Thomas Hobbes nicht zu sehen, denn er ging daran, die Prinzipien aufzufinden, indem er mit dem ‚Zufall' seines Epikur umherirrte; daher hat er – mit ebensoviel großherziger Anstrengung wie unglücklichem Ausgang – geglaubt, die griechische Philosophie durch jenen großen Teil zu ergänzen, der ihr sicher gefehlt hatte (...), nämlich den Menschen in der ganzen Gesellschaft des Menschengeschlechts zu betrachten. Und auch Hobbes wäre nicht auf diesen Gedanken gekommen, wenn ihm nicht die christliche Religion das Motiv dazu geliefert hätte, die freilich gegenüber dem ganzen Menschengeschlecht nicht nur die Gerechtigkeit, sondern sogar die Liebe gebietet. Und hier beginnt die Widerlegung jenes falschen Ausspruchs von Polybios, daß Religionen überflüssig wären, wenn die Welt von Philosophen bewohnt wäre; denn wenn es auf der Welt keine Staaten gäbe, die ohne Religionen nicht entstanden sein können, dann gäbe es auf der Welt auch keine Philosophen."[1010]

[*„Tal principio di cose, tra i suoi ‚fieri e violenti', non seppe vedere Tommaso Obbes, perché ne andò a truovar i princìpi errando col ‚caso' del suo Epicuro; onde, con quanto magnanimo sforzo, con altrettanto infelice evento, credette d'accrescere la greca filosofica di questa gran parte, della quale certamente aveva mancato (...), di considerar l'uomo in tutta la società del gener umano. Né Obbes l'arebbe altrimente pensato, se non gliene avesse dato il motivo la cristiana religione, la quale inverso tutto il gener umano, nonché la giustizia, comanda la carità. E quindi incomincia a confutarsi Polibio di quel falso suo detto: che, se fussero al mondo*

1009 *Friedrich Kittler*, Eine Kulturgeschichte der Kulturwissenschaft, 2. Auflage 2001, S. 39 f., erkennt den tieferen Grund, indem er Vicos Philosophie auf ihr wissenschaftliches Grundanliegen zurückführt und beide als Söhne ihrer jeweiligen Zeit begreift: „Die von Vico ausdrücklich versprochene ‚Geschichte der Sprachen, der Sitten und der Ereignisse, sowohl im Krieg wie im Frieden der Völker', privilegiert also Sprachen und Sitten gegenüber Ereignissen und Kriegen. Dazu paßt, dass Vico, schon als Kind des Westfälischen Friedens, außer seinem Intimfeind Descartes nur noch einen einzigen Philosophen mit ständiger Polemik oder Gewalt überzieht – Thomas Hobbes, der als Kind der europäischen Religionskriege die Notwendigkeit, ein Gewaltmonopol des Staates durchzusetzen, einst auf den Kampf aller gegen alle zurückgeführt hat. (...) Während der Mensch dagegen wie bei Vico durch die drei Institutionen Religion, Ehe und Bestattung von vornherein gebunden und pazifiert ist, kann auch die kulturgeschichtliche Entwicklung, obwohl sie natürlich heroische Kriege wie den Trojanischen einschließt, im Prinzip nur eine friedliche sein".

1010 Übersetzung Vittorio Hösle und Christoph Jermann, Meiner-Ausgabe, 2009, S. 103.

filosofi, non farebber uopo religioni; ché, se non fussero al mondo reppubliche, le quali non posson esser nate senza religioni, non sarebbero al mondo filosofi"] (179).[1011] Gerechtigkeit und Barmherzigkeit gehören für Vico also nicht nur untrennbar zusammen zur Religion (553), sondern bilden in gerade dieser Vereinigung die Voraussetzung für das staatliche Gemeinwesen und sogar die Philosophie selbst. Man kann die christliche caritas nicht hinwegdenken, ohne dass auch der Philosophie die Grundlage entzogen würde.[1012] Dieser Folgerung Vicos hätte wohl wiederum Pascal zugestimmt, wenn man an einen seiner bekanntesten Gedanken, nämlich die weiter unten noch zu behandelnde Lehre von den drei Ordnungen denkt.[1013]

b) Gemeinsamkeiten mit Montaigne

Etwas Weiteres erinnert erneut und in anderer Hinsicht an Pascals Vorläufer Montaigne, nämlich die rechtsgeschichts- und kulturvergleichende Betrachtungsweise Vicos, der über Ländergrenzen und Kontinente hinweg die Rechte aller Menschen und damit weit auseinanderliegender Völker in Betracht zieht (144), auch wenn es ihm – angesichts seiner eminenten Pionierarbeit freilich

1011 *Giambattista Vico*, La scienza nuova, 1744, edizione a cura di Fausto Niccolini (Editori Laterza), 5. Auflage 1967, S. 83.

1012 *Benedetto Croce*, Die Philosophie Giambattista Vicos (deutsche Übersetzung Erich Auerbach/Theodor Lücke), 1927, S. 67, macht darauf aufmerksam, dass Hobbes und Spinoza „die zwei bedeutendsten Vertreter der Naturrechtslehre im 17. Jahrhundert sind, die Vico stets vor Augen hat. (...) An Hobbes bewundert er vor allem die großartige Bestrebung, die Philosophie um eine Theorie bereichern zu wollen, die ihr in der Blütezeit Griechenlands noch fehlte, um die Theorie, die den Menschen innerhalb der ganzen Gesellschaft des menschlichen Geschlechts betrachtet. (...) Hobbes hatte nicht bemerkt, daß er sich sein Problem vom natürlichen Recht der Menschheit nicht einmal hätte stellen, wenn ihm nicht gerade die christliche Religion, die ja nicht nur Gerechtigkeit, sondern Liebe für das ganze Menschengeschlecht gebietet, das Motiv dazu geliefert hätte".

1013 *Blaise Pascal*, Pensées, 1669 posthume (Hg. Léon Brunschvicg, 1897), Fragment 793. *Jürgen Trabant*, Giambattista Vico – Poetische Charaktere, 2019, S. 25 f. Fußnote 17, macht auf einen geistesgeschichtlich interessanten Zusammenhang aufmerksam, der eine weitere Gemeinsamkeit mit Pascal zutage fördert: „Vico ist ein Denker von Trinitäten: Fast alle zentralen Denkstrukturen sind triadisch, wie etwa die Abfolge der drei Zeitalter. In welchem Maße die Trias Vicos Denk-Rhytmus ist, zeigt auch das Ziel seiner Philosophie, die dem cartesischen (und augustinischen) Dualismus von Körper und Geist die Trinität von Körper, Sprache und Geist gegenüberstellt." Zu einer entsprechenden Überlegung im Hinblick auf Pascal und Descartes *Jens Petersen*, Pascals Gedanken über Gerechtigkeit und Ordnung, 2016, S. 40 ff., wonach Pascals dritte Ordnung der christlichen Nächstenliebe die beiden anderen überwölbt, die ihrerseits lediglich die cartesische Zweiteilung von res extensa und res cogitans abbilden.

verständlicherweise – noch nicht mit letzter Klarheit gelingen konnte, Ausprägungen anderer Rechtsordnungen theoretisch so zu reflektieren, dass sie unter Umständen in die eigene Rechtstheorie einbezogen werden können:[1014] „Dieses heroische natürliche Recht ist bei den Amerikanern in derselben Form gefunden worden und ist in unserer Welt noch jetzt bei den Abessiniern in Afrika und bei den Moskowitern und Tartaren in Europa und in Asien in Geltung; doch wurde es von den Hebräern mit größerer Milde geübt, bei denen die Schuldner nicht mehr als sieben Jahre dienten."[1015]

[„*Il qual diritto natural eroico si è truovato lo stesso tra gli americani, e tuttavia dura nel mondo nostro tra gli abissini nell'Affrica e tra' moscoviti e tartari nell'Europa e nell'Asia; ma fu praticato con più mansuetudine tra gli ebrei, appo i quali i debitori non servivano più che sette anni*"] (658).[1016] Hier kommt eine transnationale, Kontinente und Zeiten überschreitende Sichtweise zum Ausdruck, die auch andere Kulturkreise berücksichtigt und deshalb Vicos Kulturgeschichte des Rechts veranschaulicht.

c) Denken in weiteren Rechtskreisen

Von daher beurteilt Vico das Recht nicht aus einer eingeschränkt eurozentrischen Perspektive, so unübersehbar er die griechisch-römische Rechtswelt favorisiert, aber sein Rechtsdenken gleichwohl jedenfalls nicht prinzipiell darauf beschränkt. Bemerkenswert ist auch, dass er in anderen Rechtskreisen, wenngleich nicht durchgehend, die Milde hervorhebt, die für sein Rechtsverständnis von besonderer Bedeutung ist, wie sich gleich noch zeigen wird: „Und die Väter müssen in den ersten Zeiten die Rechtsgewalt gehabt haben, ihre Söhne bis zu drei Malen wirklich zu verkaufen; später, als die Milde der menschlichen Zeiten Raum gewann, taten sie dies mit drei Scheinverkäufen, wenn sie ihre Söhne von der väterlichen Gewalt befreien wollten. Doch die Gallier und die Kelten bewahrten sich eine gleiche Rechtsgewalt über die Söhne und die Sklaven; und die Sitte, daß die Väter ihre Söhne wirklich verkauften, wurde in Westindien wiedergefunden, und wird in Europa von den Moskowitern und von den Tartaren bis zu vier Malen ausgeübt."[1017]

1014 *Vittorio Hösle*, Recht und Geschichte bei Giambattista Vico, Gedenkschrift für Karl-Heinz Ilting, 1990, S. 389, 416: „Für die Rechtsgeschichte heißt das, daß Vico das außerordentlich wichtige Phänomen der Rezeption fremden Rechts nicht in seine Theorie integrieren kann".

1015 Übersetzung Vittorio Hösle und Christoph Jermann, Meiner-Ausgabe, 2009, S. 374.

1016 *Giambattista Vico*, La scienza nuova, 1744, edizione a cura di Fausto Niccolini (Editori Laterza), 5. Auflage 1967, S. 303.

1017 Übersetzung Vittorio Hösle und Christoph Jermann, Meiner-Ausgabe, 2009, S. 316.

[„*E i padri, ne' primi tempi, dovettero avere la potestà di vendere veramente i figliuoli fin a tre volte; che poi, invigorendo la mansuetudine de' tempi umani, il fecero con tre vendite finte, quando volevano liberare i figliuoli dalla paterna potestà. Ma i galli e i celti si conservarono un'egual potestà sopra i figliuoli e gli schiavi; e 'l costume di vendere con verità e i padri i loro figliuoli fu ritruovato nell'Indie occidentali, e nell'Europa si pratica infin a quattro volte da' moscoviti e da' tartari*"] (582).[1018] Abgesehen davon, dass derartige rechts- und völkervergleichende Betrachtungen auch bei Montaigne auf Schritt und Tritt begegnen,[1019] kommt hier Vicos genuin eigener Gedanke übereinstimmender Verhaltensweisen unter den Völkern mit einem daraus folgenden Wahrheitsanspruch hinzu (144).

2. Entwicklungsgeschichtliche Gewährleistung der Rechtssicherheit

Denn diese Gewissheit konstituiert sich nach Vico vor allem durch die sprachlich exakt fixierte Eigenart der Worte, die man freilich nicht auf das beschränken darf, was sich aus ihnen explizit ergibt: „Menschen von beschränkten Ideen erachten für Recht, soviel mit Worten ausdrücklich erklärt worden ist."[1020] [„*Gli uomini di corte idee stimano diritto quanto si è spiegato con le parole*"] (319).[1021] Dieser tiefe Gedanke führt, wie es Vicos großräumigem Gedankengebäude entspricht, in weiter entfernte und mitunter entlegene Bereiche seines Werkes.

a) Rückgriff auf die heroische Jurisprudenz

Das gilt zunächst für die heroische Jurisprudenz, von der bereits verschiedentlich die Rede war. Denn ihre Art ist es ja gerade, dass sie sich, wie vor allem in den homerischen Epen am Beispiel des Odysseus beschrieben, so umsichtig und vorteilhaft ausdrückt, dass der Wortsinn gewahrt wird. Dabei können Doppeldeutigkeiten und List mitwirken, wie Vico unter Verweis auf Horaz wissen lässt.[1022] Auch kann der Inbegriff nachteiliger menschlicher Leidenschaften zu

---

1018 *Giambattista Vico*, La scienza nuova, 1744, edizione a cura di Fausto Niccolini (Editori Laterza), 5. Auflage 1967, S. 259 f.

1019 *Jens Petersen*, Montaignes Erschließung der Grundlagen des Rechts, 2. Auflage 2019, passim.

1020 Übersetzung Vittorio Hösle und Christoph Jermann, Meiner-Ausgabe, 2009, S. 139.

1021 *Giambattista Vico*, La scienza nuova, 1744, edizione a cura di Fausto Niccolini (Editori Laterza), 5. Auflage 1967, S. 112.

1022 *Horaz*, Ars poetica, 140–145, mit seinen Zitaten und Anspielungen auf Homer könnte hier gemeint sein, wenn man das hier im Text aus SN 809 Entnommene bedenkt. Man beachte aber

einer Lage führen, die „alles Recht der Gewalt zuspricht“[1023] [„*ch'arrogano tutta la ragione alla forza*“‘] (809).[1024]

aa) Listenreichtum zur Sicherung rechtlicher Vorteile

Vico war nur zu bewusst, dass jedes Aufflammen menschlicher Leidenschaften zur gewaltsamen Enthemmung und schlimmstenfalls zu der in seinem System denn auch vorausschauend vorausgesetzten Wiederkehr der Barbarei führen könnte (563/1046).[1025] Das zeigt sich besonders deutlich an einer späteren Stelle seines Werkes, an der er wieder einmal von der heroischen Jurisprudenz handelt und auf welche die weiter oben genannte anspielt (319). Dort geht er nicht von ungefähr vom Listenreichtum des Odysseus aus, um die Sicherung rechtlicher Vorteile anzusprechen, die auf einer höheren Kulturstufe durch die Beiziehung von Juristen erreicht werden konnte: „Die zweite war die heroische Jurisprudenz, sich mittels gewisser eigentümlicher Worte zu sichern, welches die Weisheit des Odysseus ist, der sich bei Homer stets so klug ausdrückt, daß er den erstrebten Vorteil erlangt, wobei immer der eigentliche Sinn seiner Worte bewahrt wird (809). Daher beruht der ganze Ruf der alten römischen Juristen auf jenem ihrem ‚cavere‘ (...), und ihr ‚de jure respondere‘ (...) war auch nichts anderes, als jene, die vor Gericht ihr Recht einer Probe zu unterziehen hatten, zu sichern, indem sie dem Prätor die Tatsachen als von solchen Umständen begleitet darlegten, daß die Klagformeln aufs Haar genau zutrafen und er sie ihnen nicht

---

auch das dem Wortsinne nach scheinbar indignierte, aber durch wohlwollende Ironie rhetorisch kunstvoll gemilderte ‚quandoque bonus dormitat Homerus‘ innerhalb der Ars poetica, 359. Vgl. auch *Benedikt Melters*, „Totus in illis“: Anmerkungen zur kompositorischen Kohärenz von Hor. sat. 1, 9, Rheinisches Museum für Philologie 154 (2011) 320.

1023 Übersetzung Vittorio Hösle und Christoph Jermann, Meiner-Ausgabe, 2009, S. 458.

1024 *Giambattista Vico*, La scienza nuova, 1744, edizione a cura di Fausto Niccolini (Editori Laterza), 5. Auflage 1967, S. 386.

1025 *Vittorio Hösle*, Globale Fliehkräfte. Eine geschichtsphilosophische Kartierung der Gegenwart, 2019, S. 125, versinnbildlicht in einer mitnichten apokalyptischen Weise am Beispiel dieses weitausgreifenden und trotz seiner vordergründigen Düsternis erhabenen Gedankens die Krise der gegenwärtigen weltpolitischen Lage, die jedoch, wie das Zitat zeigt und wohl gerade deswegen auch veranschaulichen soll, ungeachtet ihrer eminenten Herausforderungen mutatis mutandis nicht ausweglos sei, auch wenn man Vico bezüglich der konkreten Handlungsmöglichkeiten gewiss nicht wörtlich nehmen darf: „Im ‚Schluß des Werkes‘ (sc. der Scienza nuova) verwendet Vico den faszinierenden Terminus ‚Barbarei der Reflexion‘, um einen Zustand zu charakterisieren, in dem jeder nur an sich denkt, die Reflexion primär dazu benutzt wird, sich von der Geltung moralischer Normen zu dispensieren, und somit gegenseitiges Vertrauen nicht mehr möglich ist: die Errichtung einer Monokratie, die Unterwerfung durch weniger ‚zivilisierte‘ Völker, wie es im frühen Mittelalter erfolgte. Es lohnt sich, Vicos Übergang in letztere zu zitieren“.

bestreiten konnte (965). In gleicher Weise beruhte in den wiedergekehrten barbarischen Zeiten der ganze Ruf der Juristen darauf, Kautelen bei den Verträgen oder letztwilligen Verfügungen aufzufinden und Rechtsfragen und Klauseln formulieren zu wissen (966, 1072), was genau das ‚cavere' (...) und ‚de jure respondere' der römischen Juristen war."[1026]

[„*La seconda fu la giurisprudenza eroica, di cautelarsi con certe propie parole, qual è la sapienza di Ulisse, il quale, appo Omero, sempre parla sì accorto, che consiegua la propostasi utilità, serbata sempre la proprietà delle sue parole. Onde tutta la riputazione de' giureconsulti romani antichi consisteva in quel lor ‚cavere'; e quel loro ‚de iure respondere' pur altro non era che cautelar coloro, ch'avevano da sperimentar in giudizio la lor ragione, d'esporre al pretore i fatti così circostanziati, che le formole dell'azioni vi cadessero sopra a livello, talché il pretore non potesse loro niegarle. Così, a' tempi barbari ritornati, tutta la riputazion de' dottori era in truovar cautele d'intorno a' contratti o ultime volontà ed in saper formare domande di ragione ed articoli: ch'era appunto il ‚cavere' e ‚de iure respondere' de' romani giureconsulti*"] (939).[1027]

Vico führt diese Buchstaben- und Wortlautpedanterie auf die archaische Zeit der göttlichen Gerichte zurück, so dass wiederum eine religiöse Rückbindung mitschwingt, die ‚religio verborum' (965). An späterer Stelle präzisiert er, dass die genannten Kautelen so rigide gehandhabt wurden, dass die gesamte Beredsamkeit eines Cicero erforderlich war, um auch nur einen einzelnen fehlenden Buchstaben des Klagantrags vergessen zu machen (1001).[1028]

bb) Rechtssicherheit als kulturgeschichtlicher Fortschritt in der Geschichte des Rechts

Aber auch ein solcher Begründungsaufwand muss der Sinnhaftigkeit des zugrunde liegenden Prinzips nicht entgegenstehen. Dieser Zusammenhang macht besonders deutlich, warum man von einer Kulturgeschichte des Rechts bei Vico sprechen kann. Denn die für alle neuzeitlichen Rechtsordnungen, welche diesen Namen verdienen, überragend wichtige Rechtssicherheit erklärt er nicht erst aus den römisch-rechtlichen Ursprüngen, sondern verfolgt diese ihrerseits auf ein vergleichsweise ungesichertes Terrain in Gestalt der homerischen Epen zu-

1026 Übersetzung Vittorio Hösle und Christoph Jermann, Meiner-Ausgabe, 2009, S. 500 f.

1027 *Giambattista Vico*, La scienza nuova, 1744, edizione a cura di Fausto Niccolini (Editori Laterza), 5. Auflage 1967, S. 435 f.

1028 Vgl. auch *Vittorio Hösle*, Vico und die Idee der Kulturwissenschaft, Einleitung der Meiner-Ausgabe 1990, S. CCX, unter Verweis auf *Cicero*, De oratore I 180.

rück.[1029] Die wortlautmäßige Fixierung nämlich, die man ebenso klar bei den großen römischen Juristen studieren kann, wie es Vico aus der intimen Kenntnis des römischen Rechts berichtet, führt er über die von ihm an verschiedenen Stellen so genannte Philologie zurück auf einen Ursprung in der Dichtung, die er ihrerseits nur der Einfachheit halber Homer zuweist, während Vico in Wirklichkeit einen wenigstens jahrhundertelangen Überlieferungsprozess hinsichtlich der Entstehung dieser Epen am Werk sieht, die nicht erschöpfend mit der Person eines bestimmten Urhebers zu erklären sei.

Auf diese Weise gewinnt das traditionsmäßig überlieferte Gebaren einer Zentralgestalt dieser Epen eine philologische Bedeutung, die über die Dichtung in die Sphäre des Rechts hinausweist, in der sie etwas erklärt bw. auf den Ursprung zurückführt, das aus Vicos Sicht nicht erst mit den römischen Juristen begonnen haben kann, weil es anderweitige kulturgeschichtliche Wurzeln haben muss. So wird die von den genannten Formalkautelen bezweckte und sich nicht zuletzt dadurch allmählich entwickelnde Rechtssicherheit zu einem eminenten kulturgeschichtlichen Fortschritt in der Geschichte des Rechts. Dass diese kautelarjuristische Akzentuierung von Rechtsformeln in sprachlicher Hinsicht unästhetisch anmutet, ist durchaus bezeichnend für Vicos Kulturtheorie, weil das Voranschreiten in einem bestimmten kulturellen Bereich, hier also dem der Rechtsentwicklung, typischerweise mit einer Verkümmerung oder rückwärtigen Entwicklung in einem anderen Bereich einhergeht.[1030]

1029 *Benedetto Croce*, Die Philosophie Giambattista Vicos (deutsche Übersetzung Erich Auerbach/Theodor Lücke), 1927, S. 87, schildert die rechtlichen sowie die gesellschaftlichen Umstände kulturgeschichtlich und kontrastiert unter unausgesprochener Zugrundelegung der Zyklentheorie Vicos symmetrisch wirkungsvoll: „Dort wo die Reflexion gering ist und die Phantasie stark, sind auch die Leidenschaften stark, die Sitten gewalttätig, die Verfassungen autokratisch oder feudal, die Familien der strengen väterlichen Gewalt unterworfen, die Gesetze hart, die Verfahren bei den Rechtsgeschäften symbolisch, die Sprachen metaphorisch, die Schriften hieroglyphisch. Im Gegensatz hierzu verschwindet die Dichtung dort, wo die Reflexion vorherrscht, oder sie erfüllt sich mit Philosophie, die Sitten werden mild, die Leidenschaften mäßigen sich, die Völker setzen selbst Regierungen ein, die Familienmitglieder sind in erster Linie Staatsbürger, die Gesetze durchtränken sich mit Billigkeit, die Rechtsverfahren vereinfachen sich, die Sprachen verlieren ihren metaphorischen Charakter, die Schriften werden alphabetisch".

1030 *Vittorio Hösle*, Vico und die Idee der Kulturwissenschaft, Einleitung der Meiner-Ausgabe 1990, S. CXLVII, formuliert das allgemeine Gesetz: „Fortschritt im politisch-rechtlichen Bereich ist also mit Rückschritten im ästhetischen Bereich unlöslich verbunden".

b) Prinzip des strengen Rechts

Betrachtet man vor diesem Hintergrund nochmals die im Ausgangspunkt erörterte Stelle über die ausdrückliche Erklärung des Rechts (319), so erweist sich diese für sich betrachtet als nicht hinreichend für das Verständnis des vichianischen Systems.

aa) Nachvollziehbarkeit der Härte des Gesetzes

Vielmehr muss noch etwas hinzukommen, das die primitiven Vorstellungen übersteigt und die Härte des Gesetzes dadurch verständlich erscheinen lässt, dass es die oben genannte Rechtssicherheit vermittelt, wenn auch noch nicht in unserem heutigen Sinne eines umfassenden Vertrauensschutzes, sondern eher nach Art berechenbarer, harter Sanktionen und eines verlässlichen Strafvollzugs:[1031] „Dieser Grundsatz legt zusammen mit den beiden folgenden Definitionen das Prinzip des strengen Rechts fest (999 ff.), dessen Richtschnur die politische Billigkeit ist; bei seiner Gewissheit, das heißt bei der genau bestimmten Besonderheit seiner Worte, beruhigen sich natürlicherweise die Barbaren mit ihren besonderen Ideen und erachten das für das Recht, das man ihnen schulde. (...) ‚Das Gesetz ist hart, aber es ist gewiss'."[1032]

[„*Questa degnità, con le due seguenti diffizioni, costituiscono il principio della ragion stretta, della qual è regola l'equità civile, al cui certo, o sia alla determinata particolarità delle cui parole, i barbari, d'idee particolari, naturalmente s'acquetano, e tale stimano il diritto che lor si debba. (...) ‚lex dura est, sed certa est*'"] (322).[1033] Hier erst offenbart sich der tiefere Sinn des eingangs dieses Kapitels als dunkel Erscheinenden (321). Die strenge Geltung der Gesetze, die von

1031 *Michael Walter Hebeisen*, Recht und Staat als Objektivationen des Geistes in der Geschichte. Eine Grundlegung von Jurisprudenz und Staatslehre als Geisteswissenschaft, Teilband 3, 2004, S. 873, berücksichtigt innerhalb seiner Darstellung der italienischen Rechtsphilosophie auch den Gesichtspunkt der Rechtssicherheit bei Vico.

1032 Übersetzung Vittorio Hösle und Christoph Jermann, Meiner-Ausgabe, 2009, S. 140.

1033 *Giambattista Vico*, La scienza nuova, 1744, edizione a cura di Fausto Niccolini (Editori Laterza), 5. Auflage 1967, S. 112. *Benedetto Croce*, Die Philosophie Giambattista Vicos (deutsche Übersetzung Erich Auerbach/Theodor Lücke), 1927, S. 83 f., führt zu dem im Zitat genannten ‚certo' im Hinblick auf das Recht hellsichtig aus, dass „das Recht als etwas von der Moral Unterschiedenes seine eigentliche Heimstatt bei Vico im Begriff des *Certo* hat, des Gewissen: einem Wort, das er in mannigfachen Bedeutungen gebraucht. (...) Das Gewisse bedeutet, in seiner praktischen Auffassung, unter anderem einen Gegensatz zu dem Wahren des Willens und ist kurzum die Gewalt im Gegensatz zur Billigkeit und Gerechtigkeit, die Autorität im Gegensatz zur Vernunft, der reine Wille im Gegensatz zum moralischen Willen".

den Menschen als hart empfunden wird, aber gerade deswegen auch eine gewisse Sicherheit garantiert, trägt zur Wahrung der Gesetze bei (999).

bb) Aberglaube zur Implementierung von Rechtsnormen

Allerdings muss man noch einen weiteren Gedanken hinzunehmen, um den Bezug zur soeben dargestellten heroischen Jurisprudenz nachvollziehen zu können. Diese Überlegung mündet nämlich in das Prinzip der Aufrechterhaltung des Staates und des damit einhergehenden Gemeinwohls, das den ersten Völkern, wie erinnerlich, vernunftmäßig noch nicht einleuchtete, aber im Verlauf der Geschichte nicht zuletzt durch die Kunstfertigkeit der römischen Jurisprudenz vermittelbar wurde: „Denn aufgrund derselben natürlichen Ursachen, die den Heroismus der ersten Völker hervorbrachten (666 ff.), beachteten die alten Römer, welche die Heroen der Welt waren (160), natürlicherweise die politische Billigkeit, die von peinlichster Genauigkeit war bezüglich des Wortlauts der Gesetze; und indem sie sich abergläubisch an deren Worte hielten, brachten sie die Gesetze ohne Abweichung bei allen Sachverhalten zur Anwendung, auch wo sie sich als streng, hart, grausam erwiesen (aufgrund des oben dazu Gesagten (322)), wie heute die Staatsräson zu verfahren pflegt; und so unterwarf die politische Billigkeit natürlicherweise alles jenem Gesetz, das als König über sämtlichen anderen steht und das Cicero mit einer dem Inhalt angemessenen Würde in die Worte faßt: ‚Suprema lex populi salus esto' (Höchstes Gesetz sei das Wohl des Volkes)."[1034]

[„*Perché, per quelle stesse naturali cagioni che produssero l'eroismo de' primi popoli, gli antichi romani, che furono gli eroi del mondo, essi naturalmente guardavano la civil equità, la qual era scrupolosissima delle parole con le quali parlavan le leggi; e, con osservarne superstiziosamente le lor parole, facevano camminare le leggi diritto per tutti i fatti, anco dov'esse leggi riuscissero severe, dure, crudeli (per ciò che se n'è detto più sopra), com'oggi suol praticare la ragione di Stato; sì la civil equità naturalmente sottometteva tutto a quella legge, regina di tutte l'altre, conceputa da Cicerone con gravità eguale alla materia: ‚Suprema lex populi salus esto*'"] (950).[1035] Für das kulturgeschichtlich bedeutsame Verhältnis von Recht und Religion aufschlussreich ist der von Vico ins Feld geführte Aberglaube, der die strenge wortlautgetreue Rechtsanwendung und die damit einhergehende Härte des Gesetzes erklärt. Das ist auch rechtssoziologisch von Interesse, weil es

1034 Übersetzung Vittorio Hösle und Christoph Jermann, Meiner-Ausgabe, 2009, S. 505.

1035 *Giambattista Vico*, La scienza nuova, 1744, edizione a cura di Fausto Niccolini (Editori Laterza), 5. Auflage 1967, S. 441.

offenbar zu einer erleichterten Implementierung von Normen führte, die angesichts der gravierenden Rechtsfolgen sonst nicht ohne weiteres zu erwarten gewesen wäre.

3. Religionsrechtliches Fundament der Autorität

Entsprechend seiner Grundkonzeption mündet somit auch dieses entscheidende Desiderat des Rechts wiederum in den Bereich der Religion, die ja wörtlich Rückbindung ist:[1036] „Auf solche Wahrung wurde genau geachtet in den göttlichen Zeiten, so daß das Beachten der göttlichen Gesetze von daher ‚Religion' heißt, das fortdauerte durch alle nachfolgenden Regierungsformen, unter denen die göttlichen Gesetze mittels gewisser unveränderlicher Formeln von geweihten Worten und feierlichen Zeremonien beachtet werden (953): diese Wahrung der Gesetze ist den aristokratischen Republiken eigentümlich wie nichts anderes."[1037]

[„*Tal custodia scrupolosamente si osservò ne' tempi divini; talché l'osservanza delle leggi divini se ne chiama ‚religione', la quale si perpetuò per tutti i governi appresso, ne' quali le leggi divine si devon osservare con certe innalterabili formole di consagrate parole e di cerimonie solenni: la qual custodia delle leggi è tanto propia delle repubbliche aristocratiche che nulla più*"] (1000).[1038] Das Gebot der Wahrung der Gesetze wurde also ursprünglich von Priestern beachtet und war an den göttlichen Bereich gebunden (953).[1039] Die göttlichen Gesetze, die es zu wahren galt, setzten sich also durch alle mit der Zeit entstehenden und vergehenden Staatsformen, wie zunächst vor allem die Monarchien, später die Aristokratie aber auch die Republiken durch. Danach führt es entsprechend dem zyklischen Prinzip des *ricorso* wieder zur Monarchie zurück: „Schließlich kehrten

1036 *Carl Friedrich von Weizsäcker*, Zeit und Wissen, 1992, S. 447. Auch *Friedrich Kittler*, Eine Kulturgeschichte der Kulturwissenschaft, 2. Auflage 2001, S. 38, betont im Zusammenhang mit Vico bei der Behandlung der Religion, dass es „die Etymologie von religio schon sagt".

1037 Übersetzung Vittorio Hösle und Christoph Jermann, Meiner-Ausgabe, 2009, S. 538. *Vittorio Hösle*, Recht und Geschichte bei Giambattista Vico, Gedenkschrift für Karl-Heinz Ilting, 1990, S. 389, 397, zu dieser Fixierung auf bestimmte Formeln, die Vico bereits in seinem Frühwerk betont habe.

1038 *Giambattista Vico*, La scienza nuova, 1744, edizione a cura di Fausto Niccolini (Editori Laterza), 5. Auflage 1967, S. 473.

1039 Die Formulierung spielt bewusst an auf *Pierre Teilhard de Chardin*, Le Milieu Divin, 1957 (deutsch: Der göttliche Bereich, 1962), auch wenn es weniger die mystische Schau des Theologen ist, die ihn mit Vico verbindet, als vielmehr das anthropologische und evolutionär ausgerichtete Interesse; vgl. dazu *Thomas Berry*, The Historical Theory of Giambattista, Vico, 1949.

sie zum Einen zurück in den bürgerlichen Monarchien.“[1040] [„*Finalmente ritornarono all'uno nelle monarchie civili*“] (1026).[1041]

Von diesem Ausgangspunkt her versteht man besser, warum Vico weiter vorne sagen konnte, dass sich – scheinbar paradoxerweise – das Gewisse der Gesetze der Vernunft gerade nicht ohne weiteres erschließt, sondern obskur erscheint (321). Denn die Autorität, auf die die Gesetze sich stützen, rührt nach Vicos Konzept einer rationalen politischen Theologie von Gott her (2).[1042] Auch hier waltet letztlich die göttliche Vorsehung. Dass man dieses Gesetzesverständnis gleichwohl keineswegs für irrational halten darf, nur weil es sich der Vernunft zunächst nicht erschließt, wurde bereits angedeutet (322) und zeigt sich mit aller Deutlichkeit an folgender Stelle: „Das Wahre der Gesetze ist eine Art Licht und eine Art Glanz, mit dem die natürliche Vernunft uns erleuchtet.“[1043] [„*Il vero delle leggi è un certo lume e splendore di che ne illumina la ragion naturale*“] (324).[1044]

Vernunft und Wahrheit im Hinblick auf die Gesetze schließen einander also ungeachtet der theologischen Begründung Vicos nicht aus (325). Auch in dieser Hinsicht steht Vico wohl Pascal näher als Descartes.[1045] Doch darf man gerade Vicos zur cartesischen Philosophie ambivalentes Verhältnis nicht unzulässig vereinfachen.[1046] Es wäre zu einfach, diese beiden für die neuzeitliche Philoso-

1040 Übersetzung Vittorio Hösle und Christoph Jermann, Meiner-Ausgabe, 2009, S. 555.

1041 *Giambattista Vico*, La scienza nuova, 1744, edizione a cura di Fausto Niccolini (Editori Laterza), 5. Auflage 1967, S. 489.

1042 *Eugen Biser*, Die Entdeckung des Christentums. Der alte Glaube und das neue Jahrtausend, 2000, S. 271, 351; *ders.*, Der Mensch – das uneingelöste Versprechen, 1995, S. 127 f.; 269, zur Bedeutung Vicos für die neuzeitliche Theologie.

1043 Übersetzung Vittorio Hösle und Christoph Jermann, Meiner-Ausgabe, 2009, S. 140. *Benedetto Croce*, Die Philosophie Giambattista Vicos (deutsche Übersetzung Erich Auerbach/Theodor Lücke), 1927, S. 178, nimmt bereits das Ende dieser Entwicklung, die sich aus einer zunehmenden Rationalisierung der prozeduralen Abläufe und materiellrechtlichen Wertungen ergibt, in den Blick: „So endet das ‚Gewisse' der Gesetze, nachdem die menschliche Vernunft sich ganz entwickelt hat, in dem Wahren der Ideen, die von der Vernunft nach den jeweiligen Tatumständen bestimmt werden.“ Hervorhebungen auch dort.

1044 *Giambattista Vico*, La scienza nuova, 1744, edizione a cura di Fausto Niccolini (Editori Laterza), 5. Auflage 1967, S. 113. Grundlegend zu Descartes *Dominik Perler*, Repräsentation bei Descartes, 1996; *ders.*, René Descartes, 2. Auflage 2006.

1045 Näher dazu *Jens Petersen*, Pascals Gedanken über Gerechtigkeit und Ordnung, 2016, § 3.

1046 *Vittorio Hösle*, Vico und die Idee der Kulturwissenschaft, Einleitung der Meiner-Ausgabe 1990, S. XXXIX f., erklärt dies nicht nur biographisch weiterführend, sondern präzisiert die Hinsicht, in der sich die Unterschiede des cartesischen und vichianischen Denkens erweisen: „Denn so sehr Vicos Philosophie als ganze ein Versuch ist, auf der Basis des von Descartes gelegten Fundaments eine Descartes fremde Welt zu erschließen und *insofern* anticartesianisch genannt werden kann, so sehr die Descarteskritik am Anfang der Autobiographie diese als einen ‚Anti-Discours' ausweist, der, anders als das cartesische Werk, nicht in unhistorischer Weise von

phie prägenden Denker gegeneinander auszuspielen oder einen Primat des jeweiligen Wissenschaftsverständnisses zu postulieren.[1047]

II. Prinzip des milden Rechts

Für den vorliegenden Zusammenhang können die Einzelheiten der cartesischen Philosophie schon deswegen außer Betracht bleiben, weil ihr Erkenntnisinteresse nicht in erster Linie auf die Rechtsphilosophie und Rechtsgeschichte zugeschnitten ist. Vicos Augenmerk richtete sich aber nicht zuletzt auf die Philosophie der Rechtsgeschichte unter Berücksichtigung einer denkbar weit verstandenen Philologie. Von einem durchaus unterschiedlichen methodischen Ausgangspunkt geht er der Frage nach, was überhaupt für die Menschen Recht darstellt. Für deren Beantwortung betrachtet er einen verständigen Beobachter, der die Verteilungsgerechtigkeit im Blick hat (319): „Die intelligenten Menschen erachten all das für Recht, was bei den Rechtsfällen das Prinzip des gleichen Vorteils vorschreibt."[1048] [„*Gli uomini intelligenti stimano diritto tutto ciò che detta esse uguale utilità delle cause*"] (323).[1049]

methodischen Fiktionen ausgehen wolle, sondern anerkenne, daß der Mensch seine Bildung einer Tradition verdanke, aus der er sich weder befreien könne noch solle, so sehr entsprechen doch die Jahre der Isolation in Vatolla Descartes' niederländischen Jahren." Hervorhebung auch dort.

1047 *Jürgen Habermas*, Auch eine Geschichte der Philosophie, Band 2: Vernünftige Freiheit. Spuren des Diskurses über Glauben und Wissen, 2019, S. 385, vermeidet dies, indem er die Scienza Nuova vom cartesischen Denken umsichtig abgrenzt: „Der kühne anticartesische Entwurf zu einer ‚Neuen Wissenschaft' (...) bringt die Einsicht zur Geltung, dass die geschichtlichen Formationen von Gesellschaft und Kultur Gegenstandsbereiche sind, die von den Menschen selbst *nach deren eigenen Begriffen erzeugt* werden. Daher sollen Historiker nach dem Grundsatz *verum ipsum factum* – wir erkennen am besten das, was wir selbst hervorgebracht haben – verfahren und sogar eine privilegierte Stellung unter den Wissenschaften beanspruchen können." Hervorhebungen auch dort.

1048 Übersetzung Vittorio Hösle und Christoph Jermann, Meiner-Ausgabe, 2009, S. 140.

1049 *Giambattista Vico*, La scienza nuova, 1744, edizione a cura di Fausto Niccolini (Editori Laterza), 5. Auflage 1967, S. 112.

1. Utilitaristischer Zug des Rechtsverständnisses oder Absage an den Utilitarismus?

Insofern scheint dem Rechtsverständnis Vicos auf den ersten Blick eine gewisse utilitaristische Prägung zu eigen zu sein, die allerdings nicht vordergründig materialistisch missverstanden werden darf.[1050] Hierin besteht wohl auch das Missverständnis derer, die sein Gesellschaftsverständnis marxistisch begreifen wollen,[1051] wogegen im theologischen Schrifttum mit Recht argumentiert wird.[1052]

a) Natürliche Billigkeit und Chancengerechtigkeit

Die von Vico vorausgesetzte Gesellschaft ist nicht notwendigerweise durch eine mathematisch zu beurteilende materielle Gleichheit gekennzeichnet, weil er durchaus sieht, dass die Interessen und Verhaltensweisen durch den Abfall von der vollkommenen Gerechtigkeit nach dem Sündenfall prinzipiell gegenläufig sind, infolgedessen aber entsprechend ihrer ursprünglichen anthropologischen Neigung zur Geselligkeit um prinzipielle Gerechtigkeit bemüht sind (2). Der damit vorausgesetzte produktive Interessengegensatz innerhalb der Menschen und ihrer Gemeinschaft untereinander kann also, wenn man Vicos Verständnis auf moderne Kategorien anwendet durchaus im Sinne einer solidarischen Chancenge-

---

1050 *Frederick Vaughan*, The Political Philosophy of Giambattista Vico, 1972, hat jedoch genau in diese Richtung argumentiert und Vico einen untergründigen Materialismus attestiert, den er lediglich zur Umgehung der Zensur vorsichtshalber christlich verbrämt habe. Im Hinblick darauf treffend *Vittorio Hösle*, Vico und die Idee der Kulturwissenschaft, Einleitung der Meiner-Ausgabe 1990, S. LIII: „Platon hat es Vico ermöglicht, Katholik zu sein und sich zugleich Autoren wie Lukrez, Machiavelli, Hobbes und Spinoza produktiv anzueignen".

1051 *Isaiah Berlin*, Vico and Herder. Two Studies in the History of Ideas, 1976, S. 35, erhellt die ideengeschichtlichen Ursachen dieser Rezeptionslinie von Hegel zu Marx: „So begins the conception of the ‚phenomenology' of human experience and activity, of men's history and life as determined by their own, at first unconscious, then progressively more conscious, creative moulding, that is, mastery of nature both living and dead. In the forms given it by Hegel and Marx and their followers, this idea dominates the modern world. It is for this that Marx praised him. Of this view of men and history, for better and for worse, Vico is the pioneer".

1052 *Eugen Biser*, Der inwendige Lehrer. 1993, S. 52, präzisiert dies im Hinblick auf Vicos mondo civile: „Erst recht gilt diese Vorordnung heute, nachdem durch Marxismus und Neomarxismus die durch Vico herbeigeführte Wende vom kosmischen zum gesellschaftlichen Weltbegriff ‚festgeschrieben' wurde".

rechtigkeit bei prinzipieller Achtung der widerstreitender Rechte Anderer begriffen werden.[1053]

Dementsprechend steht Vicos Begriff des Rechts unter dem Vorbehalt der natürlichen Billigkeit als Ausprägung einer im ursprünglichen philosophischen Sinne verstandenen Weisheit: „Die natürliche Billigkeit der voll entfalteten menschlichen Vernunft (924) ist eine Anwendung der Weisheit auf die Angelegenheiten des Nutzens, denn ‚Weisheit' ist in ihrem weitesten Umfang nichts als eine Wissenschaft, die Dinge so zu gebrauchen, wie es in ihrer Natur liegt (364, 706)."[1054] [*„L'equità naturale della ragion umana tutta spiegata è una pratica della sapienza nelle faccende dell'utilità, poiché ‚sapienza', nell'ampiezza sua, altro non è che scienza di far uso delle cose qual esse hanno in natura*"] (326).[1055]

Dass der von Vico vorausgesetzte gleiche Vorteil eben nicht der größtmögliche eines jeden einzelnen ist, entspricht dem von ihm statuierten Prinzip des milden Rechts:[1056] „Dieser Grundsatz legt (...) das Prinzip des milden Rechts fest (940), das nach der natürlichen Billigkeit geregelt ist, wie sie der Natur der zivilisierten Völker entspricht."[1057] [*„Questa degnità con l'altre due seguenti diffinizioni costituiscono il principio della ragion benigna, regolata dall'equità naturale, la qual è connaturale alle nazioni ingentilite*"] (327).[1058]

1053 Zu den rechtsphilosophischen Grundlagen anderer Konzepte *Stefan Arnold*, Vertrag und Verteilung. Die Bedeutung der iustitia distributiva, 2014, S. 7 ff.; *Jens Petersen*, Freiheit unter dem Gesetz. Friedrich August von Hayeks Rechtsdenken, 2014.

1054 Übersetzung Vittorio Hösle und Christoph Jermann, Meiner-Ausgabe, 2009, S. 141.

1055 *Giambattista Vico*, La scienza nuova, 1744, edizione a cura di Fausto Niccolini (Editori Laterza), 5. Auflage 1967, S. 113.

1056 *Benedetto Croce*, Die Philosophie Giambattista Vicos (deutsche Übersetzung Erich Auerbach/Theodor Lücke), 1927, S. 100 f., erkennt mit Recht, dass Vico nur scheinbar gelegentlich utilitaristisch argumentiert: „Doch könnte man schon aus einigen dieser Worte Vicos entnehmen, daß er manchmal zu der Auffassung neigte, die Menschen seien sich wohl der utilitaristischen Ziele bewußt, nicht aber jener moralischen. Dies würde logischerweise dazu führen, das gesellschaftliche Leben aus rein utilitaristischen Prinzipien zu erklären, und die Moral als etwas in bezug auf den menschlichen Willen Zufälliges, das deshalb nicht wahrhaft moralisch sei. (...) Doch der Utilitarismus verträgt sich (...) durchaus nicht mit Vicos auf das moralische Bewußtsein (...) gegründete Auffassung von der Ethik." Bei aller gebotenen Vorsicht vor übertrieben zeitgemäßen Interpretationen kann man darin womöglich einen vorwegnehmenden Anklang an das Verständnis einer als Fairness begriffenen Gerechtigkeit verstehen, die *John Rawls*, A Theory of Justice, 1971, gegen einen überzogen egoistischen Utilitarismus geltend gemacht hat.

1057 Übersetzung Vittorio Hösle und Christoph Jermann, Meiner-Ausgabe, 2009, S. 141.

1058 *Giambattista Vico*, La scienza nuova, 1744, edizione a cura di Fausto Niccolini (Editori Laterza), 5. Auflage 1967, S. 113.

b) Naturrechtliche Prägung und Absage an den Utilitarismus

Unter diesen beiden Vorbehalten, nämlich dem der Weisheit und dem des Prinzips des milden Rechts verblasst die utilitaristische Färbung so sehr, dass davon keine Trübung des Rechtsbegriffs mehr ausgehen kann. Man wird im Gegenteil sogar so weit gehen müssen, Vicos Rechtsverständnis als Absage an jeglichen Utilitarismus anzusehen.[1059] Das bestätigt sich an späterer Stelle, zu der Vico bemerkt, dass unter Kaiser Konstantin, die ursprünglich rigiden und formalistischen, wenngleich mitunter abgekürzt aufgezeichneten Klagformeln (945), an denen im Übrigen nicht ein Jota geändert werden durfte, zur Gänze derogierte, um der natürlichen Billigkeit vor dem starren Gesetzesrecht Raum zu verschaffen: „Schließlich kam es so weit, als Konstantin die Formeln gänzlich abschaffte, daß jedes besondere Motiv der Billigkeit die Gesetze außer Kraft setzte: so sehr ist unter den menschlichen Regierungen der menschliche Geist geneigt, die natürliche Billigkeit anzuerkennen."[1060]

[„*Finalmente si giunse a tanto, poi che Constantino cancellò affatto le formole, ch'ogni motivo particolar d'equità fa mancare le leggi: tanto sotto i governi umani le umane menti sono docili a riconoscere l'equità naturale*"] (1001).[1061] An dieser Stelle wird ersichtlich der bereits aus dem ursprünglichen römischen Recht geläufige Formalismus, von dem oben bereits mehrfach die Rede war, im weiteren Verlauf der Geschichte nachverfolgt. Wichtiger ist für den vorliegenden Zusammenhang indes die abschließende Bemerkung, anhand derer man beiläufig erkennt, dass Vicos Rechtsdenken eine unausgesprochen naturrechtliche Prägung aufweist.

2. Übereinstimmung mit der dritten Art der Jurisprudenz

Das entspricht jener eingangs dargestellten dritten Art der Jurisprudenz, die Vico weiter unten ausführt und die den Bezug zu den Staatsformen sowie den Geboten

---

1059 *Rainer Specht*, Über den juristischen Realismus Giambattista Vicos, Philosophisches Jahrbuch 63 (1955) 166, 171, legt sich zu Recht fest: „Es war Vicos Absicht, mit seiner Rechtsphilosophie den Utilitarismus als begründendes Prinzip des Rechts zu überwinden." Weiter unten erklärt er die Verbindungslinie zu einem aufgeklärten Vernunftrecht (S. 175): „Nun ergibt sich leicht Vicos Argumentation gegen den Rechtsrelativismus seiner utilitaristischen Gegner. Wer wollte leugnen, konzediert Vico, daß der Nutzen etwas mit dem Recht zu tun hat? – Aber andererseits kann er nicht die Mutter des Rechtes sein, denn er gehört dem Raum des cogitare an; das Naturrecht aber ist eine ideale Gegebenheit und gehört in den Raum des intellegere".

1060 Übersetzung Vittorio Hösle und Christoph Jermann, Meiner-Ausgabe, 2009, S. 539.

1061 *Giambattista Vico*, La scienza nuova, 1744, edizione a cura di Fausto Niccolini (Editori Laterza), 5. Auflage 1967, S. 474.

der gleichen Entscheidung gleichgelagerter Fälle enthält (951):[1062] „Die dritte ist die menschliche Jurisprudenz, welche auf die Wahrheit der Tatsachen selbst sieht und milde die Forderungen der Gesetze all dem anpaßt, was die Gleichheit der Rechtsfälle verlangt (327, 951, 1045); eine solche Jurisprudenz wird in den freien demokratischen Republiken und noch viel mehr in den Monarchien geübt, welche beide menschliche Regierungsformen sind (927)."[1063] [*„La terza è la giurisprudenza umana, che guarda la verità d'essi fatti e piega benignamente la ragion delle leggi a tutto ciò che richiede l'ugualità delle cause; la qual giurisprudenza si celebra nelle repubbliche libere popolari, e molto più sotto le monarchie, ch'entrambe sono governi umani*"] (940).[1064]

Betonung verdient die das Prinzip des evolutionären Rechtsdenkens hervorhebende behutsame und milde Anpassung der Forderungen der Gesetze an die Anforderungen der Gleichheit und Gerechtigkeit.[1065] Auch hier hängen also Gerechtigkeit und Wahrheit eng miteinander zusammen.[1066] Dabei ist das Adverb ‚benignamente' nochmals hervorzuheben, weil es eben auch als ‚gütig' und ‚wohlwollend' verstanden werden kann, womit es zu Vicos gesamtem Rechtsdenken passt.[1067] Was die Monarchie betrifft, so wird von der Verwirklichung der Gleichheit unter dieser Regierungsform sogleich noch die Rede sein.

1062 *Vittorio Hösle*, Vico und die Idee der Kulturwissenschaft, Einleitung der Meiner-Ausgabe 1990, S. CCXII ff., zu Vicos Staatsformenlehre. Bezogen auf die Lehre der drei Ordnungen von *Blaise Pascal*, Pensées, 1669 posthume (Hg. Léon Brunschvicg, 1897), Fragment 794, wäre dies wohl in der zweiten Ordnung angesiedelt; dazu *Jens Petersen*, Pascals Gedanken über Gerechtigkeit und Ordnung, 2016, § 2.

1063 Übersetzung Vittorio Hösle und Christoph Jermann, Meiner-Ausgabe, 2009, S. 501.

1064 *Giambattista Vico*, La scienza nuova, 1744, edizione a cura di Fausto Niccolini (Editori Laterza), 5. Auflage 1967, S. 436.

1065 *Benedetto Croce*, Die Philosophie Giambattista Vicos (deutsche Übersetzung Erich Auerbach/Theodor Lücke), 1927, S. 167, verdeutlicht unausgesprochen, aber mit einer für Vico wichtigen gesetzlichen Anspielung, warum das römische Recht diesem evolutionären Moral- und Rechtsdenken vergleichsweise näherstand als das griechische: „Doch anders als die Griechen gingen die Römer, deren Sitten sich gleichmäßig und allmählich entwickelten, nicht rasch und jäh von der Barbarei zur Verfeinerung über, und darum verloren sie ihre Göttergeschichte (...) völlig aus den Augen; sie bewahrten somit nur in volkstümlicher Sprache die heroische Geschichte, die sich von Romulus bis zu der *lex Publilia* und der *lex Petelia* erstreckt." Hervorhebungen auch dort.

1066 *Rainer Specht*, Über den juristischen Realismus Giambattista Vicos, Philosophisches Jahrbuch 63 (1955) 166, 177, dürfte das im Ergebnis ähnlich sehen, wenn man bedenkt, dass seine Berufung auf die religiöse Komponente aus Vicos Sicht nichts anderes ist, als die hier vorausgesetzte Wahrheit: „Für Vico als Rechtsphilosophen ist die Verwirklichung der Gerechtigkeit das höchste Gut. Sie wird erreicht durch den von Gott unterstützten Kampf der vis veritatis".

1067 Auch wenn Nietzsche Vico offensichtlich nicht kannte (*Vittorio Hösle*, Eine kurze Geschichte der deutschen Philosophie, 2013, S. 194), scheint man hier wohl ansatzweise eine be-

a) Prinzipienfestigkeit der römischen Juristen

Zuvor jedoch muss man sich den zuletzt angesprochenen Gesichtspunkt des evolutionären Rechtsdenkens mit seinem Postulat der allmählichen Anpassung der Gesetze nochmals vergegenwärtigen, und zwar vor dem Hintergrund eines Gedankens, der die behutsame Gesetzesanwendung und Auslegung der römischen Juristen bewundert: „Doch ist hier die römische Würde und Weisheit zu bewundern, daß, in all diesem Wandel der Zustände, die Prätoren und Juristen mit all ihrer Macht dahin wirkten, daß so wenig und in so langsamen Schritten wie möglich die Worte des Zwölftafelgesetzes sich von ihrem ursprünglichen Sinn entfernten. Daher wuchs und dauerte das römische Reich vielleicht hauptsächlich aus dem Grunde so sehr, weil es, bei allem Wandel seiner Zustände, mit aller Kraft dafür sorgte, fest auf seinen Prinzipien zu ruhen, welche dieselben waren wie jene dieser Welt der Völker; es stimmen ja alle Staatstheoretiker darin überein, daß es keinen besseren Weg gibt, die Staaten zu erhalten und zu vergrößern. So ist jene Ursache, die bei den Römern die weiseste Jurisprudenz der Welt hervorbrachte (...) auch die, welche ihnen das größte Reich der Welt verschaffte.“[1068]

[„*Però qui è da ammirare la romana gravità e sapienza: che, in queste vicende di stati, i pretori e i giureconsulti si studiarono a tutto loro potere che di quanto meno e con tardi passi s'impropiassero le parole della legge delle XII Tavole. Onde forse per cotal cagione principalmente l'imperio romano cotanto s'ingrandì e durò: perché, nelle sue vicende di stato, proccurò a tutto potere di star fermo sopra i suoi princìpi, che furono gli stessi che quelli di questo mondo di nazioni; come tutti i politici vi convengono che non vi sia miglior consiglio di durar e d'ingrandire gli Stati. Così la cagione, che produsse a' romani la più saggia giurisprudenza del mondo*“] (1003).[1069] Es ist also mit einem Wort die Prinzipienfestigkeit der Römer gewesen, welche die Ausdehnung des römischen Reichs begünstigte, aber auch ihr

merkenswerte Ähnlichkeit zu jenem Verständnis von Gerechtigkeit und Wahrheit ausmachen zu können, das *Friedrich Nietzsche*, Menschliches, Allzumenschliches, II 635 f., zugrunde gelegt hat (eingehend dazu *Jens Petersen*, Nietzsches Genialität der Gerechtigkeit, 3. Auflage 2020, § 1); doch darf man die religiöse Fundierung bei Vico im Unterschied zu Nietzsche nicht übersehen. Näher im Hinblick auf die Einbeziehung der Geschichte und wichtig in Bezug auf die Vereinbarkeit der Lehre Vicos mit einer universalistischen Ethik *Vittorio Hösle*, Can A Plausible Story Be Told of the History of Ethics?, An alternative to MacIntyre's After Virtue, in: Dimensions of Goodness (Hg. Ders.), 2013, S. 113, 139: „Some of Nietzsche's Insights are not original (many of the factual claims of ‚On the Genealogy of Morals' are reminiscent of Vico's ‚New Science', except that Vico was able to integrate them into a teleological account of history culminating in an universalistic ethics)“.

1068 Übersetzung Vittorio Hösle und Christoph Jermann, Meiner-Ausgabe, 2009, S. 540 f.

1069 *Giambattista Vico*, La scienza nuova, 1744, edizione a cura di Fausto Niccolini (Editori Laterza), 5. Auflage 1967, S. 475.

Rechtsdenken zur Blüte führte, so dass in der Zusammenschau eine gewisse Wechselwirkung dieser Faktoren die Herrschaft der Römer stabilisierte.

b) Zeit und Epoche der römischen Jurisprudenz

Vicos kulturgeschichtliches Verdienst besteht, wie verschiedentlich gesehen, nicht zuletzt darin, dass er nicht erst dort ansetzt, wo die Geschichte gründlich dokumentiert ist und die Quellen hinlänglich aussagekräftig sind, sondern bereits in zwei vorausgehenden zeitlichen Epochen (975), deren erste die der ‚religiösen Zeiten unter göttlichen Regierungen' ist (976), während die zweite während der Zeit der wiedergekehrten Barbarei durch den übersteigerten Ehrgeiz geprägt war, der sich in Zweikämpfen Bahn brach (977).

Die dritte ist für den vorliegenden Zusammenhang die interessanteste, weil sie in den Zeiten des natürlichen Rechts seit Anbeginn der römischen Republik angesiedelt ist: „Und dies ist die letzte Zeitepoche der römischen Jurisprudenz, beginnend bei der Zeit der Volksfreiheit. Deshalb mußten zuerst die Prätoren, um die Gesetze der bereits veränderten römischen Natur, Gesittung, Regierung anzupassen, das Zwölftafelgesetz in seiner Strenge mildern und in seiner Unerbittlichkeit aufweichen, das erlassen war, als es naturgemäß war, nämlich in den heroischen Zeiten Roms (904, 621)."[1070] [„*Ed è l'ultima setta de' tempi della giurisprudenza romana, cominciando dal tempo della libertà popolare. Onde prima i pretori, per accomodare le leggi alla natura, costumi, governo romano, di già cangiati, dovetter addolcire la severità ed ammollire la rigidezza della legge delle XII Tavole, comandata, quand'era naturale, ne' tempi eroici di Roma*"] (978).[1071]

c) Anpassung der Jurisprudenz an die Zeitverhältnisse

Der Gedanke allfälliger Anpassung an die Zeitverhältnisse, der bei allen diesen Gedanken als eigentlicher Erfolgsgarant mitschwingt, ist auch juristisch von besonderer Bedeutung. Man findet ihn bereits – und daher könnte auch Vico ihn unausgesprochen haben – in Machiavellis Discorsi, wonach Herrschaftsstrukturen, die sich den zeitlichen Verhältnissen beharrlich widersetzen, dem Untergang geweiht sind.[1072] Aber selbst wenn Vico ihn von ihm entlehnt haben sollte, gibt er ihm eine ganz und gar originelle Wendung, weil er das römische Recht sehr viel gründlicher kannte als sein Florentiner Vorläufer: „Deshalb rechtfertigten die

1070 Übersetzung Vittorio Hösle und Christoph Jermann, Meiner-Ausgabe, 2009, S. 522.
1071 *Giambattista Vico*, La scienza nuova, 1744, edizione a cura di Fausto Niccolini (Editori Laterza), 5. Auflage 1967, S. 459.
1072 Einzelheiten und Nachweise bei *Jens Petersen*, Machiavellis Gesetzgebungslehre, 2020.

Juristen mit dem ‚Zeitgeist ihrer Epoche' (wie sich beobachten läßt) dasjenige, was sie zur Erörterung des Gerechten sagen: denn jene sind die eigentlichen Epochen der römischen Jurisprudenz, in denen die Römer mit allen anderen Völkern der Welt übereinstimmten und die sie die göttliche Vorsehung gelehrt hatte, welche die römischen Juristen als das Prinzip des natürlichen Rechts der Völker ansetzten – nicht etwa die Schulen (ital. sette) der Philosophen, die einige gelehrte Interpreten des römischen Rechts hier mit Gewalt hineindeuteten, wie oben in den Grundsätzen gesagt worden ist (335). Und selbst die Kaiser, wenn sie Rechenschaft über ihre Gesetze oder über andere Verordnungen geben wollen, die sie erlassen haben, sagen, sie seien dazu bewegt worden durch den ‚Zeitgeist ihrer Epoche'."[1073]

[*„Per ciò i giureconsulti con la ‚setta de' loro tempi' (come si posson osservare) giustificano ciò ch'essi ragionano d'intorno al giusto: perché queste sono le sètte propie della giurisprudenza romana, nelle quali convennero i romani con tutte l'altre nazioni del mondo, insegnate loro dalla provvedenza divina, ch'i romani giureconsulti stabiliscono per principio del diritto natural delle genti; non già le sètte de' filosofi, che vi hanno a forza intruso alcuni interpetri eruditi della romana ragione, come si è sopra detto nelle Degnità. Ed essi imperadori, ove vogliono render ragione delle loro leggi o di altri ordinamenti dati da essoloro, dicono essere stati a ciò far indutti dalla ‚setta de' loro tempi'"*] (979).[1074]

Es ist interessant, dass Vico, dessen Beweisführungen in unvordenkliche Zeiten zurückreichen, diesen Gedanken der allfälligen Anpassung an die Zeitverhältnisse so scharfkantig herausarbeitet (952). Das liegt wahrscheinlich nicht zuletzt daran, dass er selbst imstande war, die Gegenstände seiner geschichtlichen Betrachtung, insbesondere die Gesetze und Einrichtungen, in ihrem jeweiligen zeitlichen Zusammenhang zu begreifen, und dies zu einem fundamentalen Baustein seiner Scienza nuova gemacht hat.[1075] Das legt die Annahme nahe, dass er bei aller scheinbaren Weltfremdheit des Gelehrten, dessen persönlicher

---

1073 Übersetzung Vittorio Hösle und Christoph Jermann, Meiner-Ausgabe, 2009, S. 522 f. Vico belegt dies interessanterweise wieder einmal mit einem Tacitus-Wort: ‚corrumpere et corrumpi saeculum vocatur' (Germania 19, 3); wichtig dazu *Karl Christ*, Germanendarstellung und Zeitverständnis bei Tacitus, Historia 14 (1965) 62; allgemein zu dem zitierten Wort auch *Jens Petersen*, Recht bei Tacitus, 2019, S. 141.

1074 *Giambattista Vico*, La scienza nuova, 1744, edizione a cura di Fausto Niccolini (Editori Laterza), 5. Auflage 1967, S. 460.

1075 *Vittorio Hösle*, Vico und die Idee der Kulturwissenschaft, Einleitung der Meiner-Ausgabe 1990, S.CXLV: „Vicos Hauptentdeckung ist, daß ein Gesetz, ein Brauch, ein Kunstwerk zunächst aus dem Geist seiner Zeit ausgelegt werden muß".

Umgang nicht zuletzt aus Klerikern bestand, zugleich ein hellsichtiger Zeitdiagnostiker gewesen sein dürfte.

d) Vicos kulturgeschichtlich fundierte Prinzipienjurisprudenz

Archaische Gesetzesstrenge bedarf also eines gewissen Ausgleichs, der sich den Zeitverhältnissen anpasst. Konstanz der Rechtsanwendung und Mäßigung im Hinblick auf übereilte Gesetzesänderungen in bewegten Zeiten sind für Vico Ausdruck der Weisheit, die den Raum der Rechtsgeltung ohne forcierten Imperialismus absichtslos erweiterte, selbst wenn eine entsprechende Tendenz altrömischen Denkens immer mitwirkte (970).[1076] Denn gerade die Beständigkeit bei der Anwendung des Rechts ist für Vico auch eine Bedingung für die Bewahrung und Erweiterung der Herrschaft selbst.

Und auch wenn man diesen Gedanken der Ausdehnung der eigenen Rechtsgeltung nicht mehr verfolgen kann, verdient aus heutiger Sicht Vicos rechtstheoretische Einsicht Beachtung, wonach die prinzipielle Übereinstimmung von Wortsinn und ursprünglicher Teleologie eines altehrwürdigen Gesetzes nachhaltige Sicherheit und Stabilität erzeugen, die ihrerseits wiederum das allgemeine Rechtsbewusstsein prägen. Es geht ihm also nicht um Wortklauberei, sondern den Sinn für wertungsmäßige Gleichheit: „Deshalb bestreiten die gelehrten Interpreten des römischen Rechts entschieden, daß diese beiden barbarischen Eigentumsarten dem römischen Recht bekannt waren, indem sie an den unterschiedlich lautenden Wörtern hängen, ohne im geringsten die Gleichheit der jeweiligen Sache selbst einzusehen."[1077]

[*„Percio gl'interpetri eruditi della romana ragione risolutamente niegano queste due spezie barbare di dominio essere state conosciute dal diritto romano, attendendo al diverso suono delle parole, nulla intendendo essa identità delle cose*"] (1075).[1078] Letztlich votiert Vico damit für eine Prinzipienjurisprudenz.[1079] Hier bestätigt sich also das am Ende des ersten Kapitels Gesagte. Vor diesem Hintergrund kann man Vico zugleich auch als Vordenker einer interessen- und prinzi-

---

1076 Machiavelli macht im zweiten Buch seiner Discorsi darüber hinaus auf die Praxis der Römer aufmerksam, den unterworfenen Völkern ihre Gesetze weitestmöglich zu belassen; dazu *Jens Petersen*, Machiavellis Gesetzgebungslehre, 2020, § 3.

1077 Übersetzung Vittorio Hösle und Christoph Jermann, Meiner-Ausgabe, 2009, S. 584.

1078 *Giambattista Vico*, La scienza nuova, 1744, edizione a cura di Fausto Niccolini (Editori Laterza), 5. Auflage 1967, S. 513.

1079 *Peter Landau*, Die Rechtsquellenlehre in der deutschen Rechtswissenschaft des 19. Jahrhunderts, in: Juristische Theoriebildung und Rechtliche Einheit, Rättshistorika Studier (Hg. Claes Peterson), Band XIX, 1993, S. 69.

piengeleiteten Wertungsjurisprudenz begreifen.[1080] Aber auch und gerade dann ist es wichtig hinzuzufügen, dass diese auf solidester dogmatischer Kenntnis des römischen Rechts gründenden Erwägungen bei Vico zugleich immer kulturgeschichtlich fundiert sind.

3. Gerechtigkeit und Billigkeit in der Republik und unter einer Monarchie

Das zur ‚menschlichen Jurisprudenz' Gesagte entspricht, wie erinnerlich, dem in der Einleitung zugrunde Gelegten, wonach es dabei um die natürliche Billigkeit geht: „Die letzte Jurisprudenz war die der natürlichen Billigkeit, die naturgemäß in den freien Republiken herrscht, wo die Völker durch das besondere Wohl eines jeden einzelnen, das für alle dasselbe ist, ohne dies zu beabsichtigen, dazu geführt werden, allgemeine Gesetze zu erlassen und daher natürlich wünschen, dass diese sich auf wohlwollende Weise an die letzten tatsächlichen Umstände anpassen, die einen gleichen Vorteil verlangen."[1081] [*„L'ultima giurisprudenza fu dell'equità naturale, che, regna naturalmente nelle repubbliche libere, ove i popoli, per un bene particolare di ciascheduno, ch'è eguale in tutti, senza intenderlo, sono portati a comandar leggi universali, e perciò naturalmente le disiderano benignamente pieghevoli inverso l'ultime circostanze de' fatti che dimandano l'ugual utilità"*] (39).[1082]

Weiter oben wurde dieser Gedanke vor allem im Hinblick auf die unbeabsichtigten Wirkungen menschlicher Handlungen beleuchtet, die sich Vico zufolge als Ergebnis der göttlichen Vorsehung erklären lassen (133). Für den vorliegenden Zusammenhang ist demgegenüber wichtiger zu betonen, dass die zu erlassenden Gesetze allgemein gelten, also ohne Ansehen bestimmter Personen, und in einer für alle möglichst vorteilhaften Weise den aktuellen Gegebenheiten entsprechen.[1083]

1080 Dazu *Jens Petersen*, Von der Interessenjurisprudenz zur Wertungsjurisprudenz, 2001.

1081 Übersetzung Vittorio Hösle und Christoph Jermann, Meiner-Ausgabe, 2009, S. 36.

1082 *Giambattista Vico*, La scienza nuova, 1744, edizione a cura di Fausto Niccolini (Editori Laterza), 5. Auflage 1967, S. 29.

1083 Es wäre lohnenswert, dieser idealistischen Sichtweise Montaignes illusionslose Skepsis gegenüber aller Gleichheit der Gesetze entgegenzuhalten; zu ihr *Hugo Friedrich*, Montaigne, 1949 (3. Auflage 1991, S. 170 ff.); *Jens Petersen*, Montaignes Erschließung der Grundlagen des Rechts, 2. Auflage 2019.

a) Evolutionärer Übergang des Gleichheitsstrebens zur monarchischen Beherrschung

Die gleichheitsstiftende Funktion der Gesetze hängt dabei für Vico nicht von der Staatsform ab, weil dies nicht nur in der Republik möglich ist, sondern auch in der Monarchie, unter der die Gleichheit der Menschen durch den Monarchen hergestellt wird (927):[1084] „Die Menschen wünschen zunächst, sich der Knechtschaft zu entledigen, und sehnen sich nach Gleichheit. (...) Alsdann bemühen sie sich, ihresgleichen zu überflügeln. (...) Endlich wollen sie die Gesetze mit Füßen treten: da sehe man die Anarchie oder die enthemmten demokratischen Republiken, die schlimmste Tyrannei, die es geben kann, in der so viele Tyrannen sind, als es verwegene und zügellose Individuen in den Städten gibt. Auf diesem Punkte, durch das eigene Elend zur Besinnung gebracht, pflegt die Plebs, um dagegen Abhilfe zu schaffen, sich unter die Monarchien zu retten; dies ist das natürliche königliche Gesetz (1007 f.), mit dem Tacitus die römische Monarchie unter Augustus legitimiert, (...) der unter dem Namen des ‚Princeps' alles, da es durch die Bürgerkriege erschöpft war, unter seine Herrschaft nahm."[1085]

[*„Gli uomini prima amano d'uscir di suggezione e disiderano ugualità: (...) dipoi si sforzano superare gli uguali: (...) Finalmente vogliono mettersi sotto le leggi: ecco l'anarchie, o repubbliche popolari sfrenate, delle quali non si dà piggiore tirannide, dove tanti son i tiranni quanti sono gli audaci e dissoluti delle città. E quivi le plebi, fatte accorte da' propi mali, per truovarvi rimedio vanno a salvarsi sotto le monarchie; ch'è la legge regia naturale con la quale Tacito legittima la monarchia ro-*

1084 *Benedetto Croce*, Die Philosophie Giambattista Vicos (deutsche Übersetzung Erich Auerbach/Theodor Lücke), 1927, S. 179, markiert den für den evolutionären Entstehungsprozess entscheidenden Gesichtspunkt durch das zunächst genannte Adverb: „An diesem Punkte entsteht *spontan*, weil seit langem vorbereitet und notwendig geworden, die Monarchie: jene Monarchie, die die meisten politischen Schriftsteller, ohne Berücksichtigung der vielen verschiedenen Ursachen, die sie bedingen, ganz plötzlich, gleich zu Beginn der menschlichen Geschichte entstehen ließen, ‚genau wie'- so sagt Vico – ‚ein Frosch geboren wird.' Und noch viel weniger entstand sie künstlich, durch die sagenhafte lex regia des ‚unwissenden Griechen' Tribonian, wonach das römische Volk sich selbst seiner souveränen und freien Regierung beraubt habe, um sie auf Octavius Augustus zu übertragen. Das Gesetz, das ihr Leben gab, war ein natürliches Gesetz, ausgedrückt in jener Formel von ewiger praktischer Geltung: daß in den Volksstaaten, wo alle nur auf ihre Privatinteressen achten, in deren Dienst sie die öffentlichen Waffen zum Verderb der eigenen Nation stellten, ein einzelner auftreten muß, um zu verhindern, daß die Völker ihrem Untergang entgegengehen (so bei den Römern Augustus, der nach Tacitus' Worten *cuncta bellis civilibus fessa nomine principis sub imperium accepit*)."

1085 Übersetzung Vittorio Hösle und Christoph Jermann, Meiner-Ausgabe, 2009, S. 130.

mana sotto di Augusto. ‚qui cuncta, bellis civilibus fessa, nomine ‚principis' sub imperium accepit'"] (292).[1086]

aa) Vicos Missverständnis der taciteischen Augustus-Kritik

Allerdings legitimiert Tacitus mit diesen Worten die Ergreifung der Herrschaft durch Augustus nicht.[1087] Es ist vielmehr bitterster Sarkasmus und schärfste Kritik an Augustus, der aus diesen Worten spricht.[1088] Vor dem Hintergrund dieser missverständlichen oder sogar missverstandenen Prämisse sind auch diejenigen Gedanken nicht unproblematisch, die im Rahmen der Präzisierung der königlichen Gewalt darauf Bezug nehmen: „Und diese monarchische Form kam zuwege mittels dieses ewigen natürlichen königlichen Gesetzes, das auch alle Völker empfanden, die erkennen, daß von Augustus die Monarchie der Römer begründet wurde: ein Gesetz, das die Interpreten des römischen Rechts nicht sahen, weil sie alle beschäftigt waren mit dem Märchen von dem ‚königlichen Gesetz' Tribonians (1084), der sich offen als dessen Urheber bekennt in den Institutionen und das er einmal Ulpian zuschreibt in den Pandekten. (...) Dieses natürliche königliche Gesetz ist gefaßt in dieser natürlichen Formel von ewigem Nutzen: daß, da ja in den freien Republiken alle auf ihre Privatinteressen sehen, denen sie ihre öffentlichen Waffen dienstbar machen zum Verderben ihrer eigenen Völker (1006, 1088), ein einzelner, damit die Völker erhalten bleiben, aufstehe (wie unter den Römern ein Augustus), der durch die Gewalt der Waffen alle öffentlichen Belange an sich bringe und den Untertanen überlasse, ihre Privatangelegenheiten zu besorgen (951), und daß sie nur solchen und soviel Anteil an den öffentlichen nähmen, wie der Monarch ihnen zugestehe, und daß so die Völker gerettet würden, die sonst ihrer Selbstzerstörung entgegengingen (1104). (...) Dies lehrt Tacitus, ein hervorragender Kenner des natürlichen Rechts der Völker, in den Annalen anhand der einen Familie der Cäsaren mittels dieser Ordnung menschlich-politischer Ideen: als Augustus sich dem Ende näherte, ‚pauci

---

1086 *Giambattista Vico*, La scienza nuova, 1744, edizione a cura di Fausto Niccolini (Editori Laterza), 5. Auflage 1967, S. 105. Das Zitat findet sich gleich zu Beginn seines Hauptwerkes bei *Tacitus*, Annales 1, 1, 1.

1087 *Jens Petersen*, Recht bei Tacitus, 2019, S. 264 f.

1088 *Karl Christ*, Tacitus und der Principat, Historia 27 (1978) 449, 464, wonach „die Formulierung (...) wohl kaum anders als im Sinne einer Kritik an der Sprachregelung des ‚princeps' verstanden warden kann." Noch schärfer *Dieter Timpe*, Untersuchungen zur Kontinuität des frühen Prinzipats, 1962, S. 19: „Im Gegensatz zu den magistratischen Freiheitsbeschränkungen sind die durch die Machtstellung Einzelner herbeigeführten nackte Willkür; auch diese Feststellung gilt für Augustus: nomine principis unterstreicht die Unwahrhaftigkeit des Rechtscharakters seiner Machtstellung, die in Wirklichkeit dieselbe rechtlose Gewalt ist, wie die seiner Vorgänger".

bona libertatis incassum disserere' (erläuterten vergeblich einige wenige die Vorteile der Freiheit); als gleich danach Tiberius kam, ,omnes principis iussa adspectare' (achteten alle auf die Befehle des Monarchen)."[1089]

[„*E tal forma monarchica s'introdusse con questa eterna natural legge regia, la qual sentirono pure tutte le nazioni, che riconoscono da Augusto essersi fondata la monarchia de' romani: la qual legge non han veduto gl'interpetri della romana ragione, occupati tutti d'intorno alla favola della ,legge regia' di Triboniano, di cui apertamente si professa autore nell'Istituta, ed una volta l'appicca ad Ulpiano nelle Pandette. (...) Cotal legge regia naturale è conceputa con questa formola naturale di eterna utilità: che, poiché nelle repubbliche libere tutti guardano a' loro privati interessi, a' quali fanno servire le loro pubbliche armi in eccidio delle loro nazioni, perché si conservin le nazioni, vi surga un solo (come tra' romani un Augusto), che con la forza dell'armi richiami a sé tutte le cure pubbliche e lasci a' soggetti curarsi le loro cose private, e tale e tanta cura abbiano delle pubbliche qual e quanta il monarca lor ne permetta; e così si salvino i popoli, ch'anderebbono altrimente a distruggersi. (...) Lo che Tacito, sappientissimo del diritto natural delle genti, negli Annali, dentro la sola famiglia de' Cesari l'insegna con quest'ordine d'idee umane civili: avvinandosi al fine Augusto, ,pauci bona libertatis incassum disserere'; tosto venuto Tiberio, ,omnes principis iussa adspectare'*"] (1007/1008).[1090]

Es ist nicht ganz sicher, ob sich Vico hier die mitunter kaustische Schärfe der taciteischen Generalkritik mit ihrer beißenden Ironie eingesteht, die aus der senatorischen Prinzipatsopposition hervorgeht.[1091] Allerdings spricht wohl mehr gegen diese Überlegung, weil Vico bei allem Scharfsinn unempfänglich für Ironie gewesen zu sein scheint.[1092]

1089 Übersetzung Vittorio Hösle und Christoph Jermann, Meiner-Ausgabe, 2009, S. 544 f.

1090 *Giambattista Vico*, La scienza nuova, 1744, edizione a cura di Fausto Niccolini (Editori Laterza), 5. Auflage 1967, S. 480 f.

1091 Siehe auch *Karl Christ*, Tacitus und der Principat, Historia 27 (1978) 449, 467, zu dem anderen Tacitus-Zitat (Annales 1, 4, 1), wonach „in dem exuta aequalitate das wichtigste Resultat des Principats erfasst ist, in dem *omnes ... iussa principis aspectare* die Lähmung der politischen Energien durch die neue Staatsform aufgezeigt".

1092 *Vittorio Hösle*, Vico und die Idee der Kulturwissenschaft, Einleitung der Meiner-Ausgabe 1990, S. LI Fußnote 46, zeigt, dass Vico selbst schwerlich ironisch zu schreiben verstand und zu wirklicher Ironie wohl nicht fähig war: „Die einzige Form von Ironie, die sich bei ihm findet, sind Stellen (...), an denen Vico das Gegenteil von dem meint, was er sagt. Aber im Grunde ist es mehr ein schwerfälliger Abglanz von Ironie als eigentliche Ironie, was hier zum Ausdruck kommt".

bb) Zyklische Geschichtstheorie und kulturgeschichtliche Betrachtung des Rechts

Das ändert freilich nichts daran, dass die zitierten Stellen bezeichnend für Vicos zyklische Geschichtstheorie sind, die sich damit auch sein staatsrechtliches Denken auswirkt, wie der Verweis auf die Entartung der römischen Demokratie zeigt, der sich auch in anderem Zusammenhang noch findet (582). Wichtig für Vicos zyklisch verlaufende Herrschaftsvorstellung ist allerdings der erst gegen Ende seiner Untersuchung begegnende Hinweis, dass es immer nur eine gesetzgebende Gewalt geben könne, die dann alles Vorherige gleichsam ablöse: „Doch als dann die Plebs der heroischen Städte, zahlreich und auch kriegerisch geworden (so daß sie den Vätern Furcht einflößten, die in den Republiken der wenigen wenige sein müssen) und unterstützt durch ihre Stärke (die in ihrer Masse liegt), Gesetze zu erlassen begann ohne die Autorität der Senate (1001), verwandelten sich die Republiken und wurden von aristokratischen zu demokratischen: denn keine konnte auch nur einen Augenblick lang leben mit zwei höchsten gesetzgeberischen Gewalten, die nicht nach Gegenständen, nach Territorien unterschieden waren, über die, in denen und innerhalb deren sie die Gesetze erlassen mußten."[1093]

[„*Ma, poi che esse plebi dell'eroiche città, divenute numerose ed anco agguerrite (che mettevano paura a' padri, che nelle repubbliche di pochi debbon essere pochi) ed assistite dalla forza (ch'è la loro moltitudine), cominciarono a comandara leggi senza autorità de' senati, si cangiarono le repubbliche, e da aristocratiche divennero popolari: perché non potevano pur un momento vivere ciascuna con due potestà somme legislatrici, senza essere distinte di subbietti, di tempi, di territori, d'intorno a' quali ne' quali e dentro i quali dovessero comandare le leggi: come con la legge Publilia, perciò, Filone dittatore dichiarò la repubblica romana essersi per natura fatta già popolare*"] (1006).[1094]

cc) Ablösung der Herrschaftsformen

Dieser allmähliche Übergang der Herrschaftsformen ist auch rechtssoziologisch aufschlussreich und erinnert daran, dass Vico als einer der Begründer der Rechtssoziologie gilt.[1095] Dies läuft, wie der pointierte und rechtshistorisch fundierte Schlusssatz Vicos zu erkennen gibt, auf eine sich entwicklungsgeschicht-

---

1093 Übersetzung Vittorio Hösle und Christoph Jermann, Meiner-Ausgabe, 2009, S. 543.
1094 *Giambattista Vico*, La scienza nuova, 1744, edizione a cura di Fausto Niccolini (Editori Laterza), 5. Auflage 1967, S. 478.
1095 *Vittorio Hösle*, Moral und Politik. Grundlagen einer Politischen Ethik für das 21. Jahrhundert, 1997, S. 547.

lich vollziehende Ablösung der Herrschaftsformen hinaus. Zudem hat Vico einen bemerkenswerten Blick für das, was wir heute womöglich am ehesten als sachliche und örtliche Zuständigkeit bezeichnen würden. Denn gerade in dieser unscheinbar anmutenden Unterscheidung nach ‚Gegenständen, Zeiten und Territorien' erweist sich nicht nur Vicos ordnende Fertigkeit, die wohl auch seiner juristischen Provenienz geschuldet war, sondern zugleich seine kulturgeschichtliche Ausrichtung im Hinblick auf das Recht. Diese zeigt sich wohl auch daran, dass er in der oben zitierten Stelle den Historiker Tacitus als ‚hervorragenden Kenner des natürlichen Rechts der Völker' bezeichnet (1008).[1096]

Mit diesem hohen Lob stellt ihn Vico immerhin auf eine Stufe wie kurz zuvor den großen Juristen Pomponius: „Doch deuteten jenes Gesetz die römischen Juristen richtig, die sich gut auf das natürliche Recht der Völker verstanden, wie aus dem hervorgeht, was Pomponius in dem kurzen Abriß des römischen Rechts, dieses Gesetz erörternd, uns in jenem treffenden Ausdruck geschrieben hinterließ."[1097] [„*Ma l'intesero bene i giureconsulti romani, che seppero bene dell diritto naturale delle genti, per ciò che Pomponio, nella brieve storia dell diritto romano, ragionando di cotal legge, con quella ben intesa espressione ci lasciò scritto*"] (1007).[1098]

In der Zusammenschau dieser verschiedenen Gesichtspunkte ergibt sich wiederum, dass Vico alle erdenklichen kulturgeschichtlichen Erscheinungen – also etwa auch juristische Würdigungen eines antiken Historikers im Verhältnis zu den klassischen römischen Juristen sowie die Zeugnisse aus anderen Zeiten und Ländern – in Betracht zieht, um auf dieser reichhaltigen Grundlage das Recht in seiner gesamten Breite und Tiefe zu untersuchen. So ist das ‚natürliche Recht der Völker', um das es Vico geht und auf das sich die Kenntnisse des Historikers seines Erachtens erstrecken, nicht einfach ein einmal vorgefundenes oder aufzufindendes Naturrecht, sondern auf die Völker aller Zeiten bezogen und damit selbst entwicklungsfähig.

b) Beschränkte Freiheit unter dem Gesetz

Daher ist es für Vico, wie ebenfalls schon weiter oben zitiert wurde, auch kein Widerspruch, dass die Jurisprudenz der natürlichen Billigkeit in Monarchien sogar noch besser zur Geltung kommt, „in denen die Monarchen ihre Untertanen

1096 *Jens Petersen*, Recht bei Tacitus, 2019, S. 25, unter Verweis auf die von Vico zitierte Annalen-Stelle 1, 4, 2 sowie den hier zitierten Gedanken Vicos.
1097 Übersetzung Vittorio Hösle und Christoph Jermann, Meiner-Ausgabe, 2009, S. 544.
1098 *Giambattista Vico*, La scienza nuova, 1744, edizione a cura di Fausto Niccolini (Editori Laterza), 5. Auflage 1967, S. 480.

daran gewöhnt haben, ihre Privatvorteile zu verfolgen, während sie selbst die Sorge übernommen haben für alle öffentlichen Dinge, und in denen sie alle unterworfenen Völker durch die Gesetze untereinander gleichgestellt wissen wollen, damit alle in gleichem Maße am Staat interessiert seien"[1099] [„*È ella ancora, e forse anco più, connaturale alle monarchie, nelle qual'i monarchi hanno avvezzati i sudditi ad attendere alle loro private utilità, avendosi essi preso la cura di tutte le cose pubbliche, e vogliono tutte le nazioni soggette uguagliate tra lor con le leggi, perché tutte sieno egualmente interessate allo Stato*"] (39).[1100]

So idealisierend und geradezu schönfärberisch das aus heutiger Zeit klingt, darf nicht übersehen werden, dass der damit einhergehende Gedanke einer beschränkten Freiheit unter dem Recht, im Rahmen derer die Menschen eigenverantwortlich leben und wirtschaften konnten, den Untertanen bei aller im Übrigen damit einhergehenden Subordination einen gewissen Spielraum gewährt.[1101]

III. Arten der Jurisprudenz in der Zusammenschau

Insgesamt bedeutet dies für Vico, dass unter den drei von ihm herausgearbeiteten Arten der Jurisprudenz die ersten beiden, also die auf Theologie gründende (37) sowie die heroische Jurisprudenz (38), die beide auf vergleichsweise ungeschlachte Lebensformen aus unvordenklicher Zeit zugeschnitten waren, sich auf dasjenige ausrichteten, was den Menschen als unverrückbar sicher erschien (938).[1102]

1. Gewissheit und Wahrheit als Ziele der Jurisprudenz

Gerade bei der göttlichen Jurisprudenz ging es eben nicht um Wahrheit, sondern bemaß sich die Verwirklichung der Gerechtigkeit auch nach irrationalen Faktoren, die den Menschen einleuchtend schienen (183):[1103] „Und diese Jurisprudenz beurteilte das Gerechte lediglich nach der Feierlichkeit der göttlichen Zeremoni-

1099 Übersetzung Vittorio Hösle und Christoph Jermann, Meiner-Ausgabe, 2009, S. 36.

1100 *Giambattista Vico*, La scienza nuova, 1744, edizione a cura di Fausto Niccolini (Editori Laterza), 5. Auflage 1967, S. 30.

1101 Dazu auch *Jens Petersen*, Freiheit unter dem Gesetz. Friedrich August von Hayeks Rechtsdenken, 2014.

1102 Siehe dazu auch *Santo Mazzarino*, Vico, l'annalistica e il diritto, 1971.

1103 *Tacitus*, Annales, 1, 28, 2: ‚mobiles ad superstitionem perculsae mentes', wie Vico zitiert (183).

en, woher der so große Aberglaube der Römer bezüglich der gesetzlichen Rechtshandlungen (929) rührte.“[1104] [„*E tal giurisprudenza estimava il giusto dalla sola solennità delle divine cerimonie; onde venne a' romani tanta superstizione degli atti legittimi*“] (938).[1105] Diese Begründung zeigt, dass auch irrationale Faktoren, wie der genannte Aberglaube, mitbestimmend sein konnten, wie wir weiter oben ja bereits im Zusammenhang mit religiösen Vorstellungen gesehen haben. Diese wirken auch hier mit, da die gesetzlichen Rechtshandlungen nach Vicos Vorstellung häufig auf religiös-zeremonielle Handlungen zurückgingen (953).[1106]

a) ‚Gesetzliche Rechtshandlungen'

Allerdings darf man dabei nicht übersehen, dass dies nicht nur in frührömischer Zeit praktiziert wurde, sondern auch noch in einer Epoche, in der das römische Zivilrecht als herausragende Kulturleistung zur Blüte gelangt war:[1107] „Davon blieben bei den Römern im Zivilrecht die ‚gesetzlichen Rechtshandlungen', mittels deren sie alle Angelegenheiten ihrer bürgerlichen Geschäfte regelten.“[1108] [„*Onde restaron in ragion civile a' romani gli ‚atti legittimi', co' quali celebravano tutte le faccende delle loro civili utilità*“] (929).[1109] Damit ist wiederholt der Begriff der ‚gesetzlichen Rechtshandlungen' – ‚atti legittimi' – vorausgesetzt (927). Deren wahrheitsmäßige Begründung hängt aufs engste mit seinem evolutionär ausgerichteten Rechtsdenken zusammen.

Das zeigt sich an einer kulturgeschichtlich aufschlussreichen bildhaften Verdeutlichung, die nicht von ungefähr wiederum zum Zwölftafelgesetz führt: „Mit der Entwicklung dieser Dinge entsprang in Wahrheit der berühmte herkulische Knoten, nach dem die Klienten an die Ländereien ‚nexi' (‚ange-

---

1104 Übersetzung Vittorio Hösle und Christoph Jermann, Meiner-Ausgabe, 2009, S. 500.

1105 *Giambattista Vico*, La scienza nuova, 1744, edizione a cura di Fausto Niccolini (Editori Laterza), 5. Auflage 1967, S. 435.

1106 Vicos diesbezügliche Überlegungen zum Verhältnis rechtlicher Formen und religiöser oder kultischer Gepflogenheiten könnten ihn ebenfalls zu einem gedanklichen Vorläufer Max Webers machen (allgemein dazu *Rainer Specht*, Über den juristischen Realismus Giambattista Vicos, Philosophisches Jahrbuch 63 (1955) 166, 186); zu den rationalen und irrationalen Determinanten der Rechtsgewinnung, freilich ohne Berücksichtigung der Religion, *Jens Petersen*, Max Webers Rechtssoziologie und die juristische Methodenlehre, 3. Auflage 2020, § 1.

1107 *Niccolò Machiavelli*, Discorsi sopra la prima deca di Tito Livio, 1531, I 14, analysiert die strenge formelle Einhaltung religiöser Zeremonien bei den Römern aus letztlich nicht religiösen Beweggründen mit unbestechlicher Klarheit.

1108 Übersetzung Vittorio Hösle und Christoph Jermann, Meiner-Ausgabe, 2009, S. 496 f.

1109 *Giambattista Vico*, La scienza nuova, 1744, edizione a cura di Fausto Niccolini (Editori Laterza), 5. Auflage 1967, S. 431.

knotet') hießen, die sie für die Berühmten bebauen mußten; er verwandelte sich später, wie wir sehen werden (1030 f.), im Zwölftafelgesetz in einen fingierten Knoten, der die Form abgab für die zivile Manzipation, die allen gesetzlichen Rechtshandlungen der Römer die feierliche Weihe verlieh."[1110] [*„Sul nascere di queste cose incominciò con verità il famoso nodo erculeo, col quale i clienti si dissero ‚nexi' ('anodati') alle terre che dovevano coltivare per gl'incliti; che passò poi in un nodo finto, come vedremo, nella legge delle XII Tavole, che dava la forma alla mancipazione civile, che solennizzava tutti gli atti legittimi de' romani"*] (558).[1111]

b) Sublimierung der Gewalt in förmlichen Rechtshandlungen

Die Stelle, auf die Vico hier verweist und an der diese gesetzlichen Rechtshandlungen in ihrer Entwicklung aus dem herkulischen Knoten entwickelt werden, findet sich erst gegen Ende seiner Scienza nuova. Sie ist für sein entwicklungsmäßig ausgerichtetes Rechtsdenken besonders anschaulich, weil sie die Herausbildung einer fortschreitenden Rechtskultur zeigt, in der sich rohe Gewalt allmählich in förmlichen Rechtshandlungen sublimiert:[1112] „Daher mußten – als sich die Wildheit der Zeiten zu mildern begonnen hatte und man mit dem gesetzlichen Rechtsweg angefangen hatte, die privaten Gewalttätigkeiten zu verbieten (961), als somit alle privaten Kräfte sich allmählich in der öffentlichen zu vereinigen, die ‚politische Gewalt' heißt (583 ff.) – die ersten Völker, von Natur aus Dichter (187, 200), natürlicherweise jene wirkliche Gewalt nachahmen (215 f.), die sie zuvor gebraucht hatten, um sich ihre Rechte und Befugnisse zu wahren: und so schufen sie einen Mythos von der natürlichen Manzipation und gestalteten danach die feierliche zivile Eigentumsübergabe, die dargestellt wurde mit der Übergabe eines fingierten Knotens (558), um die Kette nachzuahmen, mit welcher Jupiter die Giganten an die ersten Ländereien gekettet hatte und jene später ihre

1110 Übersetzung Vittorio Hösle und Christoph Jermann, Meiner-Ausgabe, 2009, S. 299.

1111 *Giambattista Vico*, La scienza nuova, 1744, edizione a cura di Fausto Niccolini (Editori Laterza), 5. Auflage 1967, S. 245.

1112 *Benedetto Croce*, Die Philosophie Giambattista Vicos (deutsche Übersetzung Erich Auerbach/Theodor Lücke), 1927, S. 89, beschreibt es nach seiner Transformation in eine höhere kulturelle Stufe mit seiner allmählichen Entwicklung zu einem Vernunftrecht am deutlichsten: „Das Recht der Gewalt oder heroische Recht erreicht nach seiner Umwandlung in ein zivilisiertes Recht allmählich einen gewissen Zielpunkt der Klarheit, an dem ihm zu seiner Vollkommenheit nur noch fehlt, daß es eine philosophische Schule mit Vernunftlehrern, die auf der Idee eines ewigen Rechts gegründet sind, vollende und festlege; und diese vernunftmäßige Begründung und Einordnung in ein System ist das *ius naturale philosophorum*, die letzte Form der Entwicklung des Rechts und nicht etwa eine ständige Regel desselben: ein Resultat, kein Maß".

Klienten oder Knechte ankketteten (781); und mit einer solche mythisch gestalteten Manzipazion wickelten sie alle ihre bürgerlichen Geschäfte mittels der gesetzlichen Rechtshandlungen ab, welches feierliche Zeremonien der noch stummen Völker sein mußten (558, 953)."[1113]

[„*Imperiocché, essendosi incominciata ad addimesticare la ferocia de' tempi e, con le legge giudiziarie, incominciate a proibirsi le violenze private, tutte le private forze andandosi ad unire nella forza pubblica, che si dice ‚imperio civile', i primi popoli, per natura poeti, dovettero naturalmente imitare quelle forze vere, ch'avevan innanzi usate per conservarsi i loro diritti e ragioni: e così fecero una favola della mancipazion naturale, e ne fecero la solenne tradizion civile, la quale si rappresentava con la consegna d'un nodo finto, per imitare la catena con la qual Giove aveva incatenati i giganti alle prime terre vacue, e poi essi v'incatenarono i loro clienti ovvero famoli; e, con tal mancipazione favoleggiata, celebrarono tutte le loro civili utilità con gli atti legittimi, che dovetter essere cerimonie solenni de' popoli ancora mutoli*"] (1030).[1114]

Der Nachsatz über die in diesem Stadium der Entwicklungsgeschichte noch stummen Völker ruft in Erinnerung, dass sich die Sprache einstweilen nicht in Reinkultur entwickelt hatte, weil sie sehr uneinheitlich war und zu dunkler Mythenbildung einlud (446), so dass sich im übertragenen Sinne einstweilen noch in einer Art Bildersprache verständigt wurde (401).[1115]

1113 Übersetzung Vittorio Hösle und Christoph Jermann, Meiner-Ausgabe, 2009, S. 557 f.

1114 *Giambattista Vico*, La scienza nuova, 1744, edizione a cura di Fausto Niccolini (Editori Laterza), 5. Auflage 1967, S. 491.

1115 *Claus-Wilhelm Canaris*, Schranken der Privatautonomie zum Schutze des Kreditnehmers, Zeitschrift für Wirtschaftsrecht (ZIP) 1980, 709, 716, bezeichnet die Darstellung beweglicher Systeme treffend mit dem anschaulichen Begriff der „vorwissenschaftlichen Bildersprache", womit beiläufig vorausgesetzt wird, dass sich auch die Entwicklung wissenschaftstheoretisch tragfähiger Begriffe mitunter evolutorisch vollzieht. Es ist also kein herablassender Juristendünkel, der solches rügt, sondern eher die Einsicht, dass die wissenschaftliche Erforschung der Wirkungsweise beweglicher Systeme entscheidend vorangekommen ist, indem die prinzipienmäßige Verankerung der einzelnen Elemente erkannt wurde; vgl. auch *Jens Petersen*, Unternehmenssteuerrecht und bewegliches System, 1999, S. 29.

2. Göttliche Stiftung aller Arten der Jurisprudenz

Setzten also diese ersten beiden Arten der Jurisprudenz auf Gewissheit, so strebt die dritte Art der menschlichen Jurisprudenz nach Wahrheit:[1116] „Demnach hielten sich in den Zeiten der Roheit der Völker die göttliche und die heroische Jurisprudenz an das Gewisse; die menschliche hingegen sieht in deren erleuchteten Zeiten auf das Wahre."[1117] [„*Talché le giurisprudenze divina ed eroica si attennero al certo ne' tempi delle nazioni rozze; l'umana guarda il vero ne' tempi delle medesime illuminate*"] (941).[1118] Diese Klassifikation entspricht passgenau den drei Arten des natürlichen Rechts, deren erste göttlichen Ursprungs war (922), deren zweite auf Gewalt gründete, mochte diese auch durch religiöse Vorstellungen gebunden gewesen sein, weil die menschlichen Gesetze noch keine zureichende Kraft hatten (923), und deren dritte erst unter dem Primat der Vernunft stand:[1119] „Das dritte Recht ist das menschliche, das von der voll entfalteten menschlichen Vernunft diktiert wird (633)"[1120] [„*Il terzo è 'l diritto umano dettato dalla ragion umana tutta spiegata*"] (924).[1121]

Doch lässt Vico keinen Zweifel daran, dass selbst dieses nach Wahrheit und nicht mehr bloß nach Gewissheit trachtende Recht eben letztlich auch von der göttlichen Vorsehung gestiftet wurde:[1122] „Doch als später das natürliche Recht der menschlichen Völker nachfolgte (...), auf dessen Grundlage sich die Philosophen und Moraltheologen dazu erhoben, das natürliche Recht der voll entfalteten ewigen Vernunft (326, 924) zu begreifen, da ging jener Spruch auf passende Weise dazu über, das natürliche Recht der Völker zu bezeichnen, das der wahre Gott eingesetzt hat."[1123] [„*Ma, succeduto poi il diritto naturale delle genti umane (...) sopra il quale i filosofi e i morali teologi s'alzarono ad intendere il diritto naturale della ragion eterna tutta spiegata, tal motto passò acconciamente a signi-*

1116 Siehe zum erkenntnistheoretischen Hintergrund auch *Richard Manson*, The Theory of Knowledge of Giambattista Vico, 1969; *Perez Zagorin*, Vico's Theory of Knowledge: A Critique, The Philosophical Quarterly 34 (1984) 15.

1117 Übersetzung Vittorio Hösle und Christoph Jermann, Meiner-Ausgabe, 2009, S. 501.

1118 *Giambattista Vico*, La scienza nuova, 1744, edizione a cura di Fausto Niccolini (Editori Laterza), 5. Auflage 1967, S. 436.

1119 Siehe dazu auch *Bruce Anthony Haddock*, Vico's Political Thought, 1986.

1120 Übersetzung Vittorio Hösle und Christoph Jermann, Meiner-Ausgabe, 2009, S. 495.

1121 *Giambattista Vico*, La scienza nuova, 1744, edizione a cura di Fausto Niccolini (Editori Laterza), 5. Auflage 1967, S. 427.

1122 Zum geistesgeschichtlichen Hintergrund *Giuseppe Antonio Arena*, Prima della ragione. Cultura e diritto del popolo in Vico e Sorel, 1983.

1123 Übersetzung Vittorio Hösle und Christoph Jermann, Meiner-Ausgabe, 2009, S. 358.

ficare il diritto naturale delle genti ordinato dal vero Dio"] (633).[1124] Die letzten beiden Worte verdeutlichen die in diesem Stadium der Menschheitsgeschichte monotheistische und mit einem umfassenden Wahrheitsanspruch ausgestattete religiöse Vorstellung. Denn Vico beharrt eben allenthalben darauf, dass die von ihm geschaffene Neue Wissenschaft eine rationale politische Theologie der Vorsehung ist (342/385).[1125] Es ist dies übrigens die einzige Stelle innerhalb der Scienza nuova, an der von der ‚voll entfalteten ewigen Vernunft' die Rede ist.[1126]

3. Universelle Rechtstheorie

Mit der rationalen politischen Theologie der Vorsehung einher geht eine Philosophie der Autorität (350):[1127] „Auf diese Autorität der menschlichen Natur folgte

---

1124 *Giambattista Vico*, La scienza nuova, 1744, edizione a cura di Fausto Niccolini (Editori Laterza), 5. Auflage 1967, S. 291.

1125 *Karl Löwith*, Weltgeschichte und Heilsgeschehen. Die theologischen Voraussetzungen der Geschichtsphilosophie, 8. Auflage 1990 (1953), S. 124 f., stellt das in der Dreizahl liegende Ordnungsdenken mit seiner Verklammerung durch die göttliche Vorsehung in einen umfassenden Zusammenhang, der freilich eine Deszendenzbewegung erkennen lässt: „Im Einklang mit diesen drei Arten menschlicher Natur und Herrschaft, unterscheidet Vico drei Arten von Sprachen und Schriftzeichen (heilige, symbolische und profane) sowie drei Arten des Naturrechts, der politischen Gemeinschaft und der Rechtsprechung. Alle sind in ihrer Aufeinanderfolge geeinigt und geformt durch die göttliche Vorsehung. Dieser regelmäßige und typische Lauf der Menschheit ist insofern fortschrittlich, als er von der Anarchie zur Ordnung und von wilden und heroischen Bräuchen zu rationalisierteren und zivilisierteren führt. Er ist jedoch kein Fortschritt zu immer zivilisierteren Zuständen. Sein wirkliches telos ist Verfall und Untergang, wonach der ganze Lauf (corso) in einem Rücklauf (ricorso) zu einem neuen Barbarentum, der zugleich ein Wiederaufstieg ist, von vorne beginnt." Unter differenziertem Verweis auf *Benedetto Croce*, Die Philosophie Giambattista Vicos (deutsche Übersetzung Erich Auerbach/Theodor Lücke), 1927, folgert er im Einklang mit dem oben im Text Angedeuteten: „Croce hat daher recht, wenn er sagt, daß Vico den Begriff des Fortschritts nicht haben konnte, obgleich er im Unrecht ist, wenn er diesen Mangel an den Grenzen erklärt, die die göttliche Vorsehung Vicos Grenzen gesetzt habe. Der Grund, weshalb es Vico unterläßt, seine vorsehende Gottheit zu einer fortschreitenden zu erheben, liegt vielmehr an seiner Auffassung von der Immanenz der göttlichen Vorsehung im Kreislauf des natürlichen Geschehens".

1126 *Vittorio Hösle*, Vico und die Idee der Kulturwissenschaft, Einleitung der Meiner-Ausgabe 1990, S. CXLIV.

1127 *Vittorio Hösle*, Vico und die Idee der Kulturwissenschaft, Einleitung der Meiner-Ausgabe 1990, S. LIV, fasst ebenso pointiert wie prägnant zusammen: „Ja, im Grunde ist die SN nichts anderes als ein theologisch-politischer Traktat".

die Autorität des natürlichen Rechts."[1128] [„*A sì fatta autorità di natura umana seguì l'autorità di diritto naturale*"] (389).[1129]

a) Autoritärer Ursprung

Sie ist letztlich der Ursprung der „äußere(n) Gerechtigkeit, wie die Moraltheologen sie nennen"[1130] [„*la giustizia esterna, ch'i morali teologi dicono*"] (964).[1131] Autorität bedeutet für Vico in Anlehnung an das Zwölftafelgesetz die Eigentumsnahme:[1132] „Daher hießen im römischen Zivilrecht ‚Auktoren' diejenigen, von denen wir Eigentumsrechte herleiten."[1133] [„*Onde restaron ‚autori' detti in civil ragione romana coloro da' quali abbiamo cagion di dominio*"] (386).[1134] Ebenso wie es für Vico drei Arten der Jurisprudenz gibt, unterscheidet er drei Arten von Autoritäten: die göttliche, die heroische – „ganz auf den feierlichen Formeln der Gesetze beruhend"[1135] [„*riposta tutta nelle solenni formole delle leggi*"] (942)[1136] – und schließlich die menschliche, die auf menschlichen Fähigkeiten gründet, das sich etwa in umsichtiger Tatkraft manifestiert.[1137] Die Übereinstimmung zwischen den

---

1128 Übersetzung Vittorio Hösle und Christoph Jermann, Meiner-Ausgabe, 2009, S. 181.
1129 *Giambattista Vico*, La scienza nuova, 1744, edizione a cura di Fausto Niccolini (Editori Laterza), 5. Auflage 1967, S. 152.
1130 Übersetzung Vittorio Hösle und Christoph Jermann, Meiner-Ausgabe, 2009, S. 515.
1131 *Giambattista Vico*, La scienza nuova, 1744, edizione a cura di Fausto Niccolini (Editori Laterza), 5. Auflage 1967, S. 452.
1132 *Vittorio Hösle*, Vico und die Idee der Kulturwissenschaft, Einleitung der Meiner-Ausgabe 1990, S. LVI: „Um Vico zu verstehen, ist es allerdings wesentlich zu wissen, daß sich jenes Bewußtsein zwei Hauptquellen verdankt: dem humanistischen Wunsch, die als vorbildlich empfundenen antiken Texte in allen Details zu verstehen, und *dem juristischen Anliegen einer adäquaten Interpretation des (...) römischen Rechts*". Hervorhebung nur hier.
1133 Übersetzung Vittorio Hösle und Christoph Jermann, Meiner-Ausgabe, 2009, S. 179.
1134 *Giambattista Vico*, La scienza nuova, 1744, edizione a cura di Fausto Niccolini (Editori Laterza), 5. Auflage 1967, S. 151.
1135 Übersetzung Vittorio Hösle und Christoph Jermann, Meiner-Ausgabe, 2009, S. 501.
1136 *Giambattista Vico*, La scienza nuova, 1744, edizione a cura di Fausto Niccolini (Editori Laterza), 5. Auflage 1967, S. 437.
1137 *Benedetto Croce*, Die Philosophie Giambattista Vicos (deutsche Übersetzung Erich Auerbach/Theodor Lücke), 1927, S. 7, ordnet es im Verhältnis zu Descartes, dessen Verfahrensweise er anschaulich beschreibt, umfassend – also keineswegs nur auf das Recht bezogen, aber dies wohl unausgesprochen mit berücksichtigend – ein: „Der Gedanke einer vollkommenen menschlichen Wissenschaft, die einer anderen die Berechtigung dieses Namens verweigert, weil sie nicht auf Tätigkeit der Vernunft, sondern auf Autorität gegründet sei, wird als illusorisch erklärt. Die Autorität der eigenen und der fremden Beobachtungen und Ansichten, die allgemeine Meinung, die Ueberlieferung, das Bewußtsein des menschlichen Geschlechts werden wieder in die Aufgabe eingesetzt, die sie immer besaßen und auch bei Descartes selbst hatten; dieser verachtete – wie es

drei Arten der Autoritäten und der Jurisprudenz ist kein Zufall, weil sich diese jener bedient (943). Vico kann für diese Sichtweise in Anspruch nehmen, dass „das Eigentum selber im Zwölftafelgesetz stets ‚autoritas' (Auktorität) genannt wird."[1138] [„*esso dominio nella legge delle XII Tavole sempre ‚autoritas' vien appellato*"] (944.).[1139]

b) Rechtsphilosophie und Rechtsdogmatik

Diese wortlautmäßige Übereinstimmung und die Rückbindung von Rechtsbefugnissen an den Wortsinn des Gesetzes ist, wie wir gesehen haben, ohnehin ein Merkmal seiner Rechtsphilosophie, die damit einen bemerkenswerten Übergang zur Rechtsdogmatik bietet.[1140] Wenn im Schrifttum mitunter Bezüge Vicos zu Max Weber geltend gemacht wurden,[1141] dann kann man dem hinzufügen, dass auch in der soeben angedeuteten Hinsicht Gemeinsamkeiten bestehen.[1142] Von daher leuchtet ein, dass Vicos Verdienst für die neuzeitliche juristische Geistesgeschichte letztlich in einer universellen Rechtstheorie liegt,[1143] deren Bestandteile außer der Rechtsphilosophie, die Rechtsgeschichte, die Rechtsdogmatik und

zu geschehen pflegt – das, was er selbst in reicher Fülle besaß und sich ausgiebig zunutze gemacht hatte, und diskreditierte als höchst gelehrter Mann die Gelehrsamkeit und Bildung, wie jemand, der gesättigt ist, es sich erlauben kann mit Verachtung von der Speise zu sprechen, die schon als Blut durch seine Adern kreist".

1138 Übersetzung Vittorio Hösle und Christoph Jermann, Meiner-Ausgabe, 2009, S. 501.

1139 *Giambattista Vico*, La scienza nuova, 1744, edizione a cura di Fausto Niccolini (Editori Laterza), 5. Auflage 1967, S. 437.

1140 Zum Verhältnis von Rechtsphilosophie und Rechtsdogmatik *Jens Petersen*, Von der Interessenjurisprudenz zur Wertungsjurisprudenz, 2001, S. 4 ff.

1141 *Rainer Specht*, Über den juristischen Realismus Giambattista Vicos, Philosophisches Jahrbuch 63 (1955) 166, 186, hat dies schon früh gesehen, indem er bemerkt, „daß er beginnt, die traditionelle Trias von Monarchie, Aristokratie und Demokratie zu verlassen und nicht mehr den Autoritätsträger, sondern statt seiner die Legitimationsart als das Wesentliche anzusehen – ein Gedanke, den erst zweihundert Jahre später Max Weber neu entdeckte und zu Ende dachte (...). Die nächste Staatsform, die Vico noch Königtum nennt, trägt in seiner Beschreibung neben traditionalistischen schon ganz deutlich andere Züge, die Max Weber der charismatischen Legitimation zuordnete." Zustimmend *Vittorio Hösle*, Vico und die Idee der Kulturwissenschaft, Einleitung der Meiner-Ausgabe 1990, S. S. IC Fußnote 132, der die „Nähe zu Weber" ebenfalls für auffallend hält.

1142 *Jens Petersen*, Max Webers Rechtssoziologie und die juristische Methodenlehre, 3. Auflage 2020, § 1.

1143 *Vittorio Hösle*, Recht und Geschichte bei Giambattista Vico, Gedenkschrift für Karl-Heinz Ilting, 1990, S. 389.

schließlich, wie verschiedentlich gesehen, zumindest andeutungsweise die Rechtssoziologie gehört.[1144]

Eine Abrundung erfährt Vicos Rechtstheorie durch ein System des natürlichen Rechts der Völker (394). Doch bei all diesen mannigfaltigen Disziplinen, die Vicos Rechtstheorie vereint, geht er doch allenthalben von der rationalen politischen Theologie der göttlichen Vorsehung aus (2):[1145] „Und so gehen wir bei der Behandlung des natürlichen Rechts von der Idee der göttlichen Vorsehung aus, mit der zugleich die Idee des Rechts geboren wurde“[1146] [„*E sì incominciamo a ragionare del diritto naturale dall'idea di essa provvedenza divina, con la quale nacque congenita l'idea di diritto*“] (398).[1147]

1144 *Vittorio Hösle*, Wahrheit und Geschichte. Studien zur Struktur der Philosophiegeschichte unter paradigmatischer Analyse der Entwicklung von Parmenides bis Platon, 1984, S. 152, zur Bedeutung Vicos für die Geistesgeschichte, nicht zuletzt wegen seiner Zyklentheorie: „Es ist zur Genüge als Leistung Vicos anerkannt, in der ‚Scienza Nuova' die (Geistes-)Historie zu dem Rang einer Wissenschaft – einer neuen und besonders wertvollen Wissenschaft – erhoben zu haben; weniger präsent aber ist, daß Vico – darin Aristoteliker – dies nur vermag aufgrund der Annahme zyklischer Strukturen in der Geschichte“.

1145 *Benedetto Croce*, Die Philosophie Giambattista Vicos (deutsche Übersetzung Erich Auerbach/Theodor Lücke), 1927, S. 94, bezeichnet daher die Scienza nuova „als eine *vernünftige Theologie der göttlichen Vorsehung in der Geschichte.*“ Hervorhebung auch dort.

1146 Übersetzung Vittorio Hösle und Christoph Jermann, Meiner-Ausgabe, 2009, S. 186.

1147 *Giambattista Vico*, La scienza nuova, 1744, edizione a cura di Fausto Niccolini (Editori Laterza), 5. Auflage 1967, S. 156.

§ 6 Gesetzgebung und Gesellschaft

In einer überaus aufschlussreichen Weise behandelt Vico das Verhältnis der Philosophie zur Gesetzgebung und führt dies zu einer ebenfalls bemerkenswerten Synthese.[1148] Die Verklammerung der unterschiedlichen Absätze Vicos, die ungeachtet ihrer Separierung einen einheitlichen Gedanken abbilden, besteht in der Blickrichtung der Philosophie einerseits und der Gesetzgebung andererseits auf den Menschen:[1149] „Die Philosophie betrachtet den Menschen, wie er sein soll, und kann so nur sehr Wenigen nützen, die in der Republik Platons leben,[1150] nicht sich in den Schmutz des Romulus stürzen wollen."[1151] [„*La filosofia considera l'uomo quale dev'essere, e sì non può fruttare ch'a pochissimi, che vogliono vivere nella repubblica di Platone, non rovesciarsi nella feccia di Romolo*"] (131).[1152]

1148 *Vittorio Hösle*, Vico und die Idee der Kulturwissenschaft, Einleitung der Meiner-Ausgabe 1990, S. CCVII, würdigt im Rahmen seiner überaus anschaulichen und konzentrierten Darstellung der einzelnen Rechtsansichten Vicos inzident auch deren Einbettung in die Gesamtkonzeption des Werkes und untermauert sie mit folgender prägnanter Aussage: „Im Übergang vom Gewohnheitsrecht zum Gesetzesrecht besteht in der Tat eines der von Vico analysierten Entwicklungsgesetze der Rechtsgeschichte".

1149 *Benedetto Croce*, Die Philosophie Giambattista Vicos (deutsche Übersetzung Erich Auerbach/Theodor Lücke), 1927, S. 194, ordnet dies in Vicos Theorie von corso und ricorso ein: „Doch besondere Bedeutung mißt er der Wiedergeburt des römischen Rechts bei (dieses ‚natürliche Recht der Völker Europas', wie es Grotius genannt hatte), das man in den Universitäten Italiens wieder zu studieren begann; mit ihm lehrte man wieder die Prinzipien der natürlichen Billigkeit, die Adligen und Nichtadligen wurden einander gleichgestellt im bürgerlichen Recht, wie sie es ihrer menschlichen Natur nach sind, das Geheimnis der Gesetze entglitt der Hand der Lehensherren, deren Macht auf diese Weise immer mehr beschränkt wurde; und so gelangte man zur humanen Regierung der freien Republiken und der ganz vollkommenen Monarchien. Die bereits wiedergekehrte heroische Gesellschaft hatte damit nun den entgegengesetzten Rücklauf erlitten; und in der Kultur der neueren Zeit war es unmöglich, sie wieder ins Leben zurückzurufen".

1150 *Vittorio Hösle*, Philosophiegeschichte und objektiver Idealismus, 1996, S. 159: „Denn kein Philosoph der Tradition hat Vico stärker beeinflußt als Platon, und kein Gedanke Platons ist für Vico wichtiger als jener von der fundamentalen Einheit des menschlichen Wissens".

1151 Übersetzung Vittorio Hösle und Christoph Jermann, Meiner-Ausgabe, 2009, S. 90.

1152 *Giambattista Vico*, La scienza nuova, 1744, edizione a cura di Fausto Niccolini (Editori Laterza), 5. Auflage 1967, S. 73. Letzteres ist eine Anspielung auf *Ciceros* ‚in faece Romuli' aus einem Brief an Atticus, die übrigens in anderem Zusammenhang auch zitiert wird von *Charles-Louis de Secondat de Montesquieu*, De l'esprit des lois, 1748, I 6.

https://doi.org/10.1515/9783110718461-008

I. Perspektive der Gesetzgebung

Es geht also wiederum um das Verhältnis von Sein und Sollen als kategorialer Unterscheidung.[1153] Jedoch interessieren Vico weniger die daraus zu ziehenden Schlüsse oder drohenden naturalistischen Fehlschlüsse.[1154] Dafür ist er bei aller Vorliebe für metaphysische Spekulationen zu sehr davon überzeugt, dass durch das mit all seiner wissenschaftlichen Brillanz von pragmatischer Kraft geprägte römische Recht, wenn man es denn gebührend wiederbelebte, eine gleichheitsstiftende Wirkung einhergehen könnte, die ein gedeihliches Zusammenleben ermöglichen würde.

1. Religiöse Rückbindung

Vielmehr liegt in seiner Pointierung des Erkenntnisinteresses eine immanente Kritik, welche die beschränkte Leistungsfähigkeit ins Visier nimmt, um es bewusst ökonomisch zu formulieren, obwohl es sich dabei zugleich um ein wichtiges Kriterium juristischer Theoriebildung handelt.[1155]

a) Lebensweltliche Gesichtspunkte und religiöse Ordnung

Doch interessiert hier einstweilen der lebensweltliche Gesichtspunkt. Denn unausgesprochen setzt Vico voraus, dass die Menschen in ihrer Mehrzahl eben nicht von Grund auf gut und wohlgesonnen sind oder gar das Gute um seiner selbst willen erstreben. Daher stellt er dem platonischen Reich der Ideen die Niederungen und anthropologischen Abgründe des Bruder-Mörders Romulus entge-

---

1153 Dazu im Hinblick auf einen anderen Denker, der für die Entwicklung der Rechtssoziologie prägend wurde, *Jens Petersen*, Machiavellis Gesetzgebungslehre, 2020, S. 1 f.

1154 *Vittorio Hösle*, Vico und die Idee der Kulturwissenschaft, Einleitung der Meiner-Ausgabe 1990, S. CXLIV Fußnote 182, zeigt dies in anderem, aber auch für die vorliegende Thematik illustrativen Zusammenhang: „Wenigstens vermeidet Vico die Grobheit naturalistischer Fehlschlüsse im Sinne einer evolutionistischen oder systemtheoretischen Fehlbegründung: Für Vico ist das Zeitalter der Menschen nicht deswegen normativ ausgezeichnet, weil es am Ende der Entwicklung erreicht wird, sondern es bildet das Ende der Entwicklung, weil es normativ ausgezeichnet ist".

1155 Grundlegend *Claus-Wilhelm Canaris*, Funktion, Struktur und Falsifikation juristischer Theorien, Juristenzeitung 1993, 377.

gen.[1156] Die Verklammerung mit einem weiteren Absatz ergibt sich daher nicht nur mit Blick auf die anthropozentrische Perspektive, sondern vor allem durch die Fragestellung, wie man auf Erden der unreinen Wirklichkeit mit all ihren Kontaminationen aber eben auch der Notwendigkeit, sie durch Gesetze und Institutionen zu ordnen, Herr werden kann.[1157]

Ebenso wie er unter den legendären frühen römischen Königen Numa Pompilius die Sakralgesetzgebung bzw. die Ordnung der religiösen Zeremonien zuordnet (418) und Tullus Hostilius die Militärgesetzgebung (419), ist Romulus für ihn entsprechend alter Überlieferung notwendigerweise der Gesetzgeber des Ständewesens (532): „Ebenso müssen alle Gesetze über die Stände Romulus zugeschrieben werden."[1158] [„*Così dovetter a Romolo esser attribuite le leggi d'intorno agli ordini*"] (417).[1159] Auch in dieser Hinsicht erweist sich für Vico die rationale politische Theologie göttlicher Vorsehung, wie er sie bei den Römern durch Numa personifiziert sieht, in gleicher Weise als Schlüssel des Verständnisses seiner Theorie wie die Verklammerung mit der lebensweltlichen Perspektive, deren Ordnung im Widerstreit konfligierender Interessen ihm der Gesetzgeber Romulus verdeutlicht.

b) Göttliche Vorsehung und römische Jurisprudenz

Die göttliche Vorsehung steht für Vico in einem rechtsgeschichtlich aufschlussreichen Zusammenhang mit der römischen Jurisprudenz, den Vico entsprechend seiner entwicklungsgeschichtlichen Vorstellung etymologisch aus der heroischen Rechtswelt ableitet, die der Not gehorchend zur Königsherrschaft gefunden hat: „Denn hier, in dieser Notlage müssen die Heroen durch die Natur dazu getrieben worden sein, sich zu Ständen zusammenzuschließen, um den Scharen der sich auflehnenden Knechte zu widerstehen, und es muß an ihre Spitze getreten sein irgendein Vater, der wilder als alle anderen war und größere Geistesgegenwart besaß; und solche nannte man daher die ‚Könige' (ital. re) nach dem Verbum

---

1156 Siehe zu den vielsagenden Verweisen auf Romulus, die im taciteischen Werk als latente Augustus-Kritik begriffen werden können, *Jens Petersen*, Recht bei Tacitus, 2019; zum Brudermord an Remus *ders.*, Machiavellis Gesetzgebungslehre, 2020, S. 330 ff.

1157 *Benedetto Croce*, Die Philosophie Giambattista Vicos (deutsche Übersetzung Erich Auerbach/Theodor Lücke), 1927, S. 94, betont Vicos zeitlich-dynamisches Verständnis der Wirklichkeit und ihre prinzipielle Bestimmung durch die im Text als nächstes genannte Vorsehung: „Die wahre und einzige Wirklichkeit der Welt der Völker ist also ihre Entwicklung; und das Prinzip, das die Entwicklung der Völker lenkt, ist die Vorsehung".

1158 Übersetzung Vittorio Hösle und Christoph Jermann, Meiner-Ausgabe, 2009, S. 199.

1159 *Giambattista Vico*, La scienza nuova, 1744, edizione a cura di Fausto Niccolini (Editori Laterza), 5. Auflage 1967, S. 169.

‚regere', das eigentlich ‚stützen' und ‚lenken' bedeutet.[1160] Auf diese Weise wurden, um es mit der sehr treffenden Wendung des Juristen Pomponius zu sagen, ‚rebus ipsis dictantibus, regna condita' (durch den Zwang der Verhältnisse selber die Königreiche gegründet' (1007); dieser Ausspruch paßt zur Lehre des römischen Rechtes, die festsetzt ‚ius naturale gentium divina providentia constitutum' (das natürliche Recht der Völker sei durch die göttliche Vorsehung eingesetzt worden) (328).“[1161]

[„*Perché quivi, al grand'uopo, dovettero per natura esser portati gli eroi ad unirsi in ordini, per resistere alle moltitudini de' famoli sollevati, dovendo loro far capo alcun padre più di tutti feroce e di spirito più presente; e tali se ne dissero i ‚re' dal verbo ‚regere', ch'è propiamente ‚sostenere' e ‚dirizzare'. In cotal giusa, per dirla con la frase troppo ben intesa di Pomponio giureconsulto, ‚rebus ipsis dictantibus, regna condita', detto convenevolmente alla dottrina delle romana ragione, che stabilisce ‚ius naturale gentium divina providentia constitutum'*“] (584).[1162] Dass auch die pragmatischen Fragen der Rechtssetzung für Vico nicht ohne religiöse Rückbindung denkbar sind, zeigt im Übrigen eine durch die bonmotartige Berücksichtigung Spinozas aufschlussreiche Erkenntnis Vicos.[1163]

Diese Einsicht bringt nämlich die göttliche Vorsehung mit den Philosophenschulen der Epikureer sowie der Stoiker in Zusammenhang, denen Recht und Gesetz tendenziell fremd sind, und stellt diese beiden dann in einen auf den ersten Blick überraschenden Zusammenhang mit der Jurisprudenz:[1164] „Kein Volk

---

1160 *Tacitus*, Germania, 7, 1, wird im weiteren Zusammenhang von Vico zitiert: ‚Duces exemplo potius quam imperio; si prompti, si conspicui, si ante aciem agant, admiratione paesunt'. Man beachte die sinnige Alliteration, die diesen Zusammenhang sprachlich verdeutlicht. Zu dieser Stelle *Erwin Wolff*, Das geschichtliche Verstehen in Tacitus' Germania, in: Tacitus (Hg. Viktor Pöschl), 1969, S. 241, 269; *Dieter Timpe*, Zum politischen Charakter der Germanen in der Germania des Tacitus, in: Romano-Germanica. Gesammelte Studien zur Germania des Tacitus, 1995, S. 145, 165 ff.; zu den juristischen Konnotationen *Jens Petersen*, Recht bei Tacitus, 2019, S. 173. Hier zeigt sich, dass Vico alle verfügbaren literarischen Quellen auswertet, die einen kulturgeschichtlichen Anknüpfungspunkt für die früheste Überlieferung zu bieten versprechen.

1161 Übersetzung Vittorio Hösle und Christoph Jermann, Meiner-Ausgabe, 2009, S. 317 f.

1162 *Giambattista Vico*, La scienza nuova, 1744, edizione a cura di Fausto Niccolini (Editori Laterza), 5. Auflage 1967, S. 261.

1163 *Vittorio Hösle*, Vico und die Idee der Kulturwissenschaft, Einleitung der Meiner-Ausgabe 1990, S. LIV, zu Vicos gründlicher Kenntnis der Philosophie Spinozas.

1164 *Karl Löwith*, Weltgeschichte und Heilsgeschehen. Die theologischen Voraussetzungen der Geschichtsphilosophie, 8. Auflage 1990 (1953), S. 117, erklärt das im Text Folgende gleichermaßen werkimmanent wie philosophiegeschichtlich: „Denn ohne eine solche göttliche Lenkung ist der selbstsüchtige Wille des Menschen allein zu schwach und zu verderbt, um die Anarchie in Ord-

hat an einen Gott, der ganz Körper, oder an einen Gott, der ganz Geist, aber kein freier Geist wäre, geglaubt. Daher konnten weder die Epikureer, die nichts anderes annehmen als Körper und mit dem Körper den Zufall, noch die Stoiker, die einen Gott annehmen, der ein unendlicher, dem Fatum unterworfener Geist in einem unendlichen Körper ist (insofern stimmen die Stoiker mit den Spinozisten überein), über Staat und Gesetz vernünftig reden, und Benedict Spinoza spricht vom Staat wie von einer Gesellschaft, die aus lauter Kaufleuten bestehe. Deswegen hatte Cicero recht, als er zu Atticus, da dieser Epikureer war, sagte, er könne nicht mit ihm über die Gesetze vernünftig reden, wenn er ihm nicht vorher zugestanden hätte, daß es eine göttliche Vorsehung gebe. So sehr sind die beiden Schulen der Stoiker und Epikureer mit der römischen Jurisprudenz vereinbar, die die göttliche Vorsehung als ihr Hauptprinzip aufstellt! (979)."[1165]

[„*Niuna credette in un dio tutto corpo o pure in un dio tutto mente la quale non fusse libera. Quindi né gli epicurei, che non dánno altro che corpo e, col corpo, il caso, né gli stoici, che dánno Dio in infinito corpo infinita mente soggetta al fato (che sarebbero per tal parte gli spinosisti), poterono ragionare di repubblica né di leggi, e Benedetto Spinosa parla di repubblica come d'una società che fusse di mercadanti. Per lo che aveva la ragion Cicerone,*[1166] *il qual ad Attico, perch'egli era epicureo,*

nung und das Laster in Segen zu verwandeln. Vicos Hervorhebung der Vorsehung ist verbunden mit einer Polemik gegen den Schicksals- und Zufallsglauben der Stoiker und Epikuräer, sowohl der alten (Zeno und Epikur) wie der modernen (Spinoza, Hobbes und Machiavelli)." Die Pointe zeigt sich ebenda, S. 119 f.: „Durch göttliche Gesetzgebung schafft die Vorsehung aus Wildheit, Habgier und Ehrgeiz die Stärke, die Reichtümer und die Weisheit der Gemeinwesen." – Der letztgenannte Gedanke kann sich auf SN 132 berufen.

1165 Übersetzung Vittorio Hösle und Christoph Jermann, Meiner-Ausgabe, 2009, S. 145.

1166 *Benedetto Croce*, Die Philosophie Giambattista Vicos (deutsche Übersetzung Erich Auerbach/Theodor Lücke), 1927, S. 149 f., malt die poetische Jurisprudenz, Vico zugleich paraphrasierend – denn gemeint ist offenbar das in SN 1036 Gesagte – anschaulich aus: „Jene alte Jurisprudenz war ganz dichterisch: sie erdichtete Geschehenes als nicht geschehen, die noch Ungeborenen als geboren, die Lebenden tot, die Toten lebendig in ihrer liegenden Erbschaft. Sie führte viele leere Masken ohne Subjekte ein (*iura imaginaria*), von der Einbildung erdichtete Rechte; und die Formeln, mit denen die Gesetze sprachen, hießen wegen ihrer fest umgrenzten Maße von ganz bestimmten Worten *carmina*. Die Bruchstücke der zwölf Tafeln enden, wenn man sie genau betrachtet, im größten Teil ihrer Kapitel in adonischen Versen, die die letzten Ueberreste heroischer Verse sind; und Cicero begann, um es nachzuahmen, einen Paragraphen in der Schrift *De legibus* mit dem Verse: *Ad Divos adeunte caste, pietatem adhibento.* Bei demselben Cicero gelang es Vico zu finden, daß die römischen Kinder beim Gehen die Zwölftafelgesetze sangen, *tamquam necessarium carmen.*" Hervorhebungen auch dort. Im Hinblick auf das für Vico wichtige Verhältnis von Jurisprudenz und Philologie weiterführend zu der zitierten Schrift Ciceros *Jürgen Paul Schwindt*, Das Ende der Dinge und der Anfang der Interpretation. Cicero, ‚De legibus' 1, 1 ff., in: Lektüre und Geltung. Zur Verstehenspraxis in der Rechtswissenschaft und in der Literaturwissenschaft (Hg. Dieter Grimm/Christoph König), 2020, S. 207.

diceva non poter esso con lui ragionar delle leggi, se quello non gli avesse conceduto che vi sia provvedenza divina. Tanto le due sètte stoica ed epicurea sono comportevoli con la romana giurisprudenza, la quale pone la provvedenza divina per principal suo principio!"] (335).[1167] Auf diese Stelle verweist Vico sehr viel später nachdrücklich (979), wo er zuvor über die ‚gesitteten' Zeiten des natürlichen Rechts der Völker spricht (978), die er mit einem Tacitus-Wort verdeutlicht, wie er es nicht selten macht (435).[1168]

2. Gesetzgebung als Werkzeug der Schrankensetzung

Die weiter oben zitierte Stelle enthält einen moralistischen Unterton (978), zugleich aber im Zusammenhang mit der davor Bedachten eine gewisse Verächtlichkeit gegenüber einer Staatsvorstellung nach Art eines merkantilistischen Zusammenschlusses (335). Damit fragt sich, wie Vico selbst die Funktion der Gesetzgebung einschätzt. Er sieht in der Gesetzgebung ein Werkzeug, durch das die Menschen mitsamt ihren niedrigen Instinkten und Beweggründen in die Schranken gewiesen werden können: „Die Gesetzgebung betrachtet den Menschen, wie er ist, um von ihm guten Gebrauch in der menschlichen Gesellschaft zu machen; so macht sie aus der Grausamkeit, der Habsucht und dem Ehrgeiz – den drei Lastern, die das ganze Menschengeschlecht verwirren – das Militär, den Handel und den Hof und damit die Stärke, den Reichtum und die Weisheit der Staaten; und aus diesen drei großen Lastern, die sonst sicher das Menschengeschlecht auf Erden vernichten würden, macht sie einen glücklichen politischen Zustand."[1169] [„*La legislazione considera l'uomo qual è, per farne buoni usi nell'umana società: come della ferocia, dell'avarizia, dell'ambizione, che sono gli tre vizi che portano a travverso tutto il gener umano, ne fa la milizia, la mercatanzia e la corte, e sì la fortezza, l'opulenza e la sapienza delle repubbliche; e di questi tre grandi vizi, i quali certamente distruggerebbero l'umana generazione sopra la terra, ne fa la civile felicità*"] (132).[1170]

1167 *Giambattista Vico*, La scienza nuova, 1744, edizione a cura di Fausto Niccolini (Editori Laterza), 5. Auflage 1967, S. 117.

1168 *Tacitus*, Germania, 19: ‚nec corrumpere et corrumpi saeculum vocatur.' Zu dieser Stelle *Jens Petersen*, Recht bei Tacitus, 2019, S. 142.

1169 Übersetzung Vittorio Hösle und Christoph Jermann, Meiner-Ausgabe, 2009, S. 91.

1170 *Giambattista Vico*, La scienza nuova, 1744, edizione a cura di Fausto Niccolini (Editori Laterza), 5. Auflage 1967, S. 73.

II. Rechtssoziologisches Erkenntnisinteresse

Es ist überraschend, dass dieser tiefsinnige und weitreichende Gedanke im bisherigen Schrifttum und den Gesamtdarstellungen zur Rechtsphilosophie,[1171] soweit ersichtlich, noch kaum eine Rolle gespielt hat.[1172] Dabei ist er in vieler Hinsicht bemerkenswert. Zunächst richtet er das Augenmerk auf das Sein.

1. Sein und Sollen zwischen Rechtssoziologie und Kulturwissenschaft

Das ist schon deswegen erklärungsbedürftig, weil das Subjekt dieses Satzes die Gesetzgebung und das Objekt der Mensch ist. Man könnte annehmen, dass die Gesetzgebung ihrer Natur nach gerade die normative Sphäre betrifft, also das Sollen. So scheint in diesem Bezugspunkt auf den ersten Blick ein naturalistischer Fehlschluss angelegt zu sein, der Sein und Sollen ineinander führt oder gar miteinander vermengt.

a) Fundamentaler Unterschied gegenüber Machiavellis Gesetzgebungslehre

Das Gegenteil ist jedoch der Fall. Indem der Mensch als Mängelwesen erkannt wird,[1173] zeigt sich zugleich dasjenige, was ihm zur moralischen Vervollkomm-

---

1171 *Albert O. Hirschman*, The Passions and the Interests. Political Arguments for Capitalism before its Triumph, 1977 (hier zitiert nach der deutschen Ausgabe: Leidenschaften und Interessen. Politische Begründungen des Kapitalismus vor seinem Sieg, 1987, Übersetzung Sabine Offe), S. 22 sowie S. 146 Anmerkung 15, der SN 131/132 zusammenzieht, ist allerdings hervorzuheben, weil er vordinglich die Wirtschafts- und Sozialwissenschaften berücksichtigt, dabei aber das Recht nicht aus dem Blick verliert und Vicos Gedanken genauestens berücksichtigt. Wie gründlich er die gesamte Geistesgeschichte überschaut und die unscheinbar anmutenden Einflüsse wahrnimmt, zeigt der einleitende Relativsatz über Vico, „der Spinoza gelesen hat" (S. 22).

1172 *Vittorio Hösle*, Recht und Geschichte bei Giambattista Vico, Gedenkschrift für Karl-Heinz Ilting, 1990, S. 389, 391, macht auf einen Mangel der Forschungsdiskussion aufmerksam, dessen Abhilfe er selbst durch seinen bahnbrechenden Beitrag geschaffen hat: „Es ist bei der heutigen Spezialisierung nahezu unvermeidlich, daß stets nur Facetten des Vicoschen Werkes in den Blick kommen. So hat selbst ein so universaler Geist wie B. Croce zugunsten von Vicos Leistungen zumal in der Ästhetik, der ja seine eigenen systematischen Bemühungen galten, die Dimension des Rechts arg vernachlässigt, und es ist kein Zweifel, daß gerade diese Sphäre bis heute zu wenig beachtet ist".

1173 *Arnold Gehlen*, Der Mensch, 1940, hat dies bekanntlich auf den Begriff gebracht. *Vittorio Hösle*, Moral und Politik. Grundlagen einer Politischen Ethik für das 21. Jahrhundert, 1997, S. 689, bezeichnet Gehlen nicht von ungefähr als denjenigen Philosophen, der „nach Vico, am tiefsten in die Mentalität des archaischen Menschen eingedrungen ist". *Ders.* Eine kurze Geschichte der

nung fehlt, jedoch eben nicht in Gestalt platonischer Ideen, sondern durch die schroffen Züge der Gesetzgebung. Darüber hinaus aber setzt Vico hier eine Erkenntnis Machiavellis voraus, der sich schon vorher zum Ziel gesetzt hat, den Menschen so zu beschreiben, wie er ist und nicht wie er sein soll.[1174]

Ebenso wie zwei Jahrhunderte zuvor Machiavelli kann daher Vico zu denjenigen gezählt werden, die das Erkenntnisinteresse auf Fragen legten, die rechtssoziologisch bestimmt sind,[1175] noch bevor es diesen Begriff überhaupt gab.[1176] Auch Machiavelli hat allenthalben die Rolle der Gesetzgebung betont.[1177] Allerdings erschöpfen sich darin fürs Erste die Gemeinsamkeiten. Es ist im Übrigen verstörend, dass Machiavelli in seinen Discorsi unter dem Gesichtspunkt der Staatsgründung und -erhaltung Verständnis für die Untat des Romulus aufbringt, weil sie noch im Zuge der Staatsbegründung geschieht und damit erst die Bedingungen schafft, unter denen Romulus sodann durch weise Gesetzgebung das Staatswesen erhalten und die Menschen schützen kann.[1178]

deutschen Philosophie, 2013, S. 275, bemerkt zu *Arnold Gehlen*, Urmensch und Spätkultur, 1956, im Hinblick auf die soziale Evolution der Urmenschen, dass es „seit Vico keinen Philosophen gegeben hat, der sich zu eindringlich mit ihr befaßt hat." Weiterführend auch *Vittorio Hösle*, Philosophiegeschichte und objektiver Idealismus, 1996, S. 175, wonach Vico „viele Motive der Gegenaufklärung des 19. und 20. Jahrhunderts vorwegnimmt – man denke z. B. an Gehlen –, besteht kein Zweifel daran, daß er in der Rationalität durchaus das Telos der menschlichen Kultur erblickt – aber in einer Rationalität, die die Geschichtliche Genese des Menschen ebenso berücksichtigt wie die irrationalen Aspekte seiner Natur".

1174 *Niccolò Machiavelli*, Il Principe, 1532, XV.

1175 *Benedetto Croce*, Die Philosophie Giambattista Vicos (deutsche Übersetzung Erich Auerbach/Theodor Lücke), 1927, S. 105, bringt unausgesprochen den rechtssoziologischen Gesichtspunkt zur Geltung, indem er von der soziologischen Bedeutung der Zyklentheorie Vicos den Blick auf die Rechtsgeschichte lenkt: „Wenn die zugrundeliegende Philosophie die Stärke von Vicos soziologischer Theorie der Kreisläufe ausmacht, so behaftet das historische Material, aus dem sie sozusagen geknetet ist, sie mit einer gewissen Schwäche. Vico kannte und benützte mit besonderer Vorliebe die vorwiegend juristische Geschichte Roms, von der seine Untersuchungen ausgingen und der er sich mehrere Jahre lang widmete".

1176 *Susanne Baer*, Rechtssoziologie. Eine Einführung in die interdisziplinäre Rechtsforschung, 2011, S. 5.

1177 *Niccolò Machiavelli*, Discorsi sopra la prima deca di Tito Livio, 1531, I 4, 6911; II 1, 3; III 1, 6, 9, 28 und öfter.

1178 *Niccolò Machiavelli*, Discorsi sopra la prima deca di Tito Livio, 1531, I 9. Dazu eingehend *Jens Petersen*, Machiavellis Gesetzgebungslehre, 2020, S. 323.

b) Gesellschaft und Staatsbegründung

Aber so denkt Vico gerade nicht. Denn für ihn liegt – im größtmöglichen Gegensatz zu Machiavellis Vorstellung[1179] – die Zwecksetzung der Gesetzgebung in einem Umstand, den er bereits ganz am Anfang seines großen Werkes einführt, nämlich der zentralen menschlichen Eigenschaft der Geselligkeit (2). Geselligkeit und Gesellschaft hängen aber bereits sprachlich, was ja für Vico von besonderer Bedeutung ist, zuinnerst zusammen. Die Annahme eines plötzlichen Auftretens weiser Gesetzgeber ist ihm, wie bereits weiter oben gesehen wurde, von Grund auf suspekt, weil sie alles Entwicklungsgeschichtliche unberücksichtigt lässt, das überhaupt erst ihr Eingreifen ermöglicht hat (500).

So besteht das Ziel der Gesetzgebung für ihn schlicht darin, den zu allem Schlechten – bis hin zum Brudermord – fähigen Menschen (131) gesellschaftsfähig werden zu lassen (133).[1180] Daher vollzieht sich auch die Staatsbegründung nach Vico entwicklungsgeschichtlich, indem sich die Menschen zur Aufrechterhaltung ihrer gefährdeten Familieninteressen und geleitet durch die Vorsehung mit ihrem Vaterland vereinigten: „Und so kamen sie, ohne allen eigenen Vorsatz, in einem politischen Allgemeinwohl überein, das ‚Staat' heißt."[1181] [„*E sì, fuori d'ogni loro proposito, convennero in un bene universale civile, che si chiama ‚repubblica*'"] (629).[1182]

c) Paradigma kulturwissenschaftlicher Betrachtung

Die oben angesprochene Untat des Mordes an Remus erklärt Vico dementsprechend wiederum etymologisch in einem weit ausgreifenden Gedanken, der paradigmatisch für sein evolutionäres Rechtsdenken ist, das religiöse Bräuche stets mitberücksichtigt: „Diese Teilung (sc. der Grenzen der Felder), die in zu allgemeiner Form vom Juristen Hermogenian geschildert wird (...) kann überhaupt

---

1179 *Herfried Münkler*, Machiavelli. Die Begründung des politischen Denkens der Neuzeit aus der Krise der Republik Florenz, 1984, S. 263, stellt fest, dass das „Menschenbild der Renaissance (...) die Ungeselligkeit des Menschen stärker betonte als die Geselligkeit".

1180 *Eugen Biser*, Der Mensch – das uneingelöste Versprechen, 1995, S. 19, 74; *ders.*, Überwindung der Glaubenskrise. Wege zur spirituellen Aneignung, 1997, S. 126 mit Fußnote 93; *ders.*, Hat der Glaube eine Zukunft?, 3. Auflage 1997, S. 12, 185; sowie vor allem *ders.*, Überwindung der Lebensangst. Wege zu einem befreienden Gottesbild, 2. Auflage 1997, S. 27, aus theologischer Sicht zu Vicos Begriff der Gesellschaft: „Gleiches gilt aber auch für den seit Vico und Marx zunehmend an die Stelle des Kosmos getretenen ‚mondo civile', also die (...) Menschenwelt, für die sich, vor allem im Gefolge der marxistischen Ideologie, der Begriff der ‚Gesellschaft' eingebürgerte".

1181 Übersetzung Vittorio Hösle und Christoph Jermann, Meiner-Ausgabe, 2009, S. 355.

1182 *Giambattista Vico*, La scienza nuova, 1744, edizione a cura di Fausto Niccolini (Editori Laterza), 5. Auflage 1967, S. 289.

nicht begriffen werden, es sei denn unter der Annahme, sie sei geschehen zwischen höchst wilden Menschen, die einer furchteinflößenden Religion anhingen, die sie innerhalb bestimmter Ländereien festgebannt und eingegrenzt hatte, und die mit diesen blutigen Zeremonien ihre ersten Mauern ihre ersten Mauern geweiht hatten; diese, sagen auch die Philologen, seien von den Gründern der Städte durch den Pflug gezogen worden, dessen Krümmung nach den oben entdeckten Ursprüngen der Sprachen (428 ff.), zuerst ‚urbs' (Stadt) genannt worden sein muß, woher das alte ‚urbum' kommt, das ‚krumm' heißt (778/1014): von eben diesem Ursprung kommt vielleicht ‚orbis' (Kreis), so daß anfangs ‚orbis terrae' (Erdkreis) jede derartige Umzäunung gewesen sein muß, und zwar von so geringer Höhe, daß Remus mit einem Sprung darüberkam und deswegen von Romulus getötet wurde; und die lateinischen Geschichtsschreiber erzählen, er habe mit seinem Blut die ersten Mauern Roms geweiht."[1183]

[*„La qual divisione, come si è narrata troppo generalmente da Ermogeniano giureconsulto (...) non può affatto intendersi che con l'essere stata fatta tra uomini sommamente fieri ed osservanti di una qualche spaventosa religione, che gli avesse fermi e circoscritti entro di certe terre, e con queste sanguinose cerimonie avessero consagrato le prime mura, che pur i filologi dicono essere state descritte da' fondatori delle città con l'aratro, la cui curvatura, per le origini delle lingue che si sono sopra scoverte, dovette dirsi dapprima ‚urbs', ond'è l'antico ‚urbum', che vuol dire ‚curvo': dalla quale stessa origine forse è ‚orbis'; talché dapprima ‚orbis terrae' dovett'essere ogni ricinto sì fatto, così basso che Remo passò con un salto e vi fu ucciso da Romolo, e gli storici latini narrano aver consegrato col suo sangue le prime mura di Roma*"] (550).[1184] So seltsam die etymologischen Hypothesen dieser Darlegung anmuten mögen, ist dem Gedankengang doch zugute zu halten, dass er Jurisprudenz, Religion, Geschichtsschreibung und Philologie in einer für Vico bezeichnenden Weise zusammenführt und seine kulturwissenschaftliche Herleitung paradigmatisch veranschaulicht.

2. Gesetzgebung, Gesellschaft und Religion

Die Gesetzgebung verhilft also zur Eingliederung in die Gesellschaft, um ein gedeihliches Zusammenleben zu ermöglichen. Doch Vico lässt es dabei nicht bewenden und untersucht die allmählichen Milderungen der Gesetze zur Erziehung

1183 Übersetzung Vittorio Hösle und Christoph Jermann, Meiner-Ausgabe, 2009, S. 293.
1184 *Giambattista Vico*, La scienza nuova, 1744, edizione a cura di Fausto Niccolini (Editori Laterza), 5. Auflage 1967, S. 240 f.

des Menschengeschlechts möglichst vorurteilsfrei, damit nicht einfach die Standesunterschiede der Menschen als vordergründiges Erklärungsmuster herangezogen werden, sondern vielmehr die Genese der Sitten selbst in den Blickpunkt wissenschaftlichen Interesses rückt:[1185] „Wenn deswegen all die Ausschmücker der Geschichte des römischen Rechts gefragt werden: – Warum übte die alte Jurisprudenz so viel Strenge hinsichtlich des Zwölftafelgesetzes? Warum begann die mittlere,[1186] mit den Edikten der Prätoren, ein mildes Recht zu üben, aber immer noch unter Respektierung dieses Gesetzes? Warum fing die neue Jurisprudenz großmütig an, unverhüllt und ohne jede Rücksicht auf dieses Gesetz, die natürliche Billigkeit zu üben? – dann begehen sie, um irgendeinen Grund dafür anzugeben, jenes schlimme Unrecht gegenüber der römischen Großzügigkeit, zu sagen, die Strenge, die Feierlichkeit, die peinliche Genauigkeit und die Feinheiten des Wortlauts der Gesetze und schließlich deren Geheimhaltung seien nur Betrügereien der Adligen gewesen, um die Gesetze in der Hand zu haben, die einen großen Teil der Macht in den Städten ausmachen. Doch so weit waren derartige Handlungsweisen von jeder Betrügerei entfernt, daß sie vielmehr Sitten jener Menschen darstellten, die aus ihrer Natur selbst entstanden waren, welche, mit solchen Sitten, solche Staaten hervorbrachte, die natürlicherweise solche und nicht andere Handlungsweisen diktierten (915). Denn zur Zeit der schlimmsten Wildheit ihres ersten Menschengeschlechts, da die Religion das einzige wirksame Mittel war, sie zu zähmen (916), fügte es die Vorsehung so, wie wir oben gesehen haben (925), daß die Menschen unter göttlichen Regierungen lebten und daß überall heilige Gesetze walteten, was soviel heißt wie: geheime und der gewöhnlichen Masse der Völker verborgene (586).“[1187]

1185 *Vittorio Hösle*, Vico und die Idee der Kulturwissenschaft, Einleitung der Meiner-Ausgabe 1990, S. CXL, fasst Vicos Gedankengang vor allem in verfassungsgeschichtlicher und rechtlicher Hinsicht weiterführend zusammen, indem er ihn in moderner Diktion ohne forcierte Aktualisierung wiedergibt: „Im Zeitalter der Menschen würden mit der Demokratie und der absoluten Monarchie Staatsformen ausgebildet, in denen alle gleiche bürgerliche Rechte genössen. Als letzte Legitimationsinstanz und Autorität gälten Vernunft und Gewissen (...). Das Recht sei mild; der strenge Formalismus der heroischen Zeit werde durch Billigkeit ersetzt (...). Auch wenn sich Vico nicht so ausdrückt, läßt sich doch sagen, daß im menschlichen Zeitalter der Mensch selbstbewußt der Würde seines Wesens erfaßt (...)“.

1186 Zu ihr anschaulich in SN 993 auf S. 533 der hier zitierten Übersetzung: „Dabei heißt diese Jurisprudenz zufällig, aber passend ‚mittlere‘, weil sie bei solchen Fällen die Härten des Zwölftafelgesetzes abzuschwächen begann.“ In der Laterza-Ausgabe auf S. 470: *„Ove a caso, ma però bene, tal giurisprudenza vien detta ‚media‘, perch'ella da questi casi incominciò a rallentare i rigori della legge delle XII Tavole“*.

1187 Übersetzung Vittorio Hösle und Christoph Jermann, Meiner-Ausgabe, 2009, S. 507 f. Auch *Benedetto Croce*, Die Philosophie Giambattista Vicos (deutsche Übersetzung Erich Auerbach/

[„*Per tutto ciò, se tutti gli adornatori della storia del diritto romano son domandati: — Perché la giurisprudenza antica usò tanti rigori d'intorno alla legge delle XII Tavole? perché la mezzana, con gli editti de' pretori, cominciò ad usare benignità di ragione, ma con rispetto però d'essa legge? perché la giurisprudenza nuova, senz'alcun velo o riguardo di essa legge, prese generosamente a professare l'equità naturale? — essi, per renderne una qualche ragione, dánno in quella grave offesa alla romana generosità, con cui dicono ch'i rigori, le solennità, gli scrupoli, le sottigliezze delle parole e finalmente il segreto delle medesime leggi furon imposture de' nobili, per aver essi le leggi in mano, che fanno una gran parte della potenza nelle città. Ma tanto sì fatte pratiche furono da ogn'impostura lontane, che furono costumi usciti dalle lor istesse nature, le quali, con tali costumi, produssero tali Stati, che naturalmente dettavano tali e non altre pratiche. Perché, nel tempo della somma fierezza del loro primo gener umano, essendo la religione l'unico potente mezzo d'addimesticarla, la provvedenza, come si è veduto sopra, dispose che vivessero gli uomini sotto governi divini e dappertutto regnassero leggi sagre, ch'è tanto dire quanto arcane e segrete al volgo de' popoli*"] (952/953).[1188]

Es waren mitunter scheinbar verschlungene Wege bzw. Umwege über die Religion, welche die Rechtsentwicklung nehmen musste, um angesichts der streitsüchtigen Menschennatur zu Regeln des Zusammenlebens zu gelangen, die eine friedliche Koexistenz der Meisten miteinander in Gang setzte und aufrechterhalten konnte (133).[1189]

Theodor Lücke), 1927, S. 140, macht auf etwas allgemein Zutreffendes aufmerksam, das man am Beispiel der zitierten Stelle im Besonderen nachvollziehen kann: „Die rohen Bruchstücke der antiken römischen Gesetze, Sitten und Formeln, die homerischen Gedichte, die Worte der lateinischen Sprache, mit klarem Blick betrachtet – d. h. mit jener Kraft des genialen Menschen die Dinge unmittelbar zu sehen – und von einem zum Erfassen ihrer wahren Natur durchaus disponierten Verstand ausgearbeitet – mußten in Vicos Geist gegen die gelehrte, aber farblose oder falsch gefärbte Historiographie der eigenen Zeit die gleiche Abneigung und Empörung erwecken, die ein Jahrhundert später in Augustin Thierrys Geist durch die Seiten der poetischen Prosa Chateaubriands ausgelöst wurden (...)".

1188 *Giambattista Vico*, La scienza nuova, 1744, edizione a cura di Fausto Niccolini (Editori Laterza), 5. Auflage 1967, S. 443 f.

1189 *Vittorio Hösle*, Recht und Geschichte bei Giambattista Vico, Gedenkschrift für Karl-Heinz Ilting, 1990, S. 389, 407, zeigt allerdings, dass auch dahinter eine logische Entwicklung steht: „Im wesentlichen läßt sich Vicos Vorstellung von der Rechtsentwicklung folgendermaßen angeben: Am Anfang der menschlichen Kultur steht die Religion, und zwar eine Religion von ungeheurer Primitivität, Grausamkeit und Roheit, deren Funktion Vico soziologisch deutet: Ohne das Gefühl des Entsetzens, das sie den gewalttätigen Urmenschen vermittelt, hätten sich diese selbst zerstört (...); nur die Angst vor der Strafe der Gottheit hält sie zusammen (...). Das Recht ist somit sakral begründet (...)".

III. Transformation wertwidriger Instinkte in soziale Institutionen

Bezeichnend ist die Vico eigentümliche Spielart jenes großen Gedankens der – nicht nur juristischen – Geistesgeschichte, wonach aus Schlechtem und Wertwidrigem Gutes und Gedeihliches wird.[1190] Es geht der Sache nach um die Transformation der niedrigen Instinkte und Verhaltensweisen in gewisse Institutionen, aus denen Förderliches entstehen kann.[1191] Dieser Gedanke begegnete mit Bedacht an früherer Stelle, weil auch Vico ihn zu Beginn seines großen Werkes aufleuchten lässt (131/132).[1192]

1190 *Karl Löwith*, Weltgeschichte und Heilsgeschehen. Die theologischen Voraussetzungen der Geschichtsphilosophie, 8. Auflage 1990 (1953), S. 129, verdeutlicht allerdings etwas, aus dem sich ergibt, dass man die im Text genannte Gesetzmäßigkeit nur mit den Einschränkungen anwenden kann, die sich aus Vicos Zyklentheorie ergeben: „Seine Leitidee ist weder der historische Fortschritt zu einer letzten Erfüllung noch der kosmische Kreislauf eines bloß natürlichen Entstehens und Vergehens, sondern der natürlich-geschichtliche Fortgang von corso zu ricorso, worin dem Kreislauf selbst providentielle Kraft zukommt, weil er ein letztes Heilmittel gegen die verderbte Natur des Menschen ist".

1191 *Peter Burke*, Vico. Philosoph, Historiker, Denker einer neuen Wissenschaft, 1990, S. 77, legt den Focus auf die Gesetzgebung und paraphrasiert den Gedanken Vicos so, das „erst die Gesetzgebung bestimmte Gesellschaften zu Stärke, Reichtum und Weisheit verholfen, und zwar auf der Basis von ‚Wildheit, Gier und Ehrgeiz, den drei Lastern, die sich in der ganzen Menschheit finden' (132) – mit anderen Worten, ‚private Laster, öffentlicher Nutzen', wie es im Untertitel der Bienenfabel des holländischen Arztes Bernhard Mandeville (1670 – 1733) finden. Vico dürfte das auf Englisch geschriebene Werk kaum gekannt haben, auch wenn Berührungspunkte zu seinem System erkennbar sind". – Wenn man bedenkt, dass Mandeville und Vico im Abstand von nur zwei Jahren geboren wurden, dann kommt man nicht umhin anzunehmen, dass dieser Gedanke seinerzeit gleichsam in der Luft lag.

1192 *Albert O. Hirschman*, The Passions and the Interests. Political Arguments for Capitalism before its Triumph, 1977, hat aus der Transformation von Leidenschaften in Interessen eine fundamentale Theorie entwickelt und zitiert zum Beleg die soeben zitierte Stelle (Absatz 132) Vicos wörtlich (deutsche Ausgabe: Leidenschaften und Interessen. Politische Begründungen des Kapitalismus vor seinem Sieg, 1987, Übersetzung Sabine Offe, S. 22, 25): „Dies (sc. Vico, Absatz 132) ist sicher eine jener Aussagen, denen Vico seinen Ruhm als außerordentlich fruchtbarer Denker verdankt." An etwas späterer Stelle (ebenda, S. 26) stellt denn auch fest, dass „der Gedanke, die Leidenschaften des Menschen nutzbar zu machen, sie für das Gemeinwohl einzuspannen, von Vicos englischem Zeitgenossen, Bernhard Mandeville, wesentlich ausführlicher entwickelt wurde." – Insofern ist es geistesgeschichtlich gesehen gerechtfertigt, dass dieser damit deutlicher als jener in Verbindung gebracht wird.

1. Übergang von Leidenschaften in Institutionen

Entsprechend seiner altrömischen Betrachtungsweise macht Vico als Hauptlaster Grausamkeit, Habsucht und Ehrgeiz aus,[1193] um ihnen jeweils ein Pendant zu geben, das zwar noch nicht für sich betrachtet gut ist, aber zumindest für die Gesellschaft fördernd wirken kann.[1194] In diesem Rahmen kann die Gesetzgebung die menschliche Grausamkeit so bändigen, dass aus ihr das Militärwesen entsteht. Diese Verbindung sieht Vico in der römischen Geschichte durch Tullus Hostilius personifiziert, dem die betreffenden Gesetze und Institutionen zugeschrieben worden seien, wie er in einer kurzen Notiz erkennen lässt: „Dem Tullus Hostilius alle Gesetze und Institutionen der militärischen Disziplin."[1195] [„*A Tullo Ostilio, tutte le leggi ed ordini della militar disciplina*"] (419).[1196]

Die potentiell wahllose Schädigungsabsicht, die sich ungezügelt Bahn bricht, wird auf diese Weise durch strenge Gesetze gleichsam zu einem geordneten Drill. Dem Übel der Habsucht entspricht auf positiver Seite der Handel. Dabei setzt Vico voraus, dass sich die Habgier durch Gesetze in gewisse Bahnen lenken lässt, die zwar das materielle Eigeninteresse noch achten, jedoch in eine Richtung weisen, die für alle anderen innerhalb der Gesellschaft und damit auch für diese förderlich werden. Die dritte Korrespondenz verrät den Menschenkenner Vico, der aus dem auf Eitelkeit beruhendem Ehrgeiz im Wege der Gesetzgebung höfische

---

1193 *Tacitus*, Annales 1, 2, 2, der zu den vier besonders verehrten Autoren Vicos gehört, macht für das Überhandnehmen dieser drei römischen Hauptlaster den Untergang der Republik verantwortlich: ‚invalido legum auxilio, quae vi ambitu, postremo pecunia turbabantur'. Dazu *Jens Petersen*, Recht bei Tacitus, 2019, passim.

1194 *Vittorio Hösle*, Globale Fliehkräfte. Eine geschichtsphilosophische Kartierung der Gegenwart, 2019, S. 124 f., skizziert einen Prozess, der wohl insbesondere auf SN 1100 zurückgeht und wie Hösle zutreffend zu bedenken gibt, aktuelle politische Bedeutung entfaltet: „Bei Vico gibt es eine Entwicklung von der ursprünglichen Monarchie der Familienväter zu einem aristokratischen System, das einen grundsätzlichen Unterschied zwischen den heroischen Adligen, die allein politische Rechte haben, und dem Rest des Volkes anerkennt. Mit der Aufösung dieses Unterschieds aufgrund des Fortschritts im Gerechtigkeitssinn entwickeln sich einerseits Demokratien, andererseits Monarchien, die nun freilich die Rechtsgleichheit aller Untertanen (mit Ausnahme des Monarchen) schützen. Doch sosehr Vico insgesamt einen Fortschritt (innerhalb der einzelnen Zyklen, in die er die Geschichte einteilt) vertritt, sosehr geht er auf der anderen Seite, inspiriert u. a. durch den Niedergang und Fall des Römischen Reiches davon aus, daß nach Erreichen des kulturellen Höhepunktes in den auf Rechtsgleichheit gegründeten politischen Systemen ein Verfall einsetzt, der schließlich zum Kollaps einer Kultur führen kann".

1195 Übersetzung Vittorio Hösle und Christoph Jermann, Meiner-Ausgabe, 2009, S. 199.

1196 *Giambattista Vico*, La scienza nuova, 1744, edizione a cura di Fausto Niccolini (Editori Laterza), 5. Auflage 1967, S. 169.

Strukturen werden lässt. Auch hiermit werden individuelle niedrige Instinkte durch vorausschauende Gesetzgebung zu heilsamen Institutionen.

2. Gesetzgebung als Ausgangspunkt der Betrachtung

Vico lässt es jedoch nicht bei diesem schon für sich betrachtet originellen Gedanken bewenden, sondern verallgemeinert diese drei Institutionen, die im Wege der Gesetzgebung aus den Lastern hervorgehen, in drei positive Größen, nämlich die (militärische) Stärke, den durch Handel ermöglichten Reichtum sowie die aus der höfischen Gesellschaft hervorgehende Weisheit der Staaten. Gewiss kann man den letztgenannten Aspekt in Frage stellen. Doch liegt der Beobachtung, dass der durch Gesetze kanalisierte Ehrgeiz zu höfischen Strukturen führt und damit langfristig Weisheit in die Staatsführung Einzug halten lässt, die Annahme zugrunde, dass sich durch die Bändigung des individuellen Ehrgeizes der Höflinge und die Koordinierung der gemeinsamen Interessen eine gewisse politische Weisheit einstellen kann. Man mag dem entgegenhalten, dass auch diese Sichtweise letztlich nicht minder idealisierend wirkt, als die zuvor in Frage gestellte platonische (131).[1197]

Doch ist die Ableitung Vicos, so anfechtbar sie sein mag, geeignet, der Gesetzgebung eine Funktion zuzuweisen, die aus ursprünglich Wertwidrigem für die Gesellschaft Wertvolles zu generieren vermag.[1198] Ob das daraus resultierende

---

1197 *Vittorio Hösle*, Vico und die Idee der Kulturwissenschaft, Einleitung der Meiner-Ausgabe 1990, S. XLIII, gibt den für den vorliegenden Zusammenhang wichtigen ursprünglichen geistesgeschichtlichen Einfluss zu bedenken, dass bereits der Umstand, dass „Vico eine Metaphysik sucht, die Ethik und Rechtsphilosophie begründen kann, platonisch ist".

1198 *Werner Stark*, Montesquieu. Pioneer of the Sociology of Knowledge, 1960, S. 52 mit Fußnote 1, nennt interessanterweise den oft in diesem Zusammenhang übersehenen Vico ausdrücklich und als prominenten Vertreter dieser geistesgeschichtlichen Strömung: „There is little trace in Montesquieu's writing of the doctrine so prominent in Vico and so many other authors looming large in the history of social thought, of the ‚heterogony of ends' – the doctrine according to which individual selfishness may or even must lead to social advancement, ‚private vices' may, by dint of a sort of social chemistry in which they are intermixed and mutually neutralised, mean ‚publick benefits'." Die häufiger für diese Einsicht beispielhaft Herangezogenen finden sich erst in der Fußnote, wenngleich Bernhard Mandeville bereits wörtlich zitiert wurde: „It is true that Montesquieu expresses agreement with Mandeville and his famous formula (...), but manifestly only in so far as the *economic* effects of individual selfishness are concerned. His specifically *social* theory is very different from that of Mandeville, Adam Smith, etc." Hervorhebungen auch dort. Zum Verhältnis von Mandeville zu Adam Smith auch *Jens Petersen*, Adam Smith als Rechtstheoretiker, 2. Auflage 2017, S. 253 ff., 247. *Albert O. Hirschman*, The Passions and the Interests. Political Arguments for Capitalism before its Triumph, 1977 (deutsche Ausgabe: Leiden-

Ergebnis so glücklich ist, wie Vico es erscheinen lässt, mag dahingestellt bleiben; gewiss aber ist es für das langfristige Überleben der zur Geselligkeit neigenden Menschen allemal besser als das blinde Walten der genannten niedrigen Instinkte, die alle zugrunde richten könnten. Entscheidend für Vicos kulturgeschichtliches Verständnis des Rechts ist aber etwas, das ihn von Mandeville und anderen Denkern – weniger freilich von Adam Smith[1199] – unterscheidet, nämlich, dass er die Gesetzgebung zum Ausgangspunkt der Betrachtung erhebt (132).

3. Vicos Perspektivwechsel

Darin liegt eine bedeutsame und in ihrer Reichweite wohl noch nicht hinlänglich erkannte rechtstheoretische Leistung Vicos, die buchstäblich die Perspektive betrifft: „Die Gesetzgebung betrachtet den Menschen, wie er ist, um von ihm guten Gebrauch in der menschlichen Gesellschaft zu machen."[1200] [„*La legislazione considera l'uomo qual è, per farne buoni usi nell'umana società*"] (132).[1201] Abgesehen von der bereits eingangs beobachteten rechtssoziologischen Bedeutung dieser tiefsinnigen Einsicht können wir nun zum Ende dieses Abschnitts Vicos aufschlussreiches instrumentelles Verständnis dieses Perspektivwechsels hinzufügen, den Vico in einer sprachlich ingeniösen Umkehrung verdeutlicht, indem die Gesetzgebung als Beobachterin scheinbar anthropomorph verstanden wird, während der Mensch zum Objekt der Beobachtung wird, und zwar zu seinem Nutzen, der jedoch keinem vordergründigen individuellen Utilitarismus das Wort redet, sondern nur der Gesellschaft zugutekommt. Wie dies vonstatten geht, ob es sich also wirklich um einen Anthropomorphismus handelt oder nicht vielmehr die göttliche Vorsehung am Werk ist, soll im Folgenden behandelt werden.

---

schaften und Interessen. Politische Begründungen des Kapitalismus vor seinem Sieg, 1987, Übersetzung Sabine Offe), S 25 f., hat dies in einen noch größeren geistesgeschichtlichen Zusammenhang gestellt, indem er SN 131/132 so einordnet: „Hegels List der Vernunft, das Freudsche Konzept der Sublimation und abermals Adam Smiths Invisible hand – all dies läßt sich in diese beiden gewichtigen Sätze hineinlesen." Ähnlich *Karl-Otto Apel*, Die Idee der Sprache in der Tradition des Humanismus von Dante bis Vico, (1963), 2. Auflage 1975, S. 349: „Es ist die theologische Vorstufe der Hegelschen List der Vernunft', in deren Licht Vico das Verhältnis von menschlicher Schöpfung und göttlicher Vorsehung zu verstehen glaubt." Ebenso *Isaiah Berlin*, Vico and Herder. Two Studies in the History of Ideas, 1976, S 36: „The work of Providence, Vico's anticipation of Hegel's ‚Cunning of History' (or of ‚Reason')".

1199 *Jens Petersen*, Adam Smith als Rechtstheoretiker, 2. Auflage 2017, § 2.

1200 Übersetzung Vittorio Hösle und Christoph Jermann, Meiner-Ausgabe, 2009, S. 91.

1201 *Giambattista Vico*, La scienza nuova, 1744, edizione a cura di Fausto Niccolini (Editori Laterza), 5. Auflage 1967, S. 73.

§ 7 ‚Göttlicher gesetzgebender Geist'

Wir haben zuletzt gesehen, dass Vico den komplexen geistesgeschichtlichen Prozess, wie aus ursprünglich Wertwidrigem etwas für die Gesellschaft Wertvolles entstehen kann, mit der Gesetzgebung verknüpft (131/132). Darin liegt ein erhebliches und wohl noch nicht zureichend gewürdigtes Verdienst seines Denkens. Getreu seiner einleitend vorgestellten Werkidee darf es die Untersuchung jedoch nicht bei dem zuletzt herausgearbeiteten Befund bewenden lassen. Vielmehr muss man zum besseren Verständnis das Wirken der Vorsehung im Folgenden näher würdigen (2). Dafür ist es unvermeidlich, den geistesgeschichtlichen Hintergrund im Wege einer scheinbaren Wiederholung erneut zu beleuchten, dabei allerdings in einer Art Kreisgang von einer höheren Warte ausgehend.[1202]

I. Geistesgeschichtlicher Hintergrund

Erhellend ist nämlich, welche Folgerung Vico aus der zuletzt dargestellten Beweisführung der Veredelung vorderhand niedriger Beweggründe durch die Gesetzgebung zieht (131/132): „Dieser Grundsatz beweist, daß es eine göttliche Vorsehung gibt und daß sie ein göttlicher gesetzgebender Geist ist, der aus den Leidenschaften der Menschen, die alle nur an ihrem Privatnutzen hängen und vermöge jener Leidenschaften wie wilde Bestien in den Einöden leben würden (341), die politischen Ordnungen hervorgebracht hat, durch die sie in menschlicher Gesellschaft leben können (1108).“[1203] [„*Questa degnità pruova esservi provvedenza divina e che ella sia una divina mente legislatrice, la quale delle passioni degli uomini, tutti attenuti alle loro private utilità, per la quali viverebbono da fiere bestie dentro le solitudini, ne ha fatto gli ordini civili per gli quali vivano in umana società*“] (133).[1204]

1202 *Carl Friedrich von Weizsäcker*, Zeit und Wissen, 1992, S. 38, hat dieses Verfahren grundlegend angewandt und spricht vom „wiederholten Durchlaufen des *Zirkels*“ – Hervorhebung auch dort.
1203 Übersetzung Vittorio Hösle und Christoph Jermann, Meiner-Ausgabe, 2009, S. 91.
1204 *Giambattista Vico*, La scienza nuova, 1744, edizione a cura di Fausto Niccolini (Editori Laterza), 5. Auflage 1967, S. 74.

https://doi.org/10.1515/9783110718461-009

1. Bedeutung der göttlichen Vorsehung für die Rechtsbegründung

Diese Pointe ist umso überraschender, als Vico im Ausgangspunkt allem Idealen eine Absage erteilt zu haben scheint und den Blick nurmehr auf die schnöden menschlichen Gegebenheiten und Antriebe richtet.[1205] Vor diesem Hintergrund wirkt die Annahme einer göttlichen Vorsehung umso erstaunlicher. Jedoch folgt Vico auch hier konsequent seiner einleitenden Idee des Werkes, die nicht zuletzt für die Rechtsbegründung die göttliche Vorsehung vorausgesetzt hat:[1206] „Dieses Vorgehen der göttlichen Vorsehung ist eines der Dinge, mit dessen Erörterung sich diese Wissenschaft vornehmlich befaßt; wegen dieses Gesichtspunktes wird sie daher zu einer rationalen politischen Theologie der göttlichen Vorsehung."[1207]

[„*La qual condotta della provvedenza divina è una delle cose che principalmente s'occupa questa Scienza di ragionare; ond'ella, per tal aspetto, vien ad essere una teologia civile ragionata della provvedenza divina*"] (2).[1208] Man muss das deswegen wiederholen, weil die vorliegend behandelte Stelle eine entscheidende Ausprägung jenes einleitend vorgestellten Gedankens darstellt. Wiederum zeigt sich, dass für Vico Recht und Religion nicht voneinander getrennt werden können. Der menschlichen Gesetzgebung korrespondiert aus Vicos Sicht ein ‚göttlicher gesetzgebender Geist'. Es handelt sich also gleichsam um eine deistische Komponente,[1209] die den weiter oben genannten Transformationsakt erst ermöglicht.[1210]

1205 *Eugen Biser*, Glaubenserweckung. Das Christentum an der Jahrtausendwende, 2000, S. 90 f., gibt aus religionsphilosophischer Sicht einen bemerkenswerten Hinweis auf die Weltanschauung Vicos im Hinblick auf dessen Schüsselbegriff der Gesellschaft: „Während die Arbeitswelt ins Utopische zu zerfließen droht, hatte bereits ein tiefgreifender Wandel des Weltbegriffs eingesetzt, den der italienische Kulturphilosoph Giambattista Vico herbeiführte. War der Begriff ‚Welt' zuvor gleichbedeutend mit Kosmos, wie es dem Weltverständnis der Antike entsprochen hatte, so verlagerte er sich nunmehr ins Gesellschaftlich-Soziale".

1206 *Benedetto Croce*, Die Philosophie Giambattista Vicos (deutsche Übersetzung Erich Auerbach/Theodor Lücke), 1927, S. 195, betont den politikfreien Impetus Vicos, der keinerlei agitatorische Neigung zeigte: „Er war nicht durch den unmittelbaren Impuls politischer Probleme – wenigstens nicht in dem gewöhnlichen Sinne des Wortes – zur Neuen Wissenschaft gelangt; und er stieg auch nicht von den Betrachtungen der Neuen Wissenschaft zum tätigen Leben hinab, nicht einmal in der Form einer literarischen Publikation zur Kritik von Gesetzen und Einrichtungen und zur Anregung von Reformen".

1207 Übersetzung Vittorio Hösle und Christoph Jermann, Meiner-Ausgabe, 2009, S. 4.

1208 *Giambattista Vico*, La scienza nuova, 1744, edizione a cura di Fausto Niccolini (Editori Laterza), 5. Auflage 1967, S. 6.

1209 *Peter Burke*, Vico. Philosoph, Historiker, Denker einer neuen Wissenschaft, 1990, S. 74: „Vico dachte an eine traditionellere unsichtbare Hand, die der göttlichen Vorsehung".

2. Vicos göttliche Vorsehung im Vergleich mit Pascal

Eine phänotypisch ähnliche Beobachtung hat einige Jahrzehnte vor Vico in Frankreich Blaise Pascal in seinen Pensées gemacht, wo er zu bedenken gibt, dass die Größe des Menschen in seiner Begierde besteht sowie seiner Fähigkeit daraus eine bewundernswerte Ordnung und ein Abbild der christlichen Liebe geschaffen zu haben.[1211] Gewiss darf man dies nicht einfach gleichsetzen mit Vicos Sicht, wie sie in dem soeben genannten Gedanken zum Ausdruck kommt (133), zumal da Pascals Ordnungsverständnis nicht minder komplex ist als dasjenige Vicos.[1212] Ebenso wie dieser richtet sich jener gegen den Cartesianismus.[1213] Zwar spricht Pascal sinngemäß von der Größe des Menschen, die es vermocht habe, in aller lasterhaften Begehrlichkeit ein Reglement durch die Gesetze zu schaffen, das die

---

1210 Die Problematik eines gleichwie gearteten mitwirkenden Deismus' stellt sich gerade auch bei den prägenden Ökonomen, in deren Denken die genannte Transformation eine Rolle spielt, und wird durchaus kontrovers erörtert. Tendenziell offen demgegenüber *John Maynard Keynes*, The End of Laissez-Faire, 1926, im Anschluss an *Henry Sidwick*, Principles of Political Economy, 3. Auflage 1901, S. 20; gegen einen Deismus *Ernst-Joachim Mestmäcker*, Europäische Prüfsteine der Herrschaft und des Rechts, 2016, S. 396 mit Fußnote 36; zum geistesgeschichtlichen Hintergrund wichtig *Klaus Mathis*, Effizienz statt Gerechtigkeit? Auf der Suche nach den philosophischen Grundlagen der ökonomischen Analyse des Recht, 3. Auflage 2009, S. 115; *Jens Petersen*, Adam Smith als Rechtstheoretiker, 2. Auflage 2017, S. 90 ff.

1211 *Blaise Pascal*, Pensées, 1669 posthume (Hg. Léon Brunschvicg, 1897), Fragment 402: „Grandeur de l'homme dans sa concupiscence même, d'en avoir su tirer un règlement admirable, et d'en avoir fait un tableau de la charité".

1212 Grundlegend *Karlheinz Stierle*, Pascals Reflexion über den ‚ordre' der Pensées, Poetica 4 (1971) 167.

1213 *Carl Friedrich von Weizsäcker*, Zeit und Wissen, 1992, S. 1108 f., stellt Vico in einen aufschlussreichen Zusammenhang mit Pascal und anderen eingangs genannten Geistesgrößen, der den Rang des italienischen Philosophen innerhalb der europäischen Geistesgeschichte verdeutlicht: „Descartes trennt die res cogitas von der res extensa, Pascal den esprit de finesse vom esprit géométrique, Vico das menschliche Verstehen des Menschen von der Methode der Mathematik, Kant die Freiheit des intelligiblen Ich von der Naturnotwendigkeit des empirischen, die Methodologie der deutschen Geisteswissenschaft trennt das Verstehen vom Erklären." Zu letzterem grundlegend, auch unter Verweis auf Vico, *Vittorio Hösle*, Kritik der verstehenden Vernunft, 2018, S. 16, wonach wir insbesondere den Werken Vicos „Entscheidendes zur Grundlegung der Geisteswissenschaften verdanken". Ferner *ders.*, Philosophiegeschichte und objektiver Idealismus, 1996, S. 156 f.: „Legt man (...) als Kriterium nicht so sehr materiale Leistungen zugrunde, sondern das Bewußtsein von den philosophischen Begründungsproblemen der Sozial- und Kulturwissenschaften im Unterschied zu anderen empirischen Wissenschaften, dann darf, scheint mir, Giambattista Vico beanspruchen, die bedeutendste philosophische Theorie der Geisteswissenschaften des ganzen 18. Jahrhunderts vorgelegt zu haben." – Welche möglichen Auswirkungen dieser hellsichtige Befund für die wissenschaftstheoretische Einordnung der Jurisprudenz haben könnte, wird am Ende dieser Abhandlung näher erörtert.

Nächstenliebe abbilde.[1214] Aber zugleich wird deutlich, dass er diese Fähigkeit eben gerade nicht nur dem Menschen zurechnet, sondern einer die res cogitans und res extensa überwölbenden Ordnung der göttlichen Barmherzigkeit.[1215] So ähnelt die von Pascal gemeinte Größe des Menschen Vicos göttlicher Vorsehung zumindest. Pascal wiederum konnte sich auf die Essays von Michel de Montaigne beziehen,[1216] deren aufmerksamer Leser er war.[1217]

3. Zwischenbilanz

Vicos Feststellung war also, was gerade diesen Gedanken des Deismus‘ und der Transformation von Wertwidrigem in Wertvolles betrifft, nicht so originell, wie man meinen könnte und er selbst möglicherweise ebenfalls dachte.[1218] In gewissem Sinne hatte ihn bereits der von Vico hochgeschätzte Tacitus in seinem Dialogus de oratoribus vorweggenommen, indem er davon ausging, dass gerade in verderblichsten Zeiten die Redekunst erblüht.[1219] Doch erschöpft sich diese Beobachtung eher in einem ersten Befund, der noch keine theoretische Durchdringung des zugrunde liegenden Sachproblems beanspruchen konnte. Vicos eingehende Behandlung dieser fundamentalen Einsicht, dass Schlechtes in einem mitunter langwierigen Prozess Gutes hervorbringen kann, ist für die neuzeitliche Geistesgeschichte bedeutsamer, weil seine entwicklungsgeschichtliche Betrachtung unter Berücksichtigung aller kulturgeschichtlichen Ausprägungen in besonderer Weise dazu angetan ist, die Wirkungsweise dieser Transformation theoretisch zu begründen.

Denn für Vico gehört zu diesen kulturgeschichtlich bedeutsamen Faktoren eben auch und gerade die Gesetzgebung, die Pascal beispielsweise im Einklang

---

1214 Zu dem in dieser Paraphrase hinzugefügten juristischen Aspekt in der Ordnungslehre *Jens Petersen*, Pascals Gedanken über Gerechtigkeit und Ordnung, 2016, § 3 und passim.

1215 *Blaise Pascal*, Pensées, 1669 posthume (Hg. Léon Brunschvicg, 1897), Fragment 793; dazu auch *Joseph Ratzinger*, Vom Sinn des Christseins, 1965, S. 33 f.

1216 *Hugo Friedrich*, Montaigne, 1949 (3. Auflage 1991, S. 180 f.); vgl. dazu auch *Jens Petersen*, Montaignes Erschließung der Grundlagen des Rechts, 2. Auflage 2019.

1217 *Léon Brunschvicg*, Descartes et Pascal Lecteurs de Montaigne, 1942.

1218 *Albert O. Hirschman*, The Passions and the Interests. Political Arguments for Capitalism before its Triumph, 1977 (deutsche Ausgabe: Leidenschaften und Interessen. Politische Begründungen des Kapitalismus vor seinem Sieg, 1987, Übersetzung Sabine Offe) S. 25: „Im frühen 18. Jahrhundert artikulierte Giambattista Vico diesen Gedanken ausführlicher, wobei er ihm charakteristischerweise das Flair einer aufregenden Entdeckung verlieh".

1219 *Tacitus*, Dialogus de oratoribus, 36, 4; 40, 4; tendenziell ähnlich *ders.*, hist. 3, 77, 4; 5, 5, 1.; eingehend *Jens Petersen*, Recht bei Tacitus, 2019, S. 545.

mit dem soeben Festgestellten allenfalls unausgesprochen berücksichtigt, aber wohl noch nicht vollends in ihrer gesellschaftlichen Reichweite gewürdigt hat, jedenfalls noch nicht so eingehend wie jener. Allerdings unternimmt auch Vico diesen Versuch einer entwicklungsgeschichtlichen Veranschaulichung des Transformationsprozesses eher immanent und weniger explizit, als es auf den ersten Blick erscheinen mag und namentlich Mandeville, wie im vorigen Paragraphen angedeutet wurde, verdeutlicht hat.

Man kommt daher nicht umhin, seine gesamte Scienza nuova auf Schritt und Tritt daraufhin zu untersuchen, warum und auf welche Weise menschliche Laster im Laufe der menschheitsgeschichtlichen Entwicklung positive Wirkungen hervorbringen. Denn er gibt nicht abstrakt-generell an, unter welchen Voraussetzungen sich dieser Prozess genau vollzieht.[1220] Doch wird man nach alledem davon ausgehen können, dass aus Vicos Sicht gerade die Gesetzgebung vielfältiges und kulturgeschichtlich bedeutsames Anschauungsmaterial bietet.

II. Göttliche Gerechtigkeit zur Erhaltung menschlicher Gesellschaft

Es lohnt sich daher, anlässlich der zuletzt angestellten Überlegungen zur Gesetzgebung und dem von Vico angenommenen Gedanken eines vorsehenden göttlichen gesetzgebenden Geistes, diejenigen Stellen nachzuverfolgen, auf die er selbst verweist. Denn sie enthalten ihrerseits rechtsphilosophisch relevante Grundaussagen, die wiederum anthropologisch fundiert sind und Vicos negatives Menschenbild erkennen lassen: „Aber da die Menschen wegen ihrer verderbten Natur von der Selbstsucht tyrannisiert werden, vermöge derer sie hauptsächlich nur ihren eigenen Vorteil verfolgen, und da sie daher allen Nutzen für sich und nichts für ihren Nächsten wünschten (555), so können sie nicht ihren Leidenschaften den Impuls geben, der sie auf die Gerechtigkeit hin ausrichten wür-

1220 Es ist wohl dies der Punkt, den *Albert O. Hirschman*, The Passions and the Interests. Political Arguments for Capitalism before its Triumph, 1977 (deutsche Ausgabe: Leidenschaften und Interessen. Politische Begründungen des Kapitalismus vor seinem Sieg, 1987, Übersetzung Sabine Offe), S. 26, vermisst, wenn er bezüglich der am Ende des letzten Paragraphens der vorliegenden Untersuchung behandelten SN 131/132 zu bedenken gibt: „Doch sie werden nicht weiter ausgeführt, und hinsichtlich der Bedingungen, unter denen die wunderbare Metamorphose destruktiver ‚Leidenschaften' in ‚Tugenden' tatsächlich stattfinden, bleiben wir im Ungewissen." – Diese Ungewissheit lichtet sich aber wohl wenigstens teilweise mit Blick auf die vielen Umbrüche, die Vico, freilich überall in seinem Werk verstreut und nicht immer leicht auffindbar darstellt.

de."[1221] [„*Ma gli uomini, per la loro corrotta natura, sono tiranneggiati dall'amor propio, per lo quale non sieguono principalmente che la propia utilità; onde eglino, volendo tutto l'utile per sé e niuna parte per lo compagno, non posson essi porre in conato le passioni per indirizzarle a giustizia*"] (341).[1222]

1. Anthropologischer Pessimismus versus Geselligkeitstrieb

Der Mensch ist also von Grund auf egoistisch und nur auf den eigenen Vorteil bedacht (555).[1223] Dieser anthropologische Pessimismus dürfte nicht zuletzt auf Vicos erklärtes Vorbild Tacitus zurückgehen,[1224] der neben Platon, Grotius und Bacon zu jenen vier Denkern gehörte,[1225] die Vicos eigenes Denken maßgeblich beeinflussten.[1226] Um den Menschen gleichwohl der Gemeinschaft fähig zu machen und seinem Geselligkeitstrieb entgegen zu kommen (2), muss es daher etwas geben, das ihn wenigstens ansatzweise von der Eigennützigkeit Abstand nehmen lässt. Rechtstheoretisch, rechtsdogmatisch und rechtssoziologisch aufschlussreich ist in diesem Zusammenhang eine hellsichtige Bemerkung Vicos, wonach „die Menschen die dunklen und zweifelhaften Gesetze natürlicherweise an ihre Leidenschaft und ihren Vorteil anpassen (220)."[1227] [„*che gli uomini naturalmente*

1221 Übersetzung Vittorio Hösle und Christoph Jermann, Meiner-Ausgabe, 2009, S. 149

1222 *Giambattista Vico*, La scienza nuova, 1744, edizione a cura di Fausto Niccolini (Editori Laterza), 5. Auflage 1967, S. 122.

1223 *Isaiah Berlin*, Vico and Herder. Two Studies in the History of Ideas, 1976, S. 35, stellt in methodischer Hinsicht die Analogie zwischen Einzelnem und Gesellschaft klar: „The ancient analogy between the individual and society, microcosm and macrocosm, ontogenesis and phylogenesis, dominates Vico's thought as much as that of the Renaissance".

1224 *Vittorio Hösle*, Vico und die Idee der Kulturwissenschaft, Einleitung der Meiner-Ausgabe 1990, S. LIV f., stellt die großen Gemeinsamkeiten und vergleichsweise geringfügigen Unterschiede besonders deutlich dar und entwickelt beiläufig Weiterführendes zu Tacitus. Vgl. auch *Jens Petersen*, Recht bei Tacitus, 2019.

1225 *Vittorio Hösle*, Philosophiegeschichte und objektiver Idealismus, 1996, S. 160 f., erklärt und ergänzt sinnvoll: „Nichtsdestoweniger ist von seinen ‚vier Autoren' – Platon, Tacitus, Bacon, Grotius – einer der Herold der wissenschaftlichen Revolution, und auch wenn Descartes nicht zu diesen vier Autoren zählt, so ist sein Einfluß auf Vico jedem Leser offenkundig. (...) Und während der zu den vier Autoren zählende Grotius in Vicos Schwanengesang ‚De mente heroica' nur ‚magnus' heißt, wird Descartes ‚ingens' genannt, was offensichtlich mehr ist".

1226 *Guido Fassò*, I ‚quattro autori' del Vico, 1949; speziell zu Grotius, der im Hinblick auf Vicos (Völker-) Rechtsdenken aufschlussreich ist, *Dario Faucci*, Vico e Grozio ‚giureconsulti del genere humano', Filosofia 19 (1968) 501–550.

1227 Übersetzung Vittorio Hösle und Christoph Jermann, Meiner-Ausgabe, 2009, S. 482.

attirano le leggi oscure o dubbie alla loro passione ed utilità"] (890).[1228] Diese beiläufig geäußerte Einsicht verdeutlicht nicht nur ein beträchtliches Maß an Lebenserfahrung, sondern zeigt auch den herausragenden Juristen, der Vico gewesen sein muss, weil er intuitiv erkannt zu haben scheint, welche Regelungen infolge legistischer Unfertigkeit Auslegungsspielräume eröffnen, die sinistre Naturen eigennützig auszufüllen suchen.

2. Begründung der Gerechtigkeit

Da sich jedoch der Mensch um seinen Nächsten ungeachtet aller Bestrebung zur Geselligkeit (2) nicht wirklich kümmert, bleibt für Vico wiederum nur der Ausweg der göttlichen Vorsehung, durch welche Institutionen und Staatsformen geschaffen werden können, welche die göttliche Gerechtigkeit abbilden:[1229] „Daher kann er von niemand anderem als der göttlichen Vorsehung innerhalb solcher Institutionen gehalten werden, um mit Gerechtigkeit in der familiären, der politischen und schließlich der menschlichen Gesellschaft zu leben; durch diese Institutionen wird der Mensch, da er nicht erlangen kann, was er will, dazu geführt, wenigstens den Vorteil erlangen zu wollen, der ihm zukommt: dies ist das, was man ‚gerecht' nennt. Daher ist die Gerechtigkeit, die alles, was unter den Menschen gerecht ist, regelt, die göttliche Gerechtigkeit, die uns durch die göttliche Vorsehung zuteil wird, um die menschliche Gesellschaft zu erhalten (344)."[1230]

[„*Adunque, non da altri che dalla provvedenza divina deve esser tenuto dentro tali ordini a celebrare con giustizia la famigliare, la civile e finalmente l'umana società; per gli quali ordini, non potendo l'uomo conseguire ciò che vuole, almeno voglia conseguire ciò che dee dell'utilità: ch'è quel che dicesi ‚giusto'. Onde quella che regola tutto il giusto degli uomini è la giustizia divina, la quale ci è ministrata dalla divina provvedenza per conservare l'umana società*"] (341).[1231]

1228 *Giambattista Vico*, La scienza nuova, 1744, edizione a cura di Fausto Niccolini (Editori Laterza), 5. Auflage 1967, S. 409.

1229 *Rainer Specht*, Über den juristischen Realismus Giambattista Vicos, Philosophisches Jahrbuch 63 (1955) 166, 187, leitet ähnliche Überlegungen aus Vicos Frühwerk ab: „Daß der Ursprung der reinen Staatsformen göttlich ist, geht für Vico einmal aus zwei Gottanalogien in allen Staaten hervor: daß es in ihnen eine oberste Befehlsgewalt in Analogie zur göttlichen Allmacht und Belohnungen und Strafen, Ehren und Lasten in Analogie zur göttlichen Gerechtigkeit gibt".

1230 Übersetzung Vittorio Hösle und Christoph Jermann, Meiner-Ausgabe, 2009, S. 150.

1231 *Giambattista Vico*, La scienza nuova, 1744, edizione a cura di Fausto Niccolini (Editori Laterza), 5. Auflage 1967, S. 123.

Menschliche und göttliche Gerechtigkeit lassen sich in einem allumfassenden Sinne also letztlich gar nicht trennen. Auch dort, wo die Menschen nur ihrem jeweiligen Vorteil nachjagen oder aus eigenem Antrieb gerecht zu handeln meinen, waltet aus Vicos Sicht die göttliche Vorsehung.[1232] In dieser Hinsicht kann man wiederum eine gewisse Ähnlichkeit mit dem oben behandelten Gedanken Pascals festellen.[1233] Es geht der Vorsehung freilich nicht um individuelle Selbsterhaltung, sondern um den Bestand der Gesellschaft als ganzer.

3. Wiederkehr der Barbarei

Gegen Ende seines Werks zieht Vico die Möglichkeit einer Wiederkehr der Barbarei in Betracht (1046), die allerdings zuvor bereits anklingt (563). Diese von ihm so genannte zweite Barbarei bzw. Barbarei der Reflexion meint offenbar das Mittelalter, in dem entsprechend seiner Vorstellung des *ricorso* die primitiven Lebensverhältnisse wiederkehrten.[1234] Wie wir bereits an früherer Stelle angedeutet, handelt es sich dabei um eine durchaus originelle Einsicht Vicos, so dass man nach modernen wissenschaftstheoretischen Maßstäben durchaus von einem Paradigmenwechsel sprechen könnte.[1235]

a) Mittelalterliches Lehensrecht und altrömisches Klientelwesen

Denn Vico begreift im fünften Buch seiner Scienza nuova erstmals die mittelalterlichen Lehensverhältnisse als eine Wiederkehr der altrömischen Klientel-

---

1232 *Vittorio Hösle*, Vico und die Idee der Kulturwissenschaft, Einleitung der Meiner-Ausgabe 1990, S. CVI, beantwortet eine ähnlich gelagerte Frage geschichtsphilosophisch überzeugend, indem er davon ausgeht, dass „die göttliche Vorsehung im Rücken der menschlichen Handlungen und Institutionen wirkt, die gewissermaßen das Rohmaterial der Geschichte abgeben".

1233 *Blaise Pascal*, Pensées, 1669 posthume (Hg. Léon Brunschvicg, 1897), Fragment 402; dazu *Jens Petersen*, Pascals Gedanken über Gerechtigkeit und Ordnung, 2016, S. 147, mit dem Versuch, den Satz ‚hominum confusione dei providentia' darauf anzuwenden, vor allem aber der für die juristische Praxis wichtigen Folgerung, Juristen mit Herz und Verstand auszubilden.

1234 *Benedetto Croce*, Die Philosophie Giambattista Vicos (deutsche Übersetzung Erich Auerbach/Theodor Lücke), 1927, S. 104, gibt freilich zu bedenken, dass man „den Begriff des *ricorso* von den historischen Tatsachen und dem soziologischen Schema loslösen und reinigen muß, nicht nur um sich über die Absolutheit und Ewigkeit, die Vico ihm zuschreibt, klar zu werden, sondern auch um die historische Darstellung und das soziologische Gesetz zu rechtfertigen, die auf ihm beruhen und hauptsächlich aus ihm ihre Kräfte beziehen".

1235 Im Sinne von *Thomas Kuhn*, The Structure of Scientific Revolutions, 1962. Zu einem solchen, freilich im Vergleich mit der vorliegenden Problematik deutlich abgeschwächtern Paradigmenwechsel *Jens Petersen*, Von der Interessenjurisprudenz zur Wertungsjurisprudenz, 2001.

beziehungen. Diese These ist überaus bemerkenswert, weil sie nicht nur einen Anwendungsfall seiner Entdeckung des *ricorso* darstellt, sondern auch für seine Philosophie der Rechtsgeschichte von Interesse ist, da sie prinzipiell zukunftsoffen ist und damit auch andere Vergegenwärtigungen vergangenen Geschehens ermöglicht.[1236] Es wäre daher müßig, die neben dem fundamentalen Grundgedanken im einzelnen mitunter anfechtbaren oder zumindest überkommenen Entsprechungen zu würdigen, die Vico zwischen bestimmten Besonderheiten der Herrschaftsverhältnisse des römischen Rechts, etwa des verschiedentlich behandelten quiritischen Rechts (1077), und den mittelalterlichen Lehensverhältnissen herleitet (1057), zumal da diese eher zum spezifisch rechtsgeschichtlichen Forschungsbereich gehören.[1237]

Gewiss könnten diese Ausführungen der Scienza nuova einen wichtigen Baustein für eine Philosophie der Rechtsgeschichte darstellen, für deren wissenschaftliche Durchdringung Vico ja überhaupt, wie verschiedentlich gesehen, maßgebliche Bedeutung zukommt.[1238] So ändern die aus heutiger Sicht weniger interessanten Einzelheiten von Vicos Parallelen nichts an der visionären Kraft, die seinen Gedanken zur Wiederkehr der Barbarei in Gestalt der vergleichenden Be-

---

1236 *Vittorio Hösle*, Vico und die Idee der Kulturwissenschaft, Einleitung der Meiner-Ausgabe 1990, S. CCLIII, hebt den geistesgeschichtlichen Stellenwert dieses Abschnitts eindrücklich hervor, so dass der im Text genannte Paradigmenwechsel in doppelter Hinsicht deutlich wird: „Seine Bedeutung läßt sich kaum überschätzen: In einer Zeit, in der mit Feudalismus ausschließlich jene lehnsrechtlichen Normen bezeichnet wurden, die sich in Westeuropa seit dem Mittelalter entwickelt hatten, faßt Vico den Feudalismus erstens als geistige Grundlage, als ‚Wesen' der ganzen mittelalterlichen Kultur und begründet er zweitens jenen allgemeinen, typologischen Begriff von Feudalismus, der im letzten Jahrhundert ausgearbeitet wurde und der besonders in der marxistischen Geschichtsschreibung eine große Rolle spielt, nach der jede Kultur zwischen Sklavenhaltergesellschaft und Kapitalismus den Feudalismus durchlaufen muß." Er macht ebenda, Fußnote 296, allerdings auf prägende Unterschiede zum Marxismus aufmerksam, indem er insbesondere betont, dass Vico nicht „zwischen Sklavenhaltergesellschaft und Feudalismus unterscheidet, wohl aber zwischen Feudalismus und dem *Zustand formeller Rechtsgleichheit*, den er natürlich nicht Kapitalismus nennt und der nach ihm sowohl in der Spätantike als auch in der Neuzeit erreicht worden sei." Hervorhebung nur hier. Zivilrechtlich bedeutsam ist seine Feststellung, dass Vico „in der allmählichen Verbindung der personenrechtlichen Vasallität und des sachenrechtlichen Benefiziums das Wesen des Feudalismus erkennt." Im Übrigen aber gilt auch für die vorliegende Abhandlung, dass „seine ausführlichen Vergleiche altrömischer und lehnsrechtlicher Institute zum Teil weit hergeholt sind und hier nicht näher erörtert werden sollen" (ebenda, S. CCLVI).

1237 Siehe nur *Hermann Mitteis*, Lehnrecht und Staatsgewalt. Untersuchungen zur mittelalterlichen Verfassungsgeschichte, 1933; aus sozial- und verfassungsgeschichtlicher Richtung bereits grundlegend *Otto Hintze*, Wesen und Verbreitung des Feudalismus, 1929.

1238 *Vittorio Hösle*, Recht und Geschichte bei Giambattista Vico, Gedenkschrift für Karl-Heinz Ilting, 1990, S. 389, 400.

trachtung von Antike und Mittelalter zukommt, weil sie in der Rückschau auf die altrömische Herrschaftsordnung in Verbindung mit den mittelalterlichen Lehensverhältnissen einen ingeniösen Beitrag zur Philosophie der Rechtsgeschichte darstellen. Denn auf diese Weise können strukturell ähnlich ausgestaltete Zwangsherrschaften bei allen Unterschieden über Jahrhunderte hinweg zueinander in Beziehung gesetzt und miteinander verglichen werden.

b) Ansätze einer europäischen Rechtsgeschichte

Das gilt umso mehr, als sich auch in diesem Teil rechtsvergleichende Anklänge in Richtung einer europäischen Rechtsgeschichte finden (1048). Das zeigt sich etwa dort, wo er Gerichtsentscheidungen über lehnsrechtliche Gewohnheiten innerhalb Europas zeitlich zueinander in Beziehung setzt und mit dem natürlichen Recht der Völker abgleicht (1080).[1239] Hier setzen sich auf europäischer kulturvergleichender Ebene Gedanken fort, die er zuvor zum römischen Recht entwickelt hat (599). Gewiss verläuft all dies noch sehr rudimentär und kann noch nicht mit modernen Ansätzen verglichen werden.[1240] Erwähnung verdient auch der Gedanke, dass an den aufkommenden italienischen Universitäten die römischen Gesetze unterrichtet wurden, wie sie seit Justinian überliefert sind,[1241] so dass das römische Recht auch in wissenschaftsgeschichtlicher Hinsicht eine Wiederkehr

---

1239 *Benedetto Croce*, Die Philosophie Giambattista Vicos (deutsche Übersetzung Erich Auerbach/Theodor Lücke), 1927, S. 185, hat die im Einzelnen dunklen Rechtsverhältnisse und Bezugspunkte dieser Barbarei der Reflexion zu durchdringen versucht: „Da entsteht aus solche Verhältnissen in ganz Europa, nicht zum erstenmal, sondern von neuem, das Lehenswesen, das angeblich aus den Funken des Brandes hervorgegangen sein soll, den die Barbaren an das römische Recht legten – wie Oldendorf und viele andere Juristen behaupten – während doch umgekehrt das römische Recht selbst aus den Funken der in der ersten Barbarei Latiums herrschenden Lehen entstand; so war das mittelalterliche Lehenswesen kein neues Recht der Völker Europas, sondern ein uraltes Recht, das mit der zweiten Barbarenzeit von neuem sich bildete. Alles andere als ‚eine niedrige Materie' – so soll Cuiacius sie nach Vicos Ansicht genannt haben – ist das Lehensrecht. (...) Und weshalb vermögen die schönsten Ausdrücke der römischen Jurisprudenz (...) so restlos die Eigentümlichkeiten und Attribute des Lehenswesens wiederzugeben, wenn nicht wegen jener substantiellen Identität des Wesens?" – Welches Recht Vico hier nach Croces Auffassung genau meint, erschließt sich nicht unmittelbar; möglicherweise ist es das Vulgarrecht. Zu ihm grundlegend *Ernst Levy*, West Roman Vulgar Law, 1951; *ders.*, Weströmisches Vulgarrecht – Das Obligationenrecht, 1956.

1240 Siehe etwa *Reinhard Zimmermann*, The Law of Oligations. Roman Foundations of the Civilian Tradition, 1996.

1241 Näher *Hermann Lange/Maximiliane Kriechbaum*, Römisches Recht im Mittelalter, Band II: Die Kommentatoren, 2007; lesenswert *Mischa Meier* (Hg.), Justinian, 2011, S. 7 ff.

erlebte und sich in Europa ausbreitete (1086).[1242] Diese Gesichtspunkte sind wohl vom Standpunkt einer kulturgeschichtlichen Betrachtung des Rechts bei Vico am ehesten von Interesse. Allerdings finden sich hierzu kaum verallgemeinerungsfähige Gesichtspunkte, die selbst mutatis mutandis auch heute noch Interesse beanspruchen können.

4. Theologische Komponente der Gerechtigkeitskonzeption

Ein die Gerechtigkeit von Grund auf berührender Gedanke, den er nicht von ungefähr ganz am Ende des Werks ansiedelt, ist hervorzuheben, weil er den werkimmanenten Zusammenhang in besonderer Weise zu erhellen geeignet und nach wie vor akutell ist. Es handelt sich dabei um Vicos Vision einer Barbarei der Reflexion (1106).[1243] Jedoch kann es entsprechend der im Rahmen der Idee des Werkes Entwickelten nicht verwundern (2), dass es dabei letztlich um die göttliche Gerechtigkeit geht. Zu bedenken ist aber wiederum, dass auch solche Überlegungen von den Niederungen der Menschennatur herrühren und schon deswegen anthropologisches Interesse beanspruchen können, weil sich darin zeitlos gültige Erwägungen finden.

a) Von der Barbarei der Reflexion zu den natürlichen Grundlagen der Gerechtigkeit

Man muss also, wie so oft bei Vico, zunächst die menschlichen Niederungen berücksichtigen, um von dort aus wieder gedanklich emporzusteigen. Auch wenn der folgende, weit ausgreifende Gedanke die Gefahren daher des allgegenwärtigen Egoismus veranschaulicht,[1244] sinnt er doch zugleich auf Abhilfe und Auswe-

---

1242 Zum geistesgeschichtlichen Hintergrund aus juristischer Sicht wegweisend *Claus-Wilhelm Canaris*, Die Europäische Union als Gemeinschaft des Rechts – von Athen und Rom über Bologna nach Brüssel, Jahrbuch 2009 der Bayerischen Akademie der Wissenschaften, 2010, S. 179; siehe auch *Uwe Wesel*, Geschichte des Rechts in Europa. Von den Griechen bis zum Vertrag von Lissabon, 2010.

1243 *Vittorio Hösle*, Globale Fliehkräfte. Eine geschichtsphilosophische Kartierung der Gegenwart, 2019, S. 125 f., verweist im Hinblick auf diese Stelle auf *Oswald Spengler*, Der Untergang des Abendlandes, 1918/1922, als eine „Platon und Vico wesensverwandte Theorie zur Entstehung monokratischer Staatsformen".

1244 *Vittorio Hösle*, Vico und die Idee der Kulturwissenschaft, Einleitung der Meiner-Ausgabe 1990, S. LXXIII f., weist nach, dass Vico schon in seinem ‚Liber metaphysicus‘ eine Deutung des menschlichen Egoismus ausgearbeitet hat, die in die Richtung der Scienza nuova weist: „Der menschliche Egoismus mache uns unfähig zu begreifen, daß Ereignisse, die uns persönlich

ge,[1245] die in einer für Vico bezeichnenden kühnen geschichtsphilosophischen Spekulation begründet sind:[1246] „Und auf diese Weise sollten, im Verlaufe langer Jahrhunderte der Barbarei, die boshaften Spitzfindigkeiten bösartiger Geister allmählich verrosten, die sie mit der Barbarei der Reflexion zu schrecklicheren Tieren gemacht hatten, als sie es während der ersten Barbarei der Sinne gewesen waren. Denn jene brachte eine großzügige Wildheit zutage, vor der ein anderer sich verteidigen oder flüchten oder vorsehen konnte; diese jedoch stellt, mit einer feigen Wildheit, inmitten von Schmeicheleien und Umarmungen dem Leben und dem Vermögen der eigenen Vertrauten und Freunde nach. Deshalb sollten Völker von einer solchen reflektierten Bosheit mit diesem letzten Heilmittel, das die Vorsehung zur Anwendung bringt, auf derartige Weise abgestumpft und verblödet, kein Gefühl mehr haben für Annehmlichkeiten, ausgesuchte Genüsse, Freuden und Prunk, sondern nur noch für die notwendigen Bedürfnisse des Lebens (241); und bei der geringen Anzahl der am Ende übriggebliebenen Menschen und der Fülle der lebensnotwendigen Dinge sollten sie natürlicherweise verträglich werden; und, aufgrund der wiedergekehrten früheren Schlichtheit der ersten Welt der Völker, gottesfürchtig, wahrhaftig und treu sein; und so sollten unter ihnen wiederkehren die Frömmigkeit, die Treue, die Wahrheit, welche die

---

schadeten, doch um des Wohls des Ganzen willen gut sein könnten. Die Welt sei wie ein Staat, in dem Gott wie ein gerechter König private Übel um des Gemeinwohls willen in Kauf nehme".

1245 *Benedetto Croce*, Die Philosophie Giambattista Vicos (deutsche Übersetzung Erich Auerbach/Theodor Lücke), 1927, S. 103 f., spannt den Bogen vom *ricorso* zur Barbarei der Reflexion: „Dies ist die philosophische Bedeutung des vichianischen *ricorso*, doch ist es nicht die genaue Art, wie man es in den Schriften Vicos ausgedrückt findet, wo der ewige Kreislauf fast ausschließlich in der Geschichte der Völker betrachtet wird, als Wiederkehr der menschlichen und politischen Dinge. Die Gesittung findet ihr Ende in der ‚Barbarei der Reflexion', die schlimmer ist als die erste Barbarei des sinnlichen Daseins, die von einer edelmütigen Wildheit war, indessen die andere feige, hinterlistig und verräterisch ist; und deshalb ist es notwendig, daß jene schlechtgeartete Spitzfindigkeit der bösen Verstandeskräfte im Laufe langer Jahrhunderte allmählich zu einer neuen Barbarei des sinnlichen Daseins verrostet."

1246 Zur geschichtsphilosophischen Bewertung globaler und territorialer Umwälzungen zeitdiagnostisch wichtig und weiterführend *Vittorio Hösle*, Russland 1917–2017. Kultur, Selbstbild und Gefahr, 2017, S. 37 ff., insbesondere S. 43, wo er – unter Verweis auf das grundlegende Buch von *Harold J. Berman*, Law and Revolution, 1983 – in Bezug auf das Werk des bedeutenden Juristen, Historiker und Soziologen *Eugen Rosenstock-Huessy*, Die europäischen Revolutionen. Volkscharaktere und Staatenbildung, 1931, mit gutem Grund zu bedenken gibt, dass „sein Autor sehr wohl mit Giambattista Vico verglichen werden kann." – Beiden ist bedauerlicherweise gemeinsam, dass ihnen innerhalb der Jurisprudenz nicht die gebührende Wertschätzung oder auch nur Bekanntheit zuteil geworden ist. Prophetisch im Übrigen *Hösle*, ebenda, S. 86–93.

natürlichen Grundlagen der Gerechtigkeit bilden und Gnaden und Schönheit der ewigen Ordnung Gottes sind."[1247]

[„*E, 'n cotal guisa, dentro lunghi secoli di barbarie vadano ad irruginire le malnate sottigliezze degl'ingegni maliziosi, che gli avevano resi fiere più immani con la barbarie della riflessione che non era stata la prima barbarie del senso. Perché quella scuopriva una fierezza generosa, dalla quale altri poteva difendersi o campare o guardarsi; ma questa, con una fierezza vile, dentro le lusinghe e gli abbracci, insidia alla vita e alle fortune de' suoi confidenti ed amici. Perciò popoli di sì fatta riflessiva malizia, con tal ultimo rimedio, ch'adopera la provvedenza, così storditi e stupidi, non sentano più agi, dilicatezze, piaceri e fasto, ma solamente le necessarie utilità della vita; e, nel poco numero degli uomini alfin rimasti e nella copia delle cose necessarie alla vita, divengano naturalmente comportevoli; e, per la ritornata primiera semplicità del primo mondo de' popoli, sieno religiosi, veraci e fidi; e così ritorni tra essi la pietà, la fede, la verità, che sono i naturali fondamenti della giustizia e sono grazie e bellezze dell'ordine eterno di Dio*"] (1106).[1248]

Es gibt wohl nur wenige Denker, die in so wenigen Sätzen mit derart eindrucksvollen Szenarien einen vergleichbar schwungvollen Richtungswechsel einzuleiten vermögen, der im weitesten Sinne von dem ausgeht, was Vico an früherer Stelle den ‚Schmutz des Romulus' nennt: ‚*la feccia di Romolo*' (131). Auch der dortige Gedanke führte jedoch, wie erinnerlich, über menschliche Institutionen, wie das Militär, den Handel und die höfischen Strukturen mit ihren lasterhaften Schattenseiten (132), zur Beweisführung eines göttlich gesetzgebenden Geistes (133). Hier wie dort ist der mit der Barbarei der Reflexion einhergehende Kulturverfall mit Händen zu greifen.[1249] Insofern kann man jeweils eine gleich-

1247 Übersetzung Vittorio Hösle und Christoph Jermann, Meiner-Ausgabe, 2009, S. 604 f. Illusionslos *Jürgen Trabant*, Giambattista Vico – Poetische Gerechtigkeit, 2019, S. 193: „Eine solche Hoffnung besteht heute nicht mehr".

1248 *Giambattista Vico*, La scienza nuova, 1744, edizione a cura di Fausto Niccolini (Editori Laterza), 5. Auflage 1967, S. 530 f.

1249 *Vittorio Hösle*, Vico und die Idee der Kulturwissenschaft, Einleitung der Meiner-Ausgabe 1990, S. CCXIX, zur Barbarei der Reflexion und dem Kulturverfall. Bedenkenswert zu ersterer vor allem S. CCXX f.: „Träger dieser Mentalität, die sie zur Einsamkeit und Verzweiflung verdammt, sind – so deutet Vico mehr an, als daß er ausführt – insbesondere geltungssüchtige Intellektuelle, die an keine Wahrheit mehr glauben, aber eine zur Schau getragene Gelehrsamkeit pflegen, die einander verachten, aber doch in krankhafter Weise auf wechselseitige Anerkennung angewiesen sind, weil das Selbstwertgefühl dieser heteronomen Wesen sich nicht mehr aus einem Sachbezug nährt." Nicht minder bedeutsam sind seine Ausführungen zur ‚Reflexivität der Sozialwissenschaften' (ebenda, S. CCXXVIII), weil darin eine – für Vico nicht untypische – Brücke von scheinbar weltfernen metaphysischen Spekulationen hin zu aktuellen sozialwissenschaftlichen Fragestellungen gesehen werden kann.

gerichtete, emporstrebende Tendenz erkennen. Man muss diese in ihrer Aufwärtsbewegung aus tiefsten Niederungen an Dantes Commedia gemahnenden Visionen zusammenhängend zitieren,[1250] um die Hinordnung auf die wiederzuerlangende Wiederkehr der natürlichen Grundlagen der Gerechtigkeit ermessen zu können.[1251]

b) Sitten und Gewohnheiten aus weltgeschichtlicher Perspektive

Die zuletzt behandelte Stelle veranschaulicht, dass Vicos Scienza nuova ungeachtet ihres verschiedentlich beobachteten anthropologischen Pessimismus' auch und gerade dort etwas Hoffnungstiftendes entfaltet, wo sie zunächst trostlose Szenarien entwirft. Auch hieran erkennt man die von Vico bereits von Anbeginn begründete rationale politische Theologie der göttlichen Vorsehung (2). Diese Annahme wissenschaftlich untermauert zu haben, rechnet er sich denn auch verständlicherweise als besonderes Verdienst an (342).

Vicos faszinierendes Erklärungsmodell kann also vermöge dieser auf Vernunft gegründeten, das Zusammenleben der Menschen ordnenden Theologie die gemeinsamkeitsstiftenden Institutionen in einer in sich widerspruchsfreien Weise herleiten (2): „Bei diesem schlichten reinen Blick auf die Verhältnisse des ganzen Menschengeschlechts würde man, wenn uns auch nichts weiteres darüber bekannt geworden wäre durch die Philosophen, Geschichtsschreiber, Philologen, Juristen, sicherlich sagen, dies sei die große, von Gott gegründete und gelenkte Gemeinde der Völker. Denn es werden mit ewigen Lobpreisungen als weise Gesetzgeber Männer wie Lykurg, Solon, die Dezemvirn zum Himmel erhoben, weil

1250 *Jürgen Trabant*, Giambattista Vico – Poetische Charaktere, 2019, S. 20, verdeutlicht es in Anlehnung an Inferno I 1 und betont die im Wortsinne erhellende Wirkung, indem er ein bemerkenswertes, auf den Titel bezogenes Wortlautargument einführt: „Wie bei Dante – ‚Mi ritrovai per una selva oscura' – geht auch Vicos Wanderung aus von einem dunklen Wald. Es ist der Wald des Unwissens und der widersprüchlichen Meinungen der Bücher, in deren Dunkelheit schließlich das Licht der Vico'schen Philosophie leuchtet. (...) *Principj* – das erste Wort des Gesamttitels der *Scienza nuova* – sind nicht nur logische Urgründe, sondern auch zeitliche und dunkle Anfänge".

1251 *Vittorio Hösle*, Dantes Commedia und Goethes Faust. Ein Vergleich der beiden wichtigsten philosophischen Dichtungen Europas, 2014, S. 47 f., diagnostiziert weitsichtig: „Ohne den Hauch eines Zweifels ist ein Grund für die rasche Zunahme an Dante-Studien in den letzten Jahrzehnten (auch wenn dieser Grund selten zugestanden wird) das Gefühl, dass leider Dantes dunkle politische Anthropologie nicht in die entfernte Vergangenheit verdrängt werden kann und dass die Ungeheuerlichkeiten, die er beschreibt, mehr Licht auf die Geschichte des gewalttätigsten aller Jahrhunderte werfen, nämlich des zwanzigsten (...)." In diesem Sinne auch *Jens Petersen*, Dante Alighieris Gerechtigkeitssinn, 2. Auflage 2016, S. 49 f.

man bisher meinte, sie hätten mit ihren guten Institutionen und guten Gesetzen die drei strahlendsten Städte gegründet, die jemals von den schönsten und größten politischen Tugenden erstrahlten, nämlich Sparta, Athen und Rom; indessen waren diese von kurzer Dauer und auch von geringer Ausdehnung, verglichen mit dem Universum der Völker, das mit solchen Institutionen geordnet und mit solchen Gesetzen gefestigt ist, daß es selbst aus seinen verkommenen Bruchstücken jene Staatsformen annehmen muß, in denen es allein sich überall erhalten und immerwährend dauern kann. Und müssen wir nicht sagen, dies sei der Ratschluß einer übermenschlichen Weisheit, die, ohne die Gewalt von Gesetzen (die aufgrund ihrer Gewalt, wie Dio uns oben in den ‚Grundsätzen' sagte (308), dem Tyrannen ähneln), sondern nur eben von den Sitten der Menschen Gebrauch machend (deren Gewohnheiten gleichermaßen frei von jeder Gewalt sind, wie es den Menschen freisteht, ihrer Natur gemäß zu leben, weshalb derselbe Dio uns sagte, die Gewohnheiten seien dem König ähnlich, weil sie dadurch gebieten, daß sie gefallen), sie auf göttliche Weise regelt und führt?"[1252]

[„*A questa semplice e schietta osservazione fatta sulle cose di tutto il gener umano, se altro non ce ne fusse pur giunto da' filosofi, storici, gramatici, giureconsulti, si direbbe certamente questa essere la gran città delle nazioni fondata e governata da Dio. Imperciocché sono con eterne lodi di sappienti legislatori innalzati al cielo i Ligurghi, i Solon, i dezemviri, perocché si è finor oppinato che co' loro buoni ordini e buone leggi avesser fondato le tre più luminose città che sfolgorassero mai delle più belle e più grandi virtù civili, quali sono state Sparta, Atene e Roma; le quali pure furono di brieve durata e pur di corta distesa a riguardo dell'universo de' popoli, ordinato con tali ordini e fermo con tali leggi, che dalle stesse sue corrottelle prenda quelle forme di Stati, con le quali unicamente possa dappertutto conservarsi e perpetuamente durare. E non dobbiam dire ciò esser consiglio d'una sovrumana sapienza, la quale, senza forza di leggi (che, per la loro forza, Dione ci disse sopra, nelle ‚Degnità', essere simiglianti al tiranno), ma facendo uso degli stessi costumi degli uomini (de' quali le costumanze sono tanto libere d'ogni forza quanto lo è agli uomini celebrare la lor natura, onde lo stesso Dione ci disse le costumanze essere simili al re, perché comandano con piacere), ella divinamente la regola e la conduce?*"] (1107).[1253]

Vico legt im Verhältnis zu den antiken Gesetzgebern und den als gelungen betrachteten Institutionen ihrer Völker eine gleichsam weltgeschichtliche Perspektive zugrunde, infolge derer anderen Faktoren eine nachhaltiger wirkende

1252 Übersetzung Vittorio Hösle und Christoph Jermann, Meiner-Ausgabe, 2009, S. 605 f.
1253 *Giambattista Vico*, La scienza nuova, 1744, edizione a cura di Fausto Niccolini (Editori Laterza), 5. Auflage 1967, S. 531.

Bestimmung zukommt, insbesondere den Sitten und Gewohnheiten der Menschen. Denn vor diesem menschheitsgeschichtlichen Hintergrund verblassen die einzelnen Leistungen konkreter Gesetzgeber, mögen sie auch in den von ihnen beherrschten Städten oder Staaten noch so angesehen gewesen sein und eine gewisse Zeit fortgewirkt haben, die jedoch auf den Zeitraum zweier Jahrtausender gesehen und in Anbetracht ihres letztlich auch nur begrenzten Geltungsgebiets immer noch verschwindend gering ist. Daran zeigt sich auch, dass Vico noch so wirkungsmächtigen oder bedeutenden Individuen, wie hier den beiden ausdrücklich genannten Gesetzgebern Lykurg und Solon,[1254] auf weltgeschichtliche Sicht weniger große Bedeutung beimisst als den langfristig gebildeten Institutionen.[1255]

c) Philologie, Kulturgeschichte und Philosophie

Indem Vico demgegenüber die Zäh- und Langlebigkeit von Sitten und Gewohnheiten des Menschengeschlechts in den Vordergrund rückt, richtet er das Augenmerk auf kulturgeschichtlich eingeübte Lebensformen, die auf lange, nämlich menschheitsgeschichtlich bemessene, Sicht wirkungsvoller sein können als die in zeitlich überschaubarer Blüte stehenden Gesetze und Rechte.[1256] Auch an dieser Stelle zeigt sich im als selbstverständlich vorausgesetzten Zusammenwirken von Philosophen, Geschichtsschreibern, Philologen und Juristen, wenn auch nicht als hauptsächlicher Gedanke und auch nur aus Sicht der zuletzt genannten Verteter der Jurisprudenz, die von Vico ins Werk gesetzte Kulturgeschichte des Rechts. Dass dies keine zufällige Aufzählung ist, folgt aus einer modifizierenden früheren Nennung, an der von den Philosophen, Gesetzgebern, Heerführern, Geschichtsschreibern, Rednern und Dichtern die Rede ist (779). Juristen und Dichter befinden sich also neben Rednern und Philologen für Vico ganz selbstverständlich unter denen, die sich um alle möglichen Erscheinungsformen der Kultur verdient machen.

Wie weit sein Verständnis der Philologen reicht, zeigt ein Gedanke, der einen früheren präzisiert (138): „Dieser Grundsatz bezeichnet in seinem zweiten Teil als

1254 Zu ihnen als Gesetzgeber näher *Jens Petersen*, Friedrich Schiller über die Gesetzgebung des Lykurgus und Solon, Festschrift für Reinhard Singer, 2021, S. 497.

1255 *Vittorio Hösle*, Recht und Geschichte bei Giambattista Vico, Gedenkschrift für Karl-Heinz Ilting, 1990, S. 389, 410, zieht eine ebenso aufschlussreiche wie auf den ersten Blick überraschende Parallele: „Wie Marx ist Vico nicht an einzelnen großen Individuen interessiert; nicht diese sind für ihn der Träger geschichtlichen Wandels, sondern vielmehr die verschiedenen Klassen in ihrer Entgegensetzung und in ihrem Kampf um Rechtsgleichheit".

1256 Vgl. nur *Arno Borst*, Lebensformen im Mittelalter, 4. Auflage 2004, S. 295 ff.

Philologen alle Grammatiker, Geschichtsschreiber, Kritiker, die sich mit der Erkenntnis der Sprachen und der Taten der Völker befassen, und zwar sowohl derjenigen im Innern, wie der Sitten und Gesetze, als auch der auswärtigen, wie der Kriege, Friedensschlüsse, Bündnisse, Reisen, Handelsbeziehungen."[1257] [„*Questa degnità per la seconda parte diffinisce i filologi essere tutti i gramatici, istorici, critici, che son occupati d'intorno alla cognizione delle lingue e de' fatti de' popoli, così in casa, come sono i costumi e le leggi, come fuori, quali sono le guerre, le paci, l'alleanze, i viaggi, i commerzi*"] (139).[1258]

Bemerkenswert ist daran, dass die Philologen bei dieser kulturgeschichtlichen Betrachtung gleichsam als Oberbegriff figurieren und damit auch jene Wissenschaftler einbeziehen, die sich mit den Sitten und Gesetzen der Völker befassen. Dieser Befund ist für die abschließende Frage der vorliegenden Untersuchung, ob nicht auch die Rechtswissenschaft als Kulturwissenschaft begriffen werden kann, in Erinnerung zu behalten. Allerdings ist Zurückhaltung gegenüber voreiligen Schlüssen geboten, weil gerade die weitverstandene, nicht notwendigerweise textgebundene Philologie nur den Wissens-, noch nicht jedoch den Wissenschaftsanspruch einlösen kann, da sie noch der kritischen Überprüfung durch die Philosophie bedarf (7).[1259]

5. Von Menschen gemachte Welt und göttliche Gerechtigkeit

Zugleich enthebt Vicos Philosophie die Gerechtigkeit ihrer innerweltlichen Immanenz, indem er sie insgesamt der göttlichen Gerechtigkeit überantwortet (133). Die vergleichsweise geringe Rezeption der Rechtsphilosophie Vicos abseits ihres Herkunftslandes mag daher damit zusammenhängen, dass sie die Gerechtigkeit theologisch fundiert und in einer Zeit allein dem göttlichen Bereich zuweist, in der bereits gerade infolge des aufkeimenden Rationalismus' eine übergeordnete göttliche Gerechtigkeit immer schwerer vermittelbar wurde.

Doch auch hier gilt das, was bereits eingangs festgestellt wurde, nämlich dass mit Blaise Pascal ein ebenfalls durch und durch rational denkender Geist seinem älteren Zeitgenossen Descartes in vielen seiner Gedanken – ebenso übrigens wie

1257 Übersetzung Vittorio Hösle und Christoph Jermann, Meiner-Ausgabe, 2009, S. 92.

1258 *Giambattista Vico*, La scienza nuova, 1744, edizione a cura di Fausto Niccolini (Editori Laterza), 5. Auflage 1967, S. 74 f.

1259 *Jürgen Trabant*, Giambattista Vico – Poetische Gerechtigkeit, 2019, S. 161, schränkt unter Verweis auf SN 7 treffend ein: „Aber die Philologie ist nicht Wissenschaft, *scienza*, sondern *dottrina*, Lehre. Das ist eine niedrigere Form des Wissens." Hervorhebung auch dort.

Grotius[1260] – vorwarf,[1261] die Berufung auf den göttlichen Bereich nurmehr pflichtschuldig und ohne konstituierende Wirkung für sein Gedankengebäude zu erwähnen.[1262] Gerade deswegen bedeutet die cartesische Philosophie und Wissenschaftstheorie die größere Herausforderung für Vico als die Religionsphilosophie Pascals.[1263] Denn Pascal würde Vico wohl in manchem vorbehaltlos zugestimmt haben, was am Ende der Scienza nuova über die Frömmigkeit, insbesondere aber über die Anmaßung der Gelehrten – ‚*boria di dotti*' (1111)[1264] – im Hinblick auf die Religion zu lesen ist.

III. Wahrhaftigkeit und Frömmigkeit

Ein weiterer immanenter Hinweis, den Vico selbst gibt und der ebenfalls an das Ende seines Werkes führt, wo er über einen vollkommenen Staat spricht, betrifft folgerichtig die einschränkende Macht der Gesetze, die der Herrschsucht Einhalt gebietet: „Es wollen die herrschenden Stände der Adeligen die Herrenfreiheit gegenüber den Plebejern mißbrauchen, und sie geraten in die Knechtschaft der Gesetze, welche die Volksfreiheit herbeiführen (598); es wollen die freien Völker sich lösen von den Zügeln ihrer Gesetze und sie geraten unter die Herrschaft von Monarchen (1006 ff., 1104)."[1265] [„*Vogliono gli ordini regnanti de' nobili abusare la libertà signorile sopra i plebei, e vanno in servitù delle leggi, che fanno la libertà*

1260 *Rainer Specht*, Über den juristischen Realismus Giambattista Vicos, Philosophisches Jahrbuch 63 (1955) 166, 167, 172, paraphrasiert und folgert pointiert: „und diese beiden Bestimmungen sind hinreichend, Recht zu begründen, ob man Gott nun anerkennt oder nicht – eine Anfügung, um derentwillen ihn Vicos ganzer Zorn treffen wird".

1261 *Vittorio Hösle*, Philosophiegeschichte und objektiver Idealismus, 1996, S. 158, ordnet dies biographisch und geistesgeschichtlich scharfsichtig ein: „Vicos Programm läßt sich nur vor dem Hintergrund dieser geistigen Situation verstehen. Als promovierter Jurist und Professor der Rhetorik mit einer ausgezeichneten humanistischen Bildung und, mehr noch, philosophischen Ambitionen mußte sich Vico durch Descartes herausgefordert, ja radikal in Frage gestellt fühlen".

1262 *Benedetto Croce*, Die Philosophie Giambattista Vicos (deutsche Übersetzung Erich Auerbach/Theodor Lücke), 1927, S. 68, erinnert daran, dass Pascals Gedanken für Vico ‚auch nur verstreute Lichter' seien. Vgl. auch *Jens Petersen*, Pascals Gedanken über Gerechtigkeit und Ordnung, 2016, § 3; dort auch zur göttlichen Gerechtigkeit.

1263 *Vittorio Hösle*, Vico und die Idee der Kulturwissenschaft, Einleitung der Meiner-Ausgabe 1990, S. LIX.

1264 *Giambattista Vico*, La scienza nuova, 1744, edizione a cura di Fausto Niccolini (Editori Laterza), 5. Auflage 1967, S. 533.

1265 Übersetzung Vittorio Hösle und Christoph Jermann, Meiner-Ausgabe, 2009, S. 606.

popolare; vogliono i popoli liberi sciogliersi dal freno delle lor leggi, e vanno nella soggezion de' monarchi"] (1108).[1266]

1. Sonderweg der neuzeitlichen Rechtsphilosophie

Interessant am Umfeld der zuletzt genannten Stelle ist der Umstand, dass Vico dort denjenigen neuzeitlichen Denkern eine Absage erteilt, die aufgrund ihrer anthropologischen Grundannahmen ein besonderes Näheverhältnis zu den seinen aufzuweisen scheinen, namentlich Hobbes und Machiavelli.[1267] Denn ihnen hält er entgegen, dass sie der göttlichen Vorsehung nicht den ihr gebührenden Raum gewähren.[1268] Dafür hebt er Cicero hervor, in dessen Gefolge „die römischen Juristen sie als das erste Prinzip des natürlichen Rechts der Völker fest(setzten) (979)."[1269] [„*i romani giureconsulti la stabilirono per primo principio del diritto natural delle genti*"] (1109).[1270]

Auch hieran erkennt man, warum die neuzeitliche Rechtsphilosophie Vicos Sonderweg der göttlichen Gerechtigkeit kraft göttlicher Vorsehung nicht mehr mit zu beschreiten bereit war und ihn mitunter gar einer klerikalistisch bedingten Konfusion zieh.[1271] So nachvollziehbar dies in Anbetracht seines affirmativ vertetenen Wahrheitsanspruchs der christlichen Religion unter gleichzeitiger Falsifizierung aller anderen auch zu sein scheint (1110), so ungerecht ist es in Anbetracht seiner unbezweifelbaren Genialität, die ungeachtet seiner überaus kühnen Gedankengebäude von innerer Folgerichtigkeit und Rationalität geprägt ist. Allerdings veranschaulicht schon die zuletzt zitierte Stelle bereits für sich betracht

---

1266 *Giambattista Vico*, La scienza nuova, 1744, edizione a cura di Fausto Niccolini (Editori Laterza), 5. Auflage 1967, S. 532.

1267 *Jens Petersen*, Fichtes Versuch, Machiavelli Gerechtigkeit widerfahren zu lassen, Festschrift für Michael Kloepfer, 2013, S. 927, zu letzterem.

1268 Auch das spricht gegen die weiter oben dargestellte Theorie von *Frederick Vaughan*, The Political Philosophy of Giambattista Vico, 1972; zu seiner Argumentation (und darüber hinaus generell bezogen auf Vico) wichtig *Vittorio Hösle*, Vico und die Idee der Kulturwissenschaft, Einleitung der Meiner-Ausgabe 1990, S. L, wonach „ein strenger Unterschied zwischen dem objektiven Gehalt eines Textes und den subjektiven Intentionen des Autors zu machen ist".

1269 Übersetzung Vittorio Hösle und Christoph Jermann, Meiner-Ausgabe, 2009, S. 607.

1270 *Giambattista Vico*, La scienza nuova, 1744, edizione a cura di Fausto Niccolini (Editori Laterza), 5. Auflage 1967, S. 532.

1271 *Fritz Mauthner*, Zur Sprachwissenschaft. Beiträge zu einer Kritik der Sprache, Zweiter Teil, 1912, Kapitel XI, erklärt das eine aus dem anderen: „Vico ist ein genialer Wirrkopf. Genial von Natur, ein Wirrkopf vielleicht nur darum, weil er in Italien lebte, wo die Macht der Päpste jedes philosophische Denken unterdrückt hatte".

zu Genüge, dass Vico keineswegs einseitig christlichen Autoren huldigt, sondern gerade aus dieser Sicht heidnischen Gehör schenkt. Anders wäre es auch kaum zu erklären, dass im zwanzigsten Jahrhundert vor allem ein dem christlichen Heilsversprechen skeptisch gegenüberstehender Denker die eminente geistesgeschichtliche Bedeutung Vicos erkannt hat.[1272]

Dies gilt mutatis mutandis auch für Vicos kulturgeschichtlich geprägtes Verständnis des Rechts und umso mehr, als es für ihn eine unumstößliche Wahrheit war, was in jenem vielzitierten Satz auf erhabene Weise zum Ausdruck kommt, nämlich dass der ‚mondo civile' mit allen seinen – auch rechtlichen – Institutionen, Menschenwerk ist: „Doch in solch dichter Nacht voller Finsternis, mit der die erste von uns so weit entfernte Urzeit bedeckt ist, erscheint dieses ewige Licht, das nicht untergeht, folgender Wahrheit, die auf keine Weise in Zweifel gezogen werden kann: daß diese politische Welt sicherlich von den Menschen gemacht worden ist; deswegen können (denn sie müssen) ihre Prinzipien innerhalb der Modifikationen unseres eigenen menschlichen Geistes gefunden werden."[1273] [*„Ma, in tal densa notte di tenebre ond'è coverta la prima da noi lontanissima antichità, apparisce*

1272 *Karl Löwith*, Weltgeschichte und Heilsgeschehen. Die theologischen Voraussetzungen der Geschichtsphilosophie, 8. Auflage 1990 (1953), S. 127, fasst die erhebende und zuversichtlich stimmende Wirkung des Werkganzen geschichtsphilosophisch hellsichtig und mit einem kraftvollen Paradoxon zusammen: „Dieser Abschluß der Geschichtslehre enthält die letzte und endgültige Weisheit Vicos wie auch der Vorsehung selber. Was er in den eintausendeinhundertundzwölf Paragraphen der ‚Neuen Wissenschaft' überschaut, das ist die halb schöpferische Welt des gefallenen Menschen. Sie hat zum Gottesstaat der Geschichtstheologie keine substanzielle Beziehung, es sei denn dadurch, daß sie das ebenso natürliche wie geschichtliche Gesetz der Völker ‚Vorsehung' nennt. Vicos Anschauung ist daher eher antik als christlich. (...) Die Geschichte wiederholt sich, wenn auch mit Variationen und auf verschiedenen Ebenen, und der Kreislauf von corso, Verfall und ricorso ist für ihn nicht ‚hoffnungslos' wie für Augustin, sondern die natürliche und vernünftige Form geschichtlicher Entwicklung. (...) Der zyklische Rücklauf sorgt nämlich für die ‚Erziehung', sogar für das ‚Heil' der Menschheit, durch die Wiedergeburt ihrer geselligen Natur. Er ‚rettet' den Menschen, indem er ihn überhaupt erhält. (...). Die Wiederkehr der Barbarei rettet die Menschheit vor zivilisierter Selbstzerstörung. (...) Die Rückkehr zu einem neuen Barbarentum erlöst zwar nicht die irdische Geschichte von sich selbst, aber sie heilt den Menschen von der überzivilisierten Barbarei der Reflexion".

1273 Übersetzung Vittorio Hösle und Christoph Jermann, Meiner-Ausgabe, 2009, S. 142. Dazu *Ferdinand Fellmann*, Das Vico-Axiom: Der Mensch macht die Geschichte, 1976; *Jürgen Trabant*, Neue Wissenschaft von alten Zeichen: Vicos Sematologie, 1994, S. 16 („philosophisch-erkenntnistheoretischer Kernsatz"); *ders.*, Giambattista Vico – Poetische Charaktere, 2019, S. 62, wonach „Vicos principio nicht weniger revolutionär ist als das premier principe des cartesischen Cogito. Es ist eine ebenso radikale Wende der Philosophie in der Suche nach wahrer Erkenntnis, weg von der Natur zur Kultur, zum mondo civile als jener Welt, in welcher der Mensch sichere Erkenntnis haben kann".

questo lume eterno, che non tramonta, di questa verità, la quale non si può a patto alcuno chiamar in dubbio: che questo mondo civile egli certamente è stato fatto dagli uomini, onde se ne possono, perché se ne debbono, ritruovare i princìpi dentro le modificazioni della nostra medesima mente umana"] (331).[1274]

Man kann hieran zugleich erkennen, dass Vico diejenigen Aussagen, die er innerhalb seiner Scienza nuova nicht nur satztechnisch hervorhebt, sondern auch die Perioden, in die sie eingefasst sind, besonders kunstvoll ausgestaltet.[1275] Dementsprechend spiegelt sich gleichsam auf ästhetischer Ebene eine der zentralen Erkenntnisse seines Denkens, indem die Zusammenschau von politischer Welt, also auch Staat und Recht, sowie Philosophie, Philologie und Kunst auf so eine vollendete Weise zum Ausdruck gebracht wird, dass sie selbst zu einem sprachlichen Kunstwerk wird.

2. ‚Mondo civile' versus ‚studio della pietà'

Obwohl Vico selbst diesen um den ‚monde civile' kreisenden Grundgedanken hervorgehoben hat, der mit dem verum-factum-Prinzip zuinnerst verwoben ist, kann man sich fragen, ob ihm in letzter Konsequenz vollends bewusst war, vor welche Herausforderungen er damit die Theologie gestellt hat, auch wenn er unmißverständlich verdeutlicht, dass die göttliche Vorsehung weiter reicht als alle Fertigkeiten der Menschen, welche die Welt in ihrer heutigen Form gestaltet haben:[1276] „Denn zwar haben die Menschen selbst diese Welt der Völker gemacht (welches das erste, unanfechtbare Prinzip dieser Wissenschaft war, da wir daran verzweifelten, sie bei den Philosophen und bei den Philologen zu finden (330 f.)); dennoch ist sie, diese Welt, ohne Zweifel einem Geist entsprungen, der oft ver-

1274 *Giambattista Vico*, La scienza nuova, 1744, edizione a cura di Fausto Niccolini (Editori Laterza), 5. Auflage 1967, S. 115.

1275 *Vittorio Hösle*, Vico und die Idee der Kulturwissenschaft, Einleitung der Meiner-Ausgabe 1990, S. CV, übertreibt nicht, wenn er ihn als einen „der berühmtesten und sprachgewaltigsten Sätze der SN" bezeichnet.

1276 Zum geistesgeschichtlichen Hintergrund wegweisend *Karl Löwith*, Vicos Grundsatz: verum et factum convertuntur. Seine theologische Prämisse und deren säkulare Konsequenzen (Vorgetragen am 18. November 1967), 1968. Zu ihm *Jürgen Habermas*, Auch eine Geschichte der Philosophie, Band 1: Die okzitentale Konstellation von Glauben und Wissen, 2019, S. 55: „Löwith will das scheinbar aufgeklärte historische Bewusstsein von unbewussten *Verstrickungen in ein theologisches Erbe* befreien, indem er den Geschichtsphilosophien von Vico und Voltaire über Condorcet, Comte und Proudhon bis hin zu Hegel und Marx die verborgenen Spuren eines säkularisierten heilsgeschichtlichen Denkens aufdeckt." Hervorhebung auch dort.

schieden und manchmal ganz entgegengesetzt und immer überlegen ist den besonderen Zwecken, die die Menschen selber sich vorgesetzt hatten, welche beschränkten Zwecke, zu Mitteln im Dienste höherer Zwecke gemacht, er immer dazu verwendet hat, das Menschengeschlecht auf dieser Erde zu erhalten (133, 342, 344).“[1277]

[„*Perché pur gli uomini hanno essi fatto questo mondo di nazioni (che fu il primo principio incontrastato di questa Scienza, dappoiché disperammo di ritruovarla da' filosofi e da' filologi); ma egli è questo mondo, senza dubbio, uscito da una mente spesso diversa ed alle volte tutta contraria e sempre superiore ad essi fini particolari ch'essi uomini sì avevan proposti; quali fini ristretti, fatti mezzi per servire a fini più ampi, gli ha sempre adoperati per conservare l'umana generazione in questa terra*“] (1108).[1278] Auch in diesem erhabenen Gedanken begegnet im Ausgangspunkt das Verum-factum-Prinzip, wenn dort die von Menschen gemachte Welt genannt wird, wie er sie weiter oben innerhalb der Scienza nuova bereits vorausgesetzt hat (331). Allerdings wird dieses Vermögen der Menschen sogleich relativiert, wie der soeben wiedergegebene Gedanke Vicos unausgesprochen nahelegt, da alles menschliche Wirken immer schon geleitet ist von der göttlichen Vorsehung (2).

Doch verdeutlicht der Klammerzusatz nochmals eindrucksvoll Vicos wissenschaftliches Selbstbewusstsein, indem er die Erkenntnis des Verum-factum-Prinzips als seine genuin eigene und bleibende Leistung hervorhebt, die weder den Philosophen noch den Philologen gelungen sei. Womöglich kam ihm seine juristische Schulung durch die Geschichte und Dogmatik des römischen Rechts für die Erkenntnis des ‚mondo civile‘ zumindest zugute, weil sie ihm einen Begriff davon vermittelt haben, welche konstruktiven Schwierigkeiten im Laufe der Jahrtausende zu überwinden waren, um bei allen Rückschlägen durch die Kraft des immer wieder zu gewärtigenden *ricorso* bis hin zur Wiederkehr der Barbarei die rechtlichen Bedingungen für ein gedeihliches Zusammenleben der Gesellschaft zu erschließen.

Indes gelang ihm diese Einsicht erst durch die Erkenntnis der Interdependenz von Philosophie, Philologie, Jurisprudenz und nicht zuletzt der Theologie. Vicos Kulturgeschichte des Rechts bezeichnet lediglich den aus juristischer Sicht unternommenen Versuch der Nachzeichnung dieses Prozesses. Mit seiner immensen rechtsgeschichtlichen Kenntnis und juristischen Phantasie verfolgt Vico das

1277 Übersetzung Vittorio Hösle und Christoph Jermann, Meiner-Ausgabe, 2009, S. 606.

1278 *Giambattista Vico*, La scienza nuova, 1744, edizione a cura di Fausto Niccolini (Editori Laterza), 5. Auflage 1967, S. 531.

Fortwirken alter Rechtsinstitute und Institutionen in bestehenden nach,[1279] ohne freilich die sakralrechtlichen Ursprünge und die wissenschaftliche Wahrheit als letztes Ziel der Erkenntnis aus den Augen zu verlieren.[1280] Das veranschaulicht auch ein Blick auf die Quintessenz, die Vico im letzten Absatz seines Werkes mitteilt: „Zusammenfassend ist am Ende aus all dem, was in diesem Werk erörtert worden ist, der Schluss zu ziehen, daß diese Wissenschaft unabtrennbar die Pflege der Frömmigkeit mit sich führt und daß, wenn man nicht fromm ist, man auch nicht wahrhaft weise sein kann."[1281] [„*Insomma, da tutto ciò che si è in quest'opera ragionato, è da finalmente conchiudersi che questa Scienza porta indivisibilmente seco lo studio della pietà, e che, se non siesi pio, non si può daddovero esser saggio*"] (1112).[1282]

1279 *Vittorio Hösle*, Recht und Geschichte bei Giambattista Vico, Gedenkschrift für Karl-Heinz Ilting, 1990, S. 389, 408, wonach „Vico keinen Zweifel daran läßt, daß die Überwindung dieser archaischen Rechtsformen, die in unverstandenen Überresten lange Zeit auch dort noch fortwirken, wo insgesamt eine höhere Entwicklungsstufe erreicht ist".

1280 *Benedetto Croce*, Die Philosophie Giambattista Vicos (deutsche Übersetzung Erich Auerbach/Theodor Lücke), 1927, S. 186 f., gibt ein Beispiel, das an die weiter oben behandelte wiederkehrende Barbarei anschließt: „Die ersten öffentlichen Parlamente Europas müssen wie der Senat des Romulus aus den Aeltesten des Adels, den seniores – daher das Wort signore – bestanden haben. (...) In diesen Parlamenten wurden Lehensprozesse entschieden, die Ansprüche oder Erbfolgen oder Heimfall von Lehen wegen Verrat oder Mangel an Erben betrafen; aus diesen Prozessen entstand, wenn die Rechtsprechung durch mehrfache Urteile bestätigt wurde, das *Lehensgewohnheitsrecht.* Einen Rest jener Parlamente glaubte Vico noch in dem Sacro Regio Consiglio von Neapel zu sehen, dessen Präsident den Titel Sacra Real Maesta, ‚Heilige Königliche Majestät' trug (...). Und gegen sein Urteil konnte man nicht bei einem anderen Richter Berufung einlegen, sondern nur Revision bei dem gleichen Gerichtshof".

1281 Übersetzung Vittorio Hösle und Christoph Jermann, Meiner-Ausgabe, 2009, S. 608 f.

1282 *Giambattista Vico*, La scienza nuova, 1744, edizione a cura di Fausto Niccolini (Editori Laterza), 5. Auflage 1967, S. 533.

§ 8 Rechtswissenschaft als Kulturwissenschaft

So frömmlerisch Vicos abschließender Verweis auf den für ihn unerlässlichen Zusammenhang zwischen Wahrheit und Frömmigkeit klingt (1112), darf darüber nicht vergessen werden,[1283] dass nicht zuletzt die moderne Theologie Vicos ‚mondo civile', dessen Stein des Anstoßes Karl Löwith in seiner eminenten geistesgeschichtlichen Tragweite erkannt hat,[1284] als tiefgreifende Herausforderung neuzeitlichen Denkens wahrnehmen musste.[1285] Denn interessanterweise hat gerade die katholische Theologie das Neuzeitliche seines Denkens herausgestellt.[1286]

1283 *Benedetto Croce*, Die Philosophie Giambattista Vicos (deutsche Übersetzung Erich Auerbach/Theodor Lücke), 1927, S. 80, fragt zunächst, „weshalb sich Vico, wo er doch mit den Vertretern des Naturrechts im Ausschalten der Offenbarung einig war und ihre oberflächlichen immanentistischen Lehren nicht zurückwies, sondern vertiefte, überhaupt als ihr entschiedenster Gegner gebärdete, ins große Horn stieß und sich bei Prälaten und geistlichen Würdenträgern nachdrücklich damit brüstete, als erster ein System des natürlichen Rechts geschaffen zu haben, das verschieden sei von dem der (...) protestantischen Autoren und für die römische Kirche geeignet sei", um dann aber richtigzustellen, dass „Vicos reine Persönlichkeit eine solche Hypothese vollständig ausschließt".

1284 *Karl Löwith*, Weltgeschichte und Heilsgeschehen. Die theologischen Voraussetzungen der Geschichtsphilosophie, 8. Auflage 1990 (1953), S. 109, der nicht im Verdacht des Frömmlertums steht, schätzt die Aufrichtigkeit Vicos bemerkenswert einfühlsam ein: „Vico war sich als treuer Katholik des revolutionären Charakters seiner Neuen Wissenschaft kaum bewußt, und seine Behauptung, daß man weder Wissenschaft noch Weisheit ohne Frömmigkeit besitzen könne, war, sicherlich nicht, wie moderne Interpreten wahrhaben möchten, eine Konzession an die Kirche, sondern ganz aufrichtig gemeint." Zu beiden weiterführend *Jürgen Habermas*, Auch eine Geschichte der Philosophie, Band 1: Die okzitentale Konstellation von Glauben und Wissen, 2019, S. 40: „Für Karl Löwith nimmt das von Augustin bis Joachim von Fiore und Bossuet entwickelte heilsgeschichtliche Denken mit Vico und den französischen Aufklärern die säkularisierte Form der Geschichtsphilosophie an und mündet in einen Historismus, der die totalitäre Enthemmung der politischen Gewalt erklären soll".

1285 *Eugen Biser*, Das Antlitz. Christologie von innen, 1999, S. 298 f., knüpft aus theologischer Sicht an den Betreuer seiner philosophischen Dissertation (*Ders.*, Gott ist tot. Nietzsches Dekonstruktion des christlichen Bewußtseins, 1962) an: „Wenn das Motiv heute wieder an Boden gewinnen und möglicherweise zu der ihm zukommenden Funktion gelangen soll, muß allerdings der Wandel im Weltbegriff berücksichtigt werden, den nach der Darstellung Karl Löwiths der italienische Kulturphilosoph Giambattista Vico dadurch herbeiführte, daß er die ‚ganz gewiß vom Menschen gemachte' Menschenwelt, den mondo civile, zum einzig Gewissen erklärte, das den ‚ungeheuren Ozean des Zweifels' inselgleich überragt".

1286 *Joseph Ratzinger*, Einführung in das Christentum, 1968, S. 35: „Mir will scheinen, daß diese Formel (sc. verum quia factum) das eigentliche Ende der alten Metaphysik und den Anfang des spezifisch neuzeitlichen Geistes darstellt. Die Revolution des modernen Denkens gegenüber al-

https://doi.org/10.1515/9783110718461-010

Vicos Scienza nuova ist bei allen Unklarheiten im Einzelnen, auf die im Schrifttum immer wieder hingewiesen wurde, in ihrem Gesamtzusammenhang mit dem Anspruch strengster Rationalität von Grund auf durchdacht und greift logisch sowie wertungsmäßig ineinander, was nicht zuletzt die mannigfachen ausdrücklichen und unausgesprochenen werkimmanenten Verweisungen zum Ausdruck bringen. Gerade diese systematische Konsistenz und innere Teleologie des Werkes mit seinem reichen Vorrat anschaulicher gesetzlicher Regelungen, die ihrerseits die Zwecksetzung mannigfaltiger Bestimmungen des römischen Rechts paradigmatisch erhellen, macht Vicos Scienza nuova nicht nur für Ideen- und Rechtshistoriker, sondern auch für Rechtsdogmatiker außerordentlich reizvoll und ergiebig.

Denn auch wenn nicht alle romanistischen Einzelheiten, die er in barocker Gelehrsamkeit unermüdlich ausbreitet, gleichermaßen verallgemeinerungsfähig oder auch nur für sich betrachtet weiterführend sind, so erweist sich doch die spezifisch juristische Methode, mit der Vico vorgeht, als dogmatisch ebenso anspruchsvoll wie in unsere Zeit übertragbar, weil er das Erbe der großen römischen Juristen antritt und gewinnbringend verwaltet, indem er ihren rechtsdogmatischen Scharfsinn nicht nur auf andere Zeiten und Kulturen anwendet, sondern auch die Philologie einbezieht, deren denkbar weites Verständnis auch aus Sicht der Jurisprudenz neue Horizonte eröffnet, da sie menschheitsgeschichtlich denkbar weit zurückgeht.

Rechnet man gelegentliche etymologische Waghalsigkeiten heraus und betont stattdessen die unzähligen Stellen, an denen er das Gewicht auf den recht verstandenen Wortsinn legt und historisch, systematisch und teleologisch untermauert,[1287] so folgt daraus eine schlechterdings erschließende Wirkung für die juristische Methodenlehre, weil frühere Zeiten und andere Rechtskulturen im Sinne eines evolutionären Rechtsdenkens einbezogen werden, ohne die romanistisch geprägte Dogmatik und Rechtsanwendung zu vernachlässigen.[1288]

---

lem Vorangegangenen ist hier mit einer geradezu unnachahmlichen Präzision gegenwärtig." – Zumindest ihm sowie dem oben verschiedentlich zitierten Eugen Biser kann daher nicht vorgehalten werden, dass „die traditionelle katholische Deutung Vicos die Sprengkraft seiner neuen Einsichten verharmlost", wie *Vittorio Hösle*, Vico und die Idee der Kulturwissenschaft, Einleitung der Meiner-Ausgabe 1990, S. XXXIV, im Übrigen völlig zu Recht zu bedenken gibt.

1287 Lesenswert *Christian Waldhoff/Christian Neumeier*, Contra legem – zu den Grenzen juristischer Auslegung, in: Lektüre und Geltung. Zur Verstehenspraxis in der Rechtswissenschaft und in der Literaturwissenschaft (Hg. Dieter Grimm/Christoph König), 2020, S. 207.

1288 *Wolfgang Fikentscher*, Methoden des Rechts in vergleichender Darstellung, Band I-V, 1975–1977, geht innerhalb der modernen Methodenlehre mutatis mutandis ähnlich vor wie Vico, den er als einer der wenigen Juristen berücksichtigt. Im IV. Band, S. 23, findet sich die bemerkenswerte Feststellung, dass „auf Vico die Geschichtsauffssung eines universellen historischen Wissens und

Es kann vor diesem Hintergrund kaum verwundern, dass unter den vergleichsweise wenigen deutschsprachigen Juristen, die von Vico überhaupt näher Notiz genommen haben, kein Geringerer als Savigny ihn in seiner Größe erkannte: „Vico stand mit seiner genialen Tiefe einsam unter den Zeitgenossen, ein Fremdling in seiner Nation, übersehen oder verspottet, wenngleich man ihn jetzt als Nationalbesitz zu vindiciren versucht."[1289] Man sollte diese Verkennung seinen italienischen Zeitgenossen allerdings nicht ankreiden, zumal da bereits Goethe darauf hinwies, dass die von ihm sogenannten „italienischen Gesetzesfreunde" den Verfasser der Scienza nuova, wie eingangs gesehen, auch und gerade als Rechtsphilosophen zu würdigen wussten und sogar Montesquieu vorzogen.[1290]

Ein Werk, das die Erlangung wahrer Weisheit unter die Bedingung der Frömmigkeit stellt, musste es freilich außerhalb der Grenzen Italiens in einer Zeit schwer haben, die einer anderen Form des Rationalismus' ergeben war, der ohne die Vorstellung einer göttlichen Gerechtigkeit auskam.[1291] Darin liegt buchstäblich und paradoxerweise die Grenze der Rechtsphilosophie Vicos, die im Übrigen aufgrund ihres in zeitlicher und räumlicher Hinsicht grenzüberschreitenden, ja Grenzen sprengenden Charakters eine Universalität erlangt hat,[1292] welche die Jurisprudenz mit der Philologie, vor allem der Sprachphilosophie, der Religion und all jenen Disziplinen in Zusammenhang gebracht hat,[1293] die überhaupt erst

---

seiner Zunahme zurückgeht." Ebenda, S. 40, erklärt er Croces Berufung auf Vico, „wenn er die Geschichte für weder planhaft noch meßbar hält".

1289 *Friedrich Carl von Savigny*, Vermischte Schriften, Band IV, 1850, S. 217 f. Dazu *Dieter Nörr*, Savignys philosophische Lehrjahre. Ein Versuch, 1994, S. 42 Fußnote 37. Von der historischen Rechtsschule unterscheidet sich Vico freilich fundamental; vgl. *Vittorio Hösle*, Vico und die Idee der Kulturwissenschaft, Einleitung der Meiner-Ausgabe 1990, S. CCVI.

1290 *Johann Wolfgang von Goethe*, Italienische Reise, Hamburger Ausgabe 1981, Band 11, S. 192.

1291 *Vittorio Hösle*, Wahrheit und Geschichte. Studien zur Struktur der Philosophiegeschichte unter paradigmatischer Analyse der Entwicklung von Parmenides bis Platon, 1984, S. 169, macht auf einen weiteren – übrigens auch in rechtswissenschaftlicher Hinsicht – bedeutsamen philosophiegeschichtlichen und wissenschaftstheoretischen Gesichtspunkt aufmerksam: „Entsprechend ist der entscheidende Ort, an dem ein Denker einzuordnen ist, nicht so sehr derjenige der Abfassung seiner Werke als vielmehr der *ihrer ersten allgemeinen Rezeption*; Vico etwa läßt sich durch das zyklische Modell für das frühe 18. Jahrhundert kaum erklären; und in der Tat ist seine Philosophie zu seinen Lebzeiten völlig isoliert geblieben und erst im frühen 19. Jahrhundert angemessen zur Kenntnis genommen worden".

1292 *Isaiah Berlin*, Vico and Herder. Two Studies in the History of Ideas, 1976, S. 37, kommentiert lakonisch: „Small wonder if Vico found difficulty in conveying to his contemporaries a vision so transforming and so universal".

1293 *Karl Löwith*, Weltgeschichte und Heilsgeschehen. Die theologischen Voraussetzungen der Geschichtsphilosophie, 8. Auflage 1990 (1953), S. 110, nennt es „die erste empirische Konstruktion der Menschengeschichte – der Religion, der Gesellschaft, der Herrschaftsformen, der Rechtsin-

Vico maßgebliche Impulse verdanken,[1294] wie beispielsweise die Soziologie – auch die des Rechts – sowie nicht zuletzt die Kulturwissenschaft insgesamt.[1295]

Ebenso unerwartet, wie seine auf Frömmigkeit vertrauende Scienza nuova ausgerechnet die Theologie vor neuzeitliche Herausforderungen stellte, hat Vicos auf den ersten Blick archaisch anmutende und weltfremd wirkende Rechtsmetaphysik bei näherem Hinsehen einen wesentlichen Beitrag zur Begründung der Rechtssoziologie und der Kulturwissenschaft geleistet. Aus juristischer Sicht besteht sein bleibendes Verdienst nicht zuletzt darin, zumindest die Interdependenz zwischen der von ihm begründeten Kulturwissenschaft mit der Rechtswissenschaft und ihren heutigen Grundlagen erkannt zu haben.

Seine Scienza nuova stellt darüber hinaus, ohne dass ihr Verfasser es vordinglich im Sinn gehabt haben konnte oder wollte, auch noch rund dreihundert Jahre nach ihrer Entstehung herausfordernde Fragen an die Jurisprudenz, nicht zuletzt diejenige, ob sie nicht selbst Kulturwissenschaft ist. So oft diese Frage gestellt wurde, so selten hat man Vico zurate gezogen.[1296] In Anlehnung an das vichianische *verum et factum convertuntur* scheint es sich so zu verhalten, dass auch die Gesetze letztlich von Menschen gemacht wurden, als Menschenwerk freilich zutiefst Ungerechtes und Menschenverachtendes bestimmen kön-

stitutionen und der Sprachen – aus dem philosophischen Prinzip eines ewigen Gesetzes providentieller Entwicklung, die weder fortschrittlich historisch noch zyklisch-kosmologisch gefaßt ist." Wichtig auch seine Zusammenfassung mit der wirkungsvoll an den Schluss gesetzten Pointe ebenda, S. 128 f.: „Vicos Perspektive ist noch theologisch, aber die Mittel der rettenden Vorsehung sind geschichtlich-natürliche. Die Geschichte hat einen prähistorischen Anfang, aber kein Ende und keine Erfüllung, und ist doch von der Vorsehung gelenkt, um der Menschheit willen".

1294 *Benedetto Croce*, Die Philosophie Giambattista Vicos (deutsche Übersetzung Erich Auerbach/Theodor Lücke), 1927, S. 104: „Doch Vico hat zu seinem Gegenstand die Formen der Kultur, die alle Lebensäußerungen in sich zusammenfassen, die Wirtschaft und das Recht, die Religion und die Kunst, die Wissenschaft und die Sprache".

1295 *Vittorio Hösle*, Vico und die Idee der Kulturwissenschaft, Einleitung der Meiner-Ausgabe 1990, S. CCLXXII, zieht ein bemerkenswertes Fazit, das mutatis mutandis auch und gerade für die zeitlose Bedeutung der Rechtsphilosophie Vicos gilt: „Sein Werk ist gleichsam die poetische Weisheit der erwachenden Kulturwissenschaft."

1296 *Paolo Becchi*, Die Ursprünge der Kulturwissenschaft in Deutschland und ihre Wirkung auf die geschichtliche Rechtswissenschaft, in: Rechtswissenschaft als Kulturwissenschaft (Hg. Marcel Senn/Dániel Puskás), Archiv für Rechts- und Sozialphilosophie – Beihefte, Band 115, 2008, S. 169, 170 f., stellt als Kenner der Philosophie Vicos immerhin die Übereinstimmungen zwischen Johann Gottfried Herder und Vico dar, wobei er die Ähnlichkeiten im Hinblick auf Herders Kritik an Montesquieu in den Vordergrund rückt und mit Recht als juristisch besonders interessant erachtet.

nen.[1297] Doch darf man den genannten Grundsatz geistesgeschichtlich nicht missverstehen, zumal da namentlich Hobbes und Vico ihn unterschiedlich verstanden haben.[1298]

Zumindest die großen Kodifikationen aber, die sich oft im Laufe von Jahrhunderten auf jene evolutive Weise entwickelt haben und die ohne jeden Mystizismus mitunter klüger sein können als ihre Schöpfer,[1299] weil eine Unmenge an rechtsgeschichtlichen Erfahrungen in ihnen gespeichert sind, bilden Kulturleistungen ersten Ranges.[1300] Die Rechtswissenschaft gehört ohnehin nicht zwangsläufig zu den Geisteswissenschaften,[1301] muss allerdings auch nicht von ihnen ausgegrenzt werden.[1302]

1297 *Vittorio Hösle*, Philosophiegeschichte und objektiver Idealismus, 1996, S. 165, macht auf den – wohl auch im Hinblick auf das Recht nicht unwichtigen – Gesichtspunkt aufmerksam, dass nach Vico *„die Kulturwissenschaften in einem strengeren Sinn Wissenschaft seien als die Naturwissenschaften.“* Hervorhebung auch dort. Interessant vor diesem Hintergrund auch *Karl-Otto Apel*, Die Idee der Sprache in der Tradition des Humanismus von Dante bis Vico, (1963), 2. Auflage 1975, S. 332, wonach – auch wenn das heute gewiss nicht mehr vorbehaltslos vertretbar ist – „schon *C. Salutati* in seiner Schrift ‚De nobilitate legum et medicinae‘ von 1390 die Jurisprudenz als Zeugnis der göttlichen Weisheit und des vom Menschen geschaffenen Guten über die Medizin gestellt, die sich nur mit dem Werdenden und Vergehenden beschäftigt“.

1298 *Jürgen Habermas*, Auch eine Geschichte der Philosophie, Band 2: Vernünftige Freiheit. Spuren des Diskurses über Glauben und Wissen, 2019, S. 103, präzisiert: „Den Grundsatz *verum et factum convertuntur* hatte Hobbes auf die Mathematik angewendet und dieses Verfahren sodann für eine – mithilfe des selbsterzeugten Rechts durchgeführte – Konstruktion der Staatsmaschine reklamiert. Vico hingegen benutzt den Grundsatz in dem ganz anderen Sinn, dass eine *empirisch verfahrende* Wissenschaft vom Auf und Ab der Kulturen den gewissermaßen *begriffsrealistischen Aufbau* der Menschenwelt nicht an die nominalistisch begriffene Natur der Naturwissenschaft assimilieren darf.“ Hervorhebungen auch dort.

1299 *Claus-Wilhelm Canaris*, „Falsches Geschichtsbild von der Rechtsperversion im Nationalsozialismus“ durch ein Porträt von Karl Larenz?, Juristenzeitung 2011, 879.

1300 *Werner Flume*, Vom Beruf unserer Zeit für Gesetzgebung, Zeitschrift für Wirtschaftsrecht (ZIP) 2000, 1427, 1429, für das Bürgerliche Gesetzbuch: „Es geht um das BGB, und das BGB ist ein Kulturdenkmal“.

1301 Anders noch *Wilhelm Dilthey*, Der Aufbau der geschichtlichen Welt in den Geisteswissenschaften, Gesammelte Schriften, Band VII, 7. Auflage 1979, S. 79. *Vittorio Hösle*, Kritik der verstehenden Vernunft, 2018, S. 16, betont richtigerweise, dass wir Vico „Entscheidendes zur Grundlegung der Geisteswissenschaften verdanken“, und macht an späterer Stelle (S. 259) bei allem Respekt mit guten Gründen darauf aufmerksam, dass „Jurisprudenz und Theologie (...) nicht eigentlich verstehende Geisteswissenschaften sind“.

1302 *Jürgen Trabant*, Giambattista Vico – Poetische Charaktere, 2019, S. 15, stellt ohne Behandlung der Jurisprudenz überzeugend fest, was wohl auch im Hinblick auf diese gilt: „Die kulturwissenschaftliche Austreibung des Geistes aus den Geisteswissenschaften und die Polemik um eine – vermeintliche – Opposition zwischen ‚Kulturwissenschaft‘ und ‚Geisteswissenschaft‘

Die Durchdringung der unzähligen rechtsrelevanten Gedanken der Scienza nuova legt die Annahme nahe, dass eine auf rechtsdomatischer, rechtsphilosophischer, rechtsvergleichender, rechtsanthropologischer, rechtssoziologischer und rechtsgeschichtlicher Grundlage forschende Jurisprudenz als Kulturwissenschaft begriffen werden kann.[1303]

interessieren heute allerdings niemanden mehr. Es hat sich eine Art friedlicher Koexistenz etabliert".

1303 *Vittorio Hösle*, Goethe und Dickens als christliche Denker, 2022, S. 214 f., würdigt Vico im Hinblick auf das Verhältnis von Geisteswissenschaft und Kulturwissenschaft, insbesondere unter Verweis auf SN 146, 550: „Es ist eine der vielen bahnbrechenden Leistungen Giambattista Vicos, dessen Scienza nuova von 1725 die *Grundlegung der modernen Geisteswissenschaft* wie wenige andere Texte vollbracht hat, auf die Möglichkeit verwiesen zu haben, Ähnlichkeiten zwischen Kulturen seien das Resultat nicht eines gemeinsamen Ursprungs oder von Interferenzen, sondern ‚der gemeinsamen Natur der Völker' und darin begründeter allgemeiner Entwicklungsgesetze. Vico führt somit – in Termini, die er selbst noch nicht verwendet – *für die Kulturwissenschaften eine typologische* (eidetische) neben einer genetischen (kausal zu erklärenden) Ähnlichkeit ein. Er wendet seine Theorie u. a. auf die vergleichende Mythologie und *zumal auf die vergleichende Rechtshistorie* an. Allerdings unterschätzt Vico Interferenzen zwischen Kulturen. So mag er in seiner Bestreitung eines griechischen Einflusses auf das Zwölftafelgesetz sich durchaus getäuscht haben: Denn es ist in der Kulturwissenschaft oft noch schwieriger als in der Biologie, beide Formen von Ähnlichkeiten zu unterscheiden." Hervorhebungen nur hier.

Literaturverzeichnis

Albano, Maeve Edith, Vico and Providence, 1986
Amari, Emerico, Critica di una scienza della legislazione comparata, 1857
Amoroso, Leonardo, Erläuternde Einführung in Vicos Neue Wissenschaft (im italienischen Original: Lettura della Scienza nuova di Vico, 1998), 2006
Apel, Karl-Otto, Die Idee der Sprache in der Tradition des Humanismus von Dante bis Vico, (1963), 2. Auflage 1975
Apel, Karl-Otto, Giambattista Vicos Anticartesianismus und sein Programm einer „Neuen Wissenschaft", Zeitsprünge. Forschungen zur Frühen Neuzeit, 3 (1990) 209
Arena, Giuseppe Antonio, Prima della ragione. Cultura e diritto del popolo in Vico e Sorel, 1983
Arnold, Stefan, Vertrag und Verteilung. Die Bedeutung der iustitia distributiva, 2014
Ash, Rhiannon, Ordering Anarchy. Armies and Leaders in Tacitus' Histories, 1999
Ash, Rhiannon, Tacitus, 2006
Auer, Marietta, Subjektive Rechte bei Pufendorf und Kant: Eine Analyse im Lichte der Rechtskritik Hohfelds, Archiv für die civilistische Praxis 208 (2008) 584
Auer, Marietta, Die Substanz der Freiheit: Pufendorfs Begriff der moralischen Person, in: Person und Rechtsperson. Zur Ideengeschichte der Personalität (Hg. Rolf Gröschner/ Stefan Kirste/Oliver B. Lembcke), 2015, S. 81
Auerbach, Erich, Mimesis. Dargestellte Wirklichkeit in der abendländischen Literatur, 1946
Auerbach, Erich, Philologie der Weltliteratur. Sechs Versuche über Stil und Wirklichkeitswahrnehmung, 2015
Baer, Susanne, Rechtssoziologie. Eine Einführung in die interdisziplinäre Rechtsforschung, 2011
Barth, Paul, Die Philosophie der Geschichte als Soziologie, 1971
Beard, Mary, Confronting the Classics. Traditions, Adventures and Innovations, 2014
Becchi, Paolo, Vico e Filangieri in Germania, 1976
Becchi, Paolo, Die Ursprünge der Kulturwissenschaft in Deutschland und ihre Wirkung auf die geschichtliche Rechtswissenschaft, in: Rechtswissenschaft als Kulturwissenschaft (Hg. Marcel Senn/Dániel Puskás), Archiv für Rechts- und Sozialphilosophie – Beihefte, Band 115, 2008, S. 169
Beckett, Samuel, Dante...Bruno. Vico...Joyce, 1929
Berlin, Isaiah, Vico and Herder. Two Studies in the History of Ideas, 1976
Berman, Harold J., Law and Revolution, 1983
Berry, Thomas, The Historical Theory of Giambattista, Vico, 1949
Biser Eugen, Gott ist tot. Nietzsches Dekonstruktion des christlichen Bewußtseins, 1962
Biser Eugen, Der inwendige Lehrer. 1993
Biser, Eugen, Der Mensch – das uneingelöste Versprechen, 1995
Biser, Eugen, Hat der Glaube eine Zukunft?, 3. Auflage 1997
Biser, Eugen, Überwindung der Glaubenskrise. Wege zur spirituellen Aneignung, 1997
Biser, Eugen, Überwindung der Lebensangst. Wege zu einem befreienden Gottesbild, 2. Auflage 1997
Biser, Eugen, Das Antlitz. Christologie von innen, 1999
Biser, Eugen, Die Entdeckung des Christentums. Der alte Glaube und das neue Jahrtausend, 2000

https://doi.org/10.1515/9783110718461-011

Biser, Eugen, Glaubenserweckung. Das Christentum an der Jahrtausendwende, 2000
Bleicken, Jochen, Gesammelte Schriften, Band 1, 1998
Bobbio, Noberto, Vico e la teoria delle forme di governo, Bollettino del centro di Studi Vichiani 8 (1975) 5
Böckenförde, Ernst-Wolfgang, Staat, Gesellschaft, Freiheit, 1980
Böhm, Franz, Die Idee des Ordo im Denken Walter Euckens, ORDO 3 (1950) XV
Borst, Arno, Lebensformen im Mittelalter, 4. Auflage 2004
Braun, Johann, Einführung in die Rechtsphilosophie, 2006
Bredekamp, Horst, Il frontespizio della Scienza Nuova, Atti della Academia Nazionale die Lincei. Anno CDXII. Classe di Scienze morali, storiche e filologiche 26 (2015) 227
Bredekamp, Horst, Fortuna als neue Wissenschaft, Leviathan 47 (2019) 74
Brunschvicg, Léon, Descartes et Pascal Lecteurs de Montaigne, 1942
Burke, Peter, Vico. Philosoph, Historiker, Denker einer neuen Wissenschaft, 1990
Cacciatore, Giuseppe, Metaphysik, Poesie und Geschichte. Über die Philosophie von Giambattista Vico, 2002
Canaris, Claus-Wilhelm, Schranken der Privatautonomie zum Schutze des Kreditnehmers, Zeitschrift für Wirtschaftsrecht (ZIP) 1980, 709
Canaris, Claus-Wilhelm, Systemdenken und Systembegriff in der Jurisprudenz, 2. Auflage 1983
Canaris, Claus-Wilhelm, Funktion, Struktur und Falsifikation juristischer Theorien, Juristenzeitung 1993, 377
Canaris, Claus-Wilhelm, Die Bedeutung der iustitia distributiva im deutschen Vertragsrecht, 1997
Canaris, Claus-Wilhelm, Grundrechte im Privatrecht, 1999
Canaris, Claus-Wilhelm, Die Europäische Union als Gemeinschaft des Rechts – von Athen und Rom über Bologna nach Brüssel, Jahrbuch 2009 der Bayerischen Akademie der Wissenschaften, 2010, S. 179
Canaris, Claus-Wilhelm, „Falsches Geschichtsbild von der Rechtsperversion im Nationalsozialismus" durch ein Porträt von Karl Larenz?, Juristenzeitung 2011, 879
Candela, Mercurio, Diritto e umanità in G. B. Vico, 1968
Cantoni, Carlo, Giambattista Vico, studi critici e comparativi, 1867
Cassirer, Ernst, Zur Logik der Kulturwissenschaft. Fünf Studien, 1942
Christ, Karl, Germanendarstellung und Zeitverständnis bei Tacitus, Historia 14 (1965) 62
Christ, Karl, Tacitus und der Principat, Historia 27 (1978) 449
Ciaceri, Emanuel, Cornelio Tacito nell'Opera di G. B. Vico, 1940
Croce, Benedetto, Die Philosophie Giambattista Vicos (deutsche Übersetzung Erich Auerbach/ Theodor Lücke), 1927
Derrida, Jaques, Force de loi. Le „fondement mystique de l'autorité", 1994; zuerst veröffentlicht im Rahmen des Kolloquiums „Deconstruction and the Possibility of Justice", in: The Cardozo Law Review 11 (1990) 919 (deutsch: Gesetzeskraft. Der „mystische Grund der Autorität", 1991)
Desgraves, Louis, Catalogue de la bibliothèque de Montesquieu, 1954
Dieck, Karl Friedrich, Historische Versuche über das Criminalrecht der Römer, 1822
Dilthey, Wilhelm, Der Aufbau der geschichtlichen Welt in den Geisteswissenschaften, Gesammelte Schriften, Band VII, 7. Auflage 1979
Erny, Nicola, Theorie und System der Neuen Wissenschaft von Giambattista Vico. Eine Untersuchung zu Konzeption und Begründung, 1994

Fassò, Guido, I ‚quattro autori' del Vico, 1949
Faucci, Dario, Vico e Grozio ‚giureconsulti del genere humano', Filosofia 19 (1968) 501
Fellmann, Ferdinand, Das Vico-Axiom: Der Mensch macht die Geschichte, 1976
Fikentscher, Wolfgang, Methoden des Rechts in vergleichender Darstellung, Band I-V, 1975–1977
Fikentscher, Wolfgang, Eine Theorie der Fallnorm als Grundlage von Kodex- und Fallrecht (code law and case law), Zeitschrift für Rechtsvergleichung 21 (1980) 161
Fikentscher, Wolfgang, Roscoe Pound. Von der Zweckjurisprudenz zur ‚Sociological Jurisprudence', Festschrift für Karl Larenz, 1983, S. 93
Fikentscher, Wolfgang, Modes of Thought, 1995
Fikentscher, Wolfgang, Rechtsanthropologie, Juristische Ausbildung 1998, 182
Fikentscher, Wolfgang, Law and Anthropology, 2. Auflage 2016
Fisch, Max H., Vico on Roman Law, in: Essays in Political Theory. Presented to George H. Sabine (Hg. Milton R. Konwitz/Arthur E. Murphy), 2. Auflage 1972, S. 62
Flach, Dieter, Tacitus in der Tradition der antiken Geschichtsschreibung, 1973
Flume, Werner, Vom Beruf unserer Zeit für Gesetzgebung, Zeitschrift für Wirtschaftsrecht (ZIP) 2000, 1427
Folkierski, Wladyslaw, Montesquieu et Vico, Actes du congrès Montesquieu, 1956
Friedell, Egon, Kulturgeschichte der Neuzeit, 1927–1931
Friedrich, Hugo, Die Rechtsmetaphysik der Göttlichen Komödie, 1942
Friedrich, Hugo, Montaigne, 1949 (3. Auflage 1991)
Fubini, Mario, Stile e umanità di Giambattista Vico, 2. Auflage 1965
Fuhrmann, Manfred, Einführung in die Tusculum-Ausgabe der Annalen, 3. Auflage 1997
Fukuyama, Francis, The End of History and the Last Man, 1992
Gagern, Hans Christoph Ernst von, Critik des Völkerrechts, 1840
Gebhardt, Jürgen, Senso Commune: Vico und die alteuropäische Tradition, Festschrift für Martin Sattler, 2005, S. 91
Gehlen, Arnold, Der Mensch, 1940
Gehlen, Arnold, Urmensch und Spätkultur, 1956
Geib, Gustav, Geschichte des römischen Criminalprocesses bis zum Tode Justinian's, 1842
Gianturco, Elio, Vico's Significance in the History of Legal Thought, in: Giambattista Vico. An International Symposium (Hg. Giorgio Tagliacozzo/Hayden White), 1969, S. 327
Giuliani, Alessandro, La filosofia del processo in Vico ed il suo influsso in Germania, Bolletino del Centro di Studi Vichiani 22 (1992/93) 345
Goodyear, Francis Richard David, Cyclic Development in History: A Note of Tacitus Ann. 3.55.5, Bulletin of the Institute of Classical Studies 17 (1970) 101
Graf, Friedrich Wilhelm, Fachmenschenfreundschaft. Studien zu Troeltsch und Weber, 2014
Greenblatt, Stephen, Towards a Poetics of Culture, in: The New Historicism (Hg. Harold Veeser), 2013, S. 1
Grimm, Jacob, Von der Poesie im Recht, Zeitschrift für geschichtliche Rechtswissenschaft 2 (1816) 25
Gutman, Thomas, Recht als Kultur. Über die Grenzen des Kulturbegriffs als normatives Argument, 2015
Haakonssen, Knud, The Science of a Legislator. The Natural Jurisprudence of David Hume and Adam Smith, 1981

Haakonssen, Knud, Natural Law and Moral Philosophy: From Grotius to the Scottish Enlightenment, 1996

Habermas, Jürgen, Strukturwandel der Öffentlichkeit, 1962 (zitiert nach der Suhrkamp-Ausgabe 1990)

Habermas, Jürgen, Erkenntnis und Interesse, 1973

Habermas, Jürgen, Faktizität und Geltung. Beiträge zur Diskurstheorie des Rechts und des demokratischen Rechtsstaats, 1994

Habermas, Jürgen, Auch eine Geschichte der Philosophie, Band 1: Die okzitentale Konstellation von Glauben und Wissen, 2019; Band 2: Vernünftige Freiheit. Spuren des Diskurses über Glauben und Wissen, 2019

Haddock, Bruce Anthony, Vico's Political Thought, 1986

Haeffner, Friedemann, Vico und Bloch. Mythos, Geschichte, Utopie, 1996

Hahn, Eleonore, Die Exkurse in den Annalen des Tacitus, 1933

Hayek, Friedrich August von, Die Ergebnisse menschlichen Handelns, aber nicht menschlichen Entwurfs, 1967, in: *ders.*, Rechtsordnung und Handelnsordnung. Aufsätze zur Ordnungsökonomik, Gesammelte Schriften, Abteilung A, Band 4, 2003, S. 178

Hebeisen, Michael Walter, Recht und Staat als Objektivationen des Geistes in der Geschichte. Eine Grundlegung von Jurisprudenz und Staatslehre als Geisteswissenschaft, Teilband 3, 2004

Heck, Philipp, Begriffsbildung und Interessenjurisprudenz, 1932

Heinecke, Christian, Homer und Lykurg, oder das Alter der Iliade und die politische Tendenz ihrer Poesie, 1833

Hintze, Otto, Wesen und Verbreitung des Feudalismus, 1929

Hirschman, Albert O., The Passions and the Interests. Political Arguments for Capitalism before its Triumph, 1977 (zitiert nach der deutschen Ausgabe: Leidenschaften und Interessen. Politische Begründungen des Kapitalismus vor seinem Sieg, 1987, Übersetzung Sabine Offe)

Hösle, Vittorio, Wahrheit und Geschichte. Studien zur Struktur der Philosophiegeschichte unter paradigmatischer Analyse der Entwicklung von Parmenides bis Platon, 1984

Hösle, Vittorio, Die Krise der Gegenwart und die Verantwortung der Philosophie, 1990

Hösle, Vittorio, Vico und die Idee der Kulturwissenschaft, Einleitung der Meiner-Ausgabe 1990

Hösle, Vittorio, Recht und Geschichte bei Giambattista Vico, Gedenkschrift für Karl-Heinz Ilting, 1990, S. 389

Hösle, Vittorio, Praktische Philosophie in der modernen Welt, 2. Auflage 1995

Hösle, Vittorio, Philosophiegeschichte und objektiver Idealismus, 1996

Hösle, Vittorio, Moral und Politik. Grundlagen einer Politischen Ethik für das 21. Jahrhundert, 1997

Hösle, Vittorio, Hegels System. Der Idealismus der Subjektivität und das Problem der Intersubjektivität, 2. Auflage 1998

Hösle, Vittorio, Der Ort von Kants Geschichtsphilosophie in der Geschichte der Geschichtsphilosophie, Festschrift für Peter Landau, 2000, S. 997

Hösle, Vittorio, Can A Plausible Story Be Told of the History of Ethics?, An alternative to MacIntyre's After Virtue," in: Dimensions of Goodness (Hg. Ders.), 2013, S. 113

Hösle, Vittorio, Eine kurze Geschichte der deutschen Philosophie, 2013

Hösle, Vittorio, Dantes Commedia und Goethes Faust. Ein Vergleich der beiden wichtigsten philosophischen Dichtungen Europas, 2014

Hösle, Vittorio, Vico's New Science of the Intersubjective World, 2016
Hösle, Vittorio, Russland 1917 – 2017. Kultur, Selbstbild und Gefahr, 2017
Hösle, Vittorio, Kritik der verstehenden Vernunft. Eine Grundlegung der Geisteswissenschaften, 2018
Hösle, Vittorio, Globale Fliehkräfte. Eine geschichtsphilosophische Kartierung der Gegenwart, 2019
Hösle, Vittorio, Goethe und Dickens als christliche Denker, 2022
Hutton, Patrick H., Vico and the End of History, Historical Reflections 22 (1996) 537
Jennes, Heinrich F., Ingenium und Topik im Werk es jungen Giambattista Vico. Spätbarockes Vorspiel zur Scienza Nuova, 2003
Jens, Walter, Libertas bei Tacitus, Hermes 84 (1956) 331
Jhering, Rudolf von, Der Kampf ums Recht, 1872
Joyce, James, Ulysses, 1922
Joyce, James, Finnegans Wake, 1939
Kafka, Gustav, Geschichtsphilosophie und Philosophiegeschichte, in: Geschichte der Philosophie in Längsschnitten, Band 10, 1933
Kaser, Max/Knütel, Rolf/Lohsse, Sebastian, Römisches Privatrecht, 21. Auflage 2017
Kaube, Jürgen, Der Anfang von allem, 2017
Kelley, Donald R., Foundations of Modern Historical Scholarship, Language, Law, and History in the French Renaissance, 1970
Kelley, Donald R., Vico's Road: From Philology to Jurisprudence and Back, in: Giambattista Vico's Science of Humanity (Hg. Giorgio Tagliacozzo/Donald Phillip Verene), 1976, S. 15
Kelley, Donald R., History, Law and the Human Sciences. Medieval and Renaissance Perspectives, 1984
Keynes, John Maynard, The End of Laissez-Faire, 1926
Kisch, Guido, Rezension zu *Theodor Viehweg*, Topik und Jurisprudenz, 1953, Zeitschrift der Savigny-Stiftung für Rechtsgeschichte: Germanistische Abteilung 72 (1955) 365
Kittler, Friedrich, Eine Kulturgeschichte der Kulturwissenschaft, 2. Auflage 2001
Kleimann, Thomas, Lebensrealismus. Die Geschichtsphilosophie Giovanni Baptista Vicos, 2009
Klemm, Otto, G. B. Vico als Geschichtsphilosoph und Völkerphilosoph, 1906
Klingner, Friedrich, Tacitus über Augustus und Tiberius. Interpretationen zum Eingang der Annalen, Sitzungsberichte der Bayerischen Akademie der Wissenschaften, Philosophisch-historische Klasse, Jahrgang 1953, Heft 7 (in: Tacitus, Hg. Viktor Pöschl, 1969, S. 507)
Klingner, Friedrich, Tacitus, in: Römische Geisteswelt, 5. Auflage 1979, S. 504
Kobusch, Theo, Adaequatio rei et intellectus. Die Erläuterung der Korrespondenztheorie der Wahrheit in der Zeit nach Thomas von Aquin, in: Die Geschichte des philosophischen Begriffs der Wahrheit (Hg. Markus Enders/Jan Szaif), 2006, S. 158
Koestermann, Erich, Cornelius Tacitus. Annalen, Band I, Buch 1 – 3, 1967
Kohler, Josef, Vico als Rechtsphilosoph, Archiv für Rechts- und Wirtschaftsphilosophie 5 (1911/12) 261
König, Peter, Giambattista Vico, 2005
Kuhn, Thomas, The Structure of Scientific Revolutions, 1962
Kullmann, Wolfgang, Die Quellen der Ilias (Troischer Sagenkreis), 1960
Küng, Hans, Menschwerdung Gottes. Eine Einführung in Hegels theologisches Denken als Prolegomena zu einer künftigen Theologie, 1970

Lacchè, Luigi, Der eklektizistische Kanon. Auf der Suche nach einer „Tiefenschicht" der italienischen Rechtskultur des 19. Jahrhunderts, 2014
Landau, Peter, Die Rechtsquellenlehre in der deutschen Rechtswissenschaft des 19. Jahrhunderts, in: Juristische Theoriebildung und Rechtliche Einheit, Rättshistorika Studier (Hg. Claes Peterson), Band XIX, 1993, S. 69
Lange, Hermann/Kriechbaum, Maximiliane, Römisches Recht im Mittelalter, Band II: Die Kommentatoren, 2007
Larenz, Karl, Methodenlehre der Rechtswissenschaft, 6. Auflage 1991
Leenen, Detlef, Methodenrecht; in: Methodenlehre zwischen Wissenschaft und Handwerk. Erstes Bielefelder Kolloquium (Hg. Susanne Hähnchen), 2019, S. 65
Leist, Burkhard Wilhelm, Die bonorum possessio, 1848
Leo, Friedrich, Die staatsrechtlichen Exkurse in Tacitus' Annalen, Nachrichten von der Königlichen Gesellschaft der Wissenschaften zu Göttingen. Philologisch-historische Klasse, Heft 2/1896, S. 191
Levy, Ernst, West Roman Vulgar Law, 1951
Levy, Ernst, Weströmisches Vulgarrecht – Das Obligationenrecht, 1956
Levy, Ernst, Natural Law in Roman Thought, Gesammelte Schriften Band I, 1963
Lewis-Williams, David, The Mind in the Cave. Consciousness and the Origins of Art, 2004
Linke, Bernhard, Von der Verwandtschaft zum Staat. Die Entstehung politischer Organisationsformen in der frührömischen Geschichte, 1995
Lomas, Katryn, Der Aufstieg Roms. Von Romulus bis Pyrrhus, 2019
Löwer, Wolfgang, Cessante ratione legis cessat lex ipsa: Wandlung einer gemeinrechtlichen Auslegungsregel zum Verfassungsgebot?, 1989
Löwith, Karl, Nietzsches Philosophie der ewigen Wiederkunft des Gleichen, 1935
Löwith, Karl, Vicos Grundsatz: verum et factum convertuntur. Seine theologische Prämisse und deren säkulare Konsequenzen (Vorgetragen am 18. November 1967), 1968
Löwith, Karl, Weltgeschichte und Heilsgeschehen. Die theologischen Voraussetzungen der Geschichtsphilosophie, 8. Auflage 1990 (1953)
Manson, Richard, The Theory of Knowledge of Giambattista Vico, 1969
Mathis, Klaus, Effizienz statt Gerechtigkeit? Auf der Suche nach den philosophischen Grundlagen der ökonomischen Analyse des Recht, 3. Auflage 2009
Mauthner, Fritz, Zur Sprachwissenschaft. Beiträge zu einer Kritik der Sprache, Zweiter Teil, 1912
Mazlish, Bruce, The Riddle of History. The Great Speculators from Vico to Freud, 1968
Mazotta, Giuseppe, The Map of the World. The Poetic Philosophy of Giambattista Vico, 1999
Mazzarino, Santo, Vico, l'annalistica e il diritto, 1971
Medicus, Dieter, Leistungsfähigkeit und Rechtsgeschäft, Zeitschrift für Wirtschaftsrecht (ZIP) 1989, 817
Meister, Klaus, Das Recht des Stärkeren bei Thukydides, in: Ein Besitz für immer? Geschichte, Polis und Völkerrecht bei Thukydides (Hg. Ernst Baltrusch/Christian Wendt), 2011, S. 229
Melters, Benedikt, „Totus in illis": Anmerkungen zur kompositorischen Kohärenz von Hor. sat. 1, 9, Rheinisches Museum für Philologie 154 (2011) 320
Melters, Benedikt, Vor der Differenz. Anmerkungen zum Verhältnis von Allgemeiner Systemtheorie und der Philosophie Michel Serres', Soziale Systeme 21 (2016) 390
Mestmäcker, Ernst-Joachim, Die sichtbare Hand des Rechts, 1978
Mestmäcker, Ernst-Joachim, Europäische Prüfsteine der Herrschaft und des Rechts, 2016

Millar, Fergus, A Study of Cassius Dio, 1964
Mitteis, Hermann, Lehnrecht und Staatsgewalt. Untersuchungen zur mittelalterlichen Verfassungsgeschichte, 1933
Möllers, Christoph, Die drei Gewalten. Legitimation der Gewaltengliederung in Verfassungsstaat, Europäischer Integration und Internationalisierung, 2008
Momigliano, Arnoldo, ‚Bestioni' ed ‚eroi' romani nella Scienza nuova di Vico, in: Sui fondamenti della storia antica, 1984, S. 204
Mooney, Michael, Vico in the Tradition of Rhetoric, 1985
Münkler, Herfried, Machiavelli. Die Begründung des politischen Denkens der Neuzeit aus der Krise der Republik Florenz, 1984
Münkler, Herfried, Geleitwort: Machiavelli, Discorsi – Gedanken über Politik und Staatsführung, 3. Auflage 2007
Na, Jong-Seok, Praktische Vernunft und Geschichte der Philosophie bei Vico und Hegel, 2002
Nörr, Dieter, Rechtskritik in der römischen Antike, 1974
Nörr, Dieter, Planung in der Antike. Über die Ehegesetze des Augustus, Festgabe für Helmut Schelsky, 1977, S. 309
Nörr, Dieter, Savignys philosophische Lehrjahre. Ein Versuch, 1994
Oncken, August, Adam Smith in der Kulturgeschichte, 1874
Otto, Stephan, Nicolaus von Kues, in: Klassiker der Philosophie (Hg. Otfried Höffe), Band I, 2. Auflage 1985, S. 245
Otto, Stephan, Giambattista Vico, 1989
Owen, Sidney George, P. Ovidii Nasonis Tristium Liber Secundus, 1924
Pausch, Dennis, Der Aitiologische Romulus. Historisches Interesse und literarische Form in Livius' Darstellung der Königszeit, Hermes 136 (2008) 38
Perler, Dominik, Repräsentation bei Descartes, 1996
Perler, Dominik, René Descartes, 2. Auflage 2006
Peters, Richard, Der Aufbau der Weltgeschichte bei Giambattista Vico, 1929
Petersen, Jens, Antropozentrik und Ökozentrik im Umweltrecht, Archiv für Rechts- und Sozialphilosophie 83 (1997) 361
Petersen, Jens, Der Menzelbilderfall, Juristische Ausbildung 1999, 297
Petersen, Jens, Unternehmenssteuerrecht und bewegliches System, 1999
Petersen, Jens, Der Gläubigerschutz im Umwandlungsrecht, 2001
Petersen, Jens, Von der Interessenjurisprudenz zur Wertungsjurisprudenz, 2001
Petersen, Jens, Grundfragen zum Recht des Besitzes, Juristische Ausbildung 2002, 160
Petersen, Jens, Sonderfragen zum Recht des Besitzes, Jura 2002, 255
Petersen, Jens, Kants ‚Metaphysische Anfangsgründe der Rechtslehre' – kritisches Spätwerk oder ‚Erzeugnis eines gewöhnlichen Erdensohns'?, Festschrift für Claus Wilhelm Canaris, 2007, Band 2, S. 1243
Petersen, Jens, Anspruchsgrundlage und Anspruchsaufbau als Abbildung des inneren Systems der Privatrechtsordnung, Festschrift für Dieter Medicus, 2009, S. 295
Petersen, Jens, Die systematische Stellung des Allgemeinen Teils vor der Klammer der anderen Bücher, Juristische Ausbildung 2011, 759
Petersen, Jens, Fichtes Versuch, Machiavelli Gerechtigkeit widerfahren zu lassen, Festschrift für Michael Kloepfer, 2013, S. 927
Petersen, Jens, Freiheit unter dem Gesetz. Friedrich August von Hayeks Rechtsdenken, 2014
Petersen, Jens, Die Eule der Minerva in Hegels Rechtsphilosophie, 2. Auflage 2015

Petersen, Jens, Recht vor Gnade in Ovids Tristia, Gedächtnisschrift für Hannes Unberath, 2015, S. 351
Petersen, Jens, Wilhelm von Humboldts Rechtsphilosophie, 3. Auflage 2015
Petersen, Jens, Dante Alighieris Gerechtigkeitssinn, 2. Auflage 2016
Petersen, Jens, Pascals Gedanken über Gerechtigkeit und Ordnung, 2016
Petersen, Jens, Adam Smith als Rechtstheoretiker, 2. Auflage 2017
Petersen, Jens, Die Grundschuld, Juristische Ausbildung 2017, 528
Petersen, Jens, „Einen für Europa mitzählenden Geist", Festschrift für Johannes Strangas, 2017, S. 169
Petersen, Jens, Schopenhauers Gerechtigkeitsvorstellung, 2017
Petersen, Jens, Zivilrechtsdogmatik und methodischer Individualismus am Beispiel Rudolf von Jherings, Festschrift für Claus-Wilhelm Canaris, 2017, S. 87
Petersen, Jens, Montaignes Erschließung der Grundlagen des Rechts, 2. Auflage 2019
Petersen, Jens, Recht bei Tacitus, 2019
Petersen, Jens, Rechtsordnung und Wirtschaftsordnung nach Eucken, 2019
Petersen, Jens, Machiavellis Gesetzgebungslehre, 2020
Petersen, Jens, Max Webers Rechtssoziologie und die juristische Methodenlehre, 3. Auflage 2020
Petersen, Jens, Nietzsches Genialität der Gerechtigkeit, 3. Auflage 2020
Petersen, Jens, Marcel Proust und Tacitus, 2021
Petersen, Jens, Friedrich Schiller über die Gesetzgebung des Lykurgus und Solon, Festschrift für Reinhard Singer, 2021, S. 497
Petersen, Jens/Rothenfußer, Christoph, Der Schutz des Schuldners bei der Trennung von Hypothek und Forderung, Wertpapier-Mitteilungen 2000, 657
Portinaro, Pier Paolo, Vico e il diritto come ‚Nomos', Rivista internazionale di filosofia del diritto 57 (1980) 453
Posner, Richard A., Law & Literature, 3. Auflage, 2009
Posselt, Gerald, Katachrese. Rhetorik des Performativen, 2005
Price, David W., Vico and Nietzsche. On Metaphor, History, and Literature, The Personalist Forum 10 (1994) 119
Pulitanò, Francesca, Ricerche sulla bonorum possessio ab intertestato nell'età tardo-romano, 1999
Ratzinger, Joseph, Vom Sinn des Christseins, 1965
Ratzinger, Joseph, Einführung in das Christentum, 1968
Rawls, John, A Theory of Justice, 1971
Reichert, Klaus/Senn, Fritz (Hg.), James Joyce – Finnegans Wake. Gesammelte Annäherungen, 10. Auflage 2016
Reitzenstein, Richard, Aufsätze zu Tacitus, 1967
Renner, Kaspar, Wie poetisch ist das Recht? Jacob Grimm zwischen Etymologie und Topik, Jahrbuch des Forums Vormärz Forschung 15 (2009) 163
Richter, Rudolf, Soziologische Paradigmen, 2. Auflage 2016
Röd, Wolfgang, Der Weg der Philosophie. Von den Anfängen bis ins 20. Jahrhundert, Zweiter Band: 17. bis 20. Jahrhundert, 1996
Rosenblatt, Jason P., Renaissance England's Chief Rabbi: John Selden, 2006
Rosenstock-Huessy, Eugen, Die europäischen Revolutionen. Volkscharaktere und Staatenbildung, 1931

Ross, Ian S., Adam Smith, Leben und Werk, 1998
Rossi, Pietro, Max Weber und Benedetto Croce, in: Max Weber und seine Zeitgenossen (Hg. Wolfgang J. Mommsen/Wolfgang Schwentker), 1988, S. 613
Sasso, Gennaro, Machiavelli, Geschichte seines politischen Denkens, 1965 (Übersetzung Werner Klesse/Stefan Burger; im Original: Storia del suo pensiero politico, 1958)
Sasso, Gennaro, Giambattista Vico e il simbolo, Atti dell'Accademia Nazionale dei Lincei. Memorie della Classe di Scienze morali, storiche e filologiche, Band XXIX, 2012, S. 597
Schaack, Thomas, Die Ungeduld des Papiers. Studien zum alttestamentarischen Verständnis, 1998
Schaeffer, John D., The Use and Misuse of Giambattista Vico: Rhetoric, Orality, and Theories of Discourse, in: The New Historicism (Hg. Harold Veeser), 2013, S. 89
Schäfers, Bernhard, Voraussetzungen und Prinzipien der Gesellschaftsplanung bei Saint-Simon und Karl Mannheim, in: Soziologie und Gesellschaftsentwicklung, 1996, S. 100
Scherer, Martin, Vom Apriori der Prägnanz. Vortheoretische Sinnerschlossenheit als zentrales Motiv der Kulturphilosophie Ernst Cassirers, 1996
Schmidt, Richard Wilhelm, Die Geschichtsphilosophie G. B. Vicos, 1982
Schulz, Fritz, Classical Roman Law, 1951
Schwindt, Jürgen Paul, Das Ende der Dinge und der Anfang der Interpretation. Cicero, ‚De legibus' 1, 1 ff., in: Lektüre und Geltung. Zur Verstehenspraxis in der Rechtswissenschaft und in der Literaturwissenschaft (Hg. Dieter Grimm/Christoph König), 2020, S. 207
Seibt, Gustav, Deutsche Erhebungen. Das Klassische und das Kranke, 2008
Selden, John, De iure naturali et gentium iuxta disciplinam hebraeorum, 1640
Sidwick, Henry, Principles of Political Economy, 3. Auflage 1901
Smith, Adam, The Theory of Moral Sentiments, 1759
Smith, Adam, An Inquiry into the Nature and Causes of the Wealth of Nations, 1776
Somek, Alexander, The Cosmopolitan Constitution, 2014
Specht, Rainer, Über den juristischen Realismus Giambattista Vicos, Philosophisches Jahrbuch 63 (1955) 166
Spengler, Oswald, Der Untergang des Abendlandes, 1918/1922
Stackelberg, Jürgen von, Tacitus in der Romania. Studien zur literarischen Rezeption des Tacitus in Italien und Frankreich, 1960
Stark, Werner, Montesquieu. Pioneer of the Sociology of Knowledge, 1960
Stein, Peter, Adam Smith's Jurisprudence – Between Morality and Economics, Cornell Law Review 64 (1979) 621
Stierle, Karlheinz, Pascals Reflexion über den ‚ordre' der Pensées, Poetica 4 (1971) 167
Stierle, Karlheinz, Die Fabel der Welt und das System der schönen Künste. Ovid, Dante, Proust, in: Das lebendige Wort. Begegnungen mit der Antike, 2020, S. 243
Stolleis, Michael, Arcana imperii und Ratio status. Bemerkungen zur politischen Theorie des 17. Jahrhunderts, 1980
Strangas, Johannes, Kritik der kantischen Rechtsphilosophie. Ein Beitrag zur Herstellung der Einheit der praktischen Philosophie, 1988
Sunajko, Goran, Vicos Neue Wissenschaft als politische Theologie, 2016
Sunstein, Cass R., Five Thesis on Originalism, Harvard Journal of Law and Public Policy 311 (1995) 311
Syme, Ronald, The Roman Revolution, 1939
Syme, Ronald, Tacitus, 1958, Vol. I

Teilhard de Chardin, Pierre, Le Milieu Divin, 1957 (deutsch: Der göttliche Bereich, 1962)
Thielcke, Helmut, Glauben und Denken in der Neuzeit. Die großen Systeme der Theologie und Religionsphilosophie, 2. Auflage 1988
Timpe, Dieter, Untersuchungen zur Kontinuität des frühen Prinzipats, 1962
Timpe, Dieter, Romano-Germanica. Gesammelte Studien zur Germania des Tacitus, 1995
Timpe, Dieter, Mündlichkeit und Schriftlichkeit als Basis der frührömischen Überlieferung, in: Antike Geschichtsschreibung. Studien zur Historiographie (Hg. Uwe Walter), 2007, S. 86
Trabant, Jürgen, Neue Wissenschaft von alten Zeichen: Vicos Sematologie, 1994
Trabant, Jürgen, Vico in Germanien 1750–1850, in: Italien in Deutschland (Hg. Frank-Rutger Hausmann), 1996, S. 232
Trabant, Jürgen, Wie ‚geschichtlich' ist Vicos mondo civile?, in: Geschichtlichkeit von Sprache und Text. Philologien – Disziplingenese – Wissenschaftshistoriographie (Hg. Wulf Oestereicher/Maria Selig), 2014, S. 31
Trabant, Jürgen, Giambattista Vico – Poetische Charaktere, 2019
Ulrich, Karin, Wissen ist Macht. Erkenntnistheoretische Spielarten eines Prinzips. Eine wissenschaftsphilosophische Studie über ein atypisches Bild epistemologischer Wissensproduktion, 2015
Valkhoff, Johan, Recht, Mensch und Gesellschaft. Zur Transformation gesellschaftlicher Kräfte in Rechtsnormen, 1972
Vaughan, Frederick, The Political Philosophy of Giambattista Vico, 1972
Verene, Donald Phillip, Vico's Science of Imagination, 1981
Verene, Donald Phillip (Hg.), Vico and Joyce, 1987
Viehweg, Theodor, Topik und Jurisprudenz, 1953
Volpilhac-Auger, Catherine, Tacite et Montesquieu, 1985
Wacker, Bernd/Manemann, Jürgen, „Politische Theologie". Eine Skizze zur Geschichte und aktuellen Diskussion des Begriffs, in: Politische Theologie – gegengelesen (Hg. Dieselben), 2008, S. 44
Waldhoff, Christian/Neumeier, Christian, Contra legem – zu den Grenzen juristischer Auslegung, in: Lektüre und Geltung. Zur Verstehenspraxis in der Rechtswissenschaft und in der Literaturwissenschaft (Hg. Dieter Grimm/Christoph König), 2020, S. 207
Waldstein, Wolfgang, Zu Ulpians Definition der Gerechtigkeit (D. 1, 1, 10 pr.), Festschrift für Werner Flume, Band I, 1978, S. 213
Weber, Alfred, Kulturgeschichte als Kultursoziologie, 1935
Weber, Max, Wirtschaft und Gesellschaft, 1922 (5. Auflage 1980)
Weitin, Thomas, Recht und Literatur, 2010
Weizsäcker, Carl Friedrich von, Die Zeit drängt, 2. Auflage 1986
Weizsäcker, Carl Friedrich von, Zeit und Wissen, 1992
Werner, Karl, Giambattista Vico als Philosoph und gelehrter Forscher, 1879
Werner, Karl, Emerico Amari in seinem Verhältnis zu Giambattista Vico, Sitzungsberichte der philosophisch-historischen Klasse der kaiserlichen Akademie in Wien, Band XCVI (1880) 5
Wesel, Uwe, Frühformen des Rechts in vorstaatlichen Gesellschaften, 1985
Wesel, Uwe, Geschichte des Rechts in Europa. Von den Griechen bis zum Vertrag von Lissabon, 2010
White, Hayden, The Tropics of History: The Deep Structure of The New Science, in: Giambattista Vico's Science of Humanity (Hg. Giorgio Tagliacozzi/Donald Phillip Verene), 1976, S. 65

White, Hayden, Die Bedeutung der Form. Erzählstrukturen in der Geschichtsschreibung, 1990
White, Hayden, Metahistory. Die historische Einbildungskraft im 19. Jahrhundert in Europa, 1991
Witzenmann, Walter, Giambattista Vico und René Descartes. Die geschichtliche Kritik des cartesischen Rationalsimus, Archiv für Rechts- und Sozialphilosphie 30 (1936/37) 561
Woeniger, August Theodor, Das Sacralsystem und das römische Provocationsverfahren der Römer, 1843
Wohlfahrt, Günter, Denken der Sprache. Sprache und Kunst bei Vico, Hamann, Humboldt und Hegel, 1984
Woidich, Stefanie, Vico und die Hermeneutik. Eine rezeptionsgeschichtliche Annäherung, 2007
Wolf, Friedrich August, Prolegomena ad Homerum, 1795
Wolf, Friedrich August, Giambattista Vico über den Homer, Museum der Alterthumswissenschaft 1 (1807) 555
Wolff, Erwin, Das geschichtliche Verstehen in Tacitus' Germania, in: Tacitus (Hg. Viktor. Pöschl), 1969, S. 241
Zagorin, Perez, Vico's Theory of Knowledge: A Critique, The Philosophical Quarterly 34 (1984) 15
Zimmermann, Reinhard, The Law of Oligations. Roman Foundations of the Civilian Tradition, 1996

Personenverzeichnis

Die kursiv gedruckten Zahlen verweisen auf den Text, die normal gedruckten auf Fußnoten.

https://doi.org/10.1515/9783110718461-012